In den Jahren 1986–1989 hat Herlinde Koelbl jüdische Deutsche interviewt, die der Shoah entkommen waren. Die meisten dieser Überlebenden nahmen das aufgezwungene Exil an und behielten es auch nach 1945 bei – einige wenige kehrten nach dem Krieg nach Deutschland (Ost oder West) bzw. nach Österreich zurück. Herlinde Koelbl hat, mit ganz unterschiedlichen Ergebnissen, Menschen aus beiden Gruppen befragt: Was bedeutet Tradition für sie, was Heimat und was Religion? Und sie hat die Befragten photographiert – mit der Sensibilität, die nur große Photokünstler ihrer Kamera abverlangen und abgewinnen können.

Entstanden ist daraus das Portrait einer Generation, die als letzte in die fruchtbare deutsch-jüdische Symbiose hineingeboren wurde, die die Zerschlagung dieser Kultur miterleben mußte – und die sie überlebte.

Herlinde Koelbl, 1939 in Lindau geboren, ist freie Photographin und arbeitet unter anderem für den *Stern*, das *Zeit-magazin*, die *New York Times* und viele andere Publikationen. Ihre besondere Stärke ist das Portraitieren von Milieus und Personen.

Im S. Fischer Verlag ist von ihr lieferbar: ›Kinder. Fünfzig Portraits‹.

JÜDISCHE PORTRAITS

Photographien und Interviews
von Herlinde Koelbl

Fischer
Taschenbuch
Verlag

Veröffentlicht im Fischer Taschenbuch Verlag GmbH,
Frankfurt am Main, April 1998

Lizenzausgabe mit Genehmigung
des S. Fischer Verlags GmbH, Frankfurt am Main

Das Gedicht *Chor der Geretteten* wurde entnommen aus:
›Fahrt ins Staublose. Die Gedichte der Nelly Sachs‹

Lithographie: Color & Bytes, Leck
Satz, Druck und Bindung: Clausen & Bosse, Leck
Printed in Germany
ISBN 3-596-13936-8

Chor der Geretteten

Wir Geretteten,
Aus deren hohlem Gebein der Tod schon seine Flöten schnitt,
An deren Sehnen der Tod schon seinen Bogen strich –
Unsere Leiber klagen noch nach
Mit ihrer verstümmelten Musik.
Wir Geretteten,
Immer noch hängen die Schlingen für unsere Hälse gedreht
Vor uns in der blauen Luft –
Immer noch füllen sich die Stundenuhren mit unserem tropfenden Blut.
Wir Geretteten,
Immer noch essen an uns die Würmer der Angst.
Unser Gestirn ist vergraben im Staub.
Wir Geretteten
Bitten euch:
Zeigt uns langsam eure Sonne.
Führt uns von Stern zu Stern im Schritt.
Laßt uns das Leben leise wieder lernen.
Es könnte sonst eines Vogels Lied,
Das füllen des Eimers am Brunnen
Unseren schlecht versiegelten Schmerz aufbrechen lassen
Und uns wegschäumen –
Wir bitten euch:
Zeigt uns noch nicht einen beißenden Hund –
Es könnte sein, es könnte sein
Daß wir zu Staub zerfallen –
Vor euren Augen zerfallen in Staub.
Was hält denn unsere Webe zusammen?
Wir odemlos gewordene,
Deren Seele zu Ihm floh aus der Mitternacht
Lange bevor man unseren Leib rettete
In die Arche des Augenblicks.
Wir Geretteten,
Wir drücken eure Hand,
Wir erkennen euer Auge –
Aber zusammen hält uns nur noch der Abschied,
Der Abschied im Staub
Hält uns mit euch zusammen.

Nelly Sachs

GITTA ALPAR

Opernsängerin, geb. 1903 in Budapest, gest. 1991 in Palm Springs

HK: Frau Alpar, bitte erzählen Sie, unter welchen Umständen Sie Deutschland verlassen haben.

GA: Das war 1933, als ich mein Kind erwartete. Der deutsche Kronprinz Wilhelm hat mir geholfen, aus Deutschland herauszukommen. Wir waren eng befreundet. Und er hatte mir gesagt: Gitta, wenn du Hilfe brauchst, rufe mich unter dieser Nummer an. Als es soweit war, hat er mich gewarnt: Sage zu niemandem etwas, auch nicht zu deiner Haushälterin. Wir haben uns an einer bestimmten Straßenecke getroffen, und ich bin in seinen Wagen gestiegen. Auf dem Bahnhof hat er mich zusammen mit meinem achtjährigen Neffen in einen Schlafwagen eingeschlossen. Die Türe habe ich erst wieder geöffnet, als die Grenze hinter uns lag. Glauben Sie mir, es ist mir sehr schwergefallen, so still und leise zu verschwinden.

Und das Savoy-Theater, in dem ich gesungen habe, war für ein Jahr ausverkauft …

HK: Wohin sind Sie gefahren?

GA: Nach Budapest zu meinen Eltern. Dort habe ich meine Tochter zur Welt gebracht. Als sie sechs Monate alt war, habe ich in Wien wieder zu singen angefangen. Und dann habe ich noch eine Skandinavientour und eine Südamerikatour gemacht. 1936 bin ich endgültig in die Vereinigten Staaten emigriert.

HK: Warum haben Sie Deutschland fluchtartig verlassen?

GA: Sie wissen ja, ich war mit Gustav Fröhlich verheiratet. Die Nazis waren an der Regierung. Eines Tages erhielt ich Einladungen zu einem Empfang von Goebbels, eine als Gitta Alpar und eine als Frau von Gustav Fröhlich. Ich hatte keine Lust hinzugehen und habe das meinem Mann gesagt. Aber mein Mann hat mich unter Druck gesetzt, und ich habe nachgegeben. Beim Empfang saßen wir an einem Ecktisch zusammen mit Willy Fritsch, Willi Forst, Hans Albers und Max Hansen. Plötzlich wurde das Horst-Wessel-Lied gespielt, und alle sind aufgestanden. Ich bin sitzen geblieben und habe mich mit zwei Damen unterhalten, die zu unserem Kreis gehörten. Da traten ein Offizier und eine Frau an unseren Tisch: »Kommen Sie bitte mit, Herr Goebbels möchte Sie kennenlernen.« Und mich haben sie gefragt: »Warum sind Sie vorhin nicht aufgestanden?« Ich habe erwidert: »Weil ich nicht gewußt habe, was da gespielt wird. Ich kenne dieses Lied nicht. Ich habe es noch nie gehört.«

Nun gut, mein Mann und ich wurden aufgefordert mitzukommen, um Goebbels vorgestellt zu werden. Doch dann sagte der Adjutant von Goebbels nur: »Bitte, Herr Fröhlich« und führte ihn zu Goebbels. Zu mir sagte er: »Sie nicht!« und winkte mich weg wie einen ungebetenen Gast. Und mein Mann ließ mich einfach stehen. Der Regisseur von meinem Film »Die oder keine« saß in der Nähe und flüsterte mir zu: »Geh raus, geh raus!« Willy Fritsch und Willi Forst haben mich umarmt und heimbegleitet. Einige Zeit später ist dann mein Mann gekommen.

HK: Das Schlimmste für Sie war, daß Ihr Mann Sie verraten hat.

GA: Er hat nicht zu mir gehalten, sondern mich verleugnet. Andere haben zu mir gehalten. Mein Mann war der erste, der mir einen Tritt gegeben hat.

HK: Wie ist es dann weitergegangen?

GA: Am nächsten Morgen hat der Regisseur aus dem Studio meines Mannes angerufen: »Frau Alpar, ich kann hier nicht sprechen, gehen Sie sofort zu Ihrer Mutter. Ihre Mutter erwartet Sie, stellen Sie keine Fragen.« Aber meine Mutter war in Budapest … Mein Herz hat geklopft. Ich habe jeden Moment erwartet, daß man mich abholt.

HK: Wovor haben Sie sich gefürchtet?

GA: Ich habe damals wirklich geglaubt, daß man mich abholen und umbringen würde.

HK: Warum das?

GA: Richard Tauber und ich waren ziemlich gefährlich für Hitler, weil wir sehr beliebt waren und einflußreiche Freunde hatten. Deshalb wollten uns die Nazis irgendwie beseitigen. Und auch Hans Albers. Er hatte eine jüdische Frau, aber er hat zu den Nazis gesagt: Ihr könnt mir den Buckel herunterrutschen. Meine Frau bekommt ihr nicht. Aber mein Mann hat sich von mir distanziert. Obwohl ich schwanger war.

HK: Haben Sie Gustav Fröhlich wiedergesehen?

GA: Nein. Vor einigen Monaten habe ich Berlin besucht. Da hat er in einer großen Berliner Zeitung einen offenen Brief an mich veröffentlicht. Unter einer Überschrift mit roten Buchstaben. In diesem Brief stand: »Ich kann nicht sterben, bevor mir meine erste Frau nicht verziehen hat.«

HK: Haben Sie ihm verziehen?

GA: Das ist nicht die Frage. Ich fühle überhaupt nichts für ihn. Sehen Sie, nach dem Krieg hat er angefangen, an meine Tochter Briefe zu schreiben.

Zu Weihnachten hat er für fünf Dollar Blumen geschickt, für mich, meine Tochter und meine Enkelin. Und meinen Freunden hat er geschrieben, sein einziger Wunsch sei, daß ich ihm vergebe und ihn nicht mehr hasse. Da habe ich zu meiner Tochter gesagt, schreibe ihm, daß ich ihn nicht hasse. Daß ich ihm vielleicht verzeihen könnte, wenn er nur mir etwas angetan hätte. Aber daß ich ihm nie verzeihen kann, wie er seinem Kind gegenüber gehandelt hat. Wir hätten damals sterben können, und er hat keine Hand für uns gerührt.

HK: Wie ist es Ihrer Familie in Budapest während des Krieges ergangen?

GA: Meine Eltern haben sich bei Freunden in Budapest versteckt und überlebt. Meine beiden Brüder waren im KZ, der eine in Mauthausen, der andere in Bergen-Belsen. Beide sind von den Amerikanern befreit worden.

HK: Kann man noch an einen gerechten Gott glauben, wenn man weiß, daß sechs Millionen Juden ermordet worden sind?

GA: Das habe ich mich auch oft gefragt. Aber mit Bitterkeit und Haß im Herzen kann man nicht leben. Was mich persönlich angeht, habe ich mit der Zeit vergessen und vergeben. Ich habe viel Schlimmes erlebt, aber alles Schlechte hat sich in etwas Gutes verwandelt.

HK: Wie meinen Sie das?

GA: Zum Beispiel: Wenn Hitler nicht gewesen wäre, wäre ich nicht nach England eingeladen worden, um bei der Krönung des englischen Königs zu singen.

HK: Sind Sie rein jüdischer Abstammung, Frau Alpar?

GA: Nein, meine Mutter war keine Jüdin. Ihre Mutter war eine spanische Baronin, die mit meinem Großvater durchgebrannt ist. Eine verrückte Geschichte. Und das gleiche hat meine Mutter mit meinem Vater getan.

HK: Wer war Ihr Vater?

GA: Mein Vater war Kantor im Tempel einer jüdischen Gemeinde und hatte eine phantastische Stimme. Die hat er von seinem Vater geerbt, der auch schon Kantor gewesen war. Und an mich hat er sie weitervererbt.

HK: Haben Sie in Ihrem Leben je bedauert, daß Sie Jüdin sind?

GA. Nein, nie.

HK: Welches Land sehen Sie heute als Ihre Heimat an?

GA: Eine richtige Heimat habe ich nicht mehr. Zu einer Heimat gehört eine richtige Familie. Aber meine ganze Familie ist gestorben. Ich liebe meine Tochter, meinen Schwiegersohn und meine Enkeltochter, aber sie können nicht ersetzen, was ich verloren habe.

HK: Fühlen Sie sich mehr als Ungarin oder mehr als Deutsche oder mehr als Amerikanerin?

GA: In erster Linie bin ich jetzt Amerikanerin. Aber zum Teil fühle ich mich noch als Europäerin.

HK: Fühlen Sie sich hier zu Hause?

GA: Ich fühle mich überall zu Hause. Viele Jahre habe ich mich in Berlin zu Hause gefühlt. Die Leute haben mich geliebt. Diese Begeisterungsstürme ... So etwas habe ich später nie mehr erlebt.

HK: Was halten Sie heute von Deutschland?

GA: In Deutschland habe ich meine größten Erfolge gehabt. Nach dem Krieg wollten mich die Deutschen zurückholen. Ich habe viele Einladungen bekommen. Aber ich bin nicht gekommen. Erst vor kurzem habe ich Berlin wiedergesehen.

HK: War das Ihr erstes Wiedersehen mit Deutschland seit 1933?

GA: Ja. Auf dem Berliner Flughafen gab es einen großen Empfang für mich. Sie haben die Bilder ja gesehen.

HK: Aber was empfinden Sie für Deutschland?

GA: Das ist schwer zu sagen. Die Begrüßung war eine große Genugtuung für mich. Die Deutschen haben mich wie eine Göttin empfangen. Da standen junge und alte Leute, der Bürgermeister und Mitglieder seiner Regierung. Und seitdem bekomme ich jeden Tag Briefe aus Deutschland.

HK: Ich würde Ihnen gern noch einige Fragen zum Judentum und zur besonderen Lage der Juden stellen. Wie kam es eigentlich, daß jüdische Künstler und jüdische Gelehrte vor 1933 in vielen Bereichen führend gewesen sind? Sind die Juden einfach begabter als die anderen? Oder hat die schwierige Lage in der Diaspora die Juden gezwungen, alle Kräfte zu entfalten?

GA: Ich habe immer die Leute bewundert, die etwas Besonderes geleistet haben. Unterschiedslos. Unabhängig davon, ob sie Juden oder Nichtjuden waren.

HK: Und wie erklären Sie sich, daß eine Minderheit einen so großen Einfluß ausgeübt hat?

GA: Ich glaube, das war vor allem Talent. Talent, das sich vererbt hat.

HK: Haben Sie eine Erklärung für den Antisemitismus, der die Juden fast zweitausend Jahre lang verfolgt hat?

GA: Nein, ich habe wirklich keine Ahnung, wie das zu erklären ist. Ich selbst habe die Menschen nie nach ihrer Religion oder ihrer Abstammung eingeteilt. In unserer Familie war das nicht üblich.

HK: Haben Sie zu Hause nie über das Judentum gesprochen?

GA: Doch. Weil mein Vater Kantor gewesen ist. Aber wir haben keine Unterschiede zwischen Rassen und Religionen gemacht. Das Wichtigste war, daß wir wußten, wer unsere Freunde waren.

HK: In den heiligen Schriften des Judentums wird prophezeit, daß irgendwann der Messias zu den Menschen kommen wird.

GA: Das hoffe ich.

HK: Wie müßte die Welt sein, damit sie reif für den Messias ist?

GA: Alle Menschen müßten einander lieben. Niemand dürfte den anderen etwas Schlechtes antun. Jeder muß im anderen auch das Gute sehen. Wenn ich suche, finde ich in jedem Menschen etwas Gutes. Ich mag keine Menschen, die immer das Negative an den Menschen wahrnehmen. Das macht mich wahnsinnig böse.

HK: Glauben Sie, daß es dem jüdischen Volk in Zukunft besser ergehen wird als in der Vergangenheit?

GA: Das hoffe ich, und ich glaube daran. Es kann ja kein Zufall sein, daß es so viele großartige jüdische Künstler gibt. Niemand kann das bestreiten. Warum wird das nicht endlich anerkannt? Das müßte den Juden doch überall Freunde bringen. Und dann muß einmal ein Frieden kommen.

RUDOLF ARNHEIM

Kunstpsychologe, Ann Arbor. Geb. 1904 in Berlin

HK: Herr Professor Arnheim, Sie wurden 1904 in Berlin geboren, verließen Deutschland aber bereits 1933, um über Italien und Großbritannien in die USA zu emigrieren. Was verbindet Sie heute noch mit Ihrem Geburtsland?

RA: Ich bin natürlich unendlich dankbar für die kulturelle Basis, die ich von Deutschland bekommen habe. Mein ganzes Leben ist davon bestimmt, und dieses Einflusses bin ich mir sehr bewußt. Aber das ist etwas, was in Deutschland von den großen Deutschen geschaffen wurde oder was man so den deutschen Geist nennen möchte, woran ja der einzelne Deutsche sehr wenig Anteil hat. Ich verdanke auch sehr viel dem französischen, italienischen und angelsächsischen Geiste, aber es gibt natürlich eine besondere Beziehung zum Deutschen, weil es mich von Kindheit an geprägt hat. Meine ganze Einstellung hat sehr viel zu tun mit deutschen Traditionen, und ich bin davon überzeugt, daß ich eine deutsche Denkweise habe.

HK: Könnten Sie dies noch ein bißchen erläutern?

RA: Die englische oder amerikanische Tradition ist sehr empirisch ausgerichtet, und Theorie ist ihr ein bißchen verdächtig. Die englische Tradition ist am stärksten im praktischen Handeln, im pragmatischen Behandeln der Wirklichkeit, was natürlich als Ergänzung meines deutschen Hindergrundes ungeheuer wertvoll für mich gewesen ist. Ich habe mir oft überlegt, daß es einen grundsätzlichen Unterschied in meiner ganzen Ausrichtung gemacht hätte, wenn ich statt nach Amerika nach Frankreich gegangen wäre. Sie wäre viel mehr intellektuell, viel weniger empirisch geworden. Und diese Mischung, die ich mir erwerben konnte, war eben für mich besonders günstig, gerade weil ich mit den Künsten und ihrer Theorie beschäftigt bin und beides verbinden möchte.

HK: Haben Sie keine Sehnsucht mehr nach Deutschland?

RA: Nein, ich könnte nirgendwo anders mehr leben.

HK: Die USA sind Ihnen also zu einer neuen Heimat geworden. Was schätzen Sie an diesem Land besonders?

RA: In Deutschland hatte ich immer das Gefühl, mich behaupten zu müssen, das heißt, wenn sich zwei Menschen treffen, dann muß erst entschieden werden, bin ich der Höhere oder bist du das, und was kannst du für mich tun, was kannst du gegen mich tun ... Als ich Deutschland verließ, merkte ich, daß eine Spannung von mir genommen wurde, die ich nicht empfand, solange ich dort lebte, die mir aber sehr bewußt wurde, als ich das Land verlassen hatte. In Italien und vor allen Dingen später in Amerika hatte ich das Gefühl, daß diese Spannungen nicht da sind. In Amerika kenne ich Hunderte von Leuten, die ich mag, mit denen ich befreundet bin. Aber die Bindung ist eigentlich nicht da, im Grunde wird man allein gelassen. Aber auch in Italien, als ich ein paar Monate an der amerikanischen Akademie in Rom war, wußten alle meine italienischen Freunde schon um acht Uhr morgens, was ich den Tag über machen werde. Es ist eine Art von Kleinstädterei im Europäischen, von der ich mich gerne befreit habe. Ich brauche im Grunde

nicht viele Menschen. Das ist sehr verschieden von Mensch zu Mensch, wie viele enge Verbindungen man braucht. Ich brauche meine Frau, und ich könnte ohne sie nicht leben. Aber das ist eigentlich auch schon genug. Darüber hinaus freue ich mich, mit Leuten zusammenzusein, die mich interessieren, die mir Vergnügen machen, aber ich brauche keine Blutsbrüderschaft. Und in dem Sinne ist mir die amerikanische Nachbarlichkeit von Leuten, die einander gutgesinnt sind, sehr angenehm.

HK: Herr Arnheim, Sie haben jetzt das deutsche und angelsächsische Denken beschrieben, die Ihnen angenehmen Seiten der amerikanischen Lebensweise erläutert. Gibt es denn Ihrer Meinung nach auch so etwas wie ein spezifisches jüdisches Denken?

RA: Ja, ich glaube schon. Es ist vielleicht eine spekulative, auf das Intellektuelle und Logische gerichtete Denkweise, die mit dem Naturgegebenen nicht direkt verbunden ist. Schiller hat ja einmal gesagt, es gibt Menschen, die von der Natur kommen, und es gibt Menschen, die die Natur suchen. Und die Juden gehören mehr zur letzteren Kategorie. Die Natur bedeutet ihnen vielleicht als Ideal oder Ergänzung ihrer Persönlichkeit sehr viel, aber eigentlich ist sie ihrem Wesen nicht gegeben. Dabei ist interessant, daß jüdische Künstler vor allem Musiker sind. Es gibt natürlich auch ein paar große bildende Künstler unter den Juden, aber hauptsächlich eben Musiker, denn die Musik ist eine abstrakte Kunst.

Ich möchte Ihnen noch ein Beispiel geben, was ich unter jüdischer Denkweise verstehe: Das Wesen des Handels, des Geschäfts ist auch etwas Logisches. Kaufleute beschäftigen sich eigentlich nicht mit Dingen, sondern mit Werten. Nehmen Sie einmal meinen Großvater, der hatte eine Bettfedernfabrik. Die Bettfedern gingen ihn allerdings nichts an, das Verkaufen beschäftigte ihn. Oder mein Vater, der hatte eine Klavierfabrik. Er wollte natürlich gute Klaviere machen, aber was ihn beschäftigte, was seine Tätigkeit ausmachte, war nicht das Schaffen des Klaviers – er war ja kein Tischler –, sondern das Verkaufen. Das Verkaufen ist eine intellektuelle Beschäftigung mit Dingen, die an sich Abstraktionen sind. Und das ist mir sehr fern, obwohl ich in meiner Arbeit ein Theoretiker bin. Aber meine Theorien, die brauchen dauernd den Zuspruch, den Zulauf der direkten Lebenserfahrung.

Oder ein anderes Beispiel: Die beiden Leute, mit denen ich an der Weltbühne zusammengearbeitet habe – Carl von Ossietzky und Kurt Tucholsky –, waren in gewisser Weise sehr verschieden. Man konnte erkennen, daß der eine Jude war und der andere nicht. Ossietzky war ein Hamburger und kein Jude. Er hatte eine Art von praktischem Mut, ja Wagemut, und eine Art von Selbstaufopferung, die Tucholsky fehlte. Tucholsky war ein »Fechter« mit dem Vergnügen am intellektuellen Zweikampf. Er war sehr witzig, und es machte ihm Freude, Leute satirisch zu behandeln. Nun gibt es das ja allerdings nicht nur bei Juden, sondern auch bei Nichtjuden. Und noch etwas ist interessant. Es ist eine Art von kollektivem Unterbewußtsein, das vorhanden ist. Wenn ich mit einer Person spreche, und ich denke, der andere ist Jude, gibt es eine gewisse Veränderung in der Art, wie ich mich ausdrücke, welche Beispiele ich verwende oder welche Grundsätze ich voraussetze. Ich kann nicht sagen, wieviel davon tiefliegend oder rassenabhängig ist. Sicherlich hat es mit der kulturellen Gemeinsamkeit von Jahrhunderten zu tun. Es gibt auch so etwas wie einen spezifisch jüdischen Humor. Es gibt also jüdische Witze, und die haben eine bestimmte Qualität, auch für mich. Sie sind anders als nichtjüdische Witze. Der Witz ist ja Ausdruck der jeweiligen Denkweise. Er zeigt, was man lächerlich findet oder ernst nimmt und worüber man nicht spottet.

HK: Über was spottet man als Jude zum Beispiel nicht?

RA: Nicht über Grausamkeiten, nicht über physische Mängel. Man spottet nicht über Dinge, an denen Menschen leiden. Grausamkeit ist im Grunde unjüdisch, und deswegen ist es so schrecklich, daß sie jetzt in Israel in den Juden erweckt worden ist.

HK: Man spottet nicht über das Leiden anderer, aber über das eigene Leid sehr wohl.

RA: Über sich selber, ja. Zur Selbstironie besteht in der Tat eine sehr starke Tendenz. Wenn Juden sich über sich selbst mokieren, tun sie das mit Leidenschaft. Dieses Phänomen hat, glaube ich, damit zu tun, daß die Juden eine unterdrückte Minderheit sind, denn das existiert meines Wissens in allen Minderheiten.

HK: In der Bibel steht: »Du sollst Dir kein Bildnis machen.« Das Wesen Ihrer Arbeit bestand aber darin, sich mit Bildern zu befassen. War dies ein Widerspruch für Sie?

RA: Die jüdische Tradition der Bilderlosigkeit war für mich besonders wichtig, denn dadurch habe ich meine ganze Arbeit der Kunst gewidmet. Die westliche Kunst ist fast ausschließlich christliche Kunst, so daß ich durch diese indirekte Verbindung sehr viel über das Christentum weiß. Als ich nach Amerika kam, war ich einige Male zum jüdischen

Passahfest eingeladen. Die Zeremonien, die dabei abgehalten werden, bedeuten mir gar nichts. Wenn ich hingegen in eine katholische Kirche komme, bin ich ungeheuer beeindruckt von der sinnlichen Größe, die mich anspricht, obwohl ich kein Christ oder Gottesgläubiger bin. Im Alten Testament gibt es natürlich Geschichten, die voll von einer sinnlichen Symbolik sind. Ich habe gerade das Buch über Hiob gelesen. Ein Mann, der krank und seiner Reichtümer beraubt ist, zu ihm spricht Gott aus der Donnerwolke. Denken Sie an das Hohe Lied oder die Apokalypse, das sind alles Geschichten voller Bilder. Im literarischen Sinne ist das Judentum also reich an Bildern.

HK: Inwieweit sind Sie denn selbst in diesem jüdischen Denken, im Judentum verwurzelt?

RA: Eigentlich gar nicht. Wir waren eine von diesen der deutschen Kultur angepaßten Familien. Mein Großvater ging wohl noch einmal im Jahr zu den hohen Feiertagen in die Synagoge. Und ich kann mich erinnern, daß mein Vater, solange der Großvater noch am Leben war, das auch getan hat. Aber schon im großelterlichen Hause gab es keinerlei jüdische Gebräuche, an die ich mich erinnern kann. Und von dieser Generation ab hat das Jüdische bei uns eigentlich gar keine Rolle mehr gespielt, schon gar nicht im religiösen Sinne.

Man wußte natürlich, daß es so etwas wie Antisemitismus in Deutschland gibt, aber im wesentlichen lebte man in einem Kreise, der sich außerhalb des Antisemitismus befand. Man fühlte sich nicht angesprochen. Wir verkehrten mit bürgerlich-liberalen, künstlerisch interessierten, intellektuellen Gruppen, in die, was immer es an Antisemitismus in Deutschland gab, kaum eindrang. Ich habe also niemals in meinem Leben in Deutschland eine antisemitische Erfahrung gemacht. Ich wußte lediglich davon.

HK: Haben Ihre Eltern das Dritte Reich unbeschadet überstanden?

RA: Ja. Aber einige entfernte Verwandte sind meines Wissens in Konzentrationslagern umgekommen. Ich glaube, eine Schwester meines Vaters und ein paar weniger direkt mit uns verbundene Leute.

HK: Wieso, glauben Sie, konnte Gott Auschwitz zulassen?

RA: Diese Frage hat natürlich schon immer existiert. Sie zieht sich von Beginn an durch die ganze abendländische Kultur. Im achtzehnten Jahrhundert, zur Zeit Voltaires, war das berühmte Erdbeben in Lissabon etwa der Anlaß, um an der Güte und der Allmacht Gottes zu zweifeln. Nun setzt das natürlich voraus, daß man an die Allmacht Gottes glaubt. Was bei mir nie in Frage gekommen ist, denn ich bin immer Atheist gewesen. Es ist mir einfach unverständlich, wie sich jemand eine Welt vorstellen kann, in der ein überirdisches Wesen lebt oder regiert. Ich bin, wie Goethe, stark beeinflußt von der Philosophie Spinozas. Das ist eine pantheistische Philosophie, in der Gott mit der Natur gleichgesetzt wird. Das Naturgesetz selbst ist dabei das beherrschende Prinzip in der Welt. So daß Gott, wie Spinoza sagt, keinen freien Willen hätte, auch wenn man die Figur Gottes in den Betrieb der Welt einfügte. Wenn es einen Gott gäbe, dann wäre er dem Gesetz der Welt ebenso untertan wie alles andere in der Welt.

HK: Das Gesetz der Schwerkraft erlaubt genaue Vorhersagen über das Verhalten einer Kugel, die man fallen läßt. Was aber besagt jene Gesetzmäßigkeit der Welt, von der Sie sprechen?

RA: Für einen Psychologen wie mich gibt es auf dem Gebiet des menschlichen Geistes Beziehungen zwischen Ursache und Wirkung, die genauso durch Gesetze bestimmt sind, wie es im Physischen der Fall ist. Und es versteht sich, daß ein Mensch, dem die Befriedigung seiner lebensnotwendigen psychischen Bedürfnisse vorenthalten wird, sich bösartig verhält, d. h. sich verteidigt. Die Auflehnung gegen Lebensbedingungen, die dem Menschen nicht erlauben, als wirklicher Mensch zu funktionieren, bringt das Böse hervor. So kann es dann zu Auschwitz kommen. Das ist für mich kein religiöses, sondern ein psychologisches Problem. Ich glaube, daß die Möglichkeit zum Bösen in allen Menschen existiert und daß man das, was in den Deutschen damals aufgestört worden ist, so ziemlich in jeder Bevölkerung der Welt hervorbringen kann.

HK: Aber warum konnte diese Veranlagung zum Bösen ausgerechnet in Deutschland zum Durchbruch kommen?

RA: In Deutschland, das wissen wir ja alle, waren die Bedingungen hierfür der Zusammenbruch des Kaiserreiches, der Umstand, daß eine große Menge der deutschen Bevölkerung plötzlich ihre menschliche, psychische und ökonomische Basis verlor und daß diese Menschen einen Sündenbock brauchten und einen Glauben an eine Verbesserung ihrer Lage. Das Naziregime hatte natürlich seine psychologischen Wurzeln wie alles andere auch. Und da gab es leider diesen schauerlichen Zufall, daß jemand wie Hitler an die Macht kam, der über große Verführungskraft verfügte. Aber Sie wissen ja, was Tolstoi über die Beziehung zwischen Geschichte und entscheidenden Persönlichkeiten geschrieben hat: Die Geschichte braucht diese entscheidenden Persönlichkeiten als Ausführende der in ihr wirksamen Mächte. Hitler war das ausführende Organ für eine starke Tendenz, die sich in Deutschland angestaut hatte. Schwieriger wird es, wenn man sich fragt, wie es denn überhaupt zum Antisemitismus kommen konnte. Das ist nämlich eine sehr merkwürdige Sache. Die Nazis hatten eine Vorstellung von dem, was sie für geistig zerstörerisch an den Juden hielten. Im modernen Italien zum Beispiel gab es eigentlich keinen Antisemitismus, bis Mussolini diesen importierte. Das lag zum Teil daran, daß die Juden ebenso mittelmeerländisch waren wie die Italiener. Es gab keine auffälligen äußeren Unterschiede. Sie können dort jemandem nicht am Gesicht ansehen, ob er ein Jude ist oder nicht, was in den nordischen Ländern schon eher möglich ist. Und in Amerika gibt es ja in gewisser Weise ein Vorurteil gegen mittelmeerländische Typen, gegen Italiener oder Griechen, aber eben auch gegen Juden. Die wirklich Respektierten sind die nordischen Typen, die Schweden, die Engländer, die sind sozusagen blond und engelhaft. Und das ist in Deutschland ähnlich!

In früheren Jahrhunderten gab es in Spanien und in Italien natürlich auch eine religiöse Komponente. Die Juden wollten sich nicht bekehren lassen, und sie hatten Christus gekreuzigt. Als nun Mussolini die Rassengesetze einführte, haben sich die Leute gefragt, was denn nicht stimmt mit den Juden, was können denn die verbrochen haben. Und weil man etwas finden mußte, hat man diese alte Tradition der Spanier aufgegriffen: Die Juden haben Christus gekreuzigt, das muß ihre Schuld sein.

HK: Herr Arnheim, wenn Sie nicht an Gott glauben, werden Sie auch der Prophezeiung, daß der Messias kommen wird, keinen Glauben schenken. Sehen Sie dennoch einen Weg, auf dem das jüdische Volk seine »Erlösung« finden könnte?

RA: Ich sehe da zwei große Möglichkeiten der »Erlösung«. Eine ist das Aufgehen der Juden in den sogenannten Wirtsvölkern. Das Verschwinden der Juden wäre eine Möglichkeit der Lösung des jüdischen Problems. Eine andere wäre die Vervollständigung des jüdischen Menschen. Etwas in der Art wird zur Zeit in Israel versucht. Da gibt es zum ersten Mal Juden, die Landwirte sind, d.h., in Israel wird zum ersten Mal die Gesamttätigkeit der menschlichen Gesellschaft ausschließlich durch Juden verwirklicht. Und die Vollendung des Jüdischen durch eine Vervollständigung des jüdischen Menschen ist natürlich hinsichtlich Ihrer Fragen sehr positiv zu beurteilen.

HK: Um diese Vervollständigung zu erreichen, sind die Gründer Israels mit einem sehr hohen moralischen Anspruch angetreten, der sich offenbar nicht erfüllen läßt.

RA: Ja, und das ist natürlich eine große Enttäuschung für viele. Die Juden waren ja durch die entsetzlichen Opfer, welche sie bringen mußten, sozusagen verpflichtet, ein heiliges Dasein zu führen. Sie konnten nicht einfach sagen, na ja, wir machen das so wie alle anderen, und weil das alles Verbrecher und Mörder sind, werden wir genauso. Das war nicht möglich. Schließlich hatten sie sich ein Gelobtes Land durch ihr Leiden erkauft und glaubten, irgendwie geläutert zu sein. Aber das ist natürlich nicht der Fall.

HK: Wie ist denn Ihre persönliche Beziehung zum Land Israel?

RA: Ich bin niemals dort gewesen und habe eigentlich keine Beziehung dazu. Ich habe einige wenige Menschen kennengelernt, die von dort kamen, Psychologen insbesondere. Eine gute Freundin von mir ist nach Israel ausgewandert, aber wir hören fast nichts mehr voneinander. Und das kann man wohl kaum eine Beziehung nennen.

HK: Wie beurteilen Sie denn die Zukunft des jüdischen Volkes?

RA: Ich glaube, daß die Gründung des jüdischen Staates endgültig ist. Das hat auch seine Richtigkeit. Schon deshalb, weil es eine große Anzahl von Juden gibt, die sich am produktivsten und am wohlsten fühlen, wenn sie unter ihresgleichen sind. Und Israel ist ein Staat, der sehr produktiv sein könnte, wenn er erst einmal über seine Schwierigkeiten mit seinen Nachbarn hinauskäme, was ja früher oder später geschehen muß. Und ich glaube nicht, daß man es zulassen wird, daß der Staat zerstört wird. Das scheint mir sehr unwahrscheinlich. Es ist nicht im Interesse der übrigen Welt. Israel wird wahrscheinlich immer ein sehr interessantes Land sein, wenn es sich einigermaßen ungestört entwickelt, weil es eine größere Vielfalt des menschlichen Wesens hervorbringen wird. Die Ghettoeinseitigkeit wird sich dann auflösen. Ich glaube also an die Zukunft des jüdischen Staates. Wenn man zweitausend Jahre voller Kummer überlebt hat, ist die Wahrscheinlichkeit, daß das noch eine Weile weitergehen wird, sehr groß.

URI AVNERY

Journalist und Politiker, Tel Aviv. Geb. 1923 in Beckum

HK: Herr Avnery, die Weltgeschichte der letzten fünfzig Jahre hat aus Helmut Ostermann in Beckum / Westfalen Uri Avnery in Tel Aviv gemacht. Hat es in Ihrer Kindheit schon ein jüdisches oder ein zionistisches Element in der Familie gegeben?

UA: Meine Familie ist deutsch-jüdisch. Meine Großeltern väterlicherseits waren ziemlich orthodox. Bei meiner Großmutter, die ich nie gekannt habe, war, glaube ich, sogar die Küche koscher. Bei uns nicht. Mein Großvater war ein jüdischer Lehrer in Beckum, darum wohnte unsere Familie überhaupt dort. Er war so eine Art halber Rabbiner. In diesen kleinen Gemeinden, die keine eigenen Rabbiner hatten, gab es immer jemanden, der ein Halbrabbiner war. In diesem Sinne waren meine Wurzeln jüdisch. Meine Eltern waren aber nicht religiös. Sie gingen nur noch an den großen Feiertagen in die Synagoge. Ich selbst war in Deutschland vielleicht jedes Jahr zweimal in der Synagoge. Mein Vater war zionistisch, von Jugend auf, ich weiß nicht, warum. Es war seine Art, sich für etwas zu begeistern. Noch vor dem Ersten Weltkrieg in Deutschland Zionist zu sein war wirklich etwas Außergewöhnliches. Die deutschen Zionisten damals, so wie die amerikanischen Zionisten heute, haben wirklich nicht davon geträumt, selbst nach Palästina zu gehen. 1933 ist dann unsere Familie emigriert. Wir waren vier Kinder. Alle anderen Verwandten sind ums Leben gekommen, Onkel, Tanten, Cousinen. Daß mein Vater so früh beschlossen hat auszuwandern, zeigt natürlich, daß der Zionismus doch den Effekt gehabt hat, daß diese Leute früher gemerkt haben als andere, was wirklich passiert. Als mein Vater sich auf dem Polizeirevier abgemeldet hat, hat der Beamte gesagt: »Herr Ostermann, was fällt Ihnen eigentlich ein, Sie sind doch Deutscher wie wir.« Aber nach dem ersten Angerempeltwerden hat mein Vater beschlossen: Wir wandern aus. Ich erinnere mich noch an die Diskussionen in der weiteren Familie. Die anderen, die sagten: »Du bist verrückt. Was hast du in der Wüste zu tun?« Wir sind an meinem zehnten Geburtstag ausgewandert. Einen Monat später waren wir hier. Pünktlich an meinem achtzehnten Geburtstag habe ich meinen Namen geändert. Eher war es nicht möglich, denn es galt noch britisches Gesetz, im Mandatsgebiet. Bomben haben wir schon mit fünfzehn geschmissen, aber erwachsen waren wir erst mit achtzehn.

HK: Was ist für Sie entscheidender: die Zugehörigkeit zum Volke der Juden oder die zum Staat Israel?

UA: Das ist ein Identitätsproblem, das wir hier in Israel überhaupt haben: Was sind wir eigentlich, sind wir Israelis oder sind wir Juden? Und in welcher Reihenfolge? Ich gehöre zu denen, die sagen: Ich bin vor allem Israeli und erst in zweiter Linie jüdisch. Aber Sie werden tausend verschiedene Auffassungen darüber finden, was es heißt, jüdisch zu sein. Ich bin völlig atheistisch. Für mich ist die jüdische Religion nichts als eine interessante historische Erscheinung und Tradition. Das Jüdische, das tief in uns allen steckt, ist meiner Auffassung nach etwas Humanistisches, das in den letzten Jahrhunderten aus der Summe vieler Faktoren und Traditionen entstanden ist. Unserer Geschichte verdanken wir gewisse Erkenntnisse, und ich wünsche mir, daß unser israelischer Nationalismus, unsere israelische Existenz als Nation und Staat, irgendwie diese humanistische Situation reflektieren möge. Das ist jüdisch an mir.

HK: Viele, darunter auch Nichtgläubige, haben, als die Bilder aus den befreiten Konzentrationslagern um die Welt gingen, die Frage gestellt: Wie war es möglich? Wie soll man sich einen Gott vorstellen, der das zugelassen hat?

UA: Der Gott, der Auschwitz zugelassen hat, kann nur unmoralisch sein oder gar nicht existieren. Da ich ein Atheist bin, ist für mich die Frage ohnehin entschieden. Es ist mir unverständlich, wie überhaupt jemand religiös sein kann. Für mich ist Religiosität eine Schwäche. Die Einstellung eines Menschen, der nicht stark genug ist, die Realität des Lebens und des Todes nüchtern ins Auge zu fassen, eigentlich sich nicht damit abfinden kann, daß das Leben zeitlich begrenzt ist, daß die Natur unmoralisch ist, daß die menschliche Natur sehr fragwürdig ist. Als ich noch jung war, war hier im Lande die Religiosität am Absterben. Ich war fünfzehn Jahre alt, und es war für mich ganz klar, für uns alle war es klar, daß die Religion, wie die jiddische Sprache und die deutschen Angewohnheiten, zu den alten Leuten gehört. Die alten Leute sterben allmählich aus, und dann sind wir endlich diese Sache los. Ich war damals ein Jahr lang in einem Dorf. Es gab dort auch eine Synagoge, aber jeder Kuhstall war ein Palast im Vergleich zu dieser Synagoge. Es war eine alte Holzhütte, wo sich alte Leute am Sabbat getroffen haben. Das Theater war das größte Gebäude in diesem Dorf. Theater war für die Menschen dort viel wichtiger. Und heute? Ganz das Gegenteil: Die religiösen Kräfte im Lande werden stärker, extremer, es gibt einen jüdischen Fundamentalismus, der dem Khomeinismus in nichts nachsteht. Ich muß wohl einfach akzeptieren, daß Religion offenbar einem sehr tiefen menschlichen Bedürfnis entspricht. Was wir in diesem Land schaffen wollten, eine gewisse geistige Kraft, durch eine Erziehung, die wie unsere eigene Erziehung sein sollte, nicht religiös, sondern säkularistisch – das ist anscheinend nicht gelungen. Es wird kein Messias kommen, und kein Mensch wird die Welt verändern außer uns selbst. Wir sind der Messias. Entweder können wir die geistigen Kräfte aufbringen, um die Welt zu ändern – dramatisch oder in einem langsameren Prozeß – oder nicht. Der Glaube an einen Messias ist eine geistige Krankheit. Bei sehr religiösen Juden sehen Sie das: Die sagen, wir brauchen überhaupt nichts zu tun, wir müssen nur beten, und eines Tages, heute, morgen, in tausend Jahren, in einer Million Jahren, kommt jemand und verändert alles. Der Geist Israels heute ist genau das Gegenteil. Denn wenn irgend etwas uns Israelis heute wirklich kennzeichnet, dann ist es gerade der Aktivismus, ist es gerade die Einstellung, daß wir alles verändern können. Das ist im Grunde auch eine jüdische Auffassung. Man kann dafür sogar Wurzeln in der jüdischen Religion finden. Einer der ältesten hebräischen Aussprüche von Rabbi Hillel heißt: Wenn ich nicht für mich bin, wer ist für mich? Und wenn nicht jetzt, wann? Im Grunde ist die jüdische Religion keine passive Religion, und dieser Messias ist im Grunde kein Teil der jüdischen Auffassung. Wir müssen uns selber erlösen. Wenn wir es nicht tun, sind wir selbst schuld.

HK: Die Gründung Israels ist nicht gerade ein Zeichen von Schicksalsergebenheit.

UA: Das war damals die Revolution, die der Zionismus bewirkt hat, mit seinem Grundentschluß, daß wir als Volk ein Subjekt der Geschichte sein wollen und nicht mehr ein Objekt. Daß wir unser eigenes Schicksal, zum Guten oder zum Schlechten, aber doch unser eigenes Schicksal bestimmen wollen. Ein Großteil des jüdischen Volkes hat ja übrigens dabei nicht mitgemacht, und für mich zeigt sich da ein ganz gewaltiger Unterschied zwischen den Juden der Welt und uns. Wir sind eine Nation. Als Nation sind wir israelisch, nicht jüdisch. Ein Teil des jüdischen Volkes ist eine Nation geworden, so wie zum Beispiel Teile des angelsächsischen Volkes eine australische Nation und eine kanadische Nation gebildet haben. Wenn es so etwas gibt wie ein deutsches Volk, hat es heute vier verschiedene Nationen. Aber es gibt ja überhaupt keine gültige Definition, was die Juden wirklich sind! Sie sind etwas Eigenartiges in der heutigen Welt, und das, obwohl sie vor zweitausend Jahren nicht eigenartig waren, denn Völker in der Art, wie die Juden es heute sind, waren alle vor zweitausend Jahren, nämlich Völker, die auf einer Kulturgemeinschaft beruht haben und nicht auf einem Territorium. Zur Zeit Jesu gehörten ein Jude in Jerusalem und ein Jude in Alexandria zum selben Volk. Ein Jude in Jerusalem und ein Grieche in Jerusalem gehörten nicht zum selben Volk. Aber selbst wenn die Juden der Welt ein Volk sind – eine Nation ist die jüdische Diaspora nicht, denn sie gehört verschiedenen Nationen an, der amerikanischen, der sowjetischen.

Wir sind eine neue Nation, eine israelische Nation, die jüdische Komponenten hat, aber nicht ausschließlich jüdisch ist. Und sogar innerhalb der jüdischen Komponente gibt es viele verschiedene Nuancen, die mit der Herkunft zu tun haben. Ich kann heute noch, wenn ich einen Jungen oder ein Mädchen von achtzehn Jahren treffe, ihnen ansehen, ob die Eltern aus Deutschland oder aus Amerika gekommen sind. Dann gibt es die orientalischen Juden, Marokkaner, afghanische Juden, die ganze orientalische und die ganze askenasische Tradition. In diesem Sinne ist Israel ein äußerst interessantes, einzigartiges Land. In Amerika gibt es auch viele ethnische Gruppen mit eigenen Sprachen und eigenen Lebensformen. Sie bilden eine gemeinsame amerikanische Nation, haben eine gemeinsame Fahne, eine gemeinsame nationale Einstellung. Hier haben sie all das, dazu aber ein gemeinsames Bewußtsein, zu einer alten Nation zu gehören, zu einer Tradition, die Jahrtausende zurückgeht. In diesem Zusammenhang spielt die Bibel doch bei uns eine ungeheuer große Rolle. Nicht, weil sie die gemeinsame Religion ausdrücken würde, sondern weil aus ihr unsere Sprache kommt. Sie ist unsere historische Erinnerung. Sie ist für uns das Buch, in dem die Dinge aufgeschrieben sind, die zu dieser Landschaft gehören. Für Israel wird ja, wie damals für Amerika, das Bild des »melting pot«, des Schmelztiegels der Völker, gebraucht. Ich finde das kein gutes Bild. Man denkt dabei an einen Kessel, in den Goldsachen hineingeworfen und zu einer formlosen Masse zusammengekocht werden. Wir sind aber eher ein Schmelzofen, in dem sich neue Formen bilden. Man kann darüber streiten, inwieweit es eine eigene israelische Kultur schon gibt – ich glaube, es gibt sie, ich glaube auch, daß es in der

neuhebräischen Sprache schon Literatur gibt, eine israelische Poesie. Aber die Episode Israel steht noch an ihrem Anfang. Das ganze Experiment ist hundert Jahre alt, der Staat vierzig, alles ist noch in Bildung und kann sich zu etwas sehr Schönem, aber auch zu etwas sehr Häßlichem entwickeln.

HK: Herr Avnery, Ihnen geht der Ruf voraus, kritische Stimme hier in der Politik Israels zu sein.

UA: Ich bin eine sehr kritische Stimme, vom ersten Tage dieses Staates an, und zwar, weil meine Auffassung dieses Staates Israel ganz verschieden ist von der offiziellen Doktrin. Ich betrachte Israel nicht als einen Staat, der den Juden der Welt gehört, was die offizielle, durch den Gegner festgelegte Auffassung ist, sondern als einen Staat, der seinen Einwohnern gehört, seinen Bürgern. Und diese Staatsbürger sind teils jüdisch und teils arabisch. Ich möchte, daß in diesem Staat die jüdischen Bürger die Mehrheit sind, weil eben dieser Staat darum aufgebaut worden ist, uns die Gelegenheit zu geben, ein Subjekt der Geschichte zu werden und unsere nationale Persönlichkeit auszudrücken. Ich will aber, daß dieser Staat ein säkularistischer, ein demokratischer Staat ist, in dem alle Staatsbürger, unabhängig von Abstammung, Rasse, Nation, Glauben, Sprache, Geschichte und was immer, gleichberechtigt sind. Damit bin ich automatisch in der Opposition zu allen Gesetzen, die formell oder praktisch Unterschiede machen zwischen den Juden und Arabern und auch zwischen orientalischen Juden und askenasischen Juden. Dieser Staat ist 1948 offiziell durch Beschluß der Vereinten Nationen gegründet worden. Inhalt dieses Beschlusses, der in unserer Unabhängigkeitserklärung als eine der Grundlagen dieses Staates erwähnt wird, war, dieses Land in zwei Staaten zu teilen, einen jüdischen und einen arabischen Staat. In diesem Sinne ist Israel ein jüdischer Staat. Die Frage ist nur: Was ist ein jüdischer Staat? Diese Grundprobleme werden in Israel sehr selten überhaupt angesprochen. Die Diskussion darüber ist nie zu einem Ergebnis gekommen. Ein jüdischer Staat ist ein Staat, der den Juden gehört. Welchen Juden – den Juden, die hier sind, oder den Juden der ganzen Welt? Gehört er dem jüdischen Volke, und was ist überhaupt das jüdische Volk? Soll der Staat selbst eine Funktion haben, den jüdischen Glauben durch Gesetz zu fördern? All das sind Fragen, die ungelöst sind.

In der Praxis räumen gewisse Gesetze wie das Einbürgerungsgesetz Leuten, die als Juden bezeichnet werden, gewisse Rechte ein, die Nichtjuden nicht haben. Ein neues Gesetz, das halb heimlich verabschiedet worden ist, besagt, daß kein Mensch in Israel das Recht hat, eine Wahlliste aufzustellen, wenn er verleugnet, daß Israel ein Staat des jüdischen Volkes ist. Was heißt »verleugnet«? Das ist beinahe schon eine Sache des Glaubens, eine religiöse Doktrin. Danach ist die jüdische Gemeinde in Moskau oder in Berlin oder München mehr Inhaber dieses Staates als die Araber. Ich opponiere dieser Grundauffassung. Ich sage, wir haben als Juden diesen Staat errichtet, und solange wir hier in der Mehrheit sind, werden wir den Staat benutzen, um den Juden zu helfen, die irgendwo in der Welt in Gefahr sind. Aber er soll ein moderner, säkularistischer, liberaler, humanistischer Staat sein, wie wir es in der westlichen demokratischen Welt von einem Staat erwarten. Diese Auffassung habe ich schon immer gehabt. Viele Leute hier glauben, ich sei in der Opposition, was das Palästinaproblem betrifft. Meine Einstellung dazu ist aber nur ein Resultat dieser Grundeinstellung. Ich bin auch für eine totale Trennung zwischen Religion und Staat. Die offizielle Doktrin sagt das Gegenteil: Bei den Juden sei kein Unterschied zwischen Religion und Nation und daher auch kein Unterschied zwischen Religion und Staat. Der Staat hat das Recht, uns religiöse Gesetze durch das säkulare Staatsgesetz aufzuzwingen. Und diese Grundeinstellung bringt eine Opposition in praktisch allen Fragen mit sich. Ich war zehn Jahre lang im Parlament, habe mindestens tausend Reden gehalten, und es ist in diesen zehn Jahren in der Knesset kaum ein Thema diskutiert worden, bei dem ich mich nicht in der Opposition befand. Die Leute glauben, ich sei von Grund auf ein Querkopf und aus Prinzip gegen alles. Das stimmt nicht.

HK: In der israelischen Gesellschaft gibt es nicht mehr die Beschränkungen, die es für die Juden in der Diaspora, im extremen Fall in den Ghettos, immer gegeben hat. Gerade diese Beschränkung und dieses Sich-durchsetzen-Müssen haben aber vielleicht oft besondere Energien freigesetzt, zu einer besonderen Entfaltung von Phantasie geführt.

UA: Ich erkenne diese Frage wieder: Ist die Diaspora kreativer als wir? Die Frage ist aber: Was heißt kreativ? Unsere Kreativität, unser Schaffen, ist kollektiv. Wir haben eine hebräische Sprache geschaffen, wir haben eine neue hebräische Kultur geschaffen, unser Militär, unseren Staat. Sie dürfen nicht die großen Leistungen der Juden in der Diaspora aufzählen und fragen: Wo sind mehr Rabbiner, wo sind mehr Nobelpreisträger, wo sind mehr Wissenschaftler. Einen Staat zu erhalten erfordert eine ganz andere Konstellation der geistigen Kräfte. Wir haben ziemlich gute Waffen und ziemlich gute

Offiziere. Wer Offizier ist, kann nicht zur selben Zeit ein großer Dichter sein oder ein großer Komponist oder ein großer Wissenschaftler. Er ist ein Militär, das absorbiert seine geistigen Kräfte. Wie definiert man eine Kultur? Ist die Schaffung einer Armee keine kulturelle Schöpfung? Ich meine ja. Sie können heute Israel mit Deutschland vergleichen oder mit England oder mit Dänemark oder mit der Schweiz. Sie können Israel aber nicht mit den Juden vergleichen. Die Juden in der Welt sind, da sie keine Nation sind, von solchen Dingen dispensiert.

Es gibt Leute, die sagen: Sehr, sehr schade, daß ein Zionismus überhaupt jemals entstanden ist, denn er hat die Juden ärmer gemacht. Ich will das gar nicht bestreiten. Ich will sagen, wir haben etwas ganz anderes gewollt: einen besseren Staat, ein humanes Militär, eine bessere Politik.

HK: Wie sehen Sie die Zukunft der Juden, zum einen in Israel, zum anderen in der Diaspora?

UA: Die Juden in der Diaspora haben es einfach, es besteht keine Gefahr für sie. Sogar der Holocaust war keine Gefahr für die Juden in der Diaspora. Er war eine Gefahr für das jüdische Individuum, aber keine Gefahr für das Judentum. Gerade die Diaspora ist ja eine Erfindung, die das Judentum verewigt. Man kann die Juden hier ausrotten, dann werden sie dort sein, und wenn man sie dort ausrottet, werden sie wieder hier sein. Die Juden in der Diaspora haben ihre Schätze, und die sind geistiger Natur. Die Juden produzieren nichts, was beständig ist. Es gibt keine jüdische Architektur, wohl aber eine jüdische Literatur, eine jüdische Religion. Dinge, die man mitschleppen kann, die man leicht einpacken kann, so daß man fortlaufen kann. Darum ist die jüdische Diaspora eine Widerlegung des Zionismus. Eine der Illusionen des Zionismus war, daß wir in einem jüdischen Staat sicherer sein sollten. Genau das Gegenteil stimmt. Um sicher zu sein, soll man überhaupt keinen Staat haben, man soll verstreut sein in der Welt und mobil. Wir haben unsere Sicherheit aufgegeben und uns dem Sturm der Weltgeschichte ausgesetzt, denn einen Staat kann man vernichten. Das haben wir unbewußt oder bewußt auf uns genommen. Die Zukunft Israels ist ein Experiment. Vierzig Jahre in der Geschichte eines Staates sind ein kleiner Augenblick, hundert Jahre in der Geschichte eines Volkes sind ein kleiner Augenblick. Ich möchte gern in zweihundert Jahren wiederkommen und sehen, was aus der Sache geworden ist. Ich bin wirklich sehr neugierig. Denn Israel ist, glaube ich, der interessanteste Staat der Welt. Alle Probleme sind unentschieden. Was wir nur sagen können, ist, daß wir mitten im Kampf stehen und es in diesem Kampf so viele Faktoren gibt, daß wir sie uns gar nicht bewußtmachen können. Wir wissen nur, was in den Zeitungen steht. Politik, Wirtschaft, Krawalle, Kriege, dies und das, aber das ist nur der Schaum auf dem Wasser. Wenn in hundert Jahren dieser Staat noch besteht, wird er weder eine Fortsetzung des orientalischen noch des westlichen Judentums sein. Irgend etwas Neues wird dabei herauskommen. Das können wir uns heute noch gar nicht vorstellen. Auch wir sind nicht mehr solche Juden, wie unsere Eltern es waren. Und die jungen Marokkaner, die heute die Universitäten in Jerusalem und Tel Aviv absolvieren, sind nicht mehr dieselben orientalischen Juden wie ihre Eltern oder Großeltern in Casablanca. Israel ist kein Mittelmeerland. Es ist kein westlicher Staat, es ist kein östlicher Staat, kein orientalischer Staat, es ist etwas anderes, eine Mischung von allem und doch etwas Eigenes. Wenn ich aus Ägypten komme und am Ben-Gurion-Airport aus dem Flugzeug steige, ist es, als käme ich nach Deutschland. Wenn ich aus Deutschland komme und steige hier aus, glaube ich, in sei in Ägypten. Das ist das Interessante, das Schöne in Israel, daß man sich seiner selbst bewußt sein kann, wenn man will, daß man bei einer Schöpfung dabei ist und daß man beeinflussen kann, in welche Richtung es gehen soll. Das ist der Grund, warum ein Mensch wie ich gar nicht woanders leben könnte.

SCHALOM BEN-CHORIN

Religionsphilosoph und Schriftsteller, Jerusalem. Geb. 1913 in München

HK: Herr Professor Ben-Chorin, ich komme zu Ihnen aus der Stadt, die Sie 1935 verlassen mußten, aus München. Seit über einem halben Jahrhundert ist Jerusalem Ihr Zuhause. Ist es auch Ihre Heimat?

SBC: Ich möchte darauf mit einem Vers von Alfred Kerr antworten: »Was ist Heimat? Kindheit, Wiegenklang, Sprachgewöhnung und Erinnerungszwang.« Ich kann mich dieser Definition von Kerr weitgehend anschließen. Heimat ist für mich im engeren Sinne München, in einem noch engeren Sinne

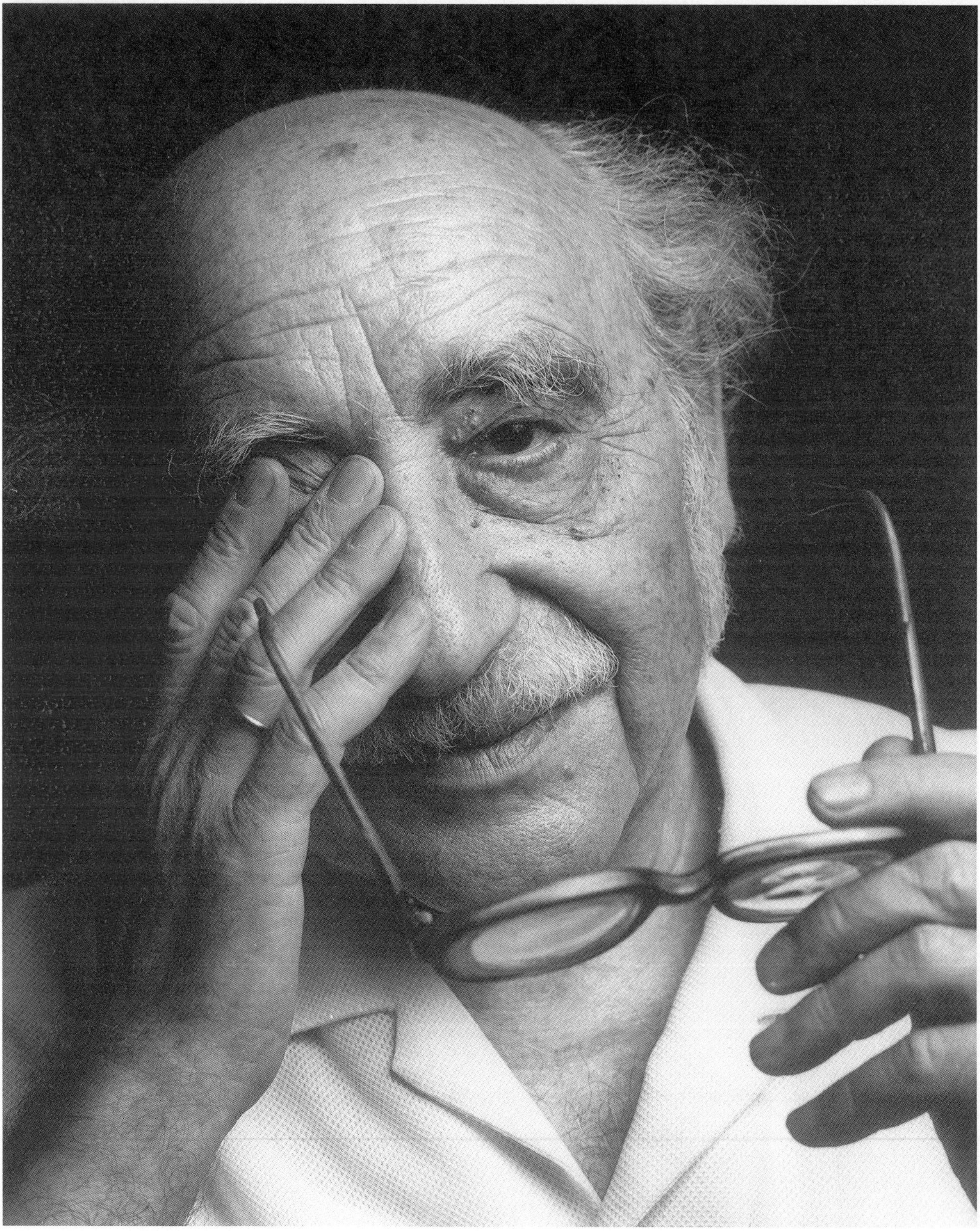

das Lehel, wo ich aufgewachsen bin. Der Heimatbegriff ist für mich ein rein emotioneller, kein politischer.

HK: War Ihre Kindheit von der jüdischen Tradition geprägt?

SBC: Ich entstamme einer alten bayerisch-jüdischen Familie. Unser Stammbaum reicht bis in das frühe achtzehnte Jahrhundert zurück, in Bayern und in Württemberg. Aber die Familie war bereits eine »postassimilatorische«, und ich wußte in meiner Kindheit und frühen Jugend sehr wenig vom Judentum. Ich habe dann einen Durchbruch zum Judentum erlebt, gleichzeitig auch zum Zionismus, und habe die Konsequenzen aus beidem gezogen.

HK: Sie haben geschrieben – dem Sinne nach –, daß das Judesein einem nicht nur gegeben ist, sondern einem auch etwas aufgibt.

SBC: Ganz richtig, wie Goethe sagt: »Was Du ererbt von deinen Vätern hast, erwirb es, um es zu besitzen.« Das Judentum ist ein Erbe, das erworben werden muß. Jude sein bringt eine Verpflichtung nach innen mit sich, für das eigene jüdische Volk, und eine nach außen, für die Menschheit. Nur auf das Eigene bezogen zu bleiben hätte einen Partikularismus zur Folge, der ethisch nicht zu verantworten ist. Sich nur auf die Außenwelt zu beziehen, ergäbe eine Wurzellosigkeit, die zum Luftmenschentum führt. Meine eigene Identität als Jude sehe ich in einem dreifachen Sinn. Es ist erstens die Solidarität mit dem eigenen Volk, mit dem jüdischen Volk. Es ist das Bekenntnis zum ethischen Monotheismus des Judentums, und es ist schließlich das Bewußtsein, daß ich aus einer deutsch-jüdischen Synthese hervorgegangen bin. Obwohl ich nun seit über einem halben Jahrhundert in Israel lebe, darf man doch die Wurzeln im deutschen Herkunftsland durch Sprache, Kultur und Denkform nicht unterschätzen.

HK: Würden Sie sich immer noch als deutscher Jude bezeichnen?

SBC: Ja und nein. Ja, im Sinne der Herkunft, nein, im Sinne einer heutigen Zugehörigkeit. Denn heute bin ich ein israelischer Jude deutsch-jüdischer Herkunft.

HK: Ich möchte das Wort von Alfred Kerr gerne aufgreifen. Haben Sie einen »Erinnerungszwang« an das, was im Dritten Reich geschehen ist? Hegen Sie gegenüber Deutschland Haßgefühle?

SBC: Ein großer Christ, Propst Grüber in Berlin, hat einmal gesagt: »Der Haß ist wie der Rost, er schlägt nach innen.« Ich habe keinen Haß, aber ich habe nichts vergessen und nichts verdrängt. Ich habe erfahren dürfen, daß eine junge Generation in Deutschland andere Wege eingeschlagen hat, und es wurde mir die Hand dargeboten zur Versöhnung, von dieser jungen Generation in erster Linie. Ich meine, eine ausgestreckte Hand muß man ergreifen, sonst fällt sie herunter, kraftlos, oder sie ballt sich wieder zur Faust. Ich habe den Weg nach Deutschland und zu den Deutschen nicht gesucht. Es hat sehr lange gedauert, bis zum Jahr 1956, bis ich mich entschließen konnte, den Einladungen zu folgen und wieder nach Deutschland zu fahren. Dann aber habe ich erleben dürfen, daß es eine junge Generation gibt – heute ist sie schon gar nicht mehr so jung – von Deutschen, die einen anderen Weg suchen. Ich muß aber zugeben, daß ich älteren Deutschen gegenüber, Deutschen meines Jahrgangs, sehr unsicher bin. Ich kann nicht immer fragen: »Was haben Sie von 1933 bis 1945 getan?« Ich kann nicht als Untersuchungsrichter durch die deutschen Gaue ziehen. Und wenn mir von den älteren Leuten jemand sagt, wissen Sie, wir haben das alles gar nicht gewußt, dann breche ich das Gespräch ab.

HK: Sie haben ein Buch geschrieben: »Als Gott schwieg«, eine »Theologie nach Auschwitz«. Die Frage, wie Gott die Konzentrationslager zulassen konnte, haben sich wohl viele gestellt, sicher auch viele, die sich nicht für religiös halten.

SBC: Das ist eine sehr schwierige Frage. Man nennt sie im theologischen Sprachgebrauch das Problem der Theodizee, der Rechtfertigung Gottes angesichts der Übel in der Welt. Nun meine ich, daß wir keine zureichende Antwort auf diese Frage haben. Höchstens gewisse Hinweise. Der erste Hinweis ist der, daß die Sünde der Preis der Freiheit ist. Da der Mensch frei ist, kann er sich zum Guten und zum Bösen entscheiden. Auschwitz ist die extreme Entscheidung des Menschen gegen den Menschen, aus der Freiheit des Menschen heraus, der das Böse tun kann, obwohl er das Gute erkennt. Auschwitz ist für mich in erster Linie der Bankrott des Christentums. Es waren alles getaufte Christen – ich sage nicht bekennende, aber getaufte Christen –, die diese unsagbaren Greueltaten begingen. Von der Bibel her gibt es drei Antworten auf eine Katastrophe von solchem Ausmaß. Alle drei können uns aber nicht genügen. Die Bibel versteht das Leiden als Strafe für das Brechen des Bundes, außerdem als Prüfung – denken Sie an Abraham und Hiob. Und schließlich gibt es das Leiden des Unschuldigen als Regulativ der Schöpfung. Jesaja 52. und 53., die Lieder vom Knechte Gottes, der leidet um der Sünden anderer willen – ein Gedanke, der dann im Christentum auf die Person Jesu projiziert wurde. Ich muß aber sagen, daß keine der Antworten ausreicht und wir letzten Endes wie Hiob sagen müssen: »Ich lege meine Hand auf meinen Mund«, ich kann nicht antworten.

HK: Glauben Sie, es gibt eine allgemeingültige Erklärung für den in der Geschichte und in ganz verschiedenen Ländern immer wieder aufflammenden Antisemitismus?

SBC: Auch das ist nicht in einem Satz zu beantworten. Aber die beste Antwort hat vielleicht Rabbiner Leo Baeck gegeben, der sagte: »Die Juden sind die Nonkonformisten der Weltgeschichte.« Sie waren immer anders als ihre Umgebung. Sie waren in einer heidnischen Welt die einzigen Monotheisten, die einen unsichtbaren Gott anbeteten, und sie waren dadurch allen anderen wesensfremd. Sie haben in einer christlichen Umwelt nicht das Christentum und in einer islamischen nicht den Islam angenommen. So blieben sie immer isoliert, und um jeden Juden hat sich eine Randspannungszone gebildet, um jede jüdische Gemeinschaft, und schließlich heute auch wieder um den Staat Israel. Immer dieselbe Randspannung. Der Judenhaß hat sich verschiedene Namen gegeben und verschiedene Gründe gefunden und bleibt doch immer derselbe. Ob es sich nun um den Antijudaismus der Kirche handelt, den Antisemitismus des neunzehnten Jahrhunderts, der vor allem ein sozialpolitischer war, den Rassenantisemitismus im zwanzigsten Jahrhundert oder um den heutigen Antizionismus, es ist immer wieder dasselbe – mit einem jiddischen Wort: »Dieselbe Jente, anders geschleiert«, also immer dieselbe Frau, nur jedesmal in einem anderen Kostüm.

HK: Zum ersten Mal gibt es eine geographische Heimat für das jüdische Volk. Und das jüdische Volk ist zum ersten Mal eine Nation. Wie denken Sie darüber?

SBC: Ich möchte zu Ihrer Formulierung das Wort »wieder« hinzufügen. Es ist wieder eine Nation und hat wieder eine geographisch zu begrenzende Heimat. Es ist aber im eigenen Verständnis immer eine Nation geblieben, abgesehen von den Zeiten der Hochassimilation, in denen sich die Juden nur noch als eine Religionsgemeinschaft verstehen wollten. Noch Moses Mendelssohn spricht von »meiner Nation«, wenn er vom Judentum spricht. Nun ist es mir klar, daß eine Formulierung wie die von Theodor Herzl: »Wir sind ein Volk«, zwar richtig ist, aber doch einen Entwicklungsprozeß einschließt. Heute haben wir hier in Israel Juden aus über hundert verschiedenen Herkunftsländern, von den Höhlenjuden des Atlas bis zu den Computerjuden aus New York. Zwischen ihnen besteht ein riesiger Unterschied, und erst in ein oder zwei Generationen wird ein gewisser Ausgleich stattgefunden haben. Das beobachtete ich in meiner eigenen Familie. Meine Schwiegertochter stammt aus Philadelphia, so daß meine Enkel nur Englisch und Hebräisch sprechen, und mein Schwiegersohn stammt aus einer ägyptisch-jüdischen Familie. Das, was wir Misug-Galujoth, die Vereinigung der verschiedenen Herkunftsländer, nennen, ist ein natürlicher Prozeß, den wir gar nicht ideologisch motivieren können, der einfach stattfindet. Er hat Vor- und Nachteile. Der Vorteil liegt auf der Hand: das langsame Zusammenwachsen zu einer Nation. Der Nachteil ist, daß die Entwicklung des Landes, das Tempo der Modernisierung darunter leidet. Denn hier leben heute einundfünfzig Prozent orientalische Juden, die oft aus rückständigen Ländern kommen, und es dauert ein, zwei Generationen, bis das überwunden ist.

HK: Glauben Sie, daß der Staat Israel auf die Dauer ein Staat werden kann wie alle anderen – im guten wie auch im schlechten Sinne?

SBC: Der erste Präsident des Staates Israel, Chaim Weizmann, sagte, im Lande der Propheten solle man mit Prophezeiungen vorsichtig sein. Ich kann auch nichts prophezeien. Ich stelle mir aber doch vor, daß der Staat Israel weiter bestehen wird, sich allen Angriffen zum Trotz erhalten wird. Daß das möglich ist, haben wir in den letzten vier Jahrzehnten bewiesen. Ich hoffe auch, daß der sinnlose Haß unserer arabischen Nachbarn allmählich doch abklingen wird, auch wenn es heute nicht so aussehen mag. Wenn man mir vor fünfzig Jahren gesagt hätte: Du wirst nach Deutschland fahren, man wird dich dort freudig empfangen, du wirst vor Tausenden sprechen, Deutsche werden nach Israel kommen und mit uns arbeiten – ich hätte es nicht geglaubt. Niemand hätte es geglaubt. Und dieses Geschichtswunder hat sich dennoch vollzogen. Das gibt mir die Hoffnung, daß auch der Konflikt mit unseren arabischen Mitbürgern und Nachbarn abklingen wird. Sehr skeptisch bin ich dagegen in bezug auf die Zukunft des Judentums in der Diaspora, wo sich die Assimilation eben nicht mehr aufhalten läßt, so daß mit einem ganz starken Substanzverlust gerechnet werden muß. Ich meine, ohne daß ich die Diaspora abschreiben möchte, die Zukunft des jüdischen Volkes liegt in Israel.

HK: Sehen Sie für Israel auch die Gefahr, von der Günther Anders spricht – daß die ewig Unterdrückten selbst zu Unterdrückern werden könnten?

SBC: Diese Gefahr besteht durchaus. In jedem Menschen und in jedem Volk steckt diese Versuchung. Und die rabbinische Tradition sagt ja sehr richtig: Der Mensch hat einen guten und einen bösen Trieb, und Menschsein heißt, den Kampf zwischen dem guten und dem bösen Trieb durchzustehen und ihn immer wieder zu Gunsten des guten Triebes zu entscheiden. Das ist gar nicht immer leicht. Ob wir dieser Anfechtung, selbst zu Unterdrückern zu werden, widerstehen können, wird weitgehend davon abhängen, ob wir unsere eigene Identität in jedem historischen Moment richtig erkennen. Martin Buber hat es so ausgedrückt: »Wir sind Israel, aber wir müssen es immer wieder werden.« Das ist eine Frage der Selbsterziehung und der Erziehung des Volkes. Wo sich derartige Aggressionen regen, müssen sie im Keim erstickt werden. Wir müssen gegenwärtig sehr wachsam sein.

HK: Die Prophezeiung der Ankunft des Messias ist für die Juden immer noch unerfüllt. Wie würde sich die Welt verwandeln, wenn diese Prophezeiung wahr würde?

SBC: Die Welt würde zum Reich Gottes, zum Reich des Friedens, der Gerechtigkeit und der Liebe unter den Menschen. Die Völker würden ihre Schwerter zu Pflugscharen und ihre Spieße zu Rebmessern umschmieden, wie es bei Jesaja und Micha heißt. Kein Volk wird mehr gegen das andere das Schwert erheben, und niemand wird mehr das Kriegshandwerk erlernen.

HK: Glauben Sie, daß dies je eintreten wird?

SBC: Ich sehe das als Ziel der Geschichte, und wenn ich das nicht glauben würde, dann hätte ich keine Hoffnung. Ich habe in meinem Leben erfahren dürfen, daß sich manches ganz anders entwickelt hat, als wir gedacht hatten, und daher meine ich auch, daß dieser Glaube, wenn er nicht mit Ungeduld einhergeht, legitim ist. Ungeduld würde heißen, daß wir die Endzeit berechnen, wie das zum Beispiel die Zeugen Jehovas tun, die behaupten, dann und dann werde sich das ereignen. Nein, ich halte mich da an das Wort Jesu: »Keiner kennt den Tag und die Stunde, auch nicht der Sohn, auch nicht die Engel im Himmel, nur der Vater allein.« Und ich meine, dieses Warten auf das Reich Gottes ist nur dann sinnvoll, wenn es kein passives Warten ist, sondern ein aktives. Wenn wir wissen, daß wir aufgerufen sind, Werke des Friedens, der Gerechtigkeit und der Liebe in unserem Leben zu verwirklichen. Sehr schön hat es Rabbi Tarphon in den Sprüchen der Väter ausgedrückt: »Es ist dir nicht gegeben, das Werk zu vollenden, aber du bist nicht davon befreit, es zu beginnen.«

HANS BETHE

Physiker und Nobelpreisträger, Ithaca. Geb. 1906 in Straßburg

HK: Herr Professor Bethe, Sie haben Deutschland 1933 verlassen müssen, weil Sie Halbjude sind?

HB: Ja. Ich hatte eine jüdische Mutter und einen arischen Vater.

HK: Haben Sie sich damals selber als Jude betrachtet?

HB: Ich hatte keine Verbindung mit dem Judentum. Meine Mutter war nicht religiös. Sie war getauft und machte sich überhaupt nichts aus der Religion. Ich hatte keinen Kontakt zur jüdischen Religion. Nachdem die Nazis an die Macht kamen, wurde ich mir meiner Verbindung zu den Juden natürlich bewußt, und seitdem interessiere ich mich für das Schicksal der Juden. Ich interessiere mich für den Staat Israel. Ich bin nicht einverstanden mit allem, was sie dort tun, aber ich bin dreimal dagewesen und habe es sehr genossen. Ich habe viele jüdische Freunde. Ich mag jüdische Witze und jiddische Geschichten.

HK: Sprechen Sie Jiddisch?

HB: Nein, ich verstehe es nicht einmal. Nur manche Sätze, weil es dem Deutschen ähnlich ist. Aber meine Beziehung zum Judentum war nie eng, nicht vor 1933 und heute auch nicht.

HK: Man hört oft von deutschen Juden, daß sie sich vor Hitler ihres Judentums nicht bewußt waren und daß Hitler sie erst zu Juden gemacht hat.

HB: Das ist richtig. In meinem Fall ging es nicht soweit, daß ich mich zum Juden habe machen lassen. Ich sehe mich heute nicht als Jude.

HK: Warum nicht?

HB: Warum sollte ich? Weil das Hitler so wollte?

HK: Viele Juden sagen, auch wenn sie keine besondere Beziehung zum Judentum haben, daß bei der Begegnung mit anderen Juden ein gewisses Verständnis vorhanden sei, fast als ob es ein gemeinsames Unterbewußtsein gäbe. Können Sie das bestätigen?

HB: Ja, ich glaube schon. Auch vor 1933 habe ich es leichter gefunden, Beziehungen zu Juden zu knüpfen als zu Nichtjuden. Das hat schon in der Schule angefangen. Im Gymnasium hatte ich drei

jüdische Freunde und nur einen nichtjüdischen. Ich weiß nicht genau, woran man einen Freund erkennt, weshalb man einander versteht. Vielleicht hat es mit dem Sinn für Humor zu tun, damit, daß man über sich selbst lachen kann.

HK: Sie haben einmal in einem Interview gesagt, Sie seien dankbar dafür, daß Sie auswandern mußten, daß der Zwang zur Emigration für Sie ein Glücksfall war.

HB: Ja, das ist richtig.

HK: Fühlten Sie sich auch vor Hitler in Deutschland nicht wohl?

HB: Also ich fühle mich in Amerika viel mehr zu Hause, als ich es jemals in Deutschland tat. Deutschland war in den zwanziger und dreißiger Jahren, in meinen bewußten Jahren, ein sehr verwirrtes Land. Und ich fand, daß ich wenig gemeinsam hatte mit den anderen Studenten an der Universität München. Ich hatte nicht das Gefühl, ausgeschlossen zu sein, aber viele der Studenten waren sehr nationalistisch gesinnt, manche waren schon Nazis, andere waren Kommunisten. Ich habe weder die einen noch die anderen gemocht. Sowohl die Nationalisten als auch die Kommunisten waren mir völlig fremd. Die einzigen Menschen, mit denen ich mich über die Tagesereignisse unterhalten konnte, waren meine alten Freunde aus dem Gymnasium und drei neue Freunde. Ich hatte in Deutschland nie das Gefühl, dazuzugehören. Ich hatte die Stadt München gern, auch die Stadt Frankfurt, aber ich habe mich nicht zu Hause gefühlt.

Schon in England hatte ich viel mehr das Gefühl, daß die Menschen so dachten wie ich, daß ich dort über alles reden konnte, trotz der Umstellung auf eine neue Sprache. Die unromantische angelsächsische Geisteshaltung liegt mir. Sie ist mir eher gemäß – erst recht habe ich mich in Amerika wohl gefühlt. Die Engländer sind recht zurückhaltend. Die Amerikaner nehmen einen auf, beinahe unmittelbar, nachdem man sich kennengelernt hat. Meine englischen und amerikanischen Freunde sind nicht jüdisch.

HK: Wie würden Sie die angelsächsische Geisteshaltung definieren?

HB: Ich meine unter anderem den Unternehmungsgeist hier in Amerika, das Vertrauen darauf, daß alles möglich ist, daß man alles erreichen kann, wenn man sich dazu entschließt und arbeitet. Als ich hier ankam, interessierte ich mich für Atomphysik. An der Universität gab es nur einen sehr kleinen Teilchenbeschleuniger, der zweitausend Dollar gekostet hatte. Und es beeindruckte mich sehr, daß die Leute hier, obwohl sie sehr klein anfangen mußten, trotzdem soviel Initiative besaßen und fest entschlossen waren, sich durchzusetzen und etwas zu erreichen. So etwas hatte ich in Deutschland nie erlebt.

HK: Das Magazin »Time« hat Sie einmal das größte Geschenk Nazideutschlands an die USA genannt, wegen ihrer erfolgreichen Arbeit als Atomphysiker. Sie waren an der Entwicklung der Atombombe in Los Alamos beteiligt, wo auch andere Emigranten-Physiker arbeiteten.

HB: Das ist richtig. Weisskopf war dort, Teller, Peierls.

HK: Warum, glauben Sie, haben gerade die Juden der Diaspora in bestimmten Bereichen so hervorragende Leistungen vollbracht?

HB: Ein Grund ist sicherlich, daß die europäischen Juden von vielen bürgerlichen Berufen lange Zeit ausgeschlossen waren. In Deutschland konnten sie erst spät Land besitzen. Also sind sie nicht Bauern geworden. Sie konnten auch nicht Offiziere in der Armee werden. Was sollten sie also machen? Sie wurden Kaufleute, Bankiers und dergleichen. Sobald ihnen der Weg in bürgerliche Berufe geöffnet wurde, gingen sie auch in den Staatsdienst und waren bald auch in den Naturwissenschaften und in der Medizin gut vertreten.

Zweitens: Wenn man ein schweres Leben hat, trainiert man sich, erfolgreich zu sein. In den zwanziger und dreißiger Jahren, bis 1933, haben wir immer gesagt, ein Jude müsse fünfmal so gut wie die anderen Deutschen sein, um eine Stelle zu bekommen. Also hat man versucht, fünfmal besser zu sein, und wenn sie dann eine Stelle bekamen, war die Wahrscheinlichkeit groß, daß sie in ihrem Beruf auch Erfolg haben würden.

Es gibt, glaube ich, noch einen dritten Grund: Die Juden hatten eine Tradition zu lernen. In Osteuropa und in früheren Jahrhunderten hatten sie eifrig die Bibel studiert, sie lernten die Thora und den Talmud. Und sobald ihnen andere Berufe offenstanden, lernten sie weiter, nur in anderen Fächern. Sie sind daran gewöhnt, zu lernen, Bücher zu lesen und zu interpretieren, sich zu bemühen, Geschriebenes zu vestehen.

HK: Glauben Sie, daß das Judesein auch eine besondere Verantwortung mit sich bringt?

HB: Nicht für mich. Ich versuche, meine Arbeit gut zu machen, aber nicht, weil Hitler mich zum Juden gestempelt hat. Ich glaube, das ist eher auf meine preußische Herkunft als auf sonst etwas zurückzuführen. Mein Vater stammte aus Stettin, er war sehr preußisch.

HK: Haben Ihre Eltern versucht, Sie bei der Wahl Ihres Berufes zu beeinflussen?

HB: Mein Vater hat mich bis zu einem gewissen Grad ermutigt, mein Interesse an der Mathematik und den Naturwissenschaften zu verfolgen, aber es war letztlich mein eigener Entschluß. Meine Mutter versuchte sogar, mich davon abzuhalten.

HK: Sie waren wesentlich an der Entwicklung der Atombombe und danach für kurze Zeit an der Entwicklung der Wasserstoffbombe beteiligt. Später haben Sie Bedenken über die Richtigkeit dieser Arbeit geäußert, denn Sie haben mit der Atombombe die Welt geändert.

HB: Ja, das haben wir damals nicht geahnt. Man muß auch zwischen der Arbeit an der Atombombe während des Krieges und der Arbeit an der Wasserstoffbombe danach unterscheiden. Während des Krieges war ich absolut davon überzeugt, daß wir es tun mußten. Wir wußten, daß ein Deutscher die Kernspaltung entdeckt hatte, und hatten Grund zu der Annahme, daß die Deutschen an der Bombe arbeiteten. Heute ist es erwiesen, daß sie 1941 an der Nutzung der Atomenergie arbeiteten und daß sie viel weiter waren als wir. Es stellte sich aber heraus, daß sie nicht beabsichtigten, eine Atombombe zu entwickeln, und daß sie es für unmöglich hielten, eine Bombe während des Krieges herzustellen. Damals waren wir freilich davon überzeugt, daß wir diese Arbeit machen mußten, weil sonst die Deutschen eines Tages Atombomben auf uns werfen könnten. Die Zweifel kamen erst später. Nach dem Krieg machten wir uns große Sorgen über die möglichen Folgen der Atombombe. Da habe ich damit begonnen – und die meisten derer, die daran mitgearbeitet hatten, ebenso –, Vorträge zu halten und auf Kongreßabgeordnete einzuwirken, daß sie dafür plädierten, die Bombe unter internationale Kontrolle zu stellen. Seit August 1945 habe ich immer wieder, mein ganzes seitheriges Leben, über die Gefahren des Atomkrieges geschrieben.

Was die Wasserstoffbombe angeht, lagen die Dinge etwas anders. Damals gab es keinen Krieg, und wir standen nicht unter Druck. Rückblickend betrachtet, glaube ich aber, daß Präsident Truman gezwungen war, das Projekt zu genehmigen.

HK: Aus welchem Grund?

HB: Weil es denkbar war, daß die Russen sie haben würden. Deshalb mußte Amerika sie auch haben. Ich persönlich war dagegen, daß man eine Wasserstoffbombe entwickelte. Und ich glaube bis heute, daß es ein Fehler war, ein schrecklicher Irrtum. Ich habe damals Artikel darüber geschrieben. Ich hoffte sehr, daß sich die Idee als unrealisierbar herausstellen würde. Ich habe an der Entwicklung der Wasserstoffbombe auch nicht sehr intensiv mitgearbeitet, ganz im Gegensatz zur Atombombe während des Krieges.

HK: Sie wurden auch mit dem Ergebnis Ihrer Arbeit konfrontiert. Die Bombe wurde eingesetzt. War es den Mitarbeitern bewußt, daß man mit ihr Millionen von Menschen töten könnte?

HB: Es war klar, daß dies eine schreckliche Waffe war. Aber durch sie wurde das Ende des Krieges herbeigeführt. Wir waren in Amerika überzeugt, daß trotz allem der Abwurf der Bombe über Hiroshima und Nagasaki das Leben von Millionen Japanern und Hunderttausenden Amerikanern gerettet hat. Wir waren uns bewußt, daß die Bombe wieder angewendet werden könnte und wir unseren ganzen Einfluß dagegen geltend machen müssen.

Das eigentliche Problem entstand erst dadurch, daß in späteren Jahren alles außer Kontrolle geriet. Wir hatten damit gerechnet, daß die USA nach dem Krieg vielleicht zwanzig, höchstens fünfzig Atombomben auf Lager halten würden. Heute haben wir aber zehn-, zwanzigtausend auf jeder Seite. Das haben wir uns im Traum nicht vorgestellt. Dafür sind auch nicht mehr die Wissenschaftler verantwortlich, sondern die Politiker und das Militär.

HK: Die Anwendung der Atombombe wäre aber ohne die Physiker nicht möglich gewesen. Waren Sie nicht ein Werkzeug in den Händen der Politiker?

HB: Sicher, wir waren sogar willige Werkzeuge während des Krieges.

HK: Bereuen Sie es heute, daß Sie mitgearbeitet haben, oder haben Sie gar Schuldgefühle?

HB: Schuldgefühle habe ich nicht. Ich bedauere, daß wir nicht wußten, daß die Nazis gar nicht an der Entwicklung der Bombe arbeiteten. Wenn man mir das damals gesagt hätte, hätte ich es wahrscheinlich nicht geglaubt. Aber wenn ich dessen hätte sicher sein können, hätte ich wahrscheinlich keine Notwendigkeit gesehen, daran zu arbeiten.

HK: Haben die jüdischen Wissenschaftler in Los Alamos jemals über …

HB: … ihr Judentum geredet? Nein.

HK: Wußten Sie, was in Deutschland los war? Wußte man über Auschwitz Bescheid?

HB: Nein, ich glaube nicht, daß ich von den Vernichtungslagern damals schon wußte. Wir wußten von der Verfolgung der Juden, und das war einer der Gründe, warum man die Nazis stoppen wollte. Aber es wurden auch Nichtjuden verfolgt. Und es gab genug andere Gründe, gegen die Nazis vorzugehen. Die Nazis hatten sämtliche moralischen Kriterien, sämtliche Ideale der westlichen zivilisierten Welt, die in den letzten fünfhundert Jahren Geltung hatten, verleugnet.

HK: Die Bereitschaft eines Volkes, sich hinter einem Führer zu vereinen, hat etwas Messianisches an sich. Wie sehen Sie die Prophezeiung vom Kommen des Messias, die in der jüdischen Religion eine wesentliche Rolle spielt?

HB: Ich vermute, daß diese Prophezeiungen aus der Zeit der Babylonischen Gefangenschaft stammen. Die Juden befanden sich in einer sehr unglücklichen Lage und wollten, daß jemand kommt, um sie zu retten. Das ist natürlich. Wenn Menschen ein glückliches Leben führen, brauchen sie keinen Messias. Ich würde sagen, wir in der westlichen Welt, in den USA, Westeuropa und Japan brauchen als Volk keinen Messias. Uns geht es sehr gut auf Erden.

HK: Wie sehen Sie die Zukunft des jüdischen Volkes?

HB: Ich hoffe, es wird es in Zukunft leichter haben als in der Vergangenheit. Was den Staat Israel anbetrifft, fürchte ich allerdings, daß es eher noch schwieriger wird. Ich glaube, daß man politisch schreckliche Fehler macht, und das macht mir Sorgen, weil ich die Existenz des Staates Israel für sehr wichtig halte. Ich bin unglücklich darüber, wie Israel mit den besetzten Gebieten umgeht. Es beunruhigt mich sehr, daß man die Möglichkeit, durch die Abgabe von Land den Frieden einzutauschen, nicht akzeptieren will.

HK: Besorgt es Sie, daß heute in den USA von der »Macht« der Juden gesprochen wird, daß die Juden als eine Minderheit betrachtet werden, die zuviel Einfluß hat?

HB: So fing es in Deutschland an. Wahrscheinlich hat es auch in Spanien so angefangen, 1492. Aber ich habe großes Vertrauen in die demokratische Form der Regierung in den USA. Die Bevölkerung der USA kommt aus der ganzen Welt, ist nicht überwiegend einheitlich wie in den einzelnen europäischen Ländern. Die verschiedenen ethnischen Gruppen werden sich gegenseitig im Gleichgewicht halten. Es ist zu hoffen, daß es immer wichtiger bleibt, wie einer denkt und handelt, als woher er stammt.

HK: Sie genießen sehr viel Anerkennung in Amerika und in der Welt.

HB: Ja, vielleicht sogar zu viel. Die Menschen neigen jetzt dazu, mir zuzuhören, auch wenn ich über Dinge rede, von denen ich nichts verstehe. Ich bin glücklich und zufrieden mit dem Leben, das ich geführt habe. Ich würde es nicht anders wollen.

BRUNO BETTELHEIM

Kinder- und Sozialpsychologe. Geb. 1903 in Wien, gest. 1990 in Silver Springs

HK. Herr Professor Bettelheim, eines Ihrer vielen Bücher hat den schönen Originaltitel »A Home for the Heart«. Wo liegt, geographisch gesprochen, Ihre Herzensheimat?

BB: Ja, ich würde wohl sagen, wahrscheinlich ist das Chicago. Am ehesten noch Chicago, obzwar ich schon vierzehn Jahre nicht mehr dort lebe. Aber es war's wahrscheinlich. Dort sind die Kinder geboren, aufgewachsen. Aber wir sind ja alle entwurzelt.

HK: Bedeutet Ihnen die deutsche Sprache noch etwas?

BB: Na ja, die Muttersprache vergißt man ja nie. Obzwar es auch schon rostig geworden ist, mein Deutsch. Ich denke und schreibe englisch. Aber jetzt im Alter lese ich eher wieder mehr deutsch als früher.

HK: Aus welchem Grund?

BB: Ich glaube, im hohen Alter hat man eben das, was Nostalgie genannt wird, Heimweh nach der Jugend.

HK: Wie hat die Entwurzelung Ihr Leben beeinflußt?

BB: Ich glaube, die Entwurzelung hat jeden beeinflußt, jeden irgendwie anders, aber es ist eine Entwurzelung. Sagen wir mal, um psychoanalytisch zu sprechen, es war die große narzißtische Kränkung, die Heimat, die Heimatsprache, die Heimatkultur zu verlieren, sich verpflanzen zu müssen. Andererseits bin ich ziemlich erfolgreich geworden, nicht wahr, ich habe hier in Amerika ein sehr gutes Leben gehabt. Aber trotzdem. Daß in Wien meine Nachbarn, meine jüdischen Schulfreunde verfolgt und zum Teil umgebracht wurden, das ist etwas, was man nicht vergißt. Warum sollte man vergessen, daß man als Untermensch behandelt wurde. Aber ich weiß ja gar nicht, was Sie wollen. Was ist der Zweck Ihres Buches? Was hat Ihnen die Idee eingegeben?

HK: Der Sinn dieses Buches ist es zu zeigen, wen die Deutschen eigentlich vertrieben haben, was verlorengegangen ist. Viele wollen das ja nicht mehr wahrnehmen, und viele wissen davon gar nichts.

BB: Es gibt ein altes Wort: »Fürs Vergangene gibt der Jud' nichts.«

HK: Ich glaube, es ist wichtig, daß immer wieder ins Gedächtnis gerufen wird, was man mit der Judenverfolgung eigentlich angerichtet hat. Wir tragen ein Stück Verantwortung.

BB: Nein, ich glaube, es ist keine Verantwortung. Ich glaube nicht an Gesamtschuld. Ich glaube, jeder Mensch ist nur für das eigene Leben verantwortlich, nicht für das Leben der Eltern oder der älteren Generation. Ich will Sie nicht desillusionieren, aber ich glaube auch, daß ein solches Buch gar keinen Einfluß hat. Denn diejenigen, die am stärksten beeindruckt werden, brauchen es nicht, die wissen es ohnedies. Und diejenigen, die beeindruckt werden sollten, weil sie noch nicht begriffen haben, an denen rinnt das wie Wasser ab. Der Wunsch zu vergessen ist so stark, daß es für sie schlechtes Benehmen ist, sie daran zu erinnern.

HK: Was, glauben Sie, wäre wichtig, um die Vergangenheit wirklich aufzuarbeiten?

BB: An der Vergangenheit kann man gar nichts ändern, man kann nur etwas in der Gegenwart machen. Der Antisemitismus ist ja noch nicht verschwunden. In Österreich ist er noch sehr stark, auch in anderen Ländern. Da könnte die jetzige Generation etwas machen. Aber Sie haben ja gesehen, was in Österreich geschehen ist. Sie haben den Waldheim zum Präsidenten gewählt, der ein klarer Kriegsverbrecher ist. Waldheim ist Gegenwart. Und seine Wahl hat gezeigt, wie die jetzige Generation die Vergangenheit bewältigt oder verarbeitet. Ich habe gerade vor der Wahl von Waldheim in Wien Verwandte besucht, im Wahlkampf, als seine Vergangenheit nach und nach publiziert wurde. Daraufhin wurde Wien mit Waldheim-Plakaten wirklich bepflastert, und auf die alten Plakate haben sie ein neues Spruchband geklebt: »Jetzt erst recht.« Also jetzt, wo wir wissen, was er getan hat, werden wir ihn erst recht wählen. Und das ist ja auch geschehen.

HK: Glauben Sie, daß in Österreich der Antisemitismus besonders stark ist?

BB: In Österreich ist er viel stärker als in Deutschland. Ich habe die Frage zwar nicht eingehend studiert, das sind nur oberflächliche Eindrücke. Aber im allgemeinen gibt es in Österreich eine große Verleugnung. Niemand war Nazi, nicht wahr? Hitler war kein Österreicher, und Beethoven war ein Österreicher. Diese Einstellung ist typisch. Daß Wien die antisemitischste Stadt Deutschlands war, daran erinnert sich niemand. Als ich zum ersten Mal nach dem Krieg – es war in den fünfziger Jahren – durch die Straßen meiner Heimatstadt Wien ging, sagte ein Halbbetrunkener ganz laut zu mir: »Da ist wieder einer aus der Gaskammer herausgekommen, den hätten sie auch umbringen sollen.« Das freut einen nicht. In Deutschland wird im allgemeinen doch zugegeben, daß Hitler ein deutsches Phänomen war. Und als Juden berührt es mich sehr positiv, daß Deutschland Wiedergutmachung versucht hat. Was Österreich nicht, gar nicht getan hat. Ich habe ein großes Vermögen in Österreich verloren, das mir weggenommen wurde. Ich hab nicht einen Heller davon zurückbekommen. Das wurmt. Aber was soll ich denn tun? Meine Mutter hat sehr wertvollen Schmuck gehabt. Und den konnte sie ja nicht mitnehmen. In demselben Haus hat ein pensionierter österreichischer General gewohnt, unpolitisch eigentlich, katholisch natürlich. Und wir hatten ein freundschaftliches Verhältnis, aber nicht gar so nachbarlich, nicht eng. Und da hat meine Mutter, als sie Wien verlassen mußte, der Familie des Generals den Schmuck anvertraut. Als ich in Wien war – meine Mutter war inzwischen in Amerika gestorben –, bin ich vor diesem Haus auf und ab gegangen, habe geschaut, ob diese Generalsfamilie noch da wohnt. Ja, sie wohnte noch dort. Da bin ich auf und ab gegangen, und nach einer halben Stunde habe ich gedacht: Warum soll ich da hinaufgehen? Soll ich die Leute zwingen, mir Lügen zu erzählen? Sie könnten ja sagen, die Russen haben ihn gestohlen. Oder sie haben ihn verkaufen müssen, weil sie sonst verhungert wären.

HK: Sind Sie manchmal verbittert über das, was geschehen ist?

BB: Ja, nicht nur manchmal. Natürlich. Warum denn nicht? Man muß sich mit der Geschichte irgendwie abfinden, aber man muß es nicht gern haben.

HK: Empfinden Sie Haßgefühle?

BB: Haß? Ich bin nicht jemand, der haßt. Ich bin ein Psychoanalytiker, und meine Aufgabe ist es, zu verstehen und nicht zu hassen. Außerdem glaube ich, daß Hassen kein positives Gefühl ist. Es tut niemandem gut. Ich hasse nicht. Aber daß enge Freunde und einige Verwandte umgebracht worden sind, daß sie, wenn wir nicht geflohen wären, mich ermordet hätten und meine engere Familie, das vergißt man nicht. Und ich weiß aus eigenen Erfahrungen, daß viele Hunderttausende Deutsche damit einverstanden waren. Hat ihnen sehr gut gefallen, die Judenverfolgung. Auch das vergißt man nicht.

HK: Es erforderte Zivilcourage, dem Druck zu widerstehen.

BB: Dem Druck, aber auch den eigenen Wünschen, nicht wahr. Es wird gern übersehen, wie viele Deutsche sehr großen materiellen Vorteil von der

Judenverfolgung gehabt haben, sehr praktische Vorteile, und sich dieser Vorteile sehr erfreut haben. Zum Beispiel unter Geschäftsleuten oder Rechtsanwälten: Die jüdische Konkurrenz wurde plötzlich abgeschafft. Ich persönlich könnte Ihnen zwanzig Leute nennen, die sich durch mich bereichert haben, dadurch, daß mein Vermögen beschlagnahmt wurde. Sie haben sehr praktische Vorteile davon gehabt. Und außerdem konnten sie sich noch überlegen fühlen. Das ist doch wunderbar. Diese unangenehme Wahrheit wird viel zu sehr vernachlässigt, auch in Deutschland.

HK: So klagen auch Sie doch über fehlende Bewältigung der Vergangenheit?

BB: Ja, in gewisser Weise. Ich will Ihnen ein Erlebnis erzählen. Es ist schon lange her. Nach dem Krieg haben der bayerische Ministerpräsident und einige Mitglieder der bayerischen Regierung die Universität von Chicago besucht. Und da hat die Verwaltung der Universität die Deutschsprachigen eingeladen, um die zu unterhalten. Mich haben sie neben den Minister für Kultus und Unterricht gesetzt.

HK: Wie hieß er?

BB: Ich weiß es nicht mehr. Er hat gar nicht gewußt, wer oder was ich bin. So beim Tischgespräch hat er zu mir gesagt, wie schrecklich die guten Deutschen gelitten hätten, so ein arbeitsames und tüchtiges Volk, und wie schrecklich diese Flugangriffe waren, und wie München zerstört wurde, und wie schrecklich die Alliierten die Deutschen behandelt hätten. Und darauf habe ich gesagt: Ja ja, ist schon richtig. Die Deutschen haben ja nicht den Krieg angefangen, die bösen Polen sind ja in Deutschland eingefallen, und da mußte sich Deutschland zur Wehr setzen.

HK: Hat er das verstanden?

BB: Er hat dann nicht mehr mit mir gesprochen, sondern mit seinem Nachbarn zur anderen Seite. Also das war einer meiner ersten Nachkriegseindrücke. Das habe ich dann immer wieder von Deutschen gehört, wie ungerecht und wie grausam diese Bombardierungen waren, wie unmenschlich. Große Bitterkeit, und keiner davon hat gesagt, daß Deutschland den Krieg angefangen, daß Deutschland auch mit der Bombardierung von Zivilisten in London angefangen hat. Das habe ich nirgends gehört. Verständlich. Aber nicht erfreulich. Einem alten Juden wie mir dreht sich da der Magen um.

HK: Wie hat die Erfahrung Ihr späteres Leben und Ihre Arbeit beeinflußt?

BB: Ich habe über die totalitäre Gesellschaft gearbeitet, ich habe über das Konzentrationslager geschrieben. Also war diese Erfahrung sicher von großem Einfluß. Meine psychologische Studie über das Phänomen Konzentrationslager war die erste, die je publiziert wurde. Sie hat mich in diesem Land fast über Nacht sehr bekannt gemacht.

HK: Hat Sie jemals auch die religiöse Fragestellung beschäftigt: Was ist das für ein Gott, der Auschwitz zugelassen hat?

BB: Nein, das muß man die Gläubigen fragen. Da ich Gott für eine Erfindung der Menschen halte, habe ich da nichts zu sagen.

HK: Eine Erfindung der Menschen?

BB: Eine Fiktion, die wie andere Fiktionen für manche Menschen sehr hilfreich ist. Aber ich kann nicht daran glauben. Ich bin Atheist. Freud hat ja die Religion eine Illusion genannt, und ich bin Psychoanalytiker und folge Freud in vieler Richtung. Nein, über Gott müssen Sie Gläubige befragen. Ich kann nur sagen, daß im Namen Gottes sehr viele Morde begangen wurden. Was mir nicht sympathisch ist. Ich habe mit Professor Janowitz in einem Buch über das Vorurteil gezeigt, daß Antisemitismus oder Vorurteile gegen Schwarze einen sehr wichtigen psychologischen Zweck erfüllen: daß man sich besser vorkommt. Besonders, wer sich inferior fühlt, hat es sehr nötig, sich besser als jemand anders zu fühlen, ihm überlegen zu sein. Man projiziert in den anderen die eigenen unakzeptablen Tendenzen und wird sie damit los, psychologisch, oder versucht, sie loszuwerden. In diesem Buch haben wir im Detail gezeigt, wie diese Projektionen funktionieren. Die Juden kamen den Christen da sehr gelegen. Sie haben diese psychologische Funktion erfüllt.

HK: Sind Sie denn religiös erzogen worden, haben Sie jüdische Wurzeln?

BB: Kaum. Schon meine beiden Eltern sind aus assimilierten Familien gekommen. Ich bin ganz assimiliert aufgewachsen. Aber taufen wollte ich mich nicht lassen. Als jungem Mann wurde mir das nahegelegt: Wenn ich Karriere an der Universität machen wollte, sollte ich mich taufen lassen. Aber es hat mir einfach nicht gefallen, daß ich vorgeben sollte, etwas zu glauben, was ich nicht glaubte, um Karriere zu machen. Das hat mir nicht gepaßt. Denn es ist ja nicht gerade eine natürliche Sache, sich denen anzuschließen, die einen verachten und hassen. Viele haben es ja getan. Aber mir hat es nicht gepaßt.

HK: Was waren denn die Gründe für diese Verachtung und den Haß, für den historischen Antisemitismus?

BB: In verschiedenen Zeiten waren es verschiedene Gründe. Ich glaube irgendwie, daß es die Christen den Juden nicht vergeben haben, daß ihre Religion im Ursprung jüdisch war, daß Christus selbst ein Jude war. Damit ist schwer fertig zu werden, nicht wahr? Aber unterschwellig ist dieses Bewußtsein immer dagewesen, daß Jesus Christus ein Jude war. Und dann ist es natürlich immer sehr angenehm, einen Sündenbock zu haben.

HK: Glauben Sie, daß Verfolgung und Unterdrückung in den Juden auch besondere Energien und Fähigkeiten mobilisiert haben?

BB: Eine diskriminierte Minorität muß sich natürlich viel mehr anstrengen, muß versuchen, besser zu sein als die Mehrheit, um irgendwo weiterzukommen. Und ich glaube, auch die jüdische Tradition des Lernens nach dem Buch der Bücher hat großen Einfluß auf die geistigen Leistungen der Juden gehabt. »The People of the Book«, wie die Juden genannt werden. Das ist ja auch genetisch zu verstehen. In einer verfolgten Minorität, wie das die Juden jahrhundertelang waren, sterben die Schwachen aus. Nur die Stärkeren überleben und pflanzen sich fort. Also man könnte schon denken, daß da eine genetische Auswahl stattfindet. Daß die weniger Lebensfähigen aussterben und die Lebensfähigsten sich fortpflanzen. Ich kann's nicht beweisen, aber ...

HK: Zum erstenmal in der Neuzeit hat jetzt das jüdische Volk eine geographische Heimat und ist eine politische Nation. Was ist Ihre Meinung zu Israel?

BB: Eine sehr prekäre Situation, sagen wir einmal. Ich finde es ganz außerordentlich, was die Juden dort, wo Palästina war, geschaffen haben. Und in Wien – Herzl war ein Freund der Familie – waren wir natürlich zionistischen Ideen ausgesetzt. Aber der Nationalstaat, jeder Nationalstaat war und ist mir nicht sehr sympathisch, denn die Nationalstaatlerei führt ja nur zu Krieg. Allerdings, Hitler hat gezeigt, daß die Juden einen Nationalstaat brauchten. Die heutige weltpolitische Lage Israels muß ich Ihnen nicht erklären. Höchst schwierig, höchst problematisch. Ein Fokus für Krieg. Und wir brauchen keinen neuen, davon gibt es ja schon genug.

HK: Wie sehen Sie die Zukunft des jüdischen Volkes in der Welt?

BB: Dunkel, dunkel. Trübe und dunkel.

HK: Warum?

BB: Schauen Sie sich die Geschichte an! Warum sollte sich das plötzlich ändern? Wir haben einen Antisemitismus in Österreich, in Deutschland, in Rußland, in Frankreich. Nein, man muß für die Zukunft arbeiten, aber man darf nicht einem blinden Optimismus verfallen. Man muß versuchen, die Zukunft vielleicht ein bißchen besser zu gestalten als die Vergangenheit. Da gibt es in mancher Hinsicht Fortschritte, in mancher Hinsicht Rückschritte.

HK: Was wäre zu tun, um die Zukunft besser zu machen?

BB: Ja, in meinem eigenen Fach kann ich das sagen. Ich habe mit Kindern gearbeitet, mit schwer gestörten Kindern, und wenn die dann funktionsfähig werden, das ist gut für sie. Aber für die Welt habe ich keine Antwort.

ILSE BING

Photographin, New York. Geb. 1899 in Frankfurt/M., gest. 1998 in New York

HK: Frau Bing, Sie haben mir gesagt: »Fragen Sie mich nicht nach der jüdischen Religion.« Ich möchte aber trotzdem wissen, was denn Ihre jüdischen Wurzeln sind.

IB: Die Wurzeln sind wahrscheinlich die Gene. Ich habe von dem Judentum nicht viel mitbekommen außer der Rasse. Ich bin aufgewachsen in einem Haus, wo die Feiertage dazu benutzt wurden, daß man die Schule schwänzen konnte und daß man neue Kleider bekam und gutes Essen. In Deutschland war ja in vielen jüdischen Familien das Bewußtsein, deutsch zu sein, viel stärker geworden als das Bewußtsein, jüdisch zu sein. Wir hatten natürlich jüdischen Religionsunterricht, aber das war jüdische Geschichte. Und in die Synagoge gingen wir nur, wenn eine Hochzeit war und wir hinterher Törtchen bekamen. Eigentlich erst als Erwachsene oder als ich fast erwachsen war, bekam ich so ein bißchen Einsicht in das jüdische Wesen, dadurch, daß ich einen Rabbiner kannte, der sich für mich interessierte, und seine Tochter, die etwas jünger war als ich. Als die mich eingeladen haben zum Passah, wurde mir aber klar, daß man diese Dinge nur wirklich verstehen kann, wenn man von Kindheit an damit aufgewachsen ist. Ich interessiere mich heute schon dafür, und ich habe als Erwachsene am jüdischen Leben auch mehr teilgenommen, aber ich betrachte die jüdische Religion mehr als historisches Ereignis und nicht als persönliche Angelegenheit. Das bedeutet nicht, daß ich sie nicht respektiere. Ich respektiere jede Religion, die ehrlich ist und tiefgeht und sich mit der Welt auseinandersetzt.

HK: Hat Sie das Judentum in irgendeiner Form beeinflußt?

IB: Nicht bewußt. Ich bin eigentlich ein internationaler Cocktail, gemixt aus den verschiedensten Kulturen. Aufgewachsen bin ich in Deutschland, dann habe ich zehn Jahre lang als Künstlerin in Paris gelebt, wo ich mich wirklich selbst gefunden und entfaltet habe. Seit 1941 lebe ich hier in den Vereinigten Staaten, und das hat mich auch gebildet, und ich bin eigentlich froh darüber. Man wird ja mit jeder neuen Erfahrung reicher. Vielfältige Erfahrungen zu machen ist schwerer für Leute, die zu einem Land gehören oder zu einer Religion. Sie sind vielleicht glücklicher, aber ich schwebe ganz gerne über den Dingen.

HK: Was bedeutet Heimat für Sie?

IB: Heimat für mich ist die Welt. Ich habe keinen festen Punkt in der Welt, und das ist das Schöne, daß ich überall verwurzelt sein kann. Um die Sache etwas konkreter zu machen, muß ich dazu sagen, daß ich Deutschland aus freien Stücken verließ. Das war schon 1930, vor Hitler, weil ich mich dort eingeengt fühlte und mich nicht entfalten konnte. Vom ersten Tag an in Paris, von der ersten Minute an habe ich gewußt, hier bin ich glücklich. Im Grunde ist es nicht Heimat, aber ich bin verwurzelt in Paris. Paris ist die Stadt, wo ich am glücklichsten bin. Und trotzdem könnte ich nicht mehr in Paris leben, denn ich würde mich so entspannen, daß ich unaktiv würde. Hier in New York bin ich eingespannt in den Wirbel der Aktivität. Hier kommt doch alles zusammen. Hier suche ich nicht glücklich zu sein. Hier ist die Stadt, wo ich aktiv sein kann, aber dann muß ich wie Antaios immer wieder nach Paris zurück.

HK: Was ist für Sie die Voraussetzung, um kreativ zu sein?

IB: Das ist schwer zu sagen. Ich sage mir nicht, ich muß jetzt eine neue Collage oder ein neues Bild schaffen. Es ist eigentlich so ein bißchen wie Meditation, man muß offen und bereit sein. Ich bin nicht eingeschlossen in mich selbst, sondern ein Teil des Universums, für dessen »vibrations« ich empfänglich sein muß. Nur so kann ich kreativ sein. Die Spannung ist ja auch nicht permanent. Ich habe mir auch nicht gewünscht, kreativ zu sein. Ich habe mir nie vorgenommen, einen künstlerischen Beruf zu wählen – ich habe mir gewünscht, aktiv zu sein, aus meinem Leben etwas zu machen. Ich wußte nicht, in welcher Form. Ich habe erst mal studiert und dachte daran, Wissenschaftlerin zu werden, aber ohne jemals krampfhaft nach einem Beruf zu suchen.

HK: Sie haben mir vorher ein Bild gezeigt, eine Collage mit einem Schlüssel.

IB: Es war der Schlüssel zu meiner Wohnung, zu meiner geliebten Wohnung. Als ich ins KZ kam, in Frankreich, sagte ich mir: Ich werde in vierzehn Tagen wieder zu Hause sein, da steckte ich den Schlüssel ein. Und der blieb als Andenken immer bei mir. Ich wußte dann, ich würde ihn nie mehr benützen können. Der lag in einer Schublade, ich vergaß ihn sogar, und dann plötzlich, als ich an dieser Collage arbeitete – es ist so merkwürdig, die Dinge tauchen manchmal im rechten Moment wieder auf. Der Zufall spielt eine ebenso große Rolle in unserem Leben wie das Geplante. Wir müssen nur offen sein zu erkennen, was der Zufall uns gibt.

HK: Sie sagten, Sie waren im KZ in Frankreich.

IB: Viele Leute nennen es nur Internierungslager, weil wir ja nicht mißhandelt wurden. Ich empfand es als KZ. Getrennt zu sein von meinem Mann, nicht zu wissen, wo er ist, nicht zu wissen, was draußen in der Welt vorgeht. Ich saß am Stacheldraht. Außerhalb dieses Stacheldrahtes verlief eine große Landstraße. Und auf ihr gingen die Franzosen, die vor den Nazis, vor dem Überfall flohen, mit ihrem Hab und Gut, manche liefen, manche hatten einen Wagen, manche hatten Fahrräder. Da war eine Bewegung, und ich hatte das Gefühl, für diese Leute gibt es ein Hier und Dort. Für mich gab es nur ein Hier. Das andere war die Scham. Wenn die eleganten Offiziere durch das Frauenlager hindurchgingen oder wenn wir duschten, und die Französinnen standen vollkommen angezogen da, wir aber mußten uns alle nackt ausziehen. Die Unfreiheit, die absolute Unfreiheit und Degradierung. Ich hatte immer eine Rasierklinge bei mir. Ich war entschlossen, mich nicht von den Nazis internieren zu lassen. Dann hätte ich mir das Leben genommen. Aber man kann viel mehr ertragen, als man glaubt. Es war schlimmer, als man es sich vorstellen konnte, und man konnte mehr ertragen, als man für möglich gehalten hat. Andererseits ist man reicher, wenn man so etwas durchgemacht hat und ohne körperlichen und geistigen Schaden davongekommen ist. Ich wünsche es niemandem, aber im Endergebnis habe ich gewonnen. Ich habe viel Materielles verloren, aber menschlich bin ich gewachsen.

HK: Hat Sie das auch in Ihrer Arbeit beeinflußt?

IB: Wahrscheinlich. Von all dem ist ja nicht alles

bewußt. Alles, was wir erleben, das Positive und das Negative, beeinflußt uns und findet Eingang in unsere Arbeit. Es kann sich fördernd auswirken, es kann auch hemmen. Das geschieht zum größten Teil aber wohl unbewußt.

HK: Sie sagen, Sie sind überall verwurzelt. Heißt das, daß Sie überall zu Hause sind, oder würden Sie eher sagen, daß Sie heimatlos sind?

IB: In gewisser Weise ja. Verwurzelt bin ich eigentlich nur in Paris. Wenn ich nach Paris komme, fühle ich physisch Wurzeln von mir im Pflaster. Das spüre ich vom ersten Tag an. Dieses physische Wurzelgefühl habe ich nur in Paris. Ich kann hier keine Wurzeln schlagen. Das sind ja nur Bilder. Ich kann hier nicht das Bild von Wurzeln haben. Wenn ich aber auf dem Pariser Pflaster laufe, dann fühle ich den Kontakt. Es ist ein lebendiger Kontakt mit dem Grund, mit der Luft. Wenn ich durch Pariser Straßen gehe, dann ist die Vergangenheit lebendig. Wenn ich hier durch die Straßen gehe und alte Gebäude sehe, dann ist das Geschichte. Es bleibt immer ein Abstand. Das ist keine Wertung. Beide Orte haben für mich etwas Positives. In Paris zu sein ist für mich beglückend, andererseits ist New York sehr anregend.

HK: Um auf diese Anregung nicht verzichten zu müssen, bleiben Sie hier?

IB: Ja, gerade weil der Abstand da ist, ein Gefühl der Isolation. Um aktiv sein zu können, muß ich in gewisser Weise isoliert sein.

HK: Isoliert auch von anderen Menschen?

IB: Nein, ich bin nicht konzentriert, nicht auf meine Person, sondern auf mein Ich. Auf das, was ich bin, und auf das, was ich zu tun habe. Ohne den universellen Kontakt zu verlieren. Ich brauche das, vielleicht ist es für einen anderen Menschen anders. Aber wir erleben es doch sehr oft, daß Künstler oder Schriftsteller, wenn sie in den Süden auswandern, wo alles so schön ist, ihre Produktivität einbüßen, ihnen ihre Motivation verlorengeht. Wenn es zu schön ist, dann verliert man sich. Hier kann ich nicht ausruhen, in Paris kann ich es.

HK: Sie sagten, daß Sie zwar jüdisch sind, daß es aber keinen Einfluß auf Ihr Leben hatte und daß Sie sich dessen erst später bewußt wurden. Welche Bedeutung hat Ihre jüdische Herkunft denn heute für Sie?

IB: Ich bin mir meiner jüdischen Herkunft sehr bewußt, im rassischen Sinne. Wenn ich Mosche Isaak auf der Straße treffe, fühle ich mich nicht mit ihm verbunden. Aber ich habe jüdische Freunde, bei denen ich sehr wohl fühle, daß wir etwas gemeinsam haben. Wir haben eine gemeinsame Vergangenheit, an die wir uns gar nicht erinnern können, weil sie zu weit zurückliegt. Es hat nichts mit Israel zu tun. Irgend etwas steckt in uns, das weit zurückreicht, viel weiter als die letzten drei Generationen. Ich habe das Gefühl, ich stamme von jahrtausendealten Vorfahren ab.

HK: Welcher Art ist dieses Gefühl der Verbundenheit? Könnten Sie es noch näher beschreiben?

IB: Nein, ich habe auch nicht darüber nachgedacht, und kann man es überhaupt Verbundenheit nennen? Es ist so ungreifbar, so unphysisch. Warum habe ich zum Beispiel ein soviel tieferes Verständnis für die ägyptische Kunst als für die griechische Kunst? Ich kann es nicht erklären. Aber angesichts der ägyptischen Kunst habe ich das Gefühl, dies ist meine Welt. Es gibt offenbar Prägungen, Affinitäten, die wir erkennen, über die wir uns aber kaum Rechenschaft ablegen können.

HK: Läßt sich der Umstand, daß es zwar zahlreiche Naturwissenschaftler und Musiker, aber kaum bildende Künstler jüdischer Herkunft gibt, Ihrer Meinung nach auf religiöse Ursachen zurückführen? Könnte dabei etwa das Gebot »Du darfst dir kein Bildnis machen« eine Rolle spielen?

IB: Dieses Verbot liegt meines Erachtens auf einer ganz anderen Ebene. Das hat mit der Kunst nur am Rande etwas zu tun. Das auf die Kunst zu beziehen wäre gar nicht jüdisch. Du sollst dir kein Bildnis Gottes machen, aber von anderen Dingen sollst du es sehr wohl.

Religionen sind eigentlich auch Kunstwerke, eine tiefe Auseinandersetzung mit der Welt. Und jede geht so weit, wie sie kann. Der Künstler setzt sich auf seine Weise mit der Welt auseinander. Jede Religion hält sich für den Mittelpunkt, und jede hat ihren eigenen Weg, sich der Wahrheit, dem Unendlichen zu nähern. Es gibt für mich keine Religion, die falsch ist, aber auch keine Religion, die die einzige wahre ist. Jede Religion ist ein Versuch, ein Suchen, wie die Kunst auch.

HK: Glauben Sie an ein irgendwie geartetes göttliches Wirken in allem, was geschieht?

IB: Solange wir lebendig sind, werden wir reifer und sehen die Dinge mit anderen Augen. Ich erlebe Dinge, die ich früher nicht hätte erleben können. Auch wenn die Leute immer sagen, ach Gott, die ist schon neunundachtzig Jahre. Es ist da immer noch etwas offen, und neue Erfahrungen sind möglich, und das ist es, was ich will. Mir wird immer ganz schlecht, wenn ich Leute im Fernsehen sehe, die ihren neunzigsten oder hundertsten Geburtstag mit einer zur Schau gestellten Rüstigkeit feiern. Deswegen hasse ich es immer, wenn die Leute so mein

Alter betonen. Es geht nicht ums Altern, sondern um Reifung.

HK: War es auch ein Zeichen Ihrer Reifung, daß Sie aufhörten zu photographieren?

IB: Mit diesem Medium konnte ich nichts Neues mehr sagen. Ich habe auf dem Höhepunkt meiner photographischen Entwicklung aufgehört, mit der Kamera zu arbeiten. Ich konnte damit nicht mehr ausdrücken, was ich erlebte. Natürlich hätte ich noch schöne Bilder machen können, aber es kam nicht mehr von innen. Der Charakter der Arbeit änderte sich mit meiner Entwicklung und hat jetzt ein neues Gesicht bekommen.

HK: Künstlerisch sind Sie immer noch mit Deutschland verbunden. Wie ist Ihr persönliches Verhältnis?

IB: Erstens kommen meine besten, intimsten Beziehungen dorther. Das sind Bindungen wie in einer Familie, enger als in der Familie. Und ich habe gute Freunde in Deutschland. Außerdem sprechen mein Mann und ich noch immer deutsch miteinander, und, was sehr wichtig ist, wir geben uns große Mühe, nicht die englischen Worte mit den deutschen zu vermischen. Wenn ich deutsch spreche, dann muß es Deutsch sein, wenn ich englisch spreche, muß es Englisch sein. Unzählige Leute vermischen die Sprachen, und dann verliert die Sprache das Aroma.

HK: Wie fühlen Sie sich, wenn Sie sich in Deutschland aufhalten?

IB: Ich fühle mich nicht wohl in Deutschland. Sowie ich draußen auf der Straße bin, fühle ich mich eingeengt. Es ist furchtbar ordentlich, es wird alles kategorisiert. Es ist grauenvoll, was einem alles befohlen wird. Ich komme mir vor wie in der Schule. Es hat für mich etwas Erstickendes, etwas Hemmendes. Aber ich fühle mich wohl, wenn ich in einem Museum bin oder bei Freunden. Da finde ich eine Begeisterung, eine Atmosphäre, die ich in Amerika oft vergeblich suche.

KONRAD BLOCH

Biochemiker und Nobelpreisträger, Cambridge. Geb. 1912 in Neiße (Nysa)

HK: Herr Professor Bloch, Sie baten darum, daß wir das Interview auf englisch führen, da Sie heute selten Deutsch sprechen. Warum?

KB: Das war eine Entscheidung von mir und meiner Frau, als wir nach Amerika kamen, vor allem aus praktischen Gründen. Ich finde, daß man, wenn man in ein neues Land einwandert, sich dazu zwingen sollte, ausschließlich dessen Sprache zu sprechen, um sie wirklich zu lernen. Sonst besteht immer eine große Versuchung, in die alte Sprache zurückzufallen, sobald man etwas Komplizierteres sagen möchte. Ich glaube auch, daß man so viel mehr von der Kultur des neuen Landes erfährt.

HK: Trafen Sie diese Entscheidung allein aus praktischen Erwägungen?

KB: Vielleicht hat auch ein emotionales Moment mitgespielt, unbewußt, nämlich daß ich damals mit Deutschland nichts mehr zu tun haben wollte, weder mit der Kultur noch mit der Sprache. Aber ich glaube nicht, daß es das Ausschlaggebende war. Es war nicht so, daß ich Deutsch verlernen wollte. Ich habe mich nur nicht mehr bewußt darum bemüht, Deutsch zu sprechen.

HK: Hatten Sie nie die Hoffnung, eines Tages nach Deutschland zurückzukehren?

KB: Natürlich nicht. Ich wurde 1935 von der Universität München verwiesen. Heute bin ich zwar froh, daß ich schon so früh gehen mußte – weil es später viel schwieriger wurde –, aber damals traf mich das sehr schwer. Als mein Paß erneuert werden mußte – ich war damals noch deutscher Staatsbürger, schickte ich ihn an die Paßbehörde in Stuttgart. Statt des neuen Passes erhielt ich einen Brief zurück: »Ihr Paß ist konfisziert worden.« Lauter derartige Dinge waren es, die zu einer negativen Einstellung beitrugen. Ich war nicht traurig darüber, daß ich nicht mehr Deutscher war, und so fiel es mir auch nicht schwer, die Sprache zu wechseln. Ich meide nicht die deutsche Sprache, ich lese heute noch Goethe und Heine und, zum Spaß, Wilhelm Busch und Morgenstern. Aber Englisch ist mir vertrauter. Ich habe meine wissenschaftlichen Fachkenntnisse alle in den USA erworben, in der englischen Sprache.

HK: Und wie ist Ihre Einstellung zu Deutschland heute?

KB: Ich würde sagen: neutral. Wer sagte, man müsse zwischen den Deutschen als Individuen und den Deutschen en masse unterscheiden? Goethe, glaube ich. Ich meine, als Individuen gibt es viele, die genauso herausragen und genauso menschlich wertvoll sind wie in anderen Ländern. Aber wenn ich ihnen en masse begegne, habe ich noch immer ein Gefühl des Unbehagens. Wie sehr ich mich auch

bemühe, dieses Gefühl zu überwinden, es gelingt nie ganz. Wenn ich unter Freunden in Deutschland bin, fühle ich mich wohl, aber allein unter Fremden kann ich mich dort nicht entspannen. Meine Kinder, die keine solchen Vorurteile haben, verstehen nicht, warum ich mich so fühle. Ich hatte sehr viel Glück, meine engsten Verwandten haben alle den Holocaust überlebt. Es war trotzdem eine traumatische Erfahrung. Wenn man nicht dieses oder jenes unternommen hätte, wäre man in einem Lager gelandet.

HK: Und ist Amerika für Sie zur Heimat geworden?

KB: Hesse, glaube ich, sagte: Die Heimat ist, wo die Freunde sind. Und das kann ich nur unterschreiben. Wir hatten das Glück, hier sehr schnell Freunde zu finden. Hier gibt es eine Offenheit, die mir sehr früh begegnete und die mir sofort zusagte.

Als ich Deutschland verließ, ging ich zuerst in die Schweiz. Ich wußte aber, daß ich dort nur kurz würde bleiben dürfen. Ich versuchte daher Kontakte mit einem Professor an der Yale University zu knüpfen. Ich war damals ein Niemand, ein ihm unbekannter Student. Ich schrieb ihm, der eine große Kapazität war, daß ich versucht hätte, seine Experimente zu wiederholen, dabei aber zu anderen Ergebnissen gekommen sei als er. Ich bat ihn, mir zu erklären, was ich vielleicht falsch gemacht hätte. Daraufhin erhielt ich einen Brief zurück: »Dear Mr. Bloch, es ist durchaus möglich, daß Sie recht haben und daß unsere Daten nicht stimmen.« Daß ein großer Professor sich bereit zeigte, mit einem unerfahrenen Studenten so zu korrespondieren, und dann noch zuzugeben, daß er selbst sich geirrt haben könnte – das wäre in Deutschland damals undenkbar gewesen, und es imponierte mir sehr. Dadurch ermutigt, schrieb ich ihm ein zweites Mal, erklärte meine Schwierigkeiten in Deutschland und der Schweiz und fragte, ob er mir helfen könne, in die USA einzuwandern. Innerhalb eines Monats erhielt ich einen Brief vom Dekan der Yale University, in dem er mir einen Posten als Assistent der Biochemie anbot. Es war natürlich nur ein Pro-forma-Angebot, aber mit dem Brief konnte ich zur amerikanischen Botschaft gehen, und ich erhielt sofort das Einreisevisum. So war mein erster Eindruck von den USA natürlich sehr positiv.

HK: Und fühlen Sie sich heute an erster Stelle mehr als Jude oder mehr als Amerikaner?

KB: Da gibt es keine erste oder zweite Stelle. Das war für mich nie ein Thema, auch nicht in Deutschland. Ich komme aus einer sehr assimilierten Familie. Zwar hatte keiner meiner Verwandten sich taufen lassen, weder väterlicher- noch mütterlicherseits, aber wenn sie sich überhaupt an die jüdischen Bräuche hielten, dann war das nur äußerlich. Unter den Freunden meiner Eltern gab es Juden und Nichtjuden, es wurde kein Unterschied gemacht. Man wurde auch in keiner Weise diskriminiert. Ich bin in Schlesien in einem Ort aufgewachsen, wo die politische Atmosphäre sehr aufgeklärt war. Es schadete einem nicht, seine Herkunft frei zuzugeben. Das Jüdischsein war etwas Selbstverständliches. Es gab keinen Grund, es zu verbergen oder zu ändern. Es tauchte nie als Thema auf. Bis ich mit achtzehn nach München zog, kann ich mich an keinen Fall von Antisemitismus erinnern, oder an eine Erfahrung, wo man das Gefühl hatte, von irgend etwas ausgeschlossen zu sein. Ganz anders in den USA. Vor dem Krieg gab es hier in Amerika einen sehr expliziten, auf Religion, nicht Rasse beruhenden Antisemitismus, der sich auf der beruflichen und auf der gesellschaftlichen Ebene auswirkte. Kurz bevor ich mein Studium abschloß, Ende der dreißiger Jahre, fragte mich ein alter Bekannter, der schon seit Jahren in Amerika lebte, wie ich mir meine Zukunft vorstellte. Als ich ihm sagte, daß ich an eine akademische Laufbahn dachte, meinte er: »Das wird sehr schwer sein. Bestimmte Bereiche und bestimmte Universitäten sind für Juden praktisch geschlossen. Wenn man nicht bereit ist, den Namen zu ändern und zum Christentum überzutreten, sind die Möglichkeiten sehr begrenzt.« Und das war damals tatsächlich so. Das alles verschwand aber nach dem Krieg, praktisch über Nacht. Meine Kinder, die wie ich alle Akademiker sind, wurden von dieser Art Diskriminierung nicht betroffen, weder beruflich noch gesellschaftlich.

HK: Was glauben Sie, sind die Gründe für den Antisemitismus?

KB: Meiner Meinung nach sind die Gründe, wenn auch nicht ausschließlich, so doch hauptsächlich materieller Art. Im frühen Christentum war die religiöse Komponente des Antisemitismus sehr real, aber heute ist diese Komponente eher ein Vorwand. Man begründet seinen Antisemitismus damit, daß die Juden Christus umbrachten. Aber tatsächlich würde ich sagen, basiert er auf einer Mischung aus Neid und einem Gefühl der Bedrohung. Das dritte Moment, das wohl auch für jede andere Minderheit gilt, ist die kollektive Identifizierung der Juden mit bestimmten Eigenschaften.

HK: Welche Eigenschaften wären das bei den Juden?

KB: Sie werden in Shylock verkörpert. Es ist ein

starker Drang nach Erfolg. Ambitioniert zu sein ist meines Erachtens durchaus nicht eine speziell jüdische Eigenschaft, aber sie fällt bei den Juden eher auf als bei anderen ethnischen Gruppen, die man nicht als solche identifiziert.

HK: Die Juden waren früher in Deutschland und sind heute in den USA in bestimmten Bereichen führend. Glauben Sie, daß die Juden, vor allem in der Diaspora, tatsächlich mehr Ehrgeiz und besondere Fähigkeiten entwickelt haben?

KB: Man spricht oft davon, daß in der jüdischen Erziehung auf das Lernen besonderer Wert gelegt wird. Ich weiß nicht, ob das wirklich das Besondere ist. Sicherlich liegt darin zumindest ein Teil der Erklärung dafür, daß die Juden in den akademischen Bereichen in manchen Ländern einen so großen Beitrag geleistet haben. Aber in meiner Familie zum Beispiel gab es keinen Druck. Mein Vater war Anwalt, und die Familie wollte, daß ich etwas Sinnvolles tue, aber es war ihnen ziemlich egal, was.

HK: Glauben Sie, daß man als Jude eine besondere Pflicht oder Verantwortung hat?

KB: Ich glaube nicht, daß man nach anderen ethischen oder moralischen Kriterien lebt als der Nachbar, nur weil man Jude ist. Allerdings neigt man als Jude dazu, seine Glaubensgenossen etwas kritischer zu betrachten und sich mehr Sorgen zu machen, wenn eine jüdische Person ein Unrecht begeht, vor allem wegen der möglichen Auswirkungen. Einige meiner jüdischen Freunde sind davon überzeugt, daß nicht viel nötig wäre, um den Antisemitismus wieder zum Ausbruch zu bringen. Also in diesem Sinne fühlt man eine Verantwortung, was die Lage der Juden als Gemeinde angeht – nicht so sehr in bezug auf ihr physisches Wohlergehen, sondern in bezug auf ihre Integration in die Gesellschaft, ihre Assimilation. Ich glaube sehr stark an die Assimilation.

HK: Auf diese Frage haben die Zionisten eine andere Antwort gefunden, nämlich einen jüdischen Staat. Erstreckt sich Ihr Gefühl der Verantwortung, was den Status der Juden angeht, auch auf den Staat Israel?

KB: Israel ist ein Land, das für das Überleben von einigen Millionen Juden wichtig ist, weil sie sonst nirgendwohin gehen können. Ob es ein philosophisches Argument für einen Staat gibt, der sich auf eine Religion oder auf eine Rasse gründet, ist eine andere Frage. Aber Israel wurde auf einer solchen Basis begründet, und sie sind sehr engstirnig dort, habe ich den Eindruck, bei der Definition dessen, wer Jude ist und wer nicht. Deswegen ist die jüdische Gemeinde in den USA sehr gespalten, was das Thema Israel angeht. Die Spaltung verläuft hauptsächlich zwischen den liberalen und den religiös-orthodoxen Juden. Die Liberalen sind eher offen und akzeptieren nicht hundertprozentig die Politik der jetzigen israelischen Regierung. Bei den Orthodoxen ist es fast so wie damals bei den Deutschen, denen »Deutschland, Deutschland über alles« ging. In ihren Augen kann Israel nichts Falsches tun. Das macht mir Sorgen.

HK: Und wie ist Ihre persönliche Beziehung zu Israel?

KB: Ich bin einige Male in Israel gewesen, und meine Beziehungen zu den Menschen, die ich dort kenne, die alle Kollegen sind, sind nicht anders als meine Beziehungen zu anderen Kollegen hier oder in anderen Ländern, ob sie Juden sind oder nicht.

Ich hege große Bewunderung für das, was sie in Israel erreicht haben. Ich sehe es als einen Teil der jüdischen Geschichte, aber nicht als *die* jüdische Geschichte. Ich kann mir nicht vorstellen, daß es einen jüdischen Staat geben könnte, in dem alle Juden für immer leben würden. Mit anderen Worten, ich glaube nicht an die Grundidee des Zionismus, daß nur Israel oder Palästina die jüdische Heimat sein könne.

Aber zweifellos war die Gründung Israels nach dem Krieg eine Notwendigkeit, und es läßt sich nicht mehr vorstellen, die berechtigte Existenz dieses Staates als eine Realität zu verneinen.

HK: »Nach dem Krieg« heißt natürlich »nach Auschwitz«. Denken Sie manchmal über die Frage nach, warum Gott Auschwitz zuließ?

KB: Um das zu fragen, muß man an die Existenz eines höheren Wesens glauben. Und in dem Fall könnte man genausogut fragen: »Warum hat Gott die Pest zugelassen?« Es gibt auf diese Frage keine plausiblen Antworten.

HK: Aber wie erklären Sie sich Auschwitz?

KB: Das einzige, was man dazu sagen kann, ist, daß das Böse keine Grenzen kennt. Und der Holocaust ist das extremste Beispiel für die menschliche Kapazität, Böses zu tun. Man könnte die Frage auch erweitern, um jede Tat zu erklären, die in diese Kategorie fällt. Warum gibt es Massenmorde und Massenhysterie? Ein solches Verhalten ist als pathologisch zu bezeichnen. Und je mehr wir über die Funktionen des Hirns lernen, desto besser werden wir die Abirrungen und Kriminalität verstehen. Bei einer solchen materialistischen Auffassung des Universums wird es zu einer statistischen Frage, ob und wie häufig ein Holocaust oder ein vergleichbares Ereignis vorkommen kann, wie es ja in der Geschichte gelegentlich der Fall ist.

HK: Man kommt dabei ohne Gott aus.

KB: Unser Verstand reicht nicht aus, manche Phänomene wie die Motive der Natur und den menschlichen Geist zu verstehen. Der Begriff Gott könnte ein Ausdruck dafür sein. Aber ich bin nicht ein Mensch, der dazu neigt – hier paßt nur das deutsche Wort –, über solche Sachen zu »grübeln«. Ich habe kein professionelles Interesse an diesen Dingen. Es liegt mir nicht, über die elementaren Ursprünge nachzudenken.

HK: In der jüdischen Religion gibt es die Prophezeiung von dem Kommen des Messias, wonach sich die Erde in ein Paradies verwandeln wird. Wie stellen Sie sich ein Paradies auf Erden vor?

KB: Ich persönlich? Das läßt sich ziemlich geradeaus beantworten: Alles Böse würde von der Welt verschwinden, alle Länder würden in Frieden miteinander leben. Alle würden genug zu essen haben, und Krankheiten würden verschwinden. Das ist alles, was man zum Paradies braucht.

ERIK BLUMENFELD

Unternehmer und Politiker. Geb. 1915 in Hamburg, gest. 1997 in Hamburg

HK: Herr Blumenfeld, Sie hatten eine evangelische Mutter und einen jüdischen Vater und sind nach dem Wunsch Ihrer Mutter protestantisch getauft und unterrichtet worden. Bedauern Sie manchmal, daß Sie nicht gemäß jüdischer Tradition erzogen wurden?

EB: Es hätte mir sicherlich mehr Kraft gegeben, um einiges anders zu machen und anders zu erleben, als ich das heute tue. Denn auch meine Beziehung zur evangelischen Kirche ist höchst locker geblieben. Ich habe nie einen wirklichen Zugang zu ihr gehabt und empfinde heute das, was die evangelische Kirche in vielen Bereichen tut, als Lüge. Nun kann man darüber philosophieren, ob es in der katholischen, der evangelischen, islamischen und in der jüdischen Religion überhaupt etwas Wahres gibt. Ist es nicht die Überlieferung von Gesundheitsfragen, die die jüdische Religion geprägt hat? Sicherlich war das ein wichtiger Teil vor tausend und mehr Jahren. Aber heute ist das Verwurzeltsein von Juden in ihr, egal ob sie praktizierende Gläubige sind oder nicht, etwas, das in Europa oder in Amerika eigentlich nur noch bei Katholiken zu verzeichnen ist, bestimmt nicht bei Protestanten. Ich will jetzt meine Kritik an der evangelischen Kirche nicht weiter ausführen, aber sie ist für mich nie eine Heimstätte gewesen, die mich umfangen hätte, und ich bin deshalb doch traurig darüber, daß meine Eltern mich nicht anders erzogen haben. Auf der anderen Seite wäre ich vielleicht nicht mehr am Leben, wenn ich als Jude nach Auschwitz gekommen wäre. So trug ich nicht einen jüdischen, sondern einen sogenannten »reichsdeutschen roten Winkel«, weil ich als Halbjude, nicht als jüdischer Häftling betrachtet wurde. Sonst wäre ich mit Sicherheit auch ins Gas gegangen.

HK: Haben Sie sich damals in Auschwitz oder Buchenwald, wo Sie ja auch waren, manchmal gefragt, wie Gott denn das nur alles zulassen kann?

EB: Nun, das setzt ja voraus, daß man an Gott glaubt. Ich möchte die Frage einmal weniger philosophisch beantworten, sondern mehr von der damaligen konkreten Situation ausgehend, so wie ich als Zeitzeuge sie erlebt habe. Ich kann nur sagen, daß die meisten Menschen plötzlich überhaupt kein Herz mehr hatten. Die Mehrheit in Deutschland, aber auch zum Beispiel in Frankreich, England, Australien und Amerika, hatte einfach kein Herz mehr für den einzelnen Menschen und hat das schreckliche Unglück, das über die Menschheit und vor allem über das Judentum gekommen ist, als etwas hingenommen, das in einem Krieg möglich, wenn nicht gar normal ist. So etwa nach dem Motto: Wo gehobelt wird, fallen Späne. Jeder dachte sich, *ich* muß sehen, wie *ich* überlebe. Ich entsinne mich, wie wir in Auschwitz – aber das gilt für alle Konzentrationslager – jeden Tag gehofft haben, daß endlich eine Rettungsaktion, und sei es in Form von englischen und amerikanischen Bomben, die Gestapo-Quartiere in Schutt und Asche legen, beginnen möge, damit wir endlich befreit würden. Das ist der primitive Aspekt eines Menschen, der den sicheren Tod vor Augen hat. Für philosophische Betrachtungen bleibt da wenig Raum. Das nimmt sich völlig anders aus, wenn man zehntausend Kilometer weit entfernt oder durch Jahre getrennt in einem Lehnstuhl sitzt und sinniert. Die Seelenlage eines Menschen vor Ort, also vor einem mit einem Maschinengewehr, Revolver oder Knüppel bewaffneten SS-Schergen, oder Terroristen, wie wir heute sagen würden, ist eine völlig andere. Neben Ihnen fällt jemand durch Kopfschuß – da bleibt nicht mehr viel für die Philosophie übrig. Deshalb habe ich mich auch über den sogenannten Historikerstreit in Deutschland geärgert. Die Herren Historiker versuchen mit ihren schönen Analysen zu erklären, was da eigentlich losgewesen ist, und ich muß sagen, daß sich das damals für mich ganz anders darstellte.

HK: Herr Blumenfeld, was verbindet Sie denn heute noch mit dem Judentum Ihres Vaters?

EB: Zunächst gibt es meine faktischen jüdischen Wurzeln, nämlich daß meine Familie väterlicherseits ausschließlich jüdischer Herkunft war. Meine Großeltern lebten noch fest im jüdischen Glauben und waren sehr religiös. Das wirkt natürlich nach. Aber meine eigentlichen, tiefergehenden Beziehungen zum Judentum haben sich erst während der Zeit der Inhaftierung und des Lagerlebens ergeben. Da habe ich mit vielen jüdischen Mithäftlingen zusammengelebt und auch zu einigen großen französischen jüdischen Politikern wie Leon Blum Kontakt gehabt. Und da habe ich mit diesen Leuten zusammen diese schrecklichen Erlebnisse der persönlichen Erniedrigung und der Auslöschung des einzelnen, die man sich heute als Westeuropäer gar nicht mehr vorstellen kann, durchgemacht. Während dieser Zeit bin ich dem jüdischen Leben und Religionsempfinden sehr viel nähergekommen und habe gesehen, wie der jüdische Glaube den Menschen geholfen hat, über diese Zeit hinwegzukommen.

Später – nach dem Krieg – habe ich von weitem ein bißchen an den Gesprächen zwischen Konrad Adenauer und Ben Gurion teilgenommen, und in den sechziger Jahren schließlich habe ich meine ersten eigenen Erfahrungen mit dem Staate Israel und den Menschen dort gemacht. Ich habe dann angefangen, mich immer stärker für Israel zu interessieren und über diesen Staat nachzudenken. Das Interessante an diesem Staat ist ja, daß es gelungen ist, dort etwas zu verwirklichen, was viele Völker und Religionsgemeinschaften nie wirklich realisieren konnten: das Einssein von Religion und Staat, von Gesellschaft und Kirche, und zwar auf ganz natürliche, beinahe familiäre Weise.

HK: Könnten Sie sich vorstellen, in Israel zu leben?

EB: Ja, aber ich könnte gar nicht so ohne weiteres dorthin. Denn nach jüdischem Glauben bin ich kein Jude, weil meine Mutter keine Jüdin war. Ich müßte also in Israel erst so eine Art großen Test bestehen, um akzeptiert zu werden. Ich fühle mich in Israel sehr wohl und habe das Gefühl, wenn ich dort hinfahre, als ob ich in den Schoß einer großen Familie zurückkehren würde. Ich stimme zwar mit den einzelnen Israelis keineswegs in allem überein, aber jedesmal, wenn ich dort ankomme, habe ich so etwas wie ein Heimatgefühl. Natürlich kann ich jederzeit Israel als zweiten Wohnsitz deklarieren, aber dies war wohl nicht der Sinn Ihrer Frage.

HK: Sie haben einen Beitrag zu dem Buch »Fremd im eigenen Land« geschrieben, und es scheint, daß Sie in der Bundesrepublik Deutschland, wo Sie ja jetzt lange Zeit leben, keine Heimat gefunden haben.

EB: Ja, ich bin eigentlich heimatlos. Zwar bin ich in Hamburg geboren, wurde aber während des Ersten Weltkrieges von meiner dänischen Mutter im wahrsten Sinne des Wortes nach Dänemark verlegt und habe dort die ersten sechs Jahre meines Lebens zugebracht. Ich bin also als dänischer Kindergarten-Schulbub aufgewachsen. Ich glaube, 1921 sind wir dann wieder zurück nach Hamburg. In Deutschland habe ich meine eigentliche Schulausbildung genossen, zunächst in der Hansestadt und anschließend im Landerziehungsheim Salem, wo Kurt Hahn, ein deutscher Jude, weniger unterrichtete als vielmehr »erzog«. Er war ja einer der größten europäischen Erzieher, allerdings ermutigte er uns nicht gerade, jüdische Geschichte und Kultur zu lernen. Er war selber kein besonders gläubiger Jude, bekannte sich aber dennoch zu seinem Judentum. Er war ganz besessen von der Idee, eine junge Elite von Deutschen aus allen Gesellschaftsschichten auszubilden und sie für das Leben vorzubereiten. Das ist ihm aber in den Jahren vor Hitler, so wie ich das beurteile, nicht so recht gelungen. Ich kann nicht sagen, daß mir die Salemer Zeit viel fürs Leben gebracht hat, ich verdanke ihr eher Charakterstärke und Idealismus. Ein religiöses Fundament dagegen, auf dem ich hätte aufbauen können, ist da leider nicht gelegt worden. Na ja, aber um auf Ihre Frage zurückzukommen, wenn ich hier in Deutschland eine Heimat habe, dann ist sie auf Hamburg beschränkt. Mit den Deutschen im allgemeinen verbindet mich nicht mehr und nicht weniger als mit allen anderen europäischen Völkern. Deswegen bin ich auch für Europa so eingetreten und seit Jahrzehnten im Europäischen Parlament. Ich glaube zwar, daß ich auch in Israel eine Heimat finden könnte, aber ich bin nun zu lange in der Politik und in Deutschland, um mich an ein Leben in Israel noch gewöhnen zu können.

HK: Durch die Gründung Israels ist das jüdische Volk zur politischen Nation mit festem Staatsterritorium geworden. Wie beurteilen Sie diese Entwicklung?

EB: Zum ersten Mal haben die Juden das, was ihnen ihre jahrtausendalte Geschichte und Religion verheißen hat, nämlich eine Heimstätte mit Jerusa-

lem als Zentrum. Darauf haben sie mehr als zweitausend Jahre gewartet. Heute ist Israel ein souveräner Staat mit allen Attributen dieser Souveränität wie etwa einer außerordentlich schlagkräftigen Armee, eigener Währung, Finanzhoheit, Polizei und so weiter. Allerdings muß man hinzufügen, daß der Staat Israel als Symbol für alle Juden jene Attraktivität nicht ausgeübt hat, die man sich in der politischen Führung erhofft hatte. Die sowjetischen Juden, die bisher ausreisen durften, sind eben zur Hälfte nicht nach Israel ausgewandert, sondern in die USA oder nach Westeuropa gegangen, weil sie nicht mehr in neue Probleme, Kriege und Daseinskämpfe verwickelt werden wollten, von denen sie ja in der Sowjetunion in den vergangenen Jahrzehnten genug erlebt hatten.

Und Israel ist leider seit seiner Gründung 1948 von der arabischen Welt als Fremdkörper betrachtet worden. So wie sich die Juden früher in Europa oder USA als Familie oder Gruppe durchsetzen mußten, so müssen sie sich heute als Staat gegen die Araber behaupten. Und hatte das damals zur Folge, daß ihr Einfluß in Deutschland auf dem kulturellen, wirtschaftlichen und wissenschaftlichen Sektor sehr groß war, so ergeben sich heute daraus die enormen Leistungen, die in Israel inzwischen in der Hochtechnologie, bei Waffen und im militärischen Sektor erbracht werden. Deshalb haben die Amerikaner auch einen Militär- und Sicherheitspakt mit den Israelis abgeschlossen. Israel ist geradezu ein ideales Versuchsfeld, um neue Waffen zu entwickeln und zu erproben. Wenn Spanien vor 1939 Erprobungsfeld für sowjetische, deutsche und sonstige westliche Waffen war, dann ist es heute Israel, das eine ähnliche Funktion erfüllt. Die israelischen Techniker, Industrie- und Elektronikfacharbeiter, die im zivilen Leben Hochtechnologie und Waffensysteme produzieren, sind gezwungen, diese auch persönlich im Kriegsfall zu erproben, und das wirkt dann wieder positiv auf die Waffensysteme zurück.

Und das hat sich ja bewährt. Erinnern Sie sich nur daran, wie vernichtend die Ägypter während des Sinaifeldzuges geschlagen wurden, oder an die Gefechte mit Syrien im Libanon vor ein paar Jahren. Da wurden mit einem Schlag dreißig syrische Flugzeuge abgeschossen, und Israel verlor nur einen Jäger. Da kann man unter anderem sehen, wie überlegen die westlichen Systeme den östlichen sind.

HK: Herr Blumenfeld, was erwartet Israel Ihrer Meinung nach in der Zukunft? Wird sich der Staat behaupten können?

EB: Da bin ich sehr besorgt. Ich sehe Israel aber nicht nur von außen bedroht, sondern auch von innen. Ich befürchte, daß Israel an sich selbst zerbrechen wird, wenn es folgende bedeutende Frage nicht befriedigend beantworten kann: Was will Israel in Zukunft sein? Ein kleiner, vorbildlicher jüdischer Staat, in dem die orthodoxen Juden, die ich fast rechtsradikale Fanatiker nennen möchte, großen Einfluß haben, oder ein größerer, säkularer Staat, in dem die Juden mit Palästinensern und anderen Religionsgemeinschaften friedlich zusammenleben und Kompromisse eingehen? Das ist das Problem, dem man sich stellen muß.

Eine zweite Gefahr sehe ich darin, daß der Staat in dem Augenblick auseinanderbricht, wo die Bedrohung von außen nicht mehr da ist. Erstens wird es dann ein Immigrantenproblem geben, weil plötzlich wesentlich mehr Juden nach Israel kommen werden als jetzt, wo die kriegerischen Verhältnisse abschrecken. Zweitens wird man sich zunehmend den wirtschaftlichen Problemen zuwenden müssen. Das wird immer mehr in den Vordergrund treten. Das Wort, daß die Wirtschaft unser Schicksal ist, trifft auf Israel in ganz besonderem Maße zu. Ich bin sehr skeptisch, ob die religiösen, menschlichen, gesellschaftlichen und ökonomischen Ressourcen bei etwa vier Millionen Menschen, die in Israel leben, ausreichen werden, um den Staat ökonomisch-finanziell über die Runden zu bringen. Wirtschaftlich und sozial können Staaten ja heute nur überleben, wenn sie sich in größere ökonomische Einheiten integrieren, wie das zur Zeit in der EG passiert.

Für Israel würde das heißen, daß es auf dem riesigen arabischen Markt der Nachbarstaaten Fuß fassen müßte. Es hätte zwar ausreichend technisches, industrielles und wirtschaftliches Know-how zu bieten, aber ob es die hierzu nötigen Umwälzungen im Innern verkraften könnte, ist für mich keine offene Frage, sondern eine, die leider negativ beantwortet werden muß. Denn dieses neue Israel wäre dann nicht mehr jenes Israel, das die Gründerväter, mögen sie nun Weizmann, Ben Gurion oder Herzog heißen, gewollt haben.

ARTUR BRAUNER

Filmproduzent, Berlin. Geb. 1918 in Lodz

HK: Herr Brauner, bei Ihnen kann man nicht sagen, daß Sie das Dritte Reich nur durch Glück überlebt hätten. Sie haben Widerstand geleistet, sind geflohen, haben sich und Ihre Eltern versteckt. In welchen Lagern waren Sie?

AB: Im eigentlichen Lager bin ich nur ganz kurz gewesen. Ich bin schon mit meinen Eltern aus Lodz geflohen, als ich gehört hatte, daß es ein Ghetto geben würde. Ich habe mir damals geschworen: Ich werde keinen gelben Stern tragen. Und ich glaube, weil ich soviel Wut hatte, mit dem Kopf durch die Wand wollte, keine Angst hatte, deshalb bin ich am Leben geblieben. Deshalb konnte ich auch meine Allernächsten retten. Mein Vater war damals noch so naiv zu sagen: Warten wir noch ab, wir müssen den Winter noch durchhalten. Im April wird Hitler uns Züge geben, und dann können wir in den Osten reisen – in der Hoffnung und in dem Glauben, daß das auf friedliche Art zugehen würde. Ich war schon mit einundzwanzig Jahren soweit, daß ich an die Versprechungen nicht geglaubt habe. Alle anderen Verwandten sind tot. Alle meine Onkel, Opa und Oma und alle Tanten. Gerettet haben sich, unter falschem Namen, nur drei Cousinen, die das Glück hatten, auszusehen wie hundertprozentige Polinnen. Von dreizehn Kindern sind zehn umgekommen. Von meinen zahlreichen Cousins haben nur zwei die Höllen der Lager überlebt.

HK: Wie würden Sie Ihre jüdischen Wurzeln charakterisieren?

AB: Die Tradition. Die Abstammung von einem Volk, das, wie ich meine, der Welt eine Menge gegeben hat. Die Juden haben als erstes Volk die monotheistische Religion eingeführt und nicht mehr den Götzen gedient. Das beweist doch, daß dieses Volk eine starke menschliche, ethische Kraft in sich hat. Die wirkte sich aus in der Religion. Von der Religion ausgehend verbreitete sich aber auch die Idee, aus freiem Willen anständig zu sein, als Verinnerlichung der Zehn Gebote. Das Gebot, daß man die Eltern, Vater und Mutter, ehren soll, ist meines Erachtens das wichtigste. Wenn man die Eltern nicht ehrt, wenn man sie nicht respektiert und nicht liebt, dann ist man nicht wert, ihr Kind genannt zu werden und als Mensch geboren worden zu sein. Ich will in diesem Zusammenhang nicht meine persönliche Beziehung zu meinen Eltern erörtern, aber ich hätte jederzeit und ohne zu überlegen, wenn es erforderlich gewesen wäre, mein Leben für sie hergegeben, um sie zu retten. Aber, um auf Ihre Fragen zurückzukommen: Die Tatsache, daß man zum jüdischen Volk gehört, hat natürlich zwei Seiten. Die eine, die erfreuliche, ist, daß man zu einem Volk gehört, das als Gottes geliebtes Volk von allen Völkern mit am meisten beigetragen hat zum Wohl dieser Erde, in religiöser, in ethischer und in wissenschaftlicher Hinsicht. Die andere, negative Seite ist, daß dieses Volk, bedingt dadurch, daß es vor zweitausend Jahren aus seinem Land verjagt wurde, überall als Stiefkind behandelt wird. Wir wissen ja, wie es in einer Familie ist, in der es Kinder gibt. Die einen sind mehr, die anderen weniger gut geraten, sie streiten auch miteinander, sind bei allem aber Geschwister. Ein hinzukommendes Stiefkind aber wird immer geschlagen und von allen gedemütigt, es wird als Außenseiter angesehen, und genauso, glaube ich, ist es mit dem jüdischen Volk, sofern es unter anderen Völkern lebt.

HK: Glauben Sie, daß dieses Leben als Stiefkind besondere Fähigkeiten begünstigt? In Europa haben ja Juden eine wichtige Rolle im Geistesleben und in den Wissenschaften gespielt.

AB: Man kann wohl sagen, daß es der Umgebung nicht ausreicht, wenn ein jüdischer Mensch seine Sache einfach nur gut macht. Er muß besser sein, um gut zu sein. Und um besser zu sein, muß er sich stärker profilieren als andere. Es gab früher Fabriken, in denen man keine jüdischen Arbeiter nahm. Die Menschen, die infolgedessen ohne Anstellung blieben, mußten sich natürlich überlegen: Was tun? Sie mußten es als Selbständige versuchen, in freien Berufen. Aber was sie auch anstellten, um überhaupt Angebote zu bekommen und konkurrenzfähig zu sein, mußten sie einfach besser sein als die anderen. Wir müssen immer einen Schuß besser sein als die Deutschen oder Russen, die Polen, Engländer oder Amerikaner. Ein jüdischer Jeansladen muß ein bißchen billiger sein, und wenn es nur fünf Prozent sind, oder origineller, um mit einem anderen, mit einem deutschen oder amerikanischen, konkurrieren zu können. Ich selbst arbeite jetzt seit über vierzig Jahren hier in Berlin – und erlaube mir einen minimalen Urlaub an einigen Tagen im Sommer und einigen Tagen im Winter, sofern es die Zeit erlaubt. Das glaubt kein Mensch, aber meine Sekretärin, meine Mitarbeiter wissen es. Meine Kollegen Produzenten haben eine Yacht, ein Haus in Schliersee oder in der Toscana, sie fahren nach Tahiti und

erlauben sich, vier, sechs oder acht Wochen Urlaub zu machen. Diese Zeit, die sie nicht nutzen, wird von mir genutzt. So kann ich, wenn ich dazu noch ein wenig Glück habe, auch erfolgreicher sein.

HK: Ich glaube auch kaum, daß Ihre Produzentenkollegen soviel Immobilienbesitz haben wie Sie.

AB: Nun ja, die Immobilien sind die Frucht der erfolgreichen Filmarbeit. Heute ist es so, daß die Immobilien die Filme finanzieren, denn die Filme bringen ja im Grunde nichts mehr ein. Und die, die ich heute mache, schon gar nicht, weil ich versuche, nur noch Themen zu gestalten, die mein Gewissen beschäftigen, um meine Pflicht gegenüber den Toten zu erfüllen, die nicht vergessen werden dürfen.

HK: Könnten Sie dieses Gefühl der Verpflichtung genauer erläutern?

AB: Den Lebenden und allen Menschen, die nach mir kommen, zu verkünden: Eine solche organisierte Tötung von Menschen, indem man 1,2 Millionen Kinder ins Schlachthaus gebracht hat und alte Frauen von Lastwagen auf brutalste Weise auf den Boden geworfen wurden, so daß ihre Gehirne zerspritzten, daß man jüdische Menschen auf das grausamste erniedrigte, mit Ratten verglich und zu Würmern machte, die man treten kann und muß – ein solch grausamer Kataklysmus darf nie mehr geschehen. Ich meine, daß wir, die wir am Leben geblieben sind, uns identifizieren müssen mit den Toten. Das Leben ist vielleicht nun einmal so, daß es weitertreibt, Gott sei Dank, möchte man sagen. Man will ja nicht nur an die Schrecken zurückdenken. Aber wenn man überhaupt nicht zurückdenkt, dann, meine ich, verletzt man seine Pflicht. Denn ich fürchte, wenn wir weg sind, wenn alle die Zeugen dieses Kataklysmus von dieser Welt abgetreten sind, dann werden vielleicht Filme und Fernsehfilme gemacht, die die Situation verzerren. Filme, die verfälschen oder verflachen, was geschehen ist. Dies ist für mich Grund genug zu sagen: Solange ich noch lebe, will ich alles, was in meinen Kräften steht, tun, um für die nächsten Jahrzehnte, Jahrhunderte, zu dokumentieren, wie es war und wie es sich nie wiederholen darf, weil ich die Menschen noch kenne. Ich kenne noch die Verbrecher, und ich kenne auch noch die Opfer. Eine Frau wohnt hier in Charlottenburg, die fünf Jahre lang die Tür nicht geöffnet hat, nur mit vorgelegter Kette, weil sie Angst hatte, daß die SS kommt, um sie abzuholen. Jetzt noch, nach vierzig Jahren! Sie bekommt alles vom Kaufmann heraufgebracht und bezahlt es durch den Türschlitz. Andere Frauen bekommen Angst vor den Heizungsrohren, sie könnten Gasrohre sein. Und oft werden sie in den Träumen verfolgt und wachen auf. Viele werden verrückt, werden wahnsinnig aufgrund dessen, was vor so vielen Jahren passiert ist.

Deshalb meine ich, man soll das alles, was geschehen ist, gerade weil es so unbegreiflich bleibt, daß es geschehen konnte, darstellen, immer wieder zur Mahnung darstellen. Denn es ist nicht zu verstehen, warum ein Volk ein anderes tötet, für nichts, ohne daß es sich mit diesem Volk im Krieg befunden hätte, ohne daß es von dem Volk bedroht worden wäre, ohne daß Soldaten mit Granaten oder mit Panzern angegriffen hätten. Wie soll man das verstehen? Was hat ein zehnjähriges, ein achtjähriges Kind denn getan? Was hat meine Großmutter denen getan? Meine Großmutter, die in Oberschlesien wohnte, bei Kattowitz, was hat die dem Mechaniker in Berlin getan oder dem Österreicher aus Altaussee, der von dort gekommen ist, um zu töten? Sie wußte ja nicht einmal, wo Altaussee liegt. Das ist ein Gedanke, der immer wieder plagt, plagt und nicht aufhören wird zu plagen. Es geht nicht in ein menschliches Gehirn, was da passiert ist. Wenn man einen Fünfundsechzigjährigen oder ältere Menschen sieht, in Österreich oder in Deutschland, fragt man sich, was hat der während des Krieges getan? Hat der auch getötet, oder hat er nur Befehle gegeben? War er Offizier, oder war er ein Soldat, war er in der SS, war er in Sonderkommandos, war er in der Gestapo, war er bei der Polizei oder Gendarmerie? Oder ist es vielleicht der Obersturmführer der SS, Arnold Strippel, der am 20. April 1945 in Hamburg am Bullenhuser Damm den Befehl gab, jüdische Kinder, mit denen Dr. Mengele in Auschwitz und sein Komplize Dr. Heißmeier im KZ Neuengamme die dubiosen Experimente durchgeführt hatten, als die Engländer bereits sechstausend Meter entfernt standen – Kind bei Kind aufzuhängen? Das sind Fragen, die einem oft ambivalent erscheinen, so daß man sich nicht im Spiegel ansehen darf.

HK: Hat für dieses »Wie soll man das erklären?« die Religion eine Antwort?

AB: Es ist eine Frage, auf die es keine Antwort gibt. Ich glaube, es ist, wie die Rabbiner sagen: Gottes Wege sind rätselhaft. Man kann sie nicht ergründen, und man soll gar nicht versuchen, sie zu ergründen. Sonst kann man tatsächlich zu einem Hiob werden und sagen: Du, Gott, hast uns verlassen, jetzt verlassen wir dich. Das ist eine Frage, die man wahrscheinlich nie klären wird, solange diese Welt existiert.

HK: Kann man den Antisemitismus der Deutschen und auch den anderer Völker politisch oder psychologisch erklären?

AB: Da komme ich zurück auf mein Stiefkind. Ein Volk kann sich unter allen Völkern verbreiten, sich etablieren, aber überall wird es ein Stiefkind bleiben, mal ein netteres, mal ein etwas weniger nettes, aber ein Stiefkind, wenn die Wurzel der eigenen Familie, nämlich das eigene Land, nicht vorhanden ist. Wenn es ein Israel während der gesamten zweitausend Jahre der Diaspora gegeben hätte, dann hätte es keinen Antisemitismus gegeben. Jedenfalls nicht in dieser Form, er hätte nicht dieses Ausmaß erreicht. Aber es hat Israel eben damals nicht gegeben, die ganzen zweitausend Jahre lang waren die jüdischen Menschen machtlos, und auf Schwache schlägt man ein. Wenn es früher in Rußland dem Zaren schlecht ging oder wenn er Angst hatte vor einem Aufstand des Volkes, hat er erst einmal gegen die Juden gehetzt, damit die Masse sozusagen abgelenkt wurde, als Sündenbock. Das war überall dasselbe. Nehmen Sie die Armenier in der Türkei, in den Jahren nach 1914: Die waren schwach, es gab kein armenisches Land, vor dem die Türken Angst hätten haben müssen. Damals wurden auch zwischen 1,2 und 1,5 Millionen Menschen umgebracht. Nicht so systematisch vielleicht wie die Juden im Dritten Reich, aber eben auch, weil sie schwach waren. Wären sie stark gewesen, dann wäre das nie passiert.

Das gleiche gilt auch für Israel. Wenn, Gott behüte, Israel schwach wäre, wäre es schon längst nicht mehr da. Man muß stark sein. Wenn man stark ist, dann wird man von den anderen respektiert, geschätzt, wenn auch nur aus Angst. Aber in dem Moment, wo man auf Mitleid angewiesen ist, ist es aus. Was es ausmacht, daß Israel ein Staat geworden ist, und zwar ein starker Staat, das haben Sie in den Jahren 1967, 68, 69 sehen können, wo auf einmal die ganze Welt proisraelisch wurde – ausgenommen natürlich die arabischen und die kommunistischen Länder. Alle haben plötzlich Respekt gehabt und Sympathie bekundet. Nur hat man manchmal das Gefühl, als ob die ganze Welt meinte, sie hätte ein Patronat über die Israelis, als müßten die alles tun, was die Gemeinschaft der etablierten Staaten verlangt. Dabei hat Israel schon genug Erfahrung! Israel hat doch die Erfahrung, daß die Engländer und Amerikaner im Krieg Dresden und Hamburg bombardiert haben, aber nicht die Geleise, die nach Auschwitz führten oder nach Treblinka! Warum sind diese Geleise nicht zerstört worden? Das ist eine ewige Frage an diese beiden Länder. Die Deutschen hätten Monate gebraucht, um sie in Ordnung zu bringen. Warum ist das nicht geschehen? Das sind alles Dinge, die die Israelis genau wissen, und deshalb verlassen sie sich nicht auf Goodwill oder auf Sympathien. Sie arbeiten für ihre Sicherheit, und es geht um Leben und Tod. Und ich halte es für absolut richtig, daß sie so handeln.

HK: Ist Israel Ihnen nur eine ferne zweite Heimat, oder könnten Sie sich auch denken, selber dort zu leben?

AB: Was Heimat ist, das ist eine schwere Frage. Natürlich hängt mein Herz an Israel, fühle ich mich mit dem Schicksal Israels verbunden. Wenn ich morgens die Zeitung lese, schaue ich als allererstes nach, ob in Israel alles in Ordnung ist oder ob da, Gott behüte, etwas passiert ist. Weil ich weiß, daß dort das Fundament unseres Lebens war und wieder ist, nach zweitausend Jahren. Israel ist sozusagen mein Herz, und der gesamte andere Körper ist das Land, in dem ich wohne. Weil ich finde, daß Israel immer in Gefahr ist, wie ein krankes Kind in einer Familie, wo alle jeden Tag Angst haben, daß es eine gefährliche Krankheit bekommen könnte, weil es so schwach ist. Und es kann eben auch eine Verbundenheit mit Israel geben, wenn man woanders lebt. Sie kann genauso stark sein, vielleicht sogar stärker. Das ist eigenartig, aber es ist so. Wenn Sie mich fragen, warum ich nicht in Israel lebe, muß ich sagen: Ich kann mich in Israel nicht so entfalten wie hier. Hier kann ich alle Filme, die mir wichtig erscheinen, drehen. Hier, nicht in Frankreich und nicht in Italien, auch nicht in England, nur hier. Ich habe mich hier einfach gut etabliert, in jeder Hinsicht, materiell, moralisch, ethisch, gesellschaftlich. Alles, was ein Mensch für eine gute Position tun kann, habe ich getan. Das ist meine Basis. Ich habe eine Mission, und die erfülle ich auch. Und das ist eine ungeheure Genugtuung für einen Menschen.

HK: Aber die Gefühle zu Deutschland bleiben gemischt.

AB: Die Gefühle gegenüber den Verbrechen sind natürlich entsprechend. Wenn ich lese, was Brunner, der sich noch in Syrien versteckt, oder Hans Frank, oder Höss, was Streicher, was viele von den kleinen SS-Leuten getan haben, wozu die fähig waren – da fragt man sich, was das für Unmenschen sind. Wie ist es möglich, daß sich in dem deutschen Volk solche Tiere, solche Bestien befinden? Dann sieht man wieder einmal in einem Magazin ein Foto: diese Berge von Brillen, die Berge von Schuhen – da wird es einem mulmig, immer noch. Aber in den über vierzig Jahren, die ich nach dem Krieg nun schon in Deutschland lebe, habe ich eigentlich wenig schlechte Erfahrungen gemacht, bin nie angepöbelt worden und habe viel echte Freundlichkeit erfahren. Die kann ich von einer nur gespielten unterscheiden, dafür habe ich ein feines Gespür. Meine Kinder haben auch nie von antisemitischen Äußerungen erzählt. Sie haben deutsche Freundinnen und Freunde genauso wie jüdische. Und trotzdem gibt es Situationen, in denen ich das Gefühl habe, ich müßte mich auf eine bestimmte Art und Weise verhalten, weil ich ein Jude bin: Wenn ich zum Beispiel im Restaurant bin, werde ich immer versuchen, nicht aufzufallen. Ich kann einem Kellner nicht sagen: Das schmeckt mir nicht, bitte bringen Sie es wieder zurück – wie ich es andere oft tun sehe. Ich sage dann eher: Ich fühle mich nicht wohl, ich kann leider nicht alles aufessen – oder so etwas. Bei gesellschaftlichen Ereignissen ist es genauso. Ich werde immer versuchen, möglichst nicht negativ aufzufallen, weil ich weiß, daß das ganze Volk gleich zusammen mit mir abgestempelt wird. Ich muß doppelt aufpassen: für mich und für das ganze jüdische Volk. Das gilt auch für die Immobilien, von denen Sie gesprochen haben, für die Mieten. Ich würde nie einen Mieter ausreizen, damit der nicht sagen kann: Aha, der nimmt soundsoviel, und den und den hat er rausgeworfen, weil er vom nächsten das Doppelte bekommen kann. Es gibt hier in Berlin Fälle, wo Mieten um fünfhundert Prozent erhöht worden sind. Stellen Sie sich vor, ich hätte so etwas gemacht! Da wäre ich sofort in sämtlichen Zeitungen. Ein so großer Teil des Antisemitismus, des offenen oder latenten, liegt im Neid begründet.

HK: Herr Brauner, wie denken Sie über die Zukunft des jüdischen Volkes?

AB: Alles hängt von Israel ab. Von dem Schicksal Israels hängt die ganze Zukunft der Juden ab, davon, ob Israel bestehenbleibt, ob dort Ruhe einkehren wird. Ich hoffe sehr, daß irgendwann einmal der Friedensprozeß in Gang kommen wird, daß es zu einer Einigung kommt, daß ein normales Leben wie an der ägyptisch-israelischen Grenze und an der jordanisch-israelischen Grenze möglich wird. Da hat man gesehen, daß man gut zusammenleben kann, ohne daß es Konflikte gibt. Natürlich ist Israel zu klein, Millionen und Millionen von Juden aufzunehmen. Das wird ein Problem bleiben. Aber bleibt Israel stark und integer und unabhängig, dann wird die Situation weltweit für das Judentum auch besser sein.

Was mir allerdings für die Zukunft des jüdischen Volkes noch große Sorgen macht, ist die Assimilation, die große Zahl der Mischehen, wenn viele von denen sicher auch glückliche Ehen sind. Das Volk wird dadurch dezimiert. Im Jahre 2020, sagen die Statistiker, soll es gerade noch acht Millionen Juden auf der Welt geben – weil zu wenig Kinder geboren werden. Aber man sollte vielleicht abwarten. Das Volk hat ja immer mit Wundern gelebt.

RAFAEL BUBER

Nachlaßverwalter von Martin Buber. Geb. 1900 in Silz, gest. 1990 in Jerusalem

HK: Herr Buber, zum Freundeskreis Ihrer Eltern gehörten viele sehr bewußte Juden und Zionisten. Sie selber sind sehr früh nach Palästina emigriert. Liegt in Ihrem Leben der Ursprung Ihrer Identität als Jude, oder gibt es auch, wie manche von sich sagen, ein unerklärliches, eher mystisches Grundgefühl?

RB: Ich weiß eigentlich nicht. Wenn man so in einem jüdischen Hause aufgewachsen ist wie ich, schon als Schuljunge in die jüdische Jugendbewegung eingetreten ist, dann sind dies Dinge, über die man sich keine Gedanken mehr macht. Es ist selbstverständlich. Für die Kinder aus religiösem Hause sah die Sache schon ein bißchen anders aus. Die wurden wahrscheinlich mehr durch die jüdischen Bräuche und den jüdischen Glauben an das Judentum herangebracht. Von mir aus kann ich das nicht so definieren. Ich kann eigentlich nur sagen, darüber habe ich mir nie Gedanken gemacht.

HK: Haben Sie damals schon Antisemitismus erlebt?

RB: Das gab es natürlich, schon in der Schule. Heute habe ich keinen Zweifel mehr daran, daß da zum Großen Teil der fremde Glaube gewirkt hat, von dem ja die Nichtjuden kaum etwas wußten. Wenn ich so daran denke, wenn wir in katholischen Gegenden waren. Ich werde Ihnen eine Jugenderinnerung erzählen. Meine Eltern waren mit uns jedes Jahr drei Monate außerhalb Deutschlands, in einem Jahr in Tirol, im nächsten Jahr in Italien. Und dort war ich einmal mit der italienischen Hausangestellten, die zwanzig Jahre im Haus meiner Eltern gearbeitet hat, auf der Straße, als eine Prozession vorbeizog. Ich hatte eine Mütze auf dem Kopf. Wir standen auf der Seite. Ich habe mir überhaupt nichts gedacht. Also zog man mit dem Kruzifix vorbei. Da schlug man mir die Mütze vom Kopf. Ich habe dann diese Italierin ausgefragt, und sie hat versucht, mir zu erklären, daß diese Menschen eben einen anderen Glauben hätten und ich irgendwie verstoßen hätte gegen deren Sitte. Da wurde mir vielleicht das erste Mal bewußt, daß es etwas Besonderes ist, Jude zu sein.

HK: Können Sie in groben Zügen erzählen, wie es zu Ihrer Auswanderung nach Palästina 1934 gekommen ist?

RB: Ich bin, wie Sie sagen, schon zu Hause viel mit Freunden und Gesinnungsgenossen meines Vaters zusammengekommen. Damals war ich auch Mitglied eines zionistischen Jugendverbandes – etwas Ähnliches wie der Wandervogel, aber mit der deutlichen Einstellung, daß es um Vorbereitung für Palästina ging. Zu dieser Zeit lebte Agnon, der aus Palästina nach Europa gekommen war, in Berlin. Er hatte enge Beziehungen zu Buber, sprach Hebräisch, und mein Vater fragte ihn, ob er es übernehmen würde, seinem Sohn Rafael diese Sprache beizubringen. Das tat er, und er machte einen sehr großen Eindruck auf mich. Er erzählte mir von Palästina, von den Kibbuzim dort, vom Leben in Jerusalem und von den jüdischen Ärzten – wieviel sie da nicht nur für die Juden, sondern auch für die Araber tun konnten. Da entschloß ich mich, Medizin zu studieren. Aber eines Tages kam ich zu meinen Eltern und sagte: Ich will doch lieber Landwirtschaft studieren. Das ist in Palästina wichtiger. Ärzte haben sie schon, und es gibt hier in Europa auch jüdische Ärzte, die nach Palästina gehen werden. Landwirte braucht man dort. Mein Vater sagte da eine sehr schöne Sache, er sagte zu mir: Junge, werde, was du willst, meinetwegen kannst du Schuster werden, aber unter der einen Bedingung, daß du ein guter Schuster wirst. Und so lernte ich Landwirtschaft, und es hat mir viel genützt. Ich habe vier Semester studiert, habe auf Gütern gearbeitet, war zuletzt Verwalter auf einer badischen Domäne und habe ein Jahr lang in Maschinenfabriken gearbeitet, um die landwirtschaftlichen Maschinen gut kennenzulernen. Inzwischen hatte ich auch geheiratet. Später dann habe ich umgesattelt und bin Kaufmann geworden. Ich habe auch eine sehr gründliche kaufmännische Ausbildung bekommen, bei Schocken, in seinen Warenhäusern. Später, im Kaufhaus Israel in Berlin, hatte ich dann schon einen gehobenen Posten. Da hat mich am 5. Mai 1933 die SA rausgeholt, weil ich Vorgesetzter auch von sehr vielen nichtjüdischen Angestellten war. Sie haben mich mitgenommen in einen SA-Keller. Da ging es ziemlich scharf auf scharf, und ich hatte eigentlich schon das Gefühl, es geht schief. Dann ist es mir gelungen, mit einem Angestellten des Hauses Israel, der bei der SA war, in Kontakt zu kommen. Mit dem habe ich verhandelt, und wir sind gegen Morgen freigelassen worden. Dann hat es noch bis zum Juni nächsten Jahres gedauert, bis ich ausreisen konnte.

HK: Und Sie sind direkt, ohne Umwege, nach Palästina gekommen?

RB: Ja. In Tel Aviv bin ich zum Landwirtschaftsamt der Histadrut gegangen, um mich beraten zu lassen, was ich machen sollte. Da saß ein Chaver aus der Kwuzah Geva, der hat mir gesagt: Ja, mit der Ausbildung, die du hast, komm zu uns nach Geva. Das habe ich gemacht.

HK: War das ein Kibbuz in Geva?

RB: Nein, eine Kwuzah. Die Mitglieder einer Kwuzah sind sehr gekränkt, wenn man ihnen sagt, sie sind ein Kibbuz. Kibbuzim sind groß, in der Kwuzah ist es möglich, daß wirklich jeder jeden kennt. Die menschlichen Beziehungen sind dort viel stärker. Aber Sie können auch ruhig Kibbuz schreiben. Das ist immerhin ein Begriff, den die meisten verstehen. Acht Tage, nachdem ich ins Land gekommen war, war ich also schon im Kibbuz. Als ich dorthin kam, sagte man mir: Du wirst noch nicht eingeteilt, du sollst erst einmal ein paar Tage so hier sein, dich umsehen, alles kennenlernen. Ich habe gesagt: Nein, das gibt es bei mir nicht, ich will morgen eingeteilt werden. Und ich wurde eingeteilt für eine sehr schwere Arbeit. Dann haben sie gefragt: Sag mal, du kommst aus Berlin, wie ist das möglich, daß ein Mensch, der aus der Stadt kommt, gleich den ersten Tag so arbeitet? Und da hab ich erzählt, wie ich zur Landwirtschaft gekommen war und wie ich zu ihr stand. Das hat mir natürlich den Übergang sehr erleichtert. Auch die Tatsache, daß ich doch einigermaßen Hebräisch konnte. Meine Frau kam dann erst einen Monat nach mir, wurde sehr gut aufgenommen, und bei der Abstimmung bekam sie, glaube ich, fast hundert Prozent der Stimmen der Mitglieder, ich bloß siebzig. In Geva blieben wir bis 1940, dann gingen wir nach Haifa, weil 1938 meine Eltern mit meinen Töchtern dorthin nachgekommen waren, meinen zwei Töchtern aus erster Ehe, die mir zugesprochen worden waren. Ich konnte sie nicht zu mir nehmen, wir lebten sehr primitiv im Kibbuz. Deswegen habe ich den Kibbuz verlassen. Es hat mich einige Überwindung gekostet. Dann habe ich angefangen, auf dem Bau zu arbeiten. Ich wollte in Haifa auf dem Bau arbeiten, das ging aber in den ersten Jahren nicht, weil die Engländer für den Krieg sämtliche Baumaterialien, Eisen, Zement, alles Holz, beschlagnahmten. Da hab ich mir einen alten Lastwagen gekauft und

habe für die Engländer gearbeitet. Meine Frau ist in die Häuser gegangen und hat für Leute genäht, für neunzehn Piaster am Tag. Ich habe mit meinem Lastauto vielleicht ein palästinensisches Pfund am Tag verdient. Aber wir haben uns rausgearbeitet. Und dann habe ich mich mit einem zweiten Mann zusammengetan, und wir haben angefangen zu bauen. Wir waren erst Spezialisten für Terrazzo, und dann haben wir selber schöne Häuser auf dem Carmel gebaut. Selber haben wir die ganze Zeit noch in einer Ein-Zimmer-Wohnung gewohnt und jeden Piaster, den wir irgendwie erübrigen konnten, in Werkzeug angelegt. 1965 starb mein Vater, und 1966, am ersten Juli, hörte ich auf, beim Bau zu arbeiten.

HK: Seitdem verwalten Sie den Nachlaß Ihres Vaters?

RB: Ja, und zwar eigentlich auf Veranlassung von Frau Margot Kon. Es wäre sehr schade gewesen, wenn niemand das in die Hand genommen hätte. Es wäre gar nicht auszudenken gewesen. Ich habe es nicht nur erhalten, sondern sogar ausgebaut. Die Bücher erscheinen jetzt in zwanzig Sprachen.

HK: Jüdisch zu sein, bedeutet das für Sie eine spezielle Aufgabe oder Pflicht?

RB: Ich muß vorausschicken, ich bin nicht religiös. Es geht mir hier vielleicht wie meinem Vater: Der hat auch die jüdischen Gesetze nicht eingehalten, war aber ein absolut gottgläubiger Mensch. Wenn man mich fragt, antworte ich meistens: Ich glaube, aber nicht an die Gesetze. Aufgabe? Ich weiß nicht – ich bin doch jetzt jüdischer Einwohner dieses vor etwa vierzig Jahren entstandenen Staates, jüdischen Staates, und ich vertrete die Meinung meines Vaters auch in bezug auf das Zusammenleben mit den anderen, die in diesem Staat leben, die keine Juden sind. Und da tue ich, was ich tun kann, um zu einer wirklichen Verständigung zu gelangen und mit ihnen zu leben. So habe ich einmal drei Jahre lang intensiv Arabisch gelernt, weil ich weiß, daß man mit einem Menschen sich nur verständigen kann, wenn man seine Sprache spricht. Das ist mir bei der Arbeit zugute gekommen, aber auch in jeder anderen Beziehung. Als wir noch Häuser gebaut haben, hatte ich ein Prinzip: Ich hatte immer gleich viele jüdische und arabische Arbeiter. Und wenn ich Leute angefordert habe bei der Arbeitsvermittlungsstelle der Gewerkschaften, dann wußten die schon Bescheid und haben manchen Leuten gesagt: Nein, dich kann ich da nicht hinschicken, du verträgst dich nicht mit den Arabern. Dich schmeißt der Buber gleich wieder raus.

Sie wissen doch, daß mein Vater sich ursprünglich keinen jüdischen Staat vorgestellt hat, sondern ein Zusammenleben mit denen, die schon vorher im Lande gewesen waren. Ich erinnere mich noch, daß vor Gründung des Staates bei einer Versammlung in einem Nachbarkibbuz Ben Gurion gesprochen hat. Und Ben Gurion hat mit erhobener Stimme erklärt: Wer gegen mich ist, ist gegen die Medinah! Medinah ist der Staat. Und das hat er allen erklärt, die es hören wollten. So war die Einstellung meines Vaters, daß wir keinesfalls einen derartigen Staat aufbauen sollten. Als dann der Staat gegründet wurde, sah er es als seine Aufgabe an, jetzt dafür zu sorgen, daß das zweite Volk in jeder Hinsicht dieselben Rechte bekommen sollte wie die Juden. Damals war überhaupt noch keine Rede davon, daß der Umfang Palästinas durch Kriege erweitert werden sollte.

HK: Steht zu befürchten, wie es Günther Anders formuliert hat, daß die ewig Unterdrückten zu Unterdrückern werden?

RB: Sie sind es tatsächlich, wenn auch vielleicht nicht im Sinne Ihres Zitats. Aber es ist fatal. Die Orthodoxen, die frommen Orthodoxen behaupten doch, Gott hätte ihnen alles mögliche versprochen. Länder, die ausschließlich von Arabern bewohnt sind, die wir überhaupt nicht brauchen. Tausende und Abertausende sind im Laufe der Jahre umgebracht worden von unseren jungen Menschen in den Kriegen. Gott sei Dank gibt es jetzt starke Bestrebungen für einen Frieden mit den Nachbarn, der nur erkauft werden kann durch Rückgabe eines ganz großen Teiles der besetzten Gebiete. Es ist scheußlich, dieser Handel zwischen den Nationalisten und den Frommen, denen man Sitze und Gesetze versprechen muß. Schrecklich, diese Tatsache, daß diese zwölf Prozent Orthodoxe in diesem Lande das Zünglein an der Waage sind. Das ist ein solches Unglück für das Land. Wenn es zum Frieden im Lande kommt, zur Verständigung mit den Nachbarvölkern, dann ist eine großartige Entwicklung des Nahen Ostens möglich. Ich erinnere mich an eine bestimmte Episode. Ich habe im Kibbuz einmal mit dem Traktor gearbeitet, und direkt neben mir hat ein Araber mit dem Holzpflug und zwei Eseln mit einem Dorn den Boden aufgekratzt. Dann beim Mittagessen, wir saßen da, kam ich ins Gespräch mit dem Araber und sagte ihm: Jetzt erkläre mir das doch mal. Ihr erntet, so wie ihr arbeitet, sechzig Kilogramm pro Dunam – das ist ein Bodenmaß. Wir ernteten damals einhundertsechzig Kilo, inzwischen erntet man vierhundert Kilo und mehr. Warum arbeitet ihr nicht so wie wir? Da sagte der Araber: Mein Vater hat so gearbeitet und der Vater meines Vaters, und da arbeite auch ich so. Die Juden haben eine einzig wirklich gute Sache gemacht: Nach dem Krieg haben sie nicht Militär hingeschickt, sondern landwirtschaftliche Fachleute. In der Umgebung von Israel arbeiten heute alle nach modernen Methoden und erhalten hochgezüchtetes Saatgut, mit dem sie große Erträge haben. Also eine Zusammenarbeit wäre absolut für die ganze Region möglich. Aber ich muß eben zugeben, daß nicht nur die anderen Aufhetzer haben. Wir haben sie auch. Es ist schrecklich.

HK: Für gläubige Juden gilt immer noch die Prophezeiung, daß eines Tages die Welt sich so geändert haben wird, daß der Boden bereitet ist für den Messias. Hat diese Vorstellung auch für Sie eine Bedeutung?

RB: Ich glaube, wir müssen die Welt ändern. Ich bin kein ungläubiger Mensch, aber an eine Erlösung der Welt glaube ich nicht. Die Christen glauben, daß der Erlöser schon gekommen ist. Wir merken nichts davon. Wir müssen alles tun, um solche Zeiten, um solche Bedingungen aufzubauen, damit von einer Erlösung die Rede sein kann.

HK: Wie soll man sich unter religiösem Gesichtspunkt erklären, was in den Konzentrationslagern geschehen ist – warum Gott das zugelassen hat?

RB: Ich sehe keinen Unterschied zwischen dem Gott, der Auschwitz zugelassen hat, und dem Gott, der zuläßt, daß in Mekka achthundert Menschen bei einer religiösen Feier umgebracht werden. Ich glaube nicht daran, daß Gott sich wirklich um die Dinge so kümmert, daß er so eingreift in das Menschenleben und ins Völkerleben. Ich glaube an Gott, ich hätte fast gesagt, an eine höhere Macht, aber ich glaube nicht an seine Allmacht. Ich kann mir das nicht vorstellen, die Allmacht Gottes. Meine religiöse Überzeugung geht, wenn ich so sagen darf, den Umweg über mein Gewissen. Für mich ist das Wichtigste das, was ich selbst tue, und das, was ich getan habe in meinem Leben.

ERWIN CHARGAFF

Biochemiker, New York. Geb. 1905 in Czernowitz (Černovcy)

HK: Herr Professor Chargaff, Ihre biographischen Daten legen den Schluß nahe, daß Sie unter den jüdischen Emigranten Ihrer Generation wohl eine Art Ausnahme sind.

ECH: Ja, ich bin kein Opfer des Antisemitismus. Ich habe mich nie im Leben über besondere antisemitische oder sonstige Schwierigkeiten beschweren können, weder in der Schule noch auf der Universität oder sonst in meinem Leben. Meine Karriere war völlig unbeeinflußt davon. Ich habe Österreich schon 1928 verlassen, um an die Yale-Universität in Amerika zu gehen. 1930 bis April 1933 war ich in Berlin an der Uni, 1933 und 1934 war ich am Pasteur-Institut in Paris, und von 1935 an bin ich dann dauernd in den Vereinigten Staaten gewesen. Ich habe mich sehr wohl gefühlt in Berlin bis zu Hitler. Das waren meine glücklichsten Jahre. Es hat mir sehr gut gefallen, und ich bin sehr gut ausgekommen mit allen. Ich bin absolut kein Musterbeispiel für die Nutznießer des Holocaust-Gewerbes und sympathisiere weiß Gott nicht mit diesen Leuten. Ich habe auch immer Deutsch gesprochen, ich drücke mich auf deutsch besser aus als in irgendeiner anderen Sprache. Wie gesagt, ich bin nie angerempelt worden, ich bekomme kein moralisches Kleingeld heraus. In der Beziehung bin ich nicht sehr typisch für Ihr Buch. Ich habe absolut nicht den »chip on the shoulder«, wie man in Amerika sagt.

HK: Würden Sie denn sagen, Sie sind ein deutscher Jude?

ECH: Nein. Ich bin kein deutscher Jude. Für mich war das Judentum nie von besonders großer Wichtigkeit. Ich sollte mich eigentlich auch gar nicht in so ein Buch über »bedeutende jüdische Emigranten« aufnehmen lassen. Es ist so, als wenn man sagen würde, bedeutende Vegetarier, oder? Das soll nicht heißen, daß ich keinen Anteil nehme an den furchtbaren Scheußlichkeiten, die in unserem Jahrhundert vor sich gegangen sind. Ich bedaure die Millionen, die umgekommen sind. Meine Mutter wurde getötet von den Nazis. 1943 wurde sie aus Wien deportiert, ich konnte sie nicht mehr herausbringen aus Österreich, obwohl ich schon ein Visum für sie hatte. Ich finde, daß Deutschland sich für eine Kulturnation in einer derartig unqualifizierbaren Weise benommen hat, daß alles, was den Deutschen passiert, meine Zustimmung findet. Mein Herz blutet nicht wegen der Flüchtlinge aus Schlesien und so weiter, das alles haben die Deutschen verdient. Ich habe auch keine Wiedergutmachung von Österreich oder derartiges verlangt.

Meine Bücher sind verlorengegangen, ein großer Teil, weil alles geplündert wurde.

HK: Sind Sie jüdisch erzogen worden?

ECH: Gar nicht, außer daß mein Vater mir immer gesagt hat, Erwin, du bist ein Jude. Da war ich wahrscheinlich fünf Jahre alt oder sechs. Ich gehöre keiner Religion an, absolut keiner. Meine jüdischen Wurzeln bestehen darin, daß wahrscheinlich meine Großeltern Juden waren. Ich habe es nicht nachgeprüft. Mein Großvater war schon längst tot, als ich geboren wurde. Ich habe überhaupt niemanden dieser Art gekannt. Die Familie ist sehr klein, der Name ist einzigartig, er ist nur vertreten durch meinen Sohn, der keine Kinder hat, und meine Schwester, die unverheiratet ist. In dieser Beziehung eben auch untypisch: keine große Familie, keine Stammbäume.

HK: Was bedeutet Heimat für Sie?

ECH: Sehr viel. Ich habe sogar vor kurzem in Wien Kapitel aus einem unveröffentlichten Buch vorgelesen, das heißt »Heimat, dieses seltsame Wort«. Wir leben in einer Zeit, wo eigentlich ein fast bewußter Versuch unternommen wurde, Heimat als solche auszurotten – durch die extreme Mobilität der Menschen, durch die Schwierigkeit, an seinem eigenen Heimatort einen Erwerb zu finden. Die ganze Welt ist in einer kontinuierlichen Wanderung begriffen, in manchen Ländern mehr, in anderen weniger. Wir leben in einer Zeit der Heimatlosigkeit. Für mich ist Heimat noch am ehesten die deutsche Sprache, das einzige, was ich aus meiner Jugend mitbekommen habe, die Muttersprache. Denn ich habe nicht lange irgendwo gelebt, außer in New York, und das ist sicherlich nicht meine Heimat. Mir gefällt hier vieles nicht. Ich hätte längst übersiedeln sollen, aber die Lethargie! Und ich habe eine enorme Bibliothek, sehr viele Bücher, die sehr schwer zu übersiedeln sind. So sitze ich fest. Aber New York ist sicher nicht als Heimat zu qualifizieren. Das ist wahrscheinlich wieder eine Minoritätsmeinung, denn die meisten Emigranten sind krampfhaft bemüht, irgend etwas als eine Surrogatheimat zu konstruieren, zum Beispiel den zionistischen Club oder Israel. Das ist ja eine künstliche Heimat, wenn man je so etwas gesehen hat.

HK: Wie denken Sie über Israel?

ECH: Von dem, was ich gesehen habe, kann ich nicht sagen, daß es mir sehr gut gefallen hat. Ich habe zwei Besuche in Israel gemacht, 1954 und 1963. 1954 war es noch besser, da waren noch die Kibuzzim in Funktion, und die waren sehr interessant. 1963 war schon elend, und jetzt ist Israel ein kleiner Flugzeugträger für Amerika geworden. Die haben leider Gottes sich eine Art Zwangsjacke errichtet, in der sich jetzt schon fast niemand mehr wohl fühlt. Und was die Zukunft von Israel sein wird, da reserviere ich meine Meinung.

HK: Warum wollen Sie Ihre Meinung reservieren?

ECH: Weil ich sehr finstere Ahnungen dabei habe. Auf dieser nationalistischen Basis muß ein winziges Einsprengsel in einem Meer von Arabern entweder ertränkt werden, oder die Israelis werden selbst zu Supernazis und verwenden die Atombombe oder solche Sachen, was ich ihnen wirklich nicht wünschen würde. Ich glaube, daß es eine sehr gefährliche Situation ist. Die Araber sind ja nicht ein Volk, sondern eine große Gemeinschaft, die durch den Islam zusammengehalten wird. Ich glaube, daß die einzige funktionierende Religion jetzt tatsächlich der Islam ist: nicht der Katholizismus, sicher nicht der Protestantismus und wahrscheinlich auch nicht die jüdische Religion, sondern der Islam. Denn die Araber werden durch den Islam zwar nicht geeinigt, wie man jetzt sieht, aber doch zusammengehalten. Ich glaube auch nicht, daß – außer bei den wenigen Orthodoxen – irgend etwas von der jüdischen Tradition bei den Israelis erhalten wird, abgesehen von der Sprache, die sie natürlich besser sprechen als irgend jemand anderer.

HK: Aber die jüdische Tradition hat sich doch zweitausend Jahre lang behaupten können, und das, obwohl das Volk in der ganzen Welt verstreut war.

ECH: Die Juden als Volk sind eigentlich in vieler Beziehung eine komplette Anomalie. Große Kulturvölker ihrer Zeit sind alle nur mehr in Geschichtsbüchern vorhanden: die Hethiter, die Sumerer, die Babylonier. Sie sind nicht alle umgekommen, sondern sie haben sich aufgelöst, das heißt, die Chromosomen, die Zellkerne, haben sich vereinigt mit anderen. Wo sitzen die babylonischen Chromosomen? Kann niemand mehr sagen. Wo sind die Kelten? Die wurden ja nicht alle hingerichtet oder ermordet. Es hat keine Endlösung gegeben bei diesen Ureinwohnern Europas. Sie wurden aufgesaugt, vermischt, aufgelöst, und in jedem Franzosen lebt ein bißchen hiervon und davon. Die Juden sollen die einzigen gewesen sein, die in diesen zweitausend Jahren sich angeblich unvermischt erhalten haben. Ich glaube kein Wort davon. So etwas gibt es überhaupt nicht. Zweitausend Jahre sind eine sehr lange Zeit, genetisch gesprochen, so daß man überhaupt nicht sagen kann, inwieweit, was man jetzt Juden nennt, irgendeine Ähnlichkeit hat mit den Juden, die König Herodes oder Pontius

Pilatus gekannt haben. In den wohlhabenden jüdischen Haushalten waren sicherlich fremde Mägde, mit denen die jüdischen Männer geschlafen haben, die Kinder wurden aufgenommen und adoptiert. Umgekehrt wurden die jüdischen Frauen von den Kosaken geschändet. Das hat sicherlich in vielen Ländern zu einer kompletten Vermischung geführt. Aber jedes Volk wird durch Oppression starrsinniger, und es ist dann natürlich in verschiedenen Ländern zu ganz verschiedenen Konfigurationen gekommen. In Frankreich und Italien wird der Zusammenhalt der Juden viel geringer gewesen sein als in Polen, wo der größere Druck einen größeren Selbsterhaltungstrieb hervorgerufen hat. Und natürlich hat der Theozentrismus, die Religion, die ja jetzt sehr schwach ist, früher eine größere Rolle gespielt.

HK: Wie sehen Sie die Zukunft der Juden in der Diaspora?

ECH: Ich weiß nicht, sie sind ja irgendwie gespalten. Die amerikanischen Juden haben jetzt noch einen sehr großen Einfluß auf Israel, weil sie Geld haben und Israel eine dauernde Schnorrernation zu sein scheint, die absolut nicht aus Eigenem sich halten kann, was ja auch kein Zustand ist, auf lange Sicht. Ewig kann das nicht so weitergehen. Eines Tages wird man entdecken, daß das Zentrum des Antisemitismus in den Vereinigten Staaten liegt und daß die Majorität im Kongreß sich weigern wird, das Geld herzugeben. Man soll das nicht unterschätzen. Der Fundamentalismus ist stärker in Amerika als in irgendeinem anderen Land, außer im Iran. Es ist eine andere Art von Fundamentalismus. Die Schichten, die zum Beispiel Reagan unterstützen, sind, würde ich sagen, nicht so antisemitisch wie die Nazis, aber vielleicht antisemitischer als Stalin. Ich glaube, man sollte das nicht unterschätzen. Da ist es durchaus denkbar, daß es zu sehr antisemitischen Äußerungen kommen wird.

HK: In Amerika?

ECH: In Amerika, ja, und zwar schon wieder aus falschen Gründen. Denn daß die Juden das Finanzkapital repräsentieren, das ist alles nicht wahr. Die reichen Leute in Amerika sind alle keine Juden. Die meisten Juden sind arm, in der Bronx, in Brooklyn. Es gibt leider Gottes einen Mythos, zu dem die Juden selbst beitragen, nämlich daß sie so unerhört tüchtig seien. Das ist gar nicht wahr. Ich bin davon überzeugt, wenn man einen quantitativen Koeffizienten konstruieren könnte, würde sich herausstellen, daß sowohl die Italiener als auch die Armenier, wahrscheinlich auch die Franzosen geschäftstüchtiger sind als Juden.

HK: Sie würden die geradezu sprichwörtlichen besonderen Begabungen der Juden bestreiten?

ECH: Ich bin bei Gott kein Rassenchauvinist. Ich finde, die Juden sind ein durchschnittlich begabtes Volk. Sie wurden natürlich in gewisse Berufe gedrängt, insbesondere Geldgeschäfte. Andere waren ihnen versperrt. Aber man muß nur die Situation in Israel anschauen, um zu sehen, daß die Juden auf sich selbst gestellt absolut keine guten Wirtschafter sind. Die Juden sind reproduktiv ungewöhnlich begabt, d. h. sehr viele sehr gute Musiker, Solisten, Sänger, Instrumentalisten sind Juden. Sie scheinen wirklich begabt zu sein in der Wiedergabe dessen, was andere geschrieben haben. Ich halte es für einen dummen Chauvinismus zu erklären, daß die Juden das tragende geistige Element der westlichen Welt seien. Das ist absolut nicht wahr. Im Gegenteil, ich würde sagen, daß sie seit jeher einen gewissen Defekt im Schöpferischen zeigen. Sie sind weniger kreativ. Es gibt viel weniger offenkundige Genies unter Juden als unter Nichtjuden. Ich glaube, sie sind literarisch und besonders in den bildenden Künsten absolut nicht hochbegabt. Vielleicht wären sie es geworden, wenn sie bessere Lehrer gehabt hätten und Akademien, die sie schon seit Jahrhunderten hätten besuchen können. Vieles ist erlernbar und übertragbar.

HK: Warum gibt es dann so viele jüdische Nobelpreisträger?

ECH: Ich weiß nicht, warum. Über den Nobelpreis könnte man viel sagen, was ich nicht sagen werde. Man muß sich nur die Literaturnobelpreise ansehen, um zu sehen, daß dies nicht die Würdigung der Genies ist. Es ist vielleicht gute Mittelklasse, die emporgehoben wird. Ich würde sagen, daß Kafka ein wahres Genie der Literatur ist. Er hätte nie den Nobelpreis bekommen. Die große deutsche Lyrik aber ist nicht repräsentiert durch Juden, sondern durch Claudius, Goethe, Mörike, Eichendorff und so weiter. Ich meine, da ist den Juden kein Unrecht geschehen. Hätten sie bessere Gedichte gemacht, wären sie gedruckt worden. Karl Marx war fraglos ein Genie philosophischer oder politisch-philosophischer Art, aber sonst gab es sehr wenige jüdische Genies. Die Juden haben allerdings viele dazu ernannt. Es gibt in allen Minoritäten immer wieder den Versuch, sich hochzujubeln. Minoritäten haben im allgemeinen ein schlechtes Augenmaß und versuchen, sich zu trösten. Man sieht jetzt bei den Schwarzen in Amerika besonders stark diesen Versuch, irgendwie etwas hervorzubringen, was historisch bedeutsam ist. Dieses Buch »Roots« war doch ein Schwindel, der Versuch, sich eine Genealogie zu erschwindeln. Ich beklage ihn sehr, diesen Chauvinismus der Minoritäten.

HK: Herr Chargaff, was haben Sie für ein Verhältnis zu Deutschland?

ECH: Ich weigere mich, wie gesagt, Globalurteile über Völker oder überhaupt über Gruppen abzugeben, weil ich zu sehr überzeugt bin von der Individualität des Menschen und davon, daß man überhaupt nicht einzelne Eigenschaften auf ein ganzes Volk übertragen kann. Zu sagen, die Deutschen sind Mörder, die Juden sind edel, das ist alles blöd. Jeder Mensch ist anders. Ich meine, meine Mutter wurde ermordet, und ich bin bös auf die, die es getan haben. Aber ich weiß ja nicht, wer es getan hat. Ich weiß ja nicht, ob ich da den deutschen Schaffner in der Bahn, der damals acht Jahre alt war, dafür verantwortlich machen kann, was meiner Mutter geschehen ist. Ich nehme daran nicht teil, es ist völlig lächerlich. Man kann sagen, daß einem eine gewisse Gesellschaft sympathisch ist, eine gewisse Art von Atmosphäre zugänglicher als andere, aber man kann nicht pauschal urteilen. Ich tue es auch nicht über Amerika. Ich bin kein großer Verehrer des amerikanischen »way of life«. Ich habe aber sogar geschrieben, daß ich mir vorstellen könnte, daß es in Amerika vielleicht mehr lebende Heilige gibt als irgendwo anders, einfach weil es so viele verschiedene Menschen dort gibt. Die soziale und ökonomische Ordnung in Amerika gefällt mir nicht, aber ich kenne viele hochanständige und sympathische Amerikaner. Aber die kommen selten in den herrschenden Schichten vor, und das trifft sicherlich auch für Deutschland in der Nazizeit zu.

HK: Sie sagten eingangs, Sie seien nicht religiös erzogen worden. In Ihren Büchern wird ein Bezug zur Metaphysik aber immer wieder deutlich. Glauben Sie an Gott? An das Kommen des Messias?

ECH: Ich warte auf ihn, um ihn zu begrüßen. Es wäre die einzige Rettung für die Welt. Aber ob er in unserer Zeit kommen wird, das kann ich nicht garantieren. Ronald Reagan glaubt fest daran. Er glaubt an Armaggedon und daß dann die gerechten, die wiedergeborenen Christen auf der einen Seite gleich ins Paradies befördert werden, während alle anderen umkommen werden im Weltuntergang. Vieles spricht dafür, daß unsere Welt in einem langsamen Untergang begriffen ist. Man denke nur an den Bevölkerungsüberschuß auf der Welt, der in irgendeiner Weise fraglos reguliert werden muß, wenn die Welt nicht einfach ersticken soll.

HK: Sie haben Zweifel, ob er kommen wird?

ECH: Nicht daran zweifle ich. Irgendwann einmal wird er kommen, aber ob noch jemand da sein wird, ist die Frage. Unsere Zeit ist nicht in der Lage, die großen Prophezeiungen zu verstehen, geschweige denn zu erfüllen. Es wird auch sehr schwer sein für einen Messias, seine Legitimation herzuzeigen, zu beweisen, daß er es wirklich ist. Bei Jesus war man sich auch nicht einig. Wenn es keine Menschen mehr gibt, dann wird es leichter sein. Die Tiere werden ihn anbeten. Aber ich weigere mich eigentlich, über diese Sachen wirklich was zu sagen. Je mehr man darüber redet, desto blöder steht man da, aus linguistischen, aus vokabularen Gründen. Ich glaube an Gott, ich glaube an die Vorsehung, ich bin konservativ, aber wir haben keine Sprache für gewisse Dinge. Auch Gewissen, Tod, Ewigkeit, viele solche Begriffe sind nicht behandelbar in unserer Sprache. Daran leidet besonders die Metaphysik, die Philosophie im allgemeinen – daß sie kochen muß mit dem Wasser, das in den Töpfen ist. Bei Gott versagt schon der Begriff des Geschlechts: der Gott, die Gott? Ich glaube, daß die Theologie, je mehr sie sich dem Begriff Gott nähert, desto mehr versagt. Ich habe irgendwo einmal geschrieben, daß Gott nicht ist, wie ein Tisch ist. Das Wort Sein, Existenz, angewendet auf Gott, ist nicht dasselbe und kann nicht in derselben grammatischen Form besprochen werden wie die Existenz eines Tisches. Und trotzdem müssen wir es tun. Es gibt keine Begriffe, die so schweben, daß sie passend werden. Ob Gott, Bewußtsein, Moral oder Nachleben, Paradies, alles das kann nur kindisch wirken, wenn wir darüber reden, und deshalb gibt es so viele Ungläubige. Hätte die Theologie wirklich eine Sprache, wäre es anders.

HK: Gibt es Ausdrucksformen, die Ihnen hier geeigneter erscheinen als die Sprache?

ECH: Die Musik hat es getroffen, in manchen Fällen. In Beethovens späten Streichquartetten, in manchen Konzerten und Sonaten von Mozart, in Bachs h-Moll-Messe und in einigen Messen von Haydn gibt es Ansätze. Die Musik versucht, über diese Stufe zu springen. Manchmal gelingt es ihr, manchmal nicht. Aber sie muß auch auf empfangsfähige Menschen oder Seelen treffen, damit sie diese Information weitergeben kann. Eben weil sie von der Sprache unabhangig ist, ist die Musik vielleicht die reinste Kunst.

HAIM H. COHN

Jurist, Jerusalem. Geb. 1911 in Lübeck

HK: Herr Dr. Cohn, Sie sind ja schon als knapp Zwanzigjähriger nach Palästina gekommen. Was bedeutet das Wort Heimat für Sie?

HHC: Obwohl ich sehr herzliche und innige Erinnerungen an Lübeck und Hamburg habe – in Hamburg bin ich zur Schule gegangen –, Heimat ist das nicht mehr für mich. Sehnsucht dahin habe ich nicht. Irgendwelche Zugehörigkeitsgefühle, nein, habe ich nicht. Das sind alles Erinnerungen aus einem früheren Leben, das vorbei ist. Meine Heimat ist Jerusalem. Wenn ich zwei Wochen von Jerusalem weg bin, dann habe ich furchtbare Sehnsucht. Wenn ich drei Wochen von Jerusalem weg bin, bin ich krank.

HK: »Heimat« klingt im Deutschen immer ein bißchen nach Idylle und nach Frieden. Aber Jerusalem ist ja keine friedliche Stadt. Es gibt hier so viele Gegensätze, man spürt förmlich die Spannung, die über dieser Stadt liegt.

HHC: Na und? Ich hoffe, ich bin einer der Gegensätze. Ich habe immer sehr viel darauf gegeben, ein Glied des jüdischen Gemeinwesens zu sein. Ich bin immer ein großer Individualist gewesen. Was ich sagen will, ist, daß mir nie etwas daran gelegen war, mit der Mehrheit oder der »herrschenden Meinung« identifiziert zu werden, und immer von Natur ein Nonkonformist war. Auch im Gericht habe ich öfter als andere Richter »dissenting opinions« gegeben. Wissen Sie, was das ist? In Deutschland gibt es so etwas nicht, aber hier, in England oder in Amerika gibt nicht das Gericht ein Urteil, sondern jeder Richter gibt ein Urteil. Wenn drei Richter zusammensitzen, haben sie drei Urteile. Die Mehrheit entscheidet, aber die Minderheit vertritt eine »dissenting opinion«. Und ich habe mich oft zu meinem Vergnügen und zu meiner Freude in der Minderheit befunden. Und wenn nicht die Gegensätze, die anderen Meinungen, die nicht die meinen sind, alle in Jerusalem irgendwie vertreten wären, und zwar gut vertreten wären, so hätte ich ja nichts, wogegen ich streiten könnte.

HK: Wenn es nach Ihren Eltern gegangen wäre, dann wären Sie Rabbiner geworden.

HHC: Ich habe auch tatsächlich, als ich hierherkam, eineinhalb Jahre aufs Rabbinat hin gelernt, habe mich dabei aber in die Jurisprudenz verliebt und beschlossen, das Rabbinat für die Juristerei aufzugeben.

HK: Das klingt für mich nach einem Gegensatz.

HHC: Das ist kein Gegensatz. Das Rabbinat und das Judentum haben viel mit Recht zu tun. Außerdem ist mir durch die Jurisprudenz mein ursprüngliches Interesse erhalten geblieben. Ich habe mich mein Leben lang mit altem jüdischen Recht beschäftigt, mehrere Bücher darüber geschrieben, jahrzehntelang an der Universität jüdisches Recht unterrichtet. Außerdem habe ich eine enthusiastische Vorliebe für die hebräische Sprache. Obwohl ich einige Sprachen völlig beherrsche, ist die hebräische Sprache für mich der Höhepunkt der philologischen Ästhetik. Ich habe auch sehr viel für mein Hebräisch getan. Ich habe – zu Recht oder zu Unrecht – den Ruf, daß ich unter den deutschen Einwanderern einer der besten Hebraisten bin.

HK: Bedeutet das Judesein für Sie eine spezielle Beziehung zur Welt, eine besondere Verantwortung oder Pflicht?

HHC: Wenn Sie eine religiöse Pflicht meinen, dann ist die Antwort: Nein. Ich glaube nicht an den jüdischen Gott, ebensowenig wie an irgendeinen anderen Gott. Aber Jude zu sein – natürlich bedeutet das eine gewisse Pflicht. Eine Pflicht der Loyalität. Auch eine Kulturpflicht. Nur tritt die Pflicht sehr stark hinter das Vergnügen zurück.

HK: Worin besteht das Vergnügen?

HHC: Darin, in den alten jüdischen Quellen zu graben nach modernen Begriffen von Recht und Gerechtigkeit und Menschenrechten und Menschenwürde, und aufzudecken, daß in Wirklichkeit unsere Vorfahren schon alles gewußt haben, was wir heute wissen oder erstreben. Das bereitet kolossales Vergnügen. Und außerdem stoße ich fast jeden Tag auf alte Historien, Legenden, Mythen, Dinge, die mir enorme Freude bereiten. Ich bin Jude, was mein Kulturgut anbetrifft. Ich bin ein Nachkomme und Erbe von Juden. Ich gehöre zur jüdischen Familie. Ich bin stolz auf meine jüdische Abstammung. Aber ich glaube, daß ich das Judentum als solches besser verstehe als die streng religiösen Juden, die für meine Begriffe das Judentum im Grunde verfälschen.

HK: In welcher Hinsicht?

HHC: Indem sie das Ritual als Mittelpunkt des Judentums ansehen.

HK: Und was ist Ihrer Meinung nach der Mittelpunkt des Judentums?

HHC: Moral.

HK: Ein großes Wort.

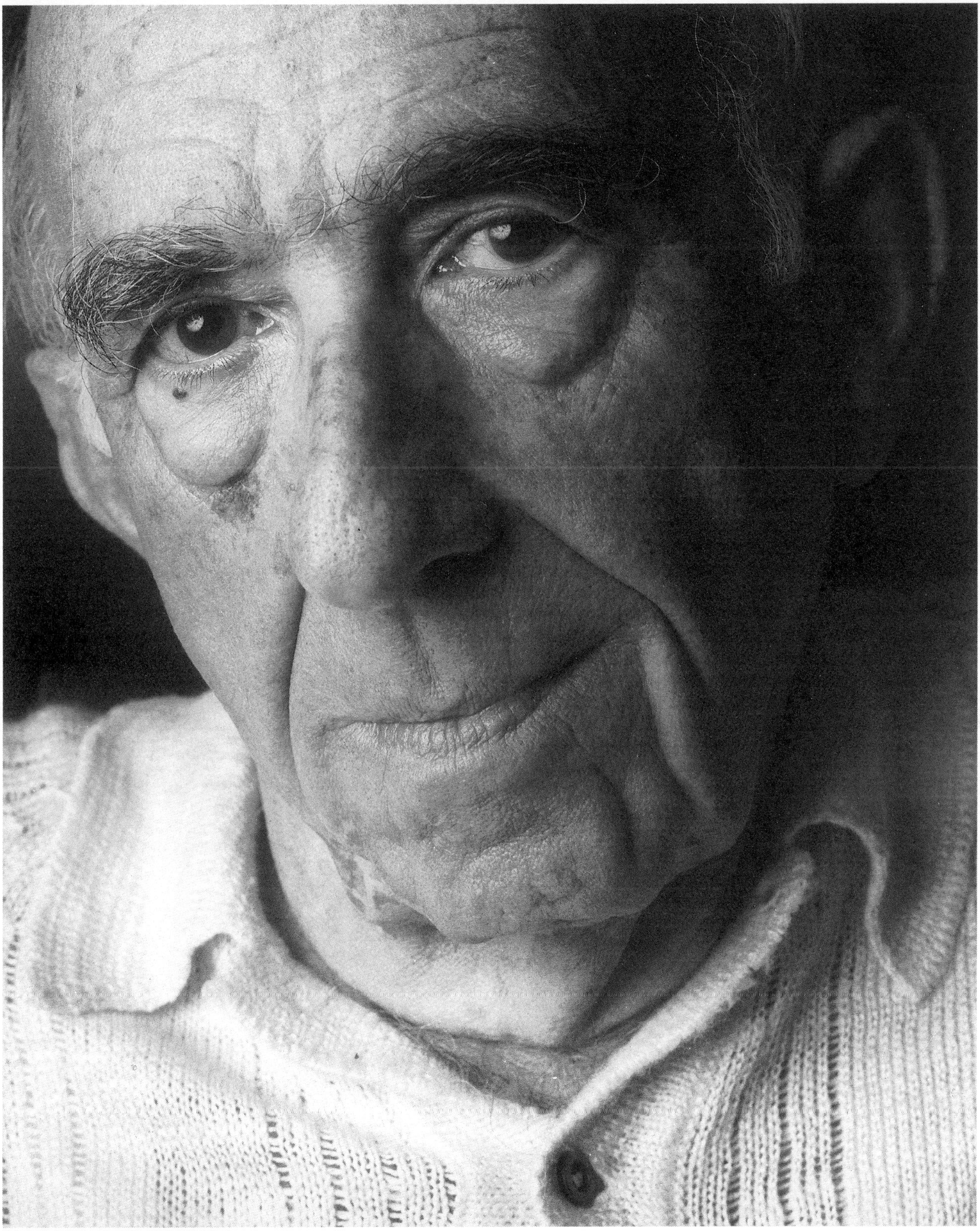

HHC: Ich glaube, daß die modernen Menschenrechte im Grunde alle von der jüdischen Moral abstammen. Daß wir der Welt dies gegeben haben. Je mehr Leute diese jüdischen Werte adoptieren, desto besser. Und ich lege keinerlei Wert auf Copyright. Sie brauchen nicht die jüdische Herkunft zu belegen, das ist mir ganz unwichtig. Wichtig ist, daß unsere moralischen Maßstäbe universal werden.

HK: Wie kommt es zu diesem hohen Anspruch, zu dieser Besonderheit?

HHC: Das jüdische Volk ist dadurch vielleicht etwas Besonderes geworden, daß es immer das Opfer von Verfolgungen war. Die Verfolger wollten die jüdische Religion und damit das jüdische Volkstum und später auch alle Juden physisch ausrotten – und wir hätten das wohl nicht überleben können, wären wir nicht so eigensinnig, so durchdrungen von unserer geistigen Vitalität. In all unserem tausendjährigen Unglück mag es ein Glück gewesen sein, daß wir lernen mußten, uns und unsere Überzeugungen und Ideale zu behaupten und zu aktivieren.

HK: Ist das zugleich die historische Erklärung für den Antisemitismus?

HHC: Die historischen Gründe des Antisemitismus lassen sich alle auf die Kreuzigung Jesu zurückführen. Und es ist einfach Quatsch zu behaupten, daß Jesus von den Juden gekreuzigt worden sei. Oder daß die Juden irgendeine Schuld an der Kreuzigung Jesu hätten. Ich habe das in einem Buch bewiesen, schon vor zwanzig Jahren.

HK: Wer hatte Interesse daran, die Geschichtsschreibung zu verfälschen?

HHC: Verfälschen ist vielleicht ein zu starker Ausdruck. Denn es geschah wahrscheinlich nicht in böser Absicht und hatte anfangs einen anderen Zweck. Ein Beispiel: Bei den Christenverfolgungen in Rom mußte man, um sich zu schützen, davon absehen, die Römer irgendeiner Schuld, irgendeiner Schandtat zu bezichtigen. Aber irgend jemandem mußte man die Schuld ja geben. Wer aber sollte ihn also gekreuzigt haben, wenn nicht die Römer? So ist man auf die Juden gekommen, gar nicht so sehr, um die Juden anzuschuldigen, sondern, um sich selber zu entschuldigen. Aber aus diesem »Deizid«, aus dieser Gottestötung, Gotteskreuzigung, ist ein Haß erwachsen, der zum Dogma wurde. Völlig unnötig, völlig irrational.

HK: Glauben Sie, daß es die christlichen Kirchen versäumt haben, diesen Irrtum zu korrigieren, und daß es ihre Pflicht wäre, das endlich nachzuholen?

HHC: Ich will mich nicht über die Pflichten der Kirche äußern. Dafür sehe ich mich nicht als kompetent an.

HK: Sie haben es als »ein Glück« bezeichnet, daß das jüdische Volk sich gegen Verfolgungen wehren mußte, eine Front bilden mußte. Sehen Sie hier auch den Grund dafür, daß so viele jüdische Frauen und Männer in der Diaspora erfolgreiche Wissenschaftler, Geisteswissenschaftler, Künstler geworden sind?

HHC: Ja, sicher. Die Juden mußten sich beweisen. Sie wurden gehaßt und verfolgt, als Untermenschen angesehen, und sie mußten sich beweisen, daß sie besser sind als die anderen. Wir waren im Gymnasium eine Klasse von vierundzwanzig Schülern. Die vier besten waren Juden. Nicht daß wir begabter gewesen wären – wir mußten eben besser sein. Sonst hätten wir uns nicht behaupten können. Es ist wie im Tierreich. Nur die Starken überleben.

Aber in Amerika zum Beispiel, wo es immer noch eine viel höhere Anzahl von jüdischen Akademikern und Intellektuellen gibt als von allen anderen Rassen oder ethnischen Gruppen, in Amerika wird man das in einer oder in zwei Generationen gar nicht mehr merken, weil es keinen Unterschied mehr geben wird zwischen Juden und Nichtjuden.

Wo man nicht mehr verfolgt ist und wo man sich nicht mehr zu behaupten braucht, da behauptet man sich auch nicht. Hier in Israel können Sie das beobachten. Wir haben sehr gute Akademiker und hervorragende Schriftsteller und Künstler, aber wie bei jedem anderen Volk sind sie in der Minderheit. Die Mehrheit – das sind Leute, die sich mehr oder weniger gut oder schlecht ernähren, aber keinerlei intellektuelle Ambitionen haben. Und das ist völlig natürlich.

HK: Herr Dr. Cohn, das jüdische Volk hat hier in Israel zum ersten Mal nach der langen Zeit der Zersplitterung wieder eine geographische Heimat gefunden, ist wieder eine Nation geworden.

HHC: Das jüdische Volk ist immer eine Nation gewesen, hat es bloß nicht gewußt. Das einzige, was es bisher nicht war, ist ein Staat.

HK: Und wie beurteilen Sie diesen Staat? Viele frühe Zionisten hatte ja die Hoffnung, der Staat Israel würde etwas ganz Besonderes sein können, ein Vorbild für die Welt.

HHC: Es gibt Elemente im Judentum, nämlich die extrem religiösen und die extrem nationalen Gruppen – die es übrigens in jedem Staat gibt –, die den Staat für ihre eigenen Zwecke und Bedürfnisse vergewaltigen wollen. Meiner Ansicht nach wird es ihnen bei uns nicht gelingen. Sie bemühen sich vergeblich. In Deutschland ist es den Nazis gelungen. Ich glaube nicht, daß es den Extremisten bei uns gelingen wird. Ich habe keine Sorge, daß der Staat

Israel seine Demokratie verlieren könnte oder sein Judentum. Denn sein Judentum besteht nicht im Religiösen und nicht in Ritualen.

HK: Sie werden sicher sagen: sondern in der Moral.

HHC: In der Moral. Bei einem Staat können Sie noch besser sagen: in der Demokratie, in der Reinheit der Waffen. Das geht auf Ben Gurion zurück. Er hat den Grundsatz aufgestellt, daß wir unsere Waffen reinhalten müssen. »Selbst wenn wir schießen, müssen unsere Waffen rein sein.« Das war mal eines der Ideale des Staates Israel und wird es hoffentlich einmal wieder werden.

HK: Günther Anders schreibt in seinem Aufsatz »Mein Judentum« von der Gefahr, daß die ehemals Unterdrückten selber zu Unterdrückern werden.

HHC: Das ist nicht nur eine Gefahr. In gewissem Sinne ist es schon soweit gekommen. Die Tatsache, daß wir zwanzig Jahre lang die Gebiete besetzt halten mußten, die uns nicht gehören, weil unsere Feinde sich nicht zu Friedensverhandlungen bequemen wollten, in welchen das Schicksal dieser besetzten Gebiete nach internationalem Recht hätte bestimmt werden müssen – diese Sache hat uns automatisch zu Verfolgern gemacht. Jede Militärverwaltung ist eine oppressive Verwaltung gegen den Willen der Verwalteten. Das ist gar nicht zu vermeiden. Aber das hat mit dem Staat Israel im besonderen überhaupt nichts zu tun. Für jeden anderen Staat gilt genau dasselbe. Im Gegenteil: Ich glaube, daß wir als militärische Besatzungmacht besser sind, als irgendeine andere militärische Besatzungsmacht in der Geschichte der Menschheit es je gewesen ist.

HK: Gerade Ben Gurion hat relativ früh schon gesagt, daß man die besetzten Gebiete zurückgeben sollte.

HHC: Ich auch. Ben Gurion hat gesagt, und ich bin genau derselben Ansicht, daß wir alles zurückgeben sollten – außer Jerusalem und den Golanhöhen. Das ist auch meine Meinung – immer gewesen. Wir haben ein schönes Wort im Hebräischen, das heißt: »jafe schaah kodem«.

HK: Was heißt das auf deutsch?

HHC: Am liebsten noch in diesem Moment. Aber ich sehe ein, vom juristischen und vom jüdischen Standpunkt aus gesehen, daß wir das nicht einseitig tun können. Dazu braucht man zwei. Die Frage ist: An wen sollen wir die besetzten Gebiete zurückgeben?

HK: Spielt in Ihrem Denken, auch wenn Sie nicht gläubig sind, die jüdische Prophezeiung eine Rolle, die Ankündigung einer alles umwälzenden Veränderung der Welt, die der Ankunft des Messias vorausgehen soll?

HHC: Ich glaube an keine Verheißung, auch an die messianische Verheißung nicht. Aber ich habe auch nicht den christlichen Glauben, daß der Messias in Gestalt von Jesus nun bereits erschienen sei. Das ist genau solch ein Unfug. Ich glaube, daß die Menschen selber ihr Schicksal in die Hand nehmen müssen und sich nicht darauf verlassen dürfen, daß die Hilfe von irgendwo aus dem Himmel oder von einem Messias oder sonstwoher kommt. Ich bin bereit, noch einen Schritt weiterzugehen und zu sagen, daß jeder messianische Glaube eine Verletzung der Menschenwürde ist. Nur Menschen, die sich nicht selber dazu imstande sehen, ihr Schicksal in die Hand zu nehmen und sich Ansehen zu verschaffen, brauchen einen Messias.

HK: Wie sehen Sie – nicht als Prophezeiung, sondern als Prognose – die Zukunft des jüdischen Volkes?

HHC: In bezug auf das jüdische Volk außerhalb des Staates Israel bin ich sehr skeptisch. Ich glaube, daß durch Mischung und Assimilation das jüdische Volk über kurz oder lang seinen besonderen Charakter verlieren wird. Sie sehen das schon an Amerika. Die meisten der Juden dort wissen kaum mehr, daß sie Juden sind. Aber der Staat Israel, das ist etwas ganz anderes. Das jüdische Volk wird sich im Staate Israel erhalten und verewigen. Ich glaube, daß der Staat Israel nicht nur lebensfähig ist, sondern eine lange ruhmvolle Zukunft haben wird. Wenn ich meine Enkel und Urenkel sehe, bin ich dessen sicher.

HK: Wird auch der Geist des Judentums weitergelebt werden?

HHC: Was heißt Geist des Judentums? Es gibt moralische und amoralische Handlungen. Es gibt ethische und unethische Grundsätze. Es gibt rechtschaffene und nicht rechtschaffene Menschen. Bei den Juden wie bei allen andern. Ich glaube nicht, daß der Prozentsatz von moralisch integren oder nicht integren Menschen bei den Juden größer oder kleiner ist als bei allen anderen zivilisierten Nationen. Es gab mal einen zionistischen Theoretiker, Lilienblum hieß er, vor hundert Jahren, der gesagt hat: »Die Juden werden eine Nation sein, wenn sie ihre eigenen Bankräuber haben.« Und heute haben wir unsere eigenen Bankräuber. Und unsere Bankräuber sind nicht besser als die Bankräuber von Deutschland oder von Frankreich und auch nicht schlechter. Was Lilienblum unbeachtet ließ, ist, daß es bei uns – wie überall – Räuber gegeben hat, lange bevor es Banken gab. Wir sind halt immer schon eine Nation gewesen.

ROMAN CYCOWSKI

Kantor und Mitglied der Comedian Harmonists, Palm Springs. Geb. 1901 in Tussin (Tuszyn)

HK: Herr Cycowski, erzählen Sie mir etwas über sich.

RC: Zunächst mal bin ich der Sohn meines Vaters und meiner Mutter. Ich hatte eine gute jüdische Erziehung, und ich habe vielen Menschen geholfen. Ich glaube, ich bin ein guter Mensch. Ich liebe Menschen, ich liebe Tiere, und ich bin jetzt achtundfünfzig Jahre verheiratet.

HK: Sind Sie als strenggläubiger Jude erzogen worden?

RC: Ich stamme aus einem sehr orthodoxen Haus. Mein Vater hatte das Wissen eines Rabbiners. Er war Chassid. Einer von den Superfrommen, die es übertreiben. Ich bin auch chassidisch erzogen worden, bis ich fünfzehn Jahre alt war. Ich bin nur abends zur Schule gegangen, in die Schule der Chassidim. Schon mit fünf Jahren habe ich angefangen zu singen. Und dann habe ich in den Synagogen als Solist gesungen.

HK: Ihr Vaterhaus stand in der Nähe von Lodz, im polnischen Teil des Russischen Reiches. Warum haben Sie Polen 1920 als Neunzehnjähriger verlassen?

RC: Ich bin vom Militär desertiert. Die Polen haben mich aus dem Orchester herausgeholt, haben mir meine Posaune weggenommen und mich in die Kaserne gesteckt. Sie haben mich sehr schlecht behandelt. Meine Schwester, die acht Jahre jünger war als ich, hat mir Essen gebracht, weil ich koscher gegessen habe. Aber da war ein Hauptmann, der sie angesprochen und beleidigt hat. Ich habe ihn zur Rede gestellt. Er war betrunken und hat den Säbel gezogen. Da habe ich mir gesagt, hier bleibst du nicht, was auch passiert. Und am folgenden Tag bin ich verschwunden. Ich habe mich bei Verwandten versteckt, bin verraten worden und gerade noch davongekommen, weil die Polizisten bestechlich waren. Ein Schmuggler hat mich zur Grenze gebracht. Wir waren zwanzig Jungen, die alle flüchten wollten. Wir mußten durch ein Kornfeld. Da haben die Grenzer geschossen, und viele von uns sind umgekommen. Aber ich habe es geschafft und bin nach Beuthen in Oberschlesien gekommen.

HK: Und dann sind Sie in Deutschland geblieben.

RC: Ich habe viel Glück gehabt in Deutschland. In Beuthen habe ich im Chor gesungen. Dann bekam ich Verträge als Solist in verschiedenen Stadttheatern. Das war in Zoppot bei Danzig, in Stralsund, in Bad Enhausen und in der Oper in Cottbus. In Berlin habe ich meine Gesangsausbildung beendet, und weil ich Geld verdienen mußte, habe ich im Kino zu Stummfilmen gesungen. Später habe ich in Dresden eine Stelle als Oberkantor angenommen. Aber der zweite Kantor war eifersüchtig auf mich und hat überall herumerzählt, daß ich nicht koscher esse. Ich bin nach Berlin zurückgegangen. Und dort bin ich dem Frommemann begegnet, der die Comedian Harmonists gegründet hat. Der hat mich in der Oper den »Bajazzo« singen hören und zu mir gesagt, du bist der richtige Bariton für unsere Gruppe. Wir haben es versucht, und es hat geklappt. Und so hat meine Karriere bei den Comedian Harmonists angefangen. Das war 1928.

HK: Und wie lange waren Sie dabei?

RC: Bis wir uns 1935 getrennt haben und die drei jüdischen Mitglieder nach Wien gegangen sind, um die Gruppe neu aufzubauen. Robert Biberti, der vor zwei Jahren gestorben ist, hat noch zu mir gesagt, Hitler wird auch nicht ewig existieren, und vielleicht kommen wir wieder zusammen. Also bindet euch nicht fest an die Neuen. Aber es ist anders gekommen. Wir sind mit der neuen Gruppe von Wien aus in der Welt herumgereist und gaben Konzerte in allen Ländern, auch in Südamerika, Südafrika, Rußland, Kanada und Australien. Dann ist der Krieg ausgebrochen, und wir sind in Amerika geblieben und haben Konzerttouren gemacht. Dann haben wir den Baß verloren und einen neuen angelernt, aber als wir ihn soweit hatten, ist er zum Militär einberufen worden. Da bin ich müde geworden. Und ich wußte, ich habe noch einen anderen Beruf. Man hat mir sehr oft eine Stelle als Kantor angeboten. Warum sollte ich mich da mit den Kollegen herumquälen?

HK: Was war die wichtigste Veränderung in Ihrem Leben?

RC: Daß ich mich entschlossen habe, meine Gruppe zu verlassen. Mein Vater hat mir immer aus Polen geschrieben, wenn du schon Sänger bist, dann werde ein Kantor, damit du Jude bleibst. Und als ich vom Roten Kreuz einen Brief bekommen habe, daß mein Vater gestorben ist, nach einigen Tagen Krankheit, habe ich zu meinen Kollegen gesagt, ich verlasse die Gruppe. Das war 1941 in New York. Ich bin mit meiner Frau Mary nach Los Angeles gefahren und bis zum heutigen Tag Kantor geblieben.

HK: Warum hat Ihnen das Rote Kreuz geschrieben?

RC: Mein Vater ist auf der Straße von Polen ermordet worden. Und meine anderen Angehörigen waren nicht mehr in Freiheit.

HK: Was ist mit ihnen geschehen?

RC: Meine Mutter ist vergast worden. Fünf Brüder und zwei Schwestern sind umgekommen. Ich weiß nicht, wo ihre Asche liegt. Eine Schwester hat Auschwitz überlebt und ist nach Paris gekommen.

HK: Wann haben Sie Europa endgültig verlassen?

RC: Im Jahr 1938.

HK: Bedauern Sie heute, daß Sie von Ihrer Gruppe weggegangen sind?

RC: Nein, ich bereue es nicht. Daß ich Kantor geworden bin, hat mir meine Gesundheit erhalten. Und ich hatte meinem Vater versprochen, daß ich eines Tages Kantor sein werde. Wir haben ein schönes Leben gehabt. Ich war Kantor in Los Angeles und später, ab 1947, in San Francisco, auf einem größeren Posten. 1971 habe ich mich hier in Palm Springs zur Ruhe gesetzt. Wir haben keine finanziellen Probleme. Und ich bin das ganze Jahr über noch tätig. Ab und zu singe ich noch in unserem Tempel.

HK: Glauben Sie, daß Sie in Ihrem Leben Nachteile hatten, weil Sie Jude sind?

RC: Mein Leben war nicht sehr schwer. Vielleicht, weil Gott mir geholfen hat. Eigentlich hätte ich es schwerer haben müssen. Vor allem am Theater. Aber ich habe es gut gehabt. Die Menschen haben sich für mich interessiert. Doch viele meiner jüdischen Kollegen haben gelitten. Vielleicht haben sie auch nicht verstanden, wie sie sich als Juden verhalten müssen.

HK: Sie meinen, als Minderheit?

RC: Ich habe immer gesagt, die Juden müssen besser sein als die anderen Menschen. Weil wir immer unter Druck stehen. Weil uns die Christen vorwerfen: Ihr Juden habt Jesus umgebracht. Daher müssen wir beweisen, daß wir gut sind. Ich habe eingesehen, daß ich Jude bin. Ich muß schwerer arbeiten, ich muß besser singen. Ich bin nun einmal Jude. Ich gehöre zu einer Minorität.

HK: Betrachten Sie das als Bürde?

RC: Nein, ich glaube nicht. Nein.

HK: Aber viele hatten darunter zu leiden.

RC: Wir haben bei uns auch schwarze Schafe gehabt. Besonders in Deutschland. Leute, die von weit her gekommen sind und sich als fromme Juden ausgegeben haben und natürlich Schwindler waren. Wegen denen haben wir leiden müssen. Die Unschuldigen haben für die Schuldigen gelitten. Hitler hat vielleicht mit ein paar Juden schlechte Erfahrungen gemacht und diese Erfahrungen verallgemeinert.

HK: Auch unter Nichtjuden gibt es schwarze Schafe. Warum wurden gerade die Juden so oft zum Sündenbock gemacht?

RC: Ich will Ihnen ein Beispiel geben. Das war im Jahre 1919, ein halbes Jahr, bevor ich Polen verlassen habe. Ich bin nach Hause gegangen und habe gesehen, daß alle Straßen wie leergefegt waren. Und als ich vor unserem Haus stand, ging die Tür auf, und meine Leute zogen mich ins Haus herein: Hast du nicht gemerkt, das war ein Pogrom! Ich hatte nichts gemerkt. Allerdings habe ich nicht sehr jüdisch ausgesehen, als ich jung war. Was war geschehen? Den polnischen Arbeitern ist es unter der neuen polnischen Regierung sehr schlecht gegangen. Sie sind zum Magistrat gezogen und haben Besserung verlangt. Da haben die Führer ihnen gesagt, geht zu den Juden, die haben euer Geld. Mit anderen Worten, um von sich selbst den Druck abzulenken, haben sie die Leute auf die Juden gehetzt. Das waren professionelle Antisemiten, wie die Naziführer in Deutschland. Die haben auf dem Judentum ihre Karriere aufgebaut. Sie wollten beweisen, daß die Juden an allem schuld sind. Nicht alle haben ihnen geglaubt. Ich habe viele gekannt, die nicht auf sie hereingefallen sind. Aber der Haß auf die Juden ist geblieben. Manchmal habe ich aus dem Radio gehört, die Juden sind unser großes Unglück. Warum? Was haben sie getan? Sie waren gute Geschäftsleute, haben Steuern bezahlt und Geld ins Land gebracht. Ich habe bei den Nichtjuden Dinge gesehen ... Lug und Betrug. Da hat man beide Augen zugedrückt. Aber wenn ein Jude nur das Geringste getan hatte.

HK: Wie erklären Sie sich das?

RC: Die Menschen haben die Eigenschaft, daß sie auf dem kleinen Mann herumtreten. Die Juden sind nun mal eine Minorität. Deswegen hat man zweitausend Jahre auf ihnen herumgetreten. Zum Beispiel Polen. Nach dem Zweiten Weltkrieg, nachdem ungefähr 1,5 Millionen polnische Juden umgekommen waren, haben die Polen noch Jagd auf die letzten überlebenden Juden gemacht. So sind die Menschen.

HK: Würden Sie sagen, daß Sie deutscher Jude sind?

RC: Nein. Ich bin Jude. Ich bin kein deutscher Jude.

HK: Manche Emigranten sagen auch heute noch, ich bin deutscher Jude.

RC: Die in Deutschland geboren worden sind. Ich bin dort nicht geboren worden.

HK: Und was ist Ihr Verhältnis zu Polen?

RC: Natürlich hat sich das Land verändert. Vielleicht sind die Polen heute bessere Menschen.

HK: Und was ist mit Deutschland?

RC: Ich liebe Deutschland immer noch. Weil ich dort ein herrliches Leben gehabt habe. Deutschland war meine zweite Heimat. Bis Hitler gekommen ist.

HK: Wie sehen Sie die Deutschen heute?

RC: Ich fahre gerne nach Deutschland. Ich sage mir, die heutige Generation hat damals noch nicht gelebt, und die etwas Älteren waren damals Kinder und haben mit Hitler nichts zu tun gehabt. Und ein Teil der Deutschen war gegen die Nazis, und ein anderer Teil hat gar keine Meinung gehabt. Goebbels hat sehr gute Propaganda gemacht und den Juden alles in die Schuhe geschoben.

HK: Können Sie das Deutschland, in dem Sie früher gelebt haben, heute überhaupt noch wiedererkennen?

RC: Die Russen haben Deutschland zerstückelt und verkrüppelt. Und wie schön Deutschland war! Ein altes Kulturland. Denken Sie an Ostpreußen, das schöne Ostpreußen mit der Marienburg. Und eine Stadt wie Dresden. Ich bin dort Kantor gewesen. Was ist aus diesen Städten geworden? Es ist nicht natürlich. Es ist unnatürlich. Aber vielleicht wird Deutschland eines Tages wieder schön sein. Vielleicht wird die Sowjetunion eine Demokratie, und dann ist alles möglich.

HK: Gibt es noch so etwas wie Heimat für Sie? Oder wieder eine Heimat?

RC: Eine schwierige Frage. Polen ist keine Heimat für mich. Ich liebe Amerika. Die Amerikaner waren sehr gut zu mir, und wir haben hier ein schönes Leben gehabt. Ich kann sagen, Amerika ist meine Heimat. Israel könnte meine Heimat sein. Aber die Umstände lassen das nicht zu. Ich bin eben zu alt geworden.

HK: Warum kann Israel keine Heimat für Sie sein?

RC: Ich lebe doch nicht in Israel. Wie kann es dann eine Heimat für mich sein? Ich wünschte, ich könnte in Israel leben. Ich wollte ein Appartement in Jerusalem kaufen, hatte sogar schon Geld angezahlt. Aber meine Frau hat sich immer davor gefurchtet, in Israel zu leben. Wegen der Unruhen. Sie hat zu mir gesagt, wir können nicht gleichzeitig hier und in Israel leben. Und das Haus hier in Palm Springs aufgeben, das wollte sie nicht.

HK: Haben Sie Sehnsucht nach Israel?

RC: Ja, die Sehnsucht ist immer da. Israel war immer meines Vaters Traum. Zweitausend Jahre lang haben die Juden jeden Tag darum gebetet, daß sie nach Israel zurückkehren können. Auch ich sage die Gebete auf, jeden Tag.

HK: Und wie wird es mit Israel weitergehen? Was glauben Sie?

RC: Ich betrachte die Entwicklung mit gemischten Gefühlen. Ich glaube nicht, daß es in den nächsten fünfzig Jahren mit den Arabern richtigen Frieden geben wird. Weil die Araber fanatisch sind. Israel muß sehr stark sein, um sich verteidigen zu können. Aber Gott hat geholfen. Er hat Amerika geschaffen, und Amerika hilft Israel. Und heute hilft auch Deutschland Israel. Sehr viele Deutsche helfen Israel. Israel ist der Mittelpunkt, der Hoffnungsschimmer für die Zukunft. In Israel beginnt die Versöhnung. Wenn Israel und die Araber eines Tages Frieden schließen, kann sich der Frieden von dort aus über die ganze Welt ausbreiten. Ich bin kein fanatischer Gläubiger. Doch ich bete zu Gott, hilf den Menschen, daß sie Frieden finden und sich nicht gegenseitig umbringen.

HK: Was müßte geschehen, damit das möglich wird?

RC: Es müßte der richtige Mann kommen, dem alle vertrauen können. Ein Mann wie der Dr. Herzl aus Wien. Wer hätte vor fünfzig Jahren geglaubt, daß es einmal ein Israel geben würde? Niemand hat das geglaubt. Wir haben eher geglaubt, daß der Messias kommt, als daß Israel entsteht.

HK: Und wie sehen Sie die Zukunft der Juden in der Diaspora?

RC: Die Juden werden so lange in der Diaspora bleiben, bis der Messias kommt. Die meisten Juden wollen nicht nach Israel gehen, nicht einmal die meisten von denen, die jetzt in Rußland freigelassen werden. Nur ein Viertel von ihnen geht nach Israel. Die anderen ziehen Amerika, England oder Südamerika vor. Die Menschen sind eben egoistisch. Sie wollen ein besseres Leben haben, und das können sie in Israel nicht bekommen. Das sind nicht mehr dieselben Juden, die in Israel Sümpfe trockengelegt haben. Und in Amerika lebt es sich besser. Also bleiben sie hier. Das ist nur menschlich.

HK: Was wird geschehen, wenn der Messias kommt?

RC: Dann werden alle Menschen gut sein.

HK: Und wie, glauben Sie, wird die Welt aussehen, wenn er kommt?

RC: Ich sage mir, früher waren Deutschland und Frankreich Todfeinde. Heute verstehen sie sich sehr gut. Und es ist doch möglich, daß eine Umwälzung kommt – vielleicht im nächsten Jahrhundert, vielleicht in fünfhundert Jahren – und alle Menschen einsehen, daß sie zusammenhalten müssen. Aus der Angst heraus, daß sie sonst alle umkommen werden. Die Prophezeiung vom Messias läßt sich auf verschiedene Weise verstehen. Der richtige Messias wird von David abstammen. Messias Ben David. Die Christen sagen, daß Jesus der Messias war. Wir Juden glauben nicht daran, daß ein Mensch zum Himmel hinauffliegt, Gottes Sohn ist oder durch den Heiligen Geist geboren ist. Wir leben nach der Bibel. Der große Moses hat zu Gott gesagt: Ich möchte dich sehen. Da hat Gott geantwortet: Nein, du kannst mich nicht sehen, du wirst sterben, wenn du mich siehst.

HK: In welcher Gestalt wird der Messias zu uns kommen?

RC: In der Gestalt eines Menschen, der die Menschen dazu bringt, in Frieden zusammenzuleben. Jesaja hat vor zweitausend Jahren gesagt, daß kein Mensch das Schwert gegen andere erheben soll. Aber das geschieht ständig. Also wird die Welt untergehen. Eines Tages drückt jemand auf den Knopf. Und wenn die Menschen wieder existieren wollen, müssen sie gut werden.

HK: Was bedeutet es für Sie, jüdisch zu sein? Ist damit eine bestimmte Verantwortung oder Verpflichtung verbunden?

RC: Beides. Verantwortung und Verpflichtung.

HK: In welcher Weise?

RC: Verpflichtung, weil ich mich mit Gott verbunden habe. Ich habe ihm gesagt, ich werde immer an dich glauben, weil du mir geholfen hast. Ich fühle mich verpflichtet zu dem, was ich tue, immer getan habe. Ich finde darin große Befriedigung. Und ich fühle einen starken Willen in mir.

HK: Wofür sind Sie Gott dankbar?

RC: Ich bin der einzige von meinen Kollegen bei den Comedian Harmonists, der ein wirklich gutes Leben geführt hat. Alle meine Kollegen haben es sehr schwer gehabt. Alle fünf. Ich habe es geschafft, und dafür danke ich Gott.

HK: Haben Sie das Gefühl, daß Gott Sie geschützt hat?

RC: Normalerweise wäre ich heute nicht mehr am Leben. Als ich in Stralsund beim Stadttheater war, wollte mein Vater mich nach Hause zurückholen. Ich war schon bereit dazu. Aber als ich vor dem Bahnhof stand, habe ich mich gefragt: Was soll ich in Polen tun? Hier habe ich eine Anstellung im Theater und habe Erfolg. Also habe ich meinem Vater Nachricht gegeben, daß ich nicht kommen werde. Er muß ohnmächtig geworden sein. Aber wenn ich nach Polen zurückgekehrt wäre, wäre ich längst tot. Und es gab noch andere Situationen, in denen ich Gott angefleht habe. Ich habe gesagt, Gott, wenn du mir hilfst, werde ich immer an dich glauben, und ich habe Glück gehabt. Es ist schwer, das zu begreifen. Aber so war es.

HK: Aber viele Leute fragen sich: Was ist das für ein Gott, der Auschwitz zugelassen hat?

RC: Eine sehr schwierige Frage. Wenn man an Gott glaubt, muß man sagen, Gott ist gerecht, er weiß, was er tut. Es gibt keine Lösung für dieses Problem. Die Unschuldigen haben für die Schuldigen gelitten. Das ist die einzige Antwort, die ich habe. Ich habe meine Schwester, die in Auschwitz war, dasselbe gefragt. Sie mußte zusehen, wie mein jüngerer Bruder auf die linke Seite hinübergeschickt worden ist und wie sie ihn zur Gaskammer geführt haben. Darunter hat sie ihr ganzes Leben lang gelitten. Ich habe sie gefragt: Glaubst du immer noch an Gott? Und sie hat gesagt: Ich glaube heute noch mehr als früher. Weil ich Dinge gesehen habe, die nur von Gott kommen können. Das waren ihre Worte. Daß meine Schwester und ich noch am Leben sind, ist auch ein Wunder. Warum meine Brüder umgekommen sind, weiß ich nicht. Ich weiß auch nicht, warum mein Vater umgekommen ist, der sein Leben lang nur Gutes getan hat.

CORDELIA EDVARDSON

Journalistin und Autorin, Jerusalem. Geb. 1929 in München

HK: Frau Edvardson, Sie sind als ganz junges Mädchen nach Auschwitz gekommen.

CE: Erst nach Theresienstadt, am 10. März 1944, das weiß ich noch genau. Also sehr spät. Und dann einige Monate später nach Auschwitz.

HK: Von Ihrer Familie waren nur Sie in den Lagern?

CE: Ja, natürlich, meine Mutter war katholisch geboren und katholisch aufgewachsen, ihre Mutter war keine Jüdin. Schon deshalb wäre sie geschützt gewesen. Aber dann war sie noch außerdem mit meinem Stiefvater verheiratet, einem Ur-Arier sozusagen. Mein richtiger Vater, der einmal ein sehr berühmter Mann war in Deutschland, ein Profes-

sor für Staatsrecht, Hermann Heller, der war den Rassengesetzen nach Volljude. Und dadurch wurde ich auch als Volljüdin eingestuft bei diesen wunderbaren Gesetzen damals. Er starb Ende 1933 in Spanien eines natürlichen Todes.

HK: Wie kamen Sie dann hierher?

CE: Im Mai 1945, nach der Befreiung, kam ich nach Schweden, mit diesen sogenannten Bernadotte-Transporten, wenn auch nicht mit den berühmten weißen Autobussen, sondern mit dem Zug. Dort habe ich gelebt bis zum Herbst 1974. Ich arbeite aber auch hier immer noch für eine schwedische Zeitung, »Svenska Dagbladet«, als Auslandskorrespondentin.

HK: Gibt es außer »Gebranntes Kind sucht das Feuer« noch andere Bücher von Ihnen?

CE: Ja, jetzt ist ein weiteres Buch auf deutsch erschienen, »Die Welt zusammenfügen«.

HK: Vor dem Dritten Reich waren ja in Deutschland viele Juden Künstler und Wissenschaftler, und viele andere haben in Verlagen und in der Presse eine Rolle als Vermittler für Kunst und Wissenschaft gespielt, oft als Förderer der Avantgarde. Glauben Sie, daß das Leben in den Beschränkungen der Diaspora besondere Energien und Talente zum Blühen bringt?

CE: Da habe ich mal von dem in London lebenden Philosophen Isaiah Berlin einen sehr schönen kurzen Artikel gelesen, der hieß: »Der Preis einer Muschel«. Wie er das erklärt, kam es mir sehr einleuchtend vor. Es ist nämlich so: Die Perle in der Muschel, das ist eigentlich eine Krankheit. Sie kann nur entstehen, wenn eine Muschel krank ist. Nun sind neunhundertneunundneunzig Muscheln krank, eine davon entwickelt eine Perle. Ist dieser Preis nicht ein bißchen zu hoch, fragte er da, daß 999 Muscheln krank sein sollen, damit eine davon eine Perle entwickelt? Also ein Jude wird ein Kafka, ein Jude wird ein Schönberg oder Mahler oder was auch immer. Die anderen Juden in der Diaspora sind nur krank, die sind nur ein bißchen schief und ein bißchen ängstlich und ein bißchen sehr neurotisch. Vielleicht wird einer ein Woody Allen und macht ein großes Geschäft aus seiner Neurose, die anderen sind nur nebbich. Der Preis ist zu hoch. Ich finde, das ist wichtig mit Israel: Die Juden in Israel sind keine begabten Genies. Ich mußte erst nach Israel kommen, um zu entdecken, daß es dumme Juden gibt und wie viele. Denn so wird man nämlich ein ganz normales Volk und hat die Möglichkeit, sich normal zu entwickeln, auch mit allen Fehlern. Wenn man die Majorität ist. In einer Minorität gibt es, wie Sie sagen, die, die gerade im Bewußtsein, zu einer Minorität zu gehören, ganz besondere Fähigkeiten entwickeln und hoch entwickeln. Aber die anderen? Man vergißt ja immer, daß es ein ganzes jüdisches Proletariat gab. Ich glaube nicht, daß diese Situation, eine Minorität zu sein, für die neunhundertneunundneunzig Muscheln eine gute ist. Im Gegenteil. Und auch den Genies ist es ja immer sehr dreckig gegangen nachher, von Jesus über Marx zu Freud. Wer hat uns dafür geliebt? Das endete am Kreuz oder im Armengrab. Wir stehen nicht mehr zur Verfügung, die Welt kann sich jetzt ihre eigenen Genies machen.

HK: Gibt es ein speziell jüdisches Element, jüdische Wurzeln, in Ihrem Schreiben und Denken?

CE: Ja, aber das sind Wurzeln, die ich mir selber beschafft habe. Noch in Auschwitz war mir sehr unbewußt, daß ich Jüdin bin. Ich habe mich immer gefragt: Was tue ich denn hier eigentlich, ich kleines deutsches katholisches Mädchen? Hitler hat mich zur Jüdin gemacht, mich, ohne mich zu fragen, diesem Volk zugeschlagen – ich mich dann aber auch selber. Dann habe ich es auch gewählt. Das war später, schon in Schweden. Dort wurde mir nach einigen Jahren klar: Ich muß sehen, wohin ich gehöre. Ich gehöre ganz bestimmt nicht mehr nach Deutschland, ich bin auch keine Schwedin, ich gehöre zum jüdischen Volk. Das hat für mich nichts mit Religion zu tun, sondern es hat mit dem jüdischen Volk zu tun. Denn es gibt, was immer man für eine Staatsbürgerschaft hat, dieses jüdische Volk, und zu dem will ich gehören. Ich meine, das ist überhaupt die einzige Art, mit jedem Schicksal, nicht nur mit diesem Schicksal, fertig zu werden, daß man selber wählt.

HK: Ist mit dieser Wahl auch das Gefühl verbunden gewesen, daß Sie damit eine besondere Verantwortung und Verpflichtung übernommen haben?

CE: Ja. In Auschwitz arbeitete ich eine Zeit in der Schreibstube, und am Anfang wurde da mit deutscher Gründlichkeit auch noch Buch geführt, ohne Namen, aber mit Nummern. Beinahe alle Nummern, von Anfang an, waren mit einem Kreuz versehen, einem schwarzen oder roten Kreuz: Tod durch Gas oder was »natürliche Umstände« genannt wurde. Und als ich kam, weil ich ja so spät kam, fing man gerade an, dieselben Nummern noch einmal von vorne zu benützen, weil die Zahlen sonst so lang gewesen wären, daß man sie nicht mehr auf einen Arm hätte tätowieren können. Man fing also wieder von Anfang an, nur mit einem A davor. Ich schlug damals meine Nummer auf, nur ohne das A, statt A 3709 also 3709. Es gab ja diese Frau, die dieselbe Nummer hatte wie ich. Ich wußte: Sie mußte eine Frau sein, weil das das Frauenlager war, und sie mußte ziemlich jung gewesen sein, um überhaupt ins Lager zu kommen, nicht direkt schon am Zug ins Gas geschickt zu werden. Und auch kinderlos. Denn wenn sie ein Kind an der Hand gehabt hätte oder auf dem Arm, wäre sie auch direkt ins Gas gegangen. Soweit hatte sie also überlebt. Sie war Jüdin, was man an dem Dreieck hinter ihrer Nummer sah. Jetzt war sie tot, denn hinter ihrem Namen war ein Kreuz. Es wurde dann für mich eine Art Pflicht, wenn man so sagen kann, daß ich von da an immer das Gefühl hatte, ich lebte nicht nur mein Leben, ich lebte auch ihr Leben, irgendwie, ganz besonders ihr Leben, weil sie eben dieselbe Nummer hatte. Und die Kinder, die ich habe, das sind nicht nur meine Kinder, die gehören auch dem jüdischen Volk. Ich gebe ihnen jedenfalls die Möglichkeit, später müssen sie sich natürlich selber entscheiden. Aber mein Leben. Es ist das Leben von sehr vielen, die eben nicht überlebt haben. Das fühle ich wie eine Pflicht: dem jüdischen Volk diese Kinder und dieses Leben wieder zuzuschlagen.

HK: Hier in Israel ist dieses Volk jetzt die Majorität. Sie haben von einer normalen Entwicklung, im guten wie im schlechten, gesprochen, die das Leben als Majorität bedeuten könnte. Aber das Land hat ja noch keinen Frieden.

CE: Ich glaube, wenn dieser Staat untergeht, und das ist völlig denkbar – entweder er zerstört sich selbst, oder er wird von außen zerstört –, dann, glaube ich, ist das wirklich auch das Ende des jüdischen Volkes. Es wird dann noch immer irgendwelche religiösen Juden geben, aber das wird nicht lange dauern. Ich glaube, das wäre das Ende des jüdischen Volkes als Volk. Es wäre eine Tragödie, denn schließlich ist es das einzige Volk, das in der Zerstreuung so lange überlebt hat. Dieses Volk hat Hitler überlebt trotz allem, trotz der besten Anstrengungen von deutscher Seite, aber ich glaube, es könnte dieses Kunststück nicht noch einmal fertigbringen, wenn Israel unterginge.

HK: Aber Israel ist eben jetzt auch eine politische Nation und militärisch wehrhaft. Damit hat sich so vieles geändert.

CE: Ja, natürlich, aber das gehört wieder zu dem Normalisierungsprozeß der Juden, wie ich das nennen möchte, daß man eben ein Staat wird wie andere Staaten. Und Staaten sind ja weder moralisch noch unmoralisch. Staaten sind Staaten. Eine besondere Moral kann man von den Bürgern eines Staates verlangem, aber nicht von dem Staat als solchem. Was natürlich dazu führt, daß Israel, genauso wie Frankreich und, soweit ich weiß, Deutschland, Waffen an den Iran verkauft. Schweden übrigens auch, obwohl das nicht so bekannt ist. Ich möchte Israel nicht als jüdischen Staat sehen, sondern als Staat für die Juden. Das ist ein Unterschied. Es gibt auch israelische Bürger, die keineswegs Juden sind, sondern Araber, Moslems oder Christen, und deren Staat ist es ganz genauso. Ich meine, es ist, was man hier Chuzpe nennt, nämlich eine Unverschämtheit, für Israel, weil es eben ein Staat für die Juden ist, andere moralische Kriterien vorauszusetzen, als man sie für Frankreich oder für Deutschland oder für Mrs. Thatchers England aufstellt. Wir haben schon vor langem aufgehört, das Gewissen der Welt zu sein oder diese herrlichen Versuche zu machen, die Welt zu retten. Aber natürlich kann man von diesem Staat zum Beispiel verlangen, daß er seine Minoritäten wie jeder gute demokratische Staat anständig behandelt, und das ist nicht der Fall, noch nicht. Vielleicht wird es noch. Ich will das ein bißchen näher erklären. Ein Jude in Schweden oder in Amerika oder in der Schweiz gehört zum jüdischen Volk, kann aber gleichzeitig ein loyaler Bürger in dem Land, wo er lebt, sein. Die Araber in Israel, seien sie Moslems oder seien sie Christen, haben ein ganz anderes Dilemma. Sie fühlen auch, daß sie ein Teil des arabischen Volkes sind. Sie empfinden eine Loyalität wie die Juden zum jüdischen Volk. Sie sind aber Bürger in Israel, das sich im Krieg befindet mit eigentlich allen arabischen Ländern außer Ägypten. Deshalb führt diese Loyalität in einen Konflikt, aber es ist ein Konflikt von beiden Seiten, denn die jüdischen Israelis wissen ja auch, daß diese Leute sich zutiefst verbunden fühlen mit ihrem Volk. Wenn der Kriegszustand zwischen Israel und den anderen arabischen Ländern, den Nachbarn wenigstens, aufhören würde, dann würde das auch sehr viel dazu beitragen, daß das Problem der israelischen Araber gelöst würde. Das ist eigentlich sehr einfach, wenn Sie es so sehen, und sehr einleuchtend.

HK: Sie sprechen jetzt überhaupt nicht über die besetzten Gebiete und über die Gewalttätigkeiten, zu denen es dort immer wieder kommt.

CE: Die sind die Rechnung für die Okkupation, und die kosten die Okkupanten moralisch genausoviel und mehr als die Okkupierten. Wir wollen unsere Söhne als Soldaten haben, die das Land schützen vor Angriffen, nicht, daß sie ihre Gewehre gegen steinewerfende Kinder anwenden. Und wenn das das Resultat des allgemeinen Erschreckens wäre, daß mehr und mehr Leute einsehen: Das war nicht der Sinn der Sache – das wäre wunderbar. Auf schwedisch sagt man: Man braucht zwei zum Tangotanzen. Man kann ihn nicht alleine tanzen. Ich bin davon überzeugt, und das ist jeder vernünftige Mensch, daß Israel nicht genug getan hat, um einen Partner zum Tango zu finden. Andererseits, die Partner stehen nicht gerade Schlange und warten, zum Tanz gebeten zu werden. In dem Moment, als Ägypten kam, da bekam es auch die besetzten Gebiete zurück. Aber Israel könnte sehr viel mehr tun, um diese Gelegenheit zu schaffen. Ich finde, das Wichtige ist, daß man eben nicht so großes Tamtam macht wegen dieser Symptome, sondern die Krankheit an der Wurzel angreift, und die Krankheit ist natürlich, daß man nicht das Land von 1,5 Millionen Menschen okkupieren kann, ohne daß es zu Brutalität kommt.

HK: Sie haben vorhin einmal gesagt, es sei nicht religiös gemeint, wenn Sie sich dem jüdischen Volk zurechnen. Spielen religiöse Fragen für Sie überhaupt keine Rolle? Sie waren selbst in Auschwitz, und Auschwitz hat viele Menschen, nicht nur traditionell Gläubige, zu der Frage gebracht: Wie konnte Gott so etwas zulassen?

CE: Die Frage gründet sich darin, welchen Gottesbegriff, wenn überhaupt, jemand hat. Der gute Mann mit dem weißen Bart, der oben im Himmel an allen Fäden zieht und dies bestimmt und jenes bestimmt, das ist mir völlig fremd. Ich glaube, Gott hat überhaupt nichts mit Auschwitz zu tun, wenn es ihn gibt. Für mich gibt es Gott nicht. Es gibt etwas Göttliches im Menschen. Es gibt etwas im Menschen, was nicht verletzt werden darf. Eine Würde, einen Funken des Göttlichen, könnte man sagen. Das hören Sie manchmal bei Mozart oder Bach oder spüren es bei Matthias Claudius. In begnadeten kurzen Augenblicken können Sie es aufleuchten sehen. So etwas gibt es in jedem Menschen, und deshalb darf kein Mensch gedemütigt werden, als Mensch entwürdigt werden, verletzt werden. Das ist für mich das Göttliche im Menschen. Aber Gott ist mir kein Begriff. Ich glaube, es ist einfach so, daß für das, was ich meine, nur die Religion eine Sprache hat. Wir haben keine Sprache, die, was ich das Göttliche nennen würde, mit einem anderen Wort bezeichnen könnte. Auschwitz hat für mich ausschließlich mit Menschen zu tun. Obwohl ich vielleicht sagen muß, daß ich ein bißchen Mystikerin bin in einem bestimmten Sinne: daß ich glaube, daß Gutes und Böses zu mehr werden kann, zu etwas Größerem, als nur die Summe seiner Teile zusammengerechnet ergibt, die Summe der einzelnen guten oder bösen Taten. Das Böse, was in Auschwitz verübt wurde, beeinflußt die Welt heute noch stärker, als man sich erklären kann, wenn man nur zusammenzählt, was dieser getan hat und jener getan hat. Als bei der Contergan-Katastrophe damals lauter Kinder mit verkrüppelten Armen und Beinen geboren wurden, Kinder ohne Hände, da hatte ich den Gedanken: Das sind die Kinder von Himmler. Was ich damit meine, ist, daß das Böse in der Welt weiterwirkt – so wie man einen Stein ins Wasser wirft, und die Wellen wandern weiter, noch viel weiter. Das ist, wenn Sie so wollen, ein mystischer Gedanke.

HK: Sie haben gesagt: »Gutes wie Böses.«

CE: Das gilt auch für das Gute. Für jemanden wie Janusz Korczak, den Erzieher, der mit seinen Kindern ins Gas ging, obwohl man ihm angeboten hatte, er könne sein Leben retten. Ich glaube, auch seine Tat wirkt in weiteren Ringen. Nur scheint es mir, oder es sieht wenigstens so aus, daß das Böse eben eine größere Macht hat und weitere Ringe zieht. Ich glaube, das muß man dazusagen. Ich kann all das natürlich nicht beweisen oder begründen. Aber ich glaube, die Welt nach Auschwitz ist noch immer kaputt, und da man eben nicht einsehen will, was wirklich damals geschehen ist, wird sie wohl kaputt bleiben.

HK: Im religiösen Judentum gibt es ja die alte und unveränderte Prophezeiung, daß der Messias kommen wird. Daß die Welt sich verändern wird und dann der Messias kommen wird. Ist dieser Gedanke Ihnen ganz fremd, oder berührt Sie etwas daran?

CE: Ich glaube, wenn ein Messias gebraucht wird, dann deswegen, weil die Welt sich eben nicht ändert. »Welt war verloren, Christ war geboren, freue dich, o Christenheit.« Für mich ist das ein viel natürlicherer Gedanke. Ich meine, wir brauchen den Messias nicht, wenn die Welt in Ordnung ist, sondern dann, wenn sie ganz verloren ist. Ich weiß nicht, wie die Zukunft sein wird, die Zukunft des jüdischen Volkes, die Zukunft der Welt. Wir wie alle anderen müssen zusehen, daß wir überleben, und zwar in einer Weise, daß das Leben auch einen Wert hat. Es gibt natürlich, das haben Leute wie ich gelernt, Zustände und Gelegenheiten, wo man, um zu überleben, gewisse Sachen tun müßte, wo man jemand anderem das letzte Brotstück wegnehmen müßte, um zu überleben. Dann hat das Leben und das Überleben natürlich überhaupt keinen Wert mehr. Aber irgendwie war ja die ganze Geschichte des jüdischen Volkes so eine Frage: Wie überleben wir, da uns alle an den Kragen wollen? Und bis zu

Hitler wußte man es ja auch: Man gibt sein Gut und Gold, oder man flieht woanders hin – dann kann man überleben. Unter den Nazis war das natürlich anders. Da hat man dem jüdischen Volk den totalen Krieg erklärt, da halfen alle diese Sachen nichts mehr. Es ist immer noch, auch noch heute, eine Frage: Wie überleben wir? Aber wenn man jetzt zum Beispiel sagt: »Ja, wir müssen die Araber in den besetzten Gebieten unterdrücken, um zu überleben«, finde ich das ganz falsch. Wir werden viel besser überleben, wenn wir einen Frieden zustande bringen, der auch dem palästinensischen Volk eine Möglichkeit gibt, ein Volk im eigenen Gebiet, im eigenen Land zu sein. Und wenn die Unterdrückung wirklich der Preis wäre eines dauernden Überlebens für diesen Staat, dann ist die Sache es eben nicht wert! Dann ist der Preis viel zu hoch. Aber man soll nicht nur vom jüdischen Volk sprechen. Es gibt ja auch die Frage: Wie überlebt die Welt? Schließlich ist das jüdische Volk ein Teil der Welt. Wie wird die Welt überleben? Ich weiß nicht, aber ich glaube, ich bin eine geborene Optimistin. Ich glaube, irgendwie wird die Welt sich durchmuddeln.

HK: Als letztes möchte ich Sie fragen, was Sie heute für eine Beziehung zu Deutschland haben.

CE: Ich glaube, es besteht eben, da kann man nicht davon abkommen, eine intime Beziehung zwischen Täter und Opfer. Meine Geschichte ist natürlich nicht nur Auschwitz, das möchte ich betonen. Meine Geschichte ist auch Schweden, und meine Geschichte ist auch Israel, und meine Geschichte sind meine Kinder. Aber etwas sehr Grundlegendes ist eben mit Deutschland verbunden. So bin ich meiner eigenen Geschichte auf den Spuren, wenn ich versuche herauszufinden, wie dieses Deutschland heute ist, warum es damals so war. Sieht es überhaupt etwas, ist es überhaupt interessiert oder nicht? Welche Generation ist interessiert? Das ist meine Beziehung zu Deutschland. Ansonsten bin ich an Deutschland weniger interessiert als zum Beispiel an Schweden und natürlich noch viel weniger als an Israel. Deutsch ist auch nicht mehr meine Sprache, das ist sehr wichtig für mich. Ich könnte nicht mehr auf deutsch schreiben. Schwedisch ist meine Sprache, die einzige, die ich wirklich ganz habe. Und mein Schwedisch ist, ohne mich jetzt zu verheben, besser als das der meisten Schweden. Das ist wichtig für mich.

Eines allerdings, was Gefühle betrifft, könnte ich Ihnen erzählen: Ich war ja vor nicht allzu langer Zeit auf Lesereise in Deutschland. Da habe ich auf einmal gemerkt, daß ich, zum Beispiel in Restaurants oder in den Taxis, ganz unsinnige Trinkgelder gab, und ich hab mich gefragt: Was mache ich denn hier eigentlich? Und dann fiel mir plötzlich ein, warum: Die sollten eben nicht sagen können, daß die Juden geizig sind! Wie sollte denn der Taxifahrer wissen oder der Kellner im Restaurant, daß ich Jüdin bin? Wenn Sie das als Emotion rechnen – ich weiß nicht. Natürlich, bei jedem, der ein gewisses Alter hat in Deutschland, da frage ich mich innerlich: Was hast du damals getan? Und: Wo warst du? So schon. Und natürlich schau ich mir das ganz besonders an, diese glatte Wohlstandsfassade, und ich denke mir: Gott, was habt ihr da alles drunter begraben. Welche Skelette liegen da und gären? Das wird euch alles einmal auf den Kopf fallen.

IDA EHRE

Schauspielerin und Regisseurin. Geb. 1900 in Prerau, gest. 1989 in Hamburg

HK: Frau Ehre, Ihre Mutter, eine Ihrer Schwestern und viele Ihrer Verwandten sind in Konzentrationslagern ums Leben gekommen. Sie selbst hatten ebenfalls schwer unter dem Naziregime zu leiden. Warum sind Sie unter diesen Umständen nach dem Krieg in Deutschland geblieben und haben bereits 1945 die Hamburger Kammerspiele gegrundet?

IE: Sie können sich nicht vorstellen, wie viele Menschen mich dies schon gefragt haben, vor allem in Israel. Sie können nicht begreifen, wie ich in diesem Deutschland, das so viele Menschen ermordet und vielen Juden ihre Liebsten genommen hat, ein Theater aufmachen konnte. Aber ich denke da immer an den letzten Brief, den ich von meiner Mutter bekommen habe und in dem sie schreibt: »Liebes Kind, die Welt kann sich nur dann wieder gesunden, wenn es in ihr mehr Liebe gibt. Man soll nicht hassen, nur lieben.« Und ich kenne eigentlich auch keinen Haß. Was ich gelegentlich verspüre, ist tiefste Verachtung, aber die kenne ich wirklich. Wenn zum Beispiel jemand neben mir sitzt, von dem ich weiß, daß er dies oder jenes Schlechte getan hat, dann beachte ich ihn einfach überhaupt nicht. Er kann direkt vor mir stehen, und ich sehe ihn nicht. Daß ich dazu in der Lage bin, hat es mir viel-

leicht möglich gemacht, nicht aus Deutschland weggehen zu müssen. Aber es war nicht immer einfach für mich. Manchmal saßen Leute im Publikum, von denen ich wußte, daß sie Nazis gewesen waren. In einer meiner ersten Vorstellungen saß zum Beispiel Veit Harlan mit der Söderbaum in der ersten Reihe. Als mich jemand darauf aufmerksam machte, sagte ich mir, mein Theater ist eine öffentliche Institution, und was kann ich tun, wenn der Mann nicht selbst das Gefühl hat, daß dies so nicht geht. Als er aber zum dritten Mal im Theater war, habe ich ihm einen Brief geschrieben: »Lieber Veit Harlan, ich möchte Sie in meinem Theater nicht mehr sehen, bitte ersparen Sie mir Ihren Anblick.« Im Grunde aber haben mir diese Art Leute leid getan.

HK: Hatten Sie gleich nach der Machtübernahme durch die Nationalsozialisten unter Schikanen zu leiden?

IE: Na ja, es gab da schon so gewisse Vorkommnisse. Zum Beispiel hatte man in der Praxis meines Mannes in Böblingen eines Tages die Fenster eingeworfen. Aber das war die Tat eines einzelnen. Im Grunde waren wir in der Bevölkerung von Böblingen beliebt. Es ging immer »Frau Doktor« hin, »Frau Doktor« her. Und ich glaube, wenn wir den Steinewerfer erwischt hätten, wäre er verprügelt worden, nicht nur von uns, sondern auch von der restlichen Bevölkerung. Allerdings kam dann das Berufsverbot für mich. Ab 1934 durfte ich nicht mehr Theater spielen. Ich war nicht mehr »erdgebunden« genug, obwohl ich für die Kritiker zwei Wochen zuvor noch ungeheuer »erdgebunden« gewesen war. Ich habe mich gefragt, wie denn so etwas nur möglich ist. Ich konnte es überhaupt nicht begreifen. Ich hatte nie mit Menschen verkehrt, die in irgendeiner Weise rassistisch gedacht hatten. Keiner hat den anderen je nach seiner Rasse gefragt. In meinem Freundes- und Bekanntenkreis hat es niemanden interessiert, ob einer Jude ist oder nicht. Deshalb war ich so fassungslos, so maßlos erstaunt über diese Entwicklung. Ich dachte nur, was müssen das für Schwachköpfe und Trottel sein, die so denken. An das Grauen, das diese Trottel dann langsam, aber sicher herbeigeführt haben, habe ich nicht im Traum gedacht. Sonst hätten wir Deutschland bestimmt verlassen. Später, als wir dann raus wollten, war es zu spät.

HK: Sie waren in ernster Gefahr.

IE: Ja, aber ich habe mich merkwürdigerweise niemals gefährdet gefühlt. Ich frage mich oft, wieso eigentlich nicht. 1939 waren mein Mann und ich schon auf einem Schiff nach Chile, aber da ist der Krieg ausgebrochen, und das Schiff mußte nach Hamburg zurückkehren. Eine Frau hat uns in ihre Wohnung aufgenommen. Bald nach den ersten schweren Luftangriffen auf Hamburg hat man mich angezeigt, weil ich mich angeblich auf der Straße über das deutsche Volk lustig gemacht hatte. Als mich die Gestapo abholte, hat mich meine Tochter gefragt, wann ich wiederkomme. Ich habe zu meiner Tochter, die oben stand und gerade den Boden aufwischte, voller Zuversicht gesagt: Ich komme bestimmt bald wieder. Und ich habe das auch tatsächlich geglaubt. Ich hatte nie das Gefühl, daß mir etwas passieren kann. Aber verstehen Sie mich nicht falsch. Nicht aus Fatalismus. Ich habe mich nie fallenlassen. Ich habe mich immer gewehrt.

HK: Wohin hat die Gestapo Sie gebracht?

IE: Erst zur Gestapo-Leitstelle in der Rothenbaumchaussee und dann mit anderen Frauen ins Polizeigefängnis Fuhlsbüttel. Man hat mich in einen Saal gesteckt, in dem schon fünfzig Frauen lagen, in drei Pritschen übereinander. Französinnen, Polinnen und Russinnen. Ich habe gleich gesehen, daß die sich völlig aufgegeben hatten. Die waren in einem desolaten Zustand. Keine hat sich mehr gewaschen. Aber ich wollte mich nicht aufgeben. Für mich ist es das Allerwichtigste, daß man sich nicht aufgibt. Ich habe mich morgens und abends gewaschen und versucht, alles zu tun, was ich auch sonst getan habe. Und nach acht Tagen begannen auch die anderen, sich wieder zu waschen. Sie können sich nicht vorstellen, welches Erlebnis das für mich war. Mich hat niemand kleingekriegt. Ich habe auch hohen SS-Männern meine Meinung gesagt.

HK: Bitte erzählen Sie, wie das vor sich gegangen ist.

IE: Nach zwei, drei Monaten bin ich wieder freigekommen. Von da an habe ich jede Woche ein Paket nach Fuhlsbüttel zu meinen Mitgefangenen geschickt. Deswegen habe ich dann eine Vorladung zur Rothenbaumchaussee bekommen. Der Mann, der mich rufen ließ, hieß Wohlers. Er war einer von den hohen SS-Leuten. Er sagt zu mir: »Haben Sie das Gefühl, die Leute verhungern da drin?« Ich sage: »Um Gottes willen, nein, die Leute haben genug zu essen. Aber ich denke, man sollte die Menschen nicht vergessen. Sie wollen das Gefühl haben, man denkt an sie.« Und Wohlers sagt: »Ich mache Sie darauf aufmerksam, wenn man in Ihren Paketen einen Kassiber findet, sind Sie sofort in Auschwitz.« Das ist so wahr, wie ich hier sitze. Ich bin aufgestanden und zu ihm hingegangen und habe gesagt: »Herr Wohlers, wenn Sie meinen, daß ein Mensch, der Gutes tut, nach Auschwitz gehört ... Sie werden einmal nicht mehr sein, und dann werden Sie das vor Gott verantworten müssen.« Genau diese Worte. Er guckt mich so seltsam an, als ob er denkt, die kann nur verrückt sein. Dann war Fliegeralarm, und er hat mich und meine Tochter, die draußen gewartet hat, in den Luftschutzkeller geschickt. Und als wir wieder oben sind, klopft er meiner Tochter auf die Schulter und sagt: »Paß auf deine Mutter auf, daß sie keinen Blödsinn macht.« Und so bin ich nach Hause gegangen. Am nächsten Tag hat er meinen Mann zu sich gerufen und ihm gesagt: »Passen Sie auf Ihre Frau auf. Ich möchte nicht, daß sie noch einmal hierherkommen muß.«

HK: Woher kommt diese Überzeugung, daß Ihnen nichts geschehen kann, und diese Furchtlosigkeit?

IE: Vielleicht bin ich zu gutgläubig, um mich zu fürchten. Ich bin immer noch ein sehr gutgläubiger Mensch. Ich unterstelle jedem die besten Absichten. Sie können mir zum Beispiel erzählen, daß Sie von diesem oder jenem gemeinnützigen Verein kommen, um zu sammeln, und ich würde spenden. Ich würde Ihnen glauben, weil ich an das Gute im Menschen glaube. Ich glaube auch, daß man das Gute in ihm genauso wachrufen und fördern kann wie das Böse. Das Böse ist allerdings einfacher anzusprechen. Der Teufel hat mehr Macht, aber Gott ist doch der Allmächtige.

HK: Wieso hat Gott, wenn er allmächtig ist, etwas so Schreckliches wie Auschwitz zugelassen?

IE: Das frage ich mich oft. Aber dann schäme ich mich und sage mir, ich habe nicht das Recht, so zu fragen. Es wird schon einen Grund geben. Ich bin keine Philosophin. Ich habe dazu nur einfache Gedanken. Aber vielleicht wollte Gott der Welt beweisen, daß das jüdische Volk, auch wenn man es so dezimiert, die Kraft haben würde, wieder das zu werden, was es einmal war. Vielleicht wollte er das Volk auch prüfen, und er hat sich gedacht, es ist zu groß und hochmütig geworden. Es sind so viele außerordentliche, begnadete Menschen aus diesem Volk hervorgegangen, daß Gott sich gesagt haben mag, ich will sehen, ob es einer solchen Prüfung standhält. Ich weiß nicht, ob Gott wußte, daß er hier mit den Gedanken des Teufels gespielt hat.

HK: Auschwitz ist ein besonders grausiges Beispiel in einer langen Geschichte von Judenverfolgungen und Pogromen. Was sind Ihrer Meinung nach die Gründe für den immer wieder virulenten Antisemitismus?

IE: Mir fällt da ein kleines Beispiel ein. Vor vielen Jahren lebte ein Cousin von mir in Israel, und Israel war damals nichts als Sand und Wüste. Er war als Arzt beim Staat angestellt und hatte sich selbst ein kleines Haus gebaut. Es gab einen Garten ringsherum, dort hatte mein Cousin kleine Wassergräben gezogen, und der Garten blühte wunderschön. Sogar Obst und Gemüse gediehen, es war erstaunlich. Neben ihm wohnte ein Araber, der saß die ganze Zeit vor seinem Haus – dick und ziemlich nackt – und rauchte Wasserpfeife. In seinem Garten gackerten nur ein paar nackthalsige Hühner. Dieser Araber guckte immer zu meinem Cousin herüber und sah ihm dabei zu, wie der geschaufelt und geackert hat. Sie glauben gar nicht, wie neidisch dieser Mann auf meinen Cousin und seinen Garten war. Dabei hätte er ja das gleiche haben können. Aber nein, seine Tradition ließ ihn dasitzen und Wasserpfeife rauchen. Ich glaube, der Neid ist eine wichtige Komponente bei der Abneigung gegen die Juden.

HK: Das jüdische Volk hat in der Tat enorme Leistungen beim Aufbau des Staates Israel vollbracht. Wie beurteilen Sie die Existenz und die Politik des jüdischen Staates?

IE: Darüber kann ich schlecht sprechen, weil ich zu wenig davon verstehe. Man müßte in dem Land selbst leben, um das beurteilen zu können. Dazu reicht es nicht, ein paarmal auf Besuch dort gewesen zu sein. Auch den Zeitungen kann man nicht glauben. Die schreiben mal das eine, mal das andere. Aber ich schätze, daß sich die Herren Nazis, die es ja immer noch gibt, bestimmt wundern und denken, Donnerwetter, das hätten wir nie gedacht, daß die auch Soldaten sein und sich ihrer Haut wehren können. Obwohl ja viele Juden im Ersten Weltkrieg Soldaten waren, was oft vergessen wird. Andererseits ist es auch besorgniserregend und fast unglaublich, wenn man sieht, wie die Israelis auf die Araber einschlagen. Es ist also ein zweischneidiges Schwert.

HK: Sie sind weder in die USA noch nach Israel übersiedelt, aber Sie haben einen verschlungenen Lebensweg mit vielen geographischen Stationen hinter sich. Was bedeutet da Heimat für Sie?

IE: Heimat kann überall sein. Ich bin nicht an einen bestimmten Ort gebunden. Der Ort ist mir gleichgültig, aber die Menschen sind mir wichtig. An und für sich bin ich ja in Wien zu Hause, aber Wien ist keine Heimat mehr für mich. In Hamburg fühle ich mich tausendmal mehr zu Hause als in Wien. Ich spiele auch nicht gerne in Wien, weil es dort zu viele Erinnerungen gibt, die mich verfolgen. Das bedaure ich sehr, denn Wien ist eine herrliche Stadt und kann eigentlich nichts dafür, daß ich so unendlich viele Lasten mit mir herumtrage, wenn ich in dieser Stadt bin. Allerdings ist Wien auch nicht mehr die Stadt, die es vor dem Krieg einmal war. Das ist wie mit Berlin. Neulich war ich zu einem Treffen einer Autorenvereinigung nach Berlin eingeladen. Da haben drei junge Schriftsteller über Berlin gesprochen. Sie redeten so, als wüßten sie etwas über Berlin. Dabei hatten die von dieser Stadt überhaupt keine Ahnung, weil sie nicht wissen können, was Berlin einmal war. Die Berliner reden sich ein, daß Berlin eine herrliche Stadt sei. Berlin ist unsagbar arm. Berlin war eine wunderbare Stadt vor dem Krieg. Eine echte Weltstadt. Davon ist heute nichts mehr übrig. Es fehlt einfach Pfeffer und Salz in dieser Stadt.

HK: Gilt das vielleicht nicht nur für Berlin, sondern für die gesamte Bundesrepublik?

IE: Für ganz Deutschland. Deutschland ist fad geworden. Ich möchte es mit einem Gulasch vergleichen, mit einem ungarischen Gulasch, bei dem man den Paprika vergessen hat. Es schmeckt schal und langweilig. Ich glaube, daß die Erwachsenen sehr viel Verantwortung dafür verspüren müßten, was sie jungen Menschen schuldig sind. Es wird unendlich viel aus Bequemlichkeit unterlassen, vielleicht auch aus dem Gefühl, selbst nicht ganz sauber zu sein. Es fehlen Pfeffer und Salz, und die waren früher vorhanden. Auch das Geschrei der jungen Leute auf der Straße kann sie nicht ersetzen. Sie setzen sich nicht mehr verbal auseinander. Sie wissen kaum noch, wie reich und wie schön die deutsche Sprache ist. Sie kennen keinen Klassiker und kein Gedicht. Man hat die Fähigkeit verloren, über Ansichten zu streiten, ohne den anderen als Feind zu betrachten, und die Großzügigkeit, andere Meinungen gelten zu lassen.

HK: Und glauben Sie, daß damals in erster Linie die Juden für die Würze gesorgt haben?

IE: Ja, gewiß. Vielleicht wird es einmal wieder so. Aber bevor wieder mehr jüdische Menschen in Deutschland leben wollen, muß noch viel geschehen. Da müssen sicherlich noch zwei Generationen vergehen. Und die Deutschen müssen natürlich viel dazu tun, das ist gar keine Frage. Aber nicht nur die Juden können das fehlende Gewürz sein. Alle Ausländer sind Salz und Pfeffer. Wenn Menschen aus Japan, aus China, aus Indonesien, wenn Amerikaner, Engländer, Tschechen, Deutsche und so fort zusammenkommen, dann gibt es interessante Gespräche. Man kann sich streiten, sich einigen, jedenfalls wird es interessant. Nur so kommt Salz in die Suppe.

ALFRED EISENSTAEDT

Photograph. Geb. 1898 in Dirschau (Tczew), gest. 1995 in Martha's Vineyard (Mass.)

HK: Herr Eisenstaedt, Sie sind im letzten Jahrhundert geboren.

AE: Ja, am 6. Dezember 1898. Unglaublich, nicht wahr.

HK: Wo sind Sie geboren?

AE: In Dirschau, in Westpreußen, vierzig Kilometer südlich von Danzig. Heute gehört es zu Polen und heißt auch anders.

HK: Und wann haben Sie Deutschland verlassen?

AE: Im November 1935. Ich hatte noch die Arbeitsbewilligung. Ich habe dem Propagandaminister geschrieben, dem Goebbels, daß er meinen Namen streichen soll. Ich habe sogar das Eiserne Kreuz bekommen, weil ich im Ersten Weltkrieg verwundet worden war. Aber das hat plötzlich nichts mehr bedeutet.

HK: Sie waren schon im Ersten Weltkrieg Soldat?

AE: Ja, ich wurde 1916 eingezogen und im April 1918 verwundet. Ich habe als einziger in meiner Batterie überlebt. Da habe ich mir gedacht: Gott, hast du Glück gehabt.

HK: Wann haben Sie angefangen zu photographieren?

AE: Am 3. Dezember 1929. Mein erster Auftrag war für ein deutsches Magazin: »Die Funkstunde«. Dann habe ich frei für die Associated Press gearbeitet. Ich bin nach Stockholm gefahren, um Thomas Mann zu photographieren, als er den Nobelpreis für »Buddenbrooks« erhielt.

HK: Und dann mußten Sie Deutschland verlassen, weil Sie Jude sind.

AE: Ja, die letzten zwei Jahre waren ziemlich furchtbar. Ich photographierte Hitler, Mussolini und Goebbels. Ich habe all diese Photos von ihnen. Und ich habe bald erkennen müssen, daß es keine Möglichkeit mehr gab, dort zu arbeiten. Ich mußte fort, denn wenn irgend jemand von mir verlangt hätte, zum Christentum überzutreten, hätte ich das nicht getan.

HK: Haben Sie eine enge Beziehung zum Judentum?

AE: Absolut nicht. Wenn jemand mich danach fragt, verschweige ich nicht, daß ich Jude bin. Aber

ich lebe nicht als Jude, halte keine der Regeln ein. Es fällt mir manchmal sogar selber schwer zu glauben, daß ich Jude bin.

HK: Gab es keine Beziehung zum Judentum in Ihrer Familie, als Sie jung waren?

AE: Soweit ich mich erinnere, nicht. Meine Eltern waren nicht religiös.

HK: Was heißt es dann für Sie, wenn Sie sagen, daß Sie Jude sind?

AE: Ich weiß es nicht genau. Ich habe nie darüber nachgedacht. Wissen Sie, die Frage taucht hier beim »Time Magazine« nie auf. Ich bin einfach Jude. Das kann man mir nicht nehmen. Das ist nur für die anderen ein Thema, insbesondere für die Deutschen. Wenn jemand aus Deutschland zu mir kommt, dann ist immer das erste, wovon er redet, die Tatsache, daß ich Jude bin. Es ist sehr seltsam. Sie würden es nie der Erwähnung für wert halten, jemand sei Araber oder Chinese oder Buddhist. Nur bei einem Juden.

HK: Könnte es an den Juden etwas Besonderes geben, das dieses Interesse rechtfertigt?

AE: Nein. Ich weiß nicht, warum sie es tun. Die Deutschen müssen immer darauf herumreiten, daß man Jude ist. In Amerika taucht diese Frage nie auf. In Deutschland unter Garantie immer. Ich weiß nicht, ob das etwas Antisemitisches ist. Ich habe keine Ahnung.

HK: Ist Amerika für Sie Heimat geworden?

AE: Ja. Amerika ist meine Heimat. Ich kann kaum glauben, daß ich jemals deutsch war, daß ich in Deutschland geboren bin. Das ist komisch, nicht wahr? Ich habe fünfunddreißig Jahre dort gelebt und habe keinerlei Beziehung zu Deutschland.

HK: Haben Sie noch Beziehungen zu einzelnen Deutschen?

AE: Zu den älteren nicht. Sie sind alle Nazis. Allesamt. Aber mit den jungen Deutschen komme ich gut aus. Sie sind wie die Jugend überall heute. Sie könnten Amerikaner sein.

HK: Arbeiten Sie heute noch?

AE: Ja, aber nicht mehr sehr viel, wegen meiner Hüfte. Sonst würde ich mehr tun. Ich glaube, ich bin jetzt der Älteste bei »Time«. Ich gehe noch jeden Tag zur Arbeit, außer Samstag und Sonntag. Komme immer pünktlich.

HK: Sie haben noch immer eine bewundernswerte Disziplin.

AE: Ja. Das ist das einzige, was ich von der deutschen Armee behalten habe. Ich bin immer pünktlich.

HK: Versuchen Sie, mit Ihren Photographien irgendein Anliegen zu verfolgen?

AE: Nein. Ich bin kein politischer Photograph. Wenn ich jemanden photographieren muß, versuche ich nicht darauf hinzuweisen, daß er schreckliche politische Ansichten vertritt oder besonders ehrenwerte. Ich bin nur daran interessiert, gute Photos zu machen. Ich bin kein Philosoph.

RUDOLF EKSTEIN

Psychoanalytiker, Los Angeles. Geb. 1912 in Wien

HK: Herr Professor Ekstein, Sie sind 1938 als Sechsundzwanzigjähriger von Wien nach Amerika emigriert und haben schon fünf Jahre später die amerikanische Staatsbürgerschaft erworben. Wie ist es Ihren Familienangehörigen in Österreich ergangen?

RE: Die einzige Person, die ich retten konnte, war mein Vater. Mein Onkel und seine katholische Frau sind in Wien krank und ohne Verpflegung zugrunde gegangen. Alle anderen mir bekannten Verwandten – mit Ausnahme von zwei älteren Damen, die ich noch getroffen habe – sind umgekommen. Ich weiß nicht, wo.

HK: Viele haben sich die Frage gestellt, was das für ein Gott ist, der ungerührt der Vernichtung der Juden zugesehen hat, ohne einzugreifen.

RE: Sehen Sie, unser Gottesbegriff ist untrennbar mit einer gewissen Projektion verbunden. Man fragt: Was war das für ein Gott, der die Sintflut geschickt hat oder einer Frau gesagt hat, wenn du dich umdrehst, werde ich dich in eine Schlange verwandeln. Man macht Gott, besser gesagt: den Begriff Gottes verantwortlich für Dinge, die Menschen tun. Für mich ist der »liebe Gott« ein ethischer Begriff. Ich möchte die Frage, warum es Gott zuläßt, daß Menschen an Krebs sterben, lieber in folgende Frage übersetzen: Was kann ich tun, um den Menschen zu helfen, daß die Krankheit rechtzeitig entdeckt wird, bevor sie unheilbar ist? Nach dem Ersten Weltkrieg ist ein großer Teil der zurückkehrenden Soldaten atheistisch geworden. Die konnten nicht verstehen, daß Geistliche in allen Teilen der Welt die Waffen gesegnet haben. Die meisten von uns jungen Leuten waren damals zwar nicht atheistisch. Aber die Kirche oder die Synagoge hatten keine Bedeutung mehr. Wir hatten neue Ideen, aber haben sie nicht vergöttert. Selbst unser Rabbiner im Religionsunterricht hat uns eigentlich nur Ethik beibringen wollen. Ich führe hier in Los Angeles gerade einen Kurs über die Psychoanalyse des Alten Testaments durch, und ich habe schon einen über das Neue Testament durchgeführt. Ich möchte zeigen, daß hinter der Sprache der Religion ethische Forderungen stehen.

HK: Auf welche Weise sind Sie in Ihrer Entwicklung durch das Judentum geformt worden?

RE: Mein Vater hatte eine gewisse Beziehung zum Judentum. Er hat als kleiner Bub im Tempel im Chor gesungen. Meine eigene Beziehung zum Judentum war schon recht abstrakt. In der Zeit des Ersten Weltkriegs, als mein Vater als Freiwilliger im Feld war, wurde ich von einer katholischen Wirtschafterin betreut, die mich auch in die Kirche mitnahm und mit mir gebetet hat. In der Schule hatten wir dann jüdischen Religionsunterricht. Als Siebzehnjähriger habe ich eine Matura-Arbeit über »Soziale Probleme bei den Propheten« geschrieben. Dabei habe ich versucht, eine marxistische Erklärung des Wirkens der Propheten zu geben. In Wien waren wir damals alle Sozialisten und in der Jugendbewegung und haben uns nicht um die Religion des einen oder anderen gekümmert. Die Angehörigen meiner Familie waren so etwas wie assimilierte Mitglieder der Kultusgemeinde. Vielleicht bin ich um Chanukka gelegentlich zur Synagoge gegangen, aber zur gleichen Zeit hatten wir auch einen Christbaum.

HK: Gibt es noch so etwas wie Heimat für Sie?

RE: Ich habe zwei Heimaten. Ich bin Amerikaner, da ich hier lebe, aber gleichzeitig bin ich Wiener. Nicht etwa Österreicher. Die Vergangenheit liegt in Wien, aber meine Kinder sind amerikanische Kinder, die fast kein Deutsch sprechen. Auch meine Frau ist in Amerika geboren. Ihre Eltern haben übrigens eine ähnliche Vergangenheit wie ich. Sie wurden von den Türken aus Kleinasien vertrieben.

HK: Sie sind ja nach 1960 häufig in Ihre alte Heimat gekommen.

RE: Als ich ausgewandert bin, habe ich mir zwei Dinge vorgenommen: nie wieder Deutsch zu reden und nie wieder zurückzukommen. Beide Versprechen habe ich gebrochen. Meine Wiener Freunde hatten mir eingeschärft, ich sollte mich an der Grenze an die englische Wendung erinnern: »Mit Erleichterung aufatmen.« Ich komme zur Grenze und denke daran, daß ich mein Versprechen halten muß. Aber alles, was mir einfällt, ist: »Der Riese hat wieder die Erde berührt, und es wuchsen ihm neu die Kräfte.« Heinrich Heine, »Deutschland, ein Wintermärchen«. Heinrich Heine, der sich vom Exil nach Deutschland zurückschmuggelte. Ich spreche immer noch Deutsch, und ich bin zurückgekommen. In den siebziger Jahren war ich fast jedes Jahr in Europa, und ich war Gastprofessor in Wien und verschiedenen Städten Deutschlands. Nie habe ich den Kontakt zu Europa verloren, weder im wörtlichen Sinne noch seelisch. In den letzten Jahren habe ich fast mehr deutsche als englische Aufsätze geschrieben. Die deutsche Literatur hält mich aufrecht in den letzten Jahren.

HK: Hat man Ihnen von österreichischer Seite bestimmte Angebote gemacht?

RE: Der Justizminister hat mich angerufen. Ich kenne ihn vom Gefängnis her – wir waren beide in der antifaschistischen Untergrundbewegung. Er hat gesagt: Rudi, wir brauchen dich, komm zurück. Wir geben dir eine Professur, wenn du kommst. Ich habe darüber nachgedacht und bin zu dem Schluß gekommen, daß ich es meiner Frau nicht antun kann, in Wien zu leben, von meinen Söhnen ganz abgesehen. Also habe ich einen Kompromiß geschlosssen. Ich wandere hin und her. Als Auswanderer habe ich ja an der Grenze phantasiert, einmal wieder zurückzuwandern. Aber ich kenne auch Leute, die nach Wien zurückgekehrt und dort geblieben sind.

HK: Können Sie einige Namen nennen?

RE: Von meinen Berufskollegen ist Ernst Federn mit seiner Frau nach Wien zurückgekommen. Von vielen anderen, die in Amerika gelebt haben, sind mir die Namen entfallen. Ein anderes Beispiel ist Bruno Kreisky, der ja in Schweden gelebt hat. Das Wiener Widerstandsmuseum hat Arbeiten über viele dieser Rückkehrer veröffentlicht.

HK: Nach all dem, was Sie gesagt haben, interessiert mich, ob Judentum für Sie überhaupt noch ein definierbarer Begriff ist.

RE: Unter dem Judentum verstehe ich eine alte kulturelle Überlieferung, von der wir das Wertvollste bewahren sollten, zum Beispiel das psychologische Interesse, wie es sich in der Psychoanalyse niedergeschlagen hat, und das soziale Interesse. Aber heutzutage finden Sie Juden in allen Kulturen und Berufen, so daß man wirklich kaum etwas finden kann, das ihnen allen gemeinsam ist.

HK: Wären demnach die Juden ein Volk wie jedes andere? Dann wäre das jüdische Volk nicht mehr das auserwählte Volk.

RE: Ich weiß nicht, ob Sie diese schöne Geschichte kennen: Ein Nichtjude redet mit einem Ju-

den, und der Jude beklagt sich über sein Leben. Der andere sagt ihm: Es ist wahr, daß es dir manchmal schlechtgeht, aber du bist das von Gott auserwählte Volk. Und der Jude schaut zum Himmel und sagt: Lieber Gott, mehr als fünftausend Jahre hast du uns jetzt ausgewählt, bitte wähle jetzt jemand anderen.

HK: Denken Sie auch manchmal so?

RE: Nein. Ich erlebe mich nicht als auserwählt oder ausgewählt, sondern als einen Menschen, der sich selbst einen Beruf gewählt hat, aber nicht von Gott dazu berufen worden ist. Weder sind die Deutschen auserwählt worden, die Welt zu beherrschen, noch die Juden, das auserwählte Volk zu sein oder verfolgt zu werden.

HK: Aber schließt die Eigenschaft, Jude zu sein, nicht vielleicht eine besondere Verpflichtung ein?

RE: Allenfalls eine bestimmte Ethik: Denk nicht nur an dich, tue etwas für deinen Mitmenschen. Erziehe die Menschen und trage dazu bei, daß sie irgendwann in einer anderen Gesellschaftsordnung leben können. Ich glaube, daß es Juden ziemlich leichtfällt, so zu denken.

HK: Warum ist das so?

RE: Wenn man selbst viel Leid erfährt und sieht, kann man sich mit dem Leiden anderer identifizieren.

HK: Hat nicht das jahrhundertelange Leiden in der Diaspora Kräfte und Fähigkeiten gefördert? Die Juden waren immer eine Minorität, aber führend in manchen Bereichen, zum Beispiel in den Künsten, im Pressewesen und in den Naturwissenschaften.

RE: Ja, da stimme ich Ihnen zu. Ich habe in Wien im 9. Bezirk gewohnt. Aus diesem Bezirk kommen Sigmund Freud, Viktor Adler, Theodor Herzl, Alfred Adler und andere. Sicher standen die Juden immer unter einem besonderen Druck. Sie konnten sich in der Stadt nur halten, indem sie etwas Außergewöhnliches leisteten. Wenn sie aber etwas leisteten, konnten sie alle Schwierigkeiten überwinden. Ich entsinne mich an eine Arbeit von Karl Menninger, die erste Arbeit eines Amerikaners, die ich in Wien gelesen habe. Er setzte sich mit der Frage auseinander, warum es so viele begabte jüdische Psychiater gab und warum überhaupt so viele Juden hochbegabt waren. Seine Antwort war: Alle Juden sind in dem Bewußtsein aufgewachsen, einer Minderheit anzugehören, die ständig mit einem Pogrom rechnen muß. Daher müssen sie lernen, in Gesichtern zu lesen. Sie müssen andere Leute rechtzeitig durchschauen, um sich selbst helfen zu können. Wenn man keine Faust hat, muß man Vernunft haben.

HK: Das würde bedeuten, daß Antisemitismus und spezifisch jüdische Begabung in bestimmter Weise zusammenhängen. Worin sehen Sie die Gründe für die Entstehung des Antisemitismus?

RE: Der erste Antisemitismus war der Antisemitismus der Römer gegen die Juden. Sie wissen ja, Jesus Christus war ein Jude, und die Heilige Mutter Gottes war eine Jüdin. Schon damals wurden die Juden verfolgt, und wenig später hatten sie den Status einer ethisch hochstehenden Minorität. Die Machthaber jener Zeit, die das Christentum zur Staatsreligion gemacht haben, und die späteren Machthaber haben den Juden nie erlaubt, gleichberechtigt zu sein. Man hat ihnen verwehrt, Grundbesitz zu erwerben, das heißt, Bauern zu sein, so daß sie Kaufleute oder Ärzte oder Rechtsanwälte werden mußten. Die Juden wurden eine exponierte und angefeindete Gruppe, auf die sich der Neid der Mehrheit richtete. Viele Juden durften nur mit Geld handeln. Also verschafften sie den jeweiligen Herrschern Geld, damit diese ihre Kriege führen konnten. Auf diese Weise hob sich die Gruppe der Juden immer deutlicher von ihrer Umgebung ab, zumal die Juden im Ghetto zusammengehalten wurden und sich miteinander identifizieren mußten. Der Wunsch nach Assimilation an die Umwelt war bei den Juden immer vorhanden, selbst bei Theodor Herzl, dem Vater des Zionismus. Ich weiß nicht, ob Ihnen bekannt ist, daß Herzl anfangs die Vorstellung hatte, er könnte alle Wiener Juden zum Stephansdom führen und einen Massenübertritt zum Katholizismus inszenieren. Dahinter stand der Gedanke, daß katholisch gewordene Juden nicht mehr verfolgt werden würden, denn die erste Judenverfolgung war die religiöse Inquisition. Aber Herzl konnte sich mit dieser Idee nicht durchsetzen und erdachte eine andere Lösung: die Auswanderung.

HK: Hat sich die Lage der Juden nicht gründlich geändert, seitdem wieder ein jüdischer Staat existiert?

RE: Das große Problem besteht darin, daß die Israelis von Arabern eingekreist und davon überzeugt sind, daß sie sich nur behaupten können, wenn sie nicht warten, bis die anderen zuschlagen, sondern zuerst zuschlagen. Als Analytiker weiß ich, daß die große Gefahr darin besteht, daß man sich mit dem Angreifer identifiziert und selbst zum Angreifer wird. Die Juden in Israel haben sich verändert. Sie leben unter anderen sozialen Bedingungen. Und sie sind an der Macht. Es ist merkwürdig, was Menschen tun, wenn sie Macht haben. Obwohl wir heute in einer Welt leben, in der ununterbrochen über friedliche Regelungen verhandelt wird, glauben viele Juden lieber an eine Machtlösung von Konflikten. Darin unterscheiden sie sich nicht von den Angehörigen vieler anderer Nationen.

HK: Sehen Sie einen Ausweg aus dem Teufelskreis von Antisemitismus und Identifikation mit dem Angreifer?

RE: Der Macht der Gewalt stelle ich die Macht der Vernunft entgegen. So wie es Freud einmal gesagt hat: Die Stimme des Intellekts ist leise, aber spricht unaufhörlich, bis sie sich Gehör verschafft hat. Für die Lösung des jüdischen Problems wurden immer schon verschiedene Wege vorgeschlagen. Die jüdischen Marxisten und Sozialisten in Wien wollten die Stadt und die Gesellschaft verändern. Theodor Herzl sagte, wir müssen wegziehen, denn hier kann man nichts verändern. Und Freud sagte, wir müssen uns innerlich verändern. Ich habe einmal halb im Scherz gesagt, daß ich in meinem Leben alle drei Lösungen kombiniert habe: Ich bin weggezogen, ich betreibe Psychoanalyse, das heißt die innerliche Veränderung, und ich trete für die politische Beteiligung an gesellschaftlichen Veränderungen ein.

HK: Wie verstehen Sie die Forderung von Freud, man müsse sich innerlich verändern?

RE: Die Wiener psychoanalytische Schule dachte dabei an die Analyse als Weg einer inneren Befreiung, die es den Menschen ermöglicht, zu wachsen, neue Lebensformen zu finden und nicht nur die eigene Veränderung, sondern die Veränderung der Gesellschaftsordnung einzuleiten. Heinz Hartmann, einer der berühmten jüdischen Analytiker in Wien, hat den Begriff der Adaption eingeführt. Er meinte damit einen Prozeß wechselseitiger Anpassung, wie er sich in jeder Partnerschaft vollzieht. Ich passe mich an die Gesellschaft an und verändere dabei die Gesellschaft. Man wird nicht einfach dadurch symptomfrei, daß man sich anpaßt. Innere und äußere Freiheit bedingen einander.

HK: Läßt sich diese Forderung noch mit der alten jüdischen Heilsgewißheit vereinbaren, daß der Messias kommt und sich mit seiner Ankunft die Welt verändert?

RE: Ich habe Schwierigkeiten mit dem Messias. Ich würde sagen, wenn die Menschen eine freie Gesellschaftsordnung einrichten können, dann verändert sich die Welt. Es gäbe wirkliche Altersheime und nicht diese entsetzlichen Plätze, wo die Menschen heute sterben müssen. Es gäbe eine Erziehung von Eltern und Kindern, und zwar nicht nur für die Reichen. Es gäbe bessere Spitäler und Wohnungen für alle, wie zum Beispiel die Wohnbauten der Gemeinde Wien. Es würde weniger geschäftlich und profitabel zugehen. Statt dessen hätten wir eine Gesellschaft der Brüderlichkeit, eine Gesellschaftsordnung, die auf den einzelnen, auf jeden einzelnen ausgerichtet ist. Die messianische Hoffnung projiziert die Aufgaben, die sich uns stellen, ins Jenseits.

HK: Was erwarten Sie in den kommenden Jahren für das jüdische Volk?

RE: Ich glaube, die Sorgen, die wir heute haben, werden auch die Sorgen der nächsten jüdischen Generation sein. In dieser Hinsicht sehe ich keine wirkliche Veränderung. Jeder von uns weiß, daß wir in einer gefährlichen Welt leben. Jeder Tag belehrt uns, daß immer noch Aggression und Gewalt regieren. Daran wird sich noch lange Zeit nichts ändern. Vielleicht werden wir kleine Inseln des Friedens haben. Solche Inseln versuche ich zu schaffen, indem ich einigen Menschen helfe, einige Menschen ausbilde, schreibe und Vorträge halte.

HK: Worauf gründet sich Ihre Hoffnung, daß solche Inseln des Friedens Bestand haben?

RE: Auf der Erfahrung, daß viele Kollegen, die ich kennenlerne, die gleichen Ziele verfolgen, daß wir alle einer gemeinsamen Welt angehören und fast die gleiche Sprache sprechen, obwohl wir aus Ländern mit sehr unterschiedlichen Gesellschaftssystemen kommen. Solche Menschen gibt es auch in Israel und auch in der Sowjetunion. Als ich sechzehn Jahre alt und Sozialist war, hatte ich einen zionistischen Freund. Wir beide stritten uns unaufhörlich. In einem Schulaufsatz schrieb ich, daß sich weder Zionismus noch Sozialismus in ihrer reinen Form jemals verwirklichen lassen werden. Aber ich fügte hinzu, daß etwas anderes viel wichtiger sei. Wenn man ein anständiger Mensch ist, müsse man eine Utopie haben. Man brauche Zielvorstellungen, auch wenn in der Zeitung nur Schreckensnachrichten stünden. In diesem Sinne bin ich Utopist geblieben. Alles, was Sie in meinem Haus sehen, sind aufgelesene Bruchstücke von Utopie.

NORBERT ELIAS

Soziologe. Geb. 1897 in Breslau (Wroclaw), gest. 1990 in Amsterdam

HK: Professor Elias, fühlen Sie sich im Judentum verwurzelt?

NE: Die Frage ist mir fremd, und so fällt mir die Antwort schwer. Ich weiß, daß Bäume Wurzeln haben, aber zu meinem Leidwesen ist es mir entgangen, daß auch Menschen Wurzeln haben. Ich würde sagen, daß für das Schicksal der Juden die wiederkehrende Entwurzelung besonders charakteristisch ist.

HK: Anders gefragt: Wie ist Ihre Beziehung zum Judentum?

NE: Ich habe fast keine Beziehung. Ich meine, außer daß ich ein Jude bin. Ich bin das lebendige Judentum. Ich bin ein deutscher Jude, ein deutsch-jüdischer Europäer, ein Mensch. Ein Teil meiner Familientradition ist natürlich in meine Person eingegangen. Meine Eltern gingen an den hohen jüdischen Feiertagen in die Synagoge und ich mit ihnen. Aber in späteren Jahren verlor ich den Kontakt. Viel verdanke ich meiner Schule, einem humanistischen Gymnasium. Im Verein mit meiner Familie hatte das deutsche Gymnasium wahrscheinlich einen größeren Einfluß auf meine Person als irgendeine andere Institution. Einfache Kategorien verzerren das Menschenbild. Deutsch ist meine Muttersprache. Ich war und ich bin ein deutscher Jude.

HK: Bedeutet es heute etwas wesentlich anderes als vor fünfzig Jahren, Jude zu sein?

NE: Auch statische Kategorien verzerren das Bild einer Gesellschaft, die ständig im Fluß ist. Auch das, was man unter einem Juden versteht, hat sich im Laufe meiner Lebenszeit sehr erheblich geändert. Als ich jung war, gab es kein jüdisches Israel. Jeder Gassenjunge konnte mich beschämen, wenn er mir zurief: »Schmutziger Judenjunge.« Auch der Zionismus war in meiner Jugend und insbesondere vor der Gründung des Staates Israel etwas wesentlich anderes, als er es im Laufe der Entwicklung des Staates Israel wurde. In einer Zeit, in der das bloße Wort Jude erniedrigende Untertöne mit sich trug, war das zionistische Ideal eines eigenen Staates der Juden einer der Wege, auf dem ein Jude seinen Stolz und seinen Menschenwert intakt halten konnte.

HK: Wie denken Sie über Israel?

NE: Ich habe wenige Verbindungen mit Israel. Ich schreibe deutsch und englisch. Hebräisch kann ich nicht. Meine Wurzeln sind also dort, wo meine Sprachen sind, im Englischen, im Deutschen, auch im Französischen. Ich freue mich, daß es einen Judenstaat gibt, und ich wünsche Israel das Beste. Die Zukunft ist voller Gefahren, das verlangt eine weise Führung. Aber ich habe, wie gesagt, keine Beziehung zu Israel. Ich meine das als Tatsachenfeststellung, ganz ohne Wertung und Wehmut. Ich bin, was ich bin. Ein deutscher Jude. So sehe ich auch aus. Ich bin Soziologe. Die soziale Zwangslage Israels ist mir völlig klar. Sie müssen schießen, um nicht erschossen und erschlagen zu werden. Aber ich selbst bin noch ein Erbe einer wohl tausendjährigen jüdischen Tradition. Für lange Zeit waren Juden von militärischen und polizeiischen Berufen, die den Gebrauch körperlicher Gewalt verlangten, ausgeschlossen. Ich verstand es immer als Teil der jüdischen Tradition, daß Menschen, die Gewalttätigkeiten begehen, zu einer niedrigeren Gruppe von Menschen gehören. Die Erziehung im Sinne des klassischen deutschen Humanismus verstärkte dieses Gefühl. Ich kann mir nicht helfen. Ich empfinde noch heute das Austragen von Gruppenkonflikten mit Hilfe physischer Gewalt als barbarisch und auch als unjüdisch.

HK: Sie sagten: Ich bin ein deutscher Jude, und so sehe ich auch aus. Glauben Sie denn, daß es ein spezifisches jüdisches Aussehen gibt, daß man einen Juden an seinem Äußeren erkennt?

NE: Ja, das war in bestimmten Situationen tatsächlich der Fall. Haltung, Kleidung, Ernährung, Gesichtsausdruck und Sprache, sie alle und weit mehr sind in sehr hohem Maße der sozialen Prägung ausgesetzt und dementsprechend gruppenspezifisch. Die deutschen Gruppen, die vor kurzem aus Rußland nach Westdeutschland einwanderten, blond und blauäugig, wie sie sein sollten, sahen zumeist merklich anders aus als die Deutschen der Bundesrepublik. In Nordamerika und Israel sind möglicherweise neue Typen von Juden im Werden.

HK: Herr Professor Elias, Sie haben viel Schreckliches erlebt, viel Leid erfahren. Ich habe gelesen, Ihre Eltern seien im Konzentrationslager umgekommen.

NE: Meine Mutter. Mein Vater ist zu seinem Glück und meinem Trost noch in seinem Bett gestorben. Allerdings nicht mehr in seinem eigenen, meinem elterlichen Hause, aus dem die Behörden ihn vertrieben haben. Meine Mutter schrieb mir noch Briefe aus dem Lager, wo sie vermutlich um-

kam. Ich, der einzige Sohn, war verzweifelt, daß ich ihr nicht zu Hilfe kommen konnte.

HK: Wie leben Sie mit dem Leid, das die Nazis Ihnen zugefügt haben?

NE: Ich wünschte, daß es mir, wie allen anderen Menschen, erspart geblieben wäre.

HK: Verzeihen Sie, daß ich so in Sie dringe. Haben Sie Haßgefühle?

NE: Keinerlei. Antigermanismus wäre nicht weniger dumm als Antisemitismus. Ich habe zuviel Antisemitismus erlebt, um selber für etwas Derartiges anfällig zu sein.

HK: Muß man für eine solche Haltung nicht sehr weise geworden sein?

NE: Ich weiß nicht, ob weise das richtige Wort ist. Es erscheint mir als normal-menschlich. Wer will denn eine andere Art von Antisemitismus haben? Mit anderen Worten, ich kann nicht, wie viele Christen es getan haben, die Juden dafür verantwortlich machen, was mit Jesus Christus geschehen ist. Und ich kann nicht die heutigen Deutschen dafür verantwortlich machen, was in der Hitlerzeit geschehen ist.

HK: Sie haben lange Zeit in England gelebt. Und Sie sind im Unterschied zu anderen Emigranten relativ früh nach Deutschland zurückgekommen. Fühlen Sie sich in Deutschland noch zu Hause? Wo sind Sie zu Hause?

NE: Solch eine Frage ist schwer zu beantworten für jemanden, der soviel hin und her gereist ist wie ich. Im Rahmen einer Gastprofessur habe ich in Deutschland Vorlesungen gehalten, während ich noch in England zu Hause war. Ich bin nicht ganz sicher, ob in dieser mobileren Welt das Wort »zu Hause« noch seine alte Bedeutung hat. Ich habe vor und nach dem Kriege viele Jahre in Deutschland verbracht. Deutsch ist und bleibt meine Muttersprache. In ihr habe ich die meisten meiner Gedichte geschrieben. Aber ich habe auch ein kleines Gedicht in französischer Sprache geschrieben, als der Kummer über das Verschwinden meiner Mutter zu groß war, und ein paar Gedichte in englischer Sprache. Auch mein Buch über den Zivilisationsprozeß, heute in vielen anderen Sprachen vorhanden, habe ich in England in deutscher Sprache geschrieben. Ich habe fast vierzig Jahre in England gelebt, einige Jahre in Frankreich und in Ghana. Ich lebe nun seit vielen Jahren in Holland. Ich bin immer geblieben, wo ich bleiben konnte und mich wohl fühlte. Ich habe eine schöne Wohnung in Amsterdam. Da fühle ich mich jetzt zu Hause. Aber ich beherrsche die niederländische Sprache nicht, und so kann ich kaum sagen, daß ich da zu Hause bin. Mehrere Jahre habe ich in Bielefeld gelebt, und auch dort fühlte ich mich sehr wohl. Aber ich kann nicht sagen, daß ich dort zu Hause war. Meine Geburtsstadt Breslau ist heute eine polnische Stadt. Es ist heute weniger selbstverständlich als früher, daß jeder Mensch irgendwo zu Hause ist.

HK: Gibt es für Sie trotz allem noch oder wieder so etwas wie Heimat? Wenn ja, wo ist Ihre Heimat?

NE: Wenn dieser Begriff für mich einen Sinn haben soll, dann ist es Europa. Vielleicht sind sich die Europäer ihres gemeinsamen europäischen Habitus nicht genügend bewußt. Man ist sich nicht klar genug darüber, daß die europäischen Länder nicht nur eine gemeinsame Zukunft, sondern auch eine lange gemeinsame Vergangenheit haben. Dem entspricht es, daß sie heute viele gemeinsame soziale Einrichtungen und Standards haben, ob man sie gut oder schlecht findet.

Europa ist meine Heimat. Aber das verleitet mich nicht dazu, die enge Verbundenheit mit den Völkern aus dem Auge zu verlieren, die in anderen Gebieten leben. Man sieht, um nur ein Beispiel zu nennen, mit Schmerz und Mitgefühl, mit welchen Schwierigkeiten China, Nigeria oder Brasilien zu kämpfen haben, um den Entwicklungsvorsprung der Europäer aufzuholen. Man braucht nicht zu vergessen, daß die Entwicklung Europas analoge Schwierigkeiten zeigt. Man braucht, mit einem Wort, die Zusammengehörigkeit aller Teile der Menschheit nicht zu vergessen, wenn man sagt, daß man ein Europäer ist. Die deutsche Sprache gibt einem die Möglichkeit zu sagen, daß man nicht nur ein Europäer, sondern auch ein Weltbürger ist. Meine tatsächliche Heimat ist meine Arbeit, meine berufliche Aufgabe als Menschenwissenschaftler, als Soziologe. Als solcher arbeitet man nicht für ein einzelnes Land oder für eine einzelne Gruppe von Ländern, sondern für alle Länder der Erde. Diese Arbeit kann man weiterführen, wo immer man auch unter Menschen sein mag.

HK: Was verbinden Sie mit der Prophezeiung des Messias?

NE: Trotz meines Namens habe ich mit Prophezeiung nichts zu tun. Ich weiß nur, daß die Menschen nichts als einander haben, um sich aus den Schwierigkeiten ihres Lebens herauszuhelfen.

MICHAEL ELIZUR

Diplomat, Jerusalem. Geb. 1921 in Leipzig

HK: Herr Elizur; Sie waren erst zwölf Jahre alt, als Ihre Familie emigrierte. War Ihnen damals schon klar, daß Palästina zu einem Staat der Juden werden sollte und was es bedeutete, daß Sie selbst ein Jude waren?

ME: Über die politische Zukunft Palästinas hatte ich wohl als Kind keine genauen Vorstellungen. Es war mir jedoch klar, daß ich im Lande zu Hause, daß jüdische Eigenständigkeit selbstverständlich war. Wir waren vor der Emigration schon zweimal lange in Palästina gewesen, einmal, als ich vier, und einmal, als ich sechs Jahre alt war. Bei uns zu Hause gab es, was das Jüdische angeht, eine eigenartige Mischung: Wir waren wohl ein ziemlich assimiliertes Haus, denn es gab bei uns keine orthodoxen Rituale. Meine Eltern gingen, und auch das bloß an den hohen Feiertagen, zum jüdischen Neujahr und am Versöhnungstag, in die Reform- oder liberale Synagoge. Ich bin selten mitgekommen, aber ich bin, außer in die Volksschule, auch in eine hebräische Schule gegangen, und dort habe ich mich immer als Jude gewußt und gefühlt. Mein Vater war ein Leipziger, im selben Haus geboren, in dem auch ich geboren wurde. Meine Mutter kam aus Rußland, aus einer zionistischen Familie, nicht orthodox, aber bewußt zionistisch. Mein Vater war auch Zionist in dem Sinne, daß ihn als junger Mensch die Bücher von Theodor Herzl sehr beeindruckt hatten. Er war auch aktives Mitglied zionistischer Verbände. Es war damals selbstverständlich, daß wir uns als Juden gefühlt haben, an den jüdischen Feiertagen ganz besonders, dabei aber nicht im streng religiösen Sinne, sondern im Sinn einer Verbundenheit mit einer lebendigen Gemeinschaft. Ich wußte einfach, daß ich ein Jude bin, das war eine unkomplizierte Zugehörigkeit. Sie kam durch die hebräische Schule, durch unsere vielen Verwandten, die damals in Palästina lebten und auch zu uns zu Besuch kamen. Ich habe aber heute meine Zweifel, ob mein Vater, trotz seines langjährigen Zionismus, ohne die Machtergreifung Hitlers nach Palästina gegangen wäre. Obwohl es dann mit großem Enthusiasmus geschah. Er hat sich ja auch gut eingelebt, außer in der hebräischen Sprache. Es hat dieses Fußtritts vielleicht bedurft, aber als es dann soweit war, wurde uns die Umstellung dadurch erleichtert, daß wir Zionisten waren.

Für meine Eltern war das kein Weg ins Exil, in die Barbarei, sondern eben in ein Land, zu dem wir mehr als eine Verbindung hatten. Natürlich haben uns auch die Verwandten viel geholfen – die von der russischen Seite der Familie. Alle Schwestern meiner Mutter mit ihren Männern, die ganze Familie, die Großmutter, alle waren in Tel Aviv. Damit war es für uns viel einfacher als für viele andere.

HK: Viele deutsche Juden haben ja damals mit dem Auswandern auch noch lange gezögert, weil sie gute Stellungen hatten, durch die sie sich geschützt glaubten. Hier möchte ich anknüpfen. Damals waren besonders im Geistesleben, im Verlagswesen, in der Presse, in den Naturwissenschaften auch die Juden oftmals stark vertreten. Hat das damit zu tun, daß das Leben in der Diaspora, das Auf-sich-gestellt-Sein, dort besondere Energien mobilisiert hat?

ME: Ja, das ist wohl unbestreitbar. Aber das hatte seinen Preis, und es gab auch andere, in die entgegengesetzte Richtung gehende Ausdrucksformen oder Resultate der Sonderstellung. Die unnatürliche Lebensform der Diaspora hat alles potenziert. Daß sich damals ein viel größerer Teil der Bevölkerung in der Landwirtschaft oder in Fabriken abplagen mußte, war ja in vielen Ländern der Preis des intellektuellen und wirtschaftlichen Fortschritts. Von den Juden kamen damals viele direkt mit einem großen Sprung aus dem Schtetel in Osteuropa in das Wien der achtziger und neunziger Jahre oder nach Berlin, dann später auch nach London oder nach Amerika. Dort setzten sie plötzlich die ganze angestaute geistige Energie in Naturwissenschaft und Kunst, Unternehmerschaft und Literatur um. Diese Energie hatte sich vorher nur auf eine Weise bemerkbar gemacht, die man etwas abwertend talmudische Spitzfindigkeit nennt. Darüber kann man lachen, aber wenn man sich zweitausend Jahre lang mit den Fragen des Talmud – und das sind nicht nur theologische, das ist ja ein ganzer Teppich von Lebensfragen, Gesetzesfragen, moralischen Fragen – wenn man sich damit also beschäftigt, dann wird eine bestimmte Veranlagung gezüchtet, die einen für die Zeit nach der Emanzipation, für geistige Leistungen, die auch von der Außenwelt anerkannt werden, prädestiniert.

HK: Einer meiner Interviewpartner, der vor der Emigration in Deutschland nur mit bürgerlichen und gebildeten Juden Umgang hatte, sagte mir, er habe überhaupt erst in Palästina entdeckt, daß es auch dumme Juden gibt.

ME: Ich glaube, daß es eine ganze Menge dummer Juden auch in der Diaspora gegeben haben muß, denn sonst wären nicht so viele 1939 in Europa geblieben. Wenn die Juden wirklich ein durch und durch gescheites Volk gewesen wären, dann hätten sie doch rechtzeitig gemerkt, was sich anbahnte. Nehmen wir nur einmal den Fall Österreich: Dort konnte man von 1933 bis 1938 aus nächster Nähe sehen, was in Deutschland passierte. Der Anschluß kam ja nicht aus heiterem Himmel. Ich möchte freilich die Opfer nicht verurteilen, die Fluchtmöglichkeiten waren ja gering. Außerdem gab es natürlich auch in Europa schon viele Juden, die nicht so prominent und herausragend waren.

Es kam ja oft vor, daß sich zum Beispiel deutsche Juden gegenüber Ostjuden als etwas Besseres gefühlt haben und sie nicht als ihre Verwandten oder ihre Brüder anerkennen wollten. Bei uns zu Hause fielen niemals solche internen antisemitischen Bemerkungen. Ich wußte aber, daß es das anderswo gab. In den Familien von Freunden und von anderen Kindern.

Und hier in Israel leben jetzt alle Juden zusammen, und man vergleicht uns gerne mit der Diaspora. Ich weiß, wir haben hier noch keine Nobelpreise in den Naturwissenschaften erarbeiten können, aber das ist auch eine Frage des Geldes. Ich glaube auch, daß es das Leben in Israel nicht leichter machen würde, wenn alle hier Genies wären. Schrecklich! Ich glaube schon, daß das geistige Klima hier ziemlich intensiv ist. Sie haben vorhin selbst bemerkt, daß Sie selten in so viele Diskussionen hineingezogen worden seien wie hier. Also bitte, wenn man soviel diskutiert, dann werden auch manchmal nicht so gescheite Bemerkungen über die dummen Juden gemacht, und natürlich gibt es diese auch.

HK: Haben Sie das Gefühl, daß Sie als Jude sozusagen in eine besondere Rolle auf dieser Welt hineingeboren sind, in eine besondere Verantwortung oder Verpflichtung?

ME: Ohne die verschiedenen Rituale, die in der jüdischen Tradition verpflichtend sind, mitzumachen, bin ich doch mit der jüdischen Geschichte verbunden, und ich will hier sozusagen ein Teil eines Versuches sein, dieser Tradition eine Zukunft zu sichern. Und im Judentum werden die Pflichten ja immer wichtiger genommen als die Rechte. Das Wort Rechte kommt im alten Judentum gar nicht vor. Menschenrechte, das gibt es nicht, nur Menschenpflichten, natürlich nicht gegenüber anderen Menschen, sondern gegenüber Gott. Auch das Wort vom auserwählten Volk meint ja ein Auserwähltsein zur Erfüllung von Pflichten. Darauf gibt es verschiedene Hinweise in den alten Schriften. Meine eigene Pflicht sehe ich darin, meinen Teil zu tun, daß es in diesem Land hier, in dieser Gesellschaft, so anständig wie möglich zugeht. Ich weiß, daß alle Menschen Fehler haben, und Juden sind auch Menschen, und deshalb wird auch die israelische Gesellschaft immer Fehler haben, aber man soll sich eben anstrengen, eine möglichst große Nähe zwischen den Idealen und der Realität aufrechtzuerhalten. Ich möchte diese Spannung nicht verlieren, und da glaube ich, daß der Prozentsatz derjenigen, die sich nicht mit dem abfinden, was sie vorfinden, hier vielleicht etwas größer ist als in anderen Ländern. Ich glaube auch, daß wir dies zwar der jüdischen Geschichte verdanken, daß aber heute die Pflicht eher darin besteht, das alles hier in einer säkularen Umgebung und auch mit säkularen Mitteln, also nicht nur in den traditionellen Formen, aufrechtzuerhalten und weiterzuführen.

Wenn vierhunderttausend Menschen in Tel Aviv demonstrieren, nachdem die schrecklichen Ereignisse in Sabra und Schatila in Israel bekanntgeworden waren, dann ist das immer noch etwas Besonderes. In Beirut, fünf Kilometer von Sabra und Schatila entfernt, also eigentlich in derselben Stadt, habe ich keine vierhunderttausend Libanesen gesehen, die darüber entsetzt waren, daß Libanesen dort Palästinenser umgebracht hatten. Hier gab es Leute, die ihre Pflicht darin sahen, ihr Erschrecken zu zeigen und alles zu tun, was möglich ist, damit diese Dinge nicht an uns hängen bleiben.

HK: Was sind für Sie die wichtigsten Veränderungen, die aufgrund der Tatsache eingetreten sind, daß das jüdische Volk in Israel jetzt wieder eine geographische Heimat hat, als Nation ein Staatswesen darstellt?

ME: Eine wichtige Veränderung sehe ich darin, daß die Juden jetzt in Israel sich wieder um Belange zu kümmern haben, um die sich durch Hunderte von Jahren und in allen Ländern Nichtjuden kümmerten. Das bindet sie einerseits an den Boden, an den Boden der Realität. Andererseits mag es einige talentierte Juden davon abhalten, andere Dinge zu tun, die sie sonst hätten tun können. Aber ich glaube, daß sich das ausbalanciert, daß die Vorteile gegenüber den Nachteilen dieser Situation doch überwiegen. Aber was Sie sagten, ist richtig: Es gibt eben heute Juden, hauptsächlich wahrscheinlich in den Vereinigten Staaten, die ein ganz anderes Lebensbild haben und in ganz anderen Zusammenhängen agieren als Juden hier. Ich glaube, daß das Probleme des Zusammengehörigkeitsgefühls dieser

großen jüdischen Gemeinschaften mit sich bringen kann und vielleicht schon heute bringt. Aber ich glaube auch, daß es sich für die Juden in Israel und auch für die Juden in Amerika lohnt, diese Unterschiede zu erkennen und zu überbrücken.

HK: Worin sehen Sie die größten Unterschiede, die größte Differenz, zwischen den Juden hier und zum Beispiel denen in Amerika?

ME: Darin, daß die Juden in Israel staatstragend sind, daß man hier eben Verantwortungen hat, die man in Amerika nicht hat. Ich glaube, es gibt auch in Israel genug Juden, die sich noch nicht daran gewöhnt haben, daß sie hier für ein Staatsgefüge verantwortlich sind. Das spiegelt sich etwa in der Steuermoral. Wenn man in einem Land lebt, in dem die Regierung, sagen wir, antisemitisch ist, dann ist es wohl natürlich, wenn man es dort mit den Steuern nicht so genau nimmt. Ich glaube aber, wenn man das auch in Israel tut, dann ist das ein Vergehen gegen die Gemeinschaft. Wenn jemand große patriotische Reden hält, aber gleichzeitig seine Steuern nicht zahlt, dann ist das unjüdisch. Denn das Judentum ist ja nicht Theologie, sondern eine Lebensform, und wenn zu unserer Lebensform auch gehört, daß man Steuern bezahlt, dann muß man das eben tun, ob man es gern hat oder nicht.

HK: Es gibt wohl keine einfache Antwort mehr auf die Frage, wie man sich die Zukunft des jüdischen Volkes überhaupt vorstellen soll?

ME: Das ist tatsächlich eine sehr schwere Frage. Ich glaube, nur auf zwei Aspekte Ihrer Frage eingehen zu können. Zum einen wird die Zukunft davon abhängen, wie sich die Beziehung zwischen den Juden in der Welt und denen, die in Israel leben, entwickeln wird. Zum anderen haben wir ein neues Problem: Wir wissen ja schon, wie wir uns gegen Haß und gegen Verfolgungen wehren können, aber wie wir uns in einer liberalen demokratischen Gesellschaft wie in Amerika oder im heutigen England als eine Gemeinschaft erhalten können, das ist eine Frage, die bis heute noch nicht eindeutig zu beantworten ist. Wir können allerdings feststellen, daß schon viele kurzfristige Prophezeiungen sich als falsch und voreilig erwiesen haben.

HK: Glauben Sie, daß international wieder ein stärkeres jüdisches Selbstbewußtsein zu verzeichnen ist?

ME: Ja, erstens gibt es eine auffällige Rückkehr zur Orthodoxie. Aber ich glaube, daß die Orthodoxen überall, in Israel, obwohl man das hier oft anders wahrnimmt und darstellt, aber auch in Amerika, eine Minderheit bleiben werden. Die Mehrheit wird sich eben, im Rahmen einer säkularen und pluralistischen Demokratie, als Juden fühlen. Dieses Judentum wird, wenn Sie so wollen, etwas mit Wasser verdünnt sein, aber doch stark genug, um den Menschen ein Gefühl zu geben, daß sie eben Juden sind. Natürlich wird es völlig anders sein als in Wilna vor hundertfünfzig Jahren. Zweitens werden wir wohl im Geiste unserer Zeit auch im politischen Bereich mehr und mehr Stimmen hören, unter ihnen auch grelle Stimmen, die sich ohne Hemmungen für jüdische Belange einsetzen. Jüdische Sprecher sind heute keine Bittsteller mehr. Manchmal folgen solchen Einstellungen auch taktische Fehler, die den besonnenen Juden von gestern nicht unterlaufen wären. Aber dies gilt wohl auch für Nichtjuden.

HK: Herr Elizur, obwohl ich weiß, daß Sie nicht sehr religiös sind: Haben Sie sich je gefragt, wie man das, was im Dritten Reich in den Lagern geschehen ist, mit irgendeinem höheren Walten in der Welt vereinbaren soll, was man sich für ein Bild machen soll von dem Gott, der Auschwitz nicht verhindert hat?

ME: Ich muß sagen, daß ich mich nicht für kompetent halte, diese Frage zu beantworten. Persönlich weigere ich mich, Auschwitz mit Sinn zu vereinbaren. Wenn ich von einer anderen als einer religiösen Warte dazu etwas sagen soll, dann dies, daß ich glaube, die Pflicht jedes Menschen heute ist, dafür zu sorgen, daß diese Erfahrung in lebendigem Bewußtsein bleibt. Bevor das alles geschehen war, konnte man vielleicht sagen, daß die Menschen noch nicht wußten, was sie tun. Aber diese Unschuld haben sie verloren. Deshalb muß jeder in seiner eigenen Gesellschaft dazu mithelfen, daß sie so human und demokratisch wie möglich wird, um zu verhindern, daß es irgendwelchen Verbrechern erneut möglich wird, so etwas zu tun. Leider ist ja auch nach dem Krieg schon wieder einiges vorgefallen. Aber jeder Mensch in seiner Umgebung, ich als Jude eben in Israel, ein Deutscher in Deutschland und ein Amerikaner in Amerika, ist dafür verantwortlich und muß soviel tun, wie er kann, damit solche Sachen nicht mehr geschehen. Aber darüber sollte man nicht predigen. Mit Predigen kann man das nicht aus der Welt schaffen. In diesem Fall ist Selbstkritik nicht nur die beste, sondern die einzige Medizin.

EMIL FACKENHEIM

Philosoph und Rabbiner, Jerusalem. Geb. 1916 in Halle

HK: Herr Professor Fackenheim, gibt es in Ihrer Kindheit und Jugend, in Ihrer Familiengeschichte vielleicht auch schon, Schlüssel für das, was später Ihre Arbeit und ihr Denken bestimmt hat?

EF: Unsere Familie hatte schon lange als nicht-assimilierte jüdische Familie in Deutschland gelebt, in Hessen von der väterlichen Seite her, in Schlesien von der mütterlichen, und dann eben in Halle, wo mein Urgroßvater schon Rabbiner war. Mein Vater hat sogar einmal versucht, einen Stammbaum aufzuzeichnen, aber der ist dann später mit allem anderen verlorgengegangen. Wir haben damals die »Assimilanten« ziemlich verachtet. Andererseits waren wir selber ja auch nicht orthodox. Wir haben eben das liberale Judentum als unseren Standort gesehen und dachten, es hätte in Deutschland einen festen Platz. Damit haben wir uns gewaltig geirrt, aber so dachten wir damals.

Die jüdische Gemeinde in Halle war eine kleine, der Rabbiner war nicht sehr inspirierend. Er hat viel gewußt, aber man hatte den Eindruck, daß er dort mit den Jahren etwas versauert war. Trotzdem waren für mich als Kind die religiösen Eindrücke sehr stark. Das lag auch an der Musik, der jüdischen religiösen Musik, die mich damals tief beeindruckt hat. Die Reden des Rabbis waren gelehrt und langweilig. Aber vielleicht besser, als wenn sie spannend, aber nicht gelehrt gewesen wären. Sie hatten Substanz. Als ich anfing, mich für die jüdische Religion zu interessieren, wurde der langweilige Mensch plötzlich interessant, denn er wußte sehr viel von der Tradition, nur wollte es keiner hören. Das ist sehr schlecht für einen Menschen. Wenn er am Rabbinerseminar in Berlin unterrichtet hätte, wäre er ein ganz anderer Mensch gewesen. Er hat die Grundideen klar dargestellt.

Ich habe seither nie wieder eine Synagoge gefunden, wo ich mich wirklich zu Hause gefühlt hätte. Die Musik war anders, die Tradition war anders. In solchen Dingen ist man von der Kindheit geprägt. Diese deutsch-jüdische Kultur ist dann untergegangen. Die Tragik, mit der alles geendet hat, zeigt sich an der Bibelübersetzung von Buber und Rosenzweig. Meiner Meinung nach war Rosenzweig der letzte große deutsche Jude. Was der Ihnen zu sagen hätte, wenn er heute noch leben würde, wäre tiefer als alles andere. Wenn Rosenzweig gesagt hat, man solle Bachmusik in die Synagogen bringen – das wäre eine gewaltige Synthese gewesen. Rosenzweig und Buber wollten die deutschen Juden zum Judentum zurückbringen, aber es war ja fraglich, ob die alle Hebräisch lernen würden. So wollten sie, um den hebräischen Geist dennoch vermitteln zu können, die Bibel ins Deutsche übersetzen. Das taten sie auch. Als sie mit der Übersetzung fertig waren, gab es keine deutschen Juden mehr. Nehmen Sie das als ein Symbol der Tragik dessen, was damals passierte. Die Nazis haben nicht nur deutsche Juden ermordet, sondern auch das deutsche Judentum, wie es gewesen war. Wie es gewaltig angefangen hatte mit Moses Mendelssohn und wie es sich auch noch in Heine ausdrückte, der hundertprozentiger Deutscher und ein hunderprozentiger Jude sein wollte und dadurch einfach zerrissen wurde – und der übrigens immer noch mein Lieblingsdichter ist.

HK: Was liegt in dem Wort Heimat für Sie für eine Bedeutung?

EF: Heimat, das gibt es nicht mehr. Ich kann das Wort nicht mehr benutzen. Die Nazis haben das Wort zerstört. Sie haben soviel zerstört.

Als ich jetzt wieder einmal in Berlin war, habe ich gesehen, daß es die Kantstraße immer noch gibt. Die Straßennamen sind noch dieselben, aber die alte Kultur scheint verschwunden zu sein. Ich war in Halle noch ganz selbstverständlich auf demselben Gymnasium wie mein Vater vor mir. Wir hatten sogar zum Teil dieselben Lehrer. Und später, 1939, als ich schon in Sachsenhausen gewesen war und noch eine Sechswochenfrist hatte, das Land zu verlassen, als möglichst niemand mit mir zusammen gesehen werden wollte, da hat mein Griechischlehrer mich zu sich nach Hause eingeladen. Er hatte zwei gewidmete Exemplare von Martin Bubers »Königtum Gottes«, eins für sich selbst, eins für mich. Und er hat mir gesagt: Sie müssen jetzt weg, aber Sie müssen mir versprechen, wieder zurückzukommen. Deutschland wird zerstört werden, und wir brauchen solche Leute wie Sie, um es wieder aufzubauen.

Ich habe ihm damals geantwortet, daß ich ihm das zwei Jahre früher noch versprochen hätte, daß ich aber inzwischen wußte, daß das jüdische Volk mich wohl dringender brauchen würde als das deutsche. Auch mir war damals schon völlig klar, daß Deutschland zerstört werden würde, es ist verrückt. Wenn ich heute trotz allem überhaupt noch von Heimat reden kann, dann meine ich damit

Jerusalem. Bis zum Sechstagekrieg hätte ich wohl noch gesagt: Kanada sei meine Heimat. Aber die drei Wochen vor dem Krieg waren für mich eine dramatische Erfahrung, für mich und auch für meine Frau. Ich habe mir damals gedacht: Wenn noch ein zweiter Holocaust passiert, dann überlebe ich das nicht. Möchte es auch gar nicht überleben. Und was hat die anständige Welt damals getan? Gar nichts. So sind wir letzten Endes wirklich aus Pflichtgefühl hierhergekommen.

HK: Bedeutet jüdisch zu sein, zum Judentum zu gehören, für Sie eine besondere Pflicht?

EF: Ja. Das war schon immer so. Ich möchte sagen, das Pflichtbewußtsein war sehr groß. Dabei war es erst einmal sozusagen negativ. Meine unmittelbare Reaktion auf 1933 war die: Es muß auf diesen beispiellosen Angriff von jüdischer Seite eine Antwort geben. Das war anfangs mein Motiv, das Judentum zu studieren. Erst mit den Jahren fand ich eine ganz gewaltige Tiefe darin.

Die Juden haben sich wohl in jeder Generation gefragt: Wieso soll man einfach weitermachen? Und jeweils fand man die Antwort in einer immer wieder neuen Erfahrung der Bibel. Als Cyrus kam und den babylonischen Juden sagte: Ich habe euch befreit, ihr könnt nach Jerusalem zurückkehren – wieso taten sie es? Sie waren doch nicht mehr die ursprünglich in die Gefangenschaft geführten, sondern deren Kinder und Enkel. Wieso sind sie dennoch zurückgegangen? Ich würde sagen: Das Hauptmotiv war eine gewisse Treue. Sie hatten Jerusalem nicht vergessen. Es wäre sicher bequemer gewesen, in Babylon zu bleiben. Viele haben es ja auch getan. Aber das Judentum ist eben doch immer wieder gelebt worden.

Der ganze Jüdische Kalender, der mich schon als Kind beeindruckt hat. Jeder Freitag ist ein Wiedererleben. Die Jom-Kippur-Erfahrung war es, die Rosenzweig dazu bewegt hat, nicht zum Christentum überzutreten. Und bei mir war es, auch schon in der Kindheit, ähnlich. Ein Grund zum Beispiel, warum ich lernen wollte, war, daß mein Vater zwar in gewisser Weise fromm war, aber nicht viel gewußt hat. Er hat gelesen, aber nicht verstanden, was er gelesen hat. Er konnte auch nicht genug Hebräisch. Und da dachte ich: Wenn mein Vater derartig treu ist, daß er das liest, ohne es zu verstehen, wieviel mehr kann man da finden, wenn man es wirklich versteht. Und ich habe ungeheure Sachen gefunden.

HK: Und wenn Sie den Begriff der Pflicht mehr auf Ihr Leben beziehen?

EF: Da ist dann auch Neigung dabei. Dieser Kantische Dualismus von Pflicht und Neigung ist hier eigentlich gar nicht anwendbar. Denn was die Nichtjuden so selten verstehen, und das geht schon aufs Neue Testament zurück: daß das Gesetz nicht entwürdigt, überhaupt keine Last bedeutet. Der Jude freut sich des Gesetzes. Wobei »Gesetz« gar keine so gute Übersetzung von »Mizwah« ist. Jeden Tag betet man, denkt man an Gott, daß er Israel gesegnet hat durch die Gesetze. Das hört sich nicht an wie eine Last. Nun gibt es die Frage: Was ist besser? Wenn man das Gesetz erfüllt, weil man es gerne hat, oder wenn man das Gesetz erfüllt, weil es das Gesetz ist? Und die Antwort ist: das letztere. Denn dann tut man es um Gottes willen. Wenn man es nur gerne tut, dann ist es lediglich eine Zeremonie.

HK: Was, glauben Sie, ist der Grund dafür, daß in den letzten beiden Jahrhunderten so viele europäische Juden es ganz besonders im Geistesleben zu Rang und Namen gebracht haben?

EF: Ich finde es richtig, was Leo Baeck zu diesem Thema gesagt hat. Der Grund sei ein »zwiefacher«, meinte er. Zum einen hat nach der jahrhundertelangen Ghettoverfolgung das erste freiere Atmenkönnen eine ganz gewaltige Begeisterung hervorgebracht. Zum zweiten hatte es das Leben im jüdischen Ghetto an sich, daß dort eine ungeheure Energie auf Lernen und Studieren verwendet wurde. Diese, man kann sagen, unnatürliche Konzentration auf das Lernen, das war der Widerstand der Juden im Ghetto gegen die Verfolgung. Und wenn man das nicht versteht, versteht man überhaupt nichts. Als ich damit anfing, den Talmud zu studieren, da wußte ich, wenn man das wirklich alles lernen will, dann muß man sein ganzes Leben damit zubringen, und das wollte ich erst einmal nicht. Ich empfand es als eine Last. Erst nach Jahren habe ich verstanden, daß die ungeheure Gelehrsamkeit, die in den Talmud Eingang gefunden hat, aufgestaute Energie war.

HK: Was hat sich dadurch geändert, daß es für ein Volk, von dem man fast sagen möchte, es sei an die Zersplitterung und die Beschränkung schon gewöhnt gewesen, jetzt doch ein Land gibt, in dem es Majorität besitzt und Staatsnation ist?

EF: Das scheint mir von einer Bedeutung zu sein, die man noch gar nicht ganz begriffen hat. Denn die Diaspora hat zwar viele positive Effekte gehabt, aber auch zweifelhafte und schlechte. Als Kind wurde mir beigebracht, daß, als der erste jüdische Staat von den Römern zerstört wurde, dies in einem höheren Sinne ein Segen gewesen sei, »a blessing in disguise«, wie man auf englisch sagt. Es sei zwar fürchterlich, aber doch letztlich ein Segen gewesen. Der größte deutsch-jüdische Philosoph vor

Rosenzweig, Hermann Cohen, hat das gesagt. Es sollte bedeuten, daß, wenn das jüdische Volk nicht mehr politisch gebunden, wenn es universal sei, es seine Mission besser erfüllen könne. Nun, das scheint mir in der Retrospektive falsch zu sein. Die Machtlosigkeit ist natürlich ein Segen, insofern, als man nicht auf andere Leute schießen muß. Aber sie kann auch bedeuten, daß auf einen selbst geschossen wird, ohne daß man sich wehren kann. Nie waren Juden so hilflos wie während des Holocaust. Da fuhren Züge nach Auschwitz, und kein Mensch hat sich darum gekümmert. Ich bin der festen Überzeugung, daß, wenn nach dem Holocaust kein jüdischer Staat entstanden wäre, die Demoralisierung so groß gewesen wäre, daß es überhaupt keine Juden mehr geben würde, heute schon. Mit Ausnahme einiger Orthodoxer, für die überhaupt nie etwas passiert.

Manche sagen, es sei etwas Schreckliches, einen Staat zu haben. »Jetzt schießen wir selber auf andere Leute!« Buber hat das gesagt. Aber wäre es nicht schlimmer, wenn man andere bitten müßte, auf jene Leute zu schießen? Das sind Fragen der Staatsphilosophie, und mit ihr steht es ja heute überall sehr schlecht. Nach dem, was passiert ist, daß die Verbrecher das Gesetz übernommen haben. Deutschland war ein Rechtsstaat. Aus Deutschland kamen all die großen Rechtsphilosophen, mit Hegel an der Spitze. Amerika, das ein gesegnetes Land ist, hat mit Jefferson begonnen. Aber im Vietnamkrieg wußte man plötzlich auch nicht mehr, was eine Staatsphilosophie ist. Wann schießt man, wann schießt man nicht? Die Staatsphilosophie befaßt sich mit den meiner Meinung nach schwierigsten Fragen überhaupt. Und dann kamen auch noch die Kommunisten dazu, die dachten, es könne wohl kein großer Fehler sein zu schießen, solange man nur ein Proletarier ist. Das ist ein schreckliches Jahrhundert, in dem wir leben. Und ausgerechnet in diesem Jahrhundert müssen die Juden ihre eigene jüdische Staatsphilosophie entwickeln. Das ist eine ungeheure Aufgabe.

HK: Eine Frage, über die Sie selbst geschrieben haben: Was soll man noch glauben, wenn man erfahren hat, was in den Konzentrationslagern geschehen ist? Warum hat Gott das zugelassen?

EF: Das ist natürlich die schwierigste Frage der jüdischen Theologie heute. Als ich das Buch geschrieben habe, von dem Sie sprechen, habe ich diese Frage bis aufs letzte Kapitel verschoben. Ich wollte nicht gleich im ersten Kapitel darauf kommen. Ich hatte Angst, jeder, der merkt, daß ich die Frage nicht beantworten kann, würde sich vom Judentum abwenden. Das wollte ich nicht. Schließlich hatte ich das Buch fertiggeschrieben bis auf diese Frage. Ich wußte aber, daß man sie letztlich doch nicht vermeiden kann – sonst hätte ich Hamlet ohne den Prinzen von Dänemark geschrieben.

Ich bin dann eines Tages hier in Jerusalem spazierengegangen und traf einen jungen Menschen, der mich grüßte. Ich sage: »Ich weiß jetzt im Moment gar nicht … Kenn ich Sie?« Und er: »Ja ja, Sie haben mal bei uns gesprochen, ich war einer Ihrer Hörer.« Wir sind dann ins Gespräch gekommen, und ich habe ihn gefragt, was er denn im Moment so treibe. Er habe gerade seine Doktorarbeit fertiggestellt, über Rabbi Shapiro. Ich wußte, das war der letzte chassidische Rabbi im Warschauer Ghetto. Predigten, die er gehalten hatte, waren gefunden und veröffentlicht worden.

Ich bat dann den Studenten, er möge mir von diesen Predigten ein bißchen erzählen. Nun, um das zusammenzufassen: Dieser Rabbi Shapiro hatte sich nie auf diejenigen Juden im Ghetto eingelassen, die sagten, die Verfolgungen durch die Nazis seien eine Strafe für ihre Sünden. Jahrelang blieb er dabei, das seien Katastrophen, denen man keinen Sinn geben könne. So etwas sei früher schon passiert, und die Juden hätten es immer überlebt. Aber nach 1942 hat er das nicht mehr gesagt. Seine Predigten änderten sich. Und eine davon ist jetzt der Schluß meines Buches.

Sie wissen ja vielleicht, daß es eine der Aufgaben des Talmud ist, die Bibel zu erklären. Widersprüche in der Bibel aufzulösen. Und nun gibt es da zwei solche Stellten, eine bei Jeremias, wo steht, daß Gott in seinem Zimmer weint, und eine andere, wo es heißt: Es gibt Jubel in Gottes Palast. Der Talmud will jetzt wissen, wie es möglich ist, daß beides wahr ist. Und seine Antwort lautet: Das eine geschieht im äußeren Zimmer und das andere im inneren Zimmer.

Normalerweise würde man nun annehmen, daß die Freude im inneren Zimmer ist, daß im Himmel das Leiden der Welt überwunden ist. Aber der Talmud sagt das Gegenteil. Warum?

Rabbi Shapiro fängt da an, wo der Kommentar, ein mittelalterlicher Kommentar, aufhört. Und er sagt: Im äußeren Zimmer ist Jubel, weil Gott sich dort einfach verstellt, als ob diese ganze Sache ihn nichts angeht. Wieso aber weint Gott gerade im inneren Zimmer, wo wir nicht hingelangen? Da Gott unendlich ist, ist sein Leiden auch unendlich. Nun weiß Gott: Wenn sein Leiden unendlich ist, dann darf es die Welt nicht berühren, denn sonst würde die Welt zerstört werden. Darum ist es aus Liebe, daß Gott sich von uns zurückgezogen hat, um in der Einsamkeit zu jammern. Und der Rabbi fügt noch hinzu: Aber wir wollen doch das Leiden Gottes teilen. Können wir zu ihm durchdringen?

Damit hört er auf. Das ist die ungeheuerlichste Antwort, die ich auf diese Frage je gefunden habe: Daß Gott die Welt so geliebt hat, daß er sich von ihr zurückgezogen hat, damit sie nicht von seinem Leiden zerstört werde.

HK: Ich habe Sie vorhin gefragt, ob Sie mit dem Judesein eine bestimmte Verpflichtung verbinden. Haben auch die Deutschen, die heute leben, eine besondere Pflicht?

EF: Die Deutschen der jüngeren Generation sind nicht schuldig, das ist keine Frage. Aber sie haben eine besondere Last zu tragen, ob sie wollen oder nicht. Zumindest für einige ist auch selbstverständlich, daß man, obwohl man keine Schuld hat, doch Verantwortung hat. Die deutsche Jugend trägt die Verantwortung dafür, daß die Zukunft anders wird, als die Vergangenheit war. Ich glaube, daß es wieder deutsche Denker geben muß, die fragen: Was ist denn passiert in Deutschland, das mit Dichtern und Denkern, von Kant bis Hegel begann und mit Hitler als Denker endete? Wie ist so ein unvergleichliches Versagen möglich wie das von Heidegger, der vielleicht der größte Philosoph des zwanzigsten Jahrhunderts war und bis zu seinem Tod nicht ein einziges Wort über den Holocaust geschrieben hat? Ich kann nicht verlangen, daß jeder Mensch sich mit diesen Dingen beschäftigt. Aber es sollte zumindest einen einzigen Denker geben, der sagt: Ich habe keine andere Aufgabe, als die Geschichte durchzudenken, noch einmal, vom Anfang bis zum Ende, um zu sehen, was da wirklich passiert ist. Denn was durch Denken geschehen ist, muß durch Denken überwunden werden.

ERICH FRIED

Schriftsteller. Geb. 1921 in Wien, gest. 1988 in Baden-Baden

HK: Herr Fried, Sie sind politisch sehr engagiert. Was würden Sie als Ihr Hauptanliegen bezeichnen?

EF: Kampf gegen Unrecht. Wenn man schon nicht genau weiß, wo der Weg zur Gerechtigkeit liegt, wenn einem zum Beispiel der Sozialismus als Utopie lange Zeit durch den Stalinismus verstellt war, dann kann man immer noch gegen Unrecht kämpfen, wo immer man es findet. Heute könnte ich das fast schon wieder positiver formulieren. Denn falls Gorbatschow sich hält, so könnte die Sowjetunion als Land und der Sozialismus als Gesellschaftsmodell, das etwas taugt, gerettet werden. Und der sowjetische Beitrag zum Sozialismus – wenn Gorbatschow die UdSSR auf den richtigen Weg bringt – kann immer noch besser sein als der Beitrag der sozialdemokratischen Parteien, die sich zu bürgerlichen Reformparteien verwandelt haben.

Jedenfalls war für mich der Kampf gegen das Unrecht bestimmend. Das fing schon früh an: Als ich sechs Jahre alt war, ließ der Polizeipräsident von Wien, Johannes Schober, ein Gemetzel unter protestierenden Arbeitern anrichten. Im Verlauf der Demonstration wurden sechsundachtzig Arbeiter erschossen und ein Polizist getötet. Ich war mit meiner Mutter gerade in der Stadt unterwegs, als das geschah. Wir konnten nicht weg, weil die Straßen nicht mehr passierbar waren. Von einem Laden aus haben wir die Bahren mit den Toten und Verwundeten gesehen. Später dann – zu Weihnachten – sollte ich im Festsaal unserer Schule ein Gedicht aufsagen. Als ich hörte, daß der Herr Polizeipräsident unter den Gästen war, trat ich vor, verbeugte mich und sagte, ich könne in seiner Gegenwart kein Weihnachtsgedicht aufsagen, weil ich am Blutigen Freitag die Toten und Verwundeten gesehen hätte. Schober hat daraufhin, die Tür hinter sich zuschlagend, weil er es für ein abgekartetes Spiel hielt, den Saal verlassen. Das war meine erste politische Aktion.

HK: Wie haben Sie als Kind auf den in Wien wohl sehr deutlich spürbaren Antisemitismus reagiert?

EF: Wenn man damals zu mir, als ich noch sechs, sieben Jahre alt war, »Saujud« gesagt hat, dann habe ich geantwortet: »Ja, ich bin ein Jude. Und ich bin stolz, ein Jude zu sein.« Schon vom ersten Schultag an wurde ich von anderen Kindern mit der Nase darauf gestoßen, daß ich Jude bin. Es gab da so Kinderreime wie: »Jud', Jud', spuck in Hut, sag der Mutter, das ist gut.« Wir judischen Schuler sind dann darauf gekommen, daß man auch sagen kann: »Christ, Christ, spuck in Mist, sag der Mutter, daß sie's frißt!« Und dann haben die beiden Parteien sich das natürlich zugerufen – wie homerische Helden vor dem Gefecht – und zu raufen begonnen.

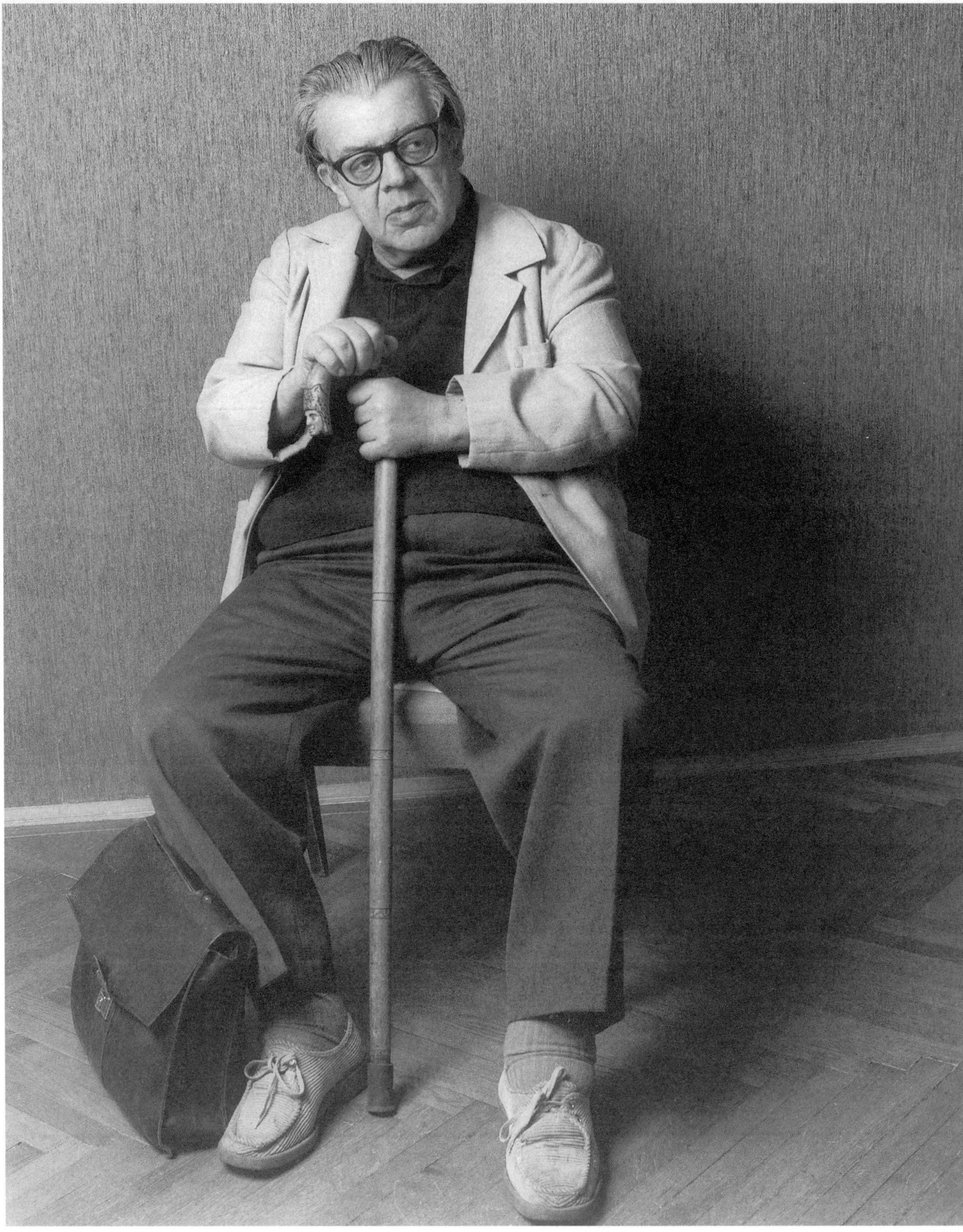

Ich habe beides verabscheut. So ungefähr mit sieben Jahren wurde mir klar, daß es genauso dumm ist, darauf stolz zu sein, ein Jude zu sein, wie sich dessen zu schämen. Man hat ja nichts dazugetan, daß man das eine oder das andere ist. Ich finde es bis heute blöd, wenn Leute stolz darauf sind oder sich schämen, Deutsche zu sein.

HK: Fühlen Sie sich mit dem Judentum heute noch verbunden?

EF: Eigentlich nicht. Ich empfinde mich selbst nicht als Jude. Aber ich bin natürlich, wenn es irgendwo Antisemitismus gibt, Feuer und Flamme dagegen – wie zum Beispiel während des österreichischen Präsidentschaftswahlkampfs des Herrn Waldheim. Auch tangiert es mich mehr, wenn Juden in Israel Greuel begehen, als wenn in Südkorea Studenten geprügelt werden oder wenn Perser die Kurden verfolgen. Ich habe dann das Gefühl, daß ich im Falle Israel mehr dagegen tun muß. Ich habe mich zum Beispiel sofort auf die Seite der Palästinenser gestellt, als diese von den Zionisten vertrieben und später immer ärger von der israelischen Regierung behandelt wurden. Ich fühlte mich nicht als Teil des jüdischen Volkes. Das jüdische Volk sind die Leute, die auf einem geschlossenen Kulturgebiet zusammenleben und Hebräisch sprechen, oder jene in Amerika, in New York, die Jiddisch sprechen und auch etwas jüdische Kultur besitzen. Ich hingegen gehöre weder zu den einen noch zu den anderen. Mein Judentum ist durch die Erziehungsschicksale meiner Kindheit geprägt und dadurch, daß Hitler mich in eine Gaskammer geworfen hätte, wenn er mich erwischt hätte. Der Abstammung nach bin ich ja – soweit ich das beurteilen kann – volljüdisch. Aber sowohl mein Elternhaus als auch meine Großeltern waren nicht religiös, sondern sogenannte assimilierte Leute. Allerdings ging die Assimilation nicht so weit, wie die assimilierten Juden geglaubt haben. Meine Mutter zum Beispiel hat Heine für einen größeren Dichter gehalten als Goethe, aber nicht, weil er Jude war, sondern weil sie sich mit dem Christentum weniger auseinandergesetzt hatte und deswegen jenen Teil der deutschen Literatur, der das tat, nicht so gut verstehen konnte. Mein Vater hat immer gesagt: »Großer Gott, jüdische Abteilung.« Damit wollte er sich über die Idee, daß Gott in Konfessionen eingeteilt werden kann, lustig machen.

In der Schule, in der ersten Klasse, hatte ich eine sehr schöne jüdische Religionslehrerin, in die ich mich fast verguckt hätte. Und da begann ich mich plötzlich sehr für jüdische Geschichte und Religionsgeschichte zu interessieren. Mit etwa sieben oder acht Jahren habe ich dann aber, auch weil ich die Bibel gelesen habe, meinen Glauben an Gott verloren. Heute ist die jüdische Religion für mich nur mehr von ethnologischem oder kulturgeschichtlichem Interesse.

HK: Was würden Sie, da Sie sich nicht im Judentum verwurzelt fühlen, als Ihre Heimat bezeichnen?

EF: Österreich, das Land, das mich in meinen entscheidenden Jugendjahren geprägt hat und das ich als Absolutum angenommen habe. Fenster waren für mich Doppelfenster, Flügelfenster mit Fensterpolstern dazwischen. Daß es auch andere Fenster gibt, zum Beispiel die unsäglich unpraktischen englischen Schiebefenster, die ich als nächstes kennengelernt habe, war mir nicht klar. Und nun Postkästen – Briefkasten hat man es in Wien genannt –, die waren eben genauso wie die gelben Briefkästen in Wien. Daß es auch andere geben kann, ist mir als Kind zunächst nicht eingefallen. Es gibt eine Reihe von teils täuschenden Sicherheitsgefühlen, die man als Kind hat, und Landschaftseindrücke, Menscheneindrücke, auch durchaus dramatische Eindrücke, die das Heimatbild prägen. Also Österreich ist ganz eindeutig meine Heimat, und ich werde nie eine andere Heimat haben. England war nicht einmal meine Wahlheimat, sondern nur eine Notlösung. Und ich kam sehr kritisch gegen dieses England dort an, denn Englands Politik hatte ja auch mit dazu beigetragen, Österreich zu verraten. Obwohl die österreichischen Klerikalfaschisten selbst ihren Teil dazutaten. Seine Heimat darf man natürlich scharf kritisieren. Das Gerede von den Nestbeschmutzern ist ein Unsinn. Außerdem, wenn ein Vogel ein Nest beschmutzen darf, dann natürlich nur sein eigenes. Was hielte man von einem Vogel, der herumfliegt und alle fremden Nester beschmutzt? Außerdem beschmutzen Vögel nie ihr Nest, das heißt die menschlichen Vögel. Sie weisen nur auf den Schmutz hin, der in diesem Nest tatsächlich vorhanden ist. Es gibt viele österreichische Schriftsteller, die ich ungemein gern habe. Okopenko, Jandl, Mayröcker und andere. Aber im allgemeinen sagt mir heute die deutsche Literatur etwas mehr, weil dort die Dinge tiefer erörtert wurden als in Österreich. Es ging auch den Österreichern in den ersten Jahren nach dem Krieg so schlecht, daß sie in hellen Haufen nach Deutschland gegangen sind. Einige der Begabtesten haben sich in jungen Jahren in Österreich umgebracht: Bayer, Fritsch, Bucheber, Herta Kräftner. Ganz viele eigentlich. Im Augenblick ist die DDR-Literatur zum Teil interessanter als die bundesdeutsche. Heiner Müller, Christa Wolf etwa, aber auch ganz junge.

HK: Und welche Beziehung haben Sie – abgesehen von der Literatur – zu Deutschland?

EF: Ja, also zunächst einmal auch eine quasi heimatliche. Deutschland ist zwar nicht mein Heimatland, aber meine sprachliche Heimat. Denn natürlich kann man eine österreichische Literatur nicht wirklich von einer deutschen Literatur trennen. Es gibt eine Menge Unterschiede, aber im Grunde nur Schattierungen. Als es den Österreichern einfiel, nichts mehr mit den Deutschen zu tun haben zu wollen, nach dem Krieg, da gab es sogar die Theorie, daß es eine eigene österreichische Sprache gibt. Das ist ein Blödsinn. Und so etwas habe ich nie mitgemacht. Als ich in England mit siebzehn Jahren zum Flüchtlingskomitee kam und sie mich nach meinen Berufsabsichten fragten, sagte ich: »Ich will ein deutscher Dichter werden.« Und sie sagten: »Junger Mann, je früher Sie sich diese Wahnsinnsidee aus dem Kopf schlagen, desto besser für Sie.«

Deutschland hatte großenteils dieselben Faschismusprobleme wie Österreich. Die Entwicklung war im einzelnen natürlich anders. In Österreich waren die Nazis ebenso wie die Linken einige Jahre verboten. In dieser Zeit haben dann die Kinder in der Schule gelernt, daß wir der zweite deutsche Staat sind. Getrennt marschieren, vereint schlagen, das heißt, vereint schlagen mit dem Dritten Reich. Dann haben die Jungen zum Teil natürlich gesagt: »Warum denn nicht gleich ein Volk, ein Reich, ein Führer?« Wenn man die dumme Prämisse nimmt, dann ist die Folgerung gar nicht so blöd. Meine Nazimitschüler, illegale Hitlerjungen, waren nicht schlechtere oder bösere Leute oder dümmere Leute als ihre jüdischen oder antifaschistischen Schulkameraden. Es waren genau die gleichen Jungen. Alles andere ist Schwarzmalerei. Sie haben sich auch, da wir schon sieben Jahre zusammen waren, als die Nazis gekommen sind, zu ihren jüdischen und antifaschistischen Mitschülern fast ausnahmslos anständig verhalten. Gefährlich wurden sie erst, wenn sie gegen Leute eingesetzt wurden, die sie nicht kannten. Und das auch nicht von einem Tag auf den anderen. Außerdem, was die politische Haltung eines jungen Menschen determiniert, sind nicht nur philosophische Erwägungen. Wenn er mit seinem Vater gut stand, dann hat er dazu geneigt, die Neigungen des Vaters zu übernehmen, politisch vielleicht etwas radikaler als der Alte. Wenn er mit ihm schlecht stand, dann hat er dazu geneigt, die entgegengesetzten Meinungen zu übernehmen. Zu glauben, daß die eigene Überzeugung immer auf politischen Erwägungen und Einsichten beruht, ist eine lächerliche Einschätzung. In unserer Klasse hat natürlich jeder von jedem gewußt, was er ist. Wir haben uns gestritten. Wir haben manchmal gerauft. Nie hat einer den anderen denunziert. Weder ein Linker einen Rechten noch ein Rechter einen Linken. Und man hat sich auch gegenseitig eingesagt und bei Prüfungen geholfen. Also man soll das nicht übertreiben. In Klassen, die noch nicht lange beisammen waren, war natürlich die Ideologie noch stärker als der Zusammenhalt. Wenn man gesagt hat: »Haut die Juden«, dann hat man sie gehauen.

Die Deutschen waren nie so radikale Antisemiten wie die Österreicher, aber bessere ideologische Nationalsozialisten. Sie haben an den Faschismus als solchen viel mehr geglaubt als viele Österreicher, obwohl da wieder zwischen den Wienern und den Leuten auf dem Land, zum Beispiel in Oberösterreich, ein großer Unterschied besteht. Man kann so etwas überhaupt nicht in Schwarzweißbildern sehen. Man muß so etwas soziologisch ordentlich analysieren, dann kommen regionalspezifische und schichtenspezifische Unterschiede heraus. Im allgemeinen hat man sich in Deutschland mehr bemüht, über die Hitlervergangenheit nachzudenken, als in Österreich. Die große Dankesschuld, die wir Herrn Waldheim gegenüber haben, ist, daß dieser Idiot sich sehr unfreiwillig zum Instrument dafür gemacht hat, daß die Österreicher sozusagen mit der Nase in ihre Geschichte gestoßen wurden und jetzt doch Ursache haben, sich etwas genauer zu orientieren. Bei manchen hilft es. Andere sind nur verbohrter geworden dadurch.

HK: Hegen Sie nicht manchmal Haß gegen Deutschland, dem neben unzähligen anderen Menschen auch ihr Vater zum Opfer fiel?

EF: Ich bekämpfe zwar leidenschaftlich jede Art von Antisemitismus, Nazismus und Faschismus, aber der Haß auf diese bösartigen und menschenfeindlichen Systeme bedeutet noch lange nicht, daß ich jeden einzelnen Menschen, der darin eingebunden war oder ist, hasse. Die meisten sind doch Opfer der Gesellschaft, einer lieblosen Erziehung und einer moralischen Desorientierung. Es fällt mir sogar schwer, Adolf Hitler, nachdem er tot und besiegt ist, rückwirkend zu hassen. Denn ich weiß, daß er durch eine ungeheuer barbarische Erziehung als Kind kaputtgemacht wurde. Sein Vater schlug ihn immer mit der Hundepeitsche und hat ihn auch wie einen Hund herangepfiffen. Da ist es kein Wunder, daß Hitler zeitlebens eine Hundepeitsche bei sich trug und dies folgendermaßen begründete:

»Die brauche ich zu meiner persönlichen Sicherheit. Wozu eine Pistole?« Obwohl diese dazu natürlich geeigneter gewesen wäre. Aber es war das geschlagene Kind, das jetzt selbst eine Hundepeitsche hatte und das sich übrigens mit den geschlagenen Tieren identifizierte. Die Tierschutzgesetzgebung im Dritten Reich war vorbildlich – kein Tier darf gequält werden, hieß es. Aber leider konnte sich Hitler nicht mehr mit den Menschen identifizieren. Auch nicht mit Deutschland. Denn wenn er sagte »Deutschland, was du so gelitten hast«, meinte er immer nur, was er als Kind so gelitten hatte. Und als dann Deutschland kurz vor dem Zusammenbruch war, hat er gesagt: Deutschland soll nur zugrunde gehen, das hat mich nicht verdient. Das war die Projektion zurück. Hitler war ein armer Teufel, ein ganz glücksunfähiger Mensch, der sich aus seinen kleinbürgerlichen Verkrampftheiten nie lösen konnte. Auch nicht durch seine ganze Macht. Noch kurz vor Schluß hat er seine Eva Braun geheiratet. Er schickte seine SS durch die Trümmer von Berlin, bis sie einen Standesbeamten gefunden hatten. Der kam mit seinem Büchel, dann haben beide ihre Dokumente vorgelegt, ihre fünfzehn Mark bezahlt und wurden getraut. Sie bekamen noch einen Glückwunsch, einen Blumenstrauß von den Getreuen und haben sich dann im Nebenzimmer erschossen.

HK: Aber wie konnte ein solcher Mensch so schreckliche Dinge wie Auschwitz heraufbeschwören? Und vor allem, warum hat Gott das zugelassen?

EF: Da ich nicht an Gott glaube, steht letztere Frage für mich nicht. Zwar bedeutet mir beispielsweise Jesus von Nazareth einiges, doch religiöse Ideen sind für mich keine Probleme, sondern lediglich interessante Irrtümer des menschlichen Geistes. Was Jesus betrifft, so war er natürlich gar kein Christ, sondern ein Jude bis zum letzten Atemzug. Die ganze Idee einer christlichen Religion, die ihm zugeschrieben wird, ist Schwindel. Er war, wie wir von der heutigen Forschung wissen, ein rebellischer Pharisäer mit essenischen Freunden. Es ist ihm nie eingefallen, eine neue Religion zu gründen, sondern er wollte die bestehende nur aus ihren Entfremdungen und Erstarrungen aufrütteln.

Aber ich halte Gott für eine Fiktion, für einen Aberglauben, der aufrechterhalten wird von interessierter Seite, und für etwas, woran sich andere klammern, aus psychischer Not. Ich glaube nicht an Gott. Infolgedessen sind das für mich keine Probleme, sondern nur interessante Ideen menschlich-geistiger Irrtümer.

Aber trotz meiner ablehnenden Haltung der Religion gegenüber liebe und verehre ich durchaus Leute, die an Gott glauben und versuchen, beispielsweise die christliche Feindesliebe zu praktizieren, wie etwa Professor Gollwitzer und Heinrich Böll. Auschwitz ist für mich deshalb kein religiöses, sondern ein menschliches Problem. Wieso konnten Menschen so etwas tun? Diese Frage ist sehr interessant, und man muß diese Dinge erforschen. So, wie man erforschen muß, warum der freundliche pornographische Markt von vor hundert Jahren sich heute in einen Porno-Video-Markt verwandelt hat, in dem die meisten Videofilme Mord, Zerstückelung von Leichen und Vergewaltigung zeigen, nicht einfach Sex, sondern sexuelle Aberrationen destruktiver Art. Das hat natürlich gesellschaftliche Gründe. Das ist nicht, weil die bösen Pornographen solche Filme liefern, denn die sind nur an einem interessiert – Geld zu verdienen. Und die liefern das, was auf Nachfrage trifft. Warum herrscht in unserer Gesellschaft solche Nachfrage? Wenn wir die nicht verstehen, dann können wir mit unserem Reformwillen einpacken. Das sind sehr gefährliche Dinge. Das zeigt auch, daß natürlich etwas, was so grausam ist wie der Hitlerfaschismus, ohne weiteres wieder in anderen Ländern oder bei uns geschehen könnte. Das muß ja nicht Faschismus heißen.

HK: Herr Fried, Antisemitismus gibt es schon lange. Was sind Ihrer Meinung nach die Ursachen für den historischen Antisemitismus?

EF: Mein Gott. Minderheiten sind Haßobjekte beziehungsweise gute Objekte, um die eigenen Frustrationen und Feindschaften loszuwerden. Irgendein Sozialist, ich weiß nicht mehr genau, wer es war, hat einmal gesagt: »Der Antisemitismus ist der Sozialismus der Idioten.« Das heißt, das Rechtsgefühl von Leuten, die sich als zu kurz gekommen betrachten, verzichtet auf eine wirkliche Analyse der Gesellschaft und geht auf die ersten besten, die sich darbieten, los. Die Juden waren damals bespielsweise durch die Textilindustrie sichtbar wohlhabend und Leute, die das auch zeigten. Während zum Beispiel die Besitzer der Eisen- und Kohlengruben nicht so sichtbar waren, sondern irgendwo anders saßen, ebenso die großen Banken. Die kleinen Ausbeuter und kleinen Wucherer sowie die Pferdejuden und die Getreidejuden auf dem Land bei den Bauern, das waren die Juden, die es riskierten, daß sie für ein paar Dollar auch erschlagen wurden – aus Rache. Die wirklichen Ausbeuter in Amerika sind anonym. Das sind Banken und große Agenturen, die erwischen Sie nicht. Die sehen Sie nicht einmal. Die sind abstrakter.

Der Antisemitismus ist aber wesentlich älter. Bei den Römern und Griechen gab es ihn auch. Aber da hielt er sich in Schranken, und da gab es keine riesigen Pogrome. Das war eben eine Minderheit, die andere Bräuche hatte. Gegen die geht es gelegentlich los. Der christliche Antisemitismus hingegen war schon viel bösartiger. Das christliche Abendland hat sich gegen die Juden viel abscheulicher benommen als etwa der Islam, wo sie Zuflucht fanden. Solange es islamische Kulturen gab, zum Beispiel in Spanien, gab es auch eine blühende jüdische Kultur. Das christliche Abendland aber hatte die fixe Idee, daß die Juden Christus getötet haben. Sicherlich, eine Gruppe von Juden, nämlich die Sadduzäer, die Partei der Reichen, hatte einen anderen Juden, der rebellisch war, nämlich Christus, getötet. Aber das ist vielleicht so, wie wenn man sagen würde, die Deutschen hätten Thälmann getötet. Natürlich haben die Deutschen Thälmann getötet, aber er selbst war ein Deutscher. Das war eine politische Angelegenheit und eine Schandtat, aber innerhalb Deutschlands. Der Mord der Juden war eine Sache, die die katholische Kirche fast neunzehn Jahrhunderte lang verbreitet hat. Ebenso wurden über die Juden Ritualmordgeschichten verbreitet, die man Minderheiten immer angedichtet hat. Man sieht es in Ciceros Reden gegen Catilina. Dort wird dem Catilina das Schlachten von Kindern zu Opferzwecken angedichtet. Das ist natürlich ein Quatsch. Der Rassenantisemitismus ist im zwanzigsten Jahrhundert entstanden. Denn zur Zeit des kirchlichen Antisemitismus war ja eine Aufgabe der Kirche die Bekehrung der ungläubigen Juden, und wenn einer sich bekehrt hatte, wurde er in Gnaden aufgenommen. Nur in Spanien, wo die Bekehrung mit Terror betrieben wurde, kam man darauf, daß es auch Leute gibt, die sich nur zum Schein bekehren. Da stieg dann der Großinquisitor an einem Sabbat auf einen Turm und hat nachgeschaut, aus welchen Häusern kein Rauch aufsteigt. Das waren dann die, die nicht kochten. Und dort hat dann die Inquisition ihre Untersuchungen angestellt.

Als Hitler mit der Endlösung der Judenfrage begann, hat General Franco erklärt, daß alle spaniolischen Juden Nachkommen spanischer Bürger sind, die wegen ihrer Religion im Jahr 1491 und 1492 widerrechtlich aus Spanien vertrieben wurden und daher Anspruch auf spanische Pässe haben. Damit hat er Tausende von Juden gerettet, und Hitler wollte sich nach dem Endsieg dafür an ihm rächen. Franco hat im engeren Kreis auch erklärt, daß Hitler der Antichrist ist. Das muß man wissen, sonst kriegt man überhaupt nur Schwarzweißbilder von allen Faschisten. Mussolini und Franco waren nämlich keineswegs dasselbe wie Hitler. Auch Himmler und Eichmann waren nicht dasselbe wie Hitler. Eichmann hat immerhin zum Vertreter der ungarischen Juden gesagt, als er diesem einen Handel mit Autos vorschlug: »Als Zeichen, daß wir es ernst meinen, kann ich tausend, nein, zweitausend Juden als Vorleistung in die Schweiz schicken. Sagen Sie doch ja dazu, auch wenn Sie es nicht halten können, dann sind wenigstens zweitausend gerettet.« Schon dieser Vorschlag hätte eigentlich genügen müssen, um ihn zu begnadigen. Ganz abgesehen davon, daß er noch 1937 als Ehrengast der zionistischen Organisation nach Palästina kam, allerdings dort von den Engländern rausgeschmissen wurde. Diese Dinge sind im Prozeß nicht alle zur Sprache gekommen. So einfach ist es nicht. Darum hat die Hannah Arendt den Eichmann-Prozeß durchaus abgelehnt.

HK: Sie haben eben gesagt, daß der ökonomische Erfolg der Juden den Leuten besonders auffiel. Nun waren die Juden ja nicht nur in der Wirtschaft, sondern auch in den Naturwissenschaften, der Medizin, der Musik und so weiter sehr erfolgreich. Glauben Sie, daß diese Fähigkeiten durch das Leben in der Diaspora ausgebildet wurden?

EF: Ja, das hängt sicherlich damit zusammen. Allerdings sind die Juden dadurch nicht intelligenter als andere geworden, obwohl viele Juden und übrigens sogar viele Antisemiten genau das glauben. Diese Annahme ist aber reiner Unsinn. Die Juden durften in alten Zeiten keine Bauern sein und gehörten daher auch nicht zum Primärproletariat, als die Bauern dazu wurden. Auch durften die Juden ursprünglich keine Kleingewerbetreibenden sein, da sie ja den Zünften, die durch christliche Zunfteide ihren Charakter geprägt hatten, nicht angehören konnten. Infolgedessen waren die Juden von Berufen, die zum Unintellektuellbleiben verdammen, ausgeschlossen. Nur so erklärt sich die unverhältnismäßig große Zahl jüdischer Intellektueller und Akademiker.

Ich möchte auch gleich noch auf ein anderes Vorurteil eingehen – das vom »feigen Juden« nämlich. Das läßt sich sehr gut dadurch erklären, daß jene Juden, die im siebzehnten und achtzehnten Jahrhundert in den Judengemeinden blieben, tatsächlich im allgemeinen ängstlich waren. Jene Juden nämlich, die mutig waren und sich die unmenschlichen Bedingungen, unter denen sie lebten, nicht gefallen ließen, rebellierten früher oder später gegen einen Ghettoältesten oder einen christlichen Vogt und mußten, wollten sie nicht sterben oder zumindest die Hand abgehackt bekommen, in die Wälder fliehen. Und deshalb waren die Räuberbanden zum großen Teil jüdisch. Selbst Rabbiner fanden sich unter den Räubern. So sind die energischsten und tapfersten Juden den Gemeinden verlorengegangen. Und so kann es nicht erstaunen, daß die Gaunersprache zum großen Teil aus hebräischen Wörtern bestand.

Doch diese jüdischen Räuberbanden wurden von den Judengemeinden ebenso totgeschwiegen wie von den Antisemiten. Letzteren paßten sie nicht ins Bild des »feigen Juden«. Außerdem lebten sie wie die Geächteten von Robin Hood und haben ihre Beute mit der armen Landbevölkerung geteilt, mit deren Töchtern sie ihre Kinder zeugten.

HK: Wie sehen Sie – nach einer tragischen Vergangenheit – die Zukunft des jüdischen Volkes?

EF: Das ist schwer zu sagen. Sieht man sich etwa die Lage in der Diaspora an, so ist festzustellen, daß etwa in der Sowjetunion durch den ungeheuren Verrat des Stalinismus am Sozialismus wieder der alte Antisemitismus hochgekommen und einstweilen immer noch bei vielen Leuten vorhanden ist. Es gibt sogar einen Sekundärantisemitismus: Die verdammten Juden, die können hier heraus nach Palästina, und wir können nicht heraus. Natürlich hat Israel diese jüdische Auswanderung mit den schäbigsten Mitteln zu fördern versucht. Es hat sich überall Adressenlisten von Juden in der Sowjetunion verschafft. Juden in Israel haben dann an sowjetische Juden, die den gleichen Namen trugen, geschrieben, als wären sie Verwandte. Das ist eine politische Maßnahme gewesen, weil man in Israel viele Juden haben wollte, die aus Europa kommen, und nicht nur schwarze Juden, die man in Israel ja recht schlecht behandelt. Denn es hat sich da so etwas wie ein sekundärer Rassismus ausgebildet. Gegen die Araber sowieso, aber eben auch gegen die weniger weißen Juden. Und die rächen sich für diese Benachteiligung natürlich wieder dadurch, daß sie auf die noch schlechter angesehenen, die Araber und Palästinenser, herunterspucken. Wenn die Juden in Israel so weitermachen wie bis jetzt, dann werden sie eines Tages umgebracht werden. Aber ich hoffe, daß sie die Wahnsinnspolitik, die sie jetzt betreiben, beenden werden und es zuerst zu einem Nebeneinander und später vielleicht zu einem Bundesstaat mit den Palästinensern kommen wird. Man hätte mit Jassir Arafat verhandeln müssen. Das Verhalten Begins – der sowieso noch ein bei weiterem anständigerer Mensch ist als der jetzige Mörder an der Regierung Schamir –, Verhandlungen mit der PLO abzulehnen und zu sagen, ich kann mich mit Terroristen nicht an einen Tisch setzen, war falsch.

HK: Sie glauben also nicht, daß sich die Prophezeiung vom Messias, der kommen wird, um die Juden zu erlösen, erfüllen wird?

EF: Der Messiasgedanke interessiert mich nur ethnologisch, ansonsten halte ich ihn für Unsinn. Diese Prophezeiung hat einen psychischen Grund, nämlich die Sehnsucht nach der heilen Welt. Die Linken verspotten diese Sehnsucht gewöhnlich, aber das ist natürlich ungeheuer oberflächlich. Denn die Sehnsucht nach der heilen Welt wohnt uns allen inne. Sozusagen eingeboren oder vielleicht eine unbewußte Erinnerung an den Mutterschoß, in dem uns ja angeblich nichts zustoßen kann. Oder an die erste Zeit als Baby, wo man noch der Mittelpunkt der Welt war. Die heile Welt müssen wir uns selbst zu erbauen und zu erringen versuchen.

Aber wenn man glaubt, das Schöne unter Ignorierung des Häßlichen erreichen zu können, wird man ein Künstler wie Arno Breker, der, ginge es nach dem allgemeinen Volksgeschmack, bestimmt immer noch einer der populärsten wäre. Er hat in der Sehnsucht nach der Schönheit einfach einen Kurzschluß gewählt. Er fabrizierte für die Nazis ähnlichen Kitsch, wie ihn auch die Stalinisten für Kunst ausgaben. Das heißt aber nicht, daß der Arno Breker eine verbrecherische Seele hatte. Das wäre eine bösartige Unterstellung. Aber man kann das Häßliche sehen und darstellen wollen. Man muß für beides – für das Häßliche und für das Schöne – Verständnis haben und beides sehen.

Der Begriff des Heils, der heilen Welt, aber ist bloß die Projektion einer Sehnsucht in die wirkliche Welt. Wir dürfen nicht auf den Messias warten, sondern müssen versuchen, selbst eine bessere Welt zu errichten oder wenigstens diese Welt vor dem völligen Verfall durch ökologischen Selbstmord oder durch Atomkriege zu bewahren.

HEINZ GALINSKI

Ehem. Vorsitzender der Jüdischen Gemeinde zu Berlin
Geb. 1912 in Marienburg (Malbork), gest. 1992 in Berlin

HK: Herr Galinski, Sie stehen buchstäblich seit der Stunde Null an der Spitze des Wiederaufbaus jüdischer Gemeinden in der Bundesrepublik. Im April 1945 wurden Sie aus dem KZ Bergen-Belsen befreit. Schon im Mai gab es in Berlin wieder den ersten jüdischen Gottesdienst. Wie haben Sie diese Zeit des Neuanfangs heute in Erinnerung?

HG: Ich möchte das beinahe als ein Wunder bezeichnen, die Wiederbegründung jüdischer Gemeinden. Das Schwerste war damals nicht die Beseitigung der Trümmer, sondern, und das ist heute ein großes Gefühl der Genugtuung, daß ich dabeisein konnte, den wenigen Überlebenden wieder Zuversicht zu geben, den Glauben an ein neues, wiedergeschenktes Leben. Wenn die Zerbrochenen damals es geschafft haben, an ein neues Leben zu glauben, dann war das eine große menschliche Leistung. Und wenn ich damals, selbst ein Zerbrochener, dabei vielen helfen konnte, erfüllt mich das heute mit Genugtuung. Damals nach dem Zusammenbruch war ja auch der menschliche Zusammenhalt viel enger als heute. Viele haben allerdings zu schnell vergessen. Das gilt nicht nur für unsere Umwelt, das gilt auch für Teile von uns Juden. Ich glaube, daß für alle Beteiligten die Vergangenheit der beste Lehrmeister sein kann. Vergessen hilft uns nichts. Die Vergangenheit holt einen immer ein. Das haben wir gerade erst in der letzten Zeit erlebt. Man braucht sich nicht Asche auf das Haupt zu streuen, aber man muß zu der eigenen Vergangenheit stehen, so schwer es für manche auch sein mag. Pädagogen, Elternhäuser sind mehr denn je gefordert, den Fragen ihrer Kinder nicht auszuweichen.

HK: Was hat Sie damals bewogen, nach Berlin zurückzukehren? Konnten Sie Deutschland überhaupt noch als Heimat empfinden?

HG: Den Begriff Heimat im emphatischen Sinne gibt es für mich nicht mehr. Das ist mir verlorengegangen. Ich wurde verstoßen – ich habe das auch gesagt in meiner Rede anläßlich der Ernennung zum Ehrenbürger von Berlin –, und ich bin trotzdem und aus eigenem Antrieb zurückgekommen. Dazu hat mich die vage Hoffnung bewogen, noch Angehörige zu finden. Diese Hoffnung hat sich nicht erfüllt.

HK: Ihre ganze Familie ist umgekommen?

HG: Ja. Das letzte Mal, daß ich meine Angehörigen gesehen habe, war auf der Rampe in Auschwitz. Aber am 15. April 1945 wurde ich aus dem KZ von den britischen Truppen befreit, und nach vielen Irrwegen und Umwegen kam ich dann Ende Juli hier in Berlin an. Und als ich das Elend der wenigen sah, die zurückgekommen waren aus dem KZ oder die dank eines nichtjüdischen Ehepartners überlebt hatten, bin ich dann hier hängengeblieben. Und da erinnerte ich mich an das, was ich mir in Auschwitz vorgenommen hatte: Wenn du lebend hier rauskommst, sagte ich mir – das waren Dinge, die einem geholfen haben durchzuhalten, und solange ein Mensch lebt, ist in ihm ein Funke von Hoffnung –, wenn du das überlebst, stellst du dich in den Dienst der Gemeinschaft.

HK: Hatten Sie schon vor dem Nationalsozialismus unter Antisemitismus zu leiden?

HG: Nein, damals ging alles normal vor sich. Ich war einer von vielen. Ich besuchte das humanistische Gymnasium, man kannte keine Unterschiede. Ich wurde eingeladen, auch von den Söhnen von Rittergutsbesitzern. Doch über Nacht existierte man nicht mehr. Man wurde geschnitten, man wurde übersehen, man durfte mit keinem Nichtjuden mehr auf der Straße sprechen, man wurde in Schutzhaft genommen. Da brach in mir eine Welt zusammen. Aufgewachsen in diesem Lande, als deutscher Staatsangehöriger, der Vater schwerkriegsbeschädigt als Soldat im Ersten Weltkrieg, und jetzt über Nacht ausgeschlossen aus dieser Gesellschaft. In der Provinz begann es ja früher mit den antisemitischen Strömungen. Deshalb bin ich dann nach Rathenow gegangen, da war ich schon ausgebildeter Textilkaufmann. Aber 1938 mußte das Kaufhaus dort auch geschlossen werden. Es wurde arisiert wie in Marienburg und überall. Dann kam Zwangsarbeit, erst im Tiefbau bei einer Firma, die sogar human war, dann bei Siemens und Schuckert. Das war ganz schlimm, da war ich in der Asbestwickelei. Heute weiß man, was Asbest bedeutet. Und dann eines Morgens Anfang Februar 1943, ich hatte gerade meinen schwerkranken Vater versorgt, war von der Nachtschicht gekommen, da klingelte es Sturm, und ich wußte instinktiv, das ist die Gestapo, die Zeit ist da. Wir mußten schnell das Nötigste zusammenpacken. Mein Vater war gar nicht mehr transportfähig. Er wurde auf die Polizeistation des jüdischen Krankenhauses gebracht, wo er vierzehn Tage später verstarb. Meine Mutter, meine Frau und mich brachte man ins Sammellager und von dort ab nach Auschwitz in einem Transport vom Güterbahnhof Grunewald. Auf der Rampe in Auschwitz wurden wir von der SS hinausgeprügelt aus den Waggons, von Hunden gehetzt. Dann wurden die Frauen von den Männern getrennt und alle unterteilt in arbeitsfähig und nicht arbeitsfähig. Alt und jung. Das war das Ende meiner Familie.

HK: Hatten Sie in den Jahren davor daran gedacht, auszuwandern?

HG: Ja, wir hatten die Absicht, meine Frau und ich, noch auszuwandern. Aber die Liebe zu meinen Eltern hat mich davon abgehalten. Ich wußte genau, wenn ich ginge, wäre es ihr Ende. Und als wir es später versuchten, war es zu spät.

HK: Heute hat das jüdische Volk nach zweitausend Jahren wieder eine geographische Heimat, ist aber auch eine politische Nation geworden. Dadurch hat sich vieles geändert.

HG: Ja, mit der Wiederbegründung des jüdischen Staates ist ein ganz anderes Bewußtsein bei uns entstanden. Der Typus des Juden ist ein ganz anderer als früher. Der Jude braucht nicht mehr geduckten Hauptes durch diese Welt zu gehen. Jahrhundertelang wurden die Juden verlacht und verhöhnt, aber der Aufbau des Staates Israel hat bewiesen, daß Juden alles vermögen. Das hat das Bewußtsein eines Juden in der Diaspora wesentlich gestärkt. Es ist immer gut zu wissen, daß es so einen Staat gibt. Und wenn einmal seine Existenz gefährdet wäre, würde das jeder Jude zu spüren bekommen, ob in New York, Berlin oder wo auch immer. Ob wir es wollen oder nicht, die Existenz eines jeden Juden, einer jeden jüdischen Gemeinde in der Diaspora ist engstens verbunden mit der Existenz eines gesicherten jüdischen Staates in Israel.

HK: Wie stehen Sie zur zunehmenden Kritik an der gegenwärtigen Politik Israels?

HG: Israel ist zum ersten Mal in der sehr schwierigen Rolle einer Besatzungsmacht. Da gibt es natürlich viele Dinge, die gemacht werden müssen und die nicht immer von der Umwelt verstanden werden. Gewiß gibt es Dinge, die ich auch nicht gutheißen kann und will. Aber mit einer einseitigen Verurteilung des jüdischen Staates wird die Problematik nur verschärft. Es ist ja nicht zu leugnen, daß kein Land die Palästinenser haben will. Die großen reichen arabischen Länder kommen zusammen und erlassen Resolutionen. Das kostet nichts. Aber haben will sie niemand. Die arabischen Länder wissen, daß ihre Existenz gefährdet wäre, wenn sie die Palästinenser aufnehmen würden. Das weiß der Hussein, das weiß der Mubarak. Es muß eine Lösung gefunden werden, aber nicht durch ungebetene Ratschläge und durch eine einseitige Verurteilung. Die Ruhe und Ordnung muß wiederhergestellt werden, auch im Interesse der arabischen Bevölkerung. Auf der anderen Seite kann ich mich durchaus in die Lage eines jungen israelischen Soldaten versetzen, der sich dort heute Steinwürfen und Molotowcocktails aussetzen muß. Daß da manchen die Nerven durchgehen, das erlebt man ja sogar hier bei Demonstrationen. Das Schlimmste für mich sind die Geiselnahmen in Beirut. Da werden Menschen auf der Straße aufgegriffen, jahrelang festgehalten. Wo bleibt da das Gewissen der Aufschreienden dieser Welt? Mit Heuchelei kann das Problem der Menschen dieser Region nicht gelöst werden.

HK: Wie sehen Sie die Zukunft des jüdischen Volkes in der Welt?

HG: Die Zukunft des jüdischen Volkes wird weitestgehend davon abhängen, wie weit wir zu den Wurzeln des Judentums zurückfinden, und das Schwierigste dabei ist, unsere jungen Menschen dahingehend zu motivieren, daß sie sich mehr den jüdischen Interessen widmen. An dieser Motivation fehlt es. Wir, die Generation, die in Kürze abtritt, wir haben einen schweren Aufbau hinter uns. Sie können das auch auf Israel übertragen. Und vielleicht haben wir viel zu spät damit begonnen, Gespräche zu führen mit unseren jungen Menschen. Ich versuche, hier Versäumtes nachzuholen. Bestimmt hat die Jugend ganz andere Vorstellungen von der Weiterexistenz des jüdischen Lebens. Die Formen haben sich geändert, aber das ist nicht das Entscheidende. Entscheidend ist der Wille, daß das jüdische Leben auch in der Zukunft eine reale Chance bekommt.

HK: Es gibt immer mehr Mischehen, die Säkularisation schreitet voran, und das traditionelle Judentum scheint sich mehr und mehr aufzulösen …

HG: Das würde ich so nicht sagen. Wir haben jetzt zwei religiöse Richtungen, eine orthodoxe und eine liberale. Traditionsbewußt sind beide Richtungen. Die liberale nimmt in der Liturgie Rücksicht darauf, daß viele heute nicht mehr Hebräisch sprechen und den Inhalt der Gebete nicht mehr kennen. Aber man kann deswegen genauso ein guter Jude sein, liberal-religiös wie orthodox. Und zu den Mischehen: Die Auswahl an möglichen Ehepartnern unter den Jugendlichen ist heute innerhalb unserer dezimierten Gemeinschaft nicht mehr groß. Sie dürfen nicht vergessen, wir haben ein Drittel unseres Volkes verloren. Und wir leben natürlich in

einer freien Gesellschaft, in einer Demokratie. Da bleibt die Vermischung gar nicht aus. Natürlich ist es bedauerlich, aber wir tun ja auch viel. Wir haben hier in Berlin zum Beispiel eine jüdische Schule eingerichtet. Wir haben eine der modernsten Kindertagesstätten mit zweihundertzwanzig jüdischen Kindern. Als ich damals die Schule eingerichtet habe, da wurde ich häufig gefragt: Warum sondern Sie sich ab, warum gehen Sie diesen Weg? Das ist keine Absonderung, es geht um unser physisches Überleben. Jüdische Schulen sind eine Notwendigkeit, wenn wir existieren wollen. Die Kinder müssen ausgestattet sein mit dem notwendigen jüdischen Wissen, um jeder Konfrontation in der Umwelt begegnen zu können. Das ist das notwendige Rüstzeug für das Überleben.

HK: Und wie ist ihr persönliches Verhältnis zu Deutschland? Sehen Sie sich in der Rolle des Wächters, die Ihnen oft zugeschrieben wird?

HG: Ich bin hier geboren, und Deutschland hat mich geprägt. Aber ich bin natürlich seit 1945 ein anderer Mensch, als ich es vorher war. Ich sehe dieses Land heute mit anderen Augen. Ich sehe es kritischer, aber ich bin, was heute auch von vielen anerkannt wird, kein Kritiker um der Kritik willen, sondern sehe meine Aufgabe darin, dafür zu sorgen, daß sich diese Dinge nicht wiederholen. Es darf ein Auschwitz in der Geschichte nicht wieder geben! Insofern bin ich manchmal unbequem für die Regierenden. Ich gehe diesen Weg nicht mit Gepolter, aber ich lasse gewisse Dinge nicht durchgehen. Ich lasse nicht zu, bei keinem der Politiker, bis in die höchsten Chargen hinein, daß gewisse Dinge verdrängt, vergessen werden. Und weil wir am meisten gelitten haben unter den Nazis, unter den Verfolgungen, sehe ich es als meine Aufgabe an, mich auch für die anderen verfolgten Gruppen einzusetzen. Nicht nur als Jude fühle ich mich getroffen, wenn es heute noch rassistische, diskriminierende politische Regelungen gibt. Äußerungen von Politikern, die der Verdrängung Vorschub leisten, verharmlosende Vergleiche mit der Vergangenheit. Das muß aufhören! Bei jeder passenden und unpassenden Gelegenheit werden heutige Vorkommnisse verglichen mit der Nazizeit. Das sind alles Dinge, die mich als Jude hier besonders verpflichten, politisch wachsam zu sein. Leider ist meine Stimme manchmal die einzige in diesem Land, während die Politiker schweigen. Besonders interessiert mich natürlich das Problem der heranwachsenden Generation. Jedes Vorkommnis an Schulen ist für mich ein Alarmzeichen, weil ja die Jungen die verantwortlichen Staatsbürger von morgen und übermorgen sind. Und von ihnen wird es weitgehend abhängig sein, wie diese Demokratie sich weiter entwickeln wird und wie auch ihr Verhältnis uns Juden gegenüber sein wird. Deswegen kann nicht genug getan werden, um die Jugend aufzuklären – nicht, um sie zu belasten, nicht, um sie verantwortlich zu machen. Das wäre ein Wahnsinn. Wie kann man Menschen haftbar machen für Zeiten, in denen sie noch gar nicht geboren oder zu jung waren? Aber sie müssen wissen, was damals geschehen ist, um daraus die notwendigen Konsequenzen zu ziehen für eine bessere Gegenwart und Zukunft.

HK: Damit sprechen Sie die Frage an, wie wir Deutsche mit der Frage der historischen Schuld umgehen sollten.

HG: Es gibt für mich nicht den Begriff der Kollektivschuld. Es gibt nur die Frage einer persönlichen Schuld. Das hat jeder mit sich selbst abzumachen. Den anderen, die mitgegangen sind, gibt diese Demokratie eine Chance, wenn sie die Vergangenheit nicht verleugnen, sondern sich ihr stellen. Ob man von Anfang an Position bezieht oder nicht, das ist auch eine Geschmacksfrage, eine Stilfrage. Weil das bis heute nicht von allen Politikern erkannt wurde, haben wir uns immer noch mit Problemen auseinanderzusetzen, die sich vor dreißig oder vierzig Jahren besser zum Auseinandersetzen geeignet hätten. Insofern entlasse ich keinen aus seiner Verantwortung. Das gilt zum Teil auch für den anderen Teil Deutschlands. Ich habe immer erklärt, ich habe Auschwitz nicht überlebt, um zu neuem Unrecht zu schweigen. Sehen Sie, diese Demokratie hat ihre Bewährungsprobe noch nicht zu bestehen brauchen. Nach dem Krieg kam sehr bald das Wirtschaftswunder, alle unangenehmen Sachen verschwanden in der Schublade, und man glaubte, so etwas wird nicht wiederkehren. Das hat sich bereits als ein Irrtum herausgestellt. Die Bewährungsprobe käme erst bei einer wirtschaftlichen Rezession. Davor möge uns Gott bewahren, denn dann würde sich erst erweisen, wie stark der Extremismus ist.

HK: Daß Sie überlebt haben, war ja eine ans Wunderbare grenzende Ausnahme. Sehen Sie das auch unter einem religiösen Aspekt?

HG: Ja, aber ich bin kein Religionsphilosoph. Ich möchte auch gar nicht mit Ihnen über Fragen philosophieren, die Gott und Auschwitz betreffen. Ich darf nur eins sagen: Ich habe in Auschwitz nicht einen Moment daran gezweifelt, daß es Gott gibt. In dieser Situation, da ich mein Leben abgeschlossen hatte mit dem Schließen der Tore, habe ich vielmehr zu Gott zurückgefunden. Es war uns bekannt, wann Jom Kippur und andere jüdische

Feiertage waren. Dann haben zwei Drittel der Häftlinge an einer stillen Ecke gebetet. Und wenn es auch nur ein deutsches Gebet war, wir haben uns an diesen Tag erinnert. Man kann das heute leicht abtun, aber ich spreche jedem Menschen das Recht ab, sich leichtfertig über diese erlebte Religionsphilosophie hinwegzusetzen. Das religiöse Bewußtsein war in dieser schwersten Zeit meiner Bedrängnis der einzige Halt im Lager: die Hoffnung, daß Gott es letzten Endes nicht zulassen kann und wird, daß hier ein ganzes Volk ausgerottet wird. Diese Hoffnung hat sich bei mir persönlich erfüllt. Der eine mag das religiös sehen, der andere mag es Zufall nennen. Vergessen Sie eines nicht: Wir haben zwar viel erreicht mit dem Wiederaufbau jüdischen Lebens, religiös, kulturell, sozial. Wir haben Trümmer beseitigt. Aber wir können natürlich nicht die Menschen ersetzen, die einst tonangebend waren auf vielen Gebieten. Und uns wenige Überlebende wird eine bange Frage unser ganzes Leben beschäftigen: Warum nicht die anderen? Warum gerade ich?

JAKOB GIMPEL

Konzertpianist. Geb. 1906 in Lemberg (L'vov), gest. 1989 in Los Angeles

HK: Herr Gimpel, Sie sind 1938 in die USA emigriert, haben sich aber nach dem Krieg des öfteren in Europa aufgehalten. Wie denken Sie über die Alte Welt, welche Erfahrungen haben Sie gemacht?

JG: Ich bin zum Teil sehr enttäuscht. Als ich zum Beispiel 1961 zum ersten Mal nach dem Krieg wieder nach Polen kam, habe ich gemerkt, daß es dort noch immer Antisemitismus gab. Und obwohl ich nun schon viermal eingeladen worden bin, in Polen Konzerte zu geben, habe ich jedesmal abgesagt. Das klingt nach Verbitterung. Aber ich bin eigentlich nicht verbittert. Ich nehme es den Menschen übel, daß sie nicht gelernt haben, sich über persönliche Ressentiments hinwegzusetzen und Menschen, die anders sind oder anders denken, einfach als Menschen zu behandeln. Es sollte doch jedem ganz gleichgültig sein, ob einer Jude oder Nichtjude ist. Aber man hat offensichtlich aus der Vergangenheit nichts gelernt. Nehmen Sie Österreich. Da haben die Menschen mit Herrn Waldheim einen Mann zum Präsidenten gewählt, der moralisch einfach kein Recht hat, dieses Amt zu bekleiden. Man muß doch als Repräsentant eines Volkes gewisse Qualitäten aufweisen, beispielsweise Charakterstärke zeigen. Aber so, wie Herr Waldheim in der Vergangenheit gehandelt hat und wie er sich zu seiner fragwürdigen Vergangenheit gestellt hat, fehlt ihm diese Eigenschaft ganz entschieden. Trotzdem bin ich immer wieder gern in Europa, zumal ich hier in Basel sehr enge Freunde habe. Ich besuche Basel zusammen mit meiner Frau jetzt beinahe jedes Jahr.

HK: Sehen Sie Wien noch als Ihre Heimat an?

JG: Nein, ich glaube nicht. Ich habe Wien zwar sehr geliebt, aber ich würde dort nicht wohnen wollen. Dieser Meinung sind auch meine Frau und viele meiner Freunde. Das Gefühl von Heimat ist für mich aber ohnehin nicht an einen bestimmten Ort gebunden, sondern nur an Personen. Heimat ist für mich dort, wo meine Frau und mein Kind leben, wo ich mich wohl fühle. Ich fühle mich in Amerika durchaus wohl. Schließlich leben wir ja jetzt schon seit fünfzig Jahren hier.

HK: Was verbindet Sie mit dem Staat Israel?

JG: Wie wohl jeden Juden hat es mich mit Freude und Genugtuung erfüllt, und ich bin stolz darauf, daß wir wieder eine Nation mit einem festen Staatsgebiet sind, das wir ja vor langer, langer Zeit verloren haben. In gewisser Hinsicht bin ich Israel sogar besonders verbunden. Ich habe Bronislaw Huberman geholfen, das Palästinensische Symphonieorchester, das jetzige israelische Philharmonieorchester zu gründen. Das war 1936, und das Jahr darauf durfte ich die zweite Saison des Orchesters in Palästina eröffnen. Eigentlich hätte das – wie schon in der ersten Saison – Toscanini übernehmen sollen.

Ich erinnere mich an einen Abend in New York, im Hotel Astor. Huberman hatte mehrere solcher Abende arrangiert, um Freunde und Förderer der Idee eines Palästinensischen Orchesters anzusprechen. Ich spielte damals Solo – eine Bach-Sonate –, und als ich zu Ende gespielt hatte, kam ein Mann auf mich zugelaufen, küßte mir die Hand, lobte mich über alle Maßen, das sei die Krönung gewesen, und ich wäre beinahe in Ohnmacht gefallen – das war Albert Einstein.

HK: Fühlen Sie sich im Judentum tief verwurzelt?

JG: Nein. Durch meine tiefe Verwurzelung mit der Musik fühle ich mich vom kulturellen Standpunkt zuerst als Musiker und dann als Jude. Geistig

und gefühlsmäßig bin ich jedoch dem Judentum sehr verbunden. Bei der Förderung von jüdischen Angelegenheiten war ich immer sehr engagiert. Ich hoffe, daß ich von meinen Mitmenschen als Mensch und von Gott als Jude gerichtet werde. Auch meine Eltern waren nicht besonders religiös. Wir sind zwar zu den Feiertagen in den Tempel gegangen, ich aber eigentlich nur, um von der Balustrade hinunterzurutschen.

Mein Großvater hat übrigens das erste jüdische Theater in Westeuropa gegründet, und viele der großen Schriftsteller des jüdischen Theaters waren seine persönlichen Freunde. Er war Tenor im polnischen Opernchor. Mein Vater, der ein ausgezeichneter Musiker war – er spielte gut Klarinette –, wurde später musikalischer Leiter dieses Theaters. Er machte alles, vom Dirigieren bis zum Notenschreiben. Mein Onkel war Direktor.

HK: Was ist denn aus Ihrer Familie geworden?

JG: Meine Eltern wurden verhaftet, weil sie Juden waren. Ich habe nie erfahren, ob sie gleich erschossen wurden oder ob sie später im Konzentrationslager ums Leben gekommen sind. Mein älterer Bruder mußte nach Kriegsausbruch Polen verlassen. Er ging nach Rußland. Als dann die Russen Ostpolen besetzten, versuchte er, das Land in Richtung Amerika zu verlassen. Am Bahnhof wurde er verhaftet, weil man bei ihm einen polnischen Paß fand. Er saß dort einen Monat im Gefängnis und erkrankte schwer. Wir ersuchten darum, daß er entlassen würde. Auf dem Weg zu uns ist er gestorben.

HK: Worin sehen Sie die Gründe für den historischen Antisemitismus?

JG: Ich glaube, oft steckt Neid dahinter oder das Gefühl, daß man es mit fremden Menschen zu tun hat. Vielleicht ist auch die Fähigkeit schuld, sich über kaufmännische wie über nicht kaufmännische Bahnen materiell durchzusetzen. Es gibt die Familie Rothschild, und es gab sehr viele Juden, die trotz aller Schwierigkeiten große Bedeutung in der Musik, der Kunst oder der Wissenschaft errungen haben. Sogar in der deutschen Literatur haben sie mit Heine ihre Spur hinterlassen.

HK: Herr Gimpel, wie beurteilen Sie die Zukunft des jüdischen Volkes?

JG: Ich hoffe, daß es den Juden gut und immer besser gehen wird, und vor allem, daß das Verständnis zwischen Juden und Nichtjuden wachsen wird, daß man menschlich miteinander umgeht. Das ist für mich das Wichtigste.

Aber wie sich das alles tatsächlich entwickeln wird, vermag ich nicht zu sagen. Wissen Sie, ich kann eigentlich in politischen Kategorien überhaupt nicht denken. Politik hat kaum einen Platz in meinem Leben. Das ist so ziemlich das erste Gespräch, in dem ich über Judentum und Politik spreche. Solche Gespräche führe ich sonst niemals. Ich lebe in der Musik. Über die Musik habe ich Kontakte mit der ganzen Welt. Sie ist eine internationale Sprache, die man nicht zu übersetzen braucht. Musik ist meine Religion.

BERTHOLD GOLDSCHMIDT

Komponist und Dirigent. Geb. 1903 in Hamburg, gest. 1996 in London

HK: Herr Goldschmidt, sie haben Berlin und Hamburg 1935 im Alter von dreiunddreißig Jahren verlassen und sind nach England emigriert. Ist es richtig, daß Sie seitdem Ihren Wohnort nicht mehr verändert haben?

BG: Ja. Seit Oktober 1935 lebe ich in London, und zwar in dieser Wohnung, in der wir uns jetzt gegenübersitzen. Ich habe eine Wohnung gesucht, in der ich Musik machen konnte, solange ich wollte und so laut ich wollte. Meine Eltern haben mir dann aus Hamburg nach und nach die Möbel geschickt.

HK: Wie ist es Ihren Eltern in Deutschland ergangen?

BG: Mein Vater ist in Hamburg eines natürlichen Todes gestorben, ebenso meine Schwester. Meine Mutter habe ich noch 1939 aus Deutschland heraus und zu mir nach London geholt. Sie hat hier bis 1953 gelebt.

HK: Wie eng ist Ihre Bindung an das Judentum?

BG: Schwer zu sagen. Ich bin als Jude aufgewachsen und Jude geblieben, aber ich bin kein gläubiger Jude. Ich stehe überhaupt keiner Religion nahe, denn ich bin Atheist.

HK: Ich habe einige Juden kennengelernt, die das gleiche von sich sagen, aber dennoch dem Judentum tief verbunden sind.

BG: Auf mich trifft das nicht zu. Das reden mir nur die anderen immer ein. Nein, ich war und bin vor allem Europäer. Ich bin zwar in Deutschland aufgewachsen, aber ich fühle mich nicht als Deutscher. Mein Ehrgeiz war es immer, mehrere euro-

päische Sprachen zu sprechen. Leider ist mir das nicht ganz gelungen. Als ich jung war, habe ich auch Hebräisch gelernt.

HK: Freiwillig?

BG: Nicht ganz freiwillig. Ehrlich gesagt, war mir das Hebräischlernen zuwider, weil ich meine Sonntage opfern mußte, anstatt hinaus in die Natur gehen zu können.

HK: Sie sprechen Deutsch mit einem leichten hamburgischen Akzent. Ist das richtig?

BG: Das stimmt. So wurde in meinem Elternhaus gesprochen. Sehr melodisch, nicht wahr?

HK: Ich finde, Sie sprechen noch sehr gut Deutsch. Betrachten Sie Deutschland noch als Ihre Heimat?

BG: Wenn ich in Deutschland bin, habe ich überhaupt keine Heimatgefühle. Sehen Sie, ich habe zweiunddreißig Jahre in Deutschland und dreiundfünfzig Jahre in England gelebt. Meine Heimat ist London. Ich bin sozusagen hierher verpflanzt worden, und ich habe hier Wurzeln geschlagen.

HK: Also stehen Sie Deutschland mit großem Abstand gegenüber.

BG: O ja. Mit Abstand, aber mit Interesse. Und ohne jedes Ressentiment.

HK: Sie haben als Komponist jetzt auch in Deutschland Anerkennung gefunden, nachdem Sie dort lange Zeit kaum beachtet worden sind. Ist das als ganz persönlicher Erfolg zu werten, oder ist man in Deutschland gerade dabei, die Werke der Emigranten zu entdecken?

BG: Wohl eher das letztere. Nach dem Krieg konnte man nicht erwarten, daß die Deutschen sich für die Werke der Emigranten stark interessieren würden. Die Deutschen hatten erst einmal mit sich selbst zu tun. Der Nationalsozialismus war eine Krankheit, und es hat eine lange Zeit gedauert, bis sich die Deutschen von ihr befreit haben. Aber jetzt sind andere Generationen herangewachsen, die in der Lage sind, mit der nötigen Distanz Bilanz zu ziehen. Die Älteren waren zu einer objektiven Auseinandersetzung gar nicht fähig. Sofern sie es versucht haben, war das Resultat unehrlich und krampfhaft. Wenn ich jetzt mit jüngeren Deutschen spreche, spüre ich, daß sie völlig vorurteilsfrei sind. Ob das nur für die Intellektuellen gilt, kann ich natürlich nicht beurteilen.

HK: Haben Sie sich nicht schon lange gewünscht, daß Ihre Werke in Deutschland aufgeführt werden? Vor allem in Hamburg?

BG: Über die Hamburger Aufführung hat das »Hamburger Abendblatt« ausführlich berichtet. »Triumph für einen einmaligen Hamburger«, hieß es. Die haben mich jetzt also entdeckt. Allerdings erst nach meinen Erfolgen in London. Von selbst wären sie wohl nicht auf mich gekommen. Dabei hätten sie längst wissen müssen, daß ich existiere. Immerhin ist von mir in allen Musiklexika die Rede. Bezeichnend ist auch, daß der Hamburger Kritiker meine Musik mit der von Johannes Brahms verglichen hat. Nur weil auch Brahms in Hamburg geboren wurde. Der direkte Bezug zu meiner Musik fehlt da wohl.

HK: Aber haben Sie sich nicht trotzdem gewünscht, gerade von Hamburg gerufen zu werden?

BG: Nein, das spielt für mich keine Rolle. Wenn Hamburg mich nicht aufführt, ist mir das egal. Ich freue mich genauso, wenn meine Werke in Stockholm oder Rom oder Florenz oder Madrid aufgeführt werden. Was Hamburg betrifft, habe ich nur gesagt, daß mich das Desinteresse wundert, weil ich ja schließlich als Hamburger bekannt bin. In Berlin war es ganz ähnlich. Auf dem Berliner Musikfest 1987, das der »Verdrängten Musik« gewidmet war, hat man ein kurzes Stück von mir ins Programm aufgenommen. Aber die Initiative dazu ging nicht von Berlin, sondern von Birmingham aus. In Birmingham gibt es ein wunderbares Orchester, und der Leiter dieses Orchesters, Simon Rattle, hat mein Stück in Berlin vorgeschlagen.

HK: Hätten Sie es lieber gehabt, wenn der Ruf direkt aus Deutschland gekommen wäre?

BG: Nein. Ich meine, ich freue mich immer, wenn man sich für meine Arbeiten interessiert. Aber Deutschland hat für mich keine Sonderstellung. Wenn der Ruf aus Frankreich oder Amerika gekommen wäre, hätte es mich nicht weniger gefreut.

HK: Sie haben nicht nur eine distanzierte Haltung zu Deutschland, sondern auch eine distanzierte Haltung zum Judentum. Ich vermute trotzdem, daß Ihre jüdische Abstammung Ihre ganze Entwicklung nachhaltig beeinflußt hat. Ich denke an die große Zahl bekannter jüdischer Künstler, zu denen Sie ja auch gehören. Sehen Sie keinen Zusammenhang zwischen dem Leben in der jüdischen Diaspora und der Entwicklung all dieser großen Begabungen?

BG: Auch hier muß ich Sie enttäuschen. Die Situation der Diaspora hat sicher für die Juden des neunzehnten Jahrhunderts noch eine große Rolle gespielt. Meiner Generation war die Diaspora gar nicht mehr bewußt. Mir jedenfalls nicht. Ich war einfach ein Bewohner der Stadt Hamburg und ein Student in Berlin. Mein Status als Angehöriger einer Minderheit hat in mir keine besonderen Energien freigesetzt. Manche haben sich darüber gewundert, daß so viele jüdische Geiger aus Polen und Rußland gekommen sind. Aber das ist vermutlich durch die beschränkten Lebensbedingungen in den Ghettos zu erklären. Die Violine ist ein Soloinstrument, und sie ist leicht transportierbar. Aber es gibt eine andere jüdische Besonderheit, die der musikalischen Begabung zugute gekommen ist. In den Synagogen haben die Kantoren immer ohne Begleitung gesungen. Das schärft das Gehör.

HK: Was singen die Kantoren eigentlich?

BG: Thora-Melodien. Gesungen werden jeweils bestimmte Absätze der Thora. Melodie und Tonhöhe sind seit dem Mittelalter genau festgelegt. Für jedes einzelne Wort. Aber diese Melodien sind nur durch Überlieferung bekannt. Es gibt dafür keine Notation.

HK: Haben Sie selbst auch in Synagogen gesungen?

BG: Als ich dreizehn Jahre alt war, mußte ich in der Synagoge die sogenannte Bar-Mizwah-Zeremonie vollziehen. Ich erinnere mich noch gut daran. Ich mußte mehrere Monate vorher einen Absatz aus der Thora singen lernen. Unbegleitet. Dieser Absatz handelte vom Auszug der Kinder Israels aus Ägypten.

HK: Was bedeutet es eigentlich für Sie, Jude zu sein?

BG: Keine religiöse, aber eine moralische Verpflichtung. Mir war es immer sehr unangenehm, wenn ich hören mußte, daß ein Jude als Verbrecher oder Betrüger festgenommen worden war. So etwas wird in der Bevölkerung schnell verallgemeinert und dient als Rechtfertigung für Angriffe gegen die Juden. Deshalb sollten Juden sich bemühen, so untadelig wie möglich zu leben. Ich habe nie einen Pfennig Schulden gemacht, so schlecht es mir auch gegangen ist, weil ich es nicht hätte ertragen können, wenn man mir Unehrlichkeit oder Unzuverlässigkeit vorgeworfen hätte. Ich habe auch nur sehr ungern gelogen und immer ein schlechtes Gewissen gehabt, wenn ich geflunkert habe. Viele Frauen haben zu mir gesagt: du bist ja schrecklich ehrbar. Was soll ich machen, so bin ich nun eben mal. Ob aus Angst oder aus Überzeugung weiß ich nicht.

HK: Können Sie verstehen, warum sich manche Juden taufen lassen?

BG: Aus billigen Gründen haben sie sich taufen lassen, weil die Majorität sie sonst nicht akzeptiert hätte. Diese Spekulation geht mir gegen den Strich. Da ich sowieso das Religiöse ablehne, finde ich es doppelt unerträglich, wenn man sich auch noch taufen läßt. Zweifache Verwirrung und Verirrung. Schon als Kind konnte ich das nicht ertragen. Ich hatte einen getauften Mitschüler in der Klasse. Ich konnte nie verstehen, daß er an der offiziellen Religionsstunde teilnahm. Ich war froh, davon dispensiert zu sein. Dafür hatte ich aber jüdischen Religionsunterricht am Sonntag, was mich wahnsinnig geärgert hat.

HK: Wenn man die Geschichte der Juden ansieht, war es doch häufig so: Wer etwas werden wollte …

BG: Ja, natürlich. Gustav Mahler hat sich im letzten Moment taufen lassen, weil er sonst die Stellung in Wien nicht bekommen hätte. Die Kanzlei der Wiener Oper hatte ihm geschrieben: Alle Papiere seien in Ordnung, nur leider fehle der Taufschein … Also hat er es getan, in einer Art von ostentativem Opportunismus. Er hat das ganz zynisch betrachtet. »Der Mantel ist schon gewechselt worden«, hat er einem Freund gesagt. Ich finde diese Sache absolut idiotisch, weniger von Mahler selbst als von den k. k. österreichischen Instanzen.

HK: Glauben Sie, daß heute die Religionszugehörigkeit immer noch eine so große Rolle spielt?

BG: Leider ist es noch so. Fast alles Furchtbare, was sich in der Geschichte ereignet hat, läßt sich auf religiösen Fanatismus zurückführen. Die Kreuzzüge, die Inquisition, der Dreißigjährige Krieg … Und sehen Sie sich die Lage in Nordirland an! Weil wir ja im fortschrittlichen Zeitalter leben, ist dort ein richtiger Religionskrieg ausgebrochen. Und was ist zwischen dem Irak und dem Iran geschehen? Und was geschieht in Israel? Es sind Religionsfanatiker, die die Welt ins Unheil stürzen.

HK: Ich sehe schon, Sie machen auch für die jüdische Religion keine Ausnahme.

BG: Das Alte Testament ist ein Märchenbuch für Erwachsene, aber nicht für Kinder.

HK: In Jerusalem gewinnen die Orthodoxen immer mehr Einfluß. Schon allein dadurch, daß sie viel mehr Kinder haben als andere Juden. Ganz unmerklich wird aus der Minderheit eine Mehrheit.

BG: So ist es. Symptomatisch schrecklich, was im Iran vor sich geht. Im Namen der Religion werden die Kinder geopfert. Der Oberpriester sagt ihnen, sie würden sofort ins Paradies kommen, wenn sie sich als Kanonenfutter hinschlachten oder im Giftgas ersticken ließen.

HK: Urteilen Sie auch so unbarmherzig, was den jüdischen Messias betrifft – die Prophezeiung, daß irgendwann einmal die Erlösung zu den Menschen kommen würde?

BG: Zu sagen, daß der Messias kommen wird, ist Volksverführung. Der hätte schon lange dasein müssen und ist nicht gekommen. Er wird auch in Zukunft nicht kommen. Und eines Tages wird ein Volksverführer auftauchen und von sich behaupten, er sei der Messias. Für die Deutschen war ja Hitler eine Zeitlang der Messias. Auch Stalin hat sich aufgeführt, als sei er Gott. Die Vorstellung vom Messias entspricht dem Führerprinzip. Das kann nur in einem Debakel enden.

HK: Aber der Glaube ans Jenseits läßt auf eine Wendung zum Besseren hoffen.

BG: Dieser entsetzliche Aberglaube vom Leben nach dem Tode. Das ist menschliche Hybris. Man braucht sich doch nur ein Tier anzusehen. Glauben Sie, daß sich alle geliebten Hunde und alle Löwen und alle Wölfe im Nirwana wiedersehen? Das glaubt niemand. Aber die Menschen unterscheiden sich gar nicht so sehr von den Tieren. Wir haben uns nur im Laufe der Jahrtausende ein zum Teil besseres Gehirn zugelegt. Im Grunde sind wir doch Affen geblieben. Wissen Sie, ich liebe die Tiere. Wenn ich nicht Komponist geworden wäre, wäre ich Tierarzt geworden. Die Katzen beherrschen keine Mathematik und keine Fremdsprachen. Aber das wird sich im Laufe von Millionen Jahren ändern.

HK: Glauben sie, daß alles zu Ende ist, wenn wir sterben?

BG: Ja.

HK: Ganz und gar?

BG: Darauf hoffe ich. Ich möchte nicht im Jenseits noch einmal eine Karriere machen. Ich betrachte jeden Friedhof als Beleidigung der Menschenwürde. Es ist doch unästhetisch, über den verrotteten Körpern diese lächerlichen Denkmäler hinzustellen. Man sollte die Körper verbrennen, und damit Schluß.

HK: Die Menschen wollen sich eben eine Erinnerung an die Toten bewahren.

BG: Ja, aber wie lange? Nach fünfzig oder hundert Jahren wird sowieso jeder Friedhof umgepflügt. Ich will nicht umgepflügt werden.

HK: Vielleicht können die Menschen den Gedanken an das Ende nicht verkraften.

BG: Dann sind sie eben unterentwickelt. Die Menschen können vieles nicht vertragen. Wenn einer eine andere Hautfarbe hat, können sie es auch nicht hinnehmen und müssen sich erst wie Hund und Katze aneinander gewöhnen. Noch schlimmer. Ein Pudel verträgt sich doch mit einem Dackel. Und eine schwarze Katze verträgt sich mit einer siamesischen. Aber die Menschen können eine andere Variante ihrer Gattung nicht ertragen. Ein sehr nachteiliger Charakterzug.

HK: Der Glaube ans Jenseits und an einen gerechten Gott ist ja durch den millionenfachen Mord in den Konzentrationslagern ohnehin schwer erschüttert worden. Viele fragen sich, warum Gott Auschwitz zugelassen hat.

BG: Gott ist gar nicht gefragt worden. Weil es ihn nicht gibt. Die Vorstellung, daß nichts ohne Gottes Zustimmung geschieht, daß er belohnt und bestraft – das ist alles Unsinn. Ein Kindermärchen. Die Erde ist ein Planet, auf dem sich zufällig unser Leben entwickelt hat. Und eines Tages wird die Menschheit von der Bildfläche verschwinden, wie die Dinosaurier. Wenn das Sonnenlicht ausgeht oder die Erde explodiert oder die Luft endgültig vergiftet ist. Wie stellen Sie sich denn Gott vor? Als Nebelstreif oder als Mann mit Weihnachtsmannbart? Am besten noch als Sonne, die uns am Leben erhält. Gott hat nicht nur Auschwitz zugelassen. Er hat auch die Inquisition und alle entsetzlichen Kriege zugelassen. So ein Gott kann mir gestohlen bleiben.

HK: Dann haben sich die Menschen alles, was geschehen ist, selbst zuzuschreiben. Worin sehen Sie zum Beispiel die Ursachen des Antisemitismus?

BG: In der grundsätzlichen menschlichen Intoleranz. Der Antisemitismus ist im Grunde das gleiche Symptom wie der Antikatholizismus und der Antiprotestantismus im Dreißigjährigen Krieg. Dahinter steht die entsetzliche Vorstellung, daß die anderen jeweils genauso wie wir selbst zu sein haben. Daher auch der Drang zur Uniformierung der Massen. Am besten: Alle blond und in braunen Uniformen. Aber selbst zwischen den Uniformierten gibt es Streit. Denken Sie an den Zwist zwischen der SA und der SS. Die Menschen sind offensichtlich nicht intelligent genug, Unterschiede zu ertragen.

HK: Zurück zur Lage des jüdischen Volkes. Hat sich diese Lage durch die Gründung eines jüdischen Staates wesentlich verändert?

BG: Das schon. Ich bin froh, daß die verfolgten Juden aus aller Welt in Israel eine Zuflucht gefunden haben. Aber prinzipiell halte ich nichts von dieser Staatsgründung. Ich bin gegen die Fragmentierung der Welt in Einzelstaaten. Ich habe damals schon geahnt, daß die Entwicklung zu schweren Auseinandersetzungen führen würde. Israel war zu klein und gefährdet und daher auf die Unterstützung der Vereinigten Staaten und der jüdischen Organisationen angewiesen. Und Israel mußte zwangsläufig expandieren. Eine willkürliche Konstruktion. Die Araber sind nicht gefragt worden. Es gab zwar keinen arabischen Staat in Palästina, aber die Araber waren in der Mehrheit.

HK: Glauben Sie, daß die Neugründung Israels von vornherein ein Fehler war?

BG: Wenn die Leute, die einen Staat gründen, sich dabei auf biblische Überlieferungen berufen, ist an der Sache etwas falsch. Aber die Zionisten wollten ja unbedingt ins Gelobte Land zurück und sich an der Klagemauer ihre Köpfe einschlagen. Ich finde das alles etwas reaktionär.

HK: Was glauben Sie – wie wird es in Israel weitergehen?

BG: Das Land wird leider nicht zur Ruhe kommen. Die Araber haben einen größeren Bevölkerungszuwachs als die Israelis. Eine geopolitisch unhaltbare Lage. Das wird nicht ohne Blutvergießen größten Ausmaßes ausgehen. Entweder werden alle Juden umgebracht, oder die Juden versuchen, mit Atomwaffen die Araber umzubringen. Schlechte Aussichten.

HK: Sehen Sie eine andere Lösung?

BG: Die einzig mögliche Lösung ist meiner Ansicht nach versäumt worden. Die Juden hätten einwandern und mit den Arabern zusammenleben müssen, ohne einen Staat zu gründen. Aber auch das hätte eine fatale Situation geschaffen.

HK: Wie hätte diese Situation verhindert werden können?

BG: Die Juden hätten in allen Kulturstaaten, in denen sie gelebt haben, absorbiert werden sollen. So wie alle anderen Völker zu allen Zeiten absorbiert worden sind. Diese Entwicklung hatte in den europäischen Ländern doch schon längst begonnen. Nach dem Krieg hätten alle Länder ihre jüdischen Mitbürger in die Gesellschaft integrieren können. Die Juden sind ja kein Einzelfall. Auch die Armenier waren in der Türkei in der Diaspora, und heute sind es die Türken in Deutschland. Das Problem stellt sich überall.

HK: Das heißt, die Juden und alle anderen Minderheiten sollten sich an die Mehrheit assimilieren?

BG: Entscheidend ist, daß die Mehrheit das zuläßt. Aber Sie haben mich doch mißverstanden. Was mir vorschwebt, hat nichts mit Assimilierung zu tun. Es geht nicht darum, daß man in einem Willensakt eine eigene Identität aufgibt. Es geht um einen quasi biologischen Prozeß, der ohne unser Zutun läuft. Als Einwanderer wird man ganz allmählich von der Kultur des Gastlandes aufgesogen. So wäre es auch mit den Juden geschehen, wenn man es ihnen erlaubt hätte und wenn auf beiden Seiten keine religiösen Vorurteile bestanden hätten. Und ich hoffe, daß es immer noch geschehen kann.

EDUARD GOLDSTÜCKER

Literaturwissenschaftler und Diplomat, Brighton. Geb. 1913 in Podbiel

HK: Herr Professor Goldstücker, welcher Art war und ist Ihr Verhältnis zum Judentum?

EG: Wie üblich bei ordentlichen Familien von kleinen Juden reicht das Familiengedächtnis nicht weit zurück. Ich komme aus einer sehr armen jüdischen Familie. Der Vater meiner Mutter war der Dorfschuster in einem kleinen ungarischen Dorf unweit von Tokai. Mein Vater war in der Holzindustrie angestellt. Meine Mutter war gläubige Jüdin, und sie versuchte, die religiösen Vorschriften einzuhalten, soweit es möglich war, aber sie lebte in einer Umgebung, die dem nicht sehr entgegenkam. Mein Vater war von der Religion eher entfernt.

Meine Schullaufbahn habe ich als Sechsjähriger in meinem kleinen Geburtsdorf angefangen, in einer Schule, die aus einem einzigen Raum bestand, wo Kinder von sechs Jahrgängen hintereinander saßen. Weil meine Mutter aber wollte, daß ich wenigstens das hebräische Alphabet mitbekomme, sandten sie mich ab meinem zweiten Schuljahr in die jüdische Grundschule in einem der Nachbarstädtchen. Dort wohnte ich bei einer jüdischen Familie, deren Oberhaupt, ein gewesener Schneider, schon an die achtzig, ein sehr religiöser alter Herr war. Ich betrachtete ihn als meinen Wahlgroßvater, und er hatte in den Jahren zwischen sieben und dreizehn einen tiefen religiösen Einfluß auf mich. Wie Sie wissen, wenn ein jüdischer Knabe dreizehn wird, wird er formell in die Gemeinde aufgenommen: Bar Mizwah. Die machte ich mit. Aber nach meiner Bar Mizwah ist die Religiosität von mir plötzlich abgefallen. Ich weiß nicht, warum. Seither kenne ich keine religiösen Probleme mehr. Eine Zeitlang traute ich mich nicht zu sagen oder zu glauben, daß Gott nicht existiere. Ich sagte: Man weiß ja nicht … Aber dann wurde ich konsequent atheistisch, die Religion spielte keine Rolle mehr. Zwischen meinem vierzehnten und achtzehnten Jahr lebte ich dann in der Stadt Kaschau, Ostslowakei, wo es eine beträchtliche jüdische Minderheit gab, von den ganz Orthodoxen bis zu den Liberalen. Schon damals hatte ich mehr und mehr den Eindruck, daß diese Welt hinter mir lag, eine vergangene Welt, die ich überwunden hatte. Aber dann im weiteren

Leben hat man mich immer wieder von außen sehr brutal in diese Welt zurückgestoßen, mir die Nase in meinen jüdischen Ursprung hineingestopft.

HK: Es gibt ein, ich glaube, talmudisches Sprichwort: Wenn man vergißt, daß man ein Jude ist, wird einen die Welt immer wieder daran erinnern.

EG: Ja, das ist das jüdische Schicksal, mein mitteleuropäisches jüdisches Schicksal. Nur konnte ich mir selbstverständlich nicht vorstellen, daß mich dieses Schicksal von der Seite derjenigen ereilen würde, die internationale Brüderlichkeit und Gleichheit unter allen Menschen predigen, derjenigen, zu denen ich gehörte, meiner kommunistischen Genossen. Sie verurteilten mich zum lebenslänglichen Zuchthaus wegen Hochverrats und Spionage, wobei ich »entlarvt« wurde als jemand, der vorgab, Kommunist zu sein, während er in Wirklichkeit ein bourgeoiser jüdischer Nationalist war.

HK: Hatten Sie Ihre jüdische Herkunft denn bis dahin verborgen?

EG: Nein, niemals, was immer ich tat, wo immer ich war. Ich habe es zum Beispiel nicht über mich gebracht, meinen Namen zu ändern nach dem Zweiten Weltkrieg. In der Tschechoslowakei war es eine Parteiaufgabe, die nichttschechischen Namen zu beseitigen. Fast alle, die überwältigende Mehrheit der Juden, die in der Tschechoslowakei überlebten oder aus dem Exil zurückkamen, haben ihre Namen geändert. Ich wurde von den höchsten Parteifunktionären dazu aufgefordert, aber ich weigerte mich. Ich wollte nicht verbergen, daß ich Jude bin.

HK: Sie sind vor den Nazis aus der Tschechoslowakei geflüchtet und nach der Befreiung wieder zurückgegangen. 1969 mußten Sie die Tschechoslowakei zum zweiten Mal verlassen. Jetzt leben Sie in England. Wo ist Ihre Heimat?

EG: Heimat ist für mich Prag. Ich bin als 18jähriger nach Prag gekommen, um zu studieren. Dort habe ich sehr intensiv meine jungen Jahre erlebt, dort trat ich in das politische Leben. Wenn ich an Heimat denke, denke ich an Prag, und als Exilierter denke ich sehr viel an die Heimat.

HK: Mit Wehmut?

EG: Mit Wehmut, ja. Wobei ich mich während des ersten Exils weniger fremd fühlte als jetzt während des zweiten.

HK: Was macht den Unterschied?

EG: Den Unterschied macht erstens, daß ich damals ein junger Mensch war, daß ich die Gewißheit hatte, Hitler wird geschlagen werden – daran habe ich nie gezweifelt –, und wir können in die Heimat zurückkehren. Und zweitens: Damals hatte ich keine Kinder dort. Jetzt habe ich dort Kinder und Kindeskinder und Kindeskindeskinder.

HK: Ihre ganze Familie lebt also in Prag?

EG: Nur meine Frau ist bei mir. Weil sie mit mir im Exil blieb und mich nicht verließ, wurde sie 1970 zu einjährigem Zuchthaus und zu Vermögensverlust verurteilt.

HK: Können Sie nicht zurück?

EG: Nein, nein. Ich kann nicht zurück. Ich wurde ausgebürgert, als Strafe für meine Missetaten. Man hat mich zu einem öffentlichen Feind erklärt.

HK: Haben Sie Heimweh?

EG: Ja, ich habe Heimweh. Wissen Sie, die acht Monate des Prager Frühlings, nach all dem, was ich mitgemacht hatte, waren eine Zeit der Erfüllung dessen, wonach ich mich sehnte. Diese acht Monate waren ein Ausgleich für vieles, was ich gelitten hatte. Und in diesem Stadium der Erfüllung dessen, was ich am meisten im Leben wollte, durch militärische Intervention wieder besiegt und verbannt zu werden, das ist die Tragik meines Lebens. 1970 schrieb ich der tschechoslowakischen Regierung in einem offenen Brief, daß ich doch hoffe, eines Tages in meine Heimat zurückzukehren, und wenn nicht, daß dann wenigstens meine Asche in die Heimat zurückgetragen wird und meine Mitbürger an mich im guten denken.

HK: Sie mußten während Ihres Prozesses ja sogar mit einem Todesurteil rechnen.

EG: Ja, einige Male sah es so aus, als ob ich nicht überleben würde. Ich bin mir dessen absolut sicher, daß ich am 3. Dezember 1952 gehängt worden wäre, hätte ich den Vorschlag des Generalsekretärs der kommunistischen Partei, Rudolf Slansky, im April 1946 angenommen, die Leitung des Außendepartements der Kommunistischen Partei zu übernehmen. Ich hatte nicht angenommen und unwissend mir dadurch mein Leben verlängert. Ich betrachte mein Leben ab dem 3. Dezember 1952 als geliehene Zeit, als mir zusätzlich gegeben. Nach dem Urteil auf lebenslänglich mußte ich damit rechnen, daß ich nie mehr aus dem Gefängnis herauskommen würde. Als ich doch zweieinhalb Jahre später freikam, fühlte ich die Wirklichkeiten der Welt, des Lebens so intensiv, wie wahrscheinlich nur ein kleines Kind, das die Welt zum ersten Mal erlebt.

HK: Wenn man dem Tod so nahe war, hat man dann keine Angst mehr vor ihm?

EG: Nachdem der Oberste Staatsanwalt das Todesurteil für mich verlangt hatte, zog sich das Gericht bis zum nächsten Morgen zurück, um das

Urteil zu beraten, wobei das Urteil schon längst fertig war, von der Partei gefällt, nicht vom Gericht. In der folgenden Nacht, es war eine Dostojewkijsche Nacht, mußte ich mich mit der Aussicht, daß ich am nächsten Morgen zum Tode verurteilt und binnen einer Woche gehängt werde, auseinandersetzen. Es war sehr leicht. Ich kann es nicht verstehen, aber es war ungemein leicht. Seither habe ich keine Furcht mehr vor dem Tod. Selbstverständlich, wenn man älter wird, denkt man an den Tod. Aber ich denke an ihn ohne besondere Erregung. Von Furcht ist keine Rede.

HK: Wie konnte Ihnen der Gedanke an die eigene Hinrichtung so leichtfallen?

EG: Vielleicht weil ich sogar dem Tod den Vorzug gab vor der Verlängerung der schrecklichen, achtzehn Monate dauernden Verhöre, der kompletten Isolierung von der Welt, vor der Verlängerung dieser ganzen langen, schrecklichen Tortur.

HK: Wenn man so ein Schicksal hat, erfordert es sicher sehr viel Kraft, die eigene Menschlichkeit nicht zu verlieren.

EG: Ich schreibe das unter anderem dem Umstand zu, daß ich nie werden wollte, was man seinerzeit einen Berufsrevolutionär nannte. Jetzt nennt man das Apparatschik. Das hat mich bewahrt vor der Teilnahme an der Macht. Ich habe gesehen, wie die Macht korrumpiert. Ich kenne schreckliche Fälle von Menschen, die mir freundschaftlich nahegestanden sind vor dem Krieg, in der kommunistischen Bewegung, und die dann zur Macht kamen und nach dem Krieg ganz andere Menschen waren, mit denen ich innerlich nichts mehr gemeinsam hatte. Viele von ihnen sind zu den Häschern der Schauprozesse geworden.

HK: Also keine Bitterkeit?

EG: Keine Bitterkeit, die meine Humanität unterwandern würde. In einer Rede sagte ich, im Zusammenhang mit der unendlich schmerzlichen tschechisch-deutschen Beziehung: Ein Unrecht kann eigentlich nie mehr ungeschehen gemacht werden. Derjenige, der es erlitten hat, kann es nie mehr für ungetan ansehen. Das Unrecht bleibt. Aber es ist notwendig, einmal den schrecklichen Zyklus von Rache und Gegenrache zu durchbrechen, einmal zu beschließen, wir nehmen keine Rache mehr, sondern wir fangen von neuem an. Das sagte ich oft zu ehemaligen politischen Häftlingen, die schrecklich gelitten haben unter dem Unrecht, das ihnen geschehen ist. Rache nehmen zu wollen verleitet uns dazu, unsere Energien, die wir für Wichtigeres verausgaben sollten, zu vergeuden, und führt zu nichts Gutem.

HK: Sehen Sie das auch so im Zusammenhang mit der Judenverfolgung?

EG: Auch bei der Judenverfolgung. Deshalb bin ich nicht mit vollem Herzen dabei, wenn man noch heute alte Menschen, die Schreckliches verbrochen haben oder vielleicht verbrochen haben, verfolgt. Das hat keinen Sinn.

HK: Man soll nicht handeln wie im Alten Testament, wo es heißt: Auge um Auge, Zahn um Zahn.

EG: Nein, ich teile diese Haltung nicht, wenn wir – noch einmal – von den Tschechen und Deutschen sprechen. Es ist ein schreckliches Spiel, einander vorzuwerfen: Was habt ihr uns getan, aber ihr uns erst recht, und so weiter. Das vergiftet nur und bereitet neue Greueltaten vor auf beiden Seiten. Man wirft einander vor, was in der letzten Generation geschehen ist, als ob die Geschichte erst 1938 angefangen hätte. Die Lehren der tausend Jahre vorher vergißt man. Ich glaube, daß wir den Mut haben müssen, wir, die wir das erlebt haben, unseren Nachfolgern den Haß nicht zu vererben und aus der ethnischen Angelegenheit eine ethische zu machen.

HK: Ein Grundelement in der jüdischen Religion ist ja die Prophezeiung, daß der Messias kommen wird. Was glauben Sie, wie müßte sich die Welt verändern, damit diese Prophezeiung sich erfüllt?

EG: Diese Prophezeiung kann sich nicht erfüllen. Je älter ich werde und je mehr bittere Erfahrung ich gesammelt habe, desto weniger glaube ich daran. Es gibt keine Wundermittel, um große Fragen des menschlichen Lebens und Zusammenlebens auf einmal zu lösen. Es gibt nur ein ständiges Bemühen, aber keine Wundersprünge einer Utopie. Jede Religion muß am Ende doch etwas Optimistisches den Gläubigen vorlegen können. In der christlichen Religion ist das das Jüngste Gericht, wo die, die richtig gelebt haben, erlöst werden – ewige Erlösung in ewiger Existenz von Gnade. Die anderen werden bestraft, die Bösen. In der jüdischen Religion ist das der Messias. Der kommt und wird alle die angehäuften schrecklichen Probleme der menschlichen Existenz lösen. Wird die Menschen in das Land der Verheißung zurückführen. Und dort werden sie leben, glücklich, bis ans Ende ihrer Tage. Eine jede Religion braucht das. Auch die Regierungen in unseren Kultursphären. Auch ich habe an Utopien geglaubt.

HK: Sie denken an Ihre marxistische Vergangenheit. Wie stehen Sie heute zu den Idealen des Marxismus?

EG: Ich sehe heute, daß die Verwirklichung des Ideals in der Weise der russischen Revolution grundfalsch war, daß das in eine Sackgasse geführt hat, unter schrecklichen Opfern, und daß man ganz neue Wege gehen muß, was in der Sowjetunion, in Ungarn, in Polen ja versucht wird.

HK: Und Ihre eigene Rolle als Marxist?

EG: Ich war dem Glauben an diese Ideale ergeben. Die Angelegenheit des Glaubens und der Vernunftkritik ist ein Dilemma, das fast unlösbar ist. Denn je stärker der Glaube eines Menschen wird, desto schwächer wird seine Fähigkeit, vernünftige Kritik zu üben. Aber ohne einen starken Glauben kann man keine großen gesellschaftlichen Veränderungen zustande bringen. Das Problem ist also die richtige Dosierung des Glaubens und der Kritik. Aber das hat noch niemand bisher gelöst. Das ist das Paradoxe der ganzen Sache. Wir waren fest davon überzeugt, daß wir die einzige wirklich wissenschaftlich begründete Weltanschauung hätten, und in Wirklichkeit, wie wir nach Jahren schwerer Erfahrungen feststellen mußten, hat uns ein blinder Glaube geleitet. Dieser Konflikt zwischen der Vernunft und dem Glauben ist das Problem meiner Generation.

HK: Aber sind die Menschen heute nicht genauso Verführer und Verführte?

EG: Die Menschen sind immer verführbar. Eine jede Generation muß sich bis zu einem bestimmten Grad die Finger an dem gleichen Feuer verbrennen. Im besten Fall können wir unsere Erfahrungen nur zu einem winzigen Bruchteil der nachfolgenden Generation übergeben. Aber versuchen müssen wir es immer wieder.

HK: Sind Menschen dadurch, daß sie die marxistische Ideologie vertreten haben, zu Schaden gekommen?

EG: Nein, ich glaube nicht. Soweit ich weiß, habe ich niemandem geschadet oder etwas zuleide getan. Nein, ganz sicher nicht. Weil ich eben keinen Anteil an der Macht hatte und keinen wollte.

HK: Sie wurden 1949 als erster tschechoslowakischer Botschafter nach Israel entsandt.

EG: Ja, mein erster, instinktiver Impuls war, abzulehnen. Denn ich war der Meinung, daß es nicht richtig ist, einen Juden nach Israel zu schicken als Repräsentanten der Tschechoslowakischen Republik. Und ich kämpfte ein halbes Jahr dagegen an. Am Ende hat das höchste Parteigremium endgültig entschieden, daß die Ernennung bestehenbleibt und ich nach Israel fahren muß. Israel kam mir dann aber vor wie ein fremder Staat, in dem ich meinen eigenen Staat vertrete. Und nie kam es zu einem Konflikt. Aber es war ein wenig komisch. Dort in der Oper zu sein und in der Pause herumzuspazieren und sich plötzlich bewußt zu werden, daß alle, die um einen herum sind, Juden sind. Für jemanden in der Diaspora, der immer in der Minderheit war, ist das eine überraschende Erkenntnis. Aber es war eher komisch. Kein Loyalitätskonflikt oder so.

HK: Die Staatsgründer hatten hohe Ansprüche an sich und dieses Staatswesen. Aber in dem Moment, in dem man wirklich Politik machen muß, ändert sich vielleicht die Ethik zwangsläufig.

EG: Die Ethik nicht notwendigerweise. Aber der jüdische Staat konnte bisher als normaler Staat gar nicht existieren. Er steht im Kriegszustand mit fast allen seinen Nachbarn. Das hat Folgen für das ganze praktische Leben und für die Psychologie der Menschen dort. Die Staatsgründer hatten sich vorgestellt, daß eines Tages die Versöhnung mit den Arabern zustande käme und daß Israel in diesem nahöstlichen Raum das humanistische, das demokratische, das technisch-fortschrittliche Prinzip repräsentieren werde. Diese ideale Vorstellung ist überhaupt nicht verwirklicht. Im Gegenteil. Sie sind hinuntergepreßt worden in einen levantinischen Staat mit all seinen guten und schlechten Attributen.

HK: Wie sehen Sie die Zukunft des jüdischen Volkes?

EG: Ich glaube, der Teil des jüdischen Volkes, der in Israel lebt, wird sich als Nation erhalten. Die übrigen Juden werden sich nach und nach assimilieren und als separate Einheit verschwinden.

HK: Das wäre das erste Mal in zweitausend Jahren.

EG: Ja, es gab auch noch nie so günstige Bedingungen für die Assimilation. Die Prinzipien der demokratischen Gesellschaften, Gleichheit vor dem Gesetz und Offenheit für alle Betätigungen im Leben, sind die besten Bedingungen für Assimilation bis zum Verschwinden der Differenz. Das ist neu in der Geschichte. Der Prozeß wird einige Zeit dauern, aber er schreitet ja vor unseren Augen fort. Die Mischehen, Austritte aus der Religionsgemeinschaft und so weiter – das geht so fort und fort.

HK: Am Anfang dieses Jahrhunderts, aber speziell vor dem Zweiten Weltkrieg, waren judische Persönlichkeiten in vielen Bereichen besonders stark vertreten. Glauben Sie, daß durch das Leben in der Diaspora besondere Fähigkeiten und Energien gefördert werden?

EG: Wahrscheinlich ja. Nicht in der Diaspora als solcher, aber durch die Unmöglichkeit, die, sagen wir, Gelegenheiten wahrzunehmen und Talente zu entfalten., Anlagen normal auszuleben. Der Widerstand des Ghettos, zum Beispiel. Ich habe darüber schon öffentlich vorgetragen. Es gibt eine auffallende Kleinigkeit in diesem Zusammenhang. Die Juden in der alten Habsburger Monarchie haben um die Mitte des neunzehnten Jahrhunderts zum ersten Mal die Zivilrechte bekommen, im Jahr 1849. In der ersten Generation nach der Befreiung der Juden aus dem Ghetto ist aus dem kleinen böhmisch-mährischen Raum eine Reihe von Schlüsselgestalten der modernen europäischen Kultur – jüdischen Gestalten – hervorgegangen. Es ist ein kleiner Raum – Mähren, Böhmen. Heute leben dort zehn Millionen Menschen. Vor anderthalb Jahrhunderten waren es 8,6 Millionen. Alle aus diesen kleinen Schtetel: Sigmund Freud, Husserl – Teiljude, Gustav Mahler, Karl Kraus. In einer Generation! Das bedeutet, daß die aufgestauten Energien plötzlich frei geworden sind. Als wir nach Kaschau übersiedelten – ich war damals vierzehn Jahre alt –, habe ich keine Bekannten dort gehabt. Es war Sommer, es waren Ferien. Dann gab es eine Epidemie, und die Ferien wurden verlängert. Ich war ganz allein. Und aus dem kleinen Dorf, wo ich ein Naturkind war, bin ich in die Stadt gekommen und war nun völlig isoliert. Da bin ich plötzlich zum Intellektuellen geworden. Ich las alles, was es im Hause zu lesen gab, vom frühen Morgen bis in die tiefe Nacht. Jeden Tag. Einen Band pro Tag, und ich wurde ein Intellektueller.

HK: Worin sehen Sie die Ursachen für den Antisemitismus?

EG: Die Juden waren eine fremde Minderheit, die auf der Fremdartigkeit beharrte. Sie waren in der Minderheit, also wehrlos, also ein gutes Objekt, um aggressive Affekte loszuwerden. Das ist die Grundlage des Hasses auf Minderheiten immer wieder, immer wieder. Und dann wurde der Antisemitismus eine politische Bewegung, ganz einfach. In Deutschland wurde Ende des neunzehnten Jahrhunderts eine internationale antisemitische Assoziation geschaffen. Und da zu der Zeit das Deutsche Kaiserreich sehr gute freundschaftliche Beziehungen mit Japan hatte, traten auch die Japaner in diese Assoziation ein, obzwar kein einziger Jude in Japan lebte und sie keinen kannten. Aber antisemitisch waren sie. In Polen gibt es heute fast keine Juden mehr. Aber der Antisemitismus bleibt. Das ist schon eine automatische Reaktion geworden unter den Nationen mit jüdischen Minderheiten.

HK: Hat sich etwas geändert?

EG: Die Art der verübten Greueltaten ändert sich, nicht wahr, von der Endlösung bis zu sehr diskretem Vom-Leib-Halten: »Negros und Jews not admitted.« Es gibt ja in den amerikanischen Großstädten ganze Viertel, wo das gilt, auch wenn es nicht proklamiert wird. Neger und Juden werden als Nachbarn nicht angenommen und so weiter. Das ist eine Methode, und die Endlösung, die Ermordung von Millionen, methodisch und kaltblütig, das ist das andere Extrem.

HK: Haben Sie Antwort auf die Frage: Wieso ist das Böse in die Welt gekommen? Als gläubiger Jude muß man wohl an der Frage verzweifeln, wie Gott Auschwitz zulassen konnte.

EG: Das habe ich oft meinen Studenten gegenüber betont, wenn wir darüber gesprochen haben. Warum? Wozu? Wenn Gott, der Allmächtige, alles geschaffen hat, muß er auch das Böse geschaffen haben. Wenn er aber der Allerbeste ist, warum hat er das Böse geschaffen? Wenn ihm das Böse in die Schöpfung eingeschlüpft ist, ohne sein Zutun, dann ist er nicht der Allwissende. Da gibt es eine logische Inkonsequenz. Und meine sehr einfache Antwort darauf ist, daß Gott das Böse nicht geschaffen und nicht zugelassen hat, denn er existiert nicht.

HK: Aber das sind immer noch Fragen, die Sie bewegen und auch immer wieder stellen?

EG: Nein, nein, nein. Bei Goethes Faust zum Beispiel muß die Frage doch kommen: Warum Mephisto, warum? Vor ein paar Jahren habe ich in Bremen einen kleinen Vortrag gehalten über das Thema »Erlebte Literatur«, also über Werke, die mich besonders angesprochen haben. Da habe ich angefangen mit der Geschichte von Joseph im Alten Testament, der ins Gefängnis geworfen und aus dem Gefängnis direkt zu seinem Herrscher befohlen wurde und den Herrscher verließ als der zweitmächtigste Mann des Staates. Diese Geschichte diente jahrhundertelang in frommen Predigten als Beispiel dafür, daß Gott ein Menschenschicksal lenkt und alle Widrigkeiten überstehen läßt. Und diese Geschichte wurde benützt als Stütze für den Aufruf, zu Gottes Weisheit oder Milde volle Zuversicht zu haben. Ich weiß nicht und werde es leider nie erfahren, ob meiner gottseligen Mutter ein Überrest solcher Zuversicht im Herzen blieb auf ihrem letzten Weg, in die Auschwitzer Gaskammer.

HK: Und trotzdem gibt es keinen Gott für Sie?

EG: Nein, Gott ist … Wie hat das der französische Wissenschaftler zu seinem König gesagt: Sire, ich brauche diese Hypothese nicht!

HK: Und wenn Gott doch existiert?

EG: Wenn Gott existiert, sind diese Fragen unlösbar. Denn zu sagen, mit unserem Stückchen Vernunft können wir ja nicht darauf aspirieren zu wissen, was Gott weiß, seine Gründe zu ergründen: Dann kapitulieren wir. Aber das ist sehr gefährlich. Wir haben ja erlebt im Laufe unseres Lebens, daß sich Menschen Gottheiten schaffen, denen sie absolut vertrauen, und daß sie dann in diesem absoluten Vertrauen schreckliche Verbrechen verüben.

HK: Gottheiten sagten Sie?

EG: Ja, Gottheiten. Stalin war eine, Hitler war eine.

HK: Bei all dem, was Sie erlebt haben, müssen Sie Gott ja geradezu zwingend verneinen, weil Sie sonst verzweifeln müßten vor der Frage: Wie kann mir Gott das antun?

EG: Nein, nein, das ist nicht der Grund. Allerdings ist in einer weltlichen, sozusagen ironischen Relation einmal ein ähnlicher Gedanke in mir aufgekommen. Meine ganze Familie ist in Auschwitz in der Gaskammer umgekommen, meine Mutter, meine Schwester, ihr Mann und ihr zehnjähriger Sohn. Das heißt, der Schwager wurde in einem anderen Lager zu Tode gehetzt. Das war meine ganze Familie, drei Generationen eigentlich. Ich bin der einzige am Leben Gebliebene, ich war im Exil. Und als ich dann nach der Nazizeit unter schrecklichen Bedingungen vier Jahre lang im Kerker war, im Bewußtsein, daß ich zum Tode verurteilt werden würde, da sagte ich mir mit dieser bitteren, blutigen Ironie: Also hat Gott mich für etwas Besseres aufbewahrt.

HK: Was ist und war Ihr Hauptanliegen in Ihrer Arbeit und in Ihrem Leben?

EG: Nun, ich tue alles, was ich dazu beitragen kann, daß niemandem mehr das geschieht, was mir geschehen ist. Aber davon abgesehen muß ich Ihnen sagen, daß ich bis zu meinem hohen Alter nie Pläne für längere Zeitabschnitte im voraus gemacht habe. Ich lebte für den Augenblick, wie ein Kind, und tue es immer noch. Ich wußte nicht, was ich im Leben tun würde. Ich wollte ursprünglich Mathematik und Physik studieren. Es war aber die Zeit der großen Wirtschaftskrise, und die Mathematiker und Physiker waren am hoffnungslosesten arbeitslos. Da gab ich dies auf. Eines Tages sah ich in einem Antiquariat in Kaschau die gesammelten Werke von Heinrich Heine, in sieben Bänden. Da nahm ich mein Taschengeld zusammen, kaufte den Heine, fing an zu lesen und war seither fest entschlossen, Germanistik zu studieren.

HK: Sie sagten vorhin, daß man bei Ihnen zu Hause nicht deutsch gesprochen hat.

EG: Mein Vater war slowakisch erzogen. Beim Kartenspiel, wenn er den Talon aufgenommen und in seine Karten eingereiht hatte, pflegte er zu sagen: »Etwas hat man, etwas kauft man, und so lebt man.« Das waren die einzigen deutschen Worte, an die ich mich erinnern kann. Als ich sieben Jahre alt war, ging ich im nächstgelegenen Städtchen zur Schule. Erst dort bin ich mit der deutschen Sprache näher in Berührung gekommen, da in der Familie, bei der ich wohnte, Deutsch gesprochen wurde. Dann fing ich ziemlich schnell Deutsch zu lesen an. Ich las und las, auch wenn ich jedes dritte Wort nicht verstand, aber ich las. Später studierte ich Germanistik und wurde dann Dozent an der Karls-Universität in Prag. Aber geplant hab ich nichts in meinem Leben. Ich nahm an, was kam. Und auf Schritt und Tritt wunderte ich mich, was das Leben einem tut. In Kalifornien, an der Küste des Stillen Ozeans, wo immer ich bin, plötzlich überfällt mich die Frage: Wie komme ich aus diesem winzigen Dörflein, dort in den Bergen, wie komme ich hierher? Was macht das Leben mit einem? Man wird geboren, und dann knetet etwas an einem und formt und ändert und schiebt einen hin und her. In dieser Verwunderung lebe ich.

ERNST GOMBRICH

Kunsthistoriker, London. Geb. 1909 in Wien

HK: Herr Professor Gombrich, Sie sind in einer Weltstadt aufgewachsen, in Wien, wo das jüdische Bürgertum weitgehend liberal, tolerant, aufgeklärt war. Was hat in Ihrer Familie die jüdische Tradition für eine Rolle gespielt, und welche Rolle spielt sie heute für Sie?

EG: Ganz eindeutig läßt sich diese Frage gar nicht beantworten, wenn man sich nicht darüber geeinigt hat, was man mit dem Begriff »jüdisch« überhaupt meint. Es gab ja schon früh, schon als mein Vater noch Student war, diejenigen, die gesagt haben: Jude ist, wer sich als Jude fühlt, und kein anderer. Schon mein Großvater mütterlicherseits ist aus der jüdischen Gemeinde ausgetreten. Er hat meine Mutter, als sie noch ein Kind war, aufs Pädagogium in Wien geschickt, weil es eine nichtreligiöse Schule war. Er war durchaus freisinnig eingestellt. Sie sehen, es ist schon sehr schwer zu sagen, wo meine jüdischen Wurzeln liegen. Einer meiner Vorfahren, ich glaube mein Großonkel, hat gesagt: »Judentum ist keine Religion, es ist ein Unglück.« Mein Großvater väterlicherseits stammte aus Offenbach, er war

Spitzenhändler. Auch er war durchaus kein bewußter oder orthodoxer Jude. Mein Vater hat gar keine jüdische Erziehung gehabt. Er war auch dem Zionismus sehr abgeneigt. Er hat sich, soviel ich weiß, eigentlich vor allem deswegen taufen lassen, weil er, wie er einmal meiner Schwester erzählt hat, den Begriff des »auserwählten Volkes« nicht ertragen konnte.

HK: Hat er als Last empfunden, daß sich die Juden als auserwähltes Volk verstehen?

EG: Er hat es einfach abgelehnt. Wir sind also alle – meine Schwestern und ich –, wie man so schön sagt, liegend getauft. Und protestantisch deswegen, weil meine Eltern der Ansicht waren, es sei im katholischen Österreich immer besser, einer Minorität anzugehören.

HK: Also wenn schon getauft, dann...

EG: ...dann lieber protestantisch. Ob das richtig oder falsch war – es hängt jedenfalls mit dem Einfluß einer sehr bedeutenden Frau zusammen, einer intimen Freundin von Gustav Mahler, die Nina Spiegler hieß, über die Sie in Büchern nachlesen können. Die war eine überzeugte Christin, obwohl auch jüdischer Abstammung. Und sie hat meine Eltern sehr stark beeinflußt. Ein anderer, der vor allem für meine Mutter geistig sehr viel bedeutet hat, war Siegfried Lipiner, dessen Namen Sie wahrscheinlich auch nicht kennen. Er war auch ein intimer Freund von Gustav Mahler, ein Philosoph, Bibliothekar des österreichischen Reichsrats und ein geistig sehr hochstehender Mensch, der auch im Hause Wahnfried verkehrt hat. Er war auch durchaus philosophisch-mystisch-christlich eingestellt. Wobei sich das religiöse Element, glaube ich, bei meinen Eltern nicht sehr stark niedergeschlagen hat. Das geistige Zentrum, der entscheidende Einfluß für das junge, sozusagen emanzipierte Wiener Bürgertum, war Goethe. Ihre Religion war die Religion Goethes. Und Goethe hat ja sowohl das Christentum abgelehnt als auch das Judentum. Er hat sich als Heide empfunden. Seine Religion war eine Art von Naturreligion, Ehrfurcht vor der Natur, vor der Wissenschaft und Kunst. Das war auch ungefähr die Einstellung meiner Eltern. Was ich manchmal in meinen Schriften die Bildungsreligion genannt habe: der Glaube an das Erbe der Werte, die große Musik, die große Kunst, die großen Leistungen der Kultur, und zwar nicht nur der deutschen Kultur, schon gar nicht nur der jüdischen Kultur, sondern einfach der Kultur, nicht wahr! Sie wissen, es gibt den schönen Ausdruck der »res publica litterarum«, der Gelehrtenrepublik. Ich fühle mich als Mitglied der Gelehrtenrepublik, wenn überhaupt von irgend etwas.

HK: Natürlich auch infolge der Emanzipation und der Assimilation waren in Deutschland und Österreich in vielen Bereichen jüdische Persönlichkeiten stark vertreten – in Naturwissenschaften, in der Philosophie, in der Musik. Aber glauben Sie, daß vielleicht gerade durch das Leben in der Diaspora, als Minderheit, besondere Fähigkeiten und Energien entstanden sind?

EG: Das ist eine etwas komplizierte Frage. Aber ich glaube schon, daß die sozusagen soziologische Situation der allmählich sich emanzipierenden Juden am Anfang des Jahrhunderts etwas zu tun hat mit der Stellung im geistigen Leben, die viele von ihnen erreicht haben. Ich habe hier Briefe von meiner früh verstorbenen Urgroßmutter aus den dreißiger und vierziger Jahren des neunzehnten Jahrhunderts. Ihre Familie kam aus Preßburg. Sie waren dort schon sehr gegen die Enge der orthodoxen Gemeinde eingestellt. In Wien kamen sie in eine jüdische Gemeinde, die schon emanzipiert war. Man hat zum Beispiel in der Synagoge Musik erlaubt, was es vorher nicht gab, und solche Dinge. Dieser Briefwechsel ist ganz im Stil des frühen neunzehnten Jahrhunderts. Sie ist eine nette, etwas geschwätzige, freundliche Person, sie muß reizend gewesen sein. Minna Diamant hat sie geheißen. Es gab ja hier auch, was man tolerierte Juden genannt hat, Lehrer zum Beispiel, die auch innerhalb des Stadtbereichs von Wien wohnen durften. Die anderen mußten ja draußen in der Leopoldstadt wohnen. So etwas hing sicher auch vom Geld ab und von anderen Dingen. Aber das Entscheidende ist sicher etwas anderes. Es gibt ja das alte Sprichwort: Bildung macht frei. Es gibt auch das noch ältere Sprichwort: Stadtluft macht frei. Innerhalb der Reichsstädte gab es keine Leibeigenschaft. Wer dort lebte, war reichsunmittelbar. Und dasselbe gilt in gewisser Weise für die Bildung. Die Bildung – und im Judentum gab es ja vor allem die medizinische Bildung, abgesehen von den Rabbis – macht insofern frei, als sie eine gewisse Gleichberechtigung schafft. Ich glaube schon, daß der Ehrgeiz vieler jüdischer Familien für ihre Kinder war, sie in die nichtjüdische Gesellschaft einzugliedern. Wer Anwalt wurde oder Arzt, der gehörte dazu und nahm teil an jener Bildungswelt, die so ungeheuer wichtig war.

HK: Das allein würde allerdings noch nicht erklären, warum in unserem Jahrhundert so viele Juden auch in der Avantgarde der Kunst und der Wissenschaft prominent geworden sind.

EG: Es gibt da eine gewisse natürliche Abfolge der Generationen, die wahrscheinlich in vielen ähnlichen Situationen wiederkommt. Denken Sie sich

ein Elternhaus von halbwegs wohlhabenden Kaufleuten. Um die weitere Emanzipation zu fördern, werden die Kinder Anwälte, Ärzte, gehen in die sogenannten freien Berufe. Und die Kinder der Anwälte und Ärzte, wenn sie nicht auch wieder Anwälte und Ärzte werden, gehen dann oft in die Wissenschaft und in die Kunst, und so erklärt es sich, daß es gerade in dem aufsteigenden Ast des vom Judentum herkommenden Bürgertums eine so relativ große Anzahl von im geistigen Leben wirkenden Leuten gab. Ich glaube nicht, daß das sehr viel mit Rasse zu tun hat oder mit Begabung oder Genen. Das kommt mir sehr unwahrscheinlich vor. Möglich ist alles. Wer will das jemals feststellen können? Aber es ist nicht sehr wahrscheinlich. Es ist viel wahrscheinlicher, daß eben die Erwartungen der Eltern die Kinder und die Jugend immer weiter hineinwachsen lassen in eine gewisse Kultur, zu der sie dann auch beitragen sollen. Und ich glaube, daß das im deutschen und im österreichischen Judentum eine große Rolle spielte. – In unserem Haus war es so. Meine Mutter war Pianistin und Klavierpädagogin. Sie kannte Gustav Mahler sehr gut, und wir hatten sehr viele Musiker als Gäste im Haus. Niemand hat je gefragt, wer jetzt gerade ein Jude oder ein Nichtjude war. Kann man denn überhaupt die ganze Zeit an so etwas denken? Das kam erst mit den Nazis und der Welle des Antisemitismus. Vorher hat das niemanden interessiert. Es wird oft ein bißchen falsch interpretiert, was damals geschehen ist. Daß sich zum Beispiel Gustav Mahler habe taufen lassen müssen, um Operndirektor zu werden. Das wird als Zeichen des österreichischen Antisemitismus angesehen. Nun, es ist sicher kein Zeichen großer religiöser Toleranz. Aber die Staatsoper war eben eine kaiserliche Oper, und Seine Apostolische Majestät war der Oberherr, und daß der dann verlangt hat, sein Direktor soll in der Kirche sein, ist begreiflich, wenn auch vielleicht nicht sehr schön. Ein gewisser Druck auf die Juden, sich taufen zu lassen, war ziemlich allgemein in Österreich. Mein Vater hat mir einmal erzählt, daß, wenn jemand um eine höhere Staatsstelle angesucht hat – man war da noch nicht so grobschlächtig wie heute –, der Referent gesagt hat: »Ja, Sie haben ja sehr gute Zeugnisse und alles, aber wissen Sie, es fehlt ein Dokument.« Er meinte den Taufschein. Und da konnte man es entweder tun oder nicht tun. Übrigens, nicht alle taten es. Einige waren so reich, daß sie es sich leisten konnten, sich nie taufen zu lassen.

HK: Wenn man reich war, konnte man sich über die Konventionen hinwegsetzen. Konnte man das auch, wenn man nur gebildet war?

EG: Man kam jedenfalls in die Kreise, in denen man über diese Dinge ruhig reden konnte und wo man auch anständig Deutsch sprechen konnte. Das war ungeheuer wichtig. Das Judentum in Deutschland und Österreich hatte da natürlich keine Schwierigkeiten. Das bezog sich eher auf die Einwanderer aus dem Osten. Wenn Sie die Satiren von Karl Kraus lesen, dann merken Sie, was es damals für eine große Rolle gespielt hat, daß manche nicht anständig Deutsch konnten, Journalisten und andere, die direkt aus dem Osten kamen. Dadurch haben sie nicht ganz dazugehört.

HK: Sie haben vorhin von der Welle des Antisemitismus gesprochen, die mit den Nazis kam. Wie kam man aber mit den Antisemiten aus, die es vorher schon gab?

EG: Ganz so schwierig war das damals nicht. Man hat wahrscheinlich getrachtet, mit ihnen nichts zu tun zu haben. Aber man hat sich selbst nicht so eingeschätzt, wie sie einen eingeschätzt haben. Das ist das Wesentliche der Angelegenheit. Man hat sich nicht auf ihre Kategorien eingelassen. Wir sind auch aus der Universität vertrieben worden, mit »Juden raus! Juden raus!« und solchen Dingen. Aber das waren die Begriffe von den Tölpeln oder von den Lümmeln, die da geschrien haben. Nicht unsere Begriffe. Darum geht es. Deswegen ist es so ein Unglück, daß, wie Hilde Spiel schreibt, man jetzt, nach dem Dritten Reich, sozusagen mitspielen muß, in den Kategorien denken muß, die wir ja gar nicht anerkennen wollen. Natürlich muß man sich Rechenschaft darüber ablegen, daß man ja auch umgebracht worden wäre, wenn man dabeigewesen wäre. Aber so ist es nun einmal. Wir wären alle abgeschlachtet worden.

HK: 1936 sind Sie nach England gegangen. Wenn Sie, wie jetzt schon eine ganze Zeit in unserem Gespräch, von Österreich erzählen, sind Ihre Erinnerungen sehr farbig und detailliert. Ist Österreich immer noch eine Art Heimat für Sie?

EG: Das ist ein etwas sentimentales, romantisches Wort. Aber es gibt ja das, was zum Beispiel Konrad Lorenz Prägungen nennt. Ich kannte Lorenz recht gut und schätzte ihn ungeheuer. Man wird in der Kindheit geprägt. Die Landschaft, die Bauweise, alles Derartige gehört dazu. Das ist die Norm. Alles andere ist nicht die Norm. Ich kann Ihnen ein kleines Beispiel geben. Als ich einmal nach Österreich, das erste Mal, glaube ich, zurück gefahren bin, habe ich in Salzburg ein kleines Zimmer gemietet, und im Badezimmer lag ein Badethermometer. Ich hatte in England überhaupt nicht mehr daran gedacht, daß es das gibt. Da plötzlich ist mir wieder eingefallen: So etwas hatten wir, als ich Kind war. Das sind die Dinge, auf die man sozusagen geprägt ist. Das Normale. Und alles übrige hat weniger Physiognomie. Was man später erlernt und erlebt, ist weniger geladen mit physiognomischem Ausdruck. Als ich in Wien zu unserem Wohnhaus in der Gumpendorfer Straße gekommen bin, die Ornamentik der Kacheln beim Eingang und die schmiedeeiserne oder bleierne Eingangstür gesehen habe, da kam mir plötzlich deutlich ins Bewußtsein, wie oft ich hier vorbeigegangen war. Wenn Sie mich in England gefragt hätten, wie die Kacheln denn ausgesehen hätten, hätte ich es nicht gewußt.

HK: Sie schreiben ja auch, daß die physiognomische Wahrnehmung zutiefst überzeugend wirkt.

EG: Ja. Das sind die gravierendsten Eindrücke und die ursprünglichsten Erfahrungen: das Freundliche und das Unfreundliche. Meine Schwester, die älter ist als ich, hat ungeheures Heimweh nach Österreich und Wien.

HK: Sie nicht?

EG: Nein. Die österreichische Landschaft, die Gebirgslandschaft, bedeutet mir sehr viel. Wien, finde ich, ist eine wunderschöne Stadt. Das Kunsthistorische Museum ist mir sehr wichtig. Aber an sich habe ich kein Heimweh. Nein.

HK: Was haben Sie für eine Einstellung zu Österreich als Nation – persönlich oder als Historiker?

EG: Ich bin da auch ein Individualist, wissen Sie. Ich glaube an Menschen, aber nicht an Nationen und Gruppen und Rassen und Zeiten. Alle diese kollektiven Begriffe sind mir eigentlich ein Greuel, auch in meinen historischen Arbeiten. Ich glaube nicht an den Zeitgeist, ich glaube nicht an den Volksgeist. Ich bin kein Hegelianer, und infolgedessen kommen mir alle diese Sachen ungeheuer abwegig vor. Ich habe eine Beziehung zu meinem Elternhaus, zu den Kreisen, in denen wir aufgewachsen sind. Aber das ist nicht unbedingt eine Beziehung zu Österreich. Dieses ganze Österreich war doch – das geht jetzt tatsächlich in die Geschichte – eine ganz merkwürdige Erscheinung, das Habsburgerreich mit all den Kronländern. Damit bin ich aufgewachsen. Ich habe den Kaiser Franz Joseph noch gesehen, und ich erinnere mich noch an sein Begräbnis. Das war Österreich. Dieses Österreich ist zerfallen, im Jahr 1918, da war ich neun Jahre alt. Das alles hat mich damals schon sehr interessiert und auch aufgeregt. Dann gab es Deutsch-Österreich. Dann hat man im Versailler Vertrag beschlossen, daß es nicht Deutsch-Österreich heißen darf, denn das wäre ja schon eine Art Anschluß gewesen. So hieß es also Österreich. Dann gab es diese endlosen Debatten, ob Österreich lebensfähig oder nicht lebensfähig sei. Die ungeheuren Spannungen zwischen der hauptsächlich bodenständigen, christlichen, bäuerlichen Bevölkerung auf dem Lande und der Bevölkerung von Wien. Und in diesem Wien wiederum die Hunderttausende von tschechischen Fabrikarbeitern, die vielen Juden, zum Teil eingewandert aus Polen. Die politische Herrschaft war ja damals sozialdemokratisch-antiklerikal. Politisch mit Blindheit geschlagen, haben die Sozialdemokraten einen Kampf gegen den Klerikalismus geführt, ohne zu wissen, daß eben dies das Land zugrunde richten würde. Ich hatte wohl damals schon einen Abscheu vor Massen, Massendemonstrationen, Massenschlagworten. All diese Dinge sind mir geradezu widerwärtig. Ich habe mich zu keiner Seite gerechnet, auch nicht zur Sozialdemokratie.

HK: Ich möchte Sie noch zu Ihrer Einstellung zu Israel fragen, wo das jüdische Volk wieder eine geographisch bestimmbare Heimat gefunden hat und eine jüdische politische Nation entstanden ist.

EG: Es hatte ja gar keine geographisch bestimmbare Heimat! Ich meine, wenn man die Tatsache nicht rechnet, daß möglicherweise einige meiner Vorfahren irgendwo in Palästina gelebt haben. Wer kann das noch wissen? Das ist doch alles ein reiner Mythos. Denken Sie: Man hat vier Großeltern, acht Urgroßeltern, sechzehn Ururgroßeltern. Das geht dann ins Ungeheure. Wie viele Ahnen ich im Jahr hundert nach Christus hatte, weiß ich nicht. Aber wie viele von denen waren wohl überhaupt Juden? Wenn auch nur ein nichtjüdisches Mädchen irgendwo hineingeheiratet hat, dann fächert sich das auf, und dann entstehen lauter Teutonen. Wie soll ich das wissen? Ich glaube nicht, daß wir sozusagen ein Recht hatten, nach Palästina zu gehen, in ein Land, das ja inzwischen von anderen Leuten bewohnt wurde. Ich hatte einmal einen Traum, als wir hier schon in London gelebt haben. Plötzlich sind Leute zur Tür hereingekommen und haben gesagt, wir müßten hinaus. Vor zweitausend Jahren haben ihre Ahnen da gewohnt. Die Wohnung gehörte folglich ihnen. Die Tatsache, daß es durch die ungeheure und unvorstellbare Katastrophe dieser Jahre keinen anderen Ausweg gab oder zu geben schien, muß ich anerkennen. Und ich bin dankbar für alle, die in Palästina gerettet wurden. Aber ein Recht darauf? Worauf gründet dieses Recht? Auf einem hegelianischen rassischen Mythos? Oder auf dem Glauben, daß der liebe Gott persönlich einem dieses Land geschenkt hat? Wer religiös ist, mit dem will ich nicht argumentieren. Denn wer das wirklich glaubt, der soll es glauben, und solange er damit niemand anderem etwas Unrechtes tut, soll er seinen Glauben haben.

HK: Waren Sie jemals in Israel?

EG: Ja. Und ich finde, es ist ein schönes Land, ein tragisches Land, und die Situation wird ja immer tragischer und eigentlich ausweglos.

HK: Weil sich das Land selbst zerstört?

EG: Ja, leider, leider, ja. Das ist alles furchtbar. Von den Leuten, die wir noch gekannt haben, die also aus der alten Bildungswelt stammen, gibt es ja auch nicht mehr sehr viele. Ich kannte Robert Weltsch. Sie wissen, wer das war: einer, der sehr aktiv in der zionistischen Bewegung war. Ein ungeheuer anständiger Mensch, ein Freund von Buber. Und der war verzweifelt über die Entwicklung. Ich selber habe eigentlich gar keine Berufung, über die Entwicklung in Israel zu sprechen.

HK: Ich möchte Sie noch etwas fragen, was das Religiöse berührt. Haben Sie sich, als Sie erfahren haben, was in Auschwitz geschehen war, eine Vorstellung zu machen versucht von dem Gott, der das zulassen konnte?

EG: Es sind doch vorher in der Geschichte auch fürchterliche Dinge passiert! Wenn Sie wissen, was Dschingis-Khan oder was Timur-Leng gemacht hat ... Denken Sie an die Armeniergreuel, denken Sie an das, was in Mexiko passiert ist, was die Spanier den Inkas in Peru angetan haben. Nicht, daß das Auschwitz weniger schlimm macht. Nur: das hätte ja der liebe Gott vielleicht auch verhindern sollen, wenn ihm etwas dran gelegen wäre. Also empfinde ich diese Frage als sehr abwegig. Warum gerade Auschwitz? Die ganze Welt besteht aus Greueln. Ich bin ja nicht gläubig. Ich finde die Psalmen im Alten Testament sehr schön, aber irgendwie erinnern mich diese Gebete und die Einstellung im Alten Testament an die Unterwürfigkeit gegenüber einem großen Despoten im Nahen Orient. Man zittert vor ihm, man erniedrigt sich vor ihm, man winselt um Gnade, man verehrt ihn, man beräuchert ihn, und Gott kann entweder ja oder nein sagen, weil er so ungeheuer mächtig ist. Schön. Dichterisch sind diese Zeilen sehr schön, und dichterisch ist manches andere im Alten Testament wunderbar. Aber es ist halt die Kultur eines Stammes, dem sich die Macht in dieser Form dargestellt hat: als der zornige, der eifersüchtige Gott.

HK: Und damit sind die Konzentrationslager ein Teil der ganzen...

EG: ...Abscheulichkeit, mit der die menschliche Rasse leider kämpfen muß. Es gibt ja auch andere, es gibt ja Gott sei Dank auch schönere Züge des menschlichen Lebens. Die hat es ja auch immer gegeben. Aber ich meine, wie kommt denn so etwas zustande wie diese Greuel? Dadurch, daß niemand sich weigert mitzutun. Es ist doch auch dieser Kollektivismus! Nicht alle waren ja absolute Sadisten und Mörder. Wer sich nach draußen stellt, verurteilt damit seine Genossen. Und das kann er nicht und darf er nicht.

HK: Sie sind nicht gläubig, aber Sie kennen ja viele Aussagen des Alten und des Neuen Testaments. In der jüdischen Religion gibt es immer noch den Messianismus als Element der Hoffnung und Erlösung. Aber im Unterschied zum Christentum sagt die jüdische Prophezeiung, daß die Welt sich erst ändern muß, bevor sie erlöst werden kann. Bedeutet Ihnen dieser Gedanke etwas?

EG: Es gibt ja zwei verschiedene Dinge. Das eine ist, was die Juden damals, nach der Babylonischen Gefangenschaft, gemeint haben. Da geht es um eine rein historische Auslegung des Textes. Das andere ist, was sich die Leute heute darunter vorstellen. Das weiß ich noch weniger. Ich glaube nicht, daß wir uns darüber den Kopf zu zerbrechen brauchen. Daß der Messias kommen wird, kommt mir sehr unwahrscheinlich vor. Ich bin in diesen Dingen stark von Karl Popper beeinflußt, der ja auch die Vorstellung ablehnt, daß die Geschichte einen deterministischen Ablauf hat. Er hat absolut recht. Ich finde nicht, daß man an einen Messias glauben soll oder kann oder muß. Wie Sie wissen, ließen sich fromme Juden nahe beim Eingangstor von Jerusalem begraben, damit sie gleich dabeisein können, wenn der Messias dort einzieht. Das ist die menschliche Natur.

HK: Sie sprechen jetzt die einfachste Auffassung von Erlösung an. Aber es gibt ja auch die intellektuelle Version: der Messias als das »Prinzip Hoffnung«.

EG: Auch da bin ich eigentlich der Ansicht Poppers. Im großen und ganzen ist die Welt viel besser geworden, als sie war. Der Lebensstandard hat sich in den westlichen Ländern ungeheuer gehoben, die Lebenserwartung auch. Rein statistisch und auch tatsächlich. Wir sind ja alle viel zu alt, nicht wahr? Man trifft jetzt unausgesetzt Leute, die über achtzig sind. Ich weiß nicht, ob Sie wissen, daß ich eine Weltgeschichte für Kinder geschrieben habe. Das war im Jahr 1936. Für diese habe ich jetzt ein neues Nachwort geschrieben, vor zwei Jahren oder drei, in dem ich feststellte, wie sich die Welt verändert hat, um wieviel besser es den Leuten geht. Es gab, als ich jung war, sogar etwas, das hieß der Arme-Leute-Geruch. Die haben eben in Wohnungen gewohnt, wo es keine Wasserspülungen gab. Die hatten keine Möglichkeit, dauernd ihre Kleider zu waschen. Das alles gibt es ja gar nicht mehr, jedenfalls nicht in unseren Ländern. Natürlich gibt es Elend auf der Welt. Aber das ist es ja eben – wir leben in einer viel besseren Welt, und das Traurige ist, daß durch die Greuel, von denen man hört, immer zu wenig bemerkt wird, wie gut es den Leuten insgesamt geht.

HK: Ich kann mir aber auch nicht recht vorstellen, daß Sie meinen, die Menschheit sei auf dem direkten Weg ins Paradies.

EG: Ein Paradies wird es nie geben. Es kann schon darum kein Paradies geben, weil wir biologisch nicht so veranlagt sind. Wir werden alle sterben. Und gewöhnlich werden wir leiden, bevor wir sterben, nicht wahr? Und wenn einer stirbt, leiden die anderen. Und wo soll da ein Paradies sein? Kinder sterben. Unglücke geschehen. Das kann man nie verhindern. Nein, ein Paradies wird es nie geben. Aber relativ geht es uns sehr gut.

HK: Ich möchte Ihnen noch eine Frage stellen, die das Jüdische betrifft. Wie interpretieren Sie die Geschichte des Antisemitismus?

EG: Das ist auch wieder ein großes Gebiet, über das man viel reden könnte. Ich bin davon überzeugt, aber das ist eine Hypothese, die ich nicht beweisen kann, daß das Judentum in dieser Form dadurch überlebt hat, daß es innerhalb eines christlichen Volkes gelebt hat. Denn das Judentum gab es. Es war ein Begriff. Die Juden waren die Leute, die den Christus nicht als Messias anerkannten, aber dasselbe Alte Testament hatten. Es gab für sie sozusagen das, was man eine ökologische Nische nennt. Es gab auch Juden in China, es gab auch Juden anderswo, aber die haben sich nicht gehalten. Im Westen haben sie sich gehalten, weil sie ein Begriff waren. »Die gehören zu diesem Volk, das schon in der Bibel vorkommt.« Es gibt eine sehr schöne Stelle bei Gregorovius in seiner »Geschichte der Stadt Rom im Mittelalter«: Damals gab es ein bestimmtes Ritual beim Einzug des neuen Papstes in den Lateran. Der Älteste der jüdischen Gemeinde mußte am Wegrand stehen und ihm die Thora hinhalten. Und der Papst hat gesagt: »Ich verehre den Inhalt und verabscheue seine Interpretation.« Das ist eigentlich symbolisch für die Stellung des Judentums. Der Papst hat damit die jüdische Gemeinde innerhalb von Rom anerkannt. Diese Zeremonie hat es lange gegeben, und Ähnliches hat ja auch der heutige Papst noch über das Judentum gesagt. Das war die Stellung des Judentums im Weltbild des Mittelalters: Die Juden sind jene, die verstockt sind und nicht anerkennen wollen, daß Jesus der Messias war. Und infolgedessen glaube ich, daß die Hauptingredienz des Antisemitismus der religiöse Antisemitismus war.

Es ist richtig, daß es Parallelerscheinungen zum Antisemitismus gibt. Fast überall, wo es handelnde Gastvölker gibt. Die Chinesen unter den Malaien. Oder die Araber in gewissen Ländern, wo sie Handelsvölker sind. Oder die Inder. Immer wieder ein Schema: Die sind ehrgeizig, haben enge Beziehungen untereinander, helfen einander, und die anderen sind eifersüchtig. Dann ist natürlich die Versuchung, sie einfach auszuplündern und abzuschlachten, immer sehr groß. Auch die Armenier gehören übrigens hierher: Handelsvölker, denen gewisse andere Berufe gar nicht zugänglich sind, die relativ erfolgreich sind, und die verhaßt sind, weil sie Konkurrenz machen. Und das galt auch für die Juden und ist sicher ein wichtiger Antrieb für den Antisemitismus.

Das Zweite ist dann der Nationalismus. Früher hatte es ja auch schon eine Loyalität zum Herrscherhaus oder zum Wappen und zur Fahne gegeben. Aber die Sprache als Kriterium wie in dem Lied: »Was ist des Deutschen Vaterland? So weit die deutsche Zunge klingt«, das hatte es noch nicht gegeben. Und damit entstand die Frage, wie man sich zu den Zigeunern oder den Juden oder anderen Einwanderern stellen sollte. Und so entstand der rassische Antisemitismus. Hier spielt natürlich auch die Exklusivität des Judentums eine Rolle. Die jüdischen Gemeinden haben sicherlich oft mit einer gewissen Herablassung auf die Gojim heruntergeschaut. Bis zu einem gewissen Grad ist das Rassenstolz – auf sich als das auserwählte Volk – eine jüdische Erfindung. Gar kein Zweifel. Darüber kann man aber einfach nicht mehr unvoreingenommen sprechen. Denn wenn man heute andeuten würde, daß es auch eine Schuld gibt auf der anderen Seite, würde das so aussehen, als wollte man den Mord in Auschwitz beschönigen. Das kann man nicht tun. Darum soll man, muß man eben schweigen. Aber es gibt dieses Problem.

HK: Wir haben noch fast gar nicht über Ihre Arbeit gesprochen. Können Sie in wenigen Worten umreißen, was Ihnen an Ihrer Arbeit und in Ihrem Leben das Hauptanliegen ist?

EG: Na, das ist ein bißl viel verlangt.

HK: Gibt es nicht einen roten Faden, der sich durch alles hindurchzieht?

EG: Ja, vielleicht. Es war immer, ungefähr und

grob gesagt, mein Ehrgeiz, wenn ich schon Kunstgeschichte betreibe, sie rational zu betreiben. Kein mystisches Geschwätz, kein dunkles Herumreden. Entweder man kann etwas sagen oder nicht. Und wenn man es nicht sagen kann, dann soll man's eben nicht sagen. Das kommt aus der Tradition der Wiener Schule, das ist nicht meine Erfindung. Eine aufgeklärte, antischöngeistige Einstellung, die sich nicht gar zu ernst nimmt. Nun habe ich inzwischen gelernt, daß eben die Kunstgeschichte keine Wissenschaft ist. Denn Wissenschaft, im strengen Sinn, sind die Naturwissenschaften, die exakten Wissenschaften. Wir werden nie eine exakte Wissenschaft sein. Aber man kann doch einiges herausbekommen. Und was man herausbekommt, kann man zu einem gewissen Grad überprüfen und versuchen, sich mit diesem Erbe immer weiter auseinanderzusetzen. Dieses Erbe lebendig zu erhalten scheint mir sehr, sehr wichtig. Es wird zum Beispiel immer weniger selbstverständlich, daß die Leute die klassischen Sprachen kennen, überhaupt die Klassiker lesen. Um so wichtiger, daß es jemand doch noch tut. Das ist es, worum es mir geht. Respekt, Ehrfurcht, wenn Sie wollen, vor den Leistungen der Vergangenheit, der großen Männer der Vergangenheit. Eine ungeheure Ehrfurcht vor Mozart, Beethoven, Haydn, Michelangelo, Rembrandt. Die Ehrfurchtlosigkeit scheint mir etwas Verarmendes zu sein.

»Ursprünglich eignen Sinn
laß dir nicht rauben!
Woran die Menge glaubt,
ist leicht zu glauben.

Natürlich mit Verstand
sei du beflissen;
was der Gescheite weiß,
ist schwer zu wissen.«

(Goethe, Zahme Xenien VII)

FREDERICK GRUBEL

Wirtschaftsprüfer, Leiter des Leo-Baeck-Instituts, Riverdale. Geb. 1908 in Leipzig

HK: Herr Dr. Grubel, Sie mußten 1939 Deutschland verlassen und leben seit 1940 in New York. Eine ganze Kultur – die deutsch-jüdische Kultur – wurde zerstört. Ihre Repräsentanten wurden ermordet oder verjagt. Auch die Deutschen selbst haben dabei unermeßlich viel verloren.

FG: Aber das war nicht der schlimmste Verlust für Deutschland. Das Schlimmste war und ist, daß den Deutschen das Gefühl für die Menschenwürde, den Wert eines Menschenlebens und den Wert der Freiheit abhanden gekommen ist. Wissen Sie, was noch schlimmer ist als Mord? Die Gleichgültigkeit gegenüber denen, die gedemütigt und verfolgt werden. Eine abscheuliche Apathie. Wenn der Mehrheit der Menschen 1933 die Menschenwürde noch etwas bedeutet hätte, wäre der Nazispuk bald vorüber gewesen. Aber die Leute haben sich alles gefallen lassen. Sie haben die Unrechtsgesetze für Recht gehalten, weil sie im Reichsgesetzblatt abgedruckt worden sind. Sie haben Hurra geschrien und sich den Bauch vollgeschlagen und sind mitmarschiert. Mit ihrer Entmenschlichung und ihrem Kadavergehorsam haben die Deutschen mehr verloren als durch die Vertreibung der Juden. Ich erinnere mich noch gut an eine große Keilerei zwischen Kommunisten und Nazis im Jahr 1932 in einem kleinen Städtchen, in dem ich Referendar war. Zwanzig, dreißig oder vierzig Beteiligte wurden wegen Landfriedensbruchs angeklagt, die Hälfte Kommunisten und die Hälfte Nazis. Als der Prozeß begann, hat sich der größte Teil der kommunistischen Angeklagten beim Herrn Landgerichtsdirektor gemeldet und gebeten, auf die andere Seite gehen zu dürfen. Die Kommunisten hatten ihre Überzeugung geändert und glaubten nun an den Führer. Und dann haben die Nazianwälte die Kommunisten verteidigt, die den Nazis die Köpfe eingeschlagen hatten. Das waren Proleten. Das waren die Leute, von denen man gedacht hat, daß sie die Nazis aufhalten.

HK: Was, glauben Sie, ist mit den Deutschen geschehen, daß sie sich so blindlings einem Führer unterworfen haben?

FG: Das Unheimliche an den Deutschen ist, daß sie für ein bißchen mehr Arbeit, Wohlstand und internationales Ansehen ihre Seele verkauft haben. Ich meine das ganz wörtlich. Die ganze Hitler-Mythologie war ein Religionsersatz. Der Pakt mit Hitler war der Pakt mit dem Teufel. Man muß das so schrecklich unmodern und mittelalterlich sehen, um es überhaupt begreifen zu können. Die Deutschen haben den Teufel zum Messias gemacht und angebetet. Sehen Sie das mal von dieser Seite. Dann wird Ihnen vieles klar. Sie werden sich wundern.

HK: Welches Gefühl haben Sie, wenn Sie nach Deutschland kommen?

FG: Oh, das ist ein seltsames Gefühl. Es ist

eigenartig, wieder Deutsch zu sprechen. Ich war gerade vor kurzem in Leipzig, wo ich ja aufgewachsen bin. Die Umgebung zu sehen, in der ich Kind gewesen bin... Aber die Distanz bleibt. Was geschehen ist, kann nicht ausgelöscht werden. Damit meine ich nicht die fünf Wochen Buchenwald Ende 1938. Das könnte ich noch am ehesten vergessen. Was nicht ausgelöscht werden kann, ist der Nachbar, der auf einmal in der braunen Uniform daherkam. Der Kollege, der mit Begeisterung in die Deutsche Rechtsfront eintrat. In Leipzig gab es einen Fall, der symptomatisch war für die anständigen Menschen in Deutschland. Ein alter Jurist, bekannt als führender Antisemit, Parteimitglied. Als Hitler an die Macht kam, wurde er sofort Landgerichtspräsident. Und ein Jahr später beging er Selbstmord. Weil er es nicht ertragen konnte, daß sein Führer die Absolutheit des Rechts verneint hat. Weil die Deutsche Rechtsfront festgestellt hat, Recht ist, was dem deutschen Volk nützt. Also hat er sich umgebracht. Das ist auch wieder typisch deutsch.

HK: Inwiefern?

FG: In einem anderen Land hätte ein solcher Mann wahrscheinlich versucht, Krach zu schlagen und zu revoltieren. Dieser Mann hat nicht revoltiert. Er ist einfach weggegangen.

HK: Haben Sie nach dem Krieg jemals daran gedacht, wieder in Deutschland zu leben?

FG: Nein, ausgeschlossen. Bei meiner ersten Rückkehr nach Europa nach dem Krieg war ich Kontrolleur des American Jewish Joint Distribution Committee. Das war die größte internationale jüdische Wohlfahrtsorganisation. Während des Krieges hat sie den Leuten geholfen zu fliehen. Und nach dem Krieg ging es darum, die Juden unter den sogenannten Displaced Persons aus Deutschland, aus diesem entsetzlich verfluchten Land, herauszubringen und in anderen Ländern unterzubringen. Das waren die letzten deutschen Juden, die Sklavenarbeiter in den Lagern, die Hitler nicht mehr umgebracht hat. Wir haben diese Leute etwas aufgepäppelt, und die meisten haben Deutschland verlassen. Für mich kommt eine Rückkehr nicht in Frage. Wenn ich jetzt mit Deutschland zu tun habe, ist es für mich irgendein Land, in dem einige Leute wohnen, die sich für dasselbe interessieren wie ich. Ich arbeite für das Leo-Baeck-Institut in New York, ein Institut für die Geschichte der deutschsprachigen Juden. Unlängst haben wir in Deutschland eine Ausstellung eröffnet. Bei der Eröffnung habe ich gesagt, wir sind hier als Botschafter, aber nicht als Botschafter aus einem fernen Land, sondern als Botschafter der Geschichte.

HK: Wie würden Sie diese Botschaft zusammenfassen?

FG: Daß Unmenschlichkeit sich nicht auszahlt, auch wenn es manchmal so aussieht. Irgendwann ist Schluß. Entweder kracht die ganze Welt zusammen, wie im Jahr 1945, oder das System ändert sich, wie jetzt in Rußland, weil man einsieht, daß es so nicht mehr weitergeht. Aber was in Deutschland passiert ist, kann man nicht vergleichen. Das Unheimliche in Deutschland war, daß die Unmenschlichkeit nicht nur von oben verordnet worden ist. Wie Herr Jenninger neulich gesagt hat, wurde die Unmenschlichkeit auch von unten, von den einfachen Leuten, mit großer Freude aufgenommen.

HK: Haben Sie den Eindruck, daß sich an der Autoritätsgläubigkeit der Deutschen auch heute noch nichts geändert hat?

FG: Wissen Sie, das ist eine schlechte Frage. Ich komme nach Deutschland nur als Vertreter des Leo-Baeck-Instituts. Die Leute, die daran interessiert sind, sich mit mir zu unterhalten, sind die anständigen Leute. Denen ist das Problem der Juden und das Problem der deutschen Freiheit nicht gleichgültig. Ich komme überhaupt nur mit solchen Leuten in Berührung. Daher kann ich nicht beurteilen, wie es bei den Leuten aussieht, mit denen ich mich nicht unterhalte.

HK: Warum versuchen Sie nicht, auch mit anderen in Kontakt zu kommen?

FG: Ich weiß nicht, wie ich das anstellen soll. Es interessiert mich auch nicht besonders. Es freut mich, wenn ich sehe, daß die Leute, die in Deutschland heute politisch und intellektuell eine Rolle spielen, anständige Menschen sind. Aber ich muß Ihnen etwas erzählen, was ich vor vierzehn Tagen erlebt habe. Ich war im Berliner Gropiusbau, zunächst in Angelegenheiten unseres Instituts. Dann wollte ich mir im gleichen Haus die interessante Ausstellung über »entartete Kunst« anschauen. Als ich mit meiner Frau hinaufgehen wollte, stand da ein junges Mädchen neben einem Mann und sagte: »Sie müssen Ihre Mäntel ablegen.« Worauf meine Frau sagte: »Mir ist kalt, ich würde meinen Mantel gerne anbehalten.« Und das Mädchen: »Nein, das geht nicht, dann kann ich Sie nicht reinlassen.« Dann kam noch die Garderobiere dazu und meinte, das Mädchen habe vollkommen recht. Ich habe zu meiner Frau gesagt: »Komm, gehen wir, das ist 1933.« Meine Frau hat mir geantwortet: »Du bist verrückt, wenn ich in New York ins Metropolitan-Museum gehe, dann sagen die mir auch, daß ich den Mantel abgeben soll.« Aber für mich war auf einmal alles wie vor fünfzig Jahren: »Der Mantel muß abgegeben werden, ich kann Sie nicht rauflassen, das ist Vorschrift.« Das war übelstes Deutschland. Obwohl das Mädchen wahrscheinlich ein anständiges Mädchen war und sich nichts dabei gedacht hat als: Ordnung muß sein. Es war fürchterlich. Und dazu noch der Gropiusbau, die Reste des Prinz-Albrecht-Palais der Gestapo, die Mauer und der graue Oktobertag. Fünfzig Jahre waren wie ausgelöscht. Das kann mir bloß in Deutschland passieren.

HK: Wenn Sie einmal alles zusammennehmen – Ihre Jugend, die Nazizeit und die Gegenwart –, wie stehen Sie dann zu Deutschland?

FG: Was ist denn Deutschland? Auf jeden Fall ein historischer und kein geographischer Begriff. Ich bin bei den Deutschen aufgewachsen und habe mir eingebildet, ein Deutscher zu sein. Denn meine Familie kommt aus dem Osten. Wir waren schon in der zweiten Generation deutsch. Aber dann passierte mir die Kleinigkeit, daß ich als Primus omnium die Abiturientenrede nicht halten durfte. Das war 1927. Und warum? Erstens, weil der Deutschlehrer der älteste Nazi in der Schule war. Und zweitens, weil ich einen Matura-Aufsatz geschrieben habe, der das Thema hatte: »Worauf beruht das Selbstbewußtsein des deutschen Volkes?« Ich habe nämlich geschrieben, das deutsche Volk könne stolz darauf sein, seine Kultur gegen die jeweiligen Herrscher entwickelt zu haben. Daß die deutsche Kultur aus dem Volk entstanden und nicht von oben verfügt worden sei. Während des Mittelalters haben sich die deutschen Kaiser mehr um Italien als um Deutschland gekümmert, und Friedrich der Große konnte nicht einmal anständig Deutsch sprechen und so weiter. Der Lehrer fand das »sehr eigenartig«. Er gab mir nur eine Zwei A statt einer Eins. Und jemand, der in Deutsch nur eine Zwei A hatte, war nicht würdig, die Abiturientenrede zu halten. Natürlich hat man sich immer wieder gesagt: Das sind Ausnahmen. Übrigens, Fußnote: Dieser Lehrer, dieser alte Nazi hat 1933/34 plötzlich umgelernt und Leute geschützt, die gefährdet waren. Er ist aufgewacht. Das gab es also auch.

HK: Die Frage ist, ob dieser Ungeist noch fortlebt und in welchem Ausmaß er fortlebt.

FG: Wenn Sie mich fragen, wie ich heute zu Deutschland stehe, dann weiß ich nicht, welches Deutschland das richtige, das wirkliche Deutschland ist. Sind Sie Deutschland? Oder sind die Leute Deutschland, die sagen, vielleicht war es ganz gut, daß man die Juden umgebracht hat? Oder diejenigen, die nichts mehr von Hitler oder den Juden hören wollen und endlich ihre Ruhe haben wollen? Sie verstehen. Ich möchte kein Urteil über ein ganzes Volk fällen. Ich will nicht alle Deutschen in einen Topf werfen, denn damit würde ich das gleiche tun, was Hitler mit den Juden getan hat. Es kommt mir darauf an, mit wem ich spreche. Heute sieht es so aus, als ob die Bundesrepublik von anständigen Menschen regiert wird.

HK: Aber sie trauen dem Frieden nicht.

FG: Axel Springer hat uns einmal erzählt, daß er regelmäßig Adenauer besucht hat, als dieser bereits im Ruhestand war. Bei einem dieser Besuche hat Adenauer zu Springer gesagt: »Hören Sie, wenn Sie in Deutschland Politik machen wollen, müssen Sie drei Dinge beachten, so wie ich sie stets beachtet habe: Mißtrauen Sie den Russen, stellen Sie sich gut mit den Juden, und haben Sie Angst vor den Deutschen.« Ein unheimliches Wort. Wenn sogar ein Adenauer Angst vor den Deutschen hatte, was soll ich da noch sagen?

HK: Das klingt beängstigend.

FG: Mir klingt noch in den Ohren, was ein intelligenter Mann zu mir gesagt hat. Ein Jude, in der Bundesrepublik aufgewachsen und in guter Position. Er beabsichtigt, nach Amerika zu kommen und dort zu bleiben. Ich habe ihn nach dem Grund gefragt. Da sagte er: »Ich möchte endlich in einem Land leben, wo ich mit Leuten reden kann, ohne mich insgeheim zu fragen, was sie wirklich von mir denken.« Ebenfalls ein schlimmer Satz. In Amerika würde ihm dieser Gedanke nicht kommen.

HK: Vertrauen Sie der amerikanischen Gesellschaft?

FG: Das Land, in dem ich jetzt zu Hause bin, ist ein menschliches Land. Mit all seinen Verrücktheiten. Wenn Herr Bush, nachdem er seine lausige Kampagne hinter sich gebracht hat und Präsident geworden ist, sagt, mir ist ungemütlich, ich kann nicht Hurra schreien, dann ist er mir zum ersten Mal sympathisch. Und schauen Sie sich die amerikanische Geschichte an. Immer wenn es so ausgesehen hat, als ob die Dinge wirklich schiefgehen würden, hat man im letzten Augenblick noch eine Lösung gefunden. Weil die Menschen voreinander Respekt haben, auch wenn sie sich bekämpfen. Es ist kein Zufall, daß Amerika das erste Land ist, in dem die französische Philosophie der Aufklärung sich praktisch verwirklicht hat.

HK: Sie meinen, die Demokratie funktioniert in Amerika besser?

FG: Nicht nur die Demokratie. Mit der Demokratie ist es hier nicht soweit her, wenn Sie sich vorstellen, daß die Hälfte der Leute nicht einmal wählt. Aber Sie werden hier grundsätzlich als Mensch respektiert. Bei allen Interessengegensätzen wissen die Leute, daß sie zusammengehören. Und niemand erhebt einen Machtanspruch, weil er irgendwelche besonders geartete Vorfahren hat.

HK: Worin sehen Sie den wesentlichen Unterschied zwischen Deutschland und den Vereinigten Staaten?

FG: Das ist ganz einfach. Amerika hat zwischen 1929 und 1931 die gleiche Depression wie Deutschland gehabt. Den gleichen Zusammenbruch der Wirtschaft und das gleiche Arbeitslosenproblem. Deutschland hat Hitler gewählt, und Amerika hat Roosevelt gewählt. Dabei gab es in Amerika genug üble Schreier und in Deutschland genug anständige Menschen. Das ist das Unheimliche.

HK: Fühlen Sie sich in Amerika zu Hause?

FG: Mein Zuhause ist, wo meine Familie ist. Mein Zuhause ist, wo ich das Gefühl habe, daß mich meine Mitmenschen als gleichwertig betrachten. Und das ist hier in Amerika der Fall.

HK: Wir haben jetzt lange über Ihr Verhältnis zu Deutschland und Amerika gesprochen. Eine andere Frage interessiert mich nicht weniger, nämlich Ihre Auffassung vom Wesen und von der historischen Bedeutung des Judentums. Wir brauchen uns nicht darüber zu unterhalten, ob die jüdische Minderheit in den einzelnen Ländern die Kultur der Mehrheit beeinflußt hat. Daran gibt es keinen Zweifel, und dieser Einfluß ist kaum zu überschätzen. Aber worin sehen Sie den Hauptbeitrag des Judentums zur kulturellen Entwicklung – ja, sagen wir ruhig, zur kulturellen Entwicklung der Menschheit?

FG: Sie kennen doch die schöne Geschichte von Heinrich Heine: Wenn nur noch ein einziger Jude leben würde und die anderen alle gestorben wären, würde die ganze Welt Pilgerzüge veranstalten, damit die Menschen dem letzten Repräsentanten des Volkes, das der Welt das Gesetz gegeben hat, in Verehrung die Hand schütteln können. Aber leider sind wir so viele.

HK: Spielen Sie damit auf das Verhältnis von Judentum und Christentum an?

FG: Das Christentum und der Islam sind die jüngeren Religionen. Sie sind undenkbar ohne die erste. Lassen Sie mich etwas erzählen, das die Verbindung zwischen Judentum und Christentum deutlich macht. Einer der führenden französischen Theologen ist ein getaufter Jude. Er bestreitet das nicht und ist sogar stolz darauf. Ich meine jetzt nicht den Kardinal von Paris, der auch stolz darauf ist, Jude zu sein, sondern einen hochgebildeten Abt. Ein Journalist hat ihn interviewt und gefragt, welche Brücke denn von der jüdischen Geburt zur katholischen Theologie hinüberführe. Und der Theologe hat geantwortet: Sehen Sie sich das Neue Testament an. Es handelt von einem Juden und wurde von Juden geschrieben. Der erste und wichtigste Theologe war Herr Saulus, der sich Paulus genannt hat. Der hat im wesentlichen für die Juden gepredigt. Was können denn die anderen Völker überhaupt vom Neuen Testament verstehen? Es ist ja gar nicht für sie geschrieben worden. Es ist ein Buch, das für die Juden geschrieben worden ist. Und ich als Jude bin der einzige, der es wirklich verstehen kann.

HK: Wie erklären Sie sich, daß das Judentum durch die Jahrhunderte hindurch von einem hartnäckigen Antisemitismus begleitet worden ist?

FG: Die Frage ist in Hunderten von Büchern behandelt worden. Ich erzähle Ihnen gern, was ich schon in der Religionsschule gelernt habe. Den Römern waren die Juden ungemütlich, weil sie keinen Gott hatten, der bildlich dargestellt werden konnte. Rom war ja ein sehr liberales Imperium. Es wollte die Götter aller von ihm beherrschten Länder ausstellen, gewissermaßen gleichberechtigt nebeneinander. Damit wollte Rom demonstrieren, daß es die Welt beherrscht. Also hat ein Cäsar, dessen Namen ich vergessen habe, das Pantheon bauen lassen. Jedes Volk im römischen Imperium wurde aufgefordert, ein Bild seines obersten Gottes ins Pantheon zu stellen. Alle haben sich beeilt, der Aufforderung nachzukommen, nur die Juden haben gesagt, wir können nicht mitmachen, wir haben kein Bild. Mit dieser Haltung standen die Juden allein im ganzen großen Imperium. Das Hauptargument des Antisemitismus ist ganz simpel und wurde in der Geschichte nur variiert: Die Juden machen nicht mit, verhalten sich anders oder sind anders oder wollen anders sein. Und als im neunzehnten Jahrhundert die Religion von der Naturwissenschaft ersetzt wurde, entdeckte man die Rasse. Das Rassedenken hat aus Menschen Tiergattungen gemacht und die Welt in Brand gesteckt.

HK: Worin besteht also das behauptete oder tatsächliche Anderssein der Juden?

FG: Sie sind nicht in die Kirche gegangen. Sie haben am Samstag nicht gearbeitet. Sie haben nicht an Christus geglaubt. Sie haben ein Leben nach strengen Vorschriften geführt, die es nicht erlaubt haben, sich hundertprozentig zu assimilieren. Denken Sie nur an die Speisegesetze. Die besagen, du darfst nur das essen, was dir vorgeschrieben ist, und du darfst dich nicht mit jemandem an den Tisch setzen, der dir etwas vorsetzt, was nicht dem Gesetz entspricht. Diese ganze Gesetzgebung dient dem äußeren Zusammenhalt der jüdischen Gemeinschaft. Sie ist durch Theologie und Philosophie nicht zu reformieren, denn die Vorschriften, was zu essen und wie zu leben sei, sind nicht auslegbar.

HK: Einmal ganz vom Streit um die Absonderung und das Anderssein der Juden abgesehen – was ist für Sie der Kerngehalt der jüdischen Religion?

FG: Die Menschlichkeit. Das heiligste Prinzip ist der Respekt vor dem Leben. Wenn Sie so wollen, ist die jüdische Religion eine juristische Religion. Man stelle sich vor, eine Religion mit einem Gesetzbuch von sechshundertdreizehn Paragraphen. Die frommen Leute behaupten, daß sie alle diese Gesetze respektieren. Aber alle diese Gesetze können ignoriert werden, wenn es gilt, ein Leben zu retten. Da sehen Sie den Unterschied. Das römische Recht folgt dem Prinzip der Unverletzlichkeit des Eigentums. Unser ganzes Rechtssystem ist um dieses Recht herum aufgebaut.

HK: Beispielsweise die jüdischen Speisegesetze ... Sie sagen, diese Gesetze müssen nicht eingehalten werden, wenn es um Leben oder Tod geht.

FG: Ich weiß, daß die orthodoxen Rabbiner im KZ von einem Mann zum anderen gegangen sind und gesagt haben: Du mußt diese Schweinerei essen, die du hier bekommst, denn du mußt dein Leben erhalten. Da könnte ich Ihnen viele Beispiele geben. Ende Oktober 1938 wurden fünfzehntausend polnische Staatsbürger aus Deutschland nach Polen deportiert, weil Polen die Pässe dieser Leute für ungültig erklären wollte. Ich war damals als junger Mann Direktor der jüdischen Gemeinde in Leipzig. Wir bekamen die Nachricht, daß die Deportationszüge Freitag nacht durch Leipzig kommen. Und das einzige, mit dem man den Leuten helfen konnte, war Geld. Nun gibt es aber das Gesetz, daß am Freitagabend kein Geld in die Hand genommen werden darf. Ich bin also zum strenggläubigen rabbinischen Richter der Gemeinde gegangen und habe ihm erklärt, daß wir Geld von der Bank geholt haben und am Sabbatabend verteilen wollen. Und er hat erwidert: Bitte sagen Sie mir, wann die Züge kommen, und geben Sie mir einen Teil von dem Geld. Ich bin der erste, der es verteilt.

HK: Wenn alle Gesetze der Erhaltung des Lebens untergeordnet sind – läuft das nicht auf eine Verpflichtung zum Leben hinaus? Legt die jüdische Religion den Menschen die Pflicht auf, ihr Leben unter allen Umstanden zu erhalten?

FG: Ich ahne, worauf Sie hinauswollen. Das Leben ist ein Geschenk Gottes, also etwas, was Sie nicht wegwerfen dürfen ... Und jetzt kommt sicher die Geschichte vom Massenselbstmord auf dem Berg Massada ...

HK: Ich kenne die Geschichte, aber davon wollte ich gar nicht sprechen.

FG: Und wenn Sie auf jüdische Friedhöfe kommen, zumindest in Deutschland, stoßen Sie überall auf die Selbstmordgräber. Ja, ich weiß. Wer die Entscheidung getroffen hat, stand für sich selbst.

HK: Sind diese Gräber besonders gekennzeichnet?

FG: Gehen Sie auf den jüdischen Friedhof in München. Da werden Sie bestimmt Gräber mit Grabsteinen finden, aus deren Inschrift hervorgeht, daß die Leute Selbstmord verübt haben. Und niemand kann darüber urteilen, wenn er nicht selbst in der Lage dieser Leute während der Nazizeit gewesen ist. Man kann auch niemandem vorwerfen, daß er im KZ alle möglichen scheußlichen Dinge getan hat. Ich kann mich erinnern, daß ich einen Bekannten, der im KZ gewesen ist, begrüßt und ihm die Hand gegeben habe. Und nachdem wir uns die Hände geschüttelt hatten, sagte er: Zählen Sie mal Ihre Finger, damit Ihnen keiner fehlt. Das war im Jahr 1946. Merken Sie sich eines, wenn jemand das KZ überlebt hat, muß er sich so verhalten haben, daß Sie ihm nicht mal die fünf Finger Ihrer Hand anvertrauen können. Sonst wäre er draufgegangen. Das war ja eines der schlimmsten Verbrechen der Nazis. Bevor sie den Menschen ermordet haben, haben sie ihn zum Tier gemacht. Mit psychologischer Raffinesse. Aber worüber reden wir hier eigentlich? Das ist ja eine üble Diskussion.

HK: Sie sagen, daß der Terror den Menschen zerstört und das Opfer am Ende die Züge des Mörders annimmt.

FG: Ich sage, daß man keine ethischen Maßstäbe anlegen kann, wenn es nur noch die Wahl zwischen dem Nichts und dem Leben gibt. Meine Zeit in Buchenwald war ja vergleichsweise harmlos, aber selbst nach diesen fünf Wochen habe ich schon den Schluß gezogen, daß man niemandem, der in dieser Lage ist, für irgend etwas einen Vorwurf machen kann.

HK: Noch eine Frage zu einem zentralen Element der jüdischen Religion, dem Vertrauen auf das Kommen des Messias. Es heißt, bevor der Messias kommt, muß sich vieles ändern. Was, glauben Sie, müßte sich ändern, bevor diese Prophezeiung sich erfüllen kann?

FG: Ich bin kein Theologe.

HK: Was ist Ihre persönliche Auffassung?

FG: Die Idee des Messias ist nicht, daß er auf einem weißen Pferd geritten kommt. Vielmehr wird der Messias in einer Zeit erwartet, in der die Menschen für seine Ankunft reif sind. Das ist die messianische Zeit. Der Messias kommt, wie Jesaja gesagt hat, wenn die Menschen Schwerter in Pflugscharen verwandeln und Menschen unter Menschen leben können. Er kommt nicht plötzlich aus einer anderen Welt, sondern die Prophezeiung erfüllt sich durch die Menschen.

HK: Eine letzte Frage. Was erwarten Sie für das jüdische Volk in den nächsten Jahren und Jahrzehnten? Wahrscheinlich muß man bei dieser Frage zwischen der Zukunft Israels und der Zukunft der Juden in der Diaspora unterscheiden.

FG: Ich hoffe nicht, daß da ein großer Unterschied bestehen wird. Aber ich bin irgendwie skeptisch. Das Zusammengehörigkeitsgefühl der Juden ist ja in einer fremden, feindlichen Umwelt entstanden. Die Juden wurden immer wieder daran erinnert, daß sie anders sind, auch wenn sie gar nicht so sehr anders waren. Aber wie auch immer – bis ins achtzehnte Jahrhundert hinein waren die Juden »anders«. Als sie sich dann im neunzehnten Jahrhundert die größte Mühe gegeben haben, sich anzupassen, hat man sie auf ihre Andersartigkeit festgelegt. Man hat ihnen ihr Anderssein gewissermaßen heimgezahlt. Im Jahr 1933 sind wir uns wieder bewußt geworden, was es heißt, Jude zu sein. Wir waren auf einmal viel bewußtere Juden als je zuvor. Zwischen 1933 und 1938 ist innerhalb der jüdischen Gemeinschaft mehr geleistet worden als in den Jahrzehnten zuvor. In gemeinsamer Arbeit, in Solidarität, in der gemeinsamen Not. Was wird aus der jüdischen Gemeinschaft in Israel, wo die Juden nicht mehr in der Minderheit sind? Ich weiß es nicht. Eine verrückte Geschichte. Wir leben in einer verrückten Zeit. Hoffen wir, daß jüdische Klugheit und gesunder Menschenverstand die Oberhand gewinnen werden.

MAX GRUENEWALD

Rabbiner. Geb. 1899 in Königshütte (Chorzów), gest. 1992 in Milburn (New Jersey)

HK: Herr Dr. Gruenewald, Sie sind erst spät emigriert, kurz vor der Reichskristallnacht im August 1938. Gab es besondere Gründe dafür, daß Sie so lange gewartet haben?

MG: Ich war ja damals im Präsidialausschuß des »Reichsverbandes der Deutschen Juden« und außerdem immer noch Rabbiner und Präsident der jüdischen Gemeinde Mannheim. Ich bin damals direkt nach Palästina emigriert. Noch 1938 habe ich dann eine Einladung bekommen, ein Jahr am jüdisch-theologischen Seminar in New York zu studieren. Und auf der Rückreise von dort kam die Nachricht vom Kriegsausbruch. Das Schiff wurde nach Amerika zurückbeordert, und ich war dann für die ganze Dauer des Krieges von meiner Frau und meinem Sohn getrennt. 1946 habe ich sie hierher nachgeholt, nach Milburn in New Jersey, in der Nähe von New York. Hier wurde ich dann wieder Rabbiner.

HK: Und Sie wurden auch einer der Begründer des Leo-Baeck-Instituts, benannt nach dem Vorsitzenden der »Reichsvertretung der deutschen Juden«, einer Hilfsorganisation, die den meisten gar nicht hat helfen dürfen. Was empfinden Sie heute für Deutschland? Sie haben das Land ja nach dem Krieg einige Male besucht. Haben Sie sich in gewisser Weise ausgesöhnt?

MG: Es besteht, und das ist ganz klar, ein großer Abstand. Dieser Abstand erklärt sich aus dem, was dem Judentum widerfahren ist. Denn es ist ja schließlich ein Drittel des jüdischen Volkes damals abgeschlachtet worden. Und darunter mehr als eine Million Kinder. Also ein Abstand besteht natürlich.

HK: Aber kein Haß?

MG: Kein Haß. Und es ist in der Tat auch für mich selbst merkwürdig, daß weder Haß noch Rache eine große Rolle spielt.

HK: In Ihrem Denken?

MG: Im allgemeinen. In den Aktionen von Juden werden Sie sehr selten Haß finden. Aber es ist gar keine Frage, daß ein großer Abstand besteht.

HK: Haben Sie in Amerika eine neue Heimat gefunden?

MG: Ich glaube, daß ich von Amerika nicht als meiner Heimat sprechen könnte. Ich glaube, ich gehöre zu denen, die keine Heimat haben. Das erinnert mich an eine kleine Geschichte, die Thomas Mann einmal erzählt hat: Er befindet sich an Bord eines Schiffes und hört, wie ein Mann den Kapitän fragt: »Was passiert eigentlich, wenn dieses Schiff sinkt?« Sagt der Kapitän: »Dann packen wir Sie in Rettungsboote, und dann fahren Sie nach Hause.« Und da sagt Thomas Mann zu sich: »Was heißt eigentlich für mich nach Hause? Heißt das Lübeck? Was heißt zu Hause? Ich habe kein Nachhause mehr.«

Bei mir ist die Sache wohl besonders kompliziert, weil ich doch sehr stark verbunden bin mit der

jüdischen Kultur. Viele Bücher, die in Israel erscheinen, lese ich, auf hebräisch.

HK: Es gab in Deutschland natürlich schon vor dem Dritten Reich Antisemitismus, aber manche sprachen damals von einer deutsch-jüdischen Symbiose. Wie haben Sie das erlebt?

MG: Die ganze Zeit, die ich in Mannheim Rabbiner war, von 1925 an, also acht Jahre, bevor Hitler kam, hat kein Geistlicher eines anderen Bekenntnisses mit mir gesprochen, weder ein katholischer noch ein evangelischer. Es war doch damals schon eine sehr starke völkische Veranlagung da. Ich sehe natürlich heute, vielleicht viel mehr als früher, die ganze Geschichte der Juden in Deutschland in perspektivischer Verkürzung. Das ist nicht nur das Ergebnis der letzten traurigen Erlebnisse und Erfahrungen. Letztlich gebe ich Gershom Scholem recht, der gesagt hat: Eine Symbiose hat es nicht wirklich gegeben. Ich glaube, daß die deutschen Juden eine besondere Funktion und eine besondere Stellung innerhalb der Diaspora hatten. Und zwar hängt das mit folgendem zusammen – das habe ich übrigens auch bei meiner Rede an Herrn Kohl gesagt: Die deutschen Juden wurden emanzipiert, die erste Emanzipation fand 1812 in Preußen statt. Später folgten andere Länder in Deutschland nach. Nur ist die Emanzipation niemals geglückt! Sie blieb immer unvollständig. Und es gab eigentlich immer einen Kampf innerhalb des deutschen Judentums um diese Emanzipation. Es gibt zum Beispiel nirgendwo so viele verschiedene Übersetzungen der Bibel in die Landessprache wie bei den deutschen Juden: insgesamt elf. Und nun glaube ich, daß diese Unsicherheit in bezug auf die Emanzipation, die von den meisten deutschen Juden wahrscheinlich gar nicht als etwas, »was uns vereint«, begriffen wurde, es zuwege gebracht hat, daß das deutsche Judentum so reich an Ausdruck ist. Es gab fünfhundertsiebzigtausend deutsche Juden, in einer Bevölkerung von sechzig Millionen, also nicht einmal ein Prozent. Und wenn man damit die Bedeutung der Juden in Literatur und Kunst vergleicht, sieht man doch, daß hier eine außerordentliche Begabung entstanden war, ein Reichtum an Ausdruck, der im Grunde genommen zurückgeht auf die politische Unsicherheit.

HK: Sie glauben, daß eine gewisse Unsicherheit, eine Beschränkung förderlich sein kann?

MG: Die unvollständige Emanzipation war einer der Gründe für diesen Reichtum. Im allgemeinen würde ich sagen, daß die Diaspora-Situation an sich schon eine starke Aktivität erzeugt hat, die natürlich fruchtbarer war bei den Völkern, bei denen die Juden am allgemeinen Leben teilnehmen konnten, also in den westlichen Ländern. Aber es gibt auch keine andere Religion, die so stark das Leben betont wie die jüdische. Das ist eine Sache, die nur das Judentum hat. An den höchsten Feiertagen beten wir zu dem Gott des Lebens. Und das hat natürlich auch eine große Bedeutung gehabt dafür, daß das Judentum es immer wieder vermocht hat, sich als eine verfolgte Minderheit so lange zu erhalten. Es gibt also Kräfte innerhalb der jüdischen Religion, die das Judentum dazu befähigt haben.

HK: Glauben Sie, daß die Juden aus der Religion heraus spezielle Fähigkeiten über die Jahrhunderte entwickelt haben?

MG: Ich denke manchmal, wenn ich traditionelle Juden sehe, daß eine besondere Reaktion auf das Erlebte vielleicht etwas Typisches ist: daß die Fähigkeit zu reagieren besonders ausgeprägt ist. Und diese Fähigkeit wiederum kommt von einer großen Liebe zum Leben. Zweitens ist sie bedingt durch die Geschichte. Der Jude denkt eigentlich immer an das Kommende. So etwas wie die Negation des Lebens, wie sie der Buddhismus kennt, existiert im Judentum überhaupt nicht. Im Grund ist der Jude ein Mann, der auf alles reagiert.

HK: Was ist das Fundament Ihrer eigenen Identität als Jude? Wo liegen die Wurzeln?

MG: Diese Wurzeln sind nicht nur das Buch, sondern auch die Geschichte. Ich bin ein Teil dieser Geschichte des jüdischen Volkes. Jude sein heißt für mich auch: als Jude leben. Für mich beginnt der Tag in der Synagoge, jeden Morgen früh um sieben Uhr. Und als ich noch besser gehen konnte, war ich auch abends immer in der Synagoge. Der Tag begann und endete mit einem Gottesdienst. Dazu gehört auch, daß ich, seitdem ich überhaupt lese, jüdische Literatur lese, jüdische Theologie. Aber was »Er« mit uns vorhat, weiß ich nicht.

HK: Man stößt in der jüdischen Literatur immer wieder auf dieselbe Frage: Was ist das für ein Gott, der Auschwitz zugelassen hat? Warum hat er es zugelassen?

MG: Das ist nicht das einzige. Es gibt auch andere Dinge, die ich nicht erklären kann, und ich gehöre zu denen, die niemals darüber sprechen. Das ist auch so mit Auschwitz und mit all den anderen Konzentrationslagern. Ich bin natürlich einer von denen, die einen großen Teil ihrer Familie verloren haben. Und das geht wahrlich allen möglichen Juden so. Ich verstehe, daß es für den Menschen schwierig sein kann, überhaupt an eine Ordnung und an einen Gott zu glauben in der ungeordneten und erlösungsbedürftigen Welt, in der wir leben.

Aber sprechen kann ich darüber nicht, und ich weiß auch darüber nichts. Ich habe in der Einführungsrede an den Bundeskanzler gesagt: Das ist eine Zeit, die keinen Namen hat. Alles, was ich erklären kann, muß einen Namen haben. Mit Martin Buber habe ich oft gesprochen. Er hat gesagt: »Diese Zeit steht außerhalb des Menschlichen und auch außerhalb der Schöpfung, denn die Schöpfungsgeschichte war auch eine Geschichte der Namensgebung. Was immer der Mensch vor sich gesehen hat, dem hat er einen Namen gegeben. Ich kann dem Naziregime keinen Namen geben. Es steht außerhalb des Kreatürlichen. Welche Rolle Gott in ihm gespielt hat, weiß ich nicht.

HK: Aber es gibt, bei den Juden nicht anders als bei den Christen, ein unantastbares Element der Hoffnung auf die Erlösung, auf den Messias.

MG: Der Unterschied ist der, daß die messianische Zeit der jüdischen Verheißung auch noch zur Geschichte gehört. Nach der Definition, die der Talmud darüber gegeben hat und die Sie auch bei Maimonides finden, der von 1135 bis 1205 lebte, ist die messianische Zeit eine Zeit, in der die »Subjugation« aufhört, das heißt, der Mensch frei sein kann. Der große Unterschied zwischen Christentum und Judentum ist der, daß wir nicht glauben, daß die messianische Zeit anbrechen kann, bevor sich nicht die ganze Welt geändert hat. Für den Christen besteht die Erlösung in der Erlösung seiner persönlichen Seele. Für das Christentum steht im Vordergrund der einzelne Mensch. Für das Judentum steht im Vordergrund die gesamte Menschheit.

Es ist sehr schön, daß wir uns darüber unterhalten. Ich komme sehr selten in diesen Genuß.

HK: Seit der Mitte dieses Jahrhunderts hat das jüdische Volk seit langer Zeit wieder ein eigenes Territorium. Sehen Sie darin eine Wende zum Guten?

MG: Eine sehr bedeutende Wende. Man hätte die Meinung haben können, daß das Judentum gar nicht mehr fähig wäre, sich selbst zu regieren, nachdem es überall nur eine nationale Minderheit war und in Staatsgeschäften eigentlich niemals eine führende Rolle gespielt hat. Aber es gibt auch andere Gesichtspunkte: In Israel selber findet ja ein Kampf statt, ein ganz außerordentlicher Kampf. Wie der enden wird, weiß ich nicht.

HK: Was für ein Kampf?

HG: Der Kampf, ob der Staat den Namen Israel zu Recht trägt. Ich bin schon früh Zionist gewesen. Und das, was heute in Israel geschieht, hat sehr wenig zu tun mit dem früheren Zionismus. Ich habe zum Beispiel einem Neffen von mir geschrieben: »Ich kann nicht verstehen, wie ein Staat wie Israel Waffen verkaufen kann.« Das ist vielleicht eine Sache, die ein moderner Staat einfach tut, aber für mich ist das schwierig. So großartig es auch ist, daß Israel besteht – der Kampf im Land selber, um die Seele von Israel, ist noch in vollem Gange. Und wie der ausgehen wird, wissen wir nicht.

HK: Auch in der Diaspora ändert sich viel. Die jüngere Generation entfernt sich von den Traditionen. Wie sehen Sie die Zukunft des jüdischen Volkes in der Welt?

MG: Ich glaube an die Kontinuität. Ich glaube nicht, daß die Vernichtung eines Teiles des jüdischen Volkes das Ende bedeutet für die Geschichte unseres Volkes. Weil ich glaube, daß die Werte, die von den Juden dargestellt werden, unvergänglich sind. Ich glaube auch, daß innerhalb der Religionen das Judentum seine Bedeutung behält. Denn es gibt, glaube ich, keine Religion, in der eine solche Balance besteht zwischen Schöpfung, Offenbarung und Erlösung wie im Judentum. Die anderen monotheistischen Religionen hängen hierbei ja doch vom Judentum ab. Ich will jetzt nicht mit Ihnen in die Theologie eintreten, aber ich will Ihnen sagen, daß ich glaube, daß die Stellung des Judentums unter den Mächten, die am Mittelmeer entstanden sind, heute immer noch eine unersetzliche ist. So glaube ich auch nicht, daß die jüdischen Traditionen verlorengehen. Ich habe junge Menschen sagen hören: »Was habe ich mit meinem Großvater zu tun? Ich habe mein eigenes Leben zu führen.« Darauf habe ich ihnen geantwortet: »Dann, glaube ich, habt ihr sehr wenig Sinn für die Tendenzen unserer Zeit, in der jedermann nach seinen Wurzeln sucht, nach den ›roots‹ und die Frage stellt: ›Where do I come from?‹« Und in manchen Fällen hat das gewirkt. Es gibt eine Gemeinsamkeit zwischen den Juden auf der Welt. Ich würde nicht, wie Sie es vorhin getan haben, vom jüdischen Wesen sprechen. Ich würde eher sagen, es ist eine Frage von Rückhalt. Es gibt keine andere Gemeinschaft, in der ich so stark den Rückhalt finde wie in der jüdischen Gemeinschaft. Mich hat immer sehr beeindruckt, daß wir hier in Amerika eine offene Gesellschaft haben. Als ich hierherkam, gab es noch keine Mischehen in meiner Gemeinde. Heute sind vierzig Prozent aller Ehen, die geschlossen werden, Mischehen. Die Frage ist nur: »Was wird in der dritten Generation?« Ich vertraue darauf: Der Enkel kehrt wieder zurück. Ich weiß nicht, wie das zu erklären ist. Es gibt Kinder und Kindeskinder – und das ist die Art, in der ich auf die jüdische Geschichte blicke, zurück und voraus. Es gibt da kein Ende.

HENRY GRUNWALD

Publizist und ehem. Botschafter in Wien, New York. Geb. 1922 in Wien

HK: Herr Grunwald, Sie sind als Botschafter Amerikas in Ihre alte Heimat Österreich zurückgekommen. Was bedeutet Ihnen dieses Land, in dem Sie geboren sind und aus dem Sie fliehen mußten?

HG: Wissen Sie, das Wort Heimat ist ein sehr interessanter Begriff. Heimat ist keine geographische Angelegenheit, obwohl sie zunächst natürlich dort ist, wo man geboren wurde. Es ist ähnlich wie mit den Eltern: Wenn ein Kind von anderen Leuten erzogen wird, die ihm Liebe und Unterstützung geben, dann ist es wirklich sehr schwer zu sagen, wer eigentlich die wirklichen Eltern sind. Die natürlichen Eltern, die Geburtseltern bleiben immer dieselben. Aber die Personen, die dem Kind Liebe und Wärme geben, werden vielleicht die wirklichen Eltern. Und so ist es mit der Heimat. Ich betrachte Österreich nicht mehr als meine Heimat. Österreich ist der Ort, wo ich durch Zufall oder Schicksal geboren wurde. Und ich betrachte es als ein Land, zu dem ich – natürlich, weil ich meine Kindheit hier verbrachte – immer noch gewisse intellektuelle und emotionelle Beziehungen habe. Aber meine Heimat ist Amerika geworden. Hier in Österreich bin ich in einem schönen Land, das mir in manchen Beziehungen vertraut ist, in anderer Hinsicht aber fremd geblieben oder wieder fremd geworden ist.

HK: Hegen Sie keine Ressentiments?

HG: Das könnte ich nicht sagen. Es ist unmöglich, nicht gewisse Ressentiments zu haben, wenn man aus seinem Heimatland vertrieben wird. Und damals, als ich fünfzehn Jahre alt war, war es natürlich noch meine Heimat. Da muß es doch Ressentiments geben, und sie werden verstärkt durch das, was man später über die Geschichte Österreichs und das Verhalten von Österreichern erfahren hat. Aber mein Ressentiment ist gedämpft durch einige Gedanken und einige Tatsachen. Erstens, daß meine Familie und ich mit dem Leben davongekommen sind. Das war Schicksal, das war Zufall, aber wenn man sich daran erinnert, was so vielen Millionen anderen Menschen in unserer Lage geschehen ist, so muß man dankbar sein, daß man das überlebt hat. Zweitens, was in Österreich geschehen ist und was die Österreicher angestellt haben, war Teil der Katastrophe Europas. Und drittens – zwar darf man die Naziperiode nie vergessen, und man darf nie vergessen, was Deutsche und Österreicher angestellt haben, aber trotzdem muß das Leben irgendwie weitergehen. Auch das ist ein Gedanke, der mein Ressentiment etwas ausbalanciert.

HK: Max Born sagte einmal: Bei manchen hatte die Katastrophe auch ihr Gutes. Denn für einen Menschen gibt es nichts Heilsameres und Erfrischenderes, als entwurzelt zu werden und in völlig anderer Umgebung neue Wurzeln zu schlagen. Sehen Sie im Rückblick ihre Emigration positiv?

HG: Ja, gewiß. Es ist natürlich nicht für alle Menschen dasselbe. Menschen, die sich an die neue Umgebung nicht gewöhnen können, gibt es ja auch. Im allgemeinen gesprochen – je jünger man ist, desto leichter geht es natürlich. Für mich war Amerika eine neue Welt, eine Karriere. Man kann unmöglich sagen, was aus mir geworden wäre, wenn die Nazis nicht gekommen wären und ich hiergeblieben wäre mit meinen Eltern. Mein Vater war ein sehr erfolgreicher Librettist. Ich hätte hier vielleicht ganz angenehm gelebt. Es würde mich aber erstaunen, wenn ich eine Karriere gemacht hätte, die man vergleichen könnte mit meiner Karriere in Amerika. Denn ich wurde durch die Emigration und durch Amerika herausgefordert und hatte in Amerika Chancen, die ich wahrscheinlich in Europa, hier in Wien nicht bekommen hätte.

HK: Sie sagten einmal in einem Interview, daß Amerika Ihre Denkweise gebildet hat. In welcher Weise wurden Sie geprägt von Amerika?

HG: Man könnte das mit einem Wort ausdrükken: Freiheit. Persönliche Freiheit, berufliche Freiheit, politische Freiheit. Sich nicht fürchten. Ich will damit nicht sagen, daß es in Amerika keine Dinge gibt, vor denen man sich fürchten muß. Aber man fürchtet sich in Amerika im allgemeinen nicht vor der politischen oder polizeilichen oder militärischen Autorität. Das ist das erste, was ich als Teenager in Amerika erfahren habe. Es hat sich zuerst einmal in der Schule gezeigt. Die Schule in Wien war auf Tyrannei aufgebaut, auf totale Autorität des Professors, des Lehrers. Es war eine große Überraschung und eine befreiende Erfahrung für mich, daß man in Amerika als Schüler gefordert wird, für sich selbst zu denken, mit dem Lehrer zu argumentieren, zu widersprechen und ein Individuum zu sein. Das hat mich dauernd beeinflußt. Man hatte in Amerika immer das Gefühl, und ich glaube, man hat es noch immer –, daß man eigentlich alles erreichen kann, was man erreichen will, wenn man Talent, Fleiß und Glück hat. Natürlich braucht man

UNUM

auch Glück, das ist richtig. Ich habe viel gelernt in Amerika über die politische Bedeutung der Demokratie, und ich habe gelernt, warum die Demokratie eigentlich trotz all ihrer großen Fehler die beste soziale und politische Ordnung ist, die in der wirklichen oder praktischen Welt möglich ist.

HK: Hat sich die Autoritätsgläubigkeit der Deutschen und Österreicher im Vergleich zu früher abgeschwächt?

HG: Über Deutschland kann ich, sollte ich nicht sprechen. Ich kenne Deutschland nur von einigen Besuchen als Journalist. In Österreich ist diese Autoritätsgläubigkeit schwächer als in meinen Kindheitsjahren, aber immer noch stärker als in Amerika.

HK: Halten Sie diese Autoritätsgläubigkeit für bedrohlich im Sinne der Demokratie?

HG: Ich glaube nicht. Ich glaube, es gibt jetzt genug Gegenströmungen gegen die Autoritätsgläubigkeit. Aber es ist wirklich schwer, etwas darüber zu sagen. Ich bin nach einem Jahr in Wien immer noch ein Outsider.

HK: Ich würde jetzt gern auf Ihre jüdische Abstammung zu sprechen kommen. Bruno Kreisky schreibt in seiner Autobiographie: »Natürlich ist die Herkunft aus einer Religions- und Schicksalsgemeinschaft wie der jüdischen von bildendem Einfluß auf die Persönlichkeitsformung.« Stimmen Sie Kreiskys Aussage zu?

HG: Das ist schwer zu sagen. Man weiß nur selten, was einen formt. Ich habe nie eine Psychoanalyse gemacht und habe daher keine Theorie darüber, was mich geformt hat. Ich kann nur konstatieren, daß die jüdische Religion in meiner Familie nicht sehr stark präsent war. Erst durch die Nazis wurde man gezwungen, über sein Judentum viel nachzudenken. Vielleicht hat das Judentum in mir eine gewisse Neigung für das spekulative Denken gefördert, vielleicht eine gewisse Vorsicht und Zurückhaltung, vielleicht eine gewisse Skepsis. Aber ich glaube, daß ich auch von vielen anderen Dingen geformt wurde.

HK: Sie sind kein praktizierender, kein gläubiger Jude. Was macht Ihr Judentum heute aus?

HG: Das Judentum ist eine seltsame Sache. Es ist eine Mischung von Religion und Nationalität oder Rasse. Das Judentum ist in gewisser Beziehung wie ein Stamm, wie eine vergrößerte Familie. Und selbst wenn man sich nicht an die Regeln des Stammes hält oder sich nicht oft mit seiner Familie trifft, bleibt man doch Mitglied dieser Familie und dieses Stammes. Ich kann nicht sagen, daß ich stolz darauf bin, ein Jude zu sein. Ich habe ja dazu nichts getan. Das ist Schicksal, Zufall. Ich muß ehrlich sagen, wenn ich analytisch darüber nachdenke, gibt es einige Dinge in der jüdischen Religion, die mir nicht sehr gefallen. Im Alten Testament gibt es gewisse Elemente der Rachsüchtigkeit, die mir nicht behagen. Auch die Exklusivität der jüdischen Religion ist nicht immer ganz nach meinem Geschmack. Andererseits bewundere ich am Judentum das ethnische System, das es aufgebaut hat und auf dem es basiert. Ich bewundere ganz besonders das Genie des Judentums zu überleben. Ich habe einmal über die jüdische Religion vor vielen, vielen Jahren für die amerikanische Zeitschrift »Life« geschrieben: Überleben ist das jüdische Heiligtum. Daß das Judentum alle Verfolgungen und Zerstörungen überlebt hat, ist fast wie ein Wunder, und ich persönlich kann dieses Wunder nicht erklären. Es gibt meiner Ansicht nach keine rationale Erklärung dafür, wie dieses Volk seine Identität bewahren konnte, und ich muß fast sagen, daß ich mich vor diesem Wunder beuge.

HK: Sie haben sicher den sogenannten Historikerstreit über die Frage verfolgt, ob der nationalsozialistische Holocaust geschichtlich einmalig war oder nicht. Können Sie sich vorstellen, daß Auschwitz noch einmal möglich wäre?

HG: Ja, ich kann es mir vorstellen. Es ist zum Glück höchst unwahrscheinlich. Und ich sage das nicht, weil ich ein bestimmtes Szenario im Kopf habe, wie Auschwitz wieder geschehen könnte. Andererseits, wenn man sich die Geschichte anschaut, kann man wirklich nicht sagen, daß die Menschheit über die Jahrtausende besser geworden ist oder daß die ärgsten Schrecken sich nicht wiederholt haben. Sie haben sich wiederholt. Ich weiß, der Schrecken von Auschwitz, der Naziterror, ist bisher einmalig. Aber man kann nicht wissen, was aus der Menschheit noch werden wird. Es gibt viele Dinge in unserer Welt, die man nicht mehr für möglich hält, Ermordungen, jedwede Grausamkeit. Es gibt schreckliche Dinge. Ich bin leider nicht sicher, daß die Menschheit den Nazischrecken nicht wiederholen könnte.

HK: Gibt es für Sie eine Verkörperung des Bösen?

HG: Nein. Ich bin tief davon überzeugt, daß das Böse im Menschen immer existieren wird, Seite an Seite mit dem Guten. Das ist die menschliche Kondition, und deshalb bin ich, philosophisch und auch politisch gesprochen, kein Liberaler. Ich glaube, der naivste Philosoph war Rousseau. Es ist eine sehr große Gefahr für die Gesellschaft, blind an das Gute im Menschen zu glauben. Man muß an das

Gute glauben, darf aber das Böse nie übersehen. Man muß immer vorsichtig sein, muß es so gut wie möglich bekämpfen. Das ist ein Kampf, der nie aufhört, auch in einem selbst nicht.

HK: Wo immer die Juden in der Vergangenheit lebten, sie sind in allen Ländern verfolgt worden. Meines Wissens gibt es nur ein Land, Nordamerika, in dem sie nicht verfolgt wurden. Können Sie sich vorstellen, daß es jemals zu einer Judenverfolgung auch in Amerika kommen könnte?

HG: Kaum. Aber es kommt darauf an, was wir mit Verfolgung meinen. Ich glaube nicht, daß eine Verfolgung von der Art der Nazis in Amerika je möglich wäre, trotz allem, was den schwarzen Amerikanern in der Vergangenheit geschehen ist.

HK: Aber es gab starke antisemitische Strömungen in Amerika.

HG: Ja, und die wird es wahrscheinlich immer geben. Es wird Antisemitismus geben, solange es Juden gibt, in Amerika und anderswo. Aber ich glaube, er wird in Amerika immer weniger arg sein als in den meisten anderen Ländern. Ich kann die Zukunft nicht prophezeien, aber bis jetzt ist Amerika anders gewesen, weil es auf ganz anderen Grundlagen, auf Freiheit aufgebaut ist und weil es Sicherheitsventile wie wenige andere Länder hat.

HK: Sie sagen, es wird den Antisemitismus geben, solange es Juden gibt. Warum?

HG: Es handelt sich nicht nur um Juden. Ich glaube, wo immer eine starke, prägnante, profilierte Minorität existiert, wird es eine Ablehnung dieser Minorität geben. In Afrika wird es wahrscheinlich immer eine antisemitische Haltung geben, und auch zwischen Türken und Griechen wird sich die Sache nicht so bald mildern. Ich weiß, daß es Theorien gibt, wonach jüdische Identität und Religion besonders provokativ auf Nichtjuden wirken. Ich weiß nicht, ob das wahr ist.

HK: In Amerika scheinen Juden heute in ähnlichen Berufen sehr erfolgreich zu sein, in Verlagswesen, Presse, Entertainment, auch Rechtsanwälte und Ärzte – wie in der Weimarer Republik. Dabei gab es in Amerika nie ein Berufsverbot für bestimmte Berufe, nie ein Verbot für Landerwerb. Wie erklären Sie sich diese Parallelen?

HG: Ich glaube, das sind beschränkte Parallelen. Es gibt Juden in Amerika in allen Berufen, inklusive Sport, wo Juden allgemein für nicht sehr aktiv gehalten werden. Ich kann daher diese Parallelen nicht ganz akzeptieren. Die wahrscheinlich berühmtesten Anwaltsfirmen in Amerika sind nicht jüdisch. Es ist nicht so einfach. Manche Leute glauben, daß die Medien oder das Bankwesen in Amerika von Juden kontrolliert werden, aber tatsächlich stimmt das nicht. In solchen Behauptungen zeigt sich eben eine Neigung zum Antisemitismus. Juden sind in diesen Bereichen zwar stark vertreten – warum, kann ich nicht sagen. Aber es gibt viele andere in diesen Berufen, die nicht jüdisch sind, und von Machtübernahme zu sprechen, wie manche Leute das tun, ist sicher falsch.

HK: Dadurch, daß die Juden in Amerika von Verfolgung verschont blieben, haben sie sich sehr stark assimiliert. Wie beurteilen Sie diese Entwicklung?

HG: Das kommt auf den Gesichtspunkt an. Ich wäre nicht sehr froh, wenn das Judentum langsam verschwände, seine Identität verlöre. Also müßte ich logischerweise sagen, daß die Assimilation schadet. Was ich aber nicht weiß, ist, wie weit diese Assimilierung wirklich fortgeschritten ist. Auf jeden jungen Juden, der nicht mehr in einen Tempel geht oder gar nichts mehr über seine Tradition weiß, kommen erstaunlich viele jüdische Amerikaner, die sehr orthodox sind und auf ihrer Religion bestehen. Ich glaube nicht, daß diese Assimilierung wirklich fatal ist.

HK: Victor Weisskopf sagte mir, als er nach Amerika gekommen sei, hätten sich die jüdischen Studenten sehr anstrengen müssen, besonders in Harvard. Jetzt seien sie dort so wie alle anderen. Fördern Anerkennung und Assimilierung auch die Durchschnittlichkeit?

HG: Nein, man kann nicht sagen, daß Toleranz schlecht ist, weil sie zum Durchschnitt führt. Ich weiß, was Sie meinen. Das ist eine interessante Frage. Aber ich glaube, man muß sich immer noch anstrengen in Amerika, ob man Jude ist oder nicht.

HK: Nicht mehr so wie Sie damals.

HG: Auch das würde ich nicht sagen. Ich halte nicht viel von der simplen Ursache-und-Wirkung-Theorie, die besagt, wenn Juden diskriminiert werden, müssen sie sich mehr anstrengen und leisten deshalb Besseres als Nichtjuden. Das ist zu einfach. Für jeden Juden, der es trotz Diskriminierung nach Harvard geschafft hat, gibt es viele, die eben wegen der Benachteiligung aufgeben mußten. Im ganzen gesehen ist es sicher besser, wenn die Wettbewerbsbedingungen gleich sind für Juden und Nichtjuden.

HK: Es heißt ja, daß heute eine andere Minderheit in Amerika zunehmend Erfolg hat: die asiatischen Einwanderer.

HG: Das ist richtig. Die Einwanderer aus Asien, besonders aus Vietnam, Korea und China, sind im allgemeinen außergewöhnlich gute Studenten. Sie sind auch brillante Geschäftsleute. Aber ich glaube nicht, daß man das damit erklären kann, daß sie in Amerika diskriminiert sind. Es gibt sehr viel Diskriminierung heutzutage gegenüber Asiaten. Warum sie so talentiert sind, warum die Chinesen so viele gute Ingenieure und Physiker haben, kann ich Ihnen nicht erklären. Ich glaube jedenfalls nicht, daß sie härter arbeiten müssen als andere, weil sie eine gelbe Haut haben. Wahrscheinlich liegen die Gründe mehr in der Familientradition und in der Tradition des Lernens. Und insofern gibt es eine gewisse Ähnlichkeit mit den Juden.

HK: Erlauben Sie, daß ich noch einmal auf den Holocaust zurückkomme. Seit einiger Zeit warnen bedeutende jüdische Menschen die Juden: Macht nicht aus dem Holocaust das Zentrum eurer Geschichte, schaut wieder mehr in die Zukunft, erinnert euch wieder an das Judentum selbst, nicht nur an seine Verfolgung. Sehen Sie das ähnlich?

HG: Ja, ich sehe da auch eine gewisse Gefahr, daß sich das Judentum nur identifiziert durch den Holocaust und durch seine Opferrolle. Man darf dabei nicht vergessen, in die Zukunft zu sehen. Es ist nicht leicht, beides im Gleichgewicht zu halten.

HK: Welche Dinge sollten die Juden im Auge behalten?

HG: Ich wünsche vor allem, daß Juden sehen, wieviel sie der Welt gaben und geben, wo immer sie auch leben. Intellektuell, ökonomisch, was immer ihr Talent ist. Und wenn es um die jüdische Zukunft geht, kommen wir natürlich sehr schnell zu Israel. Da habe ich keine besseren Antworten als irgend jemand anderer. Man muß natürlich das Überleben des Staates Israel garantieren, aber ich hoffe, daß das Schicksal der Juden nicht nur in Israel liegt. Das kommt wahrscheinlich aus meiner eigenen Erfahrung. Ich glaube, daß die Juden ein zweites Schicksal haben, zusätzlich zu Israel, und das ist das Schicksal der Diaspora, die Tatsache, daß sie auch in anderen Ländern leben und in diesen Ländern große Beiträge leisten. Ich bin in keiner Weise gegen Israel, aber ich würde mir nicht gerne vorstellen, daß das Judentum in hundert Jahren sich nur auf Israel beschränkt und nur ein kleiner Staat im mittleren Osten ist. Ich glaube, das Judentum hat bewiesen, daß es mehr zur Menschheit beitragen kann als auf diese Weise. Ich hoffe, das klingt nicht antiisraelisch.

HK: Manche sagen, die Juden in Israel neigen dazu, ein levantinisches Volk zu werden.

HG: Das habe ich gehört. Es wäre mir aber lieber, wenn das levantinische Volk ein westliches Volk würde. Ich verstehe, daß die westliche Philosophie, die westliche Lebensweise viele Gegner hat. Sie ist in vieler Beziehung zu materialistisch, und das provoziert immer Gegenbewegungen. Dennoch hoffe ich, daß in der Levante sich die Umgebung an das Niveau Israels anpassen wird und nicht umgekehrt. Ich denke dabei an Technologie, Wirtschaft und so weiter. Ich meine natürlich nicht, daß Israel über seine Nachbarn präsidieren soll, ganz und gar nicht. Aber Israel ist bis zu einem gewissen Grad ein westliches Volk, und es gibt gewisse wesentliche Prinzipien in Wirtschaft und Technologie, ohne die man in der Welt nicht überleben kann. Die Araber werden sich früher oder später daran anpassen. Der Islam war einst die fortschrittlichste Zivilisation der Welt, viel fortschrittlicher als die christliche Welt. Ich sehe also keinen wirklichen Grund, warum ein moderner Islam nicht auch fortschrittlich sein könnte.

HK: In dreißig Jahren soll aufgrund von Hochrechnungen jeder vierte Mensch auf der Erde ein Moslem sein.

HG: Ja, das habe ich gehört. Das wird interessant werden.Wenn sich diese Statistik bewahrheitet, wird sich natürlich in der Welt einiges ändern. Aber man darf auch nicht glauben, daß dann jeder Moslem ein Ebenbild von Khomeini sein wird. Die Moslems sind es heute schon nicht.

HK: Herr Grunwald, Sie sind heute Botschafter, aber lange Jahre haben Sie sehr erfolgreich als Journalist gearbeitet. Im Hinblick auf den Unterschied zwischen diesen beiden Tätigkeiten hat Sie der österreichische Rundfunk mit dem Satz zitiert:

»Diplomaten sind Menschen, die im Ausland für ihre Heimat lügen. Journalisten sind Menschen, die zu Hause für sich selbst lügen.«

HG: Das ist ein berühmtes Zitat von einem britischen Dichter und Diplomaten des siebzehnten Jahrhunderts, Sir Henry Wotton, und ich habe natürlich beide Statements zurückgewiesen. Es ist nur ein lustiges Zitat. Man hat mich auch gefragt, ob man als Diplomat lügen muß, und ich habe geantwortet: »Nein, als Diplomat muß man nicht lügen, man darf nur nicht immer alles sagen, was man sagen könnte.«

HK: Und als Journalist? Gab es für Sie da eine moralische oder ethische Leitlinie?

HG: Die einzige Leitlinie ist größtmögliche Aufrichtigkeit. Wobei man zugeben muß, daß absolute Ehrlichkeit nicht immer möglich ist, daß niemand frei ist von Vorurteilen, daß es keinen völlig neutralen Journalismus gibt. Es ist einfach unmöglich, über Israel, über Österreich, über Abtreibung eine völlig neutrale Titelgeschichte zu schreiben. Deshalb hat man bei »Time«, meinem Magazin, immer ganz offen die eine oder andere Meinung zu solchen strittigen Themen favorisiert. Das Wichtigste dabei ist, den Lesern offenzulegen, wie man als Journalist zu seinem Standpunkt gekommen ist, ihnen genug Informationen, auch von der Gegenseite, für die eigene freie Meinungsbildung zu vermitteln, nicht absichtlich das journalistisch gesammelte Wissen zu verzerren.

HK: In einem Satz…

HG: Der Journalist muß mit seiner ganzen Seele versuchen, die Wahrheit zu sagen.

FRIEDRICH HACKER

Psychiater und Autor. Geb. 1914 in Wien, gest. 1989 in Wien

HK: Herr Professor Hacker, Sie haben Wien im April 1938 verlassen, kurz nach der Angliederung Österreichs an das Dritte Reich. Damals waren Sie vierundzwanzig Jahre alt, Student und bereits verheiratet. Wohin sind Sie geflohen?

FH: Nach einigen angstvollen Wochen in Wien bin ich zunächst in die Tschechoslowakei emigriert, wo ich Verwandte hatte. Ich brauchte noch gewisse Abschlußprüfungen an der Universität, aber ich konnte sie in der Tschechoslowakei nicht ablegen. Später hat sich herausgestellt, daß das ein Glück war, denn die Tschechoslowakei wurde ja auch von Hitler überrannt. Ich bin dann in die Schweiz gegangen und von Freunden großzügig aufgenommen worden, habe aber trotzdem am Hungertuch genagt, weil ich überhaupt kein Geld hatte. Glücklicherweise hatte ich eine Begabung fürs Kartenspiel. So habe ich ein Schweizer Kartenspiel erlernt, das Jassen, das gewöhnlich kein Ausländer kennt, und mit einem Regierungspräsidenten und einem Polizeipräsidenten gejasst. Trotzdem bin ich aus Geldmangel im Sommer 1938 in die Tschechoslowakei zurückgekehrt. Das war gerade die Zeit der Sudetenkrise, und ich bin nur mit Mühe und Not den Nazis entronnen. In der Zwischenzeit hatte die Schweiz ihre Grenzen gesperrt. Erst durch die Intervention meiner Spielpartner, des Polizeipräsidenten und des Regierungspräsidenten, durfte ich nach langen Wochen doch noch in die Schweiz. Eine Ironie des Schicksals und moralisch pervertierend. Da glaubt ja unsereins, daß es mehr aufs Kartenspielen ankommt als auf die Menschenrechte.

HK: Daß Sie ins Ausland gehen mußten, hat Sie aus Ihrem gewohnten Leben herausgerissen und Ihre Pläne durchkreuzt. Wie haben Sie das verarbeitet?

FH: Die Enttäuschung hat Depression und Trauer, aber auch Energieanfälle ausgelöst. Und solche Anfälle waren mir bis dahin völlig fremd gewesen. Ich hatte nie etwas Richtiges gemacht, sondern mich mehr oder weniger treiben lassen. Aber aus Lebensnot habe ich nun begonnen, wirklich zu studieren. Die Aufenthaltsbewilligungen in der Schweiz waren ja immer nur auf einige Wochen beschränkt. Ich habe rasch das Doktorat gemacht und bin im August 1939 nach England gegangen, wo ich meine Ausbildung zum Psychoanalytiker begonnen habe. Ich stand unter großem Erfolgsdruck, denn Erfolg war Überleben. Aber ganz wohl war mir dabei nicht. Ich habe bis heute ein bestimmtes Ressentiment gepflegt: Wie komme ich dazu, wie ein Preuße arbeiten zu müssen, nur um zu überleben? Das war mir ganz wesensfremd.

HK: Die Emigration hat Ihnen vieles genommen. Hat sie Ihnen auch etwas gegeben?

FH: Sie hat mich ganz anders gefordert. In Wien wäre ich sicher ein anderer Mensch geworden. Ich hätte wahrscheinlich viel weniger Erfolg gehabt. Aber da ich überhaupt keine Wahl hatte, sind solche Vergleiche sinnlos.

HK: Haben sich Ihre Eltern eher als Österreicher oder eher als Juden verstanden? Oder ist diese Frage falsch gestellt?

FH: Nein, auf diese Frage gibt es eine eindeutige Antwort. Mein Vater war ein hochdekorierter österreichischer Offizier, der während des Krieges aus der russischen Gefangenschaft geflohen ist und in Österreich als großer Held gefeiert wurde. Er wurde noch an die italienische Front geschickt und dort vom Zusammenbruch überrascht und ist mit der ganzen Familie geflohen. Das waren dramatische Ereignisse in meiner Kindheit, und sie hatten nur damit etwas zu tun, daß wir Österreicher waren, nicht damit, daß wir Juden waren. Daß wir Juden waren, hielten wir für kein bestimmendes Charakteristikum. Es gab natürlich den Antisemitismus, aber ich bin in keinem Ghetto aufgewachsen, sondern in einem gutbürgerlichen, relativ wohlhabenden Haus, und bekam daher den Antisemitismus kaum zu spüren. Außerdem habe ich nicht besonders jüdisch ausgeschaut.

HK: Hat in Ihrer Erziehung die jüdische Tradition eine Rolle gespielt?

FH: Überhaupt nicht. Ich hatte einen väterlichen

Großvater, der ein frommer Jude war, aber er hatte keinen Einfluß auf unser Leben. Ich bin eigentlich ohne jede Identifikation mit irgend etwas Jüdischem aufgewachsen. Freilich habe ich von meiner jüdischen Abkunft gewußt und versucht, mir etwas von der jüdischen Tradition zu erwerben. Ich habe etwas Hebräisch gelernt, kann also wenigstens lesen. Aber freiwillig, ohne jeden Druck. Eigentlich habe ich von der jüdischen Kultur weniger mitbekommen als von der französischen und englischen.

HK: Wie schätzen Sie die Lage der Wiener Judenschaft zu Beginn des zwanzigsten Jahrhunderts und in den zwanziger und dreißiger Jahren ein? War das eine Minderheit, deren Angehörige sich besonders anstrengen mußten, um soziale Anerkennung zu finden?

FH: Ja, schon. Aber wenn man diese Zeit von heute aus betrachtet, entsteht leicht ein schiefes Bild. Wir waren in Wien eben überassimiliert. Und zu jeder Assimilation gehört ein gewisses Maß an Verdrängung und Verleugnung. Natürlich hat man gewußt, daß die jüdische Herkunft ein großes Handicap war. Die höchsten Positionen wurden einem ja naturgemäß vorenthalten. Aber in gesellschaftlicher und künstlerischer Hinsicht und in vielen Berufen gab es keine Schranken, jedenfalls nicht für das gehobene Bürgertum. Retrospektiv wird einem ja klar, daß es viele Gefahrensignale gab. Aber die sahen wir nicht oder wollten wir nicht sehen. Um so schlimmer war dann der Schock bei der Machtübernahme Hitlers. Das Gefühl, ausgestoßen zu sein.

HK: Da fällt mir Bruno Kreisky ein, der Ihnen ja in mancher Hinsicht nahesteht. Kreisky kommt wie Sie aus einer Familie des liberalen und assimilierten Judentums. Aber in seinen Lebenserinnerungen hat er geschrieben, daß die Zugehörigkeit zur jüdischen Religions- und Schicksalsgemeinschaft bildenden Einfluß auf seine Persönlichkeitsformung hatte.

FH: Ja, gewiß. Da möchte ich Freud zitieren. Als er gefragt wurde, was an ihm jüdisch sei, hat er gesagt: Eigentlich sehr wenig, aber vielleicht das Wichtigste.

HK: Und bei Ihnen?

FH: Das trifft vielleicht auch auf mich zu. Aber es ist mir kaum bewußt geworden. Sonst wäre der Schock nicht so groß gewesen. Ich fühlte mich ausgeschlossen aus Gründen, die ich nicht gekannt habe. Eine typische Kafka-Situation. Es wird einem der Prozeß gemacht, und man weiß nicht, wofür. Das war ein immer wiederkehrender Alptraum, unschuldig schuldig zu sein. Das ist sicher ein jüdisches Stigma, und es hat mein Leben entscheidend beeinflußt.

HK: Ist dieses Stigma die jüdische Eigenschaft, von der Freud und vielleicht auch Sie selbst sagen, es sei das Wichtigste?

FH: Das Wichtigste ist wahrscheinlich auch das Verborgenste. Wie soll ich es nennen? Die Sehnsucht nach einer Zugehörigkeit, an der man selbst nicht zweifelt, die aber von den anderen bestritten wird. Was mich betrifft, glaube ich dazuzugehören wie nur irgendeiner. Ich spreche wie die Leute, singe dieselben Lieder, esse dieselben Sachen, glaube dieselben Blödheiten und so weiter. Ich kann nicht einmal sagen, assimiliert. Ich habe immer das Gefühl, die anderen sind *mir* assimiliert. Und gleichzeitig weiß man als nicht völlig naiver Mensch, daß es viele andere gibt, die meine Zugehörigkeit in Frage stellen. Das geht an die Basis der Existenz.

HK: Sie sprechen von Ihrer Sehnsucht nach der Zugehörigkeit zu einer bestimmten Sprache und Kultur. Suchen Sie noch nach dieser Zugehörigkeit oder haben Sie sie schon gefunden?

FH: Ich habe sie immer schon gehabt und eigentlich niemals verloren. Wissen Sie, ich war ja immer der Meinung, daß mir der Herr Hitler und seine Spießgesellen meine Zugehörigkeit nicht rauben können. Ich habe mich ausgestoßen gefühlt, aber niemals nicht zugehörig. Dagegen habe ich in Amerika, wo es mir immer gutgegangen ist, alles mögliche, aber kein Zugehörigkeitsgefühl. Ich meine, ich schätze die Amerikaner in vieler Hinsicht höher ein als die Österreicher, weil sie fairer und anständiger sind und es viel einfacher ist, mit ihnen auszukommen. Nur habe ich in Amerika noch immer das Gefühl, daß mich die Dinge kaum etwas angehen.

HK: Wie steht es mit der Sprache?

FH: Obwohl ich so lange in Amerika gelebt habe, schreibe ich viel lieber deutsch. Ich kann mir gar nicht vorstellen, ein Gedicht oder einen Liebesbrief auf englisch zu schreiben.

HK: Ihre Liebesbriefe würden Sie also heute noch in Deutsch schreiben.

FH: Ich glaube schon. Ich würde sie vielleicht übersetzen, wenn es nötig wäre.

HK: Jedenfalls ist die deutsche Sprache für Sie unersetzlich.

FH: Ja, und wenn Sie wollen, können Sie natürlich sagen, daß sich auch darin ein Bedürfnis nach Zugehörigkeit zeigt. Bewußt ist es mir nicht.

HK: Ihr Leben hat durch die Emigration einen

Verlauf genommen, den Sie nicht vorhersehen konnten. Aber Sie haben, wenn ich so sagen darf, die Herausforderung angenommen. Sind Sie heute eigentlich mit sich zufrieden?

FH: Na ja, ich weiß nicht. Ich habe mich nicht so wahnsinnig gern, wie ich jetzt bin.

HK: Warum nicht?

FH: Weil ich vieles von dem, was ich seinerzeit war und bleiben wollte, aufgeben mußte. Unter äußerem Zwang und unter Erfolgsdruck.

HK: Wer waren Sie vor der Emigration?

FH: Ich war, glaube ich, ein talentierter, arroganter und kluger, aber irgendwie verkommener, unmotivierter Mensch. Von mir haben wohl alle gemeint, daß ich im Leben einmal nichts erreiche. Ich war zu sehr wenig fähig, auch gar nicht arbeitsam, leicht abzulenken, verspielt und unkonzentriert. Auch verwöhnt. Vielleicht nach außen hin keineswegs besonders sympathisch. Aber halt doch mit einem reichen und ausgedehnten Innenleben. Und dieses Innenleben wurde natürlich eingeschränkt durch die Bemühung, erst einmal zu überleben und es denen zu zeigen, die mich verstoßen hatten, und mich in einem fremden Land mit einer fremden Sprache zu behaupten. Ich habe die ursprüngliche Sprache sehr vermißt und sehr unter dem Verlust der Heimat gelitten. Aber ich glaube, daß ich ohne diesen äußeren Zwang nicht so erfolgreich gewesen wäre.

HK: Ist Erfolg wichtig für Sie?

FH: Wer braucht schon diesen Erfolg? Die Ereignisse haben mich zu einem Menschen gemacht, der diesen Erfolg braucht, und das gefällt mir nicht. Aber schauen Sie diese Pokale hier! Ich gewinne ununterbrochen Kartenspielturniere. Ich bin ein in weitesten Kreisen bekannter Heurigensänger. Aber so, daß mich die berufsmäßigen Heurigensänger nicht von ihresgleichen unterscheiden können. Ich kann zweitausend Lieder mit allen Strophen. Und ich bin literarisch gebildet und schreibe einiges. Ich wäre viel lieber ein Literat geworden. Aber statt dessen bin ich in dieses Erfolgsschema des Wissenschaftlers gepreßt worden.

HK: Ihre weit gefächerten Interessen erwecken den Eindruck, daß Sie sich noch die kindliche Neugier erhalten haben.

FH: Ganz richtig. Ich bin ein kindischer Mensch. Aber der Infantilismus, den man sich bewahrt hat und jetzt mit den Mitteln des reifen und sogar überreifen Erwachsenen praktiziert, ist ja eigentlich nicht das Schlechteste. Für alle meine sogenannten Leistungen habe ich eigentlich keine wirklich seriösen Motivationen gehabt.

HK: Welche Motivationen sind das?

FH: Meine Motivationen sind eher spielerisch als ernsthaft, und das ist ja angeblich mit dem Erwachsenenleben nicht ganz in Einklang zu bringen. Für viele meiner Freunde gelte ich noch immer als ein schon reichlich überaltertes Enfant terrible, das sich im Protest und im Widerspruch wohler fühlt als in der Anpassung. Das habe ich mir, glaube ich, bewahrt, aber eben nicht in dem Ausmaß, wie ich es gerne getan hätte. Ich habe ja drüben eine Klinik gegründet, die ich seit Jahrzehnten führe und die national und international einen gewissen Ruf erlangt hat. Aber so etwas würde ich unter keinen Umständen noch einmal machen. Das ist eine Energieverschwendung, die durch keinen Erfolg wettgemacht wird. Alle diese organisatorischen Pflichten, das Funktionierenmüssen, das Einstellen und Entlassen von Mitarbeitern, das Schlichten von Streitigkeiten – das ist mir eine Last. Das finde ich abscheulich und furchtbar langweilig. Und dafür habe ich meine Talente verschwendet …

HK: Wofür hätten Sie Ihre Energie lieber eingesetzt?

FH: Ich hätte viel früher beginnen müssen, literarisch zu produzieren. Und ich hätte es kontinuierlich tun müssen. Es ist, wie man sagt, ewig schade um mich.

HK: Sie sind einen anderen Weg gegangen. Sie haben es sich schwergemacht.

FH: Ja, ich habe es mir schwergemacht. Obwohl ich nach außen den Eindruck mache, daß ich ein Mensch bin, dem alles leichtfällt und der fröhlich und Heurigenlieder singend durchs Leben segelt. Aber diesen Eindruck vermittle ich mehr, um den Leuten, die mich beobachten, einen Gefallen zu tun.

HK: Dann sprechen wir doch einmal darüber, wie es mit Ihnen wirklich bestellt ist.

FH: Ich habe keine besondere Lust, meine eigene Leidensfähigkeit zu erläutern. Ich habe es wahrscheinlich in mancher Hinsicht ebenso schwer gehabt wie viele Leute, die eine depressive oder melancholische Miene zur Schau tragen. Diese Überformung der Konflikte durch den äußeren Schein ist ja sicher eine Abwehrreaktion. Aber sie ist jetzt Teil meiner Persönlichkeit.

HK: Welche Konflikte haben Ihnen am meisten zu schaffen gemacht?

FH: Ich würde sagen, erstens das Trauma der Entwurzelung und zweitens der ständige Zweifel daran, was meine eigentliche Lebensaufgabe ist. Ich habe viele Talente, die nicht alle gleichzeitig eingesetzt werden können. In meiner produktiven Periode hatte ich gleichzeitig zwei oder drei Berufe.

Ich war Arzt, Klinikchef, akademischer Lehrer und Autor und habe außerdem noch die Verbindung mit Österreich aufrechterhalten. Jede Beschäftigung verlangt eine andere Einstellung. In diesem Sinne empfinde ich einen gewissen Stolz, weil ich trotz aller Bindungen, die ich freiwillig eingegangen bin, freier bin als die meisten anderen. Aber natürlich, die Kehrseite der Freiheit ist die Angst. Das Gefühl, bedrängt zu sein, ununterbrochen Entscheidungen fällen zu müssen.

HK: Diese Dialektik von Freiheit und Verpflichtung erscheint mir vertraut. Vertraut deutsch. Vielleicht stimmt es ja doch, daß die Wahlverwandtschaft zwischen Juden und Deutschen, von der Heine geschrieben hat, viel enger ist als die zwischen Juden und Engländern oder Juden und Franzosen.

FH: Bitte, da bin ich nicht gebildet genug, um zu wissen, ob das wirklich eine richtige Beobachtung ist. Es gibt zahlreiche französische Juden, die ähnliche Empfindungen haben. Eine innige Beziehung zur französischen Sprache und zugleich das Gefühl, nicht akzeptiert zu werden. Und bei englischen Juden kommt so etwas, glaube ich, auch häufig vor. Aber ich weiß schon, daß die Deutschen und die Juden unfertige Nationen sind, immer auf der Suche nach der eigenen Identität. Dabei muß man auch sehen, daß viele antisemitische Vorurteile politisch manipuliert worden sind, weil sie gerade nützlich waren. Das hat dann mit der jüdischen Wesensart nichts zu tun.

HK: Warum eignete sich gerade der Jude so gut als Sündenbock? Warum wurde er immer wieder in diese Rolle gedrängt?

FH: Um das zu klären, bedürfte es ganzer Seminare. Einer der Gründe ist natürlich, daß die Stellung des Juden nach seinem eigenen Verständnis ungeklärt war. Was sind die Juden eigentlich? Eine Religionsgemeinschaft, eine Schicksalsgemeinschaft, eine Rasse, ein Volk oder eine Nation? Verschiedene Juden definieren sich verschieden. Ich selber glaube, daß ich einer Schicksalsgemeinschaft angehöre, aber einer heteronom bestimmten Gemeinschaft. Die anderen bestimmen, daß wir einer Gemeinschaft angehören. Ich habe erst richtig gewußt, daß ich ein Jude bin, nachdem die anderen gesagt haben, ich sei einer. Vorher hat mir das Bewußtsein, Jude zu sein, nichts bedeutet. Ich habe es nicht für ein wichtiges Unterscheidungsmerkmal gehalten, aus dem man weitreichende Folgerungen ziehen kann.

HK: Sie haben sich selbst nie als Außenseiter der österreichischen Gesellschaft gesehen.

FH: Vor 1938 war ich sowieso keiner. Und als man mich zum Außenseiter gestempelt hat, fühlte ich mich nicht als solcher, denn ich wollte ja nicht mehr teilhaben an dem, wovon man mich ausgeschlossen hat. Ich wollte ja kein SA-Mann sein.

HK: In Nachschlagewerken und in der Darstellung Ihres Lebens und Ihrer Arbeit befindet sich kein Hinweis auf Ihre Religionszugehörigkeit, das heißt, auf Ihr Judentum. Haben Sie diese Angabe absichtlich nicht gemacht, weil Ihnen die Sache bedeutungslos oder zu belastet erschien?

FH: Ich habe es nie betont, aber auch nie abgestritten. Das Etikett des Jüdischen ist mir ja zunächst von außen aufgedrückt worden. Vorher habe ich mich auch keiner besonderen Schicksalsgemeinschaft zugehörig gefühlt. Das hat erst der Nationalsozialismus geschafft. Und da war ich schon in der Pubertät, hatte die Jahre, die einen Menschen am meisten prägen, schon hinter mir.

HK: Leo Löwenthal schreibt in seiner Biographie: »Die Juden wissen etwas vom Leben, das mehr ist als das Alltagsleben, und sie wissen um diesen ganzen Komplex des ungehinderten Genusses, des Sich-Auslebens, eine Freiheit, für die man nicht fortwährend zahlen muß, die offensichtliche Nichtnotwendigkeit, sich ständig mit der Natur auseinandersetzen zu müssen.« Außerdem erwähnt er noch ein jüdisches Witzwort: »Der Jud' gehört nicht in die Natur, der Jud' gehört ins Caféhaus.« Sind diese Zitate treffend oder unpassend?«

FH: Diesen letzten Spruch kenne ich sehr gut und finde ihn ganz passend. Aber das Zitat von Löwenthal verstehe ich nicht so ganz. Was wissen die Juden vom Leben, das über das Alltagsleben hinausgeht? Ich weiß nicht, was das wäre.

HK: »Eine Freiheit, für die man nicht fortwährend zahlen muß ...«

FH: Nein, dem würde ich nicht beipflichten. Ich verstehe es nicht, und ich bin sowieso einer der wenigen, die nicht an die Rasse glauben. Sicher gibt es gewisse – mit Anführungszeichen – jüdische Eigenschaften. Aber die sind Resultate der jeweiligen Umwelt, in der die Juden gelebt haben, und sehr veränderlich. Die Juden in Israel haben mit den Caféhausjuden wenig gemeinsam, und es gab durchaus naturverbundene jüdische Pfadfinder. Schon in Wien stimmen die Verallgemeinerungen nicht. Übertrieben gesagt, haben die Leute im 3. Bezirk andere psychische Strukturen als die Leute in den Caféhäusern des 1. Bezirks. Ich glaube nicht, daß es jüdische Eigenschaften gibt, die rassischen Merkmalen entsprechen.

HK: Aber es gibt eine gemeinsame Vergangenheit fast aller Juden: die Diaspora. Die Diaspora als Bedrohung und als Bedingung dafür, daß die kulturelle Tradition des Judentums sich bewahren konnte. Ich meine, diese Vergangenheit allein würde schon genügen, um jüdische Eigenheiten zu erklären. Rassentheorien müßten da gar nicht erst bemüht werden.

FH: Da gebe ich Ihnen recht. Aber zu den Auswirkungen der Diaspora kommen noch die Auswirkungen der Assimilation in den letzten hundertfünfzig Jahren. Wenn Sie sich vorstellen, daß hier in Wien 1938 mindestens zehntausend Leute erst durch die strengen Ahnenprüfungen gemäß den Nürnberger Gesetzen herausgefunden haben, daß sie jüdisches Blut in ihren Adern hatten ... Ein paar hundert haben deswegen Selbstmord begangen. Weil sie es wirklich nicht gewußt haben. Das zeigt doch deutlicher als alles andere, daß objektive Unterscheidungskriterien nicht vorhanden oder im Schwinden waren oder keine große Rolle mehr gespielt haben. Zugleich galten andere Leute als Arier, die vielleicht Volljuden waren. Ich weiß das aus meiner eigenen Familie. Ich bin ja mit der Familie von Richard Strauss verwandt. Das waren die ärgsten Nazis und meine Blutsverwandten. Ich meine, die haben es natürlich gewußt, aber die nachfolgende Generation hat schon keine Ahnung mehr gehabt, was ein Jude überhaupt ist. Obwohl die Mutter eine Volljüdin war. Diese nazistische Vorstellung von der Stimme des Blutes ist ja der reinste Unsinn.

HK: Der Oberrabbiner Jakobovits hat die Juden ermahnt: Macht nicht den Holocaust zum Zentrum eurer Geschichte, besinnt euch wieder auf das, was das Judentum eigentlich ausmacht. Und einige prominente Israelis sagen das gleiche. Auch hier wieder die Überzeugung, daß es ein Wesen des Judentums oder zumindest einen geschichtlichen Auftrag des Judentums gibt.

FH: Mit der Aussage von Jakobovits bin ich einverstanden. Allerdings würde ich die Definition des Judentums nicht den Orthodoxen überlassen, die ja in vielfacher Hinsicht die rückständigsten und fanatischsten Juden überhaupt sind. Offenbar sind ja diese ultrakonservativen religiösen Gruppen in Israel ganz besonders daran interessiert, das Judentum möglichst eng zu definieren.

HK: Was bedeutet das Judentum für Sie persönlich?

FH: Das habe ich schon gesagt: eine Schicksalsgemeinschaft. Aber ich frage mich nur selten, ob ich einen Juden oder einen Nichtjuden vor mir habe. Das ist mir mehr oder weniger egal. Ich glaube, daß das Judentum eine zivilisatorische und kulturelle Mission hatte, die wahrscheinlich noch nicht erfüllt ist. Aber ich meine nicht ihre zionistische Variante.

HK: Wie kann man die Mission umschreiben, die das Judentum hatte und vielleicht noch hat?

FH: Das hängt mit der Doppelrolle der Juden zusammen. Sie haben ihre eigene Identität bis zu einem gewissen Grad aufrechterhalten und zugleich dem Volk, in dessen Mitte sie gelebt haben, vieles abgesehen und ihm viele kulturelle Impulse gegeben. Besonders in Mitteleuropa haben sie durch ihre spezifische Stellung für Austausch und Abwandlung gesorgt und auf diese Weise die Kultur entscheidend mitgestaltet. Ich meine solche Juden wie Karl Kraus, Arthur Schnitzler, Hofmannsthal, Kafka und Freud oder, auf die Gegenwart bezogen, wie Bruno Kreisky. Allesamt völlig assimilierte Juden. Hätte man nicht diese Hitlerische Ahnenforschung betrieben, wären diese Personen im öffentlichen Bewußtsein gar nicht als Juden klassifiziert worden. Zumindest nicht in ihren Werken und nach ihrem Aussehen. Selbst Theodor Herzl war zunächst total assimiliert und hat sogar den Massenübertritt der Juden zum Katholizismus vorgeschlagen. Er hatte die für Juden sehr charakteristische gebrochene Haltung. Die Juden haben sozusagen die Ambivalenz erfunden und demonstrieren sie immer wieder, und das macht sie so interessant.

HK: Ist das eine Haltung, die Ihnen sympathisch ist?

FH: Juden in meiner Idealvorstellung sind Zweifler und Skeptiker und stellen sich selbst in Frage. Sie sind ein Konglomerat von Ungewißheit. In keinem anderen Volk sind diese Haltungen so deutlich und häufig vertreten.

HK: Zweifeln, skeptisch sein, sich in Frage stellen ... Gilt das auch für Sie selbst?

FH: Ja. In dieser Hinsicht glaube ich ein typischer Jude zu sein.

HK: Sie sind Jude, und Sie sind Psychoanalytiker und Sozialpsychologe, besser gesagt, Sozialpsychiater. Eines Ihrer Hauptarbeitsgebiete ist die Aggressionsforschung. Damit haben wir, glaube ich, mehrfachen Anlaß, über die Zeit des Nationalsozialismus zu sprechen. Lassen sich die Taten der Nazis – von der Machtübernahme bis zu den KZs – als Aggressionsakte beschreiben?

FH: Es waren Aggressionsakte, aber keineswegs explosive, nicht durch Kontrollverlust gekennzeichnet. Ganz im Gegenteil. Es waren Akte einer kalkulierten, strategisch eingesetzten Aggression. Das, was man hin und wieder kalte Gewalt nennt.

HK: Können Sie sich vorstellen, daß sich so etwas wie Auschwitz wiederholen kann?

FH: Ich fürchte, ja. Wenn ich an Khomeinis Gottesstaat denke, brauche ich gar nicht besonders viel Phantasie dazu. Ich kann mir ähnliche Situationen auch in Europa durchaus vorstellen. Obwohl ich bisher im Historikerstreit auf der Seite derer stehe, die in der maschinellen Form der Massenvernichtung mit behördlicher Sanktionierung ein bisher unvergleichbares Ereignis sehen.

HK: Wie ist es zu erklären, daß von denen, die an der Verfolgung und Ermordung der Juden unmittelbar beteiligt waren, nur ganz wenige den Befehl verweigert haben? Warum war das Gewissen als moralische Instanz bei fast allen SS-Leuten und Soldaten außer Kraft gesetzt?

FH: Darüber arbeite ich gerade, weil ich ein Buch über Korruption schreibe. Gerade heute habe ich dieses Thema behandelt. Aber ich glaube, Sie gehen von falschen Voraussetzungen aus. Die meisten Leute befolgen Befehle, weil sie glauben, daß eben das moralisch ist. Der Gedanke, daß die Befehle selbst unmoralisch sein könnten, kommt ihnen gar nicht, weil sie ganz selbstverständlich der Überzeugung sind, daß die Führer und Vorgesetzten legitimiert sind, für alle zu sprechen. Daher fordert ihr Gewissen, dem Befehl zu gehorchen, selbst wenn sie auf den Führer nicht vereidigt worden sind. Man kann nicht sagen, daß alle, die den Befehlen gehorcht haben, keine moralische Instanz hatten. Im Gegenteil. Ursprünglich war ja die nationalsozialistische Bewegung ihrem Selbstverständnis nach eine betont moralische Bewegung. Die Nazis kämpften gegen Korruption, gegen Verfilzung, gegen die Parteienwirtschaft, gegen den Verfall der Sitten und so weiter. Wie verrückt und menschenfeindlich die Nazis auch agiert haben, es war ein moralischer Impuls, der sie dazu geführt hat. Und das erklärt auch die ungeheure Begeisterung und den Rauschzustand, in den diese Leute gerieten.

HK: Fritz Stern schreibt in seinem Aufsatz »Nationalsozialismus als Versuchung«, daß die pseudoreligiösen Elemente der Naziideologie eine große Anziehung darstellten.

FH: Ja, das waren sie auch. Man könnte das Ganze ein Faszinosum nennen.

HK: Auch die deutsche Bevölkerung hat es ja meist gleichgültig, wenn nicht zustimmend hingenommen, daß jüdische Nachbarn abgeholt und durch die Straßen gejagt wurden.

FH: Das ist etwas, was schon Alfred Adler formuliert hat und durch viele empirische Untersuchungen nachgewiesen ist. Abgesehen davon, daß ich darüber geschrieben habe. Gewalt, die gebilligt wird, wird kaum noch als Gewalt wahrgenommen. Hunderttausende, wenn nicht Millionen Deutsche haben diese Greueltaten mit angesehen, ohne sie als Greueltaten zu registrieren. Natürlich haben viele auch verdrängt, was sie gesehen haben. Aber die meisten haben die Vorfälle als legitime Handlungen der Staatsmacht wahrgenommen und sich weiter keine Gedanken darüber gemacht.

HK: In den Filmen von Fred Zinnemann kommt oft eine Figur vor, die an einem Scheide- oder Kreuzweg steht und sich dann für das Positive oder das Negative entscheidet, je nach ihrem Charakter. Immer wieder stellt sich für den einzelnen die Gewissensfrage. Fred Zinnemann ist Jude und hat oft die Situation des Ausgestoßenen und des Außenseiters erlebt. Ich glaube, als Außenseiter muß man sich häufiger entscheiden als die anderen.

FH: Ja, aber ich nehme an, daß sich die moralische Frage meist gar nicht als Kreuzwegsituation darstellt. Meist geht es gar nicht um ein Entweder-Oder. Man schlittert in viele Dinge einfach hinein. Und wer entscheidet, was das Positive und das Negative ist? Ich muß sagen, ich war nie in der glücklichen Lage, mich zwischen dem Guten und dem Bösen entscheiden zu können. Der Hitler hat uns allen einen riesigen Dienst erwiesen. Das ist jetzt ironisch gesprochen. Während dieser Zeit hat man wenigstens gewußt, was man nicht machen darf. Es hat eine einwandfreie moralische Polarisierung stattgefunden. Alles, was Hitler geschadet hat, haben wir getan. Alles, was ihm auf irgendeine Weise hätte nützen können, war tabuisiert. Man hatte eine einfache und überzeugende Verhaltensregel. Heute ist es viel schwieriger geworden.

HK: Vielleicht erklärt dies auch teilweise, warum so viele Regisseure immer wieder zu Stoffen aus dieser Zeit greifen.

FH: Wir alle sehnen uns nach einer moralischen Orientierung, die möglichst unkompliziert ist. Und der Hauptbeitrag von Leuten wie Hitler und Khomeini für ihre eigenen Anhänger bestand darin, daß sie ihnen Verhaltensregeln für jede Situation gegeben haben. Für seine Gegner hat Hitler genau denselben Dienst geleistet. Es war eine Zeit der Not, der Entbehrung und der Angst, aber in moralischer Hinsicht war es das Paradies. Man hat genau gewußt, was man wünschte, erhoffte und erträumte. Und was man vielen Filmen vorwerfen kann, ist, daß sie eine moralische Polarisierung vorgaukeln, die in Wirklichkeit nicht existiert.

HK: Die Frage ist dann, woran man sich heute noch orientieren kann, wenn eine moralische Entscheidung zu treffen ist.

FH: Ich glaube, ohne einen moralischen Konflikt gibt es keine moralische Entscheidung. Wenn man eine moralische Vorentscheidung trifft und sie verallgemeinert, damit jeder Zweifel ausgeschlossen ist, wirkt schon die Herrschaftsvernunft. Das verhindert meiner Ansicht nach eine moralische Entscheidung. Es gibt einige Dinge, über die man sich ohne weiteres einig ist: Es soll nicht gefoltert werden, es darf kein zweites Auschwitz geben. Daraus einen Verhaltenskodex zu machen ist an sich schon unmoralisch. Moral basiert auf Empörung gegen Ungerechtigkeit, rationalisiert diese Empörung. Die Empörung selbst braucht keine moralischen Gründe, sondern umgekehrt.

HK: In Ihrem Buch über das »Thema Aggression« gehen Sie auch auf das Drama »Die Gerechten« von Albert Camus ein und behandeln das Problem, das bei jedem Gewissenskonflikt auftaucht: Inwieweit sind moralische Entscheidungen Gewissensentscheidungen, und inwieweit entsprechen sie den Machtverhältnissen?

FH: Das ist zum Beispiel bei der Beurteilung von Terroristen von Bedeutung. Ich bin gegen die globale Verurteilung der Terroristen, natürlich auch gegen eine globale Befürwortung der Terroristen. Es kommt eben darauf an. Gerade diese Offenheit ist moralisch. Sich immer wieder vor eine moralische Alternative gestellt zu sehen, statt alles schon vorentschieden zu haben.

HK: Vermutlich wird es heute immer schwieriger, ein eigenes, unabhängiges Gewissen herauszubilden.

FH: Das ist eine sehr schwierige Frage. Es gibt amerikanische Forscher, die zwischen verschiedenen Stufen der Gewissensentwicklung unterscheiden und die höchste Stufe dieser Entwicklung darin sehen, daß man sich gegen die konventionellen Moralvorstellungen wendet. Dem steht aber entgegen, was schon Jean Paul gesagt hat, daß nämlich das innere Licht von allen Illuminationsarten das unsicherste ist. Sich nur seinem eigenen Gewissen verpflichtet zu fühlen, hat ja zu den grausigsten Irrtümern und Fanatismen geführt. Die völlige Unabhängigkeit des Gewissens ist eigentlich, das sage ich jetzt als Psychiater, die Definition des Wahns. Wahnhaft entstellte Menschen fühlen sich weder der Gemeinschaft noch irgendeiner gemeinsamen Wahrnehmung verpflichtet, sondern nur ihrer eigenen Wahrnehmung, die manchmal halluzinatorisch ist. Solchen Leuten befiehlt häufig eine innere Stimme, sich selbst oder andere umzubringen. Ein erwachsener, reifer Mensch spürt dagegen den Konflikt zwischen den Konventionen und Traditionen auf der einen Seite und den eigenen Gewissensimpulsen auf der anderen Seite.

HK: Es bleibt die Frage, warum gerade die Deutschen so anfällig für blinden Gehorsam und Autoritätsgläubigkeit sind. Die Frankfurter Schule hat ja schon in den dreißiger Jahren im Exil den autoritären Charakter als die Massenbasis des Faschismus untersucht. Wie würden Sie selbst diese Frage beantworten?

FH: Auch diese Frage ist nicht so leicht zu beantworten. Diese autoritäre, patriarchalische Grundhaltung hat sicher historische Gründe. In Deutschland hat nie eine Autoritätsumwälzung stattgefunden wie in der amerikanischen und in der Französischen Revolution. Außer vielleicht nach dem Sturz des nationalsozialistischen Regimes. Vieles spricht dafür, daß nach dem Krieg diese autoritäre Struktur aufgelockert worden ist. Merkwürdigerweise hält sie sich in Bayern und Österreich am längsten.

HK: Ist sie dort weniger gefährlich?

FH: In Bayern und Österreich halten sich noch feudale Restbestände. Das hat manchmal makabre Züge. Andererseits gewährt diese Tradition noch Wärme, Geborgenheit und Familiarität. Die Demokratie in Massenstaaten funktioniert ja nur durch die Herrschaft der Bürokratie, das heißt durch Entpersönlichung und Entfremdung. Sie erlaubt Gerechtigkeit, führt aber zu Anonymität und Gleichschaltung. Vieles, worunter die Menschen heute in den Großstädten leiden, hängt eng mit der Demokratie zusammen. Und das führt wiederum zu antidemokratischen Reaktionen.

HK: In der ersten Hälfte dieses Jahrhunderts sind viele Europäer der Versuchung einer totalitären Herrschaft erlegen.

FH: Ja, die Menschen haben mit großem Enthusiasmus ihre Selbsterniedrigung begrüßt. Dieses Phänomen darf man gerade als Psychologe oder Psychiater nicht übersehen.

HK: Was ist das, was die Menschen dazu führt? Ist es eine Art kollektiver Masochismus?

FH: Die Leute selbst haben es nicht als Selbsterniedrigung oder Masochismus erlebt. Und denken Sie an die frühen Nationalsozialisten, die ja einer strikten Disziplin unterworfen wurden. Da gab es noch keine Befriedigung durch Machtausübung. Die Leute mußten marschieren und verzichten. Das war keineswegs ein Spaß. Und dennoch haben sie gejubelt, weil sie das Gefühl hatten, an einer großen Idee teilzuhaben und einem überindividuellen Zweck zu dienen. Das ist ein starkes Motiv, denn der Mensch lebt eben nicht vom Brot allein.

HK: Was Sie da beschreiben, hat ja auch in Österreich große Teile der Bevölkerung erfaßt.

Mich wundert, daß Sie gegenüber Österreich heute offensichtlich keine Ressentiments mehr haben.

FH: Ungeheure Ressentiments.

HK: Trotz der Heurigenlieder?

FH: Sicher. Aber Ressentiment ist vielleicht nicht der richtige Ausdruck. Ich habe Vorwürfe gegen die Österreicher. Die sind ja Weltmeister der Verdrängung. Sie haben diese üble Vergangenheit, wissen es heute besser und haben es trotzdem noch nicht über sich gebracht, eindeutig Stellung zu beziehen. Natürlich gibt es viele Ausnahmen, und das offizielle Österreich beginnt sich jetzt zu regen. Aber erst fünfundvierzig Jahre danach ... Dennoch macht es mir großen Spaß, hier zu leben. Auch völlig unsinnige Aktivitäten sind hier vergnüglich und befriedigend.

HK: Wenn wir über Gewissen und Gehorsam reden, kommen wir um das Thema Israel nicht herum. Sicher ein heikles Thema für einen Deutschen und nach abstrakten moralischen Maßstäben nicht zu behandeln. Bei meinen Besuchen in Israel wurde mir immer wieder gesagt: Erwarten Sie etwa, daß Juden bessere Menschen sind als die anderen, nur weil sie Auschwitz überlebt haben? Ganz im Gegenteil. Und man weiß ja von mißhandelten Kindern, daß sie wiederum häufig ihre eigenen Kinder mißhandeln.

FH: Richtig. Das ist dieser unselige Mechanismus, den die Psychoanalytiker »Identifikation mit dem Angreifer« nennen, und die Erfahrung, daß die Opfer durch Leiden nicht edler und weniger aggressiv werden, sondern dahin tendieren, sich mit dem Täter zu identifizieren. Ein tragisches Schicksal, weil sich auf diese Weise die Aggression perpetuiert. Die Israelis glauben ja, daß sie Unrecht zufügen dürfen, weil ihnen Unrecht angetan worden ist. Deshalb herrscht in unserer Welt eine veritable Opferkonkurrenz. Jeder will das ärgste Opfer gewesen sein, weil er dann auch die ärgste Aggression begehen darf. Das beste Beispiel sind die Hitlerreden. Die folgen immer demselben Schema. In der ersten halben Stunde werden Leiden, Entbehrungen und geduldig ertragene Erniedrigungen der Partei und des deutschen Volkes aufgezählt, dann wird angekündigt, daß nun endlich die Notwehr beginnt. Das erlittene Leid gilt als Rechtfertigung für das Zufügen von Leiden. Genau dasselbe beobachtet man jetzt in Israel. Mit dem Hinweis auf die grausame Vergangenheit wird alle Kritik am Vorgehen der Israelis zum Schweigen gebracht.

HK: Sehen Sie da einen Ausweg?

FH: Im Bewußtsein der Leute, die in diesem Kreislauf befangen sind, eigentlich nicht. Das wird weitergehen und eskalieren. Man kann nur hoffen, daß andere Generationen anders empfinden.

HK: Wann sind die Weichen in Israel falsch gestellt worden? Im Sechstagekrieg?

FH: Viel früher. Am Anfang standen die jüdischen Terroristen. Man kann sie nicht anders nennen. Nach der Ermordung eines englischen Lords hat Winston Churchill getobt: Diese verfluchten Taten müssen aufhören, und die Verantwortlichen müssen mit Stumpf und Stiel ausgerottet werden. Damals hat Churchill gehofft, die gesamte jüdische Gemeinschaft werde solche Greueltaten verurteilen. Die jüdische Gemeinschaft hat sie nicht verurteilt, sondern aus den beiden Attentätern Helden gemacht. Und die beiden haben erklärt: Wenn wir beweisen können, daß unsere Ziele gerecht sind, dann sind auch unsere Taten gerechtfertigt. Begin hat dieser Gruppe angehört.

HK: Sind Sie schon einmal in Israel gewesen?

FH: Ja, allerdings nur ganz kurz. Um die Hintergründe dieses Attentats zu recherchieren.

HK: Was für eine Beziehung haben Sie zu Israel?

FH: Ich halte die Gründung des Staates Israel für einen historischen Irrtum. Wir haben ohnehin schon dreihundert Nationalstaaten. Um noch einen Nationalstaat zu gründen, hätte man die Juden wirklich nicht gebraucht. Dafür sind sie nicht da. Die Zukunft der Menschheit, wenn sie überhaupt eine hat, liegt jenseits der Nationalstaatlichkeit. Die gegenwärtige Politik Israels wird meiner Ansicht nach zur Vernichtung der in Israel lebenden Juden führen. Es ist schwer vorstellbar, wie sich in den nächsten fünfzig bis hundert Jahren zwei oder drei Millionen Juden gegen Hunderte von Millionen feindlicher Araber behaupten können.

HK: Ob und wann so etwas geschieht, hängt sicherlich auch von der Wirtschaftslage ab.

FH: Sicher. Und von der Stimmung in Amerika. Und diese Stimmung ist für Israel sehr viel schlechter geworden.

HK: Sie fühlen sich ja der jüdischen Schicksalsgemeinschaft zugehörig. Was empfinden Sie, wenn Sie von den Vorfällen in Israel und um Israel herum hören?

FH: Ich glaube nicht, daß die Israelis das Recht haben, in meinem Namen zu sprechen. Ich habe sie nicht dazu autorisiert, meine Sprecher zu sein, und ich bin ihnen nur insoweit verbunden, als ich wie die anderen Juden verfolgt wurde und verfolgt werden könnte. Es ist eine Anmaßung, daß die Israelis aufgrund einer erwiesenermaßen falschen rassischen Zuordnung glauben, sie könnten für alle Juden dieser Welt sprechen und agieren.

HK: Angenommen, Schamir würde Sie bitten, ihn zu beraten. Was würden Sie ihm empfehlen zu tun?

FH: Der Herr Schamir ist, von Khomeinis Nachfolger abgesehen, der letzte, der mich fragen würde. Und ich kenne die Situation nicht so gut. Aber ich würde wahrscheinlich sagen: Hätten Sie mich doch vor fünfzehn Jahren gefragt! Es gibt nämlich in all diesen Konflikten einen Zeitpunkt, nach dem keine gute Lösung mehr möglich ist. Manche Angelegenheiten sind so verfahren, daß sie nicht mehr bereinigt werden können. Intelligenz zeigt sich eben darin, daß man es gar nicht erst soweit kommen läßt.

HK: Erwarten Sie in Israel schon bald eine Katastrophe?

FH: Ich sehe eine Katastrophe nahen. Seit diesem Feldzug im Libanon vor etwa fünf Jahren ist die Situation sehr prekär. Aber manchmal ziehen sich die provisorischen Zustände in die Länge. Es ist erstaunlich, wie ruhig das Leben in vielen Orten Israels weitergeht.

HK: Sie sagten, daß Sie die Gründung Israels als Rückschritt betrachten. Und Sie fügten hinzu, dafür seien die Juden nicht da. Wofür sind sie denn da?

FH: Ebenso wie ich mich dagegen verwahre, daß Leute in meinem Namen sprechen, ohne mich gefragt zu haben, maße ich mir nicht an, für andere zu sprechen oder gar die Funktion der Juden zu definieren. Ich möchte nicht das außergewöhnliche Schicksal der Juden in den letzten paar hundert Jahren zu ihrem Wesenskern erklären. Ich finde nur, daß dieses Schicksal nicht als Rechtfertigung für die Entstehung eines weiteren Nationalstaats herhalten sollte. Dazu noch eines kleinen und umkämpften Staates.

HK: Ich verstehe, daß Sie nicht definieren wollen, welche Aufgabe die Juden zu erfüllen haben. Aber sagen Sie mir bitte, welche Rolle die Juden in den vergangenen zweihundert, dreihundert Jahren gespielt haben.

FH: Die Juden hatten eine kritische, auflokkernde und weltbürgerliche Funktion. Diese Funktion hätte ich lieber betont gesehen als eine nationale Zugehörigkeit. Israel ist schon aufgrund seiner geographischen Lage gezwungen, seine Souveränität ständig zu betonen und abzusichern. Aber die Autonomie solch kleiner politischer Einheiten hat keine Zukunft.

HK: Ich nehme an, Sie sind in Israel nicht gerade beliebt.

FH: Vielleicht nicht einmal so sehr bekannt. Aber sicher nicht beliebt, soweit die führenden Leute dort meine Schriften kennen. Seinerzeit bin ich ein paarmal mit Rabin und Peres zusammengetroffen, die ja etwas tolerantere Ansichten als Begin und Schamir haben. Politisch liege ich auf der Linie von Bruno Kreisky. Ich war ja auch bei dieser Schönauer Affäre beteiligt. Und ich war anwesend, als Golda Meir eingetroffen ist und es zu dem Eklat mit Kreisky gekommen ist.

HK: In einem Ihrer Bücher haben Sie geschrieben: »Wo die Not am größten, ist Gott am nächsten.« Sind Sie ein religiöser Mensch?

FH: Nein, in diesem Sinne wirklich nicht. Ich meine es so, wie Hölderlin es gesagt hat: »Wo die Gefahr wächst, wächst das Rettende auch.« In besonders dramatischen Situationen bieten sich manchmal ja auch dramatische Lösungen an.

HK: Haben Sie auch in der Emigration keinen Zugang zur jüdischen Religion gefunden?

FH: Nein. Ich anerkenne, daß Religionen Sicherheit geben. Ich weiß, daß die Religion für viele Menschen ein Halt und ein Trost ist.

HK: Was gibt Ihnen Halt?

FH: Nichts. Ich bin eben haltlos. Das ist ja das Malheur.

HK: Haben Sie nie Halt gesucht?

FH: Wahrscheinlich doch, aber nie gefunden. Ich bin vor allem in persönlichen Beziehungen verankert und nicht so sehr in dem, was Freud das ozeanische Gefühl genannt hat. Mein kritischer Verstand verträgt sich nicht mit kosmischen Phantasien.

HK: Ja, eben. Kann dem Analytiker Hacker überhaupt irgendeine Gottesvorstellung standhalten?

FH: Sicher nicht die Vorstellung eines alten Herrn mit Bart, der Konrad Lorenz ähnelt. In angstvollen Situationen habe ich natürlich wie jeder andere den Wunsch, an jemanden zu appellieren. Wenn es vorüber ist, nehme ich das dann nicht mehr so ernst. Aber das sehe ich nicht als Gewinn, wie ja überhaupt eine scharfe Intelligenz nicht immer ein Segen ist.

HK: Warum nicht?

FH: Weil eben der Mensch gewisse Illusionen braucht. Gottgläubige Menschen haben es in vielfacher Hinsicht leichter. Das hat mir auch der ehemalige Kardinal König bestätigt, den ich hier in dieser Wohnung bei der Vorbereitung meines Buches interviewt habe. Für ihn hat der katholische Moralkodex auch die Funktion, den Menschen etwas zu geben, woran sie sich festhalten können. Daraufhin habe ich ihn gefragt, ob er denn glaube, daß Gott es ihm so leichtmachen wolle. Ich meine, die Religion ist doch nicht dazu da, den Gläubigen die moralischen Entscheidungen abzunehmen. Aber offenbar ist sie doch dazu da. Ich habe es emotionell viel schwerer als die Gläubigen.

HK: Vor welchen moralischen Entscheidungen sind Sie in Ihrem Leben gestanden?

FH: Ich mußte mir häufig darüber klarwerden, was persönliche und berufliche Bindungen und Loyalitäten bedeuten und welche Verpflichtungen sie nach sich ziehen. Und auch meine öffentlichen Auftritte und meine Tätigkeit als Autor fordern mir konfliktreiche Entscheidungen ab. Ich habe wahrscheinlich ein gewisses Talent zur Popularisierung, die sich ja mit dem strengen Wissenschaftskodex nicht vereinbaren läßt. Auch ich selbst habe da einige Skrupel. Als Adorno-Schüler und Adorno-Freund halte ich mich beinahe für verpflichtet, eine Sache so komplex darzustellen, wie ich sie erfasse. Sie sehen, auch als Literat habe ich zwei Gesichter. Von mir gibt es popularisierende Darstellungen, mit denen ich ganz erfolgreich bin, und andere, die fast esoterisch sind und nur von etwa zwanzig Leuten in der Welt überhaupt zur Kenntnis genommen werden. Aber so zu schreiben befriedigt mich viel mehr.

HK: Als wissenschaftlicher Experte treten Sie vergleichsweise häufig im Fernsehen auf. Akzeptiert man Sie als eine Art neutralen öffentlichen Sachverständigen, oder stoßen Sie häufig auf Widerspruch?

FH: Wenn man wie ich in der Öffentlichkeit steht, wird man ununterbrochen kritisiert und angeschossen. Ich habe einen großen Bekanntheitsgrad, aber meine Popularität hält sich in Grenzen. Bei meinen Kollegen bin ich sicher nicht populär, obwohl ich fachlich wahrscheinlich qualifizierter bin als die meisten von ihnen.

HK: Warum werden Sie von Ihren Fachkollegen nicht geschätzt?

FH: Erstens weil ich ein Weltenwanderer bin, nicht immer hier bin und daher nicht immer mitintrigieren kann. Zweitens wegen meiner Tendenz zur Popularisierung. Ich hatte auch eine Fernsehserie und werde wahrscheinlich wieder eine haben. Alle diese Dinge machen einen bei den konventionellen Akademikern nicht gerade beliebt. Ich erwecke eben den Anschein, als ob ich zuviel tun würde. Ich bin in vielen Sparten tätig, und da entsteht der Verdacht, daß jemand, der so viel macht, eigentlich nichts richtig macht. Was ich aber energisch bestreite.

HK: Führen Sie jetzt in Wien ein Leben, wie Sie es sich vor Ihrer Emigration gewünscht haben?

FH: Nein, denn viele meiner Ambitionen sind ja in bezug auf Österreich nie verwirklicht worden. Ich hatte auch akademische Ambitionen. Ich habe niemals eine volle Professur, also ein Ordinariat gehabt. Und es ist ein schwacher Trost, daß Freud auch keines gehabt hat. Er hat den Titel gehabt, den ich ja auch habe, aber er hat nie ein Ordinariat bekommen.

HK: Das heißt, Österreich hat nichts getan, um Sie wieder zurückzuholen?

FH: Sehr wenig. Und sie mußten gar nicht einmal so viel tun, um mich zurückzuholen, weil ich ohnehin gekommen bin. Ich war lange Zeit Berater des damaligen Justizministers und der Regierung, besonders der Kreisky-Regierung, und war und bin mit Kreisky innig befreundet. Und kurze Zeit habe ich für ein Ministerium gearbeitet, aber das ist für alle Seiten schlecht ausgegangen, weil die mittlere und höhere Bürokratie mich als Quereinsteiger abgelehnt hat. Nicht weil ich Jude bin, sondern weil die österreichische Neidgenossenschaft ganz besonders ausgeprägt ist, weil hier alles so eng ist und jeder jeden kennt. Jemand, der quer einsteigt und die sogenannte Ochsentour nicht gemacht hat, ist da nicht gerade populär. Und sonst? Ja, dieses Wiener Institut für Konfliktforschung geht auf einen Entschluß der Bundesregierung zurück, die wenigstens irgend etwas für mich tun wollte. Aber akademische Ehren oder andere Zuwendungen habe ich nicht bekommen.

HK: Wir erleben in Österreich ja gerade ein neues Erstarken des Antisemitismus. Finden Sie das beängstigend? Und um welche Art von Antisemitismus handelt es sich Ihrer Einschätzung nach? Sind es die alten Affekte der Alten, oder ist das ein neuer Antisemitismus der Jungen?

FH: Ja, ich finde es beängstigend, daß er noch existiert. Ich glaube, es handelt sich um ein Wiederaufleben des alten Antisemitismus, der in der Bevölkerung noch weit verbreitet ist, vielleicht weiter als in Deutschland. Es gibt ja diesen alten Satz: Die Deutschen sind sehr gute Nationalsozialisten, aber unwillige und zögernde Antisemiten, während die Österreicher gute Antisemiten, aber schlechte Nationalsozialisten sind. Also im persönlichen Leben merke ich nichts davon, obwohl mir manchmal Freunde erzählen, daß auch in bezug auf meine Person antisemitische Bemerkungen gemacht werden, wenn ich zum Beispiel viel im Fernsehen auftrete. Das alte Problem. Persönlich ist mir nichts bewußt, aber persönliche Erfahrungen sind kein Gradmesser für den Antisemitismus. Ich gebe denen ja keine Gelegenheit, mir das persönlich zu sagen.

HK: Sie sind Österreich sehr eng verbunden und leben mehrere Monate im Jahr in Wien. Wollen Sie in Österreich auch einmal begraben werden?

FH: Wenn Sie mir schon diese sentimentale

Frage stellen, dann bejahe ich sie. Aber mir ist es eigentlich egal, wo ich begraben bin.

HK: Völlig gleichgültig?

FH: Ziemlich. Meine Wehleidigkeit und Sentimentalität geht nicht über meinen eigenen Tod hinaus. Aber wenn es halt schon sein muß und ich darüber Auskunft geben muß, würde ich Österreich Amerika vorziehen. Aber der Gedanke, daß Leute hier zum Friedhof pilgern, um mein Grab zu besuchen, erweckt in mir keine nostalgischen Gefühle. Danach haben Sie gar nicht gefragt, ich weiß. Außerdem bin ich ja mit einer Wienerin verheiratet, einer Frau, mit der ich schon mehr als dreißig Jahre zusammen, aber noch nicht lange verheiratet bin. Schon aus diesem Grund würde das Grab in Wien liegen. Doch darüber mache ich mir keine besonderen Gedanken.

KÄTE HAMBURGER

Literaturwissenschaftlerin. Geb. 1896 in Hamburg, gest. 1992 in Stuttgart

HK: Frau Professor Hamburger, Sie stammen tatsächlich, wie Ihr Name sagt, aus Hamburg. Wie lange haben Sie dort gelebt?

KH: Bis zum Abitur. Dann habe ich in Berlin und München Philosophie, Literatur und Geschichte studiert. Nach meinem Doktorexamen 1922 war ich bis 1928 wieder in Hamburg. In dieser Zeit habe ich bereits wissenschaftlich gearbeitet.

HK: Und wie begann Ihre Universitätskarriere?

KH: Von 1928 bis 1932 war ich in Berlin Assistentin des Philosophen Paul Hofmann. Ende der zwanziger Jahre sind auch meine ersten Arbeiten erschienen. Vor allem meine Arbeit über »Novalis und die Mathematik«.

HK: Wann sind Sie ins Ausland gegangen?

KH: Ich bin 1933 für ein Jahr nach Dijon gegangen. Eigentlich studienhalber, um Vorlesungen zu hören. In Dijon habe ich eine ältere schwedische Dame kennengelernt. Und diese Dame hat mich nach Göteborg eingeladen. Am Ende des Jahres 1934 bin ich dieser Einladung gefolgt. In Göteborg bin ich zweiundzwanzig Jahre lang geblieben.

HK: Haben Sie die schwedische Staatsangehörigkeit angenommen?

KH: Ja. Es hat lange gedauert, bis ich sie bekommen habe. Ich bin heute noch schwedische Staatsangehörige.

HK: Ich möchte mich mit Ihnen über Ihr ganz persönliches Verhältnis zum Judentum unterhalten. Auf welche Weise wurden Sie durch Ihre jüdische Abstammung geprägt? Was sind Ihre jüdischen Wurzeln?

KH: Meine gesamte Familie, mütterlicherseits wie väterlicherseits, ist rein jüdisch. Da gab es niemals auch nur eine Mischehe. Aber dennoch bin ich ganz im liberalen Judentum aufgewachsen. Nicht im orthodoxen Judentum. Hier in Stuttgart gehöre ich auch der jüdischen Gemeinde an. Aber sie ist orthodox, wie alle jetzigen jüdischen Gemeinden in Deutschland. Ich habe gleich zu diesen Rabbinern gesagt, daß ich nicht in den Gottesdienst komme. Und das haben die auch akzeptiert.

HK: Aber es gibt doch Bindungen, die enger sind als die äußerliche Zugehörigkeit zu einer Religionsgemeinschaft.

KH: Ich bin in der deutschgeistigen Welt aufgewachsen, und das hat mich geprägt. Dabei bin ich durchaus eine bewußte Jüdin. Es würde mir nie in den Sinn kommen, zu einem anderen Glauben überzutreten. Ich habe mich mit der jüdischen Religion gründlich beschäftigt, als ich mein Buch über Thomas Manns Josephs-Roman und seine Erzählung »Das Gesetz« geschrieben habe. Aber ich habe dieses Buch als Literaturwissenschaftlerin geschrieben, nicht als Jüdin. Ich bin, was den Glauben angeht, ziemlich neutral. Das sind nicht die Probleme, die mich beschäftigen.

HK: Was bedeutet es, wenn Sie sagen, daß Sie eine bewußte Jüdin sind?

KH: Mein bewußtes Judentum. Ich drücke das immer so aus: Ohne Judentum gäbe es kein Christentum und keine Ethik. Das Judentum hat die große Idee Gottes geschaffen. Deshalb kann ich die entsetzliche Feindschaft, die verbrecherischen Handlungen der christlichen Kirche gegen das Judentum im Mittelalter überhaupt nicht verstehen. Was wäre denn die christliche Religion ohne die jüdische? Das hat Thomas Mann in seiner Josephs-Roman-Tetralogie wunderbar dargestellt. Das ist für mich das Entscheidende. Die große Tat des unsichtbaren Gottes gegenüber der heidnischen Umwelt. Abrahams große Tat, seine Gespräche mit Gott. Und Moses, der mit den zehn Geboten die Ethik der Menschheit begründet hat. All das verdanken wir dem Judentum, nicht dem Christentum, aber es ist auch gültiges Christentum. Der Begriff der Nächstenliebe eingeschlossen. Das Gebot »Liebe deinen Nächsten wie dich selbst« stammt aus dem Alten Testament, aus dem Pentateuch. In meinem Buch »Das Mitleid«, das 1985 erschienen ist, habe ich das dargestellt. Paulus hat dann dieses Gebot in die Evangelien aufgenommen. Das Christentum hat sich aus dem Judentum entwickelt.

HK: Was hat Sie bewogen, 1956 wieder nach Deutschland zurückzukehren?

KH: Zehn Jahre nach dem Ende des Krieges dachte ich, jetzt kann man zurückkehren. Vorher hätte ich es nicht über mich gebracht. Außerdem mußte ich mich um meine Mutter kümmern, die mit mir Gott sei Dank nach Schweden entkommen konnte. Sie ist 1951 gestorben. Aber ich hatte in Schweden keinen eigentlichen Wirkungskreis. Ich hatte 1945 mein Buch über Thomas Manns Josephs-Roman veröffentlicht, im Bermann-Fischer Verlag, der ja damals in Stockholm residierte. Dieses Buch und meine Aufsätze wie auch meine vor 1933 erschienenen Arbeiten waren den hiesigen Germanisten bekannt. Professor Fritz Martini, den ich gar nicht gekannt habe, hat mich nach Stuttgart eingeladen. Ich habe ihn 1955 in Ost-Berlin getroffen, in einem Kuratorium zur Gründung einer Thomas-Mann-Gesellschaft. Ich habe ihm gesagt, daß ich ganz gerne wieder in Deutschland leben und wirken würde, und er hat sofort alles in die Wege geleitet. Im Sommer 1956 habe ich in Tübingen und Heidelberg einige Vorträge gehalten. Meinen sechzigsten Geburtstag habe ich noch auf der Reise von Göteborg nach Stuttgart begangen. In diesem Alter habe ich mich in Stuttgart noch habilitiert, mit meinem damals im Druck befindlichen Hauptwerk »Die Logik der Dichtung«. Das war natürlich mehr eine Formalität.

HK: Und was sagen Sie heute zu dieser Entscheidung, wieder in Deutschland zu leben?

KH: Ich habe sie keinen Tag und keine Stunde bereut. Ich hätte an keinen besseren Ort als nach Stuttgart kommen können. In unmittelbarer Nähe, in Marbach, liegt das Literaturarchiv. Und durch Martini bin ich sofort ins Zentrum des literarischen Lebens gekommen.

HK: Aber was war der Hauptgrund für Ihren Wunsch, wieder in Deutschland zu arbeiten?

KH: Das Interesse an der deutschen Literaturwissenschaft. Deutsch ist meine Muttersprache, und ich bin in der deutschen Wissenschaft aufgewachsen. Ich habe zwar auch viel in schwedischer Sprache publiziert. Aber das war nicht dasselbe.

HK: Was bedeutet die deutsche Sprache für Sie?

KH: Ich finde, daß die deutsche Sprache eine wunderbare Sprache ist. Sie ist eine der reichsten und schönsten Sprachen, die ich kenne. Und außerordentlich flexibel, was die Zusammensetzung von Wörtern angeht. Im Schwedischen sind die Ausdrucksmöglichkeiten viel begrenzter. Es ist auch sehr schwierig, deutsche Dichtung etwa ins Französische zu übertragen. Die Möglichkeiten der Adjektivbildung sind im Deutschen unerschöpflich. Das Französische ist eine analytische, keine synthetische Sprache. Es erlaubt keine willkürlichen Wortzusammensetzungen, keine Bildung von Attributen aus Substantiven, keine Substantivierung von Gerundien und Verben, nur in Ausnahmefällen.

HK: Wie war das in der Emigration?

KH: Ich habe die deutsche Sprache auch in der Emigration nicht aufgegeben. Im Gegenteil, ich habe Deutsch unterrichtet. Mit dieser Sprache bin ich ja identisch. Ich glaube, die Muttersprache entscheidet letztlich darüber, ob man sich einer Nation zugehörig fühlt.

HK: Sie waren ja sehr lange in der Fremde. Was bedeutet Heimat für Sie?

KH: Das bedeutet jetzt nicht mehr viel für mich. Es gibt doch dieses Sprichwort: »ubi bene ibi patria«, wo es mir gutgeht, dort ist mein Vaterland. Da ist schon etwas dran. Hamburg ist zwar meine Heimatstadt, aber ich würde sie nicht als Heimat bezeichnen. Das ist im Laufe der Zeit ein kitschig-sentimentaler Begriff geworden. Ich war zweiundzwanzig Jahre in Schweden, aber ich habe nicht darüber nachgedacht, ob dieses Land nun meine Heimat geworden ist. Und Stuttgart? Hier lebe ich außerordentlich gerne, aber »Heimat« wäre zu hoch gegriffen. Überhaupt paßt dieser Begriff nicht mehr zu einer durch den Verkehr vollkommen vereinheitlichten Welt.

HK: In welcher Beziehung stehen Sie zur Bundesrepublik?

KH: Ich bin sehr zufrieden, daß ich hier lebe. Ich habe nur gute Erfahrungen gemacht. So etwas wie der Nationalsozialismus und dieser ungeheuerliche Massenmord ist in der Geschichte noch niemals vorgekommen. Aber es ist auch noch nicht vorgekommen, daß dann der Nachfolgestaat, also die Bundesrepublik Deutschland, dieses große Unternehmen der Wiedergutmachung durchgeführt hat. Das hat mich beeindruckt. Und natürlich bejahe ich auch die demokratische Entwicklung in der Bundesrepublik. Politisch betätige ich mich überhaupt nicht. Ich bin ganz froh, daß ich mich als Schwedin nicht zu entscheiden brauche, welche Partei ich wählen soll.

HK: Verstehen Sie sich als deutsche Schriftstellerin?

KH: Ja, natürlich. Das gilt auch für die großen jüdischen Schriftsteller wie Heinrich Heine, Jakob Wassermann und viele andere. Das waren deutsche Schriftsteller. Daß sie zufälligerweise auch noch Juden waren, spielt keine Rolle. Heine ist ein deutscher Dichter und ein jüdischer Mensch. So hat er sich selbst nicht bezeichnet, aber er war es seinem ganzen Wesen nach.

HK: Heine hat sich taufen lassen, aber er hat sich zu seinem Judentum bekannt.

KH: Er hat es auch sehr bereut, daß er sich hat taufen lassen. Er hat es aus rein praktischen Gründen getan. Im neunzehnten Jahrhundert wurde das Judesein ja nicht rassisch, sondern rein religiös aufgefaßt. Wer sich taufen ließ, war kein Jude mehr. Dann standen ihm alle Ämter offen.

HK: Würden Sie auch von sich selbst sagen, daß Sie eine deutsche Schriftstellerin und ein jüdischer Mensch sind?

KH: Das ist ja damals eine ganz andere Zeit gewesen. Für uns spielt ja die Problematik der Assimilation gar keine Rolle mehr. Trotzdem – wahrscheinlich bin ich das. Deutsche Schriftstellerin und Jüdin. Aber es kommt auch darauf an, wie einen die anderen sehen. Das kann man selbst wirklich nicht genau beurteilen. Zu Beginn dieses Jahrhunderts hat man in Deutschland zwischen Deutschen und deutschen Juden kaum mehr unterschieden. Und Sie sehen, ich tue es immer noch nicht.

HK: Die nächste Frage richtet sich an die Schriftstellerin Käte Hamburger. Was ist eigentlich das Hauptanliegen Ihrer Arbeit als Literaturwissenschaftlerin? Gibt es einen roten Faden, der sich durch Ihre Schriften hindurchzieht?

KH: In gewisser Weise.

HK: Können Sie kurz darauf eingehen?

KH: Philosophie war mein Hauptfach im Studium, und ich glaube, meine Arbeiten sind davon geprägt, daß ich von philosophischen Gesichtspunkten her an die Literatur herangegangen bin. Daher habe ich mich besonders für jene Dichter interessiert, die sich auch philosophische Fragen gestellt haben. Schiller, Novalis, Thomas Mann und Rilke, das sind meine Hauptheiden gewesen. Von Schiller handelt meine Doktorarbeit, von Novalis' Notizen über Mathematik meine erste größere Arbeit. Das philosophische Denken ist meine Grundlage. Davon zeugt auch mein Hauptwerk, die »Logik der Dichtung«.

HK: Ihr letztes Buch heißt »Das Mitleid«. Warum haben Sie gerade darüber gearbeitet?

KH: Ja, es ist merkwürdig, wie manchmal Bücher entstehen. Ich habe mich mit dem achtzehnten Jahrhundert beschäftigt, vor allem mit Lessing und seiner Hamburgischen Dramaturgie. Hier behandelt Lessing die berühmte Formel der Aristotelischen Poetik, daß die Tragödie Mitleid und Furcht erregt. Ein bis heute vieldiskutierter Satz. Ich habe mir die Frage gestellt, ob der Zuschauer mit den Personen der Dichtung, also mit fiktiven Figuren, Mitleid haben kann. Diese Frage habe ich verneint. Das war der Beginn meiner Beschäftigung mit dem Mitleidsproblem.

HK: Gibt es eigentlich eine spezifisch jüdische Ethik?

KH: Ich glaube nicht, daß es außerhalb der Heiligen Schriften des Judentums eine ethische Lehre gibt, die man als spezifisch jüdisch bezeichnen könnte. Aber für mich ist die Ethik das eigentlich Religiöse, und Sie wissen ja, daß ich im alten Judentum die Grundlegung der Ethik überhaupt erkenne. Das Ethische selbst ist weder an eine bestimmte Religion noch an eine bestimmte Nation gebunden.

HK: Ich frage Sie einmal ganz allgemein: Welche Auswirkungen hat das Leben in der Diaspora, insbesondere in Deutschland, auf die Entwicklung wissenschaftlicher und künstlerischer Begabungen gehabt?

KH: Diaspora, sagen Sie. Das ist so ein allgemeiner Begriff. Gemeint ist doch, daß die Juden in der ganzen Welt gelebt und sich dennoch ihre Identität als Juden erhalten haben. Sie sind amerikanische Juden, deutsche, französische und russische Juden, aber doch auch Juden. Ich persönlich kann mit dem Begriff der Diaspora wenig anfangen. Wer wie ich gegen Ende des neunzehnten Jahrhunderts geboren und im deutschen Bildungsbürgertum großgeworden ist, hat sich nicht in der Diaspora gefühlt. Diaspora ist ja in erster Linie ein historischer Begriff. Er besagt, daß die Juden in der Welt zerstreut worden sind. In Italien beispielsweise hat es niemals ein Judenproblem gegeben. Die italienischen Juden unterscheiden sich schon äußerlich gar nicht von den Italienern. Die französischen Juden von den Franzosen auch nicht. Die waren und sind ja in ihren Vaterländern vollkommen assimiliert. Ich glaube, so ähnlich war es auch im Wilhelminischen Reich. Ich weiß, Hannah Arendt hat davon geschrieben, daß die Assimilation der deutschen Juden durch die Katastrophe nach 1933 letztlich doch gescheitert ist. Das ist sicher richtig. Aber ebenso richtig ist, daß wir in Hamburg nicht den Eindruck hatten, es vollziehe sich ein Prozeß der Assimilation. Denn dieser Prozeß war damals bereits vollendet. Man sprach Deutsch, sprach manchmal besser Deutsch als die

Deutschen, und man besuchte ein Gymnasium, in dem jüdische und nicht-jüdische Schüler nebeneinander saßen.

HK: Aber viele Juden waren doch in einer Situation, in der sie sich besonders anstrengen und hervortun mußten, um eine Chance zu haben. Wie wäre sonst die starke jüdische Komponente in der jüngeren Geschichte der Geistes- und Naturwissenschaften und der Literatur zu erklären?

KH: Ich glaube nicht, daß in dieser Hinsicht ein großer Unterschied zwischen jüdischen und deutschen Familien bestand. Gewiß gab es damals viele jüdische Ärzte und Juristen. Aber auch wenn es sich so verhält, wie Sie sagen, ist doch entscheidend, daß der Unterschied zwischen Juden und Nichtjuden viele Jahrzehnte hindurch fast keine Bedeutung hatte. Erst in der Nazizeit ist er zum Problem geworden. Daß Einstein Jude war, das war doch vollkommen gleichgültig. Er war der Begründer der Relativitätstheorie. Aber Sie fragen mich ja nach meinen persönlichen Erfahrungen. Da muß ich Ihnen sagen, ich habe weder die Diaspora gekannt noch das Gefühl, als Jüdin etwas Besonderes zu sein. Jedenfalls nicht vor 1933. Ich bin sicher, daß es vielen Juden meiner Generation nicht anders ergangen ist.

HK: Der Antisemitismus hat eine lange Geschichte. Fast zweitausend Jahre lang wurden Juden immer wieder erbarmungslos verfolgt. Worauf, glauben Sie, ist diese Geschichte des Hasses zurückzuführen?

KH: Diese Frage zu beantworten, traue ich mir nicht zu. Um das zu klären, bedarf es umfassender historischer Untersuchungen. Daß der Neid auf die geistigen Fähigkeiten der Juden den Judenhaß ausgelöst hat, ist eine oberflächliche Erklärung. Sicher ist, daß die Juden manche Berufe nicht ergreifen konnten und daher eben mit Geld handelten. Als Handelsjuden waren sie verhaßt und wurden vertrieben. Wie auch immer. Es hat einen lebhaften Eindruck auf mich gemacht, daß der Papst vor einigen Jahren eine Synagoge in Rom besucht hat. Er hat eine Art Schuldbekenntnis für die katholische Kirche abgelegt. Denn die Kirche war am Antisemitismus immer schon beteiligt. Schon im Neuen Testament werden die Juden beschuldigt, Christus gekreuzigt zu haben.

HK: Die Judenverfolgung hat in den Vernichtungslagern des Dritten Reiches ihren Höhepunkt erreicht. Stellen diese Lager nicht jeden Gottesbegriff in Frage? Hans Jonas hat in einem seiner Aufsätze die Frage gestellt, warum Gott Auschwitz zulassen konnte. Seine Antwort ist, stark vereinfacht, daß Gott nicht allmächtig ist, weil er auf seine Allmacht den Menschen zuliebe verzichtet hat.

KH: Da habe ich keine Antwort parat. Ich kann nur wieder für mich selbst sprechen. Ich bin durch wirklich ganz merkwürdige Zufälle gerettet worden. Es war ja ein Zufall, daß ich diese schwedische Dame kennengelernt habe. Hätte ich damals eine Anstellung als Lektorin an der Universität in Dijon bekommen – davon war die Rede –, wäre ich in Frankreich geblieben und vielleicht auch nach Auschwitz gekommen. Ich könnte also sagen, daß ich durch göttliche Fügung gerettet worden bin. Aber das sage ich nicht. Ich stelle mir sofort die Frage: Was ist mit den anderen, die umgekommen sind? Wo war Gott bei diesen anderen? Ich habe keine Antwort auf diese Frage. Niemand hat eine Antwort, glaube ich. Was hat Gott nicht schon alles zugelassen in dieser Menschenwelt? In Schweden ist einmal ein junger Mann – kein Jude übrigens – zu mir gekommen und hat mir erzählt, daß er im Krieg wie durch ein Wunder gerettet worden sei. Durch diese Erfahrung sei er religiös geworden. Da habe ich gesagt oder auch nur gedacht: Und die anderen, die nicht gerettet worden sind?

Meine Antwort ist, daß es keine Antwort gibt. Warum hat der eine Mensch ein glückliches Leben und der andere nicht? Ist das Gottes Fügung? Nach meiner Meinung ist der Mensch für vieles selbst verantwortlich. Aber nicht für die Umstände und Zufälle des Lebens.

HK: Zufälle oder Fügungen?

KH: Wie soll ich das wissen? Wenn man zurückblickt, erkennt man plötzlich, daß auch die schweren Jahre positive Folgen hatten. Aber wenn man fragt, warum etwas so und nicht anders gekommen ist, lassen sich die eigene Mitwirkung und der Zufall nicht auseinanderhalten. Beides wirkt immer zusammen. Niemand soll sich einbilden, daß er sein Leben nach Belieben selbst gestalten kann. Der Zufall spielt immer mit. Wenn zwei Menschen heiraten, ist es ja auch ein Zufall, daß sie sich kennengelernt haben. Gläubige Menschen betrachten Zufälle oft als göttliche Fügung, vor allem dann, wenn es günstige Zufälle sind. Ich bin ein sehr rational denkender Mensch. Es gibt andere Menschen, die mehr gefühlsmäßig denken. Und wieder andere lassen sich durch ihren Glauben lenken. Wenn die Menschen die Welt nicht auf verschiedene Weise betrachteten, gäbe es nicht verschiedene Weltanschauungen und Einstellungen.

HK: Ich komme jetzt auf die Zukunft zu sprechen, die für uns Menschen einschätzbar ist. In einem Gespräch über das Judentum kann das

Thema Israel nicht ausgespart werden. Seit der Neugründung des Staates Israel besitzt das jüdische Volk wieder eigenen Grund und Boden und tritt als Nation auf. Wie stehen Sie zu Israel?

KH: Ich persönlich bin nie Zionistin gewesen. Aber es ist von ungeheurer Bedeutung, daß es den Staat Israel gibt. Die Juden hatten nirgendwo ein Heimatland oder eine politische Vertretung. Das zumindest hat sich geändert.

HK: Waren Sie schon einmal in Israel?

KH: Im Jahre 1962 war ich drei Wochen in Israel bei meinen Verwandten. Leider ist das meine einzige Israelreise geblieben. Aber auf dieser Reise hatte ich ein kleines Erlebnis, das die Bedeutung Israels illustriert. An dem Tage, an dem ich von Athen nach Israel fliegen wollte, war gerade der hohe jüdische Feiertag Jom Kippur. Deswegen war der Flughafen in Israel gesperrt, und keine Maschine konnte landen. Damals hatte ich ein kleines Triumphgefühl. Das Flugwesen der ganzen Welt mußte den jüdischen Feiertag respektieren. Verstehen Sie, was ich meine? Einfach die Tatsache, daß ein jüdischer Staat existierte. Darum bete ich zu Gott, daß Israel bestehenbleibt.

HK: Und wie, meinen Sie, sind die Aussichten, daß es bestehenbleibt?

KH: Israel ist nach wie vor in großer Gefahr. Vielleicht mehr denn je. Ich habe gerade in der Zeitung gelesen, daß der Bestand des Staates Israel allein schon durch die zunehmende Arabisierung gefährdet ist. Die europäischen Juden sterben ja aus. Schon 1962 war in Israel von einer allmählichen Orientalisierung die Rede. Was wird denn, wenn sich die Araber das Land Schritt für Schritt auf ganz natürliche Weise aneignen? Niemand kann voraussehen, wie sich das entwickeln wird.

HK: Wie sehen Sie die Zukunft des jüdischen Volkes insgesamt?

KH: In die Zukunft kann niemand sehen.

HK: Die Juden haben viele Pogrome überlebt. Nicht einmal dem Nationalsozialismus ist es gelungen, das Judentum auszulöschen.

KH: Es ist ein Wunder, daß das Judentum trotz der Pogrome und trotz der Vernichtungslager immer noch besteht. Trotz der Assimilation im neunzehnten Jahrhundert. Es hat sich als Religion erhalten, und es hat sich auch als Volk mit bestimmten rassischen Eigenschaften erhalten. Die Entwicklung verlief natürlich in verschiedenen Ländern unterschiedlich. In einigen Ländern haben sich die Juden gegen jede Vermischung mit den Einheimischen gewehrt. In anderen Ländern, zum Beispiel in Schweden, ist diese Vermischung weit fortgeschritten.

HK: Wird es immer Juden geben, trotz aller Assimilierung?

KH: Ich glaube, es wird so bleiben, wie es ist. Durch Jahrtausende hindurch haben sich die Juden in der Diaspora als Juden erhalten. Und Israel existiert. Solange die Welt besteht, werden auch Juden leben. Weil das Judentum die Jahrtausendwende der Verfolgung überstanden hat, bin ich zuversichtlich.

HK: Wodurch war dieses Überleben eigentlich möglich?

KH: Die Juden hatten ihre Religion. Vielleicht kam noch eine besondere geistige Lebenskraft hinzu. Aber eine befriedigende Antwort auf Ihre Frage ist das natürlich auch nicht. Haben Sie andere Antworten bekommen?

HK: Die Antworten sind verschieden. Aber die meisten sind überzeugt, daß es immer Juden geben wird.

KH: Es hat sie immer gegeben, und sie werden bleiben. Warum, das weiß niemand. Es gibt eben Dinge, die nicht ganz und gar rational und kausal zu erklären sind. Das Leben selbst ist es nicht.

STEPHAN HERMLIN

Schriftsteller. Geb. 1915 in Chemnitz, gest. 1997 in Berlin

HK: Herr Hermlin, Sie haben heute zwei Ihrer Prosastücke vorgelesen, in denen das jüdische Thema deutlich anklingt. Fühlen Sie sich selbst dem Judentum verbunden?

SH: Es ist nur ein Zufall, daß ich heute diese zwei Stücke gelesen habe. Ich habe kein Verhältnis zum Jüdischsein. Das ist mir fremd. Es ist dasselbe wie Deutscher sein oder Neger sein: Ich bemühe mich nicht, Deutscher zu sein, ich bin es eben. Das ist etwas, das in einem wohnt. Und das Jüdische wohnt nicht in mir, abgesehen von einem bestimmten historischen Gedächtnis, das ich nicht ableugne, sondern dessen ich mir bewußt bin.

HK: Und Ihr Elternhaus? Wurden Sie jüdisch erzogen?

SH: Ich bin Sohn eines jüdischen Vaters. Aber darin erschöpft sich eigentlich mein jüdisches Selbst. Mein Vater war ein, wie es unter Juden oft heißt, schlechter Jude. Wenn die Rede auf Religion kam, dann zitierte er Heine: »Doch es will mich schier bedünken, daß der Rabbi und der Mönch, daß sie alle beide stinken.« Er hat sich niemals vom Judentum losgesagt, und es wäre ihm nie eingefallen, sich taufen zu lassen. Aber er hielt keine religiösen Feiertage ein, und er betete nicht. Ich kann also kein jüdisches Erbe ausmachen, hätte auch keine Lust dazu.

HK: Warum nicht?

SH: Das ist nur meine Angelegenheit. Es gibt Dinge, über die man nicht spricht.

HK: Welcher Einfluß kam von Ihrer Mutter?

SH: Keiner. Gefeiert wurden bei uns zu Hause nur christliche Feiertage, Weihnachten, Ostern. Es gibt aber ein Gefühl, älter zu sein als andere. Ich komme aus einer sehr alten Vergangenheit. Ich habe einmal einen Aufsatz geschrieben, der heißt »Hier liegen die Gesetzgeber«. Die Juden sind es gewesen, die der Welt immer die Gesetze gegeben haben. Alle Sittengesetze sind von uns verkündet worden, von Moses über Jesus Christus bis zu Spinoza und Karl Marx. Wir waren es, die die Zeiten geistig, philosophisch, ethisch bestimmt haben. Die Welt hat alles von uns. Das ist dieses Gefühl, älter zu sein als andere. Ob Tolstoi, Dostojewski, Goethe oder die französischen Enzyklopädisten, alle leiten sich von dieser philosophisch-ethisch-religiösen Linie her, und da kann man sich nicht ausnehmen. Das wäre lächerlich, wenn man, der man selber ein Kind dieser Linie ist, versuchte, das einfach abzuleugnen.

HK: Aber die Religion scheint in Ihrem Leben und in Ihrer schriftstellerischen Arbeit immer wichtig gewesen zu sein.

SH: Keine bestimmte Religion. Bei uns in den sozialistischen Ländern ist Religion Privatdomäne und darf in amtlichen Papieren nicht vermerkt werden. Es gibt keine Frage nach Religionszugehörigkeit. Mein Vater sagte jedenfalls zu mir und meinem Bruder, ihr könnt eure Religion wählen, wie ihr wollt. Wenn ihr alt genug seid, könnt ihr euch entscheiden. Auf der Schule könnt ihr teilnehmen am jüdischen Religionsunterricht und außerdem noch am evangelischen Religionsunterricht oder an gar nichts. Da ich es für nützlich hielt, daß ein Mensch sich bildet, auch auf diesem Gebiet, habe ich sowohl am jüdischen als auch am christlichen Religionsunterricht teilgenommen. Wobei allerdings mein Interesse am evangelischen Unterricht immer größer war, weil ich da eine neue Domäne für mich entdeckt habe, das Neue Testament. Und das wurde für mich ganz entscheidend.

HK: Sie wurden aber auch schon in sehr jungen Jahren Mitglied der KP.

SH: Ja, in mir hatte eine Umwälzung stattgefunden, die dazu führte, daß ich mit sechzehn Jahren Kommunist wurde, also eintrat in den kommunistischen Jugendverband. Damit stempelte ich mich selbst formal zum Atheisten. Ich bin im Grunde genommen ein religiöser Atheist. Religiöse Gedanken und religiöse Vorstellungen spielen in meinem Sozialismus- und Kommunismusverständnis eine sehr große Rolle. Ich bin in der DDR einer der Intellektuellen, die immer wieder diese Gemeinsamkeit von Marxismus und Christentum unterstreichen. Vor zwei Jahren habe ich in Düsseldorf beim Evangelischen Kirchentag gesprochen. Ich bin ein Parteimitglied, war also früher Mitglied der KPD, und bin dann später folgerichtig Mitglied der SED geworden. Ich bin unter meinen Genossen der einzige, der eine Fühlung zu kirchlichen Einrichtungen hat, aber ich habe niemals dafür Tadel bekommen. Man beobachtet das etwas verwundert, aber man läßt mich sein, wie ich sein will. Etwa im Gegensatz zur sowjetischen kommunistischen Partei, die sich als streng atheistische Partei konstituierte. In der Sowjetunion ist es nach dem Parteistatut nicht möglich, Mitglied der Partei und zugleich Mitglied der Kirche zu sein. Bei uns dagegen, in der DDR, kann man als Parteimitglied weiter der Kirche angehören. Wie das übrigens in vielen kapitalistischen Ländern der Fall ist, etwa in Italien, wo es eine riesige kommunistische Partei mit über zwei Millionen Mitgliedern gibt, die zu neunzig Prozent fromme Katholiken sind.

HK: Sie sind als Antifaschist in viele Länder emigriert. Sie kennen das Flüchten und die Fremde. Was bedeutet Heimat für Sie?

SH: Das ist nicht so leicht zu beantworten. Heimat ist in einem weiteren Sinne natürlich doch das deutsche Sprachgebiet, die Bundesrepublik, DDR, Österreich, deutsche Schweiz. In einem engeren Sinne gebe ich dabei der DDR einen Vorzug. Ich weiß, daß ich in der DDR zu Hause bin. Obwohl ich in der DDR große Konflikte durchlebt habe und wahrscheinlich auch noch durchleben werde, bin ich hier doch heimatlich behandelt worden. Ich bin, auch wenn man manchmal streng mit mir umging, behandelt worden als einer von der Familie, als einer der Ihren. Und dieses Gefühl habe ich anderswo nicht gehabt. Aber wenn ich ganz genau bin, gehe ich auf diese Formel zurück: Als deutsch empfinde ich mich am ungebrochensten und am wenigsten belastet, wenn ich an deutsche Literatur und an deutsche Musik denke und mich mit diesen Dingen beschäftige. Da habe ich das Gefühl, wirklich bei mir zu sein.

HK: War es für Sie jemals zweifelhaft, wieder nach Deutschland zurückzugehen, dorthin also, wo Ihr Vater umgebracht wurde?

SH: Das war nie eine Frage. Das ist nun allerdings für emigrierte Kommunisten überhaupt nie eine Frage gewesen. Sie waren von allen Emigranten die überzeugtesten Patrioten.

HK: Sie sagten einmal, Sie seien ein deutscher Patriot.

SH: Ja, ich erkläre das immer den Leuten, die mich so verwundert ansehen, wie Sie jetzt auch. Ich erkläre den Menschen immer, daß Patriot im Grunde genommen ein revolutionäres Wort ist. Die Französische Revolution hat dieses Wort geprägt, übernommen von den alten Römern. So kam auch dieses Wort Patriot zu Ehren, und ein Patriot war nach dem Sturm auf die Bastille einfach ein Republikaner, ein Anhänger der neuen Zeit, ein Feind des Königtums und der ausländischen Intervention, derjenige, der das neu eroberte Land Frankreich, das auf einmal als das Frankreich des Volkes empfunden wurde, verteidigte. In diesem Sinne bin ich ein deutscher Patriot.

HK: Sie sprachen von Ihren großen Konflikten mit der DDR. Waren Sie in einer Art innerer Emigration?

SH: Nein, das nicht. Das konnte ich gar nicht, weil die DDR mich zu sehr fasziniert. Sie ist für mich ein absolut faszinierendes Land.

HK: Warum so faszinierend?

SH: Weil die DDR das erste deutsche Land ist, das versucht, ein sozialistisches Land zu sein. Das eigentliche Ergebnis ist erstaunlich gut. Wir haben die Grundlagen des Sozialismus geschaffen in der DDR, so daß es in unserem Land keine Großkapitalisten mehr gibt, daß die Betriebe in den Händen der Öffentlichkeit liegen, ebenso die Banken, daß das Land nicht mehr den Gutsbesitzern gehört. Das sind entscheidende Grundlagen, ausschlaggebend für alles, was dann folgen wird. Aber diese Grundlagen sind schon sehr umstritten, darüber bin ich mir im klaren. Ich habe Verständnis dafür, daß viele Tausende, Hunderttausende aus der DDR weggegangen sind, weil sie glaubten, nicht ertragen zu können, was in der DDR geschieht. Bei mir war es ganz anders. Ich war von vornherein auf enorme Konflikte eingestellt, denn wir führen die größte Revolution in der Geschichte Deutschlands durch. Wir sind die erste Gesellschaft, die das Privateigentum an den Produktionsmitteln abschafft. Die unmittelbaren Resultate einer solchen Umwälzung sind nicht größerer Reichtum, sondern im Gegenteil größere Armut. Und wenn man dazu noch der Nachbar des reichsten und erfolgreichsten kapitalistischen Landes der Welt ist, das imstande ist, seiner Bevölkerung einen enormen Lebensstandard zu verschaffen, wie er in der Geschichte Deutschlands nie existiert hat, dann wird die Aufgabe besonders schwer. Ich habe aber immer gespürt, daß diese DDR meine Solidarität braucht. Es ist leicht, die DDR zu verlassen. Ich hätte so handeln können wie viele, auch persönliche Freunde, die es nicht ertragen haben und die eines Tages gesagt haben: Man hat nur ein Leben, und ich beschließe jetzt, den Rest meines Lebens unter angenehmeren und freieren Verhältnissen zuzubringen, und vor allem mit einem anderen Paß, den ich drüben innerhalb von Minuten auf dem nächsten Polizeirevier bekomme und mit dem ich hinfahren kann, wohin ich will.

HK: Diese Freiheit hat Sie nie verlockt?

SH: Nein. Ich habe auch unter meinen ziemlich armseligen, teilweise ziemlich elenden Zuständen während der Hitlerzeit einen großen Teil der Welt gesehen. Ich kenne vier Erdteile. Ich weiß ungefähr, wie es zugeht. In Europa kenne ich alles außer Albanien und Irland. Dahin habe ich einmal versucht, mit Brecht zu fahren. Es war ein Kongreß in Irland, ein Schriftstellerkongreß. Wir wollten uns da einmal umsehen und wollten Leute kennenlernen. Aber die Iren haben uns kein Visum gegeben. Es war überhaupt üblich, daß der DDR-Bürger als der letzte Dreck behandelt wurde. Ich habe unvergeßliche Szenen erlebt. In einem Prosastück, es heißt »Rückkehr«, habe ich einmal davon gesprochen. Man redet immer von der furchtbaren Behandlung der Menschen im Osten, die nicht ausreisen dürfen. Aber ich habe einmal erzählt, welche Schwierigkeiten ich hatte, einzureisen in westliche Länder. Es hat Monate und Monate gedauert mit den Anträgen, besonders bei NATO-Ländern. Ich erinnere mich, als ich zum ersten Mal nach dem Krieg nach Italien kam, auch zu einem Kongreß. Mit dem alten Arnold Zweig flog ich über Wien nach Venedig. Wir bewegen uns in der Schlange vorwärts und geben den italienischen Paßbeamten unsere Pässe. Die brechen zunächst einmal in höhnisches Gelächter aus und spötteln untereinander mit Seitenblick auf uns, und dann kommt einer und sagt zu dem alten Arnold Zweig, der aus Palästina kommt: »Sie da, Sie stellen sich ganz hinten an.« Wir mußten uns als die zwei letzten aufstellen und wurden dann abgefertigt, auch wieder unter entsprechenden Bemerkungen, nachdem alle anderen durch waren. Das kann man als so furchtbare Demütigung empfinden, daß man sagt: Halt, das will ich nicht mehr sein, aus diesem Verband steige ich aus, wie komme ich dazu, ich kann auch Bundesdeutscher sein, dann bin ich ein Mensch erster Klasse in der Welt. Aber man kann im Gegenteil auch sagen: Jetzt will ich erst recht bleiben, denen werde ich das nie verzeihen, ich will das sein, was dieser kleine, geächtete Staat ist, ich gehöre dazu, ich will ein Geächteter sein. Jedenfalls, das war meine Wahl, und dabei bleibt es. Arnold Zweig hat genauso gedacht wie ich.

HK: Und wie ist Ihr Verhältnis zu Israel?

SH: Ich begrüße grundsätzlich die Gründung des Staates Israel. Ich halte sie für notwendig, sie ist eine Tatsache, und sie wird von keinem ernsthaften Politiker in der Welt in Frage gestellt. Aber Israel kann nicht an seinen gewaltsamen Eroberungen festhalten. Es muß sie hergeben und dafür zum Ausgleich die absolute Sicherheit seiner Existenz, seine gesicherten Grenzen erhalten. Das ist klar.

HK: Sie sagten einmal, daß es ein jüdisches Element in der Kultur gebe. Wie würden Sie das beschreiben?

SH: Es ist schwer zu definieren. Die Juden sind durch ihre lange Geschichte ein geistig hochtrainiertes Volk geworden. Im Ghetto hatte man genügend Zeit nachzudenken. Man war gezwungen, nachzudenken, weil man sich ja nicht mit anderen Sachen beschäftigen durfte. Daraus sind die Philosophen und Naturwissenschaftler, die genialen Physiker und Mathematiker erwachsen. Die Künstler sind später gekommen, schon in einer Periode der Auflockerung, aber dann eben in überwältigender Fülle. Am wenigsten traten sie auf dem Gebiet der bildenden Kunst hervor. Das hängt mit der Religion zusammen. Aber auf dem Gebiet der Literatur ganz ungeheuer, und natürlich in der Musik, vor allem auf dem Gebiet der Interpretation. Es ist ja kein Zufall: Die Spitzen der Geiger in der Welt, es gibt ungefähr fünfzehn bis zwanzig, sind zu fünfundneunzig Prozent Juden.

HK: Sie haben in Ihrem Vortrag heute gesagt, daß sich Ihr Blick auf den Antisemitismus geändert habe. Das hörte sich fast so an, als fürchteten Sie, er würde nie enden.

SH: Mitunter habe ich das Gefühl, daß es so ist. Lenin hat geschrieben, daß die Juden für die herrschende Klasse den Blitzableiter darstellten. Allerdings konnte er nicht voraussehen, daß auch die später folgende herrschende Klasse dieses Blitzableiterdenken nicht völlig aufgeben würde. Wir haben als Kommunisten den Antisemitismus zuerst ganz naiv gesehen. Für uns stand fest, daß er nur eine von den vielen Eierschalen ist, die wir noch aus der früheren Gesellschaft mitschleppen und die sozusagen automatisch abfallen werden. So optimistisch kann man heute nicht mehr sein.

HK: Sehen Sie eine antisemitische Gefahr in der DDR?

SH: Wir haben, ich möchte beinahe sagen, glücklicherweise, in der letzten Zeit in der DDR Ausschreitungen antisemitischer Gruppen gehabt. Glücklicherweise, weil dadurch ein bestimmtes Gewissen erwacht ist, auch in der Regierung, und man entschlossen ist, diesen Dingen entgegenzutreten. Die ganze jüdische Frage wurde bei uns früher sehr abstrakt behandelt. In der DDR gab es aus leicht verständlichen Gründen niemals diese antisemitischen Äußerungen wie nach dem Krieg in anderen sozialistischen Ländern, zum Beispiel in Polen. Wir waren das Land, das sechs Millionen Juden in den Tod geschickt hatte. Das erschwerte den Antisemitismus von vornherein. Über die jüngsten Zwischenfälle habe ich ein paarmal mit Erich Honecker gesprochen, und Honecker ist wirklich ein Mann, der Antisemiten haßt, der zehn Jahre lang mit Juden zusammen im Zuchthaus gesessen hat und der so etwas nicht duldet. Es gibt übrigens einen Schriftsteller bei uns, den ich sehr schätze, Heinz Knobloch, einen Nichtjuden, der sich vor allem mit dem jüdischen Thema in bezug auf Berlin beschäftigt. Die wirklichen Aktivitäten in dieser Beziehung spielten sich ja jahrelang ausschließlich in der BRD und in West-Berlin ab, wo es natürlich sehr viel mehr Juden gibt als bei uns. Sie wissen vielleicht, die ganze jüdische Gemeinde in der DDR umfaßt ungefähr sechshundert Personen. In der BRD gibt es ungefähr fünfundzwanzig- oder dreißigtausend Juden, was natürlich auch recht wenig ist. Aber immerhin. Jedenfalls, dieser Heinz Knobloch fing an, über das Thema zu schreiben. Sein erstes Buch, das ein enormes Aufsehen erregte vor einigen Jahren, hieß »Herr Moses in Berlin«, ein Buch über Moses Mendelssohn, über die ersten Schritte zur Liquidierung der Ghettos und zur Emanzipation im achtzehnten Jahrhundert. Das Buch hat einen enormen Erfolg bei uns gehabt, hat auch sofort einen unserer höchsten Literaturpreise bekommen. Das letzte Buch von Knobloch, eine erschütternde Sache, heißt »Liebste Mathilde« und ist ein Buch über die Sekretärin von Rosa Luxemburg, Mathilde Jacob, die noch im Dritten Reich in Berlin gelebt hat, bis sie 1942 nach Auschwitz abtransportiert wurde. Er ist den Spuren nachgegangen und hat alles rekonstruiert. Also auf diesem ganzen Gebiet lassen sich bei uns neue Aktivisten sehen, und es gibt doch wieder ein gewisses, allerdings sehr beschränktes Leben der jüdischen Gemeinde. Seit kurzem haben wir in Ost-Berlin zum ersten Mal wieder einen Rabbiner. Die jüdische Gemeinde in Berlin mußte bisher jedesmal, wenn sie etwas Größeres veranstaltete, den Rabbiner von Budapest kommen lassen.

HK: Wenn wir jetzt noch einmal über die DDR hinaussehen: Wie sehen Sie die Zukunft des jüdischen Volkes in der Welt?

SH: Ein jüdisches Volk kenne ich nicht. Es gibt nur Juden. Es gibt ein israelisches Volk, aber kein jüdisches. Das unterscheidet meinen persönlichen Standpunkt vom Standpunkt der Zionisten, die jeden Juden als Angehörigen eines jüdischen Volkes reklamieren. Ich bin Deutscher und will Deutscher bleiben und lasse mir nicht von Leuten, die mir sonst sehr sympathisch sind und deren Interessen ich jederzeit verteidigen werde, einreden, daß ich etwas anderes sei. Anders verhält sich die Sache im Osten Europas. Dort gibt es ein jüdisches Volk, das sich als eigene Nationalität entwickelt hat, mit einer eigenen Sprache, dem Jiddischen. Aber auch in Rußland befindet sich diese große jüdische Nationalität im Zustand einer zunehmenden Emanzipation, einer Russifizierung. Immer mehr dieser Juden sprechen nicht mehr Jiddisch, sondern Russisch. Das ist das Schicksal von kleinen Nationalitäten. Aber noch gibt es in bestimmten Teilen Rußlands eine geschlossene jüdische Bevölkerung mit einem eigenen Charakter, mit eigener Literatur, eigener Kunst, eigener Musik, eigener Sprache. Das gibt es aber nicht in Deutschland.

STEFAN HEYM

Schriftsteller, Berlin. Geb. 1913 in Chemnitz

HK: Herr Heym, wie würden Sie Ihr jüdisches Elternhaus charakterisieren?

SH: Meine Eltern waren keine orthodoxen Juden. Sie waren eher liberal und assimiliert. Nur gestatteten die anderen ja nicht, daß man sich wirklich assimilierte. So war einem also notgedrungen bewußt, daß man Jude war, daß man sich unterschied von den Nichtjuden.

HK: Wodurch unterschied man sich denn?

SH: In der Gedankenwelt und in der Art des Herangehens an die Dinge. Wahrscheinlich war man im Denken anders geschult. Aber da weder meine Eltern noch meine Großeltern talmudisch oder auch nur dialektisch dachten, weiß ich nicht, wie ich das definieren soll. Wenn Sie ein Buch von mir lesen, glaube ich nicht, daß Sie sagen werden, das muß ein Jude geschrieben haben. Es kann genausogut ein Nichtjude geschrieben haben. Andererseits, den König David-Bericht und andere Bücher dieser Art können eben nur jüdische Schriftsteller geschrieben haben, die den Geist eines Menschen wie David oder Ahasver oder auch Jesus aus der Geschichte der Juden heraus begreifen können, aus der Geschichte einer ständig unterdrückten Minderheit.

HK: Glauben Sie, daß diese Unterdrückung bei den Juden besondere Fähigkeiten und Energien gefördert hat? Von den deutschen Nobelpreisträgern vor 1933 waren immerhin fast dreißig Prozent Juden. In der Medizin waren es sogar fünfzig Prozent, wenn ich das richtig in Erinnerung habe.

SH: Nun, die Juden mußten härter arbeiten, damit sie überhaupt in führende wissenschaftliche oder andere Positionen gelangen konnten. Sie mußten einfach viel besser sein als Nichtjuden, um etwas zu erreichen. Wenn Sie sich nur einmal die deutschen Regierungen ansehen – wann waren denn jemals Juden an der Regierung? Rathenau war eine Ausnahme.

HK: Politik war für Juden generell verschlossen ...

SH: Ja, mit Ausnahme vielleicht der Arbeiterparteien. Aber auch da gab es Probleme. In meinem Roman über Lassalle habe ich die ganze Problematik des jüdischen Arbeiterführers beleuchtet. Als Jude muß man sich auf allen Gebieten gegen die Mehrheit durchsetzen, die natürlich gegen die Minderheit zusammenhält. Und das gelingt nur, wenn Sie doppelt oder dreimal so gut sind wie die anderen.

HK: Herr Heym, Sie sind 1935 in die USA emigriert und haben dort Ihre Bücher in englischer Sprache geschrieben. Sie waren Soldat in der US-Armee. 1953 haben Sie aber Ihre Kriegsauszeichnungen und Ihre amerikanische Staatsbürgerschaft zurückgegeben. Warum taten Sie das?

SH: Nun ja, die amerikanische Demokratie drohte damals umzukippen. Meine deutschen Erfahrungen in der Nazizeit veranlaßten mich, Parallelen zu ziehen mit den amerikanischen Verhältnissen. Vielleicht habe ich zu schwarz gesehen, aber im Prinzip hatte ich recht. Ich war ja auch nicht der einzige, der fortging. Chaplin, Thomas Mann, Brecht und viele andere gingen, weil es einfach

unerträglich wurde. Die Amerikaner sind ja neben anderem auch fürchterlich provinziell. Und solch ein losgelassener Provinzmob ist doch eine sehr üble Sache, besonders, wenn diese Leute auch noch die Presse kontrollieren.

HK: Bertolt Brecht hat sich ja nie wohl gefühlt in Amerika. Wie war das bei Ihnen?

SH: Ich habe mich dort eigentlich sehr wohl gefühlt in gewissen Kreisen und zu gewissen Zeiten. Brecht konnte ja so gut wie kein Englisch. Ich aber schrieb meine Bücher auf englisch. Das waren ganz andere Voraussetzungen.

HK: Was bedeutet nach der Erfahrung von Emigration und Remigration Heimat für Sie?

SH: Das ist eine Frage, die schwer zu beantworten ist. Nach dem Kriege kam ich in meine Heimatstadt Chemnitz zurück. Ich hatte sehr gemischte Gefühle, aber nicht dieses Heimatgefühl, von dem so viel die Rede ist. Das war eben auch der Ort, an dem ich besonders schlecht behandelt worden war. Ich habe dann aber in Amerika eine Art Heimatgefühl gehabt. Bei der Lektüre dessen, was ich in meinem »Nachruf« über Chicago geschrieben habe, werden Sie das feststellen können. Eine gewisse Art von Heimatgefühl verdanke ich auch dem Umstand, daß ich in Amerika ein Gewehr in der Hand hatte und zurückschießen konnte. Das gibt einem das Gefühl: Hier gehörst du hin.

HK: Nachdem Sie nach Deutschland zurückgekehrt waren, war es für Sie selbstverständlich, wieder in Ihrer Muttersprache zu schreiben?

SH: Ich habe, nachdem ich nach Deutschland, in die DDR zurückgekommen war, noch jahrelang weiterhin englisch geschrieben. Auch heute noch vergeht kein Tag, an dem ich nicht englisch schreibe oder englisch lese. Ich lebe in zwei Literaturen. Das macht es ja so schwer für die Herren Germanisten an den Universitäten. Ich passe nicht in ihre Schubladen. Ich quelle über. Sie wissen nicht, wo sie mich hinstecken sollen, und wenn sie das nicht wissen, dann lassen sie die Finger von einem. Das ist auch gut so. Aber es ist schlecht fürs Geschäft.

HK: Als Sie aus Amerika zurückkamen, hatten Sie die Wahl zwischen zwei deutschen Staaten. Sie hätten auch in den Westen gehen können. Warum haben Sie sich für die DDR entschieden?

SH: Was für eine Wahl hätte ich denn schon gehabt? Wenn ich aus Amerika fort will, dann gehe ich doch nicht in eine amerikanische Kolonie! Außerdem dachte ich, in der DDR würden die interessanteren Lösungen gesucht. Dieser Überzeugung bin ich heute noch. Daß man sie nicht gefunden hat, ist eine andere Frage.

HK: In der BRD, aber auch in der DDR lassen sich besonders unter jüngeren Leuten neuerdings gewisse faschistische Tendenzen feststellen. Was sind Ihrer Meinung nach die Ursachen?

SH: Darüber mache ich mir schon seit längerer Zeit viele Gedanken. Die Ursachen liegen meiner Meinung nach in der allgemeinen Politik der Regierung der DDR, darin, daß sie die Leute bevormundet. Das führt zu oppositionellen Strömungen. Und ein Teil dieser Opposition äußert sich auf faschistische Weise, weil diese jungen Leute eben genau wissen: Das ist es, wogegen diejenigen angetreten sind, die jetzt herrschen. Damit ärgern wir sie am meisten. Und davor hat man bei uns ja auch Angst, daß der Faschismus wiederkommen könnte. Und es gibt ja eine große Anzahl Deutscher, die jene Form von Disziplin und Gewaltausübung wiederhaben möchten. Es ist ein komplexer Prozeß aus Provokation und Mißverständnissen, der da in Bewegung gekommen ist, und er birgt eine große Gefahr in sich. Und diese Gefahr ist durch staatliche Gewalt allein nicht zu bannen. Sie können die Skinheads ins Gefängnis stecken, aber dadurch ändern Sie sie nicht. Sie erreichen eher das Gegenteil.

HK: Ist das die Folge mangelnder Vergangenheitsbewältigung? Fritz Stern spricht von der »unbewußten Kontinuität des Einverständnisses mit dem Nationalsozialismus«.

SH: Schauen Sie, in Westdeutschland ist die Vergangenheit noch weniger als in der DDR bewältigt worden. Von Bewältigen kann eigentlich gar nicht die Rede sein. Man hat vornehmlich verdrängt. Man möchte sich nicht damit befassen, möchte »vorankommen«. Wenn man sich aber weigert, über sich selber und über die eigene Geschichte nachzudenken, gerät man doch immer nur in dieselben alten Bahnen zurück. Das ist sehr traurig.

HK: Was für ein Verhältnis haben Sie als jüdischer Bürger in der DDR zu Israel?

SH: Natürlich hege ich besondere Sympathie für Israel. Ich bin auch mehrmals dort gewesen. Ich würde dort aber nicht leben wollen. Aber ich verfolge die Experimente dort mit großem Interesse. Auf der anderen Seite erfüllt es mich mit Abscheu, wenn ich sehe, was für eine Politik die Nationalisten dort treiben. Sie beschwören große Gefahren herauf, und ihre Unbesonnenheit könnte dazu führen – es gibt ja hundertmal so viele Araber wie Juden –, daß die Juden noch einmal ins Meer getrieben werden.

HK: Einstein sagte schon 1929: »Wenn wir nicht den Weg zu ehrlicher Zusammenarbeit und ehrlichen Verhandlungen mit den Arabern finden, haben wir aus unseren zweitausend Jahren des Leidens nichts gelernt, und wir verdienen das Schicksal, das über uns hereinbrechen wird.« Glauben Sie, daß es eine Lösung geben wird?

SH: Es muß für das Problem Israel/Palästina eine Lösung geben. Sie kann nicht darin bestehen, daß die Juden aus dem Lande vertrieben werden, und auch nicht darin, daß die Araber aus dem Lande vertrieben werden. Eine Lösung erfordert auf beiden Seiten Einsicht, wahrscheinlich mehr auf der Seite der Israelis, denn sie sind in Palästina, wenigstens im Augenblick noch, die Stärkeren. Sie müßten eigentlich die Initiative ergreifen. Palästina war immer ein Land, in dem Araber lebten. Die Aufgabe der zionistischen Bewegung wäre es gewesen, von vornherein einen Weg zu finden, mit den Arabern zusammenzuleben. Das ist leider versäumt worden. Und wenn die Jugendrevolte der Palästinenser anhält – mit Gewalt läßt die sich ja nicht stoppen, auch mit Gummi- und Stahlkugeln nicht –, dann muß man mit katastrophalen Entwicklungen rechnen. Zudem wird Israel die Sympathie verlieren, die es bis dato in vielen Ländern und in gewissen Kreisen noch hat.

HK: Könnte dies in jenen Ländern zu einem Wiederaufleben des Antisemitismus führen?

SH: Vielleicht. Er hätte allerdings andere Ursachen als der historische.

HK: Was waren dessen Ursachen?

SH: Die bloße Existenz der Juden. Wenn sie nicht existiert hätten, hätte man sie erfinden müssen, um jemanden zu haben, den man erschlagen kann.

HK: Was war es für ein Gefühl für Sie, in das Land zurückzukehren, in dem so viele Juden erschlagen, ermordet worden sind? Sie sprachen anfangs von gemischten Gefühlen.

SH: Als ich zurückkam nach Deutschland, hatte ich selbstverständlich ein unangenehmes Gefühl, denn ich war ständig mit dem Gedanken beschäftigt, daß der Mann neben mir in der Straßenbahn der Mann gewesen sein könnte, der meinen Onkel erschlug. Statistisch gesehen ist diese Möglichkeit natürlich sehr gering. Wahrscheinlich hatte dieser Mann aber auf irgendeine Weise, und sei es auch nur durch sein Schweigen, dazu beigetragen, daß mein Onkel erschlagen wurde. Das können Sie allerdings in gewissem Sinne auch von den Amerikanern oder den Russen sagen, denn die haben ja jahrelang zugesehen, wie sich der Nationalsozialismus entwickelt hat, und haben nichts dagegen unternommen. Insofern betrifft die kollektive Schuld sehr viele Menschen, nicht nur in Deutschland.

HANNA HOLBORN-GRAY

Historikerin, Chicago. Geb. 1930 in Heidelberg

HK: Frau Professor Holborn-Gray, Sie sind 1934 mit Ihren Eltern aus Deutschland ausgewandert. Das war relativ früh. Wie kam es zu dieser Entscheidung?

HG: Mein Vater war Dozent an der Hochschule für Politik in Berlin, die von den Nazis wenige Monate nach der Machtergreifung übernommen wurde. Mein Vater gehörte zur politischen Opposition und hat gesehen, was auf uns zukommen würde. Er verließ Deutschland schon 1933 und ging nach London, um von dort aus eine Stelle an einer anderen Universität zu suchen, entweder in England oder in den USA. Nachdem er eine Stelle an der Yale University angenommen hatte, verließ auch meine Mutter Deutschland zusammen mit ihren beiden Kindern, meinem Bruder und mir. Mein Vater wartete in der Schweiz auf uns, und zusammen fuhren wir dann in die USA.

HK: Sie haben Deutschland also vor allem aus politischen Gründen verlassen und nicht so sehr deswegen, weil Sie Juden waren.

HG: Ja, mein Vater war kein Jude.

HK: Aber Ihre Mutter.

HG: Von der Herkunft her schon, aber nicht der Religion nach. Entweder mein Großvater oder dessen Vater hatte sich als Lutheraner taufen lassen. Das kam Mitte des neunzehnten Jahrhunderts in jüdischen Familien im Rheinland, glaube ich, recht häufig vor. Jüdischer Herkunft und als Lutheraner getauft zu sein ist nie ein Problem gewesen.

HK: Wäre die Familie aber nicht rechtzeitig ausgewandert, wären Sie dennoch als Juden verfolgt worden.

HG: Absolut. Sicherlich hat mein Vater auch das kommen sehen. Es ist kaum anzunehmen, daß ich noch am Leben wäre, wenn wir Deutschland nicht verlassen hätten.

HK: Sie waren damals drei Jahre alt. Haben Sie noch Erinnerungen an Deutschland?

HG: Natürlich fast keine. Aber sie kommen einem deutlicher vor, als sie sind, weil sie Familienerinnerungen einschließen. Eine Familie, die emigriert, hält ihre Erinnerungen wach, indem sie darüber spricht. Es gab viele Photos, die wir uns immer wieder ansahen. So habe ich das Gefühl, als ob ich mich an den Garten meiner Großeltern erinnern könnte. Aber vielleicht ist das nur eine Einbildung, die darauf beruht, daß ich die Photos so oft gesehen habe.

HK: Wurde bei Ihnen zu Hause noch Deutsch gesprochen?

HG: Am Anfang sehr viel. Später wurde es eine Mischung aus Deutsch und Englisch. Viele Freunde der Familie sind uns in die Emigration gefolgt. Sie kamen dann zu uns mit all den Kindern, und wir teilten uns die Kleider, das Spielzeug und alles andere, was wir in der Welt hatten. So sah ich auch, wie verschieden die Kinder die Emigration erlebten und wie verschieden sie darauf reagierten. Manche weigerten sich, Deutsch zu sprechen, manche hatten einen starken Akzent. Auch meine Eltern haben nicht auf dieselbe Weise reagiert und hatten unterschiedliche Einstellungen zu Deutschland nach dem Krieg. Die negative Reaktion meiner Mutter auf Deutschland und alles Deutsche war besonders auffällig. Mein Vater war dagegen oft in Deutschland nach dem Krieg, war auch an verschiedenen Projekten beteiligt, die sich mit deutsch-amerikanischen Beziehungen befaßten.

HK: Und wie ist Ihre Beziehung zu Deutschland heute?

HG: Es besteht noch ein kleiner Rest von Ambivalenz, nichts Ernstes, aber doch eine Ambivalenz. Das ist vielleicht noch ein Überbleibsel von der Überreaktion meiner Mutter. Denn alles, was damals geschah, hat mit den Menschen von heute nichts zu tun. Es besteht aber keine Feindschaft. Ich bin gelegentlich in Deutschland, und ich liebe die Landschaft, liebe die Sprache. Sobald ich ein paar Tage dort bin, kann ich wieder fließend Deutsch sprechen. Ich bin besonders gern in Berlin. Ich habe verschiedene Kontakte mit akademischen Institutionen, mit Universitäten und so weiter. Und natürlich schließt meine eigene wissenschaftliche Arbeit die deutsche Geschichte zur Zeit der Renaissance und der Reformation mit ein.

HK: Aber Heimat ist für Sie vermutlich Amerika.

HG: Das ist grundsätzlich richtig, aber es ist nicht genau das gleiche für mich wie für jemanden, der in Amerika geboren ist. Ich glaube, wenn man als Emigrant aufwächst, hat man nicht die gleichen Wurzeln. Die Wurzeln sind mehr mit der Familie als mit irgendeinem Ort verbunden. Für mich bedurfte es erst der Erfahrung der Auslandsreisen, um mir dessen bewußt zu werden, daß ich wirklich Amerikanerin bin. Als ich aufgewachsen bin, habe ich mich immer als irgendwie nichtamerikanisch betrachtet. Als ich aber nach dem College nach Oxford ging, in England lebte und durch Europa reiste, wurde mir klar, daß ich Amerikanerin bin.

HK: Welche Rolle spielt das Judentum für Sie als Teil Ihrer Identität?

HG: Ich komme mir etwas komisch vor, es zu sagen, aber auf der persönlichen Ebene habe ich nur minimalen Kontakt mit der jüdischen Erfahrungswelt gehabt. Ich habe die jüdische Religion nie praktiziert, und sie hat in meiner Erziehung keine Rolle gespielt. Meine Sinne sind also säkular und nicht religiös geprägt. Ich meine das wertfrei. Wenn ich überhaupt etwas von der jüdischen Erfahrungswelt weiß, habe ich mir diese Kenntnisse als Historikerin und durch viele Freundschaften erworben, aber nicht durch persönliche Erfahrung.

HK: Dennoch haben Sie ein starkes Gefühl für Ihre jüdische Herkunft.

HG: Das ist sicherlich der Fall.

HK: Wie ist Ihre Beziehung zu Israel?

HG: Ich bin pro Israel eingestellt und war es immer. Gleichzeitig betrübt mich zunehmend die Politik Israels, die Gewaltexzesse, die ich beobachte, und die Ignoranz gegenüber anderen Völkern und anderen Interessen.

HK: Ein junger Israeli sagte mir einmal, er habe mit den Juden der Diaspora nichts gemeinsam. Das überraschte mich, weil es doch immer heißt, unter den Juden gebe es ein starkes Gefühl der Zusammengehörigkeit, fast wie in einer großen Familie.

HG: Es gab immer Spannungen und Spaltungen, zum Beispiel zwischen den Juden in Osteuropa und denen in Westeuropa. Das stärkste Familiengefühl entsteht natürlich dadurch, daß man sich in der Minderheit befindet und durch die Verfolgung. Man meint, daß die Juden früher mehr wie eine große Familie waren. Heute gibt es vielleicht größere Unterschiede als früher, aber ich glaube, daß das Judentum auch früher nicht eine Einheit ohne Rivalitäten war. Heute jedenfalls ist es ein sehr pluralistisches Volk.

HK: Die Juden in der Diaspora scheinen als Minorität in der jeweiligen Gesellschaft immer sehr erfolgreich zu sein. Glauben Sie, daß das Leben in der Diaspora die Entwicklung besonderer Fähigkeiten begünstigt?

HG: Das hat es im Falle der Juden sicherlich getan. Ob man das auch für andere ethnische Gruppen sagen kann, weiß ich nicht. Aber kaum eine andere ethnische Gruppe hat ja unter so schrecklichen

Verfolgungen gelitten wie die Juden. Die Juden sind auch nicht nur eine ethnische Gruppe, sondern auch durch die Religion verbunden. In den USA gab es eine sehr große Zahl von jüdischen Immigranten, die mit sehr wenig angefangen und es sehr weit gebracht haben. Ich meine hier nicht die Akademiker, die in den dreißiger Jahren kamen, sondern vielmehr die Menschen, die Anfang des Jahrhunderts nach New York kamen, die auf der Lower East Side lebten und für die die Erziehung und der Erfolg ihrer Kinder sehr viel bedeutete. Das grenzt ans Wunderbare und erscheint mir in der Geschichte einmalig. Man sieht heute etwas Ähnliches bei den Kindern der Familien, die in Vietnam verfolgt wurden und die, bevor sie nach Amerika kamen, dort in Lagern lebten. Viele waren »Boat people«, die nichts besaßen, als sie hier ankamen, und Englisch erst seit kurzem sprechen, und sie werden Ärzte und alles mögliche. Aber ich glaube, daß es bei den Juden noch etwas anderes ist. Die Erfahrung extrem erschwerter Lebensbedingungen, in Amerika und in anderen Teilen der Welt, reicht bei diesem Volk viel weiter zurück als bei allen anderen. Man gehört zu einem Volk, das immer wieder wegen seiner Religion und seines Andersseins verfolgt wurde.

HK: Laufen die Juden in Amerika durch die Assimilation Gefahr, ihre Identität zu verlieren?

HG: Das ist eine Sorge, die wohl viele Juden teilen. Aber als Historikerin sehe ich das etwas gelassener. Ich glaube, daß man bestimmte Entwicklungen abwarten muß und schließlich erkennt, daß sie gut und notwendig sind. Es besteht kein Zweifel, daß die Juden in Amerika assimiliert sind. Ich glaube aber nicht, daß sie dadurch »das Besondere«, wie immer man es definiert, einbüßen müssen. Es ist eher ein wechselseitiger Austausch mit der Gesellschaft. Es gehört zu Amerika, das ja aus Emigranten besteht, daß einzelne Gruppen zeitweise besonderen Wert auf ihre nationale oder ethnische Eigenart legen, während sie zu anderen Zeiten um jeden Preis assimiliert sein wollen. Das ändert sich von einer Generation zur anderen und ist wie eine Pendelbewegung.

HK: Warum, glauben Sie, ist ein so relativ hoher Prozentsatz der Juden so erfolgreich?

HG: Warum sollten begabte Menschen nicht erfolgreich sein? Es kann aber gut sein, daß die Struktur vieler jüdischer Familien stärker ist und mehr Rückhalt bietet als die anderer Familien oder daß der Druck innerhalb der Gemeinschaft zu einem guten Resultat führt. Aber besser als danach, warum so viele Juden erfolgreich sind, sollte man fragen, warum das so viele Leute stört. Ich finde es auch interessant, daß man nicht eher umgekehrt fragt, warum andere Gruppen nicht einen ähnlichen Antrieb entwickeln.

HK: Was, glauben Sie, sind die Gründe für den Antisemitismus?

HG: Das ist eine sehr, sehr komplizierte Frage. Der moderne Antisemitismus ist grundsätzlich mit dem Begriff des Sündenbocks verbunden. Man macht eine Gruppe von Menschen, die man als anders empfindet und die historisch unpopulär ist, verantwortlich für das, was man selber in der Welt als unangenehm, schmerzhaft oder bedrückend empfindet – einfach um die Schuld anderen zu geben und sich so von der Verantwortung zu befreien.

HK: In Deutschland erreichte der Antisemitismus ein so ungeheuerliches Ausmaß, daß es einem schwerfällt, dies als plausibles Ergebnis historischer Entwicklungen zu erklären. Gläubige Menschen fragen sich, wie Gott den Holocaust zulassen konnte. Wie denken Sie über diese Frage?

HG: Ich glaube nicht an Gott. Ich finde auch nichts in der Geschichte, das mich veranlassen könnte, an Gott zu glauben. Daß der Holocaust jeder Erklärung spottet, ist freilich für mich als Mensch wie als Historikerin ein Problem.

HANS JONAS

Philosoph. Geb. 1903 in Mönchengladbach, gest. 1993 in New York

HK: Herr Professor Jonas, Sie sind gleich nach der Machtübernahme Hitlers emigriert.

HJ: Im September 1933, noch im selben Jahr. Für mich stand vom Tag des Judenboykotts, dem 1. April 1933, an fest, daß ich in diesem Land nicht bleiben kann, daß es einem die einfache Menschenwürde verbietet. An Lebensgefährdung hatte ich noch gar nicht gedacht. Aber in einem Land, wo man der Bürger- und Menschenrechte beraubt wird, kann man nicht bleiben. Als ich ging, habe ich mir innerlich geschworen, nie wiederzukehren, es sei denn als Soldat einer erobernden Armee. Und so ist es dann später auch gekommen. Ich bin in Deutschland eingerückt mit den britischen Truppen.

HK: Was waren die Stationen Ihrer Emigration?

HJ: Ich hatte ein Einwanderungszertifikat nach Palästina, bin aber erst für eineinhalb Jahre nach London gegangen. Im Frühjahr 1935 habe ich mich dann in Jerusalem niedergelassen. Meine Eltern sind damals in Deutschland geblieben. 1938 ist mein Vater dort gestorben, er hatte Krebs. Dann hat meine Mutter begonnen, ihre Auswanderung vorzubereiten. Sie wollte natürlich zu mir nach Palästina. Aber sie hat es nicht mehr geschafft. Ich habe mich dann gleich zu Beginn des Krieges freiwillig gemeldet, zu einer Einheit der englischen Armee, die nur aus nichtenglischen jüdischen Freiwilligen gebildet wurde, der »Jewish Brigade«. Wir waren zuerst im östlichen Mittelmeer und in Nordafrika eingesetzt und haben später den Italienfeldzug mitgemacht, ich als Artillerist, fünf lange Jahre.

HK: Haben Sie während des Krieges noch einmal etwas von Ihrer Mutter gehört?

HJ: Über das Rote Kreuz bekam ich einmal eine Nachricht, daß sie nach Litzmannstadt in das Ghetto deportiert worden war. Litzmannstadt, das wissen Sie vielleicht nicht, war Lodz. Die Deutschen hatten es während der Okkupation so umbenannt. Als ich dann bei Kriegsende als britischer Soldat nach Mönchengladbach kam, da erfuhr ich, daß meine Mutter 1942 nach Auschwitz weiterverschickt worden war. Dort ist sie vergast worden.

HK: Im israelischen Unabhängigkeitskrieg waren Sie wieder Soldat. Wie lange?

HJ: Ungefähr ein Jahr lang, 1948 bis 49. Als schon Fünfundvierzigjähriger war ich nicht mehr in der vordersten Linie. Aber bei der Bildung der israelischen Armee, die nach der Invasion der arabischen Armeen gewissermaßen im Feuer stattfand, fiel uns Veteranen von der »Jüdischen Brigade« als Sachverständigen in den verschiedenen Waffengattungen eine lebenswichtige Rolle zu, und ich leistete mein Teil als Stabsoffizier in der jungen Artillerie. Im Frühjahr 1949 wurde ich demobilisiert.

HK: Was taten Sie dann? Im Land wurden ja in diesem Moment vielleicht eher Handwerker gebraucht als Philosophen.

HJ: Ich stand erst einmal brotlos da, denn an der Hebräischen Universität war einfach keine Vakanz für Philosophie. Aber eines Tages, meine Frau war damals gerade hochschwanger, lag ein Telegramm im Briefkasten, in dem mir von einer Stiftung in Kanada eine einjährige, sehr gut bezahlte Gastprofessor angeboten wurde – mit der Option, später dortzubleiben. Und ich fragte meine Frau: »Willst du nach Kanada gehen?« »Gut, gehen wir mal nach Kanada, für ein, zwei Jahre.« Aber wir sind nie wieder zurückgekehrt nach Israel, außer natürlich als Besucher. 1955 kam dann die Berufung nach New York.

HK: Ich glaube nicht, daß Sie im strengen Sinne stark verbunden sind mit der jüdischen Religion. Ich habe jetzt aber schon von einigen meiner Gesprächspartner gehört, daß sie, obwohl nicht religiös, sich tief im Judentum verwurzelt sehen. Gibt es solche Wurzeln auch bei Ihnen?

HJ: Zweifellos. Sie sind schwer zu benennen, aber ich würde das Religiöse doch als eine davon bezeichnen. Zum Wesensgehalt der jüdischen Überlieferung – nicht zu allen Einzelheiten des Gesetzes – habe ich zeitlebens ein bejahendes Verhältnis bewahrt, und besonders vom biblischen Wort habe ich mich immer wieder angesprochen gefühlt. Der eine Gott, die Erwählung Israels, das Ethos der Propheten: Ja! Aber natürlich kann kein orthodoxer Rabbi dieses »Ja« als jüdisch ausreichend ansehen. Sie kennen ja meine ketzerisch-bekenntnishafte Schrift »Der Gottesbegriff nach Auschwitz«. Da habe ich in spekulativer und wohl gewagter Freiheit versucht, mir meinen eigenen theologischen oder religiösen Vers auf das zu machen, was geschehen ist.

HK: In diesem Aufsatz geht es um die Frage: Ist Gott allmächtig? Sie stellen die These auf: Gott ist nicht allmächtig, denn in dem Augenblick, in dem er die Eigenexistenz der Schöpfung und erst recht die menschliche Freiheit zuließ, hat er schon seine Macht eingeschränkt.

HJ: In der Tat war Auschwitz ein Werk der menschlichen Freiheit, die ja eine Freiheit zum Guten und zum Bösen ist. Und mit der Zulassung eines Wesens in der Schöpfung, das im Besitz von Wissen und Freiheit ist, ist die Natur oder Gott oder was immer das schöpferische Prinzip war, ein ungeheures Wagnis eingegangen. Bis dahin geschah, was das Naturgesetz befahl. Von nun an geschehen Dinge, für die nicht mehr irgendwelchen höheren Mächten oder blinder Notwendigkeit die Schuld zu geben ist. Sehr häufig liegt die Schuld beim Menschen und seiner Wahl – bei einzelnen Menschen oder ganzen Gesellschaften.

HK: Ist damit nicht ein Teil der Glaubenslehren hinfällig – »die starke Hand und der ausgestreckte Arm« der jüdischen Religion?

HJ: An sich ist die jüdische Religion nicht theologisch definiert. Es gibt nicht wie im Christentum eine systematische Dogmatik, die genau festlegt, was der Inhalt des Glaubens ist. Das Judentum ist wesentlich eine Gesetzesreligion, verkündet zuerst in wenigen Geboten am Sinai, ausgebaut in der Thora, den fünf Büchern Moses und weiter in der rabbinischen Lehre des Talmud und so weiter. Mit dem Nachdruck immer auf dem richtigen Handeln, nicht dem richtigen Denken. Dennoch gibt es gewisse Grundlehren des Judentums, die man aus dem Gesamtbestand der jüdischen Überlieferung herausziehen kann, wie Maimonides das in seinen Dreizehn Glaubenslehren getan hat. Dazu gehört das göttliche Weltregiment und die schließliche Belohnung der Guten und die Bestrafung der Bösen. Diese beiden engverbundenen Glaubenssätze von Gottes Allmacht und Gerechtigkeit fallen dahin, wenn man meinen Überlegungen in jenem Aufsatz folgt. Sie sind nicht so gemeint, daß ich ihr Ergebnis nun als theologischen Standpunkt verfechten müßte. Sagen wir, es ist ein subjektiv-meditativer Versuch, fertigzuwerden mit dem ungeheuerlichen Rätsel, wie Auschwitz möglich war. Eine mögliche Antwort ist natürlich: »Es gibt keinen Gott.« Aber wer sich – aus Gründen religiöser oder philosophischer Überzeugung – den Ausweg in den planen Atheismus verbietet, der steht dann eben vor der Frage, wie die Existenz eines göttlichen Prinzips – vor der Welt, in der Welt, jenseits der Welt, aber doch in Beziehung auf die Welt – vereinbar ist mit dem Fürchterlichen, das sich da ereignet hat. Und da ist nun mein Gedanke gewesen, daß die Zulassung der Schöpfung überhaupt, und insbesondere dann noch einmal die Zulassung menschlicher Freiheit in der Schöpfung, eine Art Verzicht von seiten Gottes einschloß: eine Abtretung sozusagen seiner Macht und Autorität, zum Teil oder zum Ganzen, an diese werdende Welt, damit sie, ja, wie soll man sagen, aus Eigenem ihre Chancen entwickeln, erfüllen oder auch verderben kann.

HK: Glauben Sie, Gott hat den Menschen nur die Freiheit gegeben, oder auch ein Wissen, wie man sich entscheiden soll, das heißt ein Ziel?

HJ: »Geben« würde in den zwei Fällen doch etwas ganz Verschiedenes bezeichnen. Die Freiheit ist eine Schöpfungsgabe, das heißt, der Mensch ist von Natur mit ihr begabt. Sie gehört zu seiner biologischen Verfassung. Aber Wissen um Gut und Böse, Recht und Unrecht ist nicht angeboren, sondern erworben und erlernt. Auch wer als Quelle für solches Wissen eine besondere göttliche Offenbarung angibt, bekennt ja damit, daß es eben nicht schon zur Schöpfungsausstattung gehört. Die Offenbarungen, deren es geschichtlich viele gibt, reden nicht mit einer Stimme. Und ebensowenig tut es die Vernunft, die ja auch unabhängig von solcher Hilfe nach dem Guten und dem wahren Ziel des Lebens fragen kann. Aber eben dies Fragen und Suchen oder auch das Hinhorchen auf Offenbarung läßt sich als ein Reflex des Göttlichen im Menschen verstehen. Zwar nicht das Moralische selbst, doch die Dimension dafür ist dem Menschen angeboren. Dem Tier sagt der »Instinkt«, wonach zu streben und was zu fliehen. Die Natur hat ihm die Ziele gesetzt. Dem Menschen, obwohl auch er noch an diesem tierischen Erbe teilhat, ging irgendwann auf, daß es noch dies gibt: Was soll ich tun, was soll ich nicht tun? Er entdeckte: Es gibt Normen, die nicht bloße Zwecknormen sind, die nicht nur der Erreichung von Zielen dienen, sondern die darüber entscheiden, welche Ziele man verfolgen soll und welche Mittel man anwenden darf oder nicht. Das ist doch der Ursprung aller Moral, daß jemand aus Liebe, aus Fürsorge, aus Achtung darauf verzichtet, gewisse Dinge zu tun oder gewisse Ziele zu verfolgen, weil sie zu sehr die Rechte oder das Wohl anderer verletzen. Daß es die moralische Dimension gibt, ist das Ungeheure. Man wird kaum jemanden finden, der nicht mindestens mit den Lippen ihre Existenz anerkennt, auch wenn er ihren Normen zuwiderhandelt oder sie so zurechtbiegt, daß sein Tun sich damit verträgt. Wenn man will, könnte man es als eine Art Verrücktheit unserer Gattung ansehen, das eigene Tun mit solch lästigem Schein verzieren zu müssen. Für mich ist es eine Anzeige dafür, daß es im Menschen etwas gibt, das die bloße Natur, die nackten Triebe der Bedürfnisbefriedigung, irgendwie transzendiert. Und das ist das wirkliche Einfallstor des Göttlichen in der Welt, wo man das Wort Gottes hören kann, wo man doch nicht ganz taub ist, wo der eine die Worte vom Sinai vernimmt und der andere vielleicht die Worte der Bergpredigt. Selbst wenn Gott auf seine Macht verzichtet hat, so hat er doch nicht darauf verzichtet, daß seine Stimme hörbar wird. Auch wenn wir nicht mehr glauben können, daß er »mit starker Hand und ausgestrecktem Arm« seinen Plan durchführt, so können wir doch glauben, daß er uns zu verstehen gibt, was er von uns will. Mein eigener Glaube ist, daß ohne besondere Offenbarung das Sein es uns durch seine erkennbare Beschaffenheit sagt. Das ist der Glaube des Philosophen.

HK: »Gott trägt Sorge für seine Geschöpfe.« Das ist ja auch ein jüdischer Grundsatz.

HJ: Ja, und in der Bibel gibt es ja auch genug Geschichten, die davon handeln, daß Gott sich bekümmert um den Menschen und um die Wege seines Volkes Israel, wie es ihn, vor der Sintflut sogar, gereut hat, daß er den Menschen überhaupt erschaffen hat, weil er das Treiben der Menschen auf der Erde sah. Er hat es nicht verhindert, nicht verhindern können. Eben das ist nun mein Glaubensversuch, daß Gott von dem Moment an, wo er die menschliche Freiheit zuließ, nicht mehr verhindern konnte, daß die Menschen die Freiheit auch zum Bösen gebrauchen. Soviel sagt ja eigentlich die Bibel selber. Doch dann läßt sie die göttliche Macht mit der Sintflut strafend eingreifen, und das gehört meiner Ansicht nach ins Reich der Fabel.

HK: Die Juden waren in der Bibel, im Alten Testament der Christen, Gottes auserwähltes Volk. Diese Auserwähltheit, auf eine gräßliche Weise in ihr Gegenteil verkehrt, fand sich ja wieder im Antisemitismus der Nazis, die die jüdische Rasse als Ganzes auslöschen wollten.

HJ: Die Juden sind nicht ihrer Religion wegen zur Vernichtung ausersehen worden, nicht, damit einem anderen Glauben darüber zum Siege verholfen werde, sondern ausschließlich ihrer Rasse wegen. Getaufte Juden, sogar die Nonne Edith Stein, wurden genauso des jüdischen Blutes oder der jüdischen Rasse wegen vernichtet. Von denen, die in den Vernichtungslagern endeten, hat wahrscheinlich die Mehrheit nicht mehr an den alten Gott geglaubt. Ich möchte hier vielleicht noch auf Ihre Frage nach den jüdischen Wurzeln zurückkommen. Es gibt ja nicht nur das religiöse Erbe. Auch wenn ich philosophisch schließlich eine atheistische Position eingenommen hätte, würde doch diese Erbschaft, die mit so viel Hartnäckigkeit und Leiden von Generation zu Generation durch Jahrtausende fortgetragen worden ist, in irgendeinem Sinne bindend sein. Treue und Märtyrertum beweisen zwar nicht die Wahrheit der Sache, um die es ihnen ging, aber sie bezeugen ihr eine überragende Wirklichkeit, und der Nachfahre, der nicht einfach seine gesamten Vorfahren des gröblichsten Irrtums zeihen will, bleibt im Geheimnis ihres Dienstes eingeschlossen. Das ist ein Schicksalsbund, eine Zugehörigkeit, die man nicht willkürlich auflösen kann. Man darf die Kette nicht abreißen lassen. Es hat doch etwas Besonderes auf sich mit den Juden. Es ist doch eine rätselhafte Sache, daß wir da sind und den Monotheismus in die Welt gebracht haben, seine Zeugen gewesen sind und seine Träger und fortwährend daran gearbeitet haben – unsere bedeutenden Geister und auch die unbedeutenden. Keine einzelne Generation hat das Recht, eine solche Kette einfach abreißen zu lassen. Keine. Nein.

Ich weiß nicht, ob Sie Henri Bergson kennen. Der war ein französischer Philosoph. Ein Jude, der in seinen späteren Lebensjahren dem Katholizismus sehr nahekam. Aber dann kam Hitler. Bergson hatte vorgehabt überzutreten, aber er sagte sich: Das darf ich jetzt nicht tun. Eine verfolgte Gemeinschaft verläßt man nicht. Und er blieb. Wenn man die Gemeinschaft verläßt, dann schwächt man die Treuen. Und eine gewisse Treue gehört zum menschlichen Zusammenleben und, ja, zu der Tatsache, daß man doch immer auch Erbe ist. Darum würde ich sagen, daß sogar unabhängig vom religiösen Standpunkt das Judesein bindend ist, daß ein Jude dem nicht den Rücken kehren soll. Er soll sich nicht verleugnen. Auf irgendeine Weise soll er sich weiter dazuzählen.

Und da ist eben der Zionismus entstanden, der zum Teil ein ganz säkularer Nationalismus ist, aber doch mit einer Vorstellung von einer jüdischen Substanz, die sogar die Abwerfung der Religion noch überstehen kann. Deswegen der neue Staat Israel, in dem Hebräisch gesprochen wird, in dem die biblische Tradition für viele nicht mehr als religiöser Kanon gilt, aber doch als ein Teil dessen, was man selber ist, weil die Vorfahren es waren und man daraus hervorgegangen ist.

HK: Was Sie über die Treue zu einer viele Generationen alten Tradition und zu einer verfolgten Gemeinschaft sagen – was bedeutet das für Ihr eigenes Leben? Eine besondere Pflicht?

HJ: Zum Beispiel bedeutet es für mich, daß ich selbstverständlich meine Kinder jüdisch aufgezogen habe. Sie sollten ein Bewußtsein ihrer Zugehörigkeit haben zu dieser alten Gemeinschaft mit ihrer großen und schrecklichen Geschichte und ihrem geistigen Erbe. Daß man die jüdischen Feiertage einhält und daß man, um es ganz banal auszudrükken, auf die Frage »Was bist du?« antwortet: »Jude«. Für uns in Amerika bedeutet es auch, daß man jüdische Initiativen unterstützt, zum Beispiel, wo es um jüdische Wohltätigkeit geht, um Unterstützung des Staates Israel oder Hilfe für die Juden, die aus Sowjetrußland ausreisen wollen. Sie können so etwas auch als rein politische Instinkte sehen. Eine so heimatlose Gemeinschaft muß eine Heimat irgendwo haben, muß zusammenhalten.

Aber über der Bedeutung des jüdischen Themas in unserem Gespräch, auf das Ihre Fragen zielen, soll doch nicht ganz vergessen werden, daß bei mir etwas in permanenter Spannung mit all dem steht, und das ist die Philosophie. Der Philosoph muß sein eigentliches Geschäft, das Denken, völlig frei von solchen Bindungen und ererbten Voraussetzungen verrichten. Er ist dem Denken allein verpflichtet. Philosophie muß in der Methode »atheistisch« sein. Das heißt nicht, dogmatisch zu behaupten »Es gibt keinen Gott«. Aber es heißt, sich nichts vom Glauben darüber sagen zu lassen. Daß man zusammen Philosoph und Jude ist – darin liegt eine gewisse Spannung, das ist keine Frage. Mein erwählter Beruf war nun wirklich das philosophische Nachdenken, bei dem man gar nichts anderes gelten lassen darf, als was die Erkenntnismittel der Philosophie selber einem zeigen können. Aber gerade die philosophische Offenbarung für das unverkürzte Zeugnis der Wirklichkeit, der Atheismus der Methode, führte in meinem Falle nicht zum Atheismus als Standpunkt und auch nicht zu einem gänzlich neutralen Agnostizismus, sondern zu einer Metaphysik mit eher theistischer Vermutung. Natürlich kann ich dabei nicht dem Verdacht entgehen, daß ich mir das von meinen jüdischen Voraussetzungen habe einflüstern lassen und ich deshalb auch zu dem scheinbar philosophischen Ergebnis kam, daß es etwas, das man das Göttliche nennen kann, im Gesamtbefund der Dinge gibt. Niemand kann Richter in eigener Sache sein, sich selber von Vorurteilen freisprechen. Aber es könnte ja auch umgekehrt sein, daß die Vorurteile auf der anderen, der heute herrschenden positivistischen Seite, liegen und daß gerade die weitere, gesamtphilosophische Sicht einen Raum für die Transzendenz freigibt, den der Materialismus übersieht.

HK: Zum Schluß möchte ich Ihnen gleich zwei Fragen auf einmal stellen. Wie sehen Sie die Zukunft des Judentums? Das wäre eine Frage, und die andere: Wie würde die Welt aussehen, wenn die Prophezeiung – sie gilt ja immer noch –, daß der Messias kommen wird, erfüllt würde?

HJ: Wie sehe ich die Zukunft des Judentums? Ich weiß es durchaus nicht. Ich bin nur ziemlich überzeugt, daß es weiter Juden geben wird. Meine Freundin Hannah Arendt hat das so ausgedrückt, ganz naiv: Eine Welt ohne Juden kann ich mir nicht vorstellen. Das ist keine philosophische Aussage, aber mehr kann ich auch nicht sagen. Da ist etwas, ein Geheimnis, das irgendwie weiterbestehen wird, in welcher Form, weiß ich nicht. Das ist auch nicht an die Existenz des Staates Israel gebunden, obwohl die Existenz dieses Staates ein sehr wichtiger Faktor sein kann. Auch die westliche Welt wird weiterhin ein jüdisches Element enthalten. Welche Rolle es dabei spielen wird, das weiß ich nicht.

Ihre zweite Frage ist einfacher zu beantworten. Ich teile nicht den messianischen Glauben. Im Gegenteil, ich bin überzeugt, daß der Mensch und die Zustände auf Erden immer unvollkommen und problematisch bleiben werden. Immer eine Mischung von Gutem und Schlechtem, von Großem und Kleinem, von Erhabenem und Erbärmlichem. Wie es die jüdische Religion ankündigt: das schlagartige Eingreifen einer solchen Gestalt, mit allen göttlichen Kräften, die ihm dann zur Verfügung stehen, so daß also, wie es bei Jesaia heißt, »der Löwe neben dem Lamm« grasen wird, nicht wahr. »Und ein Knabe wird sie alle hüten.« Daß es so sein wird – daran glaube ich nicht. Das Christentum ist ja diesem Dilemma entgangen, nämlich einer Widerrufung des Messianismus, indem es die ganze Erlösung ins Jenseits verlegt hat. Und darüber läßt sich einfach nichts sagen.

ROBERT JUNGK

Schriftsteller und Futurologe. Geb. 1913 in Berlin, gest. 1994 in Salzburg

HK: Herr Jungk, Sie haben sich in Ihren zahlreichen Büchern zu den unterschiedlichsten Themen geäußert. Woher rührt dieses weitgefächerte Interesse?

RJ: Mir liegt die Überwindung der fatalen Spezialisierung in den Wissenschaften sehr am Herzen. Ich versuche deshalb, Generalist und Vermittler zu sein. Ich interessiere mich für die Wissenschaft, aber auch für die Künste. Schließlich komme ich aus einer Theaterfamilie. Als ich an der Technischen Universität in Berlin war, habe ich darum etwas völlig Neues erfunden, den »horizontalen Professor«: Ich habe mich nicht auf eine bestimmte Fakultät beschränkt, sondern mich in verschiedenen Fachbereichen umgesehen, mir über deren jeweilige Zukunftsideen berichten lassen und das dann an die anderen Fachleute, die ja alle spezialisiert waren, weitergegeben. Ich war also das verbindende Glied. Und so sehe ich mich als Vermittler, der nicht nur die einzelnen Wissenschaftsdisziplinen zusammenbringt, sondern auch die Ergebnisse dieser Wissenschaften verständlich an Nichtfachleute vermittelt.

HK: Woher beziehen Sie denn die Kraft für Ihr unermüdliches Engagement?

RJ: Das hängt eng mit meiner Lebensgeschichte zusammen. Nehmen Sie beispielsweise meine Präsidentschaft beim österreichischen Verband der Gesellschaft für bedrohte Völker. Da geht es also um Urvölker wie die Indianer, die Eskimos, die Molukken. Das mache ich nicht nur aus ethischer

Haltung heraus, sondern weil ich eine Art Verwandtschaft mit diesen bedrängten Menschen fühle. Und das kommt daher, daß ich als Jude selbst zu einer Gruppe gehöre, die lange Zeit verfolgt wurde. Deshalb versuche ich, anderen Minoritäten zu helfen. In meinen Büchern beschreibe ich die Welt zwar so düster und dunkel, wie sie nun einmal ist, aber letztendlich kommt es mir darauf an, auf Lichtblicke hinzuweisen. Ich bin ein Sammler dieser Lichtblicke. Das liegt daran, daß ich sehr vom jüdischen Glauben an den Messias bestimmt bin. Der Messias regiert nicht ins Jenseits, um dort eine bessere Welt zu schaffen, sondern er kommt in diese unsere bedrängte Welt, um hier bessere Lebensbedingungen zu schaffen. Dieser messianische Glaube ist, so könnte man sagen, das Zentrum meines ganzen Lebens. Mein Engagement ruht sicherlich in der jüdischen Tradition. Meine Mutter hat früher schon immer gesagt: »Ich möchte, daß du ein jüdischer Wanderprediger wirst.«

HK: Wie könnte denn diese bessere Welt, für die Sie arbeiten, auf die Sie hoffen, aussehen?

RJ: Erstens einmal ist es eine Welt, in der die Menschen keine Angst voreinander haben müssen, weil eben niemand mehr verfolgt wird. Dann ist es eine Welt, in der die wirklich bedeutsamen Ereignisse wichtiger werden als das rein Materielle. Auch hierin macht sich ein jüdischer Einfluß bemerkbar, denn es entspricht durchaus jüdischen Vorstellungen, daß die geistige Erleuchtung, oder nennen wir es bescheidener Erkenntnis, wichtig ist, das Materielle dagegen keine so große Rolle im Leben spielt. Ich glaube, daß in den Menschen viel mehr steckt, als sie selber ahnen. Ich habe 1973 ein Buch veröffentlicht, mit dem Titel »Der Jahrtausendmensch«, in dem ich von dem ungehobenen Schatz spreche, der im Menschen steckt. Die Phantasie, die Gestaltungskraft zum Beispiel wird ja bei den meisten bereits in frühester Kindheit verschüttet oder gar zerstört. Ich bin überzeugt, daß die Menschen viel mehr sein könnten, als sie sind. In den letzten zweihundert Jahren haben wir vor allem nach »außen« geschaut, auf die Entwicklung unserer Instrumente, unserer Produkte, unseres Reichtums. Aber die innere Entwicklung des Menschen haben wir vernachlässigt. Das sollte nachgeholt werden.

HK: Glauben Sie, daß man in Israel ein Stück Weg in diese Richtung zurückgelegt hat? Schließlich ist dieser Staat ja mit hohen moralischen Ansprüchen gegründet worden.

RJ: Ich bin ein ganz scharfer Kritiker des heutigen Israel. Es fängt eigentlich schon damit an, daß ich das Konzept eines jüdischen Nationalstaates für einen Rückschritt und keinen Fortschritt halte. Denn ich sehe die Rolle der Juden gerade darin, daß sie keine geographisch fixierte Heimat haben müssen. Sie sind durch die Diaspora bereits über den Nationalstaat hinausgewachsen. Darüber habe ich schon als Jugendlicher sehr viele Diskussionen geführt. Deshalb war ich auch nie in einem zionistischen Jugendbund. Sehen Sie, ich halte eigentlich das ganze Nationalstaatskonzept für überholt. Ich bezeichne mich selbst gerne als Planetarier, als Weltbürger. Ich bin auf der Erde zu Hause. Die ganze Erde ist für mich Heimat und kein bestimmtes Land. Ich bin zwar, nachdem ich lange in den USA gelebt habe, wieder nach Europa, nach Österreich zurückgegangen. Aber nicht aus Heimweh. Ich wollte wegen der deutschen Sprache dorthin, denn die Sprache empfinde ich schon als Heimat. Ich habe zunehmend englisches Deutsch gesprochen und den Kontakt zum lebendigen Deutsch verloren, und das wollte ich nicht. Ich bin wegen der Sprache zurückgekommen und nicht wegen eines Landes.

HK: Um nochmals auf Israel zurückzukommen. Könnten Sie sich vorstellen, in diesem Land zu leben?

RJ: Ich war bisher zweimal in Israel und habe dort Freunde besucht, mit denen ich als Jugendlicher in Berlin zusammen war. Die haben in Hazoreah einen wunderschönen Kibbuz gegründet. Mir hat es bei ihnen zwar gut gefallen, und ich bewundere ihre Haltung, aber ich würde nicht da leben wollen. Vor allem finde ich die israelische Politik im Nahen Osten unerträglich. Ich verstehe ja, daß Israel bedrängt ist. Aber dann derart brutal zurückschlagen und Flüchtlingslager bombardieren …! Ich schäme mich jedesmal. Und ich bin nicht der einzige Jude, der sich dafür schämt. Nur schweigen viele aus mißverstandener Solidarität.

HK: Trotzdem fühlen Sie sich ja als Jude, dem Judentum zugehörig.

RJ: Ja, aber zuallererst bin ich Weltbürger und dann erst Jude. Ich bin zum Weltbürger geworden durch mein Lebensschicksal. Durch dieses Schicksal bin ich aber auch mit dem verfolgten Judentum verbunden, nicht mit dem Verfolgenden. Es ist so eine Art familiäres Gefühl, das verbindet, und das rührt daher, daß man gemeinsame Leiden durchgemacht hat. Man streitet in der Familie, aber man hat doch das größte Vertrauen zu ihren Mitgliedern. Im Jüdischen würde man sagen, das gemeinsame Band ist die Mischpoche. Man muß keine Angst haben, daß man geringgeschätzt oder verachtet wird. Jeder Jude könnte zu meiner Familie gehören, er könnte ein

Onkel, eine Tante, ein Großvater oder ein Bruder sein. Und es ist gar nicht unbedingt die religiöse Tradition, die verbindet. Obwohl ich den Eindruck habe, daß das wieder eine größere Rolle spielen könnte.

Mein Sohn hat ein Buch geschrieben. Es heißt »Rundgang«. Er beschreibt sein Jerusalem-Erlebnis, bei dem er sein Judentum wiederentdeckt hat. Und darin wirft er mir und seiner Mutter zu Recht vor, daß wir sein Judentum nicht entwickelt hätten. Warum habt ihr nie versucht, mich dahin zu führen? Ihr hättet es mir doch beibringen müssen. Er ist auch gar nicht glücklich darüber, daß wir 1957 nach Österreich zurückgegangen sind. Er wäre lieber in Amerika geblieben.

HK: Sie haben die Juden mit einer großen Familie verglichen. Gibt es denn Eigenschaften, die dieser Familie gemeinsam sind?

RJ: Ja, das sind Eigenschaften, die meiner Ansicht nach durch das Schicksal erworben worden sind. Ich würde sagen, da gibt es zunächst einmal diese Fähigkeit, sich verhältnismäßig schnell umzustellen, also Anpassungsfähigkeit. Dann würde ich Ausdauer, Standfestigkeit, ja vielleicht eine gewisse Überlebensfähigkeit nennen. Man gibt nicht so schnell auf. Die Juden haben ja durch Generationen unter schwierigsten Bedingungen überlebt. Dann ist den Juden noch eine starke kritische Ader gemeinsam. Die findet man zwar nicht bei allen, aber bei manchen sehr stark ausgeprägt. Und zum Überleben unentbehrlich. Schlauheit würde ich auch noch dazuzählen. Dann gibt es noch etwas, was mir immer sehr stark auffällt. Irgendwie finde ich bei den Juden eine sehr viel größere menschliche Wärme als beispielsweise bei den Deutschen, Engländern oder Skandinaviern. Insofern sind sie etwa wie die Italiener. Es gibt da einen mediterranen Einfluß. Immer wenn mir eine Frau gut gefiel, war sie Italienerin, Spanierin oder Jüdin, hatte also zumindest dieses »südliche« Temperament.

HK: Vor dem Zweiten Weltkrieg waren verhältnismäßig viele deutsche Wissenschaftler und Mediziner Juden. Glauben Sie, daß besondere intellektuelle Fähigkeiten durch das Leben in der Diaspora hervorgebracht werden?

RJ: Dazu möchte ich eine kleine Geschichte erzählen. Ich hatte selbst einmal, während ich für ein Buch recherchierte, eine sehr interessante Unterhaltung mit einem Atomphysiker, der ungarischer Jude war. Ich habe ihn gefragt, warum denn so viele große Atomphysiker ungarische Juden seien, wie zum Beispiel Edward Teller, Leo Szilard, Eugene Wigner oder John von Neumann. Daraufhin hat er mir etwas sehr Bemerkenswertes erzählt. Schauen Sie, sagte er, wir sind alle so zwischen 1905 und 1912 geboren und auf das gleiche Gymnasium in Budapest gegangen. Damals durften wir zum ersten Mal gleichberechtigt an den Wissenschaften teilnehmen. So ist plötzlich die ganze aufgestaute geistige Energie, die sich bis dahin jahrhundertelang nur in Talmud-Interpretationen, religiösen Diskussionen und Tüfteleien betätigen durfte, regelrecht explodiert.

Ich glaube, das ist wie heute bei den Frauen. Sie sind jahrhundertelang unterdrückt worden, und jetzt dürfen sie zum ersten Mal so richtig mitmachen. Endlich spielen sie fast überall eine große Rolle. Da sind auch aufgestaute Energien mit einem Mal freigeworden.

Ein zweiter Punkt ist, daß Minderheiten wie die Juden sich immer mehr anstrengen müssen, um Anerkennung zu finden als etablierte Bevölkerungsschichten. Das galt aber für alle Minderheiten, nicht nur für die Juden. Ich habe einmal einen Schweizer kennengelernt, der eine soziologische Studie über die Einwanderer in den USA erarbeitet hat, und er kommt zu dem Ergebnis, daß die Einwanderer in vielen Bereichen den Einheimischen überlegen sind. Einfach deshalb, weil sie sich mehr anstrengen müssen. Sehen Sie sich doch einmal in New York um, wie dort heute asiatische Flüchtlinge, vor allem die Vietnamesen und Koreaner, sich durchsetzen. Ihre Kinder sind meist die Besten in den Schulen, und sie arbeiten wie besessen. Der Außenseiter, das war die Leitidee dieser Studie, ist im Grunde in einer bevorzugten und nicht in einer benachteiligten Position.

Ich habe einmal in Berlin einen Vortrag gehalten, in dem ich gesagt habe, daß ich eigentlich für die Emigration dankbar bin. Ohne sie wäre ich nicht in die Welt hinausgekommen, hätte mich nicht so anstrengen müssen, sondern hätte – wie man hier so sagt – eine »gemahte Wies'n« gehabt. Vermutlich hätte ich da eine durchschnittliche Karriere gemacht. Es war alles für mich vorbereitet, weil mein Vater ein angesehener Regisseur und Filmautor war. So aber hatte ich ein wesentlich aufregenderes und fruchtbareres Leben.

HK: Herr Jungk, Sie beschäftigen sich beruflich sehr viel mit Prognosen. Wie beurteilen Sie die Zukunft des jüdischen Volkes?

RJ: Meiner Ansicht nach wird es wahrscheinlich eine neue große jüdische Tragödie geben, nämlich den Untergang Israels, die Zerstörung des jüdischen Staates. Davor habe ich wirklich Angst. Ich glaube, das hochgerüstete Israel ist eine Herausforderung, die die arabische Welt auf Dauer nicht ertragen wird. Aber ich hoffe inständig, daß es nicht soweit kommen wird, sondern daß es Israel gelingen wird, durch die spezifisch jüdische Gabe des Verhandelns, Vermittelns und Verbindens doch noch Frieden im Nahen Osten zu schließen.

Denn Israel ist für mich auch eine Hoffnung. Es ist ein Beispiel dafür, daß ausgelaugter Boden wieder fruchtbar gemacht werden kann. Die israelische Landwirtschaft hat bewiesen, daß man sogar Wüsten begrünen kann. Stellen Sie sich einmal vor, ganz Nordafrika würde so bewirtschaftet ...

Und dann die Einrichtung des Kibbuz. Ich kenne keine soziale Form des Zusammenlebens, die so erfolgreich ist wie der Kibbuz. Da herrscht wirkliche Selbstverwaltung. Jeder ist gleichberechtigt, es gibt keine Armen, jeder macht mit, freiwillig. Das ist wirklich vorbildlich, ganz im Gegensatz zum Rest israelischer Politik. Was die übrigen Juden betrifft, die nicht in Israel leben, sondern in den USA, der Sowjetunion oder Europa, so finde ich, daß es falsch wäre, wenn sie sich vollständig assimilieren würden. Ich glaube, die Juden dürfen sich so lange nicht assimilieren, wie ihre Mission, den Frieden und die Liebe auf die Erde zu bringen, nicht vollendet ist.

KARL KAHANE

Industrieller. Geb. 1920 in Wien, gest. 1993 in Venedig

HK: Herr Kahane, Sie sind 1920 in Wien geboren?

KK: Ja, ich bin in Wien geboren und aufgewachsen.

HK: Wann mußten Sie Wien verlassen?

KK: Im April 1938. Mit meinen Eltern.

HK: Wohin sind Sie gegangen?

KK: Über die Schweiz und Italien nach Palästina.

HK: Wann sind Sie nach Wien zurückgekehrt?

KK: 1947.

HK: Warum sind Sie schon zwei Jahre nach Kriegsende zurückgekommen?

KK: Auf die Chance zur Rückkehr haben wir ständig gewartet. Für uns war der Aufenthalt in Palästina ein Exil. Wir sind nicht ausgewandert, sondern haben abgewartet, bis der Krieg zu Ende war.

HK: Sie waren also kein Zionist.

KK: Ich war Mitglied zionistischer Jugendvereine. Aber nicht sehr aktiv. Ich bin nicht als Zionist nach Palästina gegangen. Palästina war damals der einzige Ort, den man mit einem sogenannten Kapitalistenzertifikat oder Einwanderungszertifikat erreichen konnte.

HK: Hat Sie die zionistische Idee nicht fasziniert?

KK: Nein.

HK: Betrachten Sie Österreich als Ihre Heimat?

KK: Ja.

HK: Sie haben mehrere Wohnsitze, zum Beispiel einen in Genf. Fühlen Sie sich dort überall zu Hause?

KK: In den letzten Jahren hat sich einiges geändert. Wieder geändert. Wer im Krieg und nach dem Krieg geglaubt hatte, er hätte keine Heimat mehr, bekam in den siebziger Jahren das Gefühl, er hätte die Heimat wiedergefunden. Diese Euphorie war besonders groß in der Regierungszeit von Bruno Kreisky. Das sage ich nicht, weil Kreisky mein Freund ist. Dieses Gefühl hatten damals wahrscheinlich Hunderttausende von Menschen.

HK: War es auch ein Gefühl persönlicher Sicherheit?

KK: Absolut. Sicherheit nicht nur als Jude, sondern auch als Bürger dieses Landes. Dieses Gefühl ist mir nicht abhanden gekommen, aber das Heimatgefühl hat sich in den letzten fünf bis sechs Jahren stark reduziert. Ich habe die Heimat zum zweiten Mal verloren. Ich habe sogar mehrere Heimaten verloren. Auch Israel war eine Heimat, weil ich dort viele Freundschaften und Bindungen hatte. Ich hatte sogar noch eine weitere – Ägypten. Wenn ich in Kairo ausgestiegen bin, habe ich mich zu Hause gefühlt. Auch dieses Gefühl ist geschwunden. Ich will mich nicht selbst bemitleiden, aber ich habe eigentlich drei Heimaten verloren. Oder anders gesagt, sie sind mir mehr oder weniger verleidet worden. Es hat sich anders entwickelt, als man es gesehen oder erhofft hat. Ich habe Österreich in den Siebzigern anders gesehen, als ich es heute sehe. Besonders diese Stadt. Ich habe doch geglaubt, Österreich hatte sich seit den dreißiger Jahren grundlegend verändert.

HK: Wie haben Sie die dreißiger Jahre in Wien erlebt?

KK: Die dreißiger Jahre waren furchtbar. Sie haben wesentlich zu dem beigetragen, was sich 1938

hier abgespielt hat. Das Elend war unvorstellbar. Sicher noch viel ärger als in Deutschland.

HK: Das habe ich schon oft gehört. In Deutschland wurde der Völkermord mit Perfektion organisiert. Aber in Wien kam der persönliche Haß gegen die Juden stärker zum Ausbruch. In Wien kam es häufiger zu persönlichen Angriffen von Antisemiten auf Juden.

KK: Persönlich habe ich gottlob, von einer Ausnahme abgesehen, keine schlechten Erfahrungen gemacht. Auch meine Eltern haben nie direkte persönliche Angriffe oder Beleidigungen erlebt. Leute, die ich gekannt habe, sind nicht unverschämt geworden. Im Gegenteil. Unter meinen Schulfreunden waren einige, die der illegalen Hitlerjugend angehörten. Die haben mich nach dem 13. März 1938 täglich von zu Hause abgeholt und mich zur Schule und dann wieder nach Hause begleitet. Damit mich nicht irgend jemand anstänkert. Ich hatte nur ein einziges unangenehmes Erlebnis. Ich bin bei einer Razzia auf der Straße mitgenommen worden. Aber in der Nacht bin ich wieder herausgekommen, durch einen mir unbekannten Wiener SS-Mann, der die Tür aufgemacht und gesagt hat: Schau, daß du nach Hause kommst.

HK: Herr Kahane, Sie orientieren sich in Ihrer Geschäftspolitik heute vor allem an ausländischen Märkten. Heißt das, daß Sie sich wieder aus Österreich zurückziehen?

KK: Aber nicht wegen der Wiener Szene oder weil Herr Waldheim als Bundespräsident amtiert. Unsere Firmengruppe ist so groß geworden, daß wir grenzüberschreitend tätig sein müssen. Außerdem fürchte ich, daß Österreich 1992 noch nicht Mitglied des Gemeinsamen Marktes der EG sein wird. Also bringe ich wenigstens die Firmengruppe in den Gemeinsamen Markt.

HK: Wie reagieren Sie auf die Wiederbelebung des Antisemitismus in Österreich?

KK: Ich gehe wieder in eine innere Distanz zu Österreich. Ich ziehe mich von dem zurück, was ich hier sehe. Ich sage mir, entweder ist man in den siebziger Jahren einer Illusion erlegen, oder es war eine Zeitlang wirklich anders, und nun kehrt vieles zurück, was man in den zwanziger und dreißiger Jahren gekannt hat. Das Kleinkarierte, das Dumpfe, die Hausmeister-Ideologie. Ich fühle mich nicht als Zentraleuropäer. Ich fühle mich in London wohler als in Budapest.

HK: Eine Art von innerer Emigration.

KK: Ja.

HK: Das ist doch ein schmerzhafter Prozeß.

KK: Es ist sehr schmerzhaft. Und es ist dreifach schmerzhaft, weil es eine innere Emigration aus Österreich, aus Israel und aus Ägypten ist. Und fast gleichzeitig.

HK: Warum distanzieren Sie sich von Israel? Seit es den Staat Israel gibt, hat sich die Lage aller Juden verändert. Die Juden sind zum ersten Mal eine Nation, und sie besitzen wieder ein eigenes Heimatland. Wurden die Erwartungen, die mit der Staatsgründung verbunden waren, enttäuscht?

KK: Ich möchte es ganz simpel formulieren. Mein Wunschbild von Israel ist der Leuchtturm. Ein Turm, der nur eine kleine Fläche einnimmt, aber eine Ausstrahlung bis in weite Fernen hat. Wenn Israel ein Land wird wie alle anderen Länder im Nahen Osten, verliert es seine ideelle Existenzberechtigung. Die Frage war schon immer, ist die Gründung des Staates ein Wendepunkt oder nur eine vorübergehende Phase in der jahrtausendealten Geschichte der Juden. Es gab ja schon einige Rückkehrversuche, die zionistische Einwanderung ist nicht die erste. Die Antwort liegt ausschließlich bei den Israelis. Entweder leben sie in Frieden in der arabischen Landschaft, oder sie sind ein ewiger Fremdkörper. Alles reduziert sich auf die Alternative: Festung oder Leuchtturm. Festungen haben noch nie sehr lange gehalten.

HK: Was müßte geschehen, damit Israel ein Leuchtturm wird?

KK: Es war ja ein Leuchtturm. Bis zum Jahr 1967.

HK: Bis zum Siebentagekrieg. Sehen Sie in diesem Krieg eine historische Katastrophe?

KK: Die Weichen wurden schon früher gestellt, spätestens auf dem Zionistenkongreß 1947 oder 1948, als Weizmann gegen Ben Gurion, den Nationalisten, unterlag. Das Jahr 1967 war eine logische Konsequenz. Bis dahin war Israel ein armes und bescheidenes Land, das auf vielen Gebieten Enormes vollbracht hatte. Ich war noch Ostern 1967, wenige Wochen vor diesem Junikrieg, in Tel Aviv. Das war ein Land ohne Luxus und Imponiergehabe, ein Land, das seine Grenzen gekannt hat, enorm tüchtig. In der Hybris des Sieges ist dieser Geist zerstört worden. Drei Wochen nach dem Ende des Junikrieges habe ich mich mit gleichgesinnten Freunden in Genf getroffen. Unsere Auffassung war, jetzt haben sie gesiegt, jetzt ist der Moment, Frieden zu schließen. Wir haben das Middle East Peace Institute gegründet und von Pierre Uri, dem Autor des Vertrags von Rom, eine Studie über einen Gemeinsamen Markt im Mittleren Osten anfertigen lassen. Fünf Bände. Die haben uns irrsinnige Mühe und Geld gekostet. Die Studie haben wir der israelischen Regierung überreicht. Ich bin überzeugt, sie wurde in Israel von niemandem gelesen. Wir haben in Wien, London und Paris Büros unterhalten, eine große Zeitschrift herausgegeben, die in allen arabischen Regierungskanzleien und Botschaften abonniert war und aufgelegen ist. Aber Frau Golda Meir hat uns das Handwerk gelegt. Sie hat gesagt, wenn die Araber Frieden wollten, brauchten sie nur bei ihr anzurufen, ihre Nummer sei bekannt. Unsere Dienste seien nicht erwünscht. Wir haben unser Institut nach einigen Jahren aufgelöst, aber wir haben nicht aufgegeben. Nur lebt von meinen Freunden fast niemand mehr.

HK: Ist es richtig, daß Sie als Vermittler zwischen Präsident Sadat und Israel tätig waren?

KK: Das war einige Jahre später. Sadat wollte einen Dialog mit den Juden und mit Israel. Er wollte zuerst mit Juden in der Diaspora sprechen. Diesen Wunsch hat er anläßlich eines Besuchs von Dr. Kreisky in Ägypten geäußert. Er hat um eine Liste von sieben oder acht Herren gebeten, die er nach Kairo einladen wollte. Und auf dieser Liste stand auch mein Name. Die anderen waren Engländer, Amerikaner und Franzosen, unter anderem auch Rabbi Schindler, Rothschild aus Paris und Lord Goodman. Einige von uns haben bei der israelischen Botschaft nachgefragt, ob die Reise auch erwünscht sei. Denen wurde es untersagt hinzufahren. Ich habe mich nicht verpflichtet gefühlt, jemanden um Erlaubnis zu bitten. Ich war aber dann außer Sir Siegmund Warburg der einzige, der bereit war, nach Kairo zu fahren.

HK: Wie ist es dann weitergegangen? Hatten Ihre Bemühungen Erfolg?

KK: Einige Zeit später wurde es ernst. Sadat hatte den Wunsch, direkt mit den Israelis in Verbindung zu treten. Ich war in Paris, da hat Dr. Kreisky mich angerufen, ich solle sofort nach Wien kommen, er müsse mir Instruktionen geben. Sadat lag daran, daß sein Berater Hassan Tohami mit dem israelischen Verteidigungsminister Schimon Peres in Marokko zusammentraf. Sadats Wunsch war damals eine Sensation, man war ja noch im Kriegszustand. Ich sollte nach Israel fliegen und die Sache in die Wege leiten. In Israel hat mir Schimon Peres gesagt, er könne das nicht selbst entscheiden, und mich zum Premierminister Rabin mitgenommen. Dem habe ich Sadats Angebot vorgetragen. Rabin war bereits instruiert. Er hat erklärt, ihm seien zwei Tohamis bekannt. Einer sei ein Geheimagent, der andere ein Narr. Wenn Sadat etwas von ihm wolle, dann wisse er ja, wo er ihn erreichen könne. Rabin hatte alle Chancen, während seiner Regierungszeit mit Sadat zusammenzutreffen und zu verhindern, daß sich Begin als großer Friedenskönig aufspielen konnte.

HK: Wann war das?

KK: Das wird 1974 oder 1975 gewesen sein.

HK: Bitte erzählen Sie weiter.

KK: Dann kam der Besuch Sadats in Jerusalem. Und wenig später kam es zu einem ersten größeren Treffen von Vertretern des internationalen Judentums mit Sadat. Daß Amerikaner mitfuhren, hat Israel verhindert. Wir haben dann einige brave Europäer gefunden, Nahum Goldmann, Sir Siegmund Warburg, Baron Edmond Rothschild und Lord Goodman. Auf diesem Treffen hat sich eine sehr innige persönliche Freundschaft mit Sadat entwickelt. Meine Vermittlertätigkeit hat sich intensiviert, als die Friedensbemühungen der Ägypter zunächst nichts gefruchtet haben. Es gab auch eine lange Missionsreise mit Arafat, mit dem ich mich gut verstehe. Die Israelis wissen seit 1977/78, daß Arafat zu einer politischen Lösung bereit ist. Begin wußte genau, daß die Lösung zu haben ist. Aber er wollte sie nicht. Meiner Ansicht nach will sie Schimon Peres auch nicht. Ich weiß gar nicht, wie oft ich zwischen Beirut und Jerusalem, Kairo und Jerusalem, Amman und Jerusalem hin- und hergeflogen bin. Als Bote, auf eigene Kosten und eigenes Risiko.

HK: Gewähren Sie Israel heute noch in irgendeiner Weise finanzielle Unterstützung?

KK: Nein, seit Jahren nicht mehr. Mein Geld ist nicht dazu verdient und ererbt worden, um Leute zu unterstützen, die anderen die Knochen brechen und ihnen das antun, was man den Juden zweitausend Jahre lang angetan hat. Ich unterstütze zwei palästinensische Krankenhäuser in den besetzten Gebieten. Natürlich haben auch diese braven Parteien in Israel, von der Schulamith Aloni angefangen, meine volle Unterstützung. Die Arbeiterpartei, die ich früher gefördert habe, bekommt nichts mehr von mir. Sie haben mir einige hochrangige Emissäre geschickt, aber ich habe sie mit leeren Händen gehen lassen. Eine Partei, die einen Verteidigungsminister Rabin produziert, ist für mich keine Arbeiterpartei.

HK: Der Einfluß der israelischen Lobby im Westen ist, glaube ich, ungeachtet der Entwicklung im Nahen Osten noch sehr stark. Israel übt ja weniger politischen und wirtschaftlichen als moralischen Druck aus. Werden Sie nicht auch moralisch unter Druck gesetzt?

KK: Natürlich. Aber wir befinden uns in einer ähnlichen Lage wie die Deutschen im Jahr 1933. Heute fragen die Enkel ihre Großeltern: Wo warst du damals, warum hast du nicht protestiert? Das möchte ich bei meinen Enkelkindern nicht erleben.

HK: Von Israel ganz abgesehen – was besagt es für Sie, daß Sie Jude sind? Sind Sie als Jude nicht in einer moralischen Sonderstellung, ob Sie wollen oder nicht?

KK: Jude zu sein ist für mich weder eine Auszeichnung noch eine Schande. Es wäre sinnlos, wollte ich vorgeben, etwas anderes zu sein. Ein Vergnügen ist es heute natürlich nicht. Wenn ich mich umsehe, von Herrn Boiski in New York bis zum Herrn Rabin in Jerusalem, dann habe ich derzeit keinen Grund, stolz zu sein. Aber wenn ein jüdischer Philosoph einen Nobelpreis bekommt, werde ich deswegen auch kein halber Nobelpreisträger. Mir schwillt also nicht der Kamm, nicht im guten und nicht im schlechten. Ich identifiziere mich mit niemandem.

HK: Aber viele Juden nehmen für sich in Anspruch, so etwas wie Monitoren der Welt zu sein, Menschen mit einem ausgeprägten Verantwortungsgefühl, Menschen, die sich um die Zukunft der Menschheit Gedanken machen.

KK: Wir waren immer auf seiten der Schwächeren. Zweitausend Jahre lang. Von Jesus Christus bis Karl Marx. Und jetzt spielen wir plötzlich die Starken. Seit wir eine nationale Identität gefunden haben, stehen wir nicht mehr auf seiten der Schwächeren. Aber was bleibt, wenn man das humanistische Element aus dem Judentum entfernt? Was bleibt denn, wenn Rabbiner auf andere losschlagen? Wenn es keine große Stimme gibt, die sich erhebt und sagt, das ist unjüdisch? Aber es beginnt jetzt in Amerika. Die fünf großen jüdischen Organisationen wenden sich vehement gegen die offizielle Amerika-Israel-Lobby. Das kann zu einer Spaltung des ganzen Judentums führen. Was in Israel geschieht, hat nichts mehr mit den jüdischen Werten zu tun, die wir mit der Muttermilch mitbekommen haben.

HK: Bitte sagen Sie mir, was Sie unter jüdischen Werten verstehen.

KK: Daß man auf seiten der Schwächeren ist, daß man ein Beispiel gibt, einer Verpflichtung folgt. Das ist ein Teil der jüdischen Lehre. Was das Böse von dir abhält, ist die Einkehr, die Wohltätigkeit und die Frömmigkeit, heißt es im Gebet zum Versöhnungstag.

HK: Sie sind wohltätig, aber nicht fromm.

KK: An Gott glauben und zu Gott beten kann man ja ohne die Hilfe eines Rabbiners. Diese Ajatollahs, die wir haben, sind nicht mein Beistand. Ich lasse mich nicht wie viele andere zum Sklaven der Politik Israels machen. Ich lasse mich von der israelischen Lobby nicht einschüchtern. Im Libanon sind Zehntausende Frauen und Kinder mit Napalm und allen möglichen anderen Waffen umgebracht worden. Die waren genauso unschuldig wie die Kinder, die man ins KZ geschickt hat. Ein totales Debakel. Der Überfall auf den Libanon wird Gottes Strafe provozieren.

HK: Man kann auch fragen, warum Gott dies alles zuläßt. Um hinterher die Menschen zu bestrafen? Das Schicksal des Judentums ist eine einzige Herausforderung des Glaubens. Wie konnte Gott zulassen, daß sein jüdisches Volk fast völlig ausgerottet worden ist?

KK: Ich habe mir diese Frage nie gestellt. Es gibt sicher nicht nur Gott, sondern auch irgendwo den Teufel, und der hat eine Zeitlang die Oberhand gehabt. Den Teufel gibt es in uns und um uns. Aber Ihre Frage läßt sich nach jeder Katastrophe stellen. Nach jeder Überschwemmung, nach jeder Hungersnot. Wenn Gott allmächtig ist, warum läßt er eine Million Menschen in Afrika verhungern? Wenn er allmächtig und allgegenwärtig wäre, gäbe es keinen Diebstahl, keinen Betrug, keinen Mord und keinen Totschlag. Wahrscheinlich läßt der göttliche Wille dem Menschen großen Bewegungsspielraum. Und wenn der Mensch seine Bewegungsfreiheit mißbraucht, kommt sicher die Strafe Gottes.

HK: Sie glauben wirklich, daß dieser Mißbrauch von Gott bestraft wird?

KK: Ja, daran glaube ich fest. Für eine flagrante Übertretung der Gesetze gibt es eine Strafe. Dabei denke ich nicht an den Genuß von Schinken mit saurer Milch, der ja für Juden verboten ist. Die Erwartung der Strafe gibt es in allen Religionen. Sogar bei denen, die nicht an Gott glauben. Das Schuldbewußtsein ist ja kein Vorrecht der Gottgläubigen. Aber der Glaube an Gott ist sicher eine wertvolle Krücke.

HK: Ist dieser Glaube nicht die Essenz des Judentums?

KK: Der Glaube an den unsichtbaren Gott. An Gott zu glauben, ohne daß man ihn als Bild oder Statue sieht. Und dem Gottesglauben entsprechen bestimmte Gebote, die man so gut es geht befolgen soll. Aber damit meine ich nicht die Speisegesetze. Jeder macht sich ja seine Religion nach Maß. Dem einen genügt es, daß er streng koscher ißt, und verübt dann Greueltaten. Ich werde mit Vergnügen den Schinken mit einem Glas saurer Milch verzehren, aber ich kann nicht zusehen, wie man die arabische Minderheit innerhalb des israelischen Staatsgebietes zu zweitklassigen Bürgern macht, weil man selbst zweitausend Jahre lang eine zweitklassige Minderheit gewesen ist.

HK: Wenn ich Sie recht verstehe, sprechen Sie von einer moralischen Verpflichtung des Judentums. Aber Sie setzen diese Verpflichtung nicht mit der Einhaltung der jüdischen Speise- und Hygienevorschriften gleich.

KK: Ich würde nicht einmal sagen, daß jeder Jude verpflichtet ist, ein besserer Mensch als alle Nichtjuden zu sein. Es gibt keine absolute jüdische Verpflichtung. Ich persönlich fühle mich verpflichtet. Vielleicht würde ich mich genauso verpflichtet fühlen, wenn ich Buddhist wäre. Ich verstehe Besitz als Verpflichtung. Er verschafft große Vorteile, aber bringt auch die Verpflichtung, anderen beizustehen und zu geben.

HK: Was ist die Ethik des Geschäftsmannes Karl Kahane?

KK: Daß er sich den Luxus des Neinsagens erlaubt. Daß er vieles ablehnt, weil es nicht sein muß und kein Glück bringt. Ich bin kein Moralist. Aber bei gewissen Sachen sage ich, nein, danke. Und das färbt ab in einem Haus. Die Kraft, nein sagen zu können, ist wichtiger, als die Kraft einzugreifen. Ich empfinde sie als Gnade Gottes. Diese Auslese ist ein Prozeß, der am Morgen anfängt und am Abend aufhört.

HK: Würde nicht das Judentum insgesamt seine Integrität verlieren, wenn es seinen Anspruch auf moralische Integrität aufgibt?

KK: Ja, sicher. Ohne diesen Anspruch wären die Juden nur noch ein Volk wie jedes andere auch. Man nennt die Juden ja das »Salz der Erde« oder die »Fragensteller«. Die Juden suchen nach dem unsichtbaren Gott, sei es in der Mathematik oder in der Philosophie oder in der Chemie oder der Physik. Bei allem, was sie tun, ist den Juden etwas Suchendes zu eigen. Wahrscheinlich liegt das schon in ihrem Erbgut.

HK: Etwas Suchendes.

KK: Ja. Darin sehe ich das Wesen des Judentums. Aber vielleicht sind nicht mehr alle Juden Juden.

HK: Demnach sind die Juden eben doch ein auserwähltes Volk, sie mögen es als Vorrecht oder als Verdammung empfinden.

KK: Das leugne ich nicht. Aber sie sind es nur so lange, wie sie sich entsprechend verhalten. Die moralische Entscheidung liegt bei jedem einzelnen. Und vor dieser Entscheidung stehen auch die Nichtjuden. Man fühlt die Pflicht, der Gemeinschaft oder einem bestimmten Ziel zu dienen, nicht nur dem eigenen Wohl. Ob man sich nun auserwählt fühlt oder nicht. Ich kenne auch viele Nichtjuden, die einen Großteil ihrer Zeit und Energie dem Gemeinwohl widmen.

HK: Ich bleibe beim Thema der jüdischen Besonderheit. Natürlich spielen hier viele Projektionen und Vorurteile mit, und wahrscheinlich ist diese Frage nicht wirklich zu klären. Erkennen sich Juden eigentlich untereinander? Ein jüdischer Gesprächspartner hat mir gesagt, daß er es sofort fühle, wenn er mit Juden zusammen ist. Er sagt, es sei ein familiäres Gefühl.

KK: Diese besondere Affinität ist mir unbekannt. Wenn ich zu irgendeiner Veranstaltung komme, bei der auch Juden sind, fällt mir das sicher nicht auf. Ich sehe sie gar nicht.

HK: Der von mir erwähnte Gesprächspartner sagt, er betrachte alle Juden als Angehörige einer Familie. Jeder Jude könnte sein Bruder, sein Onkel oder Großvater sein.

KK: Beneidenswert. Ein beneidenswerter Zustand, weil er eine so große Familie hat. Also mir geht das ab. Ich muß gestehen, daß ich äußerst irritiert bin, wenn Leute auf der Straße oder in einem Restaurant Hebräisch, Israelisch sprechen. Weil ich sie assoziiere mit den Soldaten und Siedlern, die palästinensische Kinder prügeln. Ich habe geradezu eine Aversion entwickelt, und das ist etwas sehr Häßliches. Ich teile weder meine Freunde noch meine Mitarbeiter, weder meine Sympathien noch meine Antipathien nach Religions- oder Rassenzugehörigkeit ein. Ich spreche auch nicht unbefangener mit Juden als mit Nichtjuden.

HK: Vielleicht neigen wir bei Gesprächen über die jüdische Sonderrolle auch dazu, nur an die europäischen, gebildeten, bürgerlichen und erfolgreichen Juden zu denken.

KK: Man darf nicht vergessen, daß es ein großes jüdisches Proletariat gibt. Das haben wir nicht gewußt, als wir hier in Wien im 13. Bezirk aufgewachsen sind. Das habe ich erst erlebt, als wir nach Palästina kamen. Da ist mir klargeworden, daß es jüdische Analphabeten gibt, jüdische Ungehobelte, Ungeschliffene, Ungewaschene, alles, was mit Unanfängt. Die sogenannte jüdische Elite ist in ihrer Mehrheit sicher nicht nach Palästina, sondern nach England und Amerika gegangen. Und die Elite der nordafrikanischen Emigranten in den fünfziger Jahren ist nach Frankreich gegangen. Da hat eine negative Siebung stattgefunden. Und als Resultat sehen wir, daß in Israel Leute am Werk sind, die eine miserable Politik machen. Sie haben alle Chancen vertan. Sie machen miserable Wirtschaftspolitik, miserable Finanzpolitik, miserable Außenpolitik. Ich kann mir nicht vorstellen, daß es unter den deutschen, ungarischen, spanischen, polnischen und russischen Juden keine Elite gegeben hat, die es besser machen könnte.

HK: Da ist sie wieder, die jüdische Elite.

KK: Nennen wir die Dinge doch beim Namen. Ohne die deutschen Emigranten wäre Israel nicht, was es ist. Alle sinnvollen Einrichtungen – die Hebräische Universität, das Hadassah-Spital, der Autobusservice, der Taxiservice, das Bankwesen, auch die moderne Architektur in Tel Aviv – alles deutsche Juden ... Deutsche Juden haben diesem Land ihren Stempel aufgedrückt und sind weitergezogen. Sie sind nicht geblieben, bis auf wenige Ausnahmen.

HK: Wie kommt es, daß gerade die deutschen und österreichischen Juden diese hervorragende Rolle in der Welt gespielt haben? Meine These ist, daß das Leben in der Diaspora den Juden alles an Überlebensfähigkeit und Gewitztheit abverlangt hat.

KK: Aber das war wahrscheinlich eine negative Auslese. Weil den Juden bestimmte Bereiche verschlossen waren. Sie waren vom Landbesitz und verschiedenen Berufen ausgeschlossen. Bestimmte Karrieren waren nur durch den Übertritt zum christlichen Glauben möglich. Daher drängten alle in bestimmte Berufe und besetzten dort die Führungspositionen. Ein anderes Beispiel ist die Musik. Die Juden waren schon immer bessere Musiker als Komponisten.

HK: Auffällig ist, daß sich unter den jüdischen Künstlern viele bedeutende ausführende Künstler und nur wenige kreative Künstler befinden.

KK: Ja, das fällt auf. Aber wie es ohne Mäzene keine großen Gemälde gab, gab es ohne Sponsoren keine große Musik. Auch Mozart wurde beauftragt, Opern zu schreiben. Vielleicht gab es jüdische Mozarte ohne Aufträge.

HK: Was wir heute als große Kunst feiern, ist ja fast ausnahmslos Auftragskunst.

KK: Die großen Auftraggeber waren Kirche und Krone. Und die haben sich der Juden wahrscheinlich nicht bedient. Obwohl ... Wissen Sie, daß Johann Strauß, der Walzerkönig, jüdisch war? Auch der Herr Pick, der das Fiakerlied geschrieben hat, war ein praktizierender Jude. Die schönsten Wiener Walzer und Wiener Lieder und Wiener Operetten sind alle jüdisch. Die ganze Strauß-Dynastie war jüdisch, von Leo Fall und Kálmán ganz zu schweigen.

HK: Woher rührt die Überlegenheit jüdischer Intellektueller, Literaten und Wissenschaftler? Gibt es eine spezifische jüdische Fähigkeit zu denken?

KK: Ja, aber dieses jüdische Denken ist das Ergebnis talmudischer Dialektik, Erziehung und Gehirnmassage. Den Talmud zu studieren trainiert ebenso, wie Latein zu lernen. Einen Satz, der sich über zwölf Zeilen erstreckt, richtig aufzufassen, zu zerlegen und zu übersetzen. Jeden Satz, jedes Wort, jeden Buchstaben auszulegen.

HK: Haben Sie eine Beziehung zum Christentum?

KK: Ich stehe dem Christentum völlig vorurteilslos gegenüber. Ich sehe im Christentum eine bequeme Abwandlung der jüdischen Religion, bequem, weil die schmerzhafte Beschneidung und gewisse Lebens- und Speisegesetze wegfallen. Die ersten Judiochristen benutzten ihre Religion als politische Waffe gegen das Römische Reich. Ich gehe gern in Kirchen. Ich spüre sogar eine gewisse Affinität mit katholischen Geistlichen. Man muß aber die Kirche als politische Institution vom Vatikan als finanzieller Institution unterscheiden. Der Vatikan investiert in alle möglichen wohltätigen und weniger wohltätigen Projekte. Und wir alle müssen uns davor hüten, die Welt immer nur aus dem Blickwinkel der westlichen Zivilisation zu sehen. Ob Katholiken, Protestanten oder Juden, wir leben im Zwangskorsett der griechisch-römischen Zivilisation und halten uns für den Nabel der Welt. Der Eigentumsbegriff ist ein Zwangskorsett. Es ist ja nicht gesagt, daß es so etwas wie Eigentum überhaupt geben muß. Andere Zivilisationen kennen kein Eigentum. Man könnte sich eine ganz andere Justiz vorstellen.

HK: Ist das Christentum nicht der Nährboden des Antisemitismus? Wie ist der Antisemitismus denn entstanden?

KK: Da gibt es so viele Erklärungen wie Gründe. Die Kirche hat maßgeblich zum Antisemitismus beigetragen. Sie leugnet es auch gar nicht. Aber wahrscheinlich ist jede Minderheit, die sich anders gebärdet, anders kleidet und andere Regeln hat, ein Stein des Anstoßes, egal, wie sie ausschaut. Wenn zehn Millionen Chinesen über die Welt verstreut wären und an ihren Bräuchen, ihrer Kleidung und ihrer Frisur festhalten würden, gäbe es sicher einen starken Antisinoismus. Außerdem beruht die Abneigung gegen die Juden auf Gegenseitigkeit. Der Jude ist ja auch anti-nichtjüdisch, und zwar sehr vehement. Ob das die Folge des Antisemitismus ist, kann ich nicht beurteilen. Ich selbst bin nicht anti-nichtjüdisch. Aber hören Sie sich mal die Leute an.

HK: Aber nur auf diese Weise haben die Juden sich behauptet. Hätten sie nicht so streng auf die Einhaltung der Gebote geachtet, hätte sich das Judentum nicht erhalten.

KK: Ist das überhaupt ein Verdienst, sich erhalten zu haben? Ist das Sich-Erhalten allein schon ein Ziel?

HK: Für die Juden war es wohl das wichtigste Ziel überhaupt.

KK: Aber wofür? Zum Ruhme Gottes? Ist es ein erstrebenswertes Ziel, sich als jüdische Einheitsschicksalsgemeinschaft zu erhalten? Das Überleben des Judentums kann doch kein Selbstzweck sein. Sehr kluge Nichtjuden sagen ja, ihr seid das Salz der Erde, und wir brauchen euch. Ein sehr gescheiter und lieber italienischer Freund hat die Entwicklung Israels seit der Staatsgründung mit Entsetzen verfolgt. Er sagt, um Gottes willen, die fürchterlichste Vorstellung ist, wenn alle Juden aus allen Ländern der Welt nach Israel gehen würden, und es würde plötzlich keine Juden mehr geben. Die Welt wäre arm und verlassen. Na gut, wenn es so wäre, dann hätte die Erhaltung des Judentums einen Sinn.

HK: Die Generation der jüdischen Emigranten, mit denen ich Gespräche führe, ist für mich der Beweis, daß Ihr italienischer Freund recht hat. Unter Ihren Freunden befindet sich auch Bruno Kreisky, der viele Jahre lang österreichischer Bundeskanzler gewesen ist. Es ist ja nicht selbstverständlich, daß ein Jude österreichischer Bundeskanzler wird. Hat Kreiskys Zugehörigkeit zum Judentum eigentlich sein politisches Handeln beeinflußt?

KK: Den jüdischen Aspekt sehe ich nicht. Kreiskys jüdisches Erbgut war keine Funktion seiner Kanzlertätigkeit.

HK: Sie geben mir ein Stichwort. Worin besteht Kreiskys jüdisches Erbgut?

KK: Wahrscheinlich in einem hochtrainierten Gehirn, das sich für logisches Denken bestens eignet. Das sind die Gene, die man mitbekommem hat. Ich habe zuwenig Abstand. Als Freund bin ich ja nicht objektiv. Aber er wird in einem Atemzug mit Metternich genannt werden. Bei der Überreichung der Ehrendoktorurkunde hat der Dekan der juristischen Fakultät in Wien die Laudatio gehalten und Kreisky in die Tradition von Joseph dem Zweiten gestellt. Seit Joseph dem Zweiten hat es in Österreich keine so durchgreifenden Reformen im sozialen Bereich und in der Justiz gegeben. Und daß wir außenpolitisch eine große Rolle gespielt haben, war auf seine Amtszeit beschränkt. Kein amerikanischer Präsident ist nach Moskau gefahren, ohne bei ihm vorher Station zu machen und sich mit ihm zu beraten. Aber das hat mit seinem Judentum nichts zu tun.

HK: Aber die jüdische Denkschulung hat ihm seine Aufgabe erleichtert.

KK: So wie es den Absolventen einer Jesuitenschule leichter fällt, klar zu denken, als den anderen. Kreisky hatte als Bundeskanzler großen staatsmännischen Weitblick. Er war den anderen um zehn Jahre voraus. Aber daß es einen jüdischen Außenminister der Vereinigten Staaten gegeben hat, einen Henry Kissinger, ist ein noch größeres Ereignis. Und das allergrößte Ereignis in dieser Zeit war der Henry Shapiro als Chairman of Dupont. Die Duponts wußten nicht einmal, wie ein Jude aussieht. Oder daß ein Photograph die Tochter des englischen Königs heiraten kann ... Das ist eine Zeit der Toleranz.

HK: Ist die Zeit dieser Toleranz vorbei?

KK: Die ist nicht vorbei. Nein. Die ist erst angebrochen. Wir verlassen ja nicht mehr den Raum, wenn Farbige reinkommen. Was die Hautfarbe betrifft, die Religion betrifft, die Standesunterschiede betrifft, dieser Dünkel ist vorbei.

HK: Geben Sie damit auch eine günstige Prognose für die Zukunft des jüdischen Volkes? Natürlich müssen wir zwischen den Juden in der Diaspora und den Juden in Israel unterscheiden. Wo sind die Aussichten besser?

KK: Die Juden waren in der Geschichte immer Beschränkungen unterworfen. Es gab nie eine Zeit, in der Juden überall gleichberechtigt waren. Daher ist auch Israel entstanden. Man wollte ein Land haben, wo man alle Rechte hat, die Scholle pflügt und ohne Angst leben kann. Aber heute ist es umgekehrt. Das einzige Land, in dem ein Jude, weil er Jude ist, in Gefahr ist, ist Israel. Es gibt weltweit kein Land, in dem Juden vom Gesetz her diskriminiert sind, inklusive Irak und Libyen. Zum ersten Mal seit tausend Jahren. Da fragt es sich, wie lange Juden, die keine Fanatiker sind, noch in Israel bleiben wollen. Man sieht es doch. Es gibt in Israel eine beachtliche Auswanderung der liberalen Elemente und eine kleine Einwanderung von Ultraradikalen, besonders aus Amerika. Und wenn Israel eine Festung bleibt und es zu keiner Koexistenz mit den Arabern kommt, werden noch mehr Liberale abwandern. Solange diese Zeit der Toleranz dauert. Und alles sieht danach aus, daß sie lange dauert. Vielleicht werden sich die meisten Juden assimilieren, Nichtjuden heiraten und irgendwann keine Juden mehr sein. Dann bleiben nur noch die Ultraorthodoxen übrig, die so orthodox sind, daß sie nicht nach Israel gehen, und einige Liberale, die stolz auf ihre jüdische Abkunft sind.

HK: Die jüdische Religion prophezeit die Ankunft des Messias. Nur der Zeitpunkt dieser Ankunft ist unbestimmt. Was müssen die Juden tun, was müssen die Menschen tun, damit sich die Prophezeiung endlich erfüllt?

KK: Wenn Sie mich so fragen, dann dürfte sie sich nie erfüllen. Denn das wäre wahrscheinlich das Ende der Welt. Es ist schön, sich eine paradiesische Welt vorzustellen, in der es nur noch Güte, Liebe und Wahrheit gibt. Aber eine solche Welt hätte keine Zukunft. Wenn einer keine Feinde hat, dann ist er tot und begraben. Die Schwierigkeiten gehören zum Leben. Man ist dazu da, um sie zu meistern.

Daß der Erlöser kommt und eine messianische Welt schafft, ist eine ewige Wunschvorstellung, die nie wahr werden wird. Ins profan Politische übersetzt: die Wiedervereinigung der beiden Deutschlands. Oder der Anspruch der PLO auf ganz Palästina. Den Anspruch muß man aufrechterhalten, auch wenn man weiß, daß er sich nicht durchsetzen läßt.

HK: Eine nicht zu verwirklichende Zielvorstellung ... Ist sie der Ansporn, den wir brauchen, um nicht zu verzweifeln?

KK: Um alle positiven Kräfte für die Annäherung an den Idealzustand zu mobilisieren. Für die ideale Ehe, die ideale Erziehung, die ideale Gesellschaft. Obwohl wir wissen, daß wir diesen Zustand nicht erreichen. Wie alles im Leben. Man weiß, man hat kein ewiges Leben, aber man wendet alle Kraft auf, um das Leben so zu gestalten, als wäre es unbegrenzt.

PAUL KOHNER

Filmproduzent. Geb. 1902 in Teplitz-Schönau, gest. 1988 in Los Angeles

HK: Herr Kohner, Sie sind 1902 in Teplitz-Schönau, einem Ort zwischen Karlsbad und Prag, geboren worden. Schon 1920 sind Sie nach Amerika ausgewandert.

PK: Ja, Gott sei Dank. Lange vor Hitler.

HK: Was waren die wichtigsten Stationen Ihrer Karriere in den Vereinigten Staaten?

PK: Ich hatte große Rosinen im Kopf, als ich mit siebzehn Jahren herüberkam, und war sehr enttäuscht, daß ich bei »Universal« als Lehrbursche anfangen mußte. In den zwanziger und dreißiger Jahren habe ich mich in der Firma langsam zum Generaldirektor emporgearbeitet. Ich war Produzent bei »Universal« und bei »Metro Goldwyn Mayer«. Als es dann Ende der dreißiger Jahre immer schwieriger wurde, Filme zu produzieren, habe ich mich als Agent etabliert.

HK: Welches Land betrachten Sie heute als Ihre Heimat?

PK: Für mich ist die Heimat dort, wo ich lebe und den größten Teil meines Lebens verbracht habe, nämlich hier in Hollywood. Meine alte Heimat, in der ich geboren wurde, existiert nur noch in meiner Erinnerung. Denn nach den Berichten meiner Brüder, die nach dem Krieg dort waren, hat die Stadt sich so verändert, daß ich sie nicht wiedererkennen würde.

HK: Sind Sie jemals nach Teplitz zurückgekommen?

PK: Nein. Ich war natürlich öfter in Europa, aber nicht in Teplitz.

HK: Bitte erzählen Sie etwas von Ihrer Familie und Ihrer Jugend.

PK: Ich bin in einem gutbürgerlichen jüdischen Haus aufgewachsen. Mein Vater war ein großer Zionist. Er hat als junger Mann und als Vertreter der »Wiener Neuen Freien Presse« am ersten Zionistenkongreß in Basel teilgenommen. Eine Zeitlang war er Privatsekretär von Theodor Herzl. Ich selbst bin wie viele junge Männer aus gutem jüdischen Haus erzogen worden. Teplitz hatte einen großen jüdischen Bevölkerungsanteil. Etwa jeder vierte Einwohner war Jude. Ich war Mitglied mehrerer demokratischer Organisationen. Und noch früher wurde ich Mitglied eines Sportvereins, der »Blauweiß« hieß. Das war ein Fußballclub, in dem jüdische Burschen jeden Sonntag Fußball spielten. Da wurden wir von den anderen immer gründlich verhauen. Wir zogen am Wochenende mit blauweißen Fahnen hinaus in die Natur und die umliegenden Dörfer, sangen jüdische Lieder und mußten uns wieder mit den anderen herumschlagen. In der Schule hatte ich jüdischen Religionsunterricht. Ich habe auch ein bißchen Hebräisch gelernt, aber nicht gut genug, um es sprechen zu können.

HK: Sind Sie im Geist der Tradition erzogen worden?

PK: Wir Kinder hatten immer das Gefühl, daß es gut und richtig war, was unsere Eltern und Großeltern getan haben. Und wir haben versucht, es ihnen nachzumachen.

HK: Wie standen Ihre Eltern und Großeltern zum österreichisch-ungarischen Kaiserreich?

PK: Sehen Sie diesen Ring hier? Ich erzähle Ihnen eine Familienanekdote, die Ihre Frage beantwortet. Mein Großvater hatte auf der Königstraße in Teplitz ein Schreibwarengeschäft. Sein Leben lang hatte er den Wunsch gehabt, Hoflieferant zu werden, aber das war natürlich rein illusorisch. Bis eines Tages im Jahre 1916 Kaiser Karl und seine Gemahlin, Kaiserin Zita, nach Teplitz zu Besuch kamen. Wir waren sehr kaisertreu, und der alte Kaiser Franz-Joseph war unser Idol. Also gut, Karl und Zita gingen auf der Königstraße spazieren, und der Kaiser blieb vor dem Geschäft meines Großvaters stehen, denn im Schaufenster standen große Bilder des Herrscherpaars. Er betrachtete die Bilder, und mein Großvater eilte zur Tür und sagte: Majestät, womit kann ich Ihnen dienlich sein? Karl sagte: Lassen Sie mich einmal sehen, was Sie haben. Er trat ein und wählte eine Ansichtskarte aus. Da er natürlich kein Geld bei sich hatte, rief er einen Adjutanten, und der bezahlte. Von diesem Moment an war mein Großvater berechtigt, sich Hoflieferant zu nennen. Er hat sofort ein großes Schild über seinem Laden angebracht, das seine neue Würde verkündete. Eines Tages kam ein Päckchen vom Kaiserhof in Wien mit einer Krawattennadel, einem Geschenk des Kaisers. Meine Mutter hat diese Nadel zusammen mit ihren Juwelen am letzten Tag vor ihrer Abreise in einer eisernen Kassette im Garten vergraben. Sie durfte ja nur ein kleines Köfferchen mitnehmen und das, was sie am Leibe hatte. Aber einer meiner Brüder, der in der amerikanischen Armee diente, ist gleich nach dem Ende des Zweiten Weltkriegs von Luxemburg aus mit einem Wagen über Bayern nach Teplitz gefahren und hat in der Dunkelheit diese Kassette ausgegraben. Aus der Krawattennadel hat man einen Ring gemacht, und diesen Ring hat man mir zum sechzigsten Geburtstag geschenkt.

HK: Anfang dieses Jahrhunderts befanden sich unter den bedeutendsten Wissenschaftlern, Journalisten und Künstlern in Österreich und Deutschland auffällig viele Juden. Glauben Sie, daß die Lebensbedingungen in der Diaspora den Erfolg der Juden begünstigt haben?

PK: Zweifellos. Wenn man unterdrückt wird, wehrt man sich natürlich mit allen Kräften und versucht, die anderen zu übertreffen.

HK: Haben Sie eine Erklärung für den Antisemitismus in der europäischen Geschichte?

PK: Der Antisemitismus wird durch alles mögliche ausgelöst. Gründe oder Vorwände gibt es immer. Man muß ihn bekämpfen, wo immer das möglich ist. Wo es nicht möglich ist, muß man ihn eben hinnehmen. Die Juden und die Schwarzen sind nun mal die Prügelknaben.

HK: Aber warum gerade die Juden?

PK: Ich weiß es nicht. Daran haben wir uns im Lauf der Jahrhunderte gewöhnt. Vielleicht hängt es damit zusammen, daß die Juden viele hervorragende Dichter und Denker hatten, die frei ihre Ansichten geäußert haben. Das ist den Leuten natürlich nicht immer angenehm. Und es ist sehr leicht zu sagen, na ja, dieser Jude will eben nicht seinen Platz in der untersten Reihe einnehmen.

HK: Sie meinen, wenn die Juden auf den untersten Sprossen der sozialen Stufenleiter geblieben wären, hätte man sie akzeptiert.

PK: Nein, das glaube ich auch nicht. Der Antisemitismus ist eben etwas, das man hinnehmen muß, wenn man als Jude geboren ist.

HK: Sind Angehörige von Ihnen im Konzentrationslager umgekommen?

PK: O ja, viele. Mehrere Familienmitglieder. Die Schwester meiner Mutter ist in Theresienstadt gestorben. Sie ist aber nicht von den Nazis umgebracht worden.

HK: Und Ihre Mutter selbst?

PK: Meine Mutter konnte ich noch im letzten Moment herausbringen. Durch Intervention von Präsident Roosevelts Sohn, James Roosevelt, der ein guter Freund von mir war. Er hat am letzten Tag telefonisch die Erlaubnis bekommen, daß meine Mutter ausreisen durfte.

HK: Haben Sie sich gefragt, wie es zum millionenfachen Mord an Juden kommen konnte? Vor allem gläubige Menschen fragen sich, warum Gott zugelassen hat, was in den Konzentrationslagern geschehen ist.

PK: Ach, wissen Sie, das hat eigentlich mit Gott wenig zu tun. Diese Tragödie ist von den Menschen selbst verursacht worden. Ich habe mich nach dem Krieg auch gefragt, warum Präsident Roosevelt sich nie über diese Angelegenheit geäußert hat. Er hat nichts getan, um die Katastrophe zu verhindern, obwohl er gut informiert war. Das ist schwer erklärlich. Es ist unfaßbar, daß ein Volk wie das deutsche Volk so etwas getan hat. Ich habe das deutsche Volk geliebt. Ich bin mit der deutschen Sprache aufgewachsen, habe in Deutschland gearbeitet und mich dort wohl gefühlt. Ich selber habe bis zum Beginn der Hitlerzeit den Antisemitismus nur selten gespürt. Man hat es eben hingenommen, wie es war, und sich gesagt, daß es schon vorbeigehen würde. Aber dieses Mal ist es nicht vorbeigegangen. Das hat sich Schritt für Schritt entwickelt. Am Anfang wollten die Deutschen die Juden nur loswerden. Sie haben davon geredet, daß man in Ungarn oder in Madagaskar oder sonstwo einen Judenstaat

gründen könnte. Von einer Ausrottung der Juden war nie die Rede. Erst allmählich, nachdem diese Pläne gescheitert waren, haben einige Leute die Idee der sogenannten Endlösung der Judenfrage ausgebrütet. Aber daß das möglich war, ist mir heute noch ein Rätsel.

HK: Was bedeutet es für Sie, als Jude geboren zu sein?

PK: Ich war immer stolz darauf, Jude zu sein, und habe meine Kinder in diesem Sinne erzogen. Meine Frau ist Nichtjüdin, und mir wurde immer prophezeit, daß das zu großen Schwierigkeiten führen würde. Aber es gab in den fünfundfünfzig Jahren unserer Ehe nie einen Konflikt wegen meines Judentums. Wenn ich in den Tempel gehe, geht meine Frau mit. Wenn meine Frau in die Kirche geht, gehe ich mit. Und wir beten beide zu einem Gott.

HK: Inwieweit hat Ihre jüdische Abstammung Ihre Arbeit und Ihr Leben beeinflußt?

PK: Wenn es so ist, bin ich mir dessen nicht bewußt. Natürlich ist alles, was ich tue, irgendwie davon beeinflußt. Aber darüber kann ich nichts sagen. Ich habe nie meine jüdische Abstammung oder meine jüdische Religion verleugnet. Ich bin Mitglied einiger jüdischer Organisationen, und ich unterstütze den jüdischen Staat. Mich interessiert alles, was in Israel geschieht.

HK: Hat sich die Lage der Juden in Amerika und Europa verändert, seit es einen jüdischen Staat gibt?

PK: Auf jeden Fall haben die Juden in der ganzen Welt an Ansehen gewonnen, weil es diesen Staat gibt.

HK: Haben Sie einige der Männer und Frauen, die Israel in Palästina aufgebaut haben, persönlich kennengelernt?

PK: Unter anderem habe ich Ben Gurion gekannt. Und ich habe es noch erlebt, wie Vertreter der jüdischen Siedler in Europa bei wohlhabenden Juden um materielle Unterstützung für das Projekt in Palästina geworben haben. Kurz vor meiner Auswanderung nach Amerika war ich Privatsekretär eines prominenten Karlsbader Juden namens Lämmle. Da tauchte eines Tages ein amerikanischer Jude auf und nahm über mich Verbindung zu Herrn Lämmle auf. Er erzählte mir, wieviel bestimmte amerikanische Filmproduzenten wie Warner und Cohn für die Siedler in Palästina gespendet hatten. Herr Lämmle wollte den Mann zuerst mit einem Scheck über fünfhundert Kronen abspeisen, aber ich habe ihm vorgehalten, daß einige Amerikaner zehntausend Dollar gegeben hatten. Nach langem Hin und Her hat er sich hingesetzt und einen neuen Scheck über fünftausend Dollar ausgestellt.

HK: Zum ersten Mal seit zweitausend Jahren hat das jüdische Volk ein eigenes Territorium, und wohl zum ersten Mal existiert eine jüdische Nation.

PK: Das begrüße ich sehr. Und ich glaube, daß die Juden alles für Israel tun sollten, was in ihren Kräften steht.

HK: Haben Sie schon einmal Israel besucht?

PK: Meine Frau und ich waren vor ungefähr fünfzehn Jahren in Israel. Uns hat es wunderbar gefallen. Ich habe viele Freunde besucht, auch den alten Rabbiner Weiß aus Teplitz-Schönau. Er wohnte mit seiner Frau in einem Altersheim. Meine Frau hat er sofort erkannt, nur mich nicht. Grundsätzlich finde ich es großartig, daß da ein Staat existiert, der von Juden geleitet wird und in dem das gesamte Leben auf dem Judentum basiert.

HK: Die Position Israels ist ja in den letzten Jahren zunehmend schwieriger geworden. Wie denken Sie darüber?

PK: Da ist guter Rat teuer. Leider Gottes ist es ja so, daß sich Juden untereinander fortwährend streiten. Es ist mir unbegreiflich, wie sich die orthodoxen Juden in Israel aufführen. Ich glaube, sie gehen den falschen Weg. Die Israelis sollten endlich miteinander ins reine kommen. Aber ich denke doch, daß es in Israel genug kluge und aufgeschlossene Leute gibt. Die werden das Land schon auf den richtigen Weg bringen.

HK: Glauben Sie, daß Israel trotz seiner großen Schwierigkeiten eine Zukunft hat?

PK: Ja, ich glaube, das ist gar keine Frage. Solange es Juden gibt, wird es auch einen jüdischen Staat geben.

HK: Sie kennen ja die jüngere Generation der amerikanischen Juden. Liegt diesen jungen Leuten eigentlich noch etwas an ihrer jüdischen Identität?

PK: Ich fürchte, daß diese jüdische Identität für viele jüngere Juden nicht mehr das gleiche bedeutet wie für meine Generation. Die Jüngeren sind auch kaum noch an der jüdischen Tradition interessiert. Ich stelle das auch bei meinen Kindern fest. Das Judentum ist heute eher eine politische als eine religiöse Frage. Kein Wunder. Der jüdische Staat verfolgt natürlich eigene außenpolitische Interessen. Und in jeder Diskussion über jüdische Angelegenheiten werden diese Interessen in Betracht gezogen. Wo es früher um religiöse Grundsätze und radikale Einsichten ging, wird heute politisch taktiert.

HK: Im Alten Testament wird prophezeit, daß irgendwann der Messias kommt und daß sich dann die Welt verändert. Glauben Sie daran?

PK: Es ist schon möglich, daß sich die Welt verändert und daß irgend jemand kommt, der sich als

Messias anbeten läßt. Aber ich selbst glaube nicht an den Messias. Wahrscheinlich wird irgendein Führer erscheinen, der sich anders benimmt als der Führer Hitler, aber eine ähnliche Funktion hat. Ich fürchte, daß der Antisemitismus so lange weiterleben wird, wie es Juden auf der Welt gibt. Wir müssen heute dafür sorgen, daß man Leute, die mit antisemitischen Parolen Stimmung machen, mit der Faust niederschlägt, bevor sie Unheil anrichten können.

THEODORE (TEDDY) KOLLEK

Bürgermeister von Jerusalem. Geb. 1911 in Wien

HK: Herr Kollek, die Wiener Juden waren Anfang des Jahrhunderts im allgemeinen sehr assimiliert. Gilt das auch für Ihre Familie?

TK: Meine Familie war noch ziemlich traditionell. Ich bin auch in einer Familie aufgewachsen, die man als zionistisch bezeichnen würde. Mein Vater gab mir den Namen Theodor, weil er Mitglied desselben Studentenvereins in Wien war, dem Theodor Herzl angehörte.

HK: Sie sind Ihr Leben lang im öffentlichen Dienst tätig gewesen. Wurden Sie in dem Bewußtsein erzogen, daß man als Jude eine besondere Verantwortung trägt?

TK: Mir wurde im Haus meiner Eltern eingeprägt, daß man der Gesellschaft gegenüber eine Verantwortung trägt, daß man der Gesellschaft dienen muß. Ich bin als Zionist, aus der zionistischen Jugendbewegung nach Israel gekommen – damals hieß es Palästina –, und die besondere Bedeutung meines Judentums lag für mich darin, dabei zu helfen, den Staat Israel aufzubauen, dem Staat Israel zu dienen. In den letzten zwanzig Jahren ist meine eigene Identität vollkommen mit der Stadt Jerusalem verknüpft. Ich betrachte Jerusalem als das Zentrum der jüdischen Welt. Am Ende wird man uns auf Grund vieler Dinge beurteilen: unserer Armee, unserer Industrie, unserer Wirtschaft, unserer Kultur. Aber die Essenz von alledem wird sein: was wir aus Jerusalem machen, wie wir uns hier den Minderheiten gegenüber verhalten, wie wir allen, die in ihren eigenen und in unseren Augen ein Anrecht auf Jerusalem haben, den Christen und den Moslems, das Gefühl vermitteln, daß sie in der Hauptstadt Israels zu Hause sind. Und ich identifiziere mich mit einem solchen Jerusalem, mit einer liberalen, progressiven Stadt, der Hauptstadt eines Landes, in der jüdische Traditionen aufrechterhalten werden, die ein Zentrum für Juden aller Schattierungen ist, die aber auch all den anderen Religionen und ethnischen Gruppen ein Zuhause bietet.

HK: Sie haben eine wesentliche Rolle bei der Gründung des Staats gespielt. Wie sehen Sie Israel heute?

TK: Für mich ist es das Wunder des zwanzigsten Jahrhunderts, daß ein Volk nach zweitausend Jahren Zerstreuung in alle Welt sich heute wieder in dieser unserer Heimat zu sammeln beginnt. Bei all den Rückschlägen, die es gegeben hat und noch geben wird, halte ich den Zionismus und die Rückkehr des jüdischen Volks nach Israel für die größte Erfolgsgeschichte des Jahrhunderts.

HK: Und wie sehen Sie die Zukunft Israels?

TK: Wir sind ein sehr altes Volk. Wir waren zweitausend Jahre fort, und jetzt sind wir seit weniger als hundert Jahren wieder hier. Es wird noch einmal hundert Jahre brauchen, bis sich alles beruhigt hat. Israel ist kein Projekt, bei dem man nach genauen Plänen vorgehen kann. Es ist ein Prozeß mit vielen Schritten vorwärts und manchen zurück. Wie sich das Ganze am Ende entwickeln wird, kann heute niemand sagen.

HK: Wie sehen Sie die Rolle der Diaspora-Juden in dieser Entwicklung?

TK: Es gab schon immer die Theorie, daß Jerusalem und Babylon notwendig sind, daß also ein Teil des jüdischen Volkes in Israel leben wird und ein Teil in der Diaspora. Heute gibt es die größte Diaspora der jüdischen Geschichte in den USA. Früher gab es eine große Diaspora und ein starkes kulturelles Zentrum in Osteuropa.

Aber ich glaube, daß das dominierende jüdische Zentrum, das auch von Dauer ist, am Ende Jerusalem sein wird. Ich bin auch davon überzeugt, daß die strikte orthodoxe Religion allein das jüdische Volk in einer säkularen Welt nicht zusammenhalten kann. Nur eine Kombination aus Tradition und Staat kann das schaffen.

HK: Ein Phänomen, mit dem die Juden der Diaspora immer wieder konfrontiert werden, ist der Antisemitismus. Was sind Ihrer Ansicht nach die Gründe?

TK: Ich weiß es nicht. Mich interessiert die Frage der intersemitischen Beziehungen mehr.

TELEX
Mr. Arthur Brody
Jerusalem Foundation Suite 1625
500 Fifth Avenue
New York, N.Y. 10110
Dear Mr. Brody:

HK: Es gibt in der jüdischen Religion die Prophezeiung, daß der Messias kommen und die Welt sich ändern wird. Wie würde sie aussehen, wenn das geschehen würde?

TK: Es hat immer utopische Vorstellungen gegeben. Die Ankunft des Messias ist eine der kühnsten. Gemäß der Überlieferung wird er zuerst nach Jerusalem kommen. Ich hoffe es sehr. Wir leben mit vielen Problemen hier, und sollte er kommen, wird man ihn sicherlich mit offenen Armen empfangen. Und sollte er kommen, wird er sicherlich auch wissen, was er zu tun hat, und wird nicht uns fragen, nicht die religiösen Extremisten unter den Juden und auch nicht die Fundamentalisten unter den Christen. Er wird selber entscheiden, wie er die Welt haben möchte.

ANDRÉ KOSTOLANY

Finanzexperte und Journalist, Paris. Geb. 1906 in Budapest

HK: Herr Kostolany, Sie sind katholisch getauft, haben aber jüdische Vorfahren. Wie ist da Ihr Verhältnis zum Judentum? Fühlen Sie sich noch als Jude?

AK: Das hängt davon ab, für wen. Für Hitler war ich Jude, aber sonst bin ich ein treuer Sohn der heiligen katholischen Kirche. Ich bin katholisch, und auch meine Eltern, die ursprünglich jüdisch waren, liegen beide christlich begraben in Zürich am Zürichberg. Mit der jüdischen Religion verbindet mich eigentlich nichts. Aber mir geht es da ein bißchen so wie dem Erzbischof von Paris, Kardinal Lustiger, dem ich schon persönlich begegnet bin. Er bekennt sich, obwohl er natürlich Christ ist, zu seinem Judentum. Seine Mutter ist in Auschwitz gestorben. Er hat den gelben Stern getragen, obwohl er schon katholisch war. Ich glaube ebenfalls an das Christentum, auch wenn ich kein sehr eifriger praktizierender Christ bin, und ich finde, daß die christliche Religion nur die Fortsetzung des Judentums ist.

Am Anfang habe ich meine jüdische Herkunft nie gespürt. Erst als Hitler an die Macht kam und seine Greueltaten an den Juden verübte, fühlte ich einen tiefen Schmerz und eine tiefe Solidarität mit den Juden, die sich bis heute gehalten hat.

Allerdings herrscht auch eine gewisse Zerrissenheit in meinem Wesen, wie bei vielen anderen assimilierten Juden ja wohl auch. Einerseits fühle ich mich mit den Juden solidarisch, reagiere sehr empfindlich auf alles, was das Judentum beleidigt oder verletzt, andererseits denke ich mir oft, daß ich mit der jüdischen Religion nichts gemeinsam habe. Ich war dreimal als Tourist in Israel. Einmal stand ich an einer Bushaltestelle in Tel Aviv – es war kurz nach Büroschluß – und wartete in einem Menschenmeer. Um mich herum viele Farbige, viele Ostjuden aus Rußland, Polen, Rumänien. Da dachte ich: Was habe ich mit diesen Menschen gemeinsam? Eigentlich nichts!

HK: Könnten Sie sich nicht vorstellen, in Israel zu leben?

AK: Na ja, vorstellen sicher – obwohl ich die israelische Mentalität nicht mag. Dort würden mir bestimmte Charakterzüge nicht gefallen. Unter den Israelis sind zu viele, die den preußischen Charme und die jüdische Bescheidenheit haben. Aber in der Tiefe meines Herzens fühle ich mich, wenn ich in Israel bin, wie zu Hause. Es ist einer der wenigen Orte in der Welt, wo mich niemand beleidigen oder diskriminieren kann. Israel ist eine Insel, auf der die Juden keine Minderwertigkeitsgefühle haben müssen, auf der sie sich auch in schwierigen Zeiten sicher fühlen können. Vielleicht würde man mich diskriminieren als Ungar wie in der Bundesrepublik. Aber die aggressive antisemitische Welle ist vorbei, und ich fühle mich in Paris oder New York genauso wohl wie in der Bundesrepublik.

HK: Würden Sie dann Frankreich oder Amerika als Ihre Heimat bezeichnen?

AK: Nein, als Heimat sehe ich eigentlich nur Ungarn. Ich fühle mich als Ungar, obwohl ich als amerikanischer Staatsbürger in Paris lebe. Ich bin verliebt in meine Muttersprache, in die ungarische Literatur, die ungarische Kunst, die Musik und – ja, sogar in die überragende ungarische Küche, wenn sie auch im Ausland besser ist als in Ungarn selbst. In Ungarn habe ich zweifellos meine Wurzeln. 1830 wurde unsere Familienfirma gegründet, in Budapest. Dort bin ich aufgewachsen. Ich bin Budapester Lokalpatriot.

HK: War Ihre Sprache auf dem Gymnasium Deutsch oder Ungarisch?

AK: Ungarisch. Und auch zu Hause haben wir immer Ungarisch gesprochen. Ich spreche nur deswegen so fließend Deutsch, weil ich als Kind immer eine deutsche Gouvernante hatte.

HK: Sie sprachen vorher davon, daß die Juden in Israel vor Diskriminierung sicher sein können.

Haben Sie denn in dieser Beziehung – abgesehen von Hitlerdeutschland – schlechte Erfahrungen gemacht?

AK: Ja, ich habe auch nach dem Krieg in Deutschland, aber ebenso in Frankreich, recht schlimme antisemitische Erfahrungen gemacht. Ich habe deswegen sogar einmal Anzeige bei der Polizei erstattet. Ich erinnere mich zum Beispiel an eine Konferenz in der Bundesrepublik, auf der wir über Staatsbankrott diskutierten. Es waren einige »Propheten« anwesend, die davon sprachen, daß die Deutsche Mark bald ihren Wert verlieren würde. Ich habe dagegen eingewendet, daß sich das deutsche Geld immer nur nach einem verlorenen Krieg entwertet hätte, nach dem Ersten Weltkrieg und als Hitler Deutschland zugrunde gerichtet hatte. Ich habe dann noch einige scharfe Worte gegen Hitler gesagt, und kurz darauf hat mir jemand einen Brief geschrieben, in dem stand, daß man aus meiner Haut auch noch einmal Lampenschirme machen würde.

HK: Was halten Sie dann unter solchen Umständen von der Bundesrepublik?

AK: Im Grunde habe ich Deutschland gern und die Deutschen auch. Diese Ewiggestrigen sind ja doch Ausnahmen. Ich habe die Deutschen lieber als die Franzosen. Die mag ich nicht so sehr. Sie sind sehr gescheit, sehr intelligent, aber zu eingebildet.

HK: Aber es war in Deutschland, wo der Antisemitismus diese wahnwitzigen Ausmaße angenommen hat. Worin sehen Sie denn die Gründe für den historischen Antisemitismus?

AK: Das hatte zunächst rein religiöse Ursachen. Es war kein Rassen-Antisemitismus. Denn wenn sich die Juden taufen ließen, dann waren sie von diesem Moment an Christen und wurden anerkannt, wenn auch nicht mehr von den Juden. Die trauerten um diese Abtrünnigen, die für sie gestorben waren. Dieser vielleicht etwas übertriebene Hang der Juden zur Segregation war ein zusätzliches Problem. Später hat vielleicht noch eine Rolle gespielt, daß viele Juden aus einem gewissen Drang, aus der Diaspora herauszukommen, große Karrieren gemacht haben. Das hat den Neid vieler anderer provoziert. Ich will damit nicht sagen, daß die Juden vor dem Krieg eine »Weltmacht« gewesen seien, wie das die Antisemiten behaupten. Sie hatten sicherlich in einigen Branchen führende Positionen inne, aber in nicht sehr wichtigen Bereichen. In Amerika etwa in gewissen Handelsbranchen niedrigeren Niveaus wie zum Beispiel in der Konfektion. Aber es gab dort auch sehr viele jüdische Proletarier, viel mehr als in Europa. In einigen Sektoren waren sie natürlich führend. In der theoretischen Physik etwa oder in der Musik, speziell beim Geigenspiel.

HK: Wieso gerade als Geiger?

AK: Das ist schwer zu sagen. Erstens einmal, weil die Violine ein billiges Instrument war. Die russischen Juden waren doch sehr arm, keine Banker aus der Wallstreet. Die konnten sich nur eine Geige leisten, damit ihr Sohn ein Instrument lernte und zu Hochzeiten und Feiern damit schön Musik machen konnte. Außerdem liegt es meines Erachtens auch daran, daß die jüdische Seele gerne weint und lamentiert, und die Geige ist ein Instrument, mit dem man ausgezeichnet lamentieren kann. Allerdings gab es nicht nur bekannte jüdische Geiger, sondern auch viele ausgezeichnete jüdische Komponisten, Gustav Mahler und Arnold Schönberg zum Beispiel. Und es gab berühmte Operettenkomponisten wie Kálmán, Leo Fall und Viktor Jakobi. Bis auf Lehár. Der war kein Jude, aber mit einer Jüdin verheiratet. Und er hat sich zu seiner Frau bekannt. Wissen Sie, wie ich darauf komme? Kennen Sie die Geschichte? Die Lieblingsmusik von Hitler war »Die lustige Witwe«. Und Lehár war ja ihr glücklicher Komponist. Hitler hat Lehár wissen lassen, daß er ihn gerne sehen würde, aber nur, wenn er sich von seiner Frau scheiden ließe. Aber obwohl Lehár mit seiner Frau schon lange eine schlechte, zerstrittene Ehe führte, antwortete er Hitler: Nein, wir können uns nicht treffen. Ich wollte mich zwar schon seit Jahren von meiner Frau trennen, aber jetzt, unter diesen Umständen, ist das unmöglich, und ich werde es nicht tun. So ein Mann war Franz Lehár.

HK: Wann sind Sie emigriert?

AK: Nach der Besetzung Frankreichs, Juni 1940. Dann habe ich mich aus Paris abgesetzt, in dem großen Rummel, über Spanien nach Amerika. Nach Amerika zu kommen war nicht einfach. Da in der Vergangenheit sehr wenige Ungarn eingewandert waren, lag die Einwanderungsquote für Ungarn sehr niedrig. Es gab zwanzig Jahre Wartezeit. Auf diesem Weg war es also unmöglich. Ich habe dann aber ein Besuchervisum bekommen. Das amerikanische Konsulat gab denjenigen kein Besuchervisum, bei denen die Gefahr bestand, daß sie nicht nach Hause zurückgehen könnten. Da ich aber beweisen konnte, daß Andre Kostolany kein Jude ist und nicht unter die ungarischen Judengesetze fällt, also jederzeit nach Ungarn zurückkehren könnte, bekam ich ein Visum. Als Jude galt ich erst, nachdem die Deutschen Ungarn besetzt und die deutschen Rassengesetze eingeführt hatten.

HK: Wieso, glauben Sie, hat Gott Auschwitz zugelassen?

AK: Gott macht seine Pläne nicht auf kurze, sondern auf lange Sicht. Vielleicht muß man – auf lange Sicht gesehen – mal dieses, mal jenes Volk bestrafen oder ermahnen. Auch Eltern sind manchmal zu ihren Kindern sehr hart. Und da wir alle Kinder Gottes sind ... Vielleicht wollte der liebe Gott die Juden strenger erziehen, um zu vermeiden, daß sie zu sehr verwöhnt würden. Vielleicht war er der Ansicht, daß die Juden unmoralisch geworden seien. Wer weiß? Viele Leute behaupten ja auch von Aids, daß es eine Strafe Gottes sei.

HK: Herr Kostolany, wie beurteilen Sie die Zukunft des jüdischen Volkes? Wird es weiterhin mit Problemen zu kämpfen haben, oder wird eine bessere Zeit, wird der Messias kommen – wie das ja die jüdische Religion lehrt?

AK: Den Glauben an den Messias teile ich nicht. Für mich ist er schon gekommen. Ich glaube, daß das Warten auf den Messias genausoviel Sinn hat wie das Warten auf Godot.

Was die Juden in der Diaspora betrifft, so sehe ich keinerlei Probleme. Ich glaube sowieso, daß die Juden als Rasse über kurz oder lang von der Welt verschwinden werden. Es gibt immer mehr Mischehen und Mischlinge, und irgendwann wird das jüdische Element gar nicht mehr auszumachen sein. Aber für den Staat Israel – eine kleine Insel inmitten einer riesigen arabischen Welt – sehe ich schon Probleme. Obwohl Israel ja auch Freunde unter den arabischen Staaten hat. Ägypten zum Beispiel und Saudi-Arabien. Auch Kuwait und die Vereinigten Emirate sind wohl eher proisraelisch eingestellt. Aber diese Staaten trauen sich ja nicht, ein Wort zur Verteidigung Israels zu sagen, solche Heidenangst haben sie vor den anderen arabischen Ländern. Ich sehe die Zukunft Israels deswegen ziemlich gefährdet.

WERNER KRAFT

Schriftsteller und Bibliothekar. Geb. 1896 in Braunschweig, gest. 1991 in Jerusalem

HK: Herr Dr. Kraft, Sie haben Ihre Kindheit und den größten Teil Ihrer Jugend noch in der Kaiserzeit verlebt. Was hat in dem kulturellen Klima, in dem Sie aufgewachsen sind, das jüdische Element für eine Rolle gespielt?

WK: Ich bin von meinen Eltern her ein assimilierter deutscher Jude, der nicht sehr viel jüdische Überlieferung mitbekommen hat. Ich war ganz anders als mein Bruder, der sich schon im Ersten Weltkrieg freiwillig für die Kämpfe der Deutschen in Palästina gemeldet hat und dort als Zionist gefallen ist. Mein Leben hat sich ganz im Rahmen der deutschen Kultur abgespielt. Mir wurde erst 1933 richtig bewußt, daß ich ein Jude bin. Dann war es mit meinem Deutschtum allerdings sofort vorbei, was aber doch nicht ausschloß, daß ich ein Leben innerhalb einer deutschen Kultur, wie ich selber sie verstand, weiterführte. Ich emigrierte zuerst nach Schweden, ging dann nach Frankreich und erst von dort mit meiner Frau und unserer vierjährigen Tochter 1934 nach Palästina. Und als ich hier, sozusagen von außen, darüber nachdachte, womit ich mich bis dahin beschäftigt hatte, fiel mir etwas Merkwürdiges auf. Als assimilierter Jude, der ganz innerhalb der deutschen Kultur lebte, hatte ich mich, ohne mir dessen eigentlich bewußt zu sein, ganz besonders für deutsche Dichter interessiert, die Juden waren. Unter ihnen waren solche, die bewußte Juden waren, und andere, die so assimiliert waren, daß sie sogar latent eine Feindschaft zum Judentum entwickelten wie der von mir sehr bewunderte und in Deutschland relativ unbekannte Rudolf Borchardt, der ein überzeugter deutscher Nationalist war und sein Judentum nach Kräften unterdrückt hat. Hier in Israel war es dann vor allem Martin Buber, der direkt und indirekt auf mich eingewirkt hat. Es gab natürlich auch nichtjüdische deutsche Dichter, die mich sehr beeindruckt haben, wie zum Beispiel Stefan George oder Wilhelm Lehmann.

HK: Kommt diese jüdische Tradition auch in dem zum Ausdruck, was Sie selber schreiben?

WK: Ich bin nicht orthodox, aber in einem schwer zu definierenden Sinn sehr wohl religiös, und zwar jüdisch religiös. Das in wenigen Worten zu erklären, ist natürlich kaum möglich.

Es spricht auch einiges dafür, daß ich, wenn ich schreibe, stets versuche, die Inhalte des Judentums zu entwickeln, auch wenn ich nicht hebräisch schreibe, sondern deutsch. Ich habe zum Beispiel ein Buch über Kafka geschrieben, der ja für viele ein Kronzeuge des Nihilismus ist, und habe darin versucht zu beweisen, daß dies nicht stimmt, daß in Kafkas Werk vielmehr – wenn auch tief verborgen – Züge ausgeprägter Religiosität und vornehmlich jüdischer Religiosität zu finden sind.

Ich schreibe aber auch explizit über jüdische Themen. Einer kleinen Geschichte, die schon in Palästina spielt, verdanke ich übrigens, daß es jetzt, in Rheinbach bei Bonn, ein Archiv für meine Schriften gibt, gegründet von zwei jüngeren Deutschen.

Die Geschichte handelt von meinem inzwischen verstorbenen Freund, dem Dichter Ludwig Strauß. Er war damals hier Lehrer in einem Kinderdorf, »Ben Scheman«, in dem viele jüdische Kinder untergebracht wurden, die auf der Flucht vor dem Nationalsozialismus hierherkamen. Viele waren ohne jede Bildung, und er unterrichtete sie auch in ganz allgemeinen Dingen. Und in einer Klasse – die Kinder waren vielleicht zwischen zehn und sechzehn Jahre – stellte er einmal die Frage, was Weimar sei. Er bekam prompt die Antwort: Ein Ort in der Nähe von Buchenwald! Und da stockte ihm der Atem.

Diese Geschichte hat auf die beiden jungen Leute einen solchen Eindruck gemacht, daß sie alles von mir gelesen haben.

HK: Was ist das Spezifische der jüdischen Religiosität?

WK: Das Judentum ist nach meiner Auffassung eine Religion, welche die Hoffnung nicht auf die Transzendenz, also auf ein jenseitiges Leben legt, sondern auf diese Welt. Und diese paradoxe Auffassung von der Welt – daß sie nämlich die schlechteste aller denkbaren Welten ist und gleichzeitig die Welt Gottes, daß Gott ihr immanent ist –, das ist auch meine Auffassung, und die halte ich für jüdisch.

HK: Glauben Sie, daß die zahlreichen Judenverfolgungen in der Geschichte einen gemeinsamen Ursprung haben?

WK: Das ist eine zu schwierige Frage für mich. Ich möchte nur darauf hinweisen, daß der Antisemitismus viel älter ist, als man gemeinhin annimmt. Im zweiten Jahrhundert nach Christus hat Marcion, ein syrischer Bischof, gelehrt, daß der Gott des Alten Testaments unmöglich der Gott des Christentums sein kann. Diese Lehre hat in einem kaum zu überschätzenden Maße nachgewirkt und ist der Urquell des Antisemitismus geworden. Meiner Ansicht nach ist ihre Wirkung viel entscheidender als alles, was später in der Welt noch an Gründen zu finden sein mag. Ich bin schon bei Horaz, der für mich als Schüler der Inbegriff eines großen Dichters war, einmal auf ein Gedicht gestoßen, das so fürchterlich antisemitisch ist, daß man es sich kaum vorstellen kann.

Und man vergißt auch leicht, daß auch die Juden Fehler haben. Ich hatte kurz nach 1945, als unter den deutschen Schriftstellern die Neigung verbreitet war, die Juden, weil sie unter Hitler zu leiden hatten, als besonders edle Menschen darzustellen, die Idee – eine freilich nicht realisierbare Idee –, in einer Erzählung einen ganz negativen Juden auftreten zu lassen, so widerwärtig, daß man es sich nicht vorstellen möchte – und der wäre vor Hitler gerechtfertigt! Und seine Leiden kämen einem genauso furchtbar vor wie die aller edlen Juden. So komplex ist eben die Wahrheit.

HK: Nach Kriegsende, nachdem bekanntgeworden war, was in den letzten Jahren in Deutschland geschehen war, hat die Verzweiflung sich bei vielen in der Frage ausgedrückt: Warum hat Gott das erlaubt?

WK: Da kann ich nur die Gegenfrage stellen: Woher wissen diese Menschen, die so fragen, daß Gott Auschwitz erlaubt hat? Soweit wir wissen, schweigt Gott. Und ob er einmal sein Schweigen brechen wird, ist nicht bekannt.

Gott hat Auschwitz nicht erlaubt. Ihre Frage erinnert mich an einen Satz von Canetti, der in seinem Buch »Die Provinz des Menschen« kurz und bündig und ohne jeden Kommentar behauptet: Gott hat noch niemals einem Menschen geholfen. Woher weiß er das? Er kann sagen: Ich glaube nicht an Gott. Das steht jedem frei. Aber er kann nicht sagen, Gott habe noch nie einem Menschen geholfen.

HK: Herr Dr. Kraft, ich möchte Ihnen zum Schluß noch eine Frage zu dem Land stellen, in dem Sie heute leben. Falls Ihnen der Begriff »Heimat« überhaupt etwas bedeutet – ist Israel, das Land, Ihre Heimat geworden?

WK: Heimat, das Bewußtsein, eine Heimat zu haben, bedeutet mir in der Tat sehr viel. Deutschland war mir einmal eine Heimat und hat aufgehört, es zu sein. Und mit den Jahren stelle ich fest, daß der Begriff Heimat überhaupt ins Wanken gerät. Es gibt sie eigentlich fast nirgends mehr. Wenn ich zum Beispiel an die vielen jungen Deutschen denke, von denen ich höre, daß sie ihr Land verlassen, ganz ohne äußeren Zwang, und in ferne Länder ziehen, dann habe ich den Eindruck, daß das Heimatgefühl eine tiefe Krise durchmacht. Ich habe auch hier junge Leute kennengelernt, sehr gebildete junge Menschen, die Theologie studieren, die hierherkommen, um Hebräisch zu lernen – und ich stelle fest, daß sie über jüdische Religion viel mehr wissen als ich, von ihrer eigenen deutschen Vergangenheit dagegen verschwindend wenig.

Meine Heimat ist jetzt Israel. Ich fühle mich hier zu Hause, obwohl hier vieles vorgeht, was nicht in meinem Sinne ist. Ich lebe hier als israelischer Bürger und fühle mich mitverantwortlich für das, was geschieht.

HK: Wie denken Sie grundsätzlich darüber, daß das jüdische Volk hier als Nation ein modernes Staatswesen entwickelt hat?

WK: Ich denke nicht günstig über Nationen. Ich meine, daß eine Nation zu werden teuer bezahlt werden muß. Es ist etwas Großes und Problematisches zugleich, da man abhängig wird von Mächten, die man eigentlich bekämpft, die man bei klarer Vernunft eigentlich ablehnen muß. Der jüdische Staat war im Augenblick seiner Gründung etwas absolut Notwendiges und etwas Großartiges und Einmaliges. Aber was Nationen für eine Eigendynamik entwickeln, wie Nationen im Grunde beschaffen sind, das hat man in unserer Zeit nur allzu deutlich vor Augen. Worauf die Juden damals stolz waren, das erweist sich jetzt als Preis für die Freiheit, daß wir eine Nation wie jede andere Nation geworden sind.

HK: Glauben Sie, daß aufgrund dieser Eigendynamik des Staates der Charakter des jüdischen Volkes verlorengehen könnte?

WK: Es hat wenig Sinn, über die Zukunft zu spekulieren. Wir müssen das jüdische Volk in der Gegenwart betrachten und die Zeichen deuten lernen. Ich habe in einem Buch des spanischen Nobelpreisträgers Jiménez die Widmung gelesen: »Der gewaltigen Minderheit der Guten.« Ich glaube, darauf läuft es hinaus. Darauf laufen auch alle Fragen nach der Zukunft hinaus. Es geht um die positiven Leistungen in diesem Land und um etwas, das ich manchmal bei jungen Menschen sehe, die studieren und gleichzeitig körperlich gut entwickelt sind – etwas, das man am liebsten in den Satz fassen möchte: Es ist eine Lust zu leben.

BRUNO KREISKY

Politiker, ehem. österr. Bundeskanzler. Geb. 1911 in Wien, gest. 1990 in Wien

HK: Erzählen Sie mir bitte etwas über Ihre Familiengeschichte, Herr Dr. Kreisky.

BK: Mein Vater stammt aus einer kleinbürgerlichen Beamtenfamilie. Meine Mutter stammt aus einer besser situierten Familie, in der die intellektuellen Berufe überwogen. Viele ihrer Vorfahren waren Ärzte. Die ersten Ärzte dieser Ahnenreihe sind offenbar aus Spanien eingewandert, haben sich in der Wallensteinischen Zeit bei der Reichsgräfin Zierotin Waldstein im mährischen Trebitsch Verdienste erworben und sind dort in den Strudel des Dreißigjährigen Krieges geraten.

HK: Welche Bedeutung messen Sie Ihrer jüdischen Herkunft zu?

BK: Ich erwarte, daß man die Religionszugehörigkeit eines Menschen, das heißt in meinem Fall, meine jüdische Herkunft, als Privatsache betrachtet. Ich erlaube es niemandem, mich als den Angehörigen einer bestimmten Rasse zu vereinnahmen. Aufgewachsen bin ich als Mitglied einer Schicksalsgemeinschaft, der es in der alten österreichisch-ungarischen Monarchie gar nicht so schlecht ergangen ist. Viele Angehörige dieser Gemeinschaft haben im Ersten Weltkrieg das Schicksal der Katholiken und Protestanten geteilt. Einer meiner Onkel liegt auf dem sogenannten Heldenfriedhof in Belgrad.

HK: In welcher Weise hat diese jüdische Schicksalsgemeinschaft auch Ihre Persönlichkeit geprägt?

BK: Im Unterschied zu Millionen anderen habe ich unter meiner jüdischen Abstammung nicht wirklich gelitten. Ich habe meine Herkunft nie verdrängt und nie verleugnet. Aber ich wollte mich ihr auch nicht unterwerfen. Sie müssen das als einen dialektischen Prozeß verstehen.

HK: Wie ist dieser Prozeß verlaufen?

BK: Das beginnt, wenn man von anderen als anders betrachtet und gekennzeichnet wird. Zunächst einmal waren die Kreiskys und die Felix' für sich selbst stehende Menschen, nicht anders als die anderen. Nach der Annexion Österreichs durch Nazideutschland erhielten die Juden einen entsprechenden Vermerk in ihrem Ausweis. Weil die Nichtjuden diesen Zusatz nicht hatten, bin ich schon anders als andere gewesen. Das hat mich nicht unberührt gelassen. Aber zugleich habe ich immer geleugnet, daß das Judesein notwendigerweise Anderssein bedeutet.

HK: Dennoch möchte ich meine Frage noch einmal stellen. Gibt es nicht bestimmte Neigungen, die durch Ihr jüdisches Elternhaus begünstigt worden sind?

BK: Meine Eltern und andere haben in mir sehr früh eine gewisse Intellektualität angeregt, möge sie gut sein oder schlecht sein. Ich habe nicht Zahnarzt werden wollen, sondern ich habe das werden wollen, was ich schließlich geworden bin. Dieses Leben ist mir nicht vorausgesagt worden. Ich hätte zum Beispiel auch nach England oder Amerika emigrieren können und wäre dann zur Not Universitätsprofessor geworden. Aber die Befähigung dazu habe ich nicht deshalb, weil ich aus einer jüdischen Familie komme, sondern weil ich ganz bestimmte jüdische Vorfahren habe. Orientalische Juden beispielsweise haben eine solche Formung wohl nur höchst selten. Ich freue mich über meine spezifische jüdische Herkunft, weil sie mich für die Tradition und die Literatur aufgeschlossen hat. Ich bin also kein jüdischer Selbsthasser, wie es manche Superpsychologen sagen.

HK: Sind Sie ein gläubiger Jude?

BK: Ich bin nicht gläubig. Das kann niemand von mir verlangen. Das waren sogar viele Menschen in der biblischen Geschichte nicht.

HK: Sind Sie Atheist?

BK: Nein, ich bin Agnostiker. Als Agnostiker interessiere ich mich natürlich für Religion. Das ist ja das Geheimnis. Weil sich der Agnostiker selber nicht in der Gnade fühlt, will er wissen, warum andere glauben. Ich will ja niemandem seinen Glauben austreiben. Bei mir waren einmal Rabbiner aus Amerika, die mir dafür danken wollten, daß jüdische Emigranten, die aus der Sowjetunion kommen, von Österreich aus weiterreisen können, wohin sie wollen. Da habe ich zu ihnen gesagt: Meine Herren Rabbiner, Sie sollten mir eigentlich nicht so überschwenglich danken, denn ich glaube nicht an Gott. Sie haben mich angeschaut und gesagt: Daß Sie so sind, wie Sie sind, ist ja ein Werk Gottes. Gott hat es eben so gewollt. Wenn Sie so sind, nehmen wir das zur Kenntnis. Diese talmudische Unerschütterlichkeit, gepaart mit Gelassenheit, hat mich ergriffen.

HK: Der Schwerpunkt unseres Gesprächs liegt auf Ihrer Zugehörigkeit zum Judentum und allgemeinen Fragen des Judentums, nicht auf Ihrer politischen Entwicklung. Diese Entwicklung haben Sie ja in Ihrer Autobiographie ausführlich dargestellt. Allerdings gibt es einen engen Zusammenhang zwischen Judentum und Sozialismus. Zumindest stellte der Faschismus für Sie keine Versuchung dar.

BK: Vorsicht. Natürlich könnte jemand sagen, es ist ja keine Kunst, daß der Kreisky kein Nazi geworden ist, denn er ist ja Jude. Aber das wäre eine Dummheit. Ich hätte in den dreißiger Jahren, lange vor 1938, durchaus ein Austrofaschist werden können. Wenn ich dazu die Neigung gehabt hätte. Mussolini hat ursprünglich gegen die Juden überhaupt nichts gehabt. Die österreichischen Klerikalen mochten zwar die Juden nicht, haben sie aber toleriert. Das war die Situation. Aber ich wollte kein Faschist sein.

HK: Hatten Sie Kontakt mit österreichischen Faschisten oder Nationalsozialisten?

BK: Ja, im Gefängnis. In der Zeit der austrofaschistischen Diktatur bin ich mit Hunderten von Nazis, Hunderten von Kommunisten und Hunderten von Sozialdemokraten im Gefängnis gesessen. Im Gefängnis hat man keinem Nazi die selbstverständliche Kameradschaft aufgekündigt. Wenn einer krank geworden ist, haben wir ihn gepflegt, weil er ein Mensch war. Später hat mich die Gestapo wegen staatsgefährdender Umtriebe verhaftet. Da war ein Naziarzt, ein lächerlicher Kerl, aber mit viel Güte. Der hat mich gesehen und sich für mich eingesetzt. Nach qualvollen Monaten der Ungewißheit sind eines Nachts zwei SS-Leute gekommen und haben zu mir gesagt: Sie haben Glück, Sie waren mit dem X und dem Y in einer Zelle und haben sich als guter Kamerad erwiesen. Wir geben Ihnen noch eine Chance. Sie können weg, aber Sie müssen versprechen, daß Sie nicht in Europa bleiben. Damals war noch keine Rede vom Vergasen. Aber sie hätten mich ins Konzentrationslager stecken können, und dann wäre ich später sowieso vergast worden. Ich bin davongekommen, letzten Endes aus Charaktergründen. Natürlich bin ich trotzdem in Europa geblieben.

HK: Das hat es ja auch in Deutschland gegeben, daß viele Kommunisten und Nazis, die im selben Viertel aufgewachsen sind, persönliche Kontakte hatten.

BK: Einige Nazis, die mit mir im Gefängnis gewesen sind, habe ich schon vorher gut gekannt. Zum Beispiel den Egon Müller-Klingspor, mit schwedischen Vorfahren. Er hat in meinem Bezirk gewohnt. Wir haben uns haßerfüllt angeblickt, wenn wir aneinander vorübergegangen sind. Er zum Naziaufmarsch, ich zum Roten Aufmarsch. Wir haben uns im Gefängnis wiedergesehen und sind dann eigentlich gute Freunde geworden. Die Freundschaft, wenn man das so nennen kann, hält noch heute. Als er achtzig geworden ist, da habe ich ihm gratuliert. Und er hat mir auch gratuliert.

HK: Sie haben vorhin gesagt, Sie seien erst im Verlauf der politischen Ereignisse zum anderen, zum Juden abgestempelt worden.

BK: Ganz richtig. Damals hat sich mir etwas offenbart, das ich sicherlich nicht freiwillig zur Kenntnis genommen hätte. Daß nämlich einer, der sich Arier nennen kann, und wenn er noch so mies ist, immer noch ein Übermensch ist, verglichen mit einem Juden. Ich hatte zum Beispiel einen Mit-

gefangenen namens Professor Blumenthal, ein berühmter deutscher Krebsforscher, der einen Lehrstuhl in Ankara hatte. Das war ein feinsinniger, nobler Mann, ein wenig weltfremd. Er hatte nicht gewußt, daß das Ende Österreichs gekommen war, und ist in Wien verhaftet worden. Im Gefängnis hat man uns zur sogenannten Häusltour abkommandiert. Da mußte man mit den bloßen Händen die verstopften Klosetts reinigen. Ein Nazi ist am Türpfosten gestanden und hat gefragt: Wer ist Professor oder Doktor? Die Unvorsichtigen haben sich gemeldet. Ich nicht. Ich wußte ja schon, was folgte. Sie haben den Blumenthal gefragt, ob er Akademiker ist, und er hat ja gesagt. So, dann werden Sie zur Häusltour abkommandiert. Das war sicher eine besondere Genugtuung für die anwesenden Halbverbrecher. Auf diese Weise hat sich mir das Anderssein im negativen Sinne erschlossen. War man Jude, war man Untermensch. A priori.

HK: Welche Möglichkeiten der Selbstbehauptung bleiben einem in einer solchen Situation?

BK: Nicht viele. Du kannst in diesem Leben ein Wunder der Wissenschaft sein, du bist trotzdem das Letzte, wenn diese Heilslehren Geltung haben. Damit konnte man sich innerlich nicht abfinden. Aber man hatte keine Wahl. Man mußte zur Kenntnis nehmen, daß man für diese Leute ein Untermensch war. Ein sehr starkes Selbstgefühl kann man in dieser Lage nicht mobilisieren.

HK: Ich frage mich, wie gläubige Juden auf diese Qualifizierung als Untermensch reagiert haben.

BK: Ich war im Gefängnis mit einem orthodoxen Juden namens Regenbogen. Der hat sich in seine Religion zurückgezogen. Die Religion hat ihn alles Unrecht erdulden lassen. Er hat es als gottgewollt hingenommen. Er hat in ihm die Strafe Gottes für die Sünden der bösen Westjuden, der glaubenslosen Juden gesehen. Und die Strafe Gottes muß man wie eine Gnade empfangen.

HK: Aber wie haben Sie persönlich diese Erniedrigung kompensiert?

BK: Ich habe versucht, einen Kreis junger Freunde um mich zu scharen und sie, so gut es ging, zur politischen Gesinnungsfestigkeit zu erziehen.

HK: Wann haben Sie sich zur Emigration entschlossen?

BK: Nach dem Einmarsch der deutschen Truppen habe ich mich entschlossen dazubleiben. Ich war ein Gegner des Regimes, und ich wollte nicht weglaufen. Aber dann bin ich eingesperrt worden, und anschließend blieb mir nichts anderes übrig, als ins Ausland zu gehen und politischer Emigrant zu werden. Ich habe mich für Schweden entschieden.

HK: Wie war die Stimmung unter den Emigranten in Schweden?

BK: Damals war die Stimmung in Schweden sehr gedrückt. Die Lage erschien hoffnungslos. Das Sieben-Millionen-Volk der Schweden hätte Hitler nicht standhalten können. Viele von uns fühlten sich wie in der Mausefalle und machten sich auf einen heroischen Untergang gefaßt. Erst ab Stalingrad hatten wir Anlaß zu wirklichem Optimismus. Mir selbst hat meine Gesinnung schon vorher Zuversicht gegeben.

HK: Sind Angehörige von Ihnen der Verfolgung zum Opfer gefallen?

BK: Ich habe zwar nicht meine Eltern verloren, aber einundzwanzig nahe Verwandte. Meine Tanten, meine Onkel und andere.

HK: Können Sie den Tätern verzeihen?

BK: Ich habe immer gesagt, daß ich keine Pauschalurteile akzeptiere. Aber es gibt Menschen, denen ich nicht verzeihe und für die ich mich auch nicht eingesetzt habe. Verbrecher, die mit der Hundepeitsche arme Frauen geschlagen haben. Leute, die selbst Befehle gegeben und gemordet haben.

HK: Der Philosoph Hans Jonas hat über den Gottesbegriff nach Auschwitz geschrieben. Er stellt die These auf, Gott sei nicht allmächtig, da er den Menschen Kreativität verliehen und somit auf seine Allmacht verzichtet habe. Akzeptiert man diese These, dann folgt daraus, daß Gott Auschwitz gar nicht verhindern konnte. Immer wieder taucht die Frage auf, wie Gott Auschwitz zulassen konnte. Obwohl Sie Agnostiker sind, möchte ich diese Frage auch an Sie richten. Warum hat Gott Auschwitz zugelassen?

BK: Ich würde nie versuchen, diese Frage zu beantworten, weil sich für mich der Faschismus in konkrete politische Kategorien auflöst. Wenn man ruhig nachdenkt, erscheint es kaum glaubhaft, daß so viele Millionen Menschen für einen Wahnsinnigen wie Adolf Hitler gestorben sind. Aber für mich erklärt sich dieser Wahnsinn zum großen Teil mit politischer Unfähigkeit. Ich kann mich also in keiner Weise auf eine theologische Diskussion einlassen. Ich würde mein eigenes Leben dementieren, wenn ich die von Ihnen gestellte Frage ernst nehmen würde. Der Faschismus und Nazismus wäre zu verhindern gewesen. Wer damals alles miterlebt hat, weiß, auf welche Weise. Wäre die deutsche Arbeiterbewegung nicht gespalten gewesen, hätte sich Hitler nicht lange halten können.

HK: Welche Auswirkung hatte die Vernichtung der Juden in den Konzentrationslagern auf Ihr eigenes Leben?

BK: Ohne lange nachzudenken, würde ich sagen, daß das Wissen von Auschwitz das einzige ist, was mich vorbehaltlos an meine jüdische Herkunft bindet. Ohne Auschwitz würde mich meine Beziehung zum Judentum zu keinem bestimmten Verhalten und zu keiner bestimmten Einstellung verpflichten. Auschwitz ist das Schicksal der Juden, dem auch diejenigen nicht entrinnen können, die ihre jüdische Abstammung für mehr oder weniger beliebig halten. Wir sind durch eine sonderbar grausame Laune der Geschichte alle in den gleichen Topf geworfen worden. Ob ich in Schweden durch einen Zufall mit einigen anderen Leuten jüdischer Herkunft überlebt habe, ist nicht entscheidend. Wir waren alle in der geographischen Zone der echten Gefahr. Wir haben uns alle auf das gleiche Schicksal vorbereiten müssen.

HK: Haben Sie daran gedacht, was geschehen wäre, wenn Hitler gesiegt hätte?

BK: Letzten Endes wären nahezu sämtliche Juden getötet worden. Die Ausrottung war ja perfekt. Sie hat nicht nur alle Juden erfaßt, sondern auch noch die Flucht aus dem Judentum verhindert. Europa ist bis zum Kanal judenrein geworden. Allmählich hätte der Antisemitismus sogar auf England übergegriffen. Hitler hätte keine Ruhe gegeben, solange noch ein einziger Jude gelebt hätte. Dabei entbehrt das jeder Logik. Denn was haben die orientalischen Juden mit seinen Wahnvorstellungen zu tun?

HK: Gibt es nach Ihrer Auffassung eine Gesamtschuld der Deutschen für die Ausrottung der europäischen Juden?

BK: Es ist ja nur ein quantitativer Unterschied, ob jemand am Holocaust selbst beteiligt ist, den Holocaust nur zur Kenntnis nimmt oder hinnimmt. Den Holocaust in Kauf zu nehmen ist bereits ein Verbrechen.

HK: Das heißt doch aber, daß nicht nur diejenigen Deutschen schuldig sind, die aktiv am Massenmord beteiligt waren, sondern auch diejenigen, die geschwiegen haben und untätig geblieben sind.

BK: Ja, das ist richtig. Es haben auch Holländer geschwiegen. Aber die Zahl der Holländer, die aktiv Widerstand geleistet haben, ist groß. Es haben auch ganze Völker gegen Hitler Stellung bezogen, etwa die Engländer, die in den Krieg gezogen sind. Aus welchen Gründen sie das getan haben, ist dabei ganz unerheblich.

HK: Das bedeutet aber auch, daß der größte Teil der damals lebenden Österreicher mitschuldig ist. Dennoch haben Sie nach Kriegsende nicht gezögert, nach Österreich zurückzukehren.

BK: Weil ich zu dem Schluß gekommen bin, daß einer, der die Wiederkehr solcher grauenvollen Dinge verhindern will, nach Österreich zurückgehen muß. Man muß natürlich seine Chancen richtig einschätzen. Man muß wissen, welcher Anstrengung es bedarf, Hunderttausende von Menschen zur Besserung zu erziehen. Und man kann ein Volk, das sich so verstrickt hat, wie es die Österreicher getan haben, nach verschiedenen Maßstäben messen. Man kann es nach dem sogenannten Minimalprinzip beurteilen. Das bedeutet, biblisch gesprochen: Wenn nur ein Gerechter unter euch ist, soll die Stadt nicht zerstört werden. Oder man kann dieses Volk nach dem Maximalprinzip beurteilen. Das bedeutet, daß man diejenigen zählt, die gesündigt haben. Auf diese Weise gelangt man unweigerlich zur Kollektivschuld-These. Aber eine solche Kollektivschuld kann ich nicht anerkennen. Jedenfalls dann nicht, wenn sie eine kollektive Bestrafung begründen soll. Adenauer hat für das Problem der historischen Schuld der Deutschen eine elegante Lösung gefunden. Er konnte zwar das Prinzip der Kollektivschuld nicht akzeptieren, da er sonst bald den letzten Tag Bundeskanzler gewesen wäre. Aber er hat den Opfern des Naziterrors etwas zugestanden, was alle Deutschen belastet hat. Er hat den überlebenden Juden eine finanzielle Entschädigung zugebilligt. Geld war ja in großen Mengen vorhanden. Mit dieser Geste haben sich die Juden schließlich zufriedengegeben. Sie haben praktisch erklärt: Wenn wir von den Deutschen viel Geld bekommen, erlassen wir ihnen die Schuld.

HK: Kann es denn überhaupt so etwas wie Wiedergutmachung geben?

BK: Wiedergutmachen kann man nur Sachschäden. Daß die Menschenrechte zerschlagen worden sind, kann man nicht wiedergutmachen. Man kann versuchen, das Unglück zu lindern, aber man kann es nicht gutmachen.

HK: Sie waren der erste jüdische Bundeskanzler in Österreich …

BK: Nein, ich war ein Bundeskanzler jüdischer Herkunft.

HK: Bei einem Bundeskanzler jüdischer Herkunft hätte man es nicht ungewöhnlich gefunden, wenn er den Österreichern immer wieder ihre Mitschuld an den Verbrechen des Nationalsozialismus vor Augen geführt hätte.

BK: Aber das habe ich ja getan. Ich habe nicht an der Vergangenheit vorbeigeredet. Ich habe in meinen Reden immer wieder gesagt: Liebe Freunde, ihr habt für eure Gleichgültigkeit den deportierten Juden gegenüber den höchsten Preis bezahlen müssen. Das hättet ihr euch ersparen können. Was meine jüdische Herkunft angeht, gibt es eine lustige Anekdote. Die israelische Ministerpräsidentin Golda Meir wurde einmal gefragt: Was ist eigentlich der Unterschied zwischen Ihnen und Kreisky? Sie sind beide Ministerpräsident und Außenminister. Da hat Golda Meir geantwortet: Der Unterschied ist folgender. Ich bin ein israelischer Außenminister, und er ist ein israelitischer Außenminister. Sie hat also die Religion angesprochen und eine wichtige Sache getroffen. Wenn ich vom Judentum spreche, meine ich vor allem die Religionszugehörigkeit und die Herkunft. Aber Golda Meir dachte vor allem an einen unwandelbaren, gleichbleibenden Charakter, so wie es auch Tucholsky verstanden hat. Ich verstehe das Judentum anders.

HK: Es hätte auch niemanden verwundert, wenn Sie als Bundeskanzler jüdischer Herkunft, der einundzwanzig Familienangehörige verloren hat, die ehemaligen Nazis mit besonderer Hartnäckigkeit verfolgt hätten.

BK: Das habe ich nicht getan. Als Racheengel hätte ich nicht die moralische Stellung gehabt, die ich in Österreich eingenommen habe. Wenn wir im Kreislauf der Rache befangen bleiben, gelangen wir nie in eine bessere Welt.

HK: Simon Wiesenthal behauptet, es hätte in Österreich während Ihrer Amtszeit eine Art stillschweigender Amnestie für Nazis gegeben.

BK: Sicher, man hat die Leute, die keine Blutsverbrechen begangen haben, in Ruhe gelassen. Was sollten wir denn mit denen tun, die nichts anderes verbrochen haben, als Nazis gewesen zu sein? Das waren in Österreich etwa vierhunderttausend, nimmt man die Untergliederungen der NSDAP hinzu, vielleicht sechshunderttausend. Hätten wir gegen diese Leute ermitteln sollen? Dann wären wir nie zur Ruhe gekommen. Außerdem hatten wir Millionen von Schweigern, die sich nicht getraut haben, den Mund aufzumachen, weil sie gewußt haben, was ihnen passieren würde. Soll man die alle niederschießen lassen? Oder was sonst?

HK: Simon Wiesenthal sagt aber auch, daß einige Nazis, die sich schwerer Verbrechen schuldig gemacht haben, in Österreich nicht mehr ernsthaft verfolgt worden seien.

BK: Die Zahl derer, auf die er anspielt, ist sehr, sehr gering. Selbst Simon Wiesenthal ist nicht in der Lage, sie zu nennen. Keine Ermittlung gegen einen großen Nazi ist in Österreich im Sande verlaufen. Solche Fälle gibt es nicht. Mir sind diese Leute dem Namen nach alle bekannt. Na schön, einige sind freigesprochen worden, weil man von Menschen dreißig Jahre nach Kriegsende nicht mehr verlangen konnte, sich vorzustellen, daß ihre Väter Kriegsverbrecher waren. Natürlich, ein Jude, dessen Frau, dessen Mutter, dessen Onkel ermordet worden sind, verzeiht das nicht so leicht.

HK: Sie waren viele Jahre lang Österreichs Bundeskanzler. In der jüngsten Geschichte ist es, von Israel abgesehen, nur sehr wenigen Juden gelungen, zu den höchsten Staatsämtern aufzusteigen. In Ihrem Fall scheint das völlig unproblematisch gewesen zu sein. Halten Sie das nicht auch selbst für ungewöhnlich?

BK: Ich weiß nicht. Ich bin eigentlich nicht dieser Meinung. Offensichtlich bin ich den Leuten nicht unsympathisch gewesen. Sonst hätten sie mich nicht 1971, 1975 und 1979 in ihrer Mehrheit gewählt und schließlich noch 1983 zu einem sehr hohen Prozentsatz.

HK: Hatten Sie nie Zweifel daran, daß die Österreicher einen Juden wählen würden?

BK: Ich war immer überzeugt, daß mich der Umstand, daß ich Jude bin, nicht daran hindern würde, das Vertrauen der Massen zu gewinnen. Das gleiche gilt für andere Juden. Zum Beispiel für Victor Adler, den Begründer der Österreichischen Sozialdemokratie.

HK: Bei der Wahl 1970 warb Ihr Gegenkandidat mit dem Slogan, »Dr. Josef Klaus, ein echter Österreicher«. Ich vermute, daß Ihre jüdische Abstammung zumindest unausgesprochen durchaus eine Rolle gespielt hat.

BK: Ich habe gar nicht den Versuch gemacht, meine jüdische Abstammung zu kaschieren oder mich für sie zu entschuldigen. Was ich bin, war doch eklatant. Jeder hat es dem anderen erzählt, und jeder hat es gewußt. Aber es hat offenbar für mindestens fünfundsiebzig Prozent der Österreicher viele Jahre lang keine eminente Rolle gespielt.

HK: Gab es in Ihrer Amtszeit als Bundeskanzler kein Ereignis, bei dem Ihre Herkunft hochgespielt worden ist?

BK: Nein. Obwohl die große bürgerliche Partei in Österreich einer der Nährböden des Antisemitismus war, heute noch ist und jetzt auch den Waldheim auf einer antisemitischen Welle hergespült hat. Natürlich, es kam vor, daß es in irgendeinem Wirtshaus eine Rauferei gegeben hat, weil einer gesagt hat, der Kreisky ist ja doch nur ein ganz gewöhnlicher Saujud. Dann hat es heftige Reaktionen gegeben. Aber nicht, weil sich die Leute mit diesen Äußerungen identifiziert haben, sondern weil sie sich mit mir identifiziert haben.

HK: Ich erinnere mich, daß es seinerzeit großes

Aufsehen erregt hat, daß »der Jude Kreisky« den Palästinenser Arafat empfangen hat.

BK: Dazu stehe ich. Ich habe mich der Palästinenser angenommen und sehe darin gerade eine Verpflichtung der Menschen jüdischer Herkunft. Die Juden sind durch die Willkür der Antisemiten aus ihren Heimatländern vertrieben und ermordet worden. Sie müßten besser als andere wissen, was es bedeutet, vertrieben, des Eigentums beraubt und entwürdigend behandelt zu werden. Aber die Israelis und ihre Anhänger wissen es offenbar nicht. Daß die Menschen aus ihrer eigenen Geschichte nichts lernen, empfinde ich als besonders traurig. Für mich war und ist es eine doppelte moralische Verpflichtung, mich für die Sache der Palästinenser einzusetzen. Eine Verpflichtung, wenn Sie wollen, als Jude und eine Verpflichtung als Sozialist.

HK: Die Intifada gibt es seit etwa fünfzehn Monaten. Sie haben sich schon viel früher in der Palästinenserfrage engagiert.

BK: Das Unrecht, das an den Palästinensern begangen wird, ist ja alten Datums. Nur hat es jetzt die besonders krassen Formen eines Bürgerkriegs mit ungleichen Waffen angenommen.

HK: Warum haben Sie sich gerade in dieser Frage leidenschaftlich engagiert?

BK: Weil ich nicht befürchten muß, als Antisemit bezeichnet zu werden. Denn ich verleugne ja meine jüdische Herkunft nicht. Ich weiß genau, wie viele Hemmungen manche Freunde haben zu sagen, was ich sage, weil sie Gefahr laufen, des Antisemitismus bezichtigt zu werden. Mich kann man weder des Antisemitismus noch des jüdischen Selbsthasses bezichtigen.

HK: Welchen Rat geben Sie den Palästinensern beziehungsweise den Arabern?

BK: Ich habe ihnen erst vor wenigen Tagen gesagt: Wenn euch mein Rat etwas bedeutet, jetzt, auf dem Höhepunkt der Auseinandersetzungen, dann haltet euch zurück. Diese Angelegenheit fällt unter die Verantwortung der Juden. Nur wenn die Juden diese Verantwortung nicht sehen, müßt ihr euch melden. Ihr müßt euer eigenes Volk verteidigen. Jeder kann in den Verdacht des Antisemitismus geraten. Aber gebt den Israelis keinen Vorwand dafür, daß sie sich in das Klischee flüchten können, alle seien Antisemiten. Ich persönlich reagiere nicht als Jude, sondern als Mensch.

HK: Sind Sie von israelischer Seite schon einmal als Verräter bezeichnet worden?

BK: Nicht offiziell. Natürlich wird es Leute geben, die sagen, er ist ein Verräter an seinem Volk. Obwohl die Juden strenggenommen kein Volk sind. Ich habe mich nicht mit Israel identifiziert. Einige Juden haben mich in eine imaginäre jüdische Weltgemeinschaft zu drängen versucht. Aber ich will nicht in eine Gemeinschaft mit Leuten gezwungen werden, die ich mir nicht ausgesucht habe. Nur deshalb, weil es dem Herrn Hitler eingefallen ist, die Menschheit in Juden und Nichtjuden aufzuteilen.

HK: Dann fühlen Sie sich als Jude auch nicht mitverantwortlich für das, was in Israel und um Israel herum geschieht.

BK: Nein, ich fühle mich nicht mitverantwortlich, weil ich Jude bin. Ich fühle mich verantwortlich, weil ich für die Menschenrechte eintrete. Dabei abstrahiere ich vollkommen vom Judentum. Das Judentum ist meine Privatsache. Ich fühle mich dem Experiment Israel persönlich nicht verpflichtet. Überhaupt: Welche innere Beziehung sollte ich wohl zu einem in der Wüste kultivierten Land haben?

HK: Handeln die Israelis nicht aus einer Zwangslage heraus?

BK: Aber Israel bedient sich dabei der schändlichsten Methoden, die wir aus der modernen Geschichte kennen. Wann werden die Israelis begreifen, daß das Erschießen und Beinebrechen ihnen ungeheuren Schaden zufügt? In dieser Sache bin ich völlig unnachgiebig. Für das, was jetzt in Israel geschieht, gibt es keine Rechtfertigung. Die Schuld liegt nicht nur bei den drei, vier führenden Männern. Die Schuld trifft alle, die dazu beitragen, daß dieses Unrecht geschehen kann. Natürlich sehe ich, daß es auch in Israel Menschen gibt, die das alles nicht wollen. Aber die sind eben leider nicht maßgebend. Und solange sie nicht in der Lage sind, den Kurs zu ändern, beladen sie sich selbst mit Schuld. Ich jedenfalls bin außerstande, diese Männer zu verstehen, die bereit sind, jeden Tag wehrlose Kinder zu erschießen oder zu erschlagen.

HK: Bei einem Besuch in Israel hat man mir entgegengehalten: Glaubst du vielleicht, daß die Leute, nur weil sie im Konzentrationslager waren, jetzt bessere, edlere Menschen sind?

BK: Selbstverständlich nicht. Aber es liegt auch etwas in der jüdischen Religion, das mich sehr irritiert. Ich meine dieses Prinzip »Auge um Auge, Zahn um Zahn«. Dieses Prinzip war von vornherein unmoralisch. Abgesehen davon wird ja nicht einmal dieses Rechtsprinzip eingehalten. Den Palästinensern wird ja ein Vielfaches dessen, was sie getan haben, angetan. Jede Tat der Palästinenser wird zehnfach gerächt.

HK: Ist es nicht so, daß an die Juden höhere moralische Ansprüche als an andere Völker gestellt werden?

BK: Ich weiß es nicht. Wenn es so wäre, hielte ich es nicht für gerechtfertigt. Aber das eine hat mit dem anderen nichts zu tun.

HK: Hat das, was den Palästinensern angetan wird, auch Folgen für die Juden, die keine israelischen Staatsbürger sind?

BK: Das Schlimme ist, daß jetzt auch die Juden das Recht verloren haben zu sagen, sie seien etwas Besonderes.

HK: Rührt der schlechte Ruf, den Israel hat, aber nicht auch daher, daß die Medien besonders aufmerksam auf Israel blicken? Es wird doch sehr viel mehr über Israel geschrieben als zum Beispiel über die Unterdrückung in Südafrika.

BK: Es stimmt gar nicht, daß über Israel mehr geschrieben wird. Außerdem vergeht in Südafrika mancher Tag, an dem keine Neger umgebracht werden. In Israel vergeht kein Tag, an dem nicht mindestens zwei, drei oder vier Palästinenser umgebracht werden. Jeden Tag ... Das ist wie ein System. Es ist auffallend, wie statistisch präzise Rache geübt wird.

HK: Versuchen nicht manche, die Verbrechen des Nationalsozialismus dadurch zu relativieren, daß sie mit dem Finger auf Israel zeigen?

BK: Um so schlimmer, wenn Israel solchen Leuten Ausreden liefert. Aber es kommt ja noch schlimmer. In diesen Tagen hat die »Jerusalem Post« einen Bericht veröffentlicht, aus dem hervorgeht, daß Schamir mit Hitlerleuten zusammengearbeitet hat. Sie hören ganz recht. Das ist gar nichts Neues. Darüber hat auch schon Uri Avnery im »Spiegel« geschrieben. Ich weiß nicht, warum sich diese historische Tatsache immer noch nicht herumgesprochen hat. Die traurige Wahrheit ist, daß die faschistischen Juden wie Schamir den Sieg Hitlers herbeiwünschten. Sie wollten den Sieg Hitlers über England, um den Sieg Israels zu gewährleisten. Es war eine große Dummheit Hitlers, daß er auf die Offerten Schamirs nur halbwegs eingegangen ist.

HK: Wie reagieren die Juden in der Welt auf die Vorgänge in den von Israel besetzten Gebieten?

BK: Die Politik Israels provoziert einen tiefen Zwiespalt in der Judenschaft, die sich bisher für Israel eingesetzt hat. Ich habe unter anderem in England prominente Juden getroffen und im Gespräch den Eindruck gewonnen, daß sie empört sind, weil man ihnen etwas zugemutet hat, das sie nicht mehr rechtfertigen können. Das geht so weit, daß einer meiner besten Freunde vorgestern spontan fünfzigtausend Dollar für das arabische Spital in der Westbank gespendet hat. In diesem Spital werden die Opfer der Israelis behandelt. Eine tragische Entwicklung. Kein englischer Jude und kein frommer Quäker kann es hinnehmen, daß man Menschen gezielt die Beine bricht. Was für Neger gilt, gilt auch für Palästinenser. Die Israelis können nicht erwarten, daß die Welt ständig auf sie Rücksicht nimmt und Geld gibt, und gleichzeitig so tun, als sei es allein Sache der Israelis, was sie mit den Arabern machen.

HK: Israel ist aber Realität. Wie soll es weitergehen?

BK: Ich bin kein Anhänger des Staates Israel. Weil er nun einmal existiert, soll er auch weiter existieren. Ich glaube, wenn er Frieden hält, hat er eine Überlebenschance. Ich weiß genau, daß sich die Palästinenser danach sehnen, mit den Juden im guten Einvernehmen zusammenzuleben. Die Gescheiten unter den Palästinensern wissen, daß sie zusammen mit den Juden einen progressiven Teil der arabischen Welt darstellen würden. Erst kürzlich hat mir ein irakischer Jude erklärt: Wenn erst einmal der Staat Palästina besteht und mit den Juden zusammenarbeitet, werden Sie erleben, daß die Araber alles abnehmen, was die Israelis produzieren. Es wird eine Symbiose entstehen, von der sich heute noch kein Mensch eine Vorstellung machen kann.

HK: Ich glaube, das wäre ein Segen.

BK: Ja. Aber wir müssen zuschauen, wie diese Chance vertan wird. Dabei fühlen sich die intellektuellen Palästinenser den intellektuellen Juden durchaus ebenbürtig. Ich glaube sogar, daß viele Palästinenser von zum Islam übergetretenen Juden abstammen.

HK: Wie sehen Sie die Zukunft Israels, wenn es zu keiner Versöhnung kommt?

BK: Wenn Israel mit seiner arabischen Umwelt keinen Frieden schließt, wird es untergehen, wie im Mittelalter die Kreuzfahrerstaaten allmählich untergegangen sind. Aber wenn Israel seinen Frieden mit den Arabern macht, werden sich Israelis und Araber vermischen, und Israel wird ein sehr nützliches Glied der Völkergemeinschaft werden.

HK: Haben Sie Ihre Auffassung auch den Israelis selbst dargelegt?

BK: Ich habe in den Universitäten von Jerusalem und Tel Aviv gesprochen. Die meisten israelischen Professoren sind ja sehr fortschrittlich und mir sehr zugetan. Aber es gibt auch andere. Ich habe erklärt: Was ich hier sage, sage ich Ihren Kindern zuliebe. Wenn ich auch kein Zionist bin, will ich doch nicht, daß die Israelis sterben. Glauben Sie doch nicht, daß Sie mit diesem Kampf in der Geschichte bestehen. Weil Sie eine Atombombe haben, dürfen Sie nicht glauben, daß die anderen sie nicht auch haben. Außerdem kann man heute Atombomben kaufen. Die Araber bekommen sie von allen Seiten geliefert. Bei alledem verlieren Sie die Möglichkeit, an das Weltgewissen zu appellieren. Auf die Supermächte können Sie sich auch nicht verlassen. Die Supermächte sind geschwächt. Das hat unter anderem der iranisch-irakische Krieg gezeigt. Wenn Israel mit seiner Politik fortfährt, werden diese Gegenden mit Nuklearwaffen vernichtet werden und von der Landkarte verschwinden. Es handelt sich doch nur um kleine Landstriche. Und das Ganze wird innerhalb der nächsten fünf bis zehn Jahre geschehen.

HK: Aber auch wenn diese letzte, grauenvolle Konsequenz vermieden wird, sieht es nicht gut für Israel aus, fürchte ich.

BK: Ich sage Ihnen, wie es weitergehen wird. Wenn sich die Politik Israels nicht ändert, werden sich die Palästinenser dem islamischen Fundamentalismus ergeben. Dann stehen eines Tages vor der Akra-Moschee fünfzigtausend Araber, bewegungslos, wie wir es von den Fernsehbildern aus dem Iran kennen. Es gibt so viele Palästinenser, und sie haben nichts mehr zu verlieren. Mit dem Fundamentalismus kommt die Todessehnsucht. Und diese Todessehnsucht ist tödlich für die Israelis. Eine Armee kann auf andere Armeen schießen und sich beschießen lassen. Eine Armee kann Gefangene quälen und umbringen, was die Israelis ja getan haben. Alles, was von den Hitlergruppen erzählt wird, geschieht ja leider auch in den von Israel besetzten Gebieten. Aber alles ändert sich, wenn die Armee Waffenlosen und Wehrlosen gegenübersteht. Man kann nicht einfach in fünfzigtausend Menschen hineinschießen. Da helfen keine Rabbiner mehr, da hilft gar nichts mehr. Dann kommt die Niederlage, die Katastrophe.

HK: Und was erwarten Sie für die israelische Gesellschaft?

BK: Schon heute erlebt man in Israel einen Konflikt zwischen orientalischen Juden und europäischen, das heißt vor allem osteuropäischen Juden. Dieser Konflikt wird sich in den nächsten Jahren verschärfen, und er ist unlösbar. Israel ist zu schwach, um orientalische Juden, osteuropäische Juden und Negerjuden in einem großen jüdischen Staat zu integrieren. Es wird in verschiedene Kulturen aufsplittern. Und was wird dann aus Israel?

HK: Sehen Sie in der gegenwärtigen Realität Israels eine Perversion der Idee des Zionismus? Oder halten Sie den Zionismus für eine Ideologie, die von Anfang an fragwürdig war?

BK: Ich habe nie auch nur einen Moment lang an die Berechtigung des Zionismus geglaubt. Manche Juden haben sich mit dem Zionismus ihren eigenen Nationalismus geschaffen. Für diese Juden, die radikalen Rechtsjuden und Linksjuden, wäre es ein Unglück, wenn es keinen Antisemitismus in der Welt gäbe. Weil dann die Lebensberechtigung Israels in Frage gestellt wäre.

HK: Wohin hätten denn die Juden gehen sollen, wenn nicht nach Palästina?

BK: Ich bin der Meinung, daß die Juden dort hingehören, wo sie seit Jahrhunderten gelebt haben und wo sie zu Hause sind. Es ist interessant, daß die größte jüdische Arbeiterbewegung der Welt, der Polnische Bund, der übrigens auch in Rußland aktiv gewesen ist, gefordert hat, daß die Juden überall dort, wo sie leben, als Volk anerkannt werden. Der Polnische Bund hat den Zionismus als kleinbürgerlichen Nationalismus bezeichnet. Das habe ich selbst noch erlebt. So, damit ist alles erklärt. Ich bin kein Gegner der Juden. Wie sollte ich? Ich bin ein Gegner des nationalistischen Exzesses.

HK: Wenn man die Geschichte überblickt, erscheinen die Juden als das einzige Volk, das jahrhundertelang in der Diaspora gelebt hat. Auch Chinesen leben in der Diaspora, aber sie haben ihr eigenes Land nicht verloren. Nur die Juden hatten kein eigenes Land mehr.

BK: Sie hätten auch keines haben sollen. Das ist die Auffassung, die mich bei manchen Juden verhaßt macht. Ihrer Bestimmung nach hätten die Juden gar kein eigenes Land haben sollen. Sie sollten ihre Religion haben. Diese Religion hat ja auch in der ganzen Welt Verbreitung gefunden. So ist es in den Heiligen Schriften geweissagt worden. »Zahlreich wie der Sand am Meer.« Wenn es also eine Mission des Judentums gegeben hat oder gibt, dann sicher nicht die, sich in Israel einen Staat zu bauen.

HK: Es ist doch verständlich, daß sich die Juden in jenes Land zurückgesehnt haben, von dem aus sie einst in alle Winde zerstreut worden sind.

BK: Das ist gar nicht so sicher. Daß die vielen Juden, die es überall auf der Welt gibt, aus Palästina gekommen sind, können Sie doch niemandem erzählen. Wenn es Millionen Juden im Osten gegeben hat, dann waren sie rassisch gemischt. Ernsthafte Forscher haben das nachgewiesen. Unter den Vorfahren der Ostjuden befinden sich alle möglichen Völkerstämme, die im Kaukasus gelebt haben und von denen einige schon in vorgeschichtlicher Zeit zum Judentum übergetreten sind, außerdem Kasaren und versprengte Juden, die über Byzanz nach dem Norden gekommen sind. Im Kaukasus hat es ja schon vor zweitausend Jahren Juden gegeben, also schon vor dem Christentum. Irakische Juden hat es vor zweitausendfünfhundert Jahren gegeben. Das Judentum ist eine Religion, die für die Menschen dieser Zeit überwältigend und überzeugend war.

HK: Das heißt doch, daß der Antisemitismus als Rassismus völlig gegenstandslos ist.

BK: Es gibt keine jüdische Rasse. Das können Sie auch in Israel unschwer erkennen. Die rothaarigen Berberjuden haben mit den osteuropäischen Juden sicher überhaupt nichts zu tun. Jeder weiß, das sind Berberstämme, die zum Judentum übergetreten sind. Und die Kasaren? Wie lange hat denn das kasarische Königreich als jüdisches Königreich bestanden? Zweihundert Jahre. Es ist sehr die Frage, ob Israel so lange existieren wird. Auch Israel wird eines Tages wieder aufgeteilt. Orientalische Juden sind nach Abstammung und Kultur etwas ganz anderes als osteuropäische Juden. Wie können Menschen, die im Osten Europas gelebt haben, und Juden im Orient aus demselben geschichtlichen Stoff entstanden sein? Nicht zu vergessen die Negerjuden in Äthiopien. Daß die orthodoxen Rabbiner den Negerjuden das Judentum absprechen, weil diese Kain und Abel nicht kennen, ist ein fauler Trick. Diese Neger waren jahrhunderte- und jahrtausendelang Juden, und sie sind es. Es gibt auch Juden in Indien. Überall. Das heißt, die Juden sind keine Rasse.

HK: Was ist dann das Verbindende dieser Juden unterschiedlichster Herkunft?

BK: Die Juden sind eine Religionsgemeinschaft. Sie sind geprägt von ihrer Religion. Ich glaube, man sieht in Israel die Dinge falsch. Man predigt selber den Rassismus. Was habe ich mit einem tunesischen Juden gemeinsam, was mit einem Berberjuden? Nur die Religion. Die Juden sind eine Religionsgemeinschaft, die in Europa zur Schicksalsgemeinschaft geworden ist.

HK: Tucholsky hat gesagt: Ich bin aus dem Judentum ausgetreten, und ich weiß, daß man das gar nicht kann. Haben Sie eigentlich jemals daran gedacht, sich taufen zu lassen?

BK: Nein.

HK: Gab es unter Ihren Vorfahren Personen, die sich haben taufen lassen?

BK: Ein Bruder meiner Mutter hat sich taufen lassen, weil er Richter werden wollte. Da mußte man getauft sein. Man mußte schwören. In gewissen Berufen hat sich das für Juden ganz automatisch ergeben. Außerdem gab es Leute, die aus dem Judentum definitiv ausscheiden wollten. Beim sogenannten Geldadel war das gang und gäbe. Aber es gab auch solche, die sich nicht haben taufen lassen. Die Rothschilds zum Beispiel.

HK: Was sagen Sie aber zu Tucholskys Feststellung: Plötzlich erkennt man, daß man aus dem Judentum gar nicht austreten kann.

BK: Das mag schon richtig sein. Man kann aus der Religion ausscheiden und ist trotzdem durch seine Abstammung geprägt. Aber das hat für mich nie eine Rolle gespielt.

HK: Sie erwähnten, daß Sie sehr früh zur Intellektualität erzogen worden sind. Viele meiner Interviewpartner sagten, daß in ihrem Elternhaus auf das Lernen besonders viel Wert gelegt wurde.

BK: Spinoza ist ein Beispiel, Kopernikus ein anderes. Es gibt keine spezielle jüdische Intellektualität, sondern es gibt eben Juden, die am Geistesleben beteiligt waren und es mitgeschaffen haben. Aber das kann man nicht als spezifisch jüdisch bezeichnen. Der Respekt vor dem Intellekt ist nur für einen Teil der Juden kennzeichnend. Es gibt furchtbar dumme Juden.

HK: Ich insistiere ein wenig auf diesen Fragen, weil ich eine Generation jüdischer Persönlichkeiten kennengelernt habe, die bei allen Unterschieden viel Gemeinsames haben. Denken Sie nicht manchmal, daß Judesein etwas Besonderes ist?

BK: Nein.

HK: Auch dann nicht, wenn Sie dieses Besondere als Ergebnis einer bestimmten Tradition des Lernens, Fragens und Suchens verstehen?

BK: Es gibt bedeutende Juden, das will ich gar nicht leugnen. Aber nicht weil sie Juden sind, sondern weil sie bedeutende Menschen sind. Und sie sind bedeutende Menschen, weil sie nicht nur Zeitgenossen, sondern auch Raumgenossen sind. Sie haben im Raum, in bestimmten Ländern, viel erlebt, und das wurde vom Vater auf den Sohn übertragen. Aber ich weiß, was Sie meinen. Ich habe Menschen getroffen, die waren wirklich der Meinung, daß die Juden etwas Besonderes sind.

HK: Also ein positives Vorurteil?

BK: Ja. Aber das ist es, was mich so stört. Ich würde wirklich gern wissen, ob wohlwollende Nichtjuden einen deshalb für gescheiter halten, weil man Jude ist. Ob solche Leute glauben, weil er ein Jude ist, ist er geschickter und schlauer. Aber das ist eine Täuschung. Wir werden die Opfer einer Mystifikation, die sich um die Juden herum gebildet hat.

HK: Ich habe viel vom hohen ethischen oder moralischen Anspruch der jüdischen Religion gelesen. Gibt es eine jüdische Ethik, das heißt, bestimmte Maßstäbe, die auch für nichtgläubige Juden von Bedeutung sind?

BK: Es gibt keine jüdische Ethik. Das habe ich bestritten. Der israelische Ministerpräsident Begin hat einmal an mich appelliert, ich möge mich im Interesse der jüdischen Ethik der verschwundenen israelischen Kriegsgefangenen annehmen. Ich habe zurückgeschrieben: Ich handle nach einem allgemein gültigen ethischen Prinzip, aber eine besondere jüdische Ethik kann ich nicht anerkennen. Recht habe ich gehabt, wie sich in der Zwischenzeit gezeigt hat. Die ethischen Motive einiger Vorkämpfer des Zionismus werden von der jüdischen Soldateska in der entsetzlichsten Weise ignoriert. Nach einer jahrtausendealten Geschichte wird jetzt bewiesen, daß es diese vielberufene Ethik nicht gibt. Es gibt die Ethik schlechthin, aber keine spezielle jüdische Ethik. Die jüdischen Theologen vertreten eine solche Ethik, aber sie ist nicht relevant.

HK: Das heißt, sie fällt nicht ins Gewicht.

BK: Es gibt keine jüdische Ethik, weil sie den Israelis mit Gewalt ausgetrieben worden ist. Ich habe gehört, daß die Mütter jüdischer Soldaten bei einem guten Freund von mir geklagt haben: Was haben sie aus meinen Söhnen gemacht! Ich erkenne sie nicht wieder. Sie sind grausam und unmenschlich geworden. Wie könnt ihr das aus meinen Söhnen machen? Das ist die große Krise. Es gäbe eine jüdische Ethik, es könnte eine jüdische Ethik geben, geboren aus dem Leiden des jüdischen Volkes. Aber das hat sich als Illusion erwiesen.

HK: Verstehe ich Sie richtig? Sie sagen, es gab die Chance einer glaubwürdigen jüdischen Ethik, aber sie wurde von den Israelis Lügen gestraft, und daher können sich die Juden nicht mehr auf sie berufen.

BK: Ja. Wenn Sie Martin Buber lesen, werden Sie finden, daß es eine jüdische Ethik gibt. Ja, für den Martin Buber, aber nicht für den Soldaten, der da gerade einen kleinen Palästinenser mit dem Gewehrkolben schlägt. Zwar gibt es auch Soldaten, die erklären: Ich will nicht einberufen werden, weil das nicht mein Krieg ist. Manche Soldaten weigern sich sogar, Befehle auszuführen. Aber wenn eine Ethik nicht für alle gilt, hat sie keine Geltung.

HK: Dennoch hat die jüdische Ethik eine lange Tradition.

BK: Den Juden ist nichts anderes übriggeblieben, als die ethischen Werte hochzuhalten, weil sie zu einer anderen Gegenwehr nicht in der Lage waren. Dort, wo sie zu anderem in der Lage waren, ist es prompt danebengegangen. Das ist grausam, aber es ist so. Damit ist das Ganze widerlegt. Wer also gesagt hat, Judesein ist etwas ganz Besonderes, der muß sich gefallen lassen, daß man sagt: Ihr seid genauso brutal wie die Südafrikaner den Negern gegenüber. Ihr seid genauso brutal, wie die Nazis euch gegenüber gewesen sind. Erst müßt ihr den Beweis erbringen, daß ihr ohne äußeren Zwang zur Ethik veranlaßt werdet.

HK: Haben die Juden diesen Beweis in ihrer Geschichte nicht erbracht?

BK: Ich sagte, ohne äußeren Zwang. In der Geschichte gab es jene Tradition, aber die Geschichte war eine besondere Geschichte. Die Juden hatten keine andere Wahl, als sich auf die Humanität zu berufen. Übrigens haben die Juden auch in der Diaspora keine besondere Moral. Sie haben keine Moral im Handel. Der Handel bringt schlechte Gewohnheiten und Fähigkeiten hervor, nämlich die Kunst, den anderen zu übervorteilen.

HK: Bis zum Beginn der Naziherrschaft haben deutsche und österreichische Juden in vielen Bereichen Erstaunliches geleistet. Ich erwähne nur die Medizin, die Musik, das Pressewesen und die Naturwissenschaften. Fördert das Leben in der Diaspora, das Dasein in einer Minderheit, besondere Kräfte und Fähigkeiten?

BK: Davon bin ich überzeugt. Ich habe es insbesondere bei den Palästinensern bestätigt gefunden. Die Palästinenser nennen ihren eigenen Zustand die Diaspora. Sehr merkwürdig. Und abgesehen von den Palästinensern, die in den Lagern und Dörfern wohnen, sind sie heute fast in der ganzen arabischen Welt in den qualifiziertesten Berufen tätig. Sie sind Ärzte, Techniker, Erdölingenieure – wie Arafat – und Journalisten. Das Leben in der Diaspora fordert den Menschen in besonderem Maße. Die Juden, die in der Diaspora gelebt haben, wurden durch ihre Lage herausgefordert. Es wurde ihnen nichts geschenkt. Nach der Französischen Revolution hat dann der warme Wind der Toleranz zu wehen begonnen. Diese Entwicklung hat aber auch ihre Schattenseiten gehabt. Sie hat den Eindruck vermittelt, daß gewisse Berufe monopolisiert werden. Verständlich, denn der fortgesetzte Umgang mit der Schrift und dem Wort hat natürlich eine gewisse Prädisposition für intellektuelle und künstlerische Berufe geschaffen. Denken Sie an die große Zahl der Geiger, die aus den kleinen jüdischen Gemeinden gekommen sind. Die Diaspora ist ein sehr harter, sehr steiniger, aber auch sehr fruchtbarer Boden.

HK: Auch die strengen religiösen Lebensregeln – die Speisegesetze, Ehegesetze und so weiter – haben den Juden die Anpassung an die Gesellschaft erschwert. Sie haben sich abgesondert und waren jahrhundertelang Außenseiter. Und Außenseiter sind ja immer suspekt.

BK: Das ist dasselbe Problem wie mit der Aristokratie. Die Aristokratie hat auch ihre eigenen Gesetze und Regeln. Deshalb sind die Aristokraten nicht immer beliebt gewesen.

HK: Aus diesem Grund frage ich Sie nach der jüdischen Eigenart. Die jüdischen Gemeinden haben ja ihre eigene Kultur durch alle Verfolgungen und Vertreibungen hindurch bewahrt. Sie haben sich nie völlig assimiliert.

BK: Weil sie sich selbst erhalten mußten. Meist hat man sie in Ruhe gelassen wie zum Beispiel in Holland und anderswo. Dann waren sie eben als Juden Holländer, so wie andere als Protestanten Holländer waren. Oder nehmen Sie das Beispiel der spanischen Juden, die vor fünfhundert, sechshundert Jahren zum Christentum übergetreten sind und sich noch heute dem Judentum innerlich verpflichtet fühlen. Ich war vor einiger Zeit einmal mit Freunden in Spanien auf einer Jacht. Wir sind in eine schöne Steilbucht gekommen, die schwer zugänglich war, zu Fuß überhaupt nicht. Da sind fünf, sechs Boote vor Anker gegangen. Die haben sich untereinander alle gekannt. Die Mädchen lagen auf den Booten in der Sonne, und einige von ihnen haben ein schlichtes goldenes Kreuz um den Hals getragen. Und unter dem goldenen Kreuz hatten sie einen kleinen Zionstern. Ich habe gesagt: Kann das wirklich wahr sein? Ja, das sind Katholiken, aber sie wollen ihre besondere Herkunft unterstreichen.

HK: Warum wurden aber ausgerechnet die Juden so ausdauernd gehaßt und verfolgt? Woher kommt der Antisemitismus, und warum ist er so zählebig?

BK: Ich habe mir vorgenommen, Ihre Fragen so ehrlich wie möglich zu beantworten, ohne Rücksicht auf Opportunität. Es ist gar keine Frage, daß dieser Rassenmumpitz nicht die Ursache ist. Es gibt die Abneigung gegen Schwarze, es gibt komischerweise auch unter den Gelben eine Abneigung gegen Weiße, und es gibt diese Abneigung gegen die Juden. Sie ist in Jahrhunderten entstanden und immer wieder neu genährt worden. Vergessen Sie nicht, daß die christlichen Religionen den Judenhaß gepredigt haben. Man hat den Kindern schon im Religionsunterricht erklärt, daß Jesus Christus von den Juden ermordet wurde, und sich dabei nicht von der Tatsache irritieren lassen, daß Jesus Christus ja selber aus dem Judentum kam. Man hat das den Kindern so lange erklärt, daß in manchen Ländern eine Art Urhaß entstanden ist. Man hat in jedem Juden, der in die Schule ging, einen Vertreter jener gesehen, die den Herrn verraten und gekreuzigt haben. Aber dieselben Christen haben jüdischen Geigern in den Konzertsälen minutenlang zugejubelt. Juden mit jüdischen Namen. Der ganze Haß schmilzt durch die Kunst der Musik hinweg. Daher glaube ich, an diesem Haß ist nichts instinktiv.

HK: Wodurch unterscheidet sich der Antisemitismus etwa der Russen und Polen vom Antisemitismus der Deutschen und Österreicher?

BK: Die Pogrome, die gelegentlich in Rußland und Polen ausgebrochen sind, waren keine Dauererscheinungen. Sie waren grausam und wurden von sehr primitiven Menschen veranstaltet, aber sie hatten in keiner Weise die Systematik des Holocaust. Nur in Deutschland hat man ausnahmslos alle Juden in die Waggons gestoßen und zu Millionen ins Gas geschickt. Man kann sogar sagen, daß es Mussolini zuwider war, seine Juden ausliefern zu müssen. Das war eine besondere deutsche und österreichische Situation. In Schweden und Dänemark gab es nichts Vergleichbares.

HK: Ist der gewöhnliche Antisemitismus des kleinen Mannes in Deutschland und Österreich die Vorstufe der systematischen Ausrottung der Juden? Also nicht nur die Voraussetzung, sondern auch die Vorbereitung?

BK: Wir hatten in Österreich einen berühmten Antisemiten, einen sehr beliebten Politiker, den Dr. Karl Lueger. Der hat aus politischem Kalkül dem Antisemitismus gehuldigt. Er war ein Mann des Kleinbürgertums, der kleinen Handwerker, der kleinen Leute. Deren Welt wurde durch die aufkommende Industrie bedroht. Und in Österreich-Ungarn war die Industrie zum Teil in den Händen von Juden. Als der Lueger auf dem Gipfel seines Ruhms und Bürgermeister von Wien war, wurde er einmal von einem Herrn von Spitzmüller gefragt: Sagen Sie, Herr Bürgermeister, Sie sind als großer Antisemit bekannt und wollten die Juden entrechten. Dennoch haben Sie Juden unter Ihren engsten Beratern. Wie erklären Sie das? Da meinte Lueger mit der Bonhomie eines typischen Wieners: Der Antisemitismus ist ein Pöbelsport, den braucht man nicht mehr, wenn man oben angekommen ist. Gut gesagt. Aber zur gleichen Zeit lebte in Wien ein Mann, der mit Leidenschaft den Antisemitismus des Dr. Lueger verfolgt hat. Adolf Hitler. Zwischen dem gemütlichen Antisemitismus des Dr. Lueger und dem Holocaust liegt nur eine Generation. Was dem Lueger als Stoff für eine ironische, selbstpersiflierende Bemerkung gedient hat, entschied für den Hitler über das Schicksal von Millionen Menschen. Das ist der große Unterschied. In England ist es nicht passiert, und in Frankreich ist es nicht passiert. Also muß es einen besonderen Grund dafür gegeben haben, daß es in Deutschland und Österreich passiert ist.

HK: Welchen?

BK: Jetzt sage ich, das hat zum Teil seine Ursache in dem unerklärbaren Zorn der Geschichte. Der Zorn der Geschichte, der biblische Zorn, ist den Juden Deutschlands und den Juden Österreichs widerfahren. Und damit auch den anderen vier, fünf Millionen, die ermordet worden sind. Man kann zwar alles in Anekdoten auflösen, was sich in Österreich abgespielt hat, aber diese Anekdoten sind sehr grausam. Viele äußern sich abfällig über die Juden und sagen dann, das haben wir nur so dahingesagt und nicht so gemeint. Aber das ist nicht die Wahrheit. Denn der Antisemitismus war eine politische Doktrin des Katholizismus in Österreich und in Deutschland. Das ist das Entscheidende.

HK: Die Deutschen und Österreicher haben ihre jüdischen Mitbürger umgebracht und vertrieben, zumindest die Verfolgung der Juden hingenommen. Zeigt sich nicht im Rückblick, daß sie sich damit auch selbst aufgegeben haben?

BK: Der Antisemitismus ist letztlich für die Nichtjuden viel gefährlicher gewesen als für die Juden. Vergessen Sie das nicht. Für die Nichtjuden hat der Antisemitismus schließlich bedeutet, daß sie in einen Krieg gehen mußten, in dem viele Millionen der eigenen Volksgenossen untergegangen sind. Ich will nicht sagen, daß sich alle Deutschen und Österreicher darüber gefreut haben, daß die Juden deportiert worden sind. Aber begonnen hat alles mit den Juden. Die sechzigtausend österreichischen Juden, die deportiert und vernichtet wurden, waren die ersten. Dann kamen alle anderen dran. Am Ende sind die Österreicher selbst drangekommen. Sechzigtausend Juden auf der einen Seite, vierhunderttausend Österreicher auf der anderen Seite.

HK: Es ist doch eigentlich seltsam. Gerade die deutschen und österreichischen Juden haben sich immer danach gesehnt, als Deutsche zu gelten und ein deutsches Vaterland zu haben. In anderen Ländern, zum Beispiel zwischen Juden und Engländern, gab es nicht diese gegenseitige Affinität. Wie ist das zu erklären?

BK: Das kann ich nicht sagen. Das liegt vielleicht im Volkscharakter begründet. Das kann man nicht erklären. Das ist völlig irrational.

HK: Welche Zukunft wünschen Sie den Juden in Europa und Amerika?

BK: Der große tschechische Präsident Masarik hat gesagt: Ein Philosemit ist einer, der die Juden mehr liebt als nötig, und ein Antisemit ist einer, der sie mehr haßt als nötig. Er wollte damit sagen, versucht doch, zu den Juden dasselbe Verhältnis zu haben wie zu allen anderen Menschen. Den einen hat man gern, den anderen hat man weniger gern oder gar nicht gern. Liebt sie nicht, weil sie Juden sind, und haßt sie nicht, weil sie Juden sind.

HK: Aber wird es auch soweit kommen?

BK: Ich bin kein Prophet. Übrigens fällt mir auf, daß es überhaupt keine Propheten mehr gibt. Das ist ein wichtiger Gedanke. Gibt es denn eigentlich keine Propheten mehr? Die Propheten waren bekanntlich Juden. Warum gibt es denn keine mehr? Haben die Leute auf einmal so stupide Gehirne, daß die Eingebungen ausbleiben? Das muß andere Gründe haben. Wahrscheinlich gibt es nicht mehr diese durch Jahrhunderte wirkende Intellektualität.

HK: Welche Entwicklung ist in Europa und Amerika für die Juden absehbar?

BK: Ich glaube, daß es keinen Rassismus mehr geben wird. Weil wir jetzt einen Aufschwung des Kosmopolitismus erleben. Eine Zeit, in der viele Völker frei werden. Die meisten Juden werden in Amerika leben. Aber dort gibt es so viele andere Steine des Anstoßes. Die jüdische Frage wird in Zukunft enttraumatisiert sein. Die Juden sind ja eigentlich nicht mehr in der Diaspora. In Amerika haben sie die besten Berufe und einen gewissen Einfluß. Aber nicht, weil sie reich sind. Sie kosten die Demokratie einfach bis zur Neige aus. Bei Präsidentenwahlen gehen wahrscheinlich fünfundneunzig Prozent der Juden zur Wahl. Von den Negern vielleicht nur zwanzig Prozent. Natürlich, wenn alle zur Wahl gingen, würde der Einfluß der Juden nachlassen. Heute gibt es so viele Juden in den Vereinigten Staaten, daß man auf ihre Stimmen nicht verzichten kann.

HK: Eine letzte Frage: Glauben Sie, daß so etwas wie Auschwitz unter anderen Umständen wieder möglich ist – in Deutschland oder anderswo?

BK: Ja, zumindest theoretisch. In jüngster Zeit gibt es wieder Anlaß zu Befürchtungen. In Frankreich machen sich die Anhänger von Le Pen breit, und in Deutschland diese Republikaner, die doch in Wirklichkeit einen Tarnnamen tragen.

HK: Was kann man tun, um der Gefahr entgegenzuwirken?

BK: Eines sicher nicht. Man darf nicht glauben, daß es genügt, eine Art Zwangsunterricht in Entnazifizierung einzuführen. Die Menschen müssen aus innerer Überzeugung widerstehen. Da sind wir wieder bei dem Problem der Ethik. Die ethischen Maßstäbe müßten sich ändern. Aber davon will man ja heute weder im offiziellen Österreich noch im offiziellen Deutschland etwas wissen.

HK: Nichtsdestoweniger – was kann man tun?

BK: Wachsam sein und hoffen, daß man die Menschen klüger machen kann für den nächsten Ernstfall. Das muß die Arbeitshypothese sein. Die Masse ist die Unschuld. Die Masse ist immer unschuldig. Sie ist das Opfer derer, die sie führen. Schuldig sind nur die einzelnen, die bewußt die Massen verführen. Die Massen haben keine Phantasie. Sie können sich vieles nicht vorstellen, was uns allmählich vorstellbar geworden ist. Den Holocaust.

HK: Glauben Sie, daß die Veränderung nur von einzelnen ausgehen kann?

BK: Sie muß von den einzelnen ausgehen. Immer sind die einzelnen verantwortlich für das Schicksal der Massen. Entscheidend ist nicht, ob ein Land demokratisch ist. Entscheidend ist, wie sehr die Menschen mit Herz und Verstand der Demokratie verbunden sind. Das lehrt die Erfahrung. Und ich muß sagen, der Anteil derer in Österreich, die der Demokratie verbunden sind, ist sicherlich größer als fünfzig Prozent. Wie groß er wirklich ist, getraue ich mich heute nicht zu sagen.

HK: Die Politiker werden ja vom Volk gewählt. Auch die Führer und Verführer müssen erst einmal die Zustimmung der Massen haben.

BK: Entweder sind die Massen soweit aufgeklärt, daß sie in der Lage sind, ihr Schicksal zu meistern, oder sie sind es nicht. Verantwortlich dafür sind die einzelnen Politiker. In Österreich haben wir gerade jetzt wieder eine Situation, in der Aufklärung nottut. Die Demokratie muß sich als aufgeklärte Demokratie bewähren.

ERIKA LANDAU

Psychotherapeutin, Tel Aviv. Geb. 1931 in Czernowitz (Černovcy)

HK: Frau Landau, wie kam es, daß Sie in Czernowitz geboren wurden?

EL: Wir hatten Familie in Czernowitz – mein Onkel war dort Oberlandesgerichtsrat. Mit der Zeit ist die ganze Familie aus Wien dorthin übergesiedelt.

HK: Gehörte Czernowitz damals noch zu Österreich?

EL: So alt bin ich nun auch wieder nicht. Nein, Czernowitz war schon seit dem Ende des Ersten Weltkrieges rumänisch, gehörte aber zu einem deutschsprachigen Teil Rumäniens, der Bukowina.

HK: Und wann mußten Sie von dort fort?

EL: Als ich zehn Jahre alt war, kamen die Russen nach Czernowitz, und als ich elf wurde, kamen die Deutschen. Im November 1941 wurden wir ins KZ gebracht. Das war zwar kein Vernichtungslager, aber ein Lager, in das man uns eingesperrt hat, ohne uns etwas zu essen zu geben. Wir mußten uns selbst versorgen, und im ersten Winter starben die meisten. Dann wurden wir in ein anderes Lager gebracht, immer wieder in andere Lager, fünf- oder sechsmal. Es waren Lager, wo man jeden Freitag tausend Leute abkommandiert hat, um sie zu erschießen. Jeden Donnerstagabend hing unser Leben an einem Haar. Und das ging so ein Jahr. Mein Vater sagte immer wieder, wenn wir die ersten sind, müssen wir nicht den ganzen Tag da herumstehen, wenn wir die letzten sind, sind wir wieder für eine Woche gerettet. In ihrer Pünktlichkeit haben die Deutschen immer nur bis zwei Uhr geschossen. So wurden wir zweimal wieder ins Lager zurückgebracht.

HK: Haben Ihre Eltern das Lager auch überlebt?

EL: Viele Verwandte, viele Bekannte und viele Freunde sind umgekommen. Aber meine Eltern haben überlebt. Mein Vater wurde dann aber sechs Monate nach der Befreiung in Bukarest bei einem Straßenbahnunfall schwer verletzt und starb sechs Monate später. Da habe ich aufgehört, an einen guten lieben Herrgott zu glauben. Mein Vater hing so sehr am Leben, und er war eigentlich der einzige, der immer von Palästina gesprochen hatte. Die Familie war sonst sehr assimiliert und wollte davon gar nichts wissen. Und gerade er konnte nun nicht herkommen.

HK: Wann kamen Sie nach Israel?

EL: 1947. Auf dem Weg nach Israel erwischten uns noch die Engländer, und sie brachten uns für sechs Monate in ein Lager auf Zypern. Im Juli 1948 kam ich dann nach Tel Aviv.

HK: Und heute sind Sie als Psychotherapeutin tätig?

EL: Ich bin Leiterin eines Instituts zur Förderung begabter Kinder. Nachmittags arbeite ich als Psychotherapeutin mit Erwachsenen, und ich unterrichte Psychotherapie an der Universität.

HK: Ist Ihnen Israel zur Heimat geworden?

EL: Ja, Heimat ist für mich Israel. Für mich ist

Israel ja nicht das Land, in dem ich geboren bin. Aber Israel ist für mich das Land, das mir meine Menschenwürde zurückgegeben hat. Es ist das Land, in dem ich was zu sagen habe und für dessen Belange ich mich engagieren kann. Ich bin eine sehr aktive Bürgerin. Und wenn mir auch viele Dinge heute nicht zusagen, so gibt es in mir doch überhaupt keinen Zweifel, daß ich für Israel wohl kämpfen muß. Ich will unter Israelis leben, ich will nicht mehr eine zweitgradige Bürgerin sein. Ich will Bürgerin eines Landes sein. Ich will eine Zugehörigkeit. Das Fehlen einer solchen Zugehörigkeit hat meine ganze Jugend beherrscht. Ich bin in meinem Beruf bekannt genug, ich könnte überall leben. Aber ich würde nie woanders leben wollen als in Israel.

HK: Fühlen Sie sich schon seit Ihrer Kindheit mit dem Judentum verbunden? Wo liegen Ihre jüdischen Wurzeln?

EL: Jüdische Wurzeln habe ich keine. Ich bin zum Judentum eigentlich durch das Lager gekommen. Dort habe ich das erste Mal verschiedene Arten von Juden kennengelernt. Im Zug, der uns ins Lager brachte, waren einige Chassidim, Anhänger eines bestimmten Rabbis. Sie sangen die Lieder, die sie bei seinem Begräbnis gesungen hatten. Diese Musik war für mich etwas ganz Neues, und ich kann wohl sagen: Sie war mein erster Schritt zum Judentum. In mir war fortan immer diese Melodie. Selbst als ich das Grab schaufeln mußte, mein eigenes Grab schaufeln mußte, hatte ich in mir diese Melodie.

HK: Warum haben sich die religiösen Juden in der Verfolgung so nachdrücklich zu ihrem Judentum bekannt?

EL: Der gläubige Jude dankt Gott im Gebet, jeden Tag von neuem, daß er ihn zum Juden gemacht hat. Jeden Tag entscheidet er sich von neuem, Jude zu sein, und das Bewußtsein dieser freien Wahl ist ihm Pflicht und Ansporn, das Beste aus sich herauszuholen. Ich hoffe nur, daß uns das in Israel nicht verlorengeht, so wie der Humor uns langsam verlorengeht. Wir nehmen uns hier in Israel so schrecklich ernst. Der jüdische Humor hat uns in der Diaspora geholfen zu überleben. Aber in Israel ist davon immer weniger zu spüren.

HK: Der jüdische Humor ist oft selbstironisch, um es gelinde auszudrücken. Es gibt Witze, die einem fast das Blut gefrieren lassen. Hilft er gerade deshalb zu überleben?

EL: Genau. Im Lager, Gott weiß, gab es nicht viel, worüber man lachen konnte. Wir haben trotz allem gelacht. Humor ist etwas, das man sich erarbeiten muß. Es ist die Beweglichkeit, die Situation aus einem anderen Blickwinkel zu sehen. Als Kissinger nach dem Sechstagekrieg von einer Stadt zur anderen gependelt ist, von Jerusalem nach Amman, von Jerusalem nach Damaskus, rief mein Mann mich eines Morgens an – ich hatte gerade die Zeitung gelesen – und fragte mich: »Warum bist du so traurig?« Ich sagte ihm: »Ja, weißt du, ich habe so das Gefühl, daß Henry uns verkaufen will, wie Chamberlain 1938 Hitler die Tschechoslowakei verkauft hat.« Woraufhin er einen Moment schwieg und mir dann sagte: »Es ist ein gutes Zeichen, wenn es noch jemanden gibt, der uns kaufen will.« Da habe ich gelacht, und es war nicht mehr so ernst, und mir war leichter ums Herz. Das ist kreativer Humor.

HK: Glauben Sie, daß das Leben in der Diaspora besondere Energien und Fähigkeiten mobilisiert?

EL: Sicher. Aber ich glaube nicht an den jüdischen Genius. Wir mußten jahrtausendelang immer sehr aufmerksam sein, unsere Umgebung beobachten, denn jede Unaufmerksamkeit konnte uns das Leben kosten. Und weil wir aufmerksamer sein müssen, erfassen wir die Dinge rascher, und dadurch scheint es so, als wären wir gescheiter. Es ist nicht der Genius, es ist der Überlebenstrieb, der uns vielleicht anders macht, aufnahmefähiger, sagen wir, mit einer Schicht weniger Haut. Das ist das, was das Judentum erhalten hat. Heute sehe ich das bei den Arabern in Israel. Die haben hier, als Minorität, viel mehr »drive« als in arabischen Staaten. Ich glaube, eine Minorität muß sich immer beweisen. Das wird zur Motivation, um sehr gut zu sein. Viele Israelis nehmen dagegen ihren Staat als selbstverständlich hin. Die frühere Motivation fehlt. Herausgefordert fühlen sie sich leider nur noch auf militärischem Gebiet.

HK: Warum glauben Sie, haben die Juden im Laufe ihrer Geschichte so viel Haß auf sich gezogen?

EL: Andersartigkeit wird gefürchtet, weil sie nicht verstanden wird. Vielleicht ist das der Grund, weshalb ich mit begabten Kindern arbeite. Wir fürchten, was wir nicht kennen, und können es nicht annehmen. Die Juden waren immer anders als die jeweilige Gesellschaft um sie herum. Deshalb waren sie ihr unheimlich. Als Minorität mußten die Juden besser sein, besser lernen, bessere Noten haben, mehr Geld verdienen. Das hat kolossal viel Neid hervorgerufen. Das Unbehagen und der Neid haben zum Haß gegen die Juden geführt.

HK: Aber das erklärt noch nicht, wie es zu Auschwitz kommen konnte?

EL: Zu Auschwitz kam es, weil so viele Menschen nicht selbständig denken können und weil der Mensch nicht dazu erzogen wird, seine Aggressionen anzunehmen, sie zur treibenden Kraft werden zu lassen. Man kann Aggressionen destruktiv, aber auch konstruktiv gebrauchen. Wie ein Zündholz: Wir können festliche Kerzen damit anzünden oder eine Explosion auslösen.

Leider wissen zu viele Leute nicht, daß sie bestimmen können, was sie mit diesem Zündholz machen, daß sie Partner ihres Schicksals sind. Ich glaube, der Mensch ist noch sehr, sehr unaufgeklärt. Er muß lernen, seine Grenzen selber jeden Tag neu zu ertasten. Wir müssen den Menschen nicht einfach nur führen wollen. Diese Aufklärung steht uns noch bevor. Sie ist die Herausforderung des nächsten Jahrtausends.

HK: Wie sehen Sie die Zukunft des jüdischen Volkes in der Diaspora und in Israel?

EL: Israel wird nur überleben können, wenn es ein levantinisches Volk wird wie alle Völker um uns herum. Aber wir werden uns immer durch Wissenschaft und geistige Leistungen behaupten müssen gegenüber dem, was andere aufbieten können. Ich glaube an die Erziehung und hoffe darauf, daß eine Erziehung zu mehr Gemeinsamkeit die Völker einander näherbringen wird. Daß die, die im Krieg eine Lösung sehen, immer weniger Anhänger haben werden. Aber das braucht seine Zeit. Wir müssen Scharon noch einige Dummheiten machen lassen, ausgenommen den Krieg, damit mehr Leute einsehen, wer er eigentlich ist, nämlich ein Bulldozer, der nicht weiterdenkt als bis zu seiner eigenen Nase.

Was die Juden in der Diaspora anbetrifft: Ich glaube, es kommt jetzt wieder eine starke Welle von Antisemitismus. Denn je mehr wir auf Antisemitismus hinweisen, desto mehr Antisemiten schaffen wir. Die Juden werden sich im Ausland wieder stärker behaupten müssen. Nach einer Zeit der Erfolge wird eine Zeit der Kämpfe kommen und so weiter.

HK: Schließt jüdisch zu sein für Sie auch eine besondere Pflicht ein?

EL: Ich bin Israelin. Ich weiß nicht, ob ich so sehr Jüdin bin. Für mich gibt es die Pflicht, Bürgerin zu sein, Teil einer Gesellschaft, und alles dafür zu tun, daß die Gesellschaft gut ist und immer besser wird. Ich kehre vor meiner eigenen Tür und gebe vielleicht anderen ein Beispiel. Ich beanspruche nicht, Welterschütterndes zu tun. Ich versuche, auf dem Gebiet der Erziehung und der Psychotherapie mein Bestes zu tun. Ich bin in der Zukunftsforschung engagiert und versuche den Leuten klarzumachen, daß sie nicht nur im Moment leben, sondern auch den nächsten Schritt vorausdenken müssen. Und das heißt für mich, Israelin zu sein. Ich weiß nicht, ob das mit Judentum gleichzusetzen ist. Für mich ist das Judentum per se kein Ziel. Für mich ist das Land der Juden das Ziel, ein Land, in dem ich Bürgerin bin, wo ich wählen und mitbestimmen kann.

HK: Sind Sie politisch aktiv?

EL: Ich bin sozialistisch eingestellt. Das steht fest. Aber ich möchte nicht meine Energien verausgaben, um die politische Leiter zu erklimmen. Ich versuche, den begabten Kindern oder meinen Patienten beizubringen, politisch, das heißt selbständig zu denken, sich nichts einreden zu lassen, nicht gleichgültig zu sein, jedem Problem gegenüber Stellung zu beziehen.

HK: Glauben Sie an Gott?

EL: Ich glaube an eine höhere Macht. Es ist nicht mehr der Gott meiner Kindheit, der sich um jeden von uns kümmert, speziell um die Juden – der Begriff vom »auserwählten Volk« ist für mich identisch mit auserwählten Leiden geworden. Jeder Tag bringt ohnehin schon Leid genug. Ich glaube einfach nicht an die Existenz göttlicher Gesetze und eines Gottes, mit dem ich handeln und hadern kann. Das ist für Kinder und für Leute, die nicht ihre eigenen Regeln aufstellen können. Andererseits glaube ich nicht, daß der Mensch in seiner Beschränktheit und mit all seinen Fehlern das vollkommenste Wesen in diesem Weltall ist. Wer immer die Welt erschaffen hat, er hat uns sehr viel gegeben, was wir noch gar nicht angerührt haben. Die meisten Menschen haben sich ihre inneren Grenzen viel zu eng gesteckt. Sie haben keine Ahnung davon, was sie alles können. Ein kreativer Mensch ist offen und stößt die Dinge nicht von sich. Er weitet seine Grenzen immer wieder aus. Kreativität und Offenheit sind eine Kraft, die uns allen gegeben wurde. Viele Leute unterschätzen ihre Kraft.

HK: In der jüdischen Religion wird das Kommen des Messias angekündigt. Was denken Sie darüber?

EL: Der Messias ist in uns. In jedem einzelnen von uns. Wir müssen nicht an einen Massenmessias denken. Wir müssen den Messias in uns verwirklichen, das heißt, uns selber und unsere Fähigkeiten erkennen. Einfach dazusitzen und zu warten, das nenne ich den Beckettschen Zirkel: Wir warten auf Godot, um etwas zu tun. Aber Godot kommt nicht, weil wir es nicht tun. Und wir tun nichts, bis Godot kommt. So drehen wir uns im Kreis und kommen nicht weiter. In diesem existentiellen Sinne glaube ich an den Messias. Jeder einzelne hat seinen

Messias, jeder einzelne hat seinen »Gott« in sich. Zuerst müssen wir ihn in uns finden. Vielleicht wird er dann irgendwann kommen. Jedenfalls will ich nicht auf ihn warten. Ich will das Meine tun.

HK: Sie sind beruflich relativ oft in Deutschland. Bringt das gewisse Schwierigkeiten mit sich?

EL: Nun ja. Deutsch war die Sprache, die ich als Kind mit meiner Mutter und die ich später auch mit meinem Mann gesprochen habe. Meine Wiegenlieder waren in deutscher Sprache. Beethoven, Bach und Brahms waren meine musikalischen Ziehväter. Schon recht früh stellte sich heraus, daß ich sehr begabt war für das Klavierspielen. Musik war ein wichtiger Teil meines Lebens. Aber nach dem Krieg, als ich nach Israel kam, habe ich versucht, hier mein Leben aufzubauen. Ich habe mich von Deutschland distanziert, habe versucht zu vergessen. Als ich dann 1956 zum ersten Mal wieder nach Deutschland kam, nach München, und gleich diese Uniformen sah, mußte ich auf der Stelle wieder abreisen.

Ein anderes Mal mußte ich nach Wien. Das war noch viel ärger. Ich bin doch mit dem wienerischen Dialekt aufgewachsen. Und da gab es wieder Paradeisersuppe und Julius-Meinl-Geschäfte, all diese Dinge, die meine Kindheit waren. Aber ich konnte die Menschen nicht ertragen. So ging das viermal. Immer wieder habe ich versucht, ein Verhältnis zu Deutschland zu finden, aber es ging nicht. Dann war ich 1963 zum ersten Mal bei Martin Buber und erzählte ihm all das. Er sagte zu mir: »Aber liebes Kind, Sie müssen nach Deutschland. Sie hassen eine gesichtslose Masse. Sie müssen aber lernen, Gesichter in der Masse zu hassen. Sie können Ihre Kindheit nicht negieren. Sie müssen hinsehen und unterscheiden lernen. Dann können Sie mit der Vergangenheit leben.« Und ich habe diesen Rat befolgt. Ich habe viele Gesichter hassen gelernt in Deutschland. Aber ich habe auch Gesichter lieben gelernt.

Das erste Jahr war für mich eine sehr, sehr schwierige Zeit. Aber ich möchte sie heute nicht missen. Denn dadurch habe ich gelernt, meine Vergangenheit nicht zu bekämpfen und zu verdrängen, sondern sie anzunehmen und damit zu leben.

HK: Nach all diesen Erfahrungen – wie sehen Sie heute Ihr Leben?

EL: Als Geschenk. Jeder Tag ist mir geschenkt. Aber gerade das verpflichtet mich. Das Leben, das mir geschenkt wurde, darf ich nicht ungenutzt lassen. Ich glaube, daß ich heute eine bessere Therapeutin bin, weil ich verstehe, weil ich selber gelitten habe. Leiden per se ist sehr traurig. Aber wenn man dem Leiden eine Bedeutung gibt, wenn man vom Leiden lernt, dann gibt es den sekundären Gewinn, wie Freud das nennt. Oder wie Buber es sagt: »The redemption of the evil, das Wiedergutmachen des Bösen.« Das hat mich zu einem reiferen und reicheren Menschen gemacht.

Einmal kam ich an das Bett eines jungen Soldaten, der als einziger in seinem Panzer überlebt hatte. Er lag nur mit starren Augen da, keine Medizin und nichts half ihm. Ich ging zu ihm und sagte: »Du schämst dich, weil du am Leben geblieben bist.« Er sah mich an und sagte: »Woher weißt du das?« Das waren die ersten Worte, die er sprach. Ich wußte, wie er fühlte, weil ich diese Scham vom Lager her kannte. Das Gefühl, zurück auf meine Pritsche im Lager zu gehen, nachdem ich den ganzen Tag zugesehen hatte, wie man Leute ins selbstgeschaufelte Grab hineinschoß. Das war kein Gefühl der Freude, überlebt zu haben. Das war ein Gefühl der Trauer und der Scham und der Schuld, daß ich zurück ins Lager gehen konnte und die anderen nicht.

Aber wie auch immer, ich habe das überlebt und konnte noch etwas aus meinem Leben machen. Daß ich heute anderen Menschen helfen kann, ist ein Geschenk, und ich bin dankbar dafür, daß ich noch arbeiten und auch genießen darf. Nicht, daß ich das Leben so herrlich fände. Aber im Vergleich zum Nichtleben ist es doch sehr viel.

WALTER LAQUEUR

Historiker und Schriftsteller, London. Geb. 1921 in Breslau (Wroclaw)

HK: Herr Professor Laqueur, Sie sind weit in der Welt herumgekommen. Sie haben in Deutschland, Israel, England und den USA gelebt. Was bedeutet da der Begriff Heimat für Sie?

WL: Heimat ist eine emotionelle Bindung, die man dort verspürt, wo man zu Hause ist, wobei zu sagen ist, daß sich der Heimatbegriff seit der Erfindung des Flugzeuges geändert hat. Im neunzehnten Jahrhundert blieben die Leute, wo sie geboren wurden, lebten und starben dort auch. Das war ihre Heimat. In unserer Zeit sind viele Leute entwurzelt worden.

HK: Fühlen Sie sich manchmal auch entwurzelt?

WL: Ja schon. Aber das verursacht mir keine schlaflosen Nächte. Ich gehe so sehr in meiner Arbeit auf. Ich würde sogar sagen, zu einem gewissen Prozentsatz sind Freunde, Familie, Arbeit eine zweite Heimat. Ich kenne Leute, die vielleicht sensitiver und sensibler sind, für die das ein großes Problem ist. Für mich ist es keines.

HK: Sie sagen, Arbeit stelle für Sie eine Art zweite Heimat dar. Was ist das Hauptanliegen in Ihrer Arbeit?

WL: Ich bin ein unruhiger Geist. Bei mir hat sich das alle fünf, sieben oder zehn Jahre geändert. Ich bin ein Grenzgänger zwischen Journalismus, Geschichte und Politikwissenschaft. Ich interessiere mich leidenschaftlich für Geschichte, aber auch für Literatur. Ich bin ein Generalist. Es gibt sehr verdienstvolle Leute, die sich ein verhältnismäßig schmales Gebiet vornehmen und dann große Dinge darüber schreiben. Bei mir gibt es vier oder fünf Themenkreise wie Gewalt in der Politik, Faschismus, Kommunismus, die mich von Anfang bis Ende interessieren. Ich arbeite über Bewegungen, die diese Welt verändern wollen, untersuche, wie sie scheitern und warum sie scheitern und ob es doch noch eine Hoffnung gibt. Radikale Bewegungen wie Kommunismus und Faschismus, die Frage, wie die Revolte der Jugend sich durch die ganze Geschichte hindurchzieht, das sind Themenkreise, die mich interessieren.

Ich kann nicht sagen, daß ich von Anfang an wußte, was ich tun würde. Ich habe nicht studiert. Ich bin wahrscheinlich der einzige, der letzte akademische Selfmademan. Heute ist das praktisch nicht mehr möglich. Ich habe keinen Doktor. Ich bin noch nicht einmal Magister. Ich habe zwar die Ehrendoktorwürde, aber die erhält man erst im Alter. Ich bin Mitte der fünfziger Jahre durch die Hintertür ins akademische Leben gekommen, aber auch nicht ganz. Das akademische Leben hat mir nicht behagt. Ich bin kein sehr guter Lehrer. Die dauernden Ausschußsitzungen haben mich gelangweilt. Ich habe, nachdem ich zum ersten Mal nach dem Journalismus in die akademische Welt kam, versucht, mich immer nur mit einem Fuß in ihr zu bewegen, mit dem anderen im tätigen Leben zu bleiben.

HK: Es ist ungewöhnlich, daß jemand ohne akademischen Abschluß eine geisteswissenschaftliche Karriere macht.

WL: Wenn mich junge Menschen danach fragen, rate ich ihnen dringend davon ab, mir nachzueifern. Es ging bei mir gerade noch ohne Titel, aber heute braucht man schon einen.

HK: Herr Laqueur, Sie haben auch über die Geschichte des Judentums gearbeitet. Haben Ihre eigenen jüdischen Wurzeln sie dazu motiviert?

WL: Meine jüdischen Wurzeln waren relativ schwach. Ich komme aus einer Familie, die nicht nur assimiliert war, sondern die zur Hälfte sogar konvertiert hatte, das heißt im neunzehnten Jahrhundert zum Christentum übergetreten war und dann in den Staatsdienst ging. Ich wurde als Jude geboren, aber nicht jüdisch erzogen. Ich wußte also nicht viel, und ich muß gestehen, daß ich, obwohl ich doch über jüdische Geschichte geschrieben habe, über Religion auch heute noch nicht gut Bescheid weiß. Eine gewisse, sogar recht weitgehende Identifizierung begann während des Zweiten Weltkrieges, wie bei jedem Juden meiner Generation einfach deshalb, weil man zu einer verfolgten Minderheit gehörte. Das ist wie in einer belagerten Festung: Da gehört man dazu, nicht nur weil der Feind einen dazu zwingt, sondern auch weil es sich nicht gehört, daß man sich absetzt. Was diese Identifizierung nun heute im einzelnen heißt, weiß ich nicht. Das ist auf Anhieb schwer zu definieren, denn das ist für mich doch von einer gewissen Selbstverständlichkeit. Ich denke über die Tatsache, daß ich Jude bin, eigentlich nicht mehr nach. Ich glaube, nur die Deutschen zerbrechen sich dauernd den Kopf darüber, was es heißt, deutsch zu sein. Ich bin, was ich bin. Für meine Kinder und meine Enkel mag das ein Problem sein. Aber wenn mir jemand sagt, es gibt noch oder wieder Antisemiten, fühle ich mich geneigt zu sagen, das ist ihr Problem, aber nicht meines.

HK: Was, glauben Sie, war ausschlaggebend für die Entstehung des Antisemitismus? Er reicht ja weit zurück.

WL: Genau weiß man es nicht. Die Historiker haben sehr selten klare, eindeutige Antworten. Ich würde sagen, es hat wahrscheinlich mit der Tatsache der Versprengung zu tun. Denn man findet diese Ablehnung des Fremden gegenüber allen versprengten Völkern. Man findet sie auch gegenüber den Chinesen in Asien, den Indern in Afrika, gegenüber allen möglichen Völkern, die nicht zusammen in einem Land leben und dort hingehören. In dem Moment, wo es Versprengung gibt, gibt es Probleme. Da taucht die Frage auf: Gehört der Mann eigentlich dazu, und können wir ihm trauen, bloß weil er unsere Sprache spricht? Kein Volk ist bei allen beliebt. Selbst die Schweizer, die Dänen und die Schweden nicht. Aber in dieser akuten Form gibt es diesen Fremdenhaß wahrscheinlich nur gegenüber versprengten Völkern.

HK: Haben Sie manchmal das Gefühl, als Jude etwas anderes als andere Leute zu sein?

WL: Ja, aber es bedrückt mich nicht. Wenn ich es wahrnehme, amüsiert es mich eher. Ich treffe mich mit Menschen, ich habe Freunde, und es mag nicht zufällig sein, daß die Hälfte von ihnen in der Regel jüdisch ist. Aber das fällt mir oft erst hinterher auf. Mich interessiert mehr, ob es gute oder schlechte Menschen sind. Erst in zweiter Linie frage ich mich, ob das meine, ob das unsere Leute sind. Was heißt überhaupt »unsere Leute«? Unsere Leute sind verschwunden. Unsere Leute waren vielleicht eine Gruppe von deutschen Juden, die heute zum großen Teil gar nicht mehr leben. Deren Kinder sind schon wieder ganz anders. Infolgedessen mag es durchaus sein, daß mich mit gänzlich wildfremden Menschen, die über einen ganz anderen Background verfügen, die sich aber für dieselben Dinge interessieren wie ich, mehr verbindet und daß ich mit ihnen mehr Gemeinsamkeiten habe als mit »unseren Leuten«, das heißt mit einer Welt, die es nicht mehr gibt.

HK: Jetzt gibt es den Staat Israel, und Sie haben mitgeholfen, ihn aufzubauen.

WL: Stimmt. Ich war in den entscheidenden zehn Jahren vor und fünf Jahre nach der Gründung dabei. Ich habe während dieser Zeit als Landarbeiter, als politischer Journalist und als Kriegsberichterstatter gearbeitet. So habe ich die Sache ganz aus der Nähe gesehen. Es war wahrscheinlich unvermeidlich, daß es zu dieser Konfrontation kam. Es gab große Hoffnungen, die sich leider nur zu einem kleinen Teil erfüllten. Als ich ankam, bestand das jüdische Palästina aus einer kleinen elitären Gruppe von fünfhunderttausend Menschen. Heute sind es sieben- oder achtmal soviel. Und Dinge, die damals selbstverständlich waren – bestimmte Wertvorstellungen und das kulturelle Interesse –, die gibt es längst nicht mehr. Dafür hat dieses kleine Land Kriege führen müssen, und Kriege führen naturgemäß zur Verrohung. Infolgedessen existieren viele Dinge, die es zu meiner Zeit gab, heute nicht mehr. Es ist in mancher Beziehung traurig, in anderer leider selbstverständlich. Israel ist kein Beispiel für die Völker. Es ist ein normaler Staat, und es muß um das Überleben kämpfen.

HK: Israel gehört ja neben den USA zu jenen Landern, die uber die modernsten Waffen verfügen und in der Waffenentwicklung führend sind. Glauben Sie, daß sich die Kreativität, die sich früher auf kulturellem und naturwissenschaftlichem Gebiet zeigte, verlagert hat?

WL: Sicher haben die Juden früher – vor dem Zweiten Weltkrieg – erstaunlich hohe Leistungen auf dem wissenschaftlichen und geistigen Sektor erbracht. Heute sind die Israelis führend in der Landwirtschaft. Den militärisch-technologischen Fortschritt sollte man nicht überbewerten. Aber ich glaube, das Niveau ist zurückgegangen. Wenn man sich heute in Amerika umsieht, erkennt man, daß sich die Nachfolger dieser »tüchtigen« Juden auf andere Gebiete zurückziehen. Das ist das Buddenbrook-Syndrom: Die zweite oder dritte Generation ruht sich schon auf den Lorbeeren der ersten aus. Die braucht sich nicht mehr anzustrengen, die hat es schon geschafft.

HK: Wie sehen Sie die Zukunft des jüdischen Volkes und des Staates Israel?

WL: Es läßt sich nicht leugnen, daß der Charakter Israels von den Vorstellungen seiner Gründerväter abweicht. Es ist zu befürchten, und vieles deutet darauf hin, daß religiöse und nationalistische Strömungen in Israel stärker werden und daß das Land sich in eine Richtung bewegt, die niemand gewollt hat. Denn Theodor Herzl hat gesagt, man soll die Rabbiner in die Synagogen und die Generäle in die Kasernen schicken. Ich hoffe, daß Israel überleben wird. Ich bin davon überzeugt. Aber es gibt Grund zu ernsthaften Befürchtungen.

HK: Hat im Zusammenhang mit der Lage der Juden in der Welt für Sie die Prophezeiung eine Bedeutung, daß der Messias kommen wird?

WL: Diese Prophezeiung ist ein Grundelement des jüdischen Glaubens, und die messianischen Erwartungen sind psychologisch verständlich. Ich kann aber nicht sagen, daß ich sie teile. Hoffnungen zu hegen gehört vielleicht zur menschlichen Natur. Ich neige eher zu der Meinung, daß es eine allmähliche Verbesserung gibt, aber keine Erlösung. Ich habe eigentlich nicht viel übrig für diese Erwartungen.

HK: Sie haben immer noch eine starke Beziehung zu Deutschland. Welcher Art ist diese Beziehung?

WL: Ich würde sagen, es ist Interesse. Ob Gefühle im Spiel sind, weiß ich nicht. Es interessiert mich, was in Deutschland vorgeht, denn Deutsch ist schließlich meine Muttersprache. Ich kenne auch viele Deutsche. Deutschland ist freilich nicht mehr so interessant, wie es einmal war. Es ist kein politisches oder kulturelles Zentrum mehr. Es war einmal ein Zentrum der Welt, aber das ist lange her.

HK: Gottfried Reinhardt, den Sie möglicherweise kennen, sagt, Deutschland sei blaß geworden, eben dadurch, daß die Juden fort seien.

WL: Da ist wohl einiges daran. Es waren aber

nicht nur die Juden, die Deutschland Farbe gaben. Deutschland war auch politisch wichtig, und heute ist es nur noch eine mittlere Macht in Europa. Kulturell gibt es zwar wieder einen gewissen Ertrag, in der Presse, in der Wissenschaft und in der Musik. Aber es ist nicht mehr das Land, von dem die großen Impulse ausgehen. Das war einmal. Was mich betrifft, so sind in Japan genauso viele Bücher von mir erschienen wie in der Bundesrepublik Deutschland, und wahrscheinlich bin ich in Italien ein bekannterer Mann als in der Bundesrepublik. Ich kann also nicht gerade behaupten, daß mein Interesse an Deutschland daher stammt, daß ich in der Bundesrepublik besonders angesehen wäre.

HK: Vielleicht ist es nicht nur bedauerlich, daß Deutschland peripher geworden ist.

WL: Der Vorgang ist natürlich. Früher oder später passiert das allen Ländern. Holland war einmal eine Weltmacht, Schweden war einmal eine Weltmacht und auch Spanien, und heute sind sie es nicht mehr. Das ist gut für den Seelenfrieden. Montesquieu hat einmal gesagt: Glücklich sind die Länder, die keine Geschichte haben. Damit meinte er, daß es gut sei, wenn nicht so viel passiert. Wenn große Dinge geschehen, geht es immer schmerzhaft zu.

HK: Sind Ihre Gefühle gegenüber Deutschland neutral?

WL: Ja, neutral, wenn man das Jahr 1946 als Ausgangspunkt nimmt. Wissen Sie, ich habe großes Interesse an Deutschland, aber im Moment habe ich ein wesentlich größeres an Rußland. Dort geschehen Dinge, die tatsächlich von entscheidender Bedeutung für die Zukunft der Menschheit sind. Wenn in der Bundesrepublik die SPD mit der CDU streitet oder wenn die Grünen sich untereinander streiten und wenn es in den Schulen drunter und drüber geht, sind das Dinge, die wichtig sind, wenn man dort lebt. Doch davon geht die Welt nicht unter.

FRANCIS LEDERER

Schauspieler, Los Angeles. Geb. 1899 in Prag

HK: Herr Lederer, Sie sind schon 1932 nach Amerika gekommen, haben Europa also noch vor der Machtergreifung durch die Nationalsozialisten verlassen. Sie stammen aus Prag, spielten einige Jahre am deutschen Theater in der Tschechoslowakei und in Deutschland und leben seit 1922 überwiegend in Hollywood. Betrachten Sie Prag noch als Ihre Heimat?

FL: Meine Heimat ist die Welt. Ich habe keine besonderen Beziehungen zu Prag, abgesehen davon, daß die Tschechoslowakei mir einen ihrer höchsten Orden verliehen hat und ich einmal bei den Filmfestspielen in der Jury saß.

HK: Und was bedeutet Amerika für Sie?

FL: Ich bin sehr dankbar, daß ich hier bin. Aber ich bin kein amerikanischer Patriot und möchte auch keiner sein. Meine Heimat ist die Welt.

HK: Haben Sie jemals daran gedacht, nach Deutschland oder Österreich zurückzukehren?

FL: Mein Beruf ist international. Ich war ja nach dem Krieg einige Male in Deutschland und habe auf der Bühne und im Film gespielt. Aber ich habe kein Bedürfnis, dort zu leben. Interessante Menschen finde ich überall.

HK: Inwieweit hat Ihre jüdische Herkunft Ihr Leben beeinflußt?

FL: Ich bin nicht gläubig. Aber selbstverständlich hat meine jüdische Abstammung mein Leben geprägt. Ungefähr dreißig meiner Verwandten sind in den Konzentrationslagern umgekommen, die meisten in Theresienstadt. Außerdem existiert auch heute noch ein Antisemitismus, unter dem Juden zu leiden haben.

HK: Gilt das auch für die Vereinigten Staaten?

FL: Unbedingt. Hier in diesem Land gibt es antisemitische Bewegungen, die von bestimmten Persönlichkeiten repräsentiert werden, in derselben Art und Weise wie damals in Deutschland. Ich kann diese Leute aus politischen Gründen nicht nennen. Und es ist ja bekannt, daß die jüdischen Gemeinden in vielen Ländern gegen Anschläge geschützt werden müssen.

HK: Worin sehen Sie die Gründe für diesen verbreiteten Antisemitismus, der ja in der Geschichte weit zurückreicht?

FL: Da gibt es eine interessante Parallele. Meine Frau und ich haben zweimal eine Weltreise gemacht, und überall, wo es chinesische Kolonien gab, wurden die Chinesen angegriffen. Warum? Weil die Chinesen tüchtig sind und sich daher von ihrer Umwelt abheben. Der Neid ist nach meiner Ansicht eine der Grundlagen des Antisemitismus. Die Leute hassen es, wenn andere früher aufstehen, mehr arbeiten, gewissenhafter sind.

HK: Dieser Neid kommt also daher, daß die Juden tüchtiger sind als die anderen.

FL: Nicht tüchtiger. Der Drang, sich zu bilden und sich zu rühren, liegt den Juden im Blut. Das ist ihre Natur. Und deswegen werden sie von Völkern gehaßt, deren Lebensstil von Gemütlichkeit und Faulheit geprägt ist. Denken Sie zum Beispiel an den Orient.

HK: Glauben Sie, daß das Leben in der Diaspora besondere Energien, Fähigkeiten und Phantasien mobilisiert hat? Oder wie ist es sonst zu erklären, daß unter den bedeutendsten Literaten, Musikern, Ärzten und Naturwissenschaftlern seit Jahrhunderten so viele Juden vertreten sind?

FL: Nein, nicht die Diaspora. Es liegt in der Natur der Juden. Die Juden sind eine Rasse, kein Volk. Und es ist eine Rasseneigenschaft der Juden, sich schöpferisch zu betätigen.

HK: Wenn Gott die Welt und die Menschen geschaffen hat, wie konnte er es dann zulassen, daß mehr als sechs Millionen Juden ermordet wurden?

FL: Nicht nur die Juden, auch die Polen und viele andere. Hitler hat in voller Absicht ganze Städte zerstört. Ich habe mich auch gefragt: Wieso hat Gott das zugelassen? Es gibt so viele Ungerechtigkeiten. Die größte ist natürlich die Vernichtung der Juden, denn die Juden empfanden keinen Haß gegenüber anderen Rassen oder Nationen. Haß gehört nicht zur jüdischen Natur. Der Jude ist ein Mensch, der das Beste für alle Menschen im Sinn hat. So war es immer. Lesen Sie das Tagebuch der Anne Frank. Trotz aller Verfolgungen glaubte sie an die Güte der menschlichen Natur. Deshalb gibt es keine Rechtfertigung für die Angriffe gegen die Juden. Das gilt auch für Israel. Die Israelis empfinden keinen Haß gegen die Araber. Es sind die Araber, die zum Haß gegen die Juden erzogen werden.

HK: Es bleibt die Frage, warum Gott all dies zulassen konnte.

FL: Ich halte diese Frage für falsch. Kann eine Amphibie oder eine Ameise sich vorstellen, daß Menschen eine Maschine bauen und zum Mond fliegen? Wir Menschen sind doch ignorant. Goethe sagt: Du gleichst dem Geist, den du begreifst. Mit unserem Gehirn können wir Gott nicht verstehen. Zweifellos gibt es eine Macht, die wir Gott nennen. Aber wir haben uns noch nicht so weit entwickelt, daß wir diese Macht verstehen könnten.

HK: Das heißt, die Menschen sind selbst verantwortlich für alle Verbrechen, die sie begehen.

FL: Natürlich tragen die Menschen selbst die Verantwortung. Weil Gott – besser gesagt, die Natur – gerecht ist. Gegen diesen Gerechtigkeitssinn verstoßen wir sehr oft. Es ist schrecklich, daß ein Mensch für den Tod von Millionen Menschen verantwortlich sein kann. Damit sich so etwas nicht wiederholt, engagiere ich mich sehr in jüdischen Angelegenheiten.

HK: Auf welche Weise engagieren Sie sich?

FL: Ich halte Vorträge vor jüdischen Organisationen. Ich habe eine Bühnenfassung des Tagebuchs der Anne Frank in siebzig amerikanischen und kanadischen Städten gespielt. Ich habe diese und andere Schriften in jüdischen Gemeinden herausgegeben. Auf diese Weise bin ich schon seit fünfzig Jahren aktiv. Ich habe schon immer ein starkes Gerechtigkeitsgefühl gehabt. Weil der Antisemitismus völlig unberechtigt ist, müssen wir ihn bekämpfen. Ich möchte der jüdischen Jugend die Erkenntnis vermitteln, daß sie von ihren Vorfahren eine Erbschaft übernommen hat, die es zu bewahren gilt. Wir dürfen es nicht mehr erlauben, daß die Juden verfolgt werden.

HK: Hat die junge Generation noch dieselbe jüdische Identität wie Ihre eigene Generation?

FL: Ich möchte verhindern, daß die jungen Juden vergessen, daß sie ganz besonderen Gefahren ausgesetzt sind und daher auch ganz besondere Verpflichtungen haben. Auch die Neger und die Iren sahen sich Angriffen ausgesetzt, aber sie waren nie in ihrer Existenz bedroht. Niemand würde es wagen, die Iren als Iren zu verfolgen. Aber die Juden wurden seit Jahrhunderten verfolgt.

HK: Worin besteht nach Ihrer Auffassung die besondere Verantwortung und Verpflichtung eines Juden?

FL: Die Pflicht jedes Juden ist es, sich gegen antisemitische Angriffe zu verteidigen. Es ist die Aufgabe der jüdischen Gemeinden, sich auf solche Angriffe vorzubereiten und rechtzeitig zu bewaffnen. Jeder Jude sollte ein Soldat für die jüdische Sache sein, denn er muß sich und die Seinen vor Übergriffen schützen. Dazu gehört auch, daß ein Jude durch seinen Charakter und sein Verhalten für alle ein Vorbild ist.

HK: Im Nazideutschland gab es aber keine Möglichkeit, sich zu verteidigen.

FL: Gegen die Bedrohung, die von Hitler ausging, hätten die Juden von Anfang an die nötigen Schritte unternehmen müssen. Sie hätten Hitler ganz einfach unschädlich machen müssen. Vielleicht waren die Juden früher weitgehend unfähig, sich zu verteidigen, im Gegensatz zu den Schwarzen oder den Iren. Aber in Israel hat sich das Gott sei Dank geändert. Die kurze Geschichte Israels hat bewiesen, daß der Jude sich verteidigen kann.

HK: Mit Israel hat das jüdische Volk seit langer Zeit wieder ein eigenes Heimatland. Zugleich ist es aber auch wieder eine politische Nation. Wie schätzen Sie diese Entwicklung ein?

FL: Daß es ein Heimatland für die Juden gibt, ist sehr wichtig. Und dieses Land muß sich gegen die Angriffe anderer Nationen verteidigen. In Anbetracht der riesigen Landmasse der arabischen Nationen ist es nicht einzusehen, warum die in Palästina lebenden Araber die Juden nicht bei sich willkommen geheißen haben. Die Juden in Israel haben sich immer um Gerechtigkeit bemüht und sind den amerikanischen Prinzipien von Freiheit und Demokratie verpflichtet.

HK: Wie sehen Sie die Zukunft des jüdischen Volkes?

FL: Die Juden müssen sich so organisieren, daß es niemand wagt, sie anzugreifen. In den Vereinigten Staaten und anderswo müssen sie Einfluß auf die Regierung nehmen, damit die Zukunft Israels und der Juden insgesamt gesichert ist.

HK: Die jüdische Religion prophezeit die Ankunft des Messias und damit die Veränderung der Welt. Welche Bedeutung hat diese Verheißung für die Juden von heute?

FL: Ich selbst bin, wie Sie wissen, nicht religiös. Ich kann daher auch nicht viel zu Ihrer Frage sagen. Ich erwarte keinen Messias, wohl aber vermisse ich hervorragende jüdische Persönlichkeiten, die dem Charisma antisemitischer Führer etwas Entsprechendes entgegenhalten könnten. Seit vielen Jahren habe ich die jüdischen Organisationen auf dieses Defizit aufmerksam gemacht. Wir brauchen Führerpersönlichkeiten, die die Juden gegenüber den Vereinten Nationen und anderswo überzeugend vertreten.

HK: Ich glaube, man kann Ihre Haltung in einem Satz zusammenfassen: Nicht schicksalsergeben auf Erlösung warten, sondern selbst handeln.

FL: Die Zukunft liegt in den Händen der Juden. Die Zukunft liegt in den Händen von Israel. Die Juden sollten sich nicht auf den Messias verlassen, sondern ihr Schicksal selbst in die Hand nehmen.

YESHAYAHU LEIBOWITZ

Religionsphilosoph und Biochemiker. Geb. 1903 in Riga, gest. 1994 in Jerusalem

HK: Herr Professor Leibowitz, was sind Ihre jüdischen Wurzeln?

YL: Das Judentum, das Judentum. Das Judentum und das Judesein. Ich glaube sagen zu dürfen, ich habe nur jüdische Wurzeln. Alles andere ist fremdes Gut, das ich mir angeeignet habe.

HK: Wo überall? Sie haben in Berlin studiert und gearbeitet.

YL: Ja, in Berlin von 1920 bis 1928. Danach in Köln, Heidelberg und in Basel. Aufgewachsen bin ich in Rußland, in Riga.

HK: Wann haben Sie Deutschland verlassen?

YL: Schon 1928 sind wir nach Jerusalem gegangen. Endgültig dann 1934, nach dem Abschluß meines Studiums.

HK: Haben Sie in Jerusalem eine neue Heimat gefunden?

YL: Ich weiß nicht. Ich benutze diesen Begriff nicht. Ich bin in meinen vier Wänden zu Hause. Aber ich muß dazu sagen: Ich habe mich niemals als Russe gefühlt, niemals als Deutscher. Obgleich ich mich in der Weimarer Republik sehr wohl gefühlt habe. Nachdem ich eine akademische Stellung an der Berliner Universität erhalten hatte, bekam ich sogar die preußische Staatsbürgerschaft, obwohl ich ein fremder Flüchtling war. Sie wissen vielleicht, damals gab es keine deutsche Reichsbürgerschaft, sondern es gab eine preußische Staatsbürgerschaft. Bis zum Aufstieg Hitlers habe ich in der antisemitisch verseuchten Atmosphäre nicht die geringste Zurücksetzung erfahren. Nicht die geringste. Weder in meiner akademischen Laufbahn noch in den Beziehungen zu den anderen ... Obwohl die Atmosphäre antisemitisch verseucht war, man konnte es geradezu riechen. Aber praktisch bedeutete das nichts! Obwohl ich nicht einmal in Deutschland geboren, sondern ein jüdischer Flüchtling aus dem Osten war, konnte ich in der Weimarer Republik eine akademische Karriere machen wie der deutschblütigste Mensch. Und das gilt für alle Juden. Sogar im Wilhelminischen Deutschland. Natürlich durften im Wilhelminischen Deutschland die Juden nicht Offiziere werden. Das war so eine Art Privatgesetz des Kaisers. Der ernannte die Offiziere, und er hat einfach keinen Juden als Offizier angenommen. Aber wie gesagt. Nichts hinderte die Juden, Professor an der Universität, Rechtsanwalt oder Bankier zu werden, obwohl es antisemitische Presse gab und antisemitische Hetze. Doch die hatte praktisch keinerlei Bedeutung. Das wurde im Dritten

Reich erst anders. Adolf Hitler ist nicht etwa die Kulmination des deutschen Antisemitismus, sondern eine ganz andere Erscheinung, die historisch unverständlich ist.

HK: Fühlen Sie sich nach einer langen Odyssee nun angekommen?

YL: Angekommen in dem Sinne, daß ich hier bleibe für die kurze Zeit, die ich noch habe ... Hier in Jerusalem sind meine Kinder und meine Enkel, und alle werden auch hier bleiben. In diesem Sinne kann man sagen: Wir sind hier zu Hause.

HK: Sie haben für dieses Land ja auch gekämpft.

YL: Ja, beinah von dem Tag an, an dem wir hierher kamen, 1934, schon zehn oder zwölf Jahre vor der Errichtung des Staates. Wir waren alle in der illegalen Armee, der Hagana. Und dann war ich selbstverständlich 1948 in der Armee. Zwei meiner Söhne haben schon drei Kriege mitgemacht!

HK: Das jüdische Volk hat wieder eine geographisch auffindbare Heimat und ist nun wieder oder erstmals eine politische Nation.

YL: Sehen Sie, hier gibt es eine gewisse Analogie mit dem deutschen Volk. Es gibt zwei Staaten, die definitionsgemäß deutsche Staaten sind, aber das deutsche Volk schließt zweifellos auch die acht Millionen Österreicher und die vier Millionen Deutschschweizer ein. In diesem Sinne ist das deutsche Volk kein politischer Begriff. Ebenso ist das jüdische Volk auch kein politischer Begriff. Die BRD ist ja nicht mit dem deutschen Volk identisch. Und so sind auch die Zukunft des jüdischen Volkes und das Problem des Staates Israel zwei ganz verschiedene Themen.

HK: Wie sehen Sie die Zukunft des jüdischen Volkes?

YL: Sie ist mir sehr unklar. Dreitausend Jahre lang war das Volk der Juden, trotz Diaspora, klar und eindeutig definiert – ein sehr geschlossener Block. Der große Bruch erfolgte im neunzehnten Jahrhundert. Dreitausend Jahre, achtzig bis hundert Generationen ohne Staatlichkeit, ohne eigenes Territorium und dennoch ein sehr geschlossenes und klar definiertes Volkstum. Das ist das historisch Erstaunliche. Die Auflösungserscheinungen des jüdischen Volkes in den letzten zweihundert Jahren dagegen – die sind etwas ganz Natürliches. Denn es hat ungeheurer Willenskraft bedurft, das jüdische Volkstum in diesen hundert Generationen zu erhalten, und ungeheure Opfer gefordert. Heute besteht das jüdische Volkstum – ich spreche jetzt nicht vom Individuum, sondern vom jüdischen Volk als Kollektiv – einfach nur in dem Bewußtsein des Judeseins, aber nicht in der Realität des Judeseins. Diese Realität ist im neunzehnten Jahrhundert brüchig geworden. Der spezifische Inhalt des jüdischen Volkstums war eben das Judentum gewesen. Und das ist heute nicht mehr das gemeinsame Gut aller Menschen, die sich ganz aufrichtig als Juden ansehen. Auch wenn es wahrscheinlich mehrere Millionen Menschen gibt, für die das Judentum noch heute das reale Lebensprogramm ist. Das äußert sich in bestimmten Ordnungen der Küche, in einer bestimmten Ordnung des Sexuallebens und des Ehelebens. Das äußert sich in einer bestimmten Ordnung des Arbeitslebens, des Zusammenhaltens, des Sabbat und so weiter. Aber diese Lebensweise ist heute die Lebensweise einer Minorität der Juden. Die anderen unterscheiden sich in ihrem Alltag nicht von den Nichtjuden. Trotzdem haben sie eben – und das ist das Merkwürdige – dieses Bewußtsein, Juden zu sein. Das ist etwas, das auf die Dauer nicht bestehen kann – wenn dieses Bewußtsein nicht mehr bestimmte Realia widerspiegelt.

Wenn Sie mich nun fragen, wodurch ist denn heute das jüdische Volk definiert, so weiß ich darauf keine Antwort.

HK: Sie beschreiben ein Verschwinden kultureller Eigenart durch Assimilation. Bedeutet das auch, daß man heute von den anderen oft gar nicht mehr als Jude angesehen wird?

YL: Nein, ganz im Gegenteil! Es werden heute noch Millionen von Menschen, hier oder in Amerika oder in Westeuropa, als Juden angesehen, obwohl in ihrem realen Dasein gar keine jüdischen Elemente mehr vorhanden sind. Glauben Sie, Margaret Thatcher weiß nicht, daß drei ihrer Minister Juden sind? Nur ist es belanglos! Es ist heute irrelevant.

HK: Zu Rathenaus Zeiten war das noch etwas Besonderes.

YL: Ja, damals war das eine aufsehenerregende Tatsache. Ein Jude als Außenminister der Deutschen Republik. Er wurde ermordet. Obwohl in seinem Dasein nichts Jüdisches war.

HK: Wie beurteilen Sie das Problem des Antisemitismus heute?

YL: Entschuldigen Sie, ich sehe doch nicht das Problem des jüdischen Volkes vom Standpunkt der Gojim aus! Um es klar und deutlich zu sagen: Der Antisemitismus ist für mich überhaupt kein jüdisches Problem, sondern ein Problem der Gojim. Walther Rathenau wurde ermordet, weil er als Jude angesehen wurde, obwohl auch in seinem Dasein nichts Jüdisches mehr war. Dagegen ist ein jüdischer Minister in England heute nicht mehr in Gefahr, wegen seines Judeseins ermordet zu werden.

Da hat sich aber irgend etwas bei den anderen geändert! Nicht bei den Juden. Das Problem der Juden heute ist nicht der Antisemitismus, sondern das Problem der Juden ist heute der Inhalt ihres Judeseins.

HK: Ich möchte noch einmal auf die Auflösungserscheinungen des jüdischen Volkes zurückkommen, von denen Sie gesprochen haben.

YL: Es gibt sehr viele, die diese Auflösung begrüßen, sogar Juden. Und die meisten Nichtjuden – ich spreche nicht von Antisemiten, ich spreche von anständigen Menschen – würden es auch sehr begrüßen, wenn das jüdische Volk sich auflösen würde.

HK: Ich habe diesen Gedanken zum ersten Mal aus dem Munde eines New Yorker Juden gehört – mit Erschrecken.

YL: Da sehen Sie! Sie hören zum ersten Mal davon – für uns ist es das Kardinalproblem. Manche würden es für das Beste halten, wenn dieser Unruheherd verschwinden würde. Es ist doch einfach eine Tatsache, daß die westliche Welt die Juden zweitausend Jahre lang als eine Belästigung empfunden hat. Von der christlichen Kirche gar nicht erst zu reden, denn die Existenz des Judentums ist etwas vom christlichen Standpunkt aus Unerträgliches. Ich denke jetzt an Menschen, die wirklich einen christlichen Glauben haben. Der Sinn des Christentums ist doch, daß das Judentum nicht mehr existiert. Daß das Judentum zum Christentum geworden ist! Karl Barth, der größte christliche Theologe des zwanzigsten Jahrhunderts, hat es ausdrücklich gesagt: »Die Existenz der Synagoge neben der Kirche ist ... so etwas wie eine ontologische Unmöglichkeit, eine Wunde, ja eine Lücke im Leib Christi selber, die schlechterdings unerträglich ist.« Denn wenn das Judentum noch existiert, dann war Jesus eben nicht der Messias *unseres* Gottes.

HK: In der westlichen Welt denken heute viele Menschen nicht mehr so christlich.

YL: Sehen Sie, das ist interessant. Nehmen wir einmal Goethe, eine der größten Gestalten der westlichen Kultur. Goethe war kein Christ. Er war nicht nur kein Christ, er hat das Christentum geradezu verabscheut. Dennoch lehnte er die Emanzipation der Juden ab. Warum? Sie gehörten nicht zu der europäischen Kultur, denn diese war durch das Christentum geformt worden. Für Goethe war der »gebildete« Mensch – Sie wissen, daß dies Goethes eigener Ausdruck ist –, der, der durch das Christentum gegangen ist und es dann überwunden hat. Aber die Juden sind nie durch das Christentum gegangen! Daher gehören sie für ihn überhaupt nicht zur europäischen Geisteswelt. An dieser Stelle möchte ich ein Goethe-Zitat hinzufügen: »Das Christentum steht mit dem Judentum in einem viel stärkeren Gegensatz als mit dem Heidentum.« Das Judentum hat für das historische jüdische Volk etwas ganz anderes bedeutet als das Christentum für die christlichen Völker. Denn das Judentum war der Inhalt des jüdischen Volkstums. Das Christentum war niemals Inhalt des Deutschtums.

HK: Wodurch ist ein Volk definiert, so daß es sich von einem anderen unterscheiden kann?

YL: »Volk« ist so ein wechselhafter Begriff. Jeder Mensch ist von jedem anderen Menschen verschieden. Warum ist eine Gruppe von Menschen, von denen jeder von allen anderen Menschen der Gruppe verschieden ist, ein Volk? Und warum sind andere Menschen, die von diesen Menschen nicht mehr verschieden sind als sie selbst untereinander, ein anderes Volk? Das ist eine Frage, auf die wir bis heute noch keine eindeutige Antwort haben. Aber dieser Bandit Mussolini, der Vater des modernen Faschismus, hat eine gute Definition für »Volk« gegeben: »Volk ist die Gemeinschaft der Menschen, die gemeinsam kämpfen.« Und sobald man die Staatlichkeit zum höchsten Wert erhebt, begibt man sich auf eine Bahn, die schließlich zu dieser Definition von Mussolini führt. Für den Faschisten ist die Staatlichkeit ein Wert. Ein Faschist würde sagen: Das Wesen des Volkstums besteht darin, daß das Volk einen Staat hat, das heißt ein Machtinstrument. Die westliche Kultur erkennt die Anwendung von Macht als legitim, nur weil sie vom Staat ausgeht. Die Mafia übt auch Macht aus, aber das wird nicht als legitim angesehen. Aber daß der Staat Krieg führt, das ist legitim.

Wenn die PLO Bomben legt, dann ist es Terror. Aber wenn wir Beirut bombardieren, dann ist das Krieg. Das ist legitim. Aber wer kein Faschist ist – und ich bin kein Faschist –, für den hat Staat nur den Sinn eines Rahmens. Ich meine, das war doch die stolze Leistung des Judentums, des stolzen Judentums, daß es niemals die Nation oder den Staat oder die Staatlichkeit als höchsten Wert anerkannt hat. Niemals.

HK: Wie stehen Sie zum Zionismus, der ja einen Staat für das Volk Israel angestrebt hat? Gibt es zweierlei Arten von Zionisten – einen, den Martin Buber sich vorgestellt hat, und den heutigen Zionisten?

YL: Nein, nein, nein, das ist ein Irrtum. Zionismus will ganz klar und eindeutig – und das gilt für alle, die als Zionisten gelten, und die, die sich für Zionisten halten – die politische, nationale Selbständigkeit des jüdischen Volkes. Die Struktur des Staates ist kein Problem des Zionismus. Sie ist ein Problem des Staates. Martin Buber war genauso Zionist, wie ich einer bin. Er wollte auch die Selbständigkeit des jüdischen Volkes. Das wollen diejenigen von uns, die radikale Sozialisten sind, ebenso wie diejenigen, die – die gibt es unter uns – Faschisten sind. Zionismus ist keine weltanschauliche Idee, kein Glaube, kein philosophisches System, sondern eine ganz nackte politische Idee: die nationale Selbständigkeit des jüdischen Volkes. Und nationale Selbständigkeit kann heute in der Welt nur in Form eines Staates realisiert werden. Leider ist das so.

HK: Dieser Staat existiert seit 1948, aber er kommt nicht zur Ruhe.

YL: Das Problem des Staates Israel ist ein politisches Problem. Es hat nichts mit dem Wesen des Judeseins oder des Judentums zu tun. Es ist die Tatsache, daß es in diesem Land zwei Völker gibt, von denen jedes das tiefe Bewußtsein hat, daß dieses Land, das ganze Land, sein Land ist. Eine furchtbare Situation, für die es, soviel ich weiß, überhaupt keine Analogie gibt. Denken Sie mal an die moderne europäische Geschichte, wie Sie sie kennen, an die beiden großen westeuropäischen Völker, die Franzosen und die Deutschen. Von der Mitte des sechzehnten Jahrhunderts bis zur Mitte des zwanzigsten Jahrhunderts hat es überhaupt keine Generation gegeben, die nicht mindestens einen deutsch-französischen Krieg erlebt hätte. Aber es ist niemals irgendeinem Deutschen eingefallen, daß Frankreich das Land des deutschen Volkes sein könnte. Die Frage war: Wo verläuft die Grenze? Verläuft sie am Rhein, oder verläuft sie in den Vogesen? Aber hier haben wir eine Situation von zwei Völkern, von denen jedes zutiefst in seiner Seele davon überzeugt ist, daß dieses Land sein Land ist. Für uns heißt es Israel, für die anderen Palästina.

HK: Wie wird es weitergehen?

YL: Es gibt überhaupt nur zwei Möglichkeiten. Die eine ist Krieg auf Leben und Tod, im vollen Sinne des Wortes, wobei Israel ein faschistischer Staat werden wird. Die andere Möglichkeit, die einzige, die diesen Krieg vermeiden helfen kann, ist die Teilung des Landes. Eine solche Teilung wäre sehr schmerzhaft für beide Parteien. Beide Völker würden ihren Staat haben und ihre nationale Unabhängigkeit, aber keines von den zweien im Rahmen des ganzen Landes.

Ich glaube, die Teilung wird kommen – wenn nicht durch ein Übereinkommen zwischen dem Staat Israel und der PLO, dann als eine aufgezwungene Ordnung. Aufgezwungen von den Amerikanern und den Sowjets. Es wird vielleicht nicht viel Freundschaft zwischen den beiden Staaten bestehen, aber wir werden nebeneinander existieren müssen. Kann man sich eine absurdere Ordnung vorstellen als die Teilung der Stadt Berlin? Und doch hält sie schon zweiundvierzig Jahre. Es gibt auch Koexistenz ohne nachbarliche Liebe und ohne Freundschaft. Sie könnte die Lösung des Problems hier sein. Aber wenn die Großmächte nicht intervenieren und keine Übereinkunft zwischen dem Staat Israel und der PLO zustande kommt, dann steuern wir auf eine Katastrophe zu. Diese Erkenntnis wird heute schon von sehr vielen geteilt, die aber noch keine organisierte politische Kraft darstellen und keine Macht haben.

Das sind die zwei Möglichkeiten. Ich wiederhole: Eine dritte Möglichkeit gibt es nicht.

Und im Augenblick haben wir das ganze Land in der Hand. Seit dem Sechstagekrieg ist der Staat Israel ein Machtapparat, ein jüdischer Machtapparat zur Beherrschung eines anderen Volkes.

Deswegen sage ich es in schärfster Form: Dieser glorreiche Sieg war das historische Unglück des Staates Israel. Im Jahre des »Völkerfrühlings«, 1848, warnte Franz Grillparzer vor dem Weg, der »von der Humanität durch die Nationalität zur Bestialität führt«. Im zwanzigsten Jahrhundert ist das deutsche Volk diesen Weg tatsächlich bis zum Ende gegangen. Wir haben diesen Weg nach dem Sechstagekrieg betreten. Es kommt darauf an, diesen Gang zu beenden.

ERICH LEINSDORF

Dirigent. Geb. 1912 in Wien, gest. 1993 in Zürich

HK: Herr Leinsdorf, Sie sind in Wien geboren und aufgewachsen. Vor einundfünfzig Jahren haben Sie Österreich verlassen. Bedeutet Heimat noch etwas für Sie?

EL: Heimat ist da, wo ich mich zu Hause fühle. Das ist heute eigentlich ziemlich gleichmäßig verteilt zwischen Amerika und der Schweiz, wo wir Wohnungen haben.

HK: Und emotional?

EL: Ich glaube nicht an Gruppenidentität. Es ist

sicher so, daß man als Bauer eine Verbundenheit mit einem Stück Erde hat. Ich bin aber kein Bauer. Ich habe mein ganzes Leben lang in Städten gelebt. Und falls man zu seiner Heimatstadt eine Bindung hatte, wurde einem die in den Jahren nach 1934 gründlich aus den Eingeweiden herausgenommen.

HK: Sie dirigieren aber wieder in Wien.

EL: Ich bin dann als Gast dort, und als Gast gehe ich sehr gerne hin. Ich habe im Oktober 1984 von der Stadt Wien eine Medaille bekommen und muß dann diese reputierlichen Leute sehr schokkiert haben, als ich in meiner Rede sagte: »Diese Medaille möchte ich gerne zerschneiden, um den Vereinigten Staaten mindestens die Hälfte davon zu geben. Denn ohne die Vereinigten Staaten würde ich heute nicht hier stehen und diese Medaille entgegennehmen können.« Damit habe ich mir weitere Medaillen bestimmt erspart. Denn ich hatte meine Dankbarkeit nicht besonders wortreich zum Ausdruck gebracht.

HK: Warum hätten Sie es auch tun sollen?

EL: Es gibt viele Leute unter meinen Kollegen, die sich irgendwann sehr demütig wieder zur Heimat bekennen möchten und dann wie schöne Haserln sozusagen zu Kreuze kriechen. Das ist nicht meine Art. Ich dirigiere sehr gerne an der Wiener Oper. Ich schätze die Orchester, und wir verstehen uns sehr gut – aber es ist genau dasselbe für mich, als ob ich in Toronto oder Montreal wäre. Nur daß mir die Stadt natürlich architektonisch und in ihrer ganzen Aktivität besser gefällt als zum Beispiel die kanadischen Städte.

HK: Haben Sie wirklich keine stärkeren Gefühle mehr zu dem Land, in dem Sie aufgewachsen sind?

EL: Vielleicht. Aber die laß ich mir gar nicht aus dem Magen heraufkommen. Denn wenn ich sie heraufkommen ließe … Ich erbreche mich nicht gerne, hab' mich nie in meinem Leben erbrochen. Und wenn diese Gefühle heraufkämen, dann würde ich mich wahrscheinlich erbrechen müssen.

Im Oktober 1936 sprach ich bei dem damaligen Direktor der Salzburger Festspiele und der Wiener Oper, Erwin Kerber, vor, der mir sehr zugetan war. Er selbst war ein typischer Deutschnationaler, der mit der österreichischen Muttermilch aufgewachsen war und bestimmt auch gegen den allgemeinen Antisemitismus nicht völlig immun geblieben war. Aber er hatte genug Menschlichkeit, hat dann später auch im 1938er Jahr vielen Juden geholfen, aus Österreich herauszukommen. Leuten, die er kannte. Ich ging damals zu ihm, weil ich glaubte, daß er mich sehr gerne für Wien haben wollte. Aber er sagte: »Ich kann Sie nicht engagieren, Leinsdorf.« Ich habe mich dumm gestellt und gefragt: »Doktor Kerber, was müßte ich tun, um hier engagiert zu werden?« Sagte er: »Leinsdorf, wann Ihnen der Rosenkranz vom Hosentürl außehängt, kann ich Sie engagieren.« Sag' ich: »Herr Doktor, ich danke Ihnen, wie immer haben Sie mir die Wahrheit gesagt. Das ist mir zu teuer.« Ein paar Tage später habe ich Österreich verlassen. Nach diesem Gespräch wußte ich: Es ist Schluß. Das war im Oktober 1936, also achtzehn Monate vor Hitler.

HK: Auffallend viele der hervorragenden Musiker in Deutschland und Österreich, in Rußland und Polen waren Juden. Auch in anderen gesellschaftlichen Bereichen spielten Juden eine maßgebliche Rolle. Haben Sie dafür eine Erklärung?

EL: Wenn Sie an etwas Konstitutionelles denken – daran glaube ich nicht. Ich denke, die Juden konzentrierten sich auf das, bei dem sie die Erlaubnis hatten, sich zu entfalten. Ich gehe jetzt ein paar Jahrhunderte in der Geschichte Europas zurück. Die Juden taten das, was man ihnen erlaubt hatte, mit Ambition und Fleiß. Und weil ihre ganze Vitalität auf dem Spiel stand, wurden sie besonders fähig auf diesen Feldern. Ob das nun die Bankiers waren oder die Violinvirtuosen. Es ist alles dasselbe. Und da man den Menschen das Denken nicht verbieten kann, so kam eben aus dem Judentum auch eine beachtliche Zahl großer Denker. Was die großen musikalischen Talente angeht, hängt, glaube ich, auch viel von der Mutter ab. Das muß ich vielleicht näher erklären. Ich habe etliche Male gesagt und zum großen Verdruß von vielen guten Leuten auch geschrieben, daß die Juden aus Rußland und Polen durchaus nicht von Natur aus dazu bestimmt waren, besonders große Virtuosen zu werden: Horowitz, Rubinstein, Heifetz, Milstein. Aber sie kamen alle aus einem Milieu, wo man sich darüber klar war, daß man aus dem Ghetto erst herauskam, wenn das Kind irgend etwas Besonderes konnte, was dann auch den Eltern die Möglichkeit geben würde, sagen wir, nach Kiew oder nach Moskau oder in eine andere Stadt zu gehen, wo dann das Kind weiter ausgebildet werden konnte. Meiner Ansicht nach hat das sehr viel mit den guten Müttern zu tun, die hinter dem kleinen Wolodja oder hinter dem kleinen Arthur oder hinter dem kleinen Nathan standen und sagten: »Du Lausbub, jetzt üb dein Klavier.« Weil sie wußten, daß das Klavier- oder Violinüben ein besseres Leben für die ganze Familie versprach.

HK: Ist Ihr eigenes musikalisches Empfinden davon beeinflußt, daß Sie Jude sind?

EL: Nein. Ich wüßte nicht, wie mich das hätte beeinflussen können. Ich habe mein ganzes Leben als Individuum verbracht und niemals bei einer Gruppe Unterstützung gesucht. Das sage ich ohne Stolz. Wie der Mann in dem schönen jüdischen Witz: Er kommt zum Rabbi, weil er seine Frau fünfzehnmal betrogen hat. Und der Rabbi will dann wissen: »War sie denn schön, und wie alt war sie und so weiter.« Und da sagt der Mann: »Ich bin nicht gekommen, um mich zu berühmen. Ich bin gekommen, um mich zu beknirschen.« Meine Identität ist nicht die des Juden, des Österreichers, des Amerikaners, des Europäers. Meine Identität ist die eines Individuums. Ich kann für niemanden verantwortlich sein als für mich. Im Moment, in dem ich »wir« sage, bin ich ein Patriot, der auf das stolz ist oder sich dessen schämt, was andere machen. Das ist nicht notwendig. Ich bestehe darauf, daß die Gruppenidentität eine Schwäche der Menschheit, der Beurteilung ist und daß das Zusammentreiben von Sekten und ihre Gruppenidentifizierung auf einer Schwäche der individuellen Urteilskraft beruht. Ich glaube nicht an Gruppenidentität, verschließe aber nicht die Augen davor, daß die Welt die Menschen in Gruppen kategorisiert. Ich habe meinen Kindern, die in Mischehen leben, sehr empfohlen, so früh wie möglich ihren Kindern klarzumachen, daß eines Tages jemand in der Schule auf gut amerikanisch sagen wird: »Na ja, du bist ja doch ein Jude.« Damit die Kinder dann nicht überrascht nach Hause kommen und sagen: »Du, sag mal, Mutter, was ist ein Jude?« oder »Was ist Jesus?« Wenn ein Kind auf so was nicht vorbereitet ist, gar nicht weiß, was das bedeutet, kann es zu großen emotionellen Rätseln und Konflikten kommen.

HK: Was sind Ihrer Meinung nach die Gründe für den immer wiederkehrenden Antisemitismus?

EL: Der Antisemitismus ist meiner Ansicht nach nur eine, allerdings sehr verbreitete Form der Aggression von Majoritätsmitgliedern gegen Minoritäten – verstärkt durch die Fähigkeit der Juden, das zu provozieren. Eine Art »Antiminoritätentum« – wobei ich gar nicht genau weiß, ob das Wort überhaupt existiert. Manchmal geht es gegen die Schwarzen, manchmal gegen die Franzosen, gegen die Italiener, gegen die Polen ... All die feindlichen Witze, die erzählt werden – immer ist es eine Majorität, die sich auf diese Weise übermächtig fühlen möchte. Man fühlt sich dann als überwertig, wenn man eine andere Gruppe a priori als minderwertig betrachtet.

HK: Aber der Antisemitismus zieht sich wie ein roter Faden durch die ganze Geschichte.

EL: Glauben Sie, daß die Unterdrückung der Schwarzen nicht durch die ganze Geschichte geht? Nur ist deren Geschichte scheinbar kürzer, weil man über die Schwarzen nicht nachgedacht hat, bis die Greuel der Sklaverei hier bekannt wurden. Ich bin mit dem Antisemitismus sehr vertraut – ich bin ja schließlich in Wien aufgewachsen –, bin mir aber, als ich in die weitere Welt hinauskam, darüber klar geworden, daß der Antisemitismus eine besser propagierte Form des »Antiminoritären« ist. So gesehen ist der Antisemitismus gar nichts Außergewöhnliches. Er ist etwas ganz Gewöhnliches und, um ein Wort von Hannah Arendt zu zitieren, sehr banal.

HK: Aber der Antisemitismus hat zu Auschwitz geführt. Daß Mord in dieser Weise organisiert wurde, ist ja bisher einmalig in der Geschichte.

EL: Das weiß ich nicht. Ich glaube es aber nicht. Sicher ist nur, daß die Berichterstattung über solche Dinge im zwanzigsten Jahrhundert viel schneller und vielleicht auch genauer ist. Wir wissen nicht genug. Bitte – ich muß immer wieder betonen: Ich bin kein Geschichtsforscher und spreche in allen diesen Dingen als blutiger Laie. Aber ich bezweifle sehr, daß das ein erstes Mal war. Es war ein Rückfall in die Barbarei der Vorgeschichte. Das ist unvereinbar mit einer sogenannten Zivilisation. Das ist unvereinbar! Darüber kann man nichts sagen, was irgendeinen Sinn ergäbe. Ich gebe die Schuld an der ganzen Hitlerei den Engländern und den englischen und französischen Regierungen der zwanziger und dreißiger Jahre, die keine Geduld für die Weimarer Republik hatten und den Kommunismus dadurch zu bekämpfen versuchten, daß sie den Hitler hochkommen und groß werden ließen. Das war ja vollkommen unnötig. Die Engländer und Franzosen haben sich einfach verspekuliert. Hitler war ihnen sehr angenehm.

HK: Viele werden durch Auschwitz zu religiösen Fragen geführt. Hans Jonas zum Beispiel stellt die These auf, Gott habe die Konzentrationslager nicht verhindern können, weil er den Menschen Freiheit zum Guten wie zum Bösen gegeben habe.

EL: Darüber müssen Sie mit Leuten sprechen, die an einen aktiven Gott glauben.

HK: Die jüdische Religion enthält ein Element der Hoffnung: die Ankunft des Messias und die Erwartung einer tiefgreifenden Veränderung der Welt. Hat dieser Gedanke eine Bedeutung für Sie?

EL: Ich glaube, daß der Mensch sein eigenes Schicksal bestimmt, mit der einen Einschränkung, daß er von der Natur oft gesundheitlich ungünstig bedacht wird. Und sogar dann ... Ich muß an Kant denken, ein ganz kleines dünnes Männchen, so schwach, daß ihm seine Kleider nicht einmal richtig paßten und er sie mit Sicherheitsnadeln zusammenhalten mußte. Er wurde aber achtzig Jahre alt, war nie krank und hat der Welt eines der größten philosophischen Gebäude übergeben, die es gibt. Wenn die Menschen imstande wären, solche Menschen an die Spitze zu bringen, dann könnte man vom ewigen Frieden schon sprechen.

Aber ich habe da meine Zweifel. Sehen Sie, ich mache mir da in meinem Beruf oft Gedanken. In der Musik spricht man sehr viel von diesen Wunderleuten wie Mozart, Beethoven und Bach, den ganz Großen, die wir als Genies bezeichnen. Wir wissen nicht, was das Genie ist. Das weiß kein Mensch. Niemand hat es definiert. Wir kennen aber das Dokument des Genies. Sie können bei zwei Werken von Beethoven sehen, welches von beiden von dem Genie geschrieben worden ist und welches von dem großartigen, ausgezeichneten, perfekten Komponisten, bei dem sich in diesem Moment das Genie entschuldigt hat und aus dem Zimmer gegangen ist. Das gibt es ja. Kein Musiker glaubt, daß alle hundertachtunddreißig Opusnummern von Beethoven den besten Beethoven oder das Genie Beethoven repräsentieren. Ich glaube, wir sind schon dazu bestimmt, unser Schicksal von Menschen führen zu lassen. Man kann vielleicht in den Bethäusern vom Messias sprechen. Aber ich halte von den Bethäusern eben sehr wenig.

HK: Sie meinen, daß man für sein eigenes Schicksal mitverantwortlich ist.

EL: Nicht mitverantwortlich. Man ist verantwortlich! Ich bin von einer sehr jüdisch gesinnten Mutter erzogen worden. Eines der Dinge, die sie immer wieder sagte, war: »Hilf dir selbst, und Gott wird dir helfen.« Also in diesem Fall ist Gott einfach eine Potenzierung der Eigenperson. Der Phantasiegott ist dafür da, daß man ihm danken kann, wenn einem danach zumute ist, dem man aber nicht die Schuld geben kann, wenn man kein Glück hat.

HK: Zum ersten Mal nach langer Zeit besitzt das jüdische Volk wieder ein eigenes Heimatland. Wie denken Sie über Israel?

EL: Ich freue mich sehr für alle, denen es eine Heimat ist. Wenn die Widerwärtigkeiten der Situation von den Menschen überwunden werden, so daß sie sich zu Hause fühlen, dann freue ich mich für diese Menschen, denn Israel ist, wie man weiß, eine umstrittene Heimat, und eine Lösung ist ja leider noch nicht in Sicht. Das macht mich sehr, sehr traurig, denn es wäre Zeit, daß diese Menschen einmal Ruhe fänden, statt herumgejagt zu werden.

HK: Israel ist heute eine Nation wie viele andere auch.

EL: Ja, ja. Das kann man wohl sagen. Ich sage das sozusagen aus beiden Seiten des Mundes, sowohl lobend als auch mit großer Sorge. Denn ich habe, trotz meiner Betonung meiner individuellen Identität, die Hoffnung gehabt, daß der Staat Israel etwas anderes sein würde als andere Staaten. Wir wissen alle, daß es nicht so gekommen ist. Damit der Staat existieren kann, müssen die Israelis offenbar so vorgehen, wie sie vorgehen. Nur darf ich mir erlauben zu sagen, daß ich mehr erhoffte, weil ich trotz allem an die Moral des jüdischen Gesetzbuches glaube.

HK: Sie sind Jude nicht aus religiöser, sondern aus moralischer Überzeugung. Könnte man das so formulieren?

EL: Ja. Es ist so, daß ich seit jeher, von meiner frühesten Kindheit an, gelernt habe, Überläufer, Renegaten zu verachten. Daß man als Individuum immer wissen soll, woher man kommt, und es niemals verleugnen soll. Ob das Verleugnen sich in Form eines Taufscheines abspielt oder ob man aus Opportunismus Leute anlügt wie in der berühmten Geschichte eines englischen Industriellen: Der wollte gerne in einen Club eingeführt werden, der einen gewissen Numerus clausus hatte. So kam es endlich zu einem Interview vor dem »board«, dem Direktorium. Und da sagte so ein ältlicher Colonel-Blend-Typ: »Also, Sir Markus, wir wissen ja, daß Sie großartige Wohltätigkeitsstiftungen haben und daß Sie im Krieg unserem Land geholfen haben, daß Sie, im besten Sinn des Wortes, auf eine fabelhafte Weise zu uns gehören. Darf ich Sie noch fragen: Was ist Ihre religiöse Überzeugung?« Und der Mann strahlt und sagt: »Gentlemen, I am a Goj!«

ERWIN LEISER

Regisseur und Journalist. Geb. 1923 in Berlin, gest. 1996 in Zürich

HK: Herr Leiser, Sie haben bis zu Ihrer Emigration im Jahre 1939 in Berlin gelebt. Wie kam es, daß Sie als Sechzehnjähriger allein nach Schweden gegangen sind?

EL: Als Hitler an die Macht kam, war ich zehn Jahre alt. Ich verstand früh, daß ich Deutschland verlassen mußte, wenn ich überleben wollte. Mit fünfzehn Jahren dachte ich mehr an den Tod als an eine eventuelle Zukunft und konnte mir nicht vorstellen, daß ich je eine Wohnung haben würde mit meinem Namen an der Tür. Mein Vater starb 1937. Nach dem Novemberpogrom 1938 bekam ich die Adresse des Oberrabbiners von Oslo und fragte ihn in einem Brief, ob er mir aus Deutschland heraushelfen könne. Ich legte zwei Gedichte über den Novemberpogrom bei. Er schickte den Brief an Ragnar Josephson, eine bekannte schwedisch-jüdische Persönlichkeit, und dieser fragte seinen Bruder Gunnar Josephson, den Präsidenten der Jüdischen Gemeinde in Stockholm, ob es in einem der Kinderheime der Gemeinde Platz für mich gäbe. So kam ich nach Schweden, mit zehn Mark in der Tasche, im Februar 1939. Meine beiden Gedichte trug Ragnar Josephson in schwedischer Übersetzung bei einer Protestkundgebung in Malmö gegen die Judenverfolgungen des NS-Staates vor. Meine Mutter ging im Sommer 1939 nach England.

HK: Können Sie sich noch an den Inhalt dieser beiden Gedichte erinnern?

EL: Sie drücken das Gefühl aus, fremd und unerwünscht zu sein, das Gefühl, auf einem feindlichen Pflaster zu gehen. Ein normales Leben war für mich nicht mehr vorstellbar. Davon handeln die Gedichte, und sie beschreiben ein Erlebnis, das nicht nur ich damals hatte.

HK: Wie haben Sie sich später in Schweden durchgeschlagen?

EL: Das Heim wurde im Herbst 1940 aufgelöst. Ich bekam ein Stipendium, um das Abitur abzulegen, aber als Briefschüler, weil ich nicht genug Geld hatte, um eine Schule zu besuchen. Eine Familie in einer kleinen Stadt nahm mich auf, und das Abitur machte ich im Herbst 1942 in Malmö. Danach wurde ich Lehrer an der Briefschule, deren Schüler ich gewesen war, und finanzierte so mein Studium an der Universität in Lund.

HK: Hatten Sie in Schweden das Gefühl, willkommen zu sein?

EL: Nein. Ich habe mich in Schweden zunächst nicht wohl gefühlt. Emigranten waren nicht willkommen und wurden immer aufgefordert, ihre Auswanderung in ein anderes Land vorzubereiten. Dazu kam eine antijüdische Haltung. Aber nach Stalingrad wurde ich freundlicher behandelt. Später hatte ich das Glück, die Jugend, die mir genommen worden war, nachholen zu können. Und allmählich wurde ich auch akzeptiert. Aber das dauerte lange. Jahrelang.

HK: Wie sind Sie dazu gekommen, Filme zu machen?

EL: 1943 begann ich, auf schwedisch Zeitungsartikel und Essays zu schreiben, bald auch Theaterkritiken. Ich übersetzte auch ins Schwedische, Brecht, Dürrenmatt, Frisch, Celan, Nelly Sachs. 1948 wurde ich eingebürgert und zum Militärdienst eingezogen. Nach meiner Entlassung tauschte ich die Wohnung in Malmö gegen eine in Stockholm ein und war nun freier Mitarbeiter einer Abendzeitung. 1950 wurde ich Kulturredakteur der »Morgen-Tidningen«, des sozialdemokratischen Regierungsorgans. 1958 stellte diese Zeitung ihr Erscheinen ein. Ich hatte bereits Features für den Hörfunk gemacht, jetzt kamen Fernsehsendungen hinzu. Ein Filmverleiher fragte mich, was er mit »Nacht und Nebel« machen solle, dem Kurzfilm von Alain Resnais über die deutschen Konzentrationslager. Ich machte ihm eine schwedische Fassung und schnitt aus sowjetischem Archivmaterial einen Film über Stalingrad zusammen. Beide Filme wurden zusammen unter dem Titel »Nie wieder« in Tageskinos als einstündiges Programm gezeigt und brachten dem Verleiher ein Netto von zweihunderttausend Schwedenkronen ein. Für dieses Geld wollte er einen abendfüllenden Montagefilm von mir produzieren, und so machte ich »Mein Kampf«.

HK: Warum befaßt sich Ihr erster Film »Mein Kampf« mit der Ideologie und den Greueltaten des Nationalsozialismus? Ist der Film eine persönliche Abrechnung oder ein Beitrag zur öffentlichen Auseinandersetzung über die Nazizeit?

EL: Ich erfuhr damals, 1959, aus Reportagen über die Bundesrepublik, wie wenig die deutsche Jugend über Hitler und die Geschichte des NS-Regimes wußte, und wollte einen Film über das Dritte Reich machen, in dem Film- und Fotodokumente der Nazis gegen sie aussagten. »Mein Kampf« ist ein schwedischer Film, und ich rechnete nicht mit dem großen internationalen Erfolg. Die Wirkung in der Bundesrepublik war eine große Überraschung für mich. Ich wollte die Wahrheit über Hitler und

seinen Weg in Dokumenten zeigen, an deren Echtheit niemand zweifeln konnte, damit sich das nicht wiederholt, was meine Generation erlebt hatte. Ich erinnerte an die Vergangenheit aus der Sicht des Betroffenen, unsentimental und sachlich, und wandte mich vor allem an die Gleichgültigen und Unwissenden überall in der Welt. Ich meinte, daß sich die Arbeit gelohnt hätte, wenn zwanzig Zuschauer durch den Film in ihrer Haltung zur Vergangenheit beeinflußt werden würden.

HK: Ihr letzter Film handelt von der »Reichskristallnacht«. Offenbar läßt Sie das Thema der Vertreibung und Verfolgung der deutschen Juden nicht los. Ist dieses Thema der Schwerpunkt Ihrer gesamten Arbeit?

EL: Ein wichtiger Schwerpunkt bestimmt. Aber nicht der einzige. Ich fühle mich als Zeuge dieser Zeit und habe das Bedürfnis, meine Erfahrung weiterzugeben, damit sie nicht verlorengeht. Ich habe auch das Gefühl: Wenn ich diese Filme nicht mache, macht sie keiner. Jedenfalls nicht so. Ich will gewisse Akzente setzen.

HK: Welche Akzente wollen Sie setzen?

EL: Menschliche. Ich will diese Geschichten so erzählen, daß der Zuschauer nachvollziehen kann, was wir damals erlebt haben. Man kann nicht erklären, wie nette, liebe Bürger sich in Massenmörder verwandelt haben. Man kann nur zeigen, wozu Menschen fähig sind. Alle meine Filme und Schreibereien stellen die Frage nach den Möglichkeiten des Menschen, den positiven und negativen. Ich glaube, daß die Menschen eigentlich nicht schlecht sind. Sie sind schwach. Ich will zeigen, daß man Mut haben muß, um zu überleben. Ich mache nur Filme über Themen, von denen ich glaube, daß ich da etwas zu sagen habe, was ein anderer so nicht sagt.

HK: Stammen Sie aus einer Familie, die sich zum Judentum und zur jüdischen Religion bekannt hat?

EL: Ich komme aus einer assimilierten Familie, wie man so sagt, obwohl mein Urgroßvater der erste Rabbi in Thorn gewesen war. Mein Vater haderte mit Gott, weil er seine Mutter verloren hatte, als er noch ein Kind war. Und ich habe in meiner Berliner Kindheit durch einen Jugendfreund die ganze geistige und emotionelle Kraft des Ostjudentums kennengelernt. Das hat meine jüdische Haltung geprägt.

HK: Das Ostjudentum wurde von den deutschen Juden doch überwiegend abgelehnt.

EL: Aber ich habe diese Ablehnung durch die »Jeckes« nie geteilt. Ich habe mein Leben lang Melodien gesammelt, die ich bei den Ostjuden gehört habe. Ich singe sie immer noch, und ich bin sehr stolz, wenn man mich fragt, auf welcher Talmudschule ich gewesen bin. Ich war nie auf einer.

HK: Was bedeuten Ihnen diese ostjüdischen Lieder?

EL: In ihnen ist dieselbe Kraft wie im Jazz. Sie sind Ausdruck des Schmerzes und der Lebenskraft einer verfolgten Gemeinschaft. Wenn wir singen, sind wir glücklich, auch wenn das Lied traurig ist. Das Lied sagt, daß wir zusammengehören. Man tanzt zusammen und spürt dabei die Nähe Gottes.

HK: Gehören das jüdische Gemeinschaftsgefühl und das jüdische Gotteserlebnis zusammen?

EL: Natürlich gibt es die einsame Verzückung, aber das Wichtigste ist das gemeinsame Erleben, in der Synagoge oder beim Lernen. Wer da betet und singt, ist ein Wir, kein Ich. Wir stehen zusammen vor Gott, und wir warten auf Wunder.

HK: Fühlen Sie sich mehr dem Ostjudentum oder dem deutschen Judentum zugehörig?

EL: Ich war nie ein »Jecke«. Ich stehe sowohl in der deutsch-jüdischen Tradition als auch in der ostjüdischen. Aber die ostjüdische ist für mich das Wesentliche. Das Gefühl der Nähe zu Gott. Die Umwelt ist feindlich und brutal und versucht, mich auszurotten, aber sie kommt nicht wirklich an mich heran. Wie es in Stefan Zweigs Drama »Jeremias« von 1918 heißt: »Man kann Menschen töten, aber nicht den Geist, der in ihnen lebt.«

HK: Sind Sie ein gläubiger Mensch?

EL: Ja, doch. Ich habe als kleiner Junge im Berliner Scheunenviertel die unreflektierte Gläubigkeit einfacher Ostjuden erlebt, ihre Art, wie sie sangen, ihre Art, wie sie sich mit dem zufriedengaben, was sie hatten. Und ich spürte, daß da eine Kraft war, die die Stiefel der SA nicht zertreten konnten. Ich glaube, wenn es einen positiven Sinn hat, Jude zu sein, ist es ein religiöser. Ohne Gott ist es unmöglich, jüdisches Schicksal zu begreifen. Ob es uns mit Gott möglich ist, seit dem Holocaust, ist eine Frage, auf die ich als gläubiger Jude keine Antwort finde. Aber ich weiß, daß ich eine jüdische Identität habe und damit zu einer Schicksalsgemeinschaft gehöre.

HK: Sie verdanken Ihre religiöse Bindung an das Judentum also weniger Ihren Eltern als der Begegnung mit den Ostjuden.

EL: Ja, so ist es. Mein Vater war sehr erstaunt, als ich mit elf Jahren anfing, in einen Jugendgottesdienst zu gehen, der noch dazu orthodox war.

HK: Man kann die Geschichte der Juden als eine Geschichte der Heimatlosigkeit verstehen. War die Heimatlosigkeit für die Juden nur ein grausames

Schicksal? Oder haben ihr die Juden auch gute Seiten abgewonnen – Weltoffenheit und geistige Beweglichkeit?

EL: Ja, bestimmt. Es gibt einen sehr schönen Text von Paul Celan, »Gespräch im Gebirg«, in dem er sich selbst aufteilt in zwei Juden, die sich in den Bergen begegnen und miteinander reden. Die Landschaft ist nicht ihre Landschaft. Der Jude hat keine Provinz. Aber dieses Außenseiterdasein ist eine legitime Form der Existenz, und nicht nur für Juden, sondern für alle, die an einer Grenze leben, die »nicht dazugehören«. Wenn man jung ist und als Jude seine Hilflosigkeit erlebt, glaubt man, man müsse »dazugehören«. Das ist ein großer Irrtum. Man muß gar nicht »dazugehören«. Man darf abseits stehen, wenn einem das richtig erscheint. Und man muß sich auch nicht wohl fühlen in dem Land, in dem man lebt. Heimat ist nicht ein bestimmter Ort. Heimat – das sind Menschen. Alfred Polgar antwortete auf die Frage, wo er sich wohl fühle: »Ich bin überall ein bißchen ungern.«

HK: Was bedeutet es für Sie, eine Heimat zu haben?

EL: Heimat – das sind, wie gesagt, Menschen, die mir etwas bedeuten, Menschen, die dieselbe Sprache sprechen wie ich. Heimat ist auch eine Sprache …

HK: Ist diese Sprache in Ihrem Fall die deutsche Sprache?

EL: Ich bin zweisprachig, schreibe und denke deutsch und schwedisch. Ich bin kein Deutscher. Ich bin aus dem deutschen Sprachgebiet in das schwedische gekommen und lebe wieder im deutschen Sprachgebiet, aber nicht in Deutschland. Ich komme nach Deutschland mit einem schwedischen Paß.

HK: Sie leben heute in der Schweiz. Wollen Sie Ihren schwedischen Paß behalten?

EL: Das ist der erste richtige Paß, den ich je hatte. Ich behalte den schwedischen Paß, weil Schweden mich als einen gleichberechtigten Menschen akzeptiert hat. Schweden hat mich aufgenommen. In Schweden habe ich gelernt, daß Frieden nicht nur eine Pause zwischen zwei Kriegen ist. In Schweden habe ich begriffen, was Demokratie und der Respekt vor der Meinung anderer bedeuten.

HK: Haben Sie nie an die Möglichkeit gedacht, wieder die deutsche Staatsangehörigkeit anzunehmen, unter Umständen also zwei Pässe zu haben?

EL: Nein.

HK: Warum nicht?

EL: Weil ich kein Deutscher bin. In Deutschland hat man mich hinausgeworfen und mir klargemacht, daß man mich nicht haben will. Daher bin ich nicht zurückgegangen. Ich habe mich auch schon in den dreißiger Jahren nicht als Deutscher gefühlt. Meine Eltern haben eine Welt verloren, der sie angehört haben. Bei mir war das nicht so. Hitler hat mich auf den Nullpunkt zurückgeworfen, mich und viele andere meiner Generation. Das war die Chance, ein neues Leben zu beginnen, ganz von vorn.

HK: Gibt es heute überhaupt noch ein deutsches Judentum?

EL: Wenn ich mir nichts vormache, dann weiß ich, daß die jüdische Kultur aus Deutschland verschwunden ist. Sie ist am 10. November 1938 brutal ausradiert worden. Die Nazis haben mit den Juden auch deren Geist und deren Bücher vernichten wollen, und es ist ihnen weitgehend gelungen, das deutsche Judentum physisch und psychisch auszurotten. Die Juden, die heute in der BRD und der DDR leben, sind doch in der Regel gar keine deutschen Juden. Es sind Juden, die hergekommen sind, um Freunde und Verwandte zu finden und eine neue Existenz aufzubauen. Sie haben keine Wurzeln in der deutschen Kultur und deutschen Landschaft. Ich werfe ihnen das nicht vor, ich stelle es nur fest. Ich bin nicht der Ansicht, daß es Juden in Deutschland geben muß, weil das bedeuten würde, daß Hitler sein Ziel nicht erreicht hat, die Juden für immer aus Deutschland hinauszuwerfen. Aber ich habe großen Respekt vor Juden, die in Deutschland zeigen wollen, was Menschlichkeit sein kann. Nur: das bedeutet nicht, daß es ein deutsches Judentum heute gibt oder geben muß.

HK: Besteht unter den Juden der Anspruch, den anderen eine besondere Menschlichkeit vorzuleben?

EL: Ich glaube ja, und das ist sicher eine Form von Überheblichkeit. Aber die Juden sind eine Gruppe, die lange diskriminiert und verfolgt worden ist und spät begonnen hat, sich zur Wehr zu setzen. Sie ist auch eine Art Prüfstein geworden. An den Juden müssen die anderen beweisen, ob sie menschlich sind oder nicht. Aber die Rolle des Opfers, in die man sie gedrängt hat, ist keine jüdische Rolle. Es ist nur die Rolle, die ihnen von den Antisemiten zugedacht worden ist. Ich habe mich nie als Opfer betrachtet. Ich bin ein Verfolgter, aber kein Opfer.

HK: In vielen Gesprächen taucht die Frage auf, ob es eine spezifisch jüdische Art des Denkens gibt, und wenn es sie gibt, ob in dieser Denkweise das Wesen des Judentums liegt. Was meinen Sie dazu?

EL: Nein, ich glaube, eine jüdische Art zu denken gibt es nicht. Es gibt sehr wenige Dinge, die spezifisch jüdisch sind. Vielleicht gewisse Grundgedanken, wie sie in den Zehn Geboten zum Ausdruck kommen. Im Talmud wird eine Geschichte erzählt: Ein Nichtjude kommt zu den beiden großen Rabbis Hillel und Schamai und fragt sie, ob sie ihm das Wesen des Judentums erklären können, und zwar in einem Satz, der nicht länger sein darf, als er auf einem Bein stehen kann. Schamai wirft ihn hinaus. Aber Hillel sagt: »Füge keinem anderen zu, was du nicht willst, das man dir tu, und jetzt gehe hin und lerne!« Dieses »gehe hin und lerne« folgt auf den Kernsatz. Es geht um die Grundlage menschlichen Zusammenlebens. Und im Grunde hat es nichts mit dem Judentum zu tun.

HK: Glauben Sie, daß das Werk jüdischer Denker durch die Tradition des Talmudstudiums beeinflußt worden ist?

EL: Die jahrtausendelange Beschäftigung mit dem Talmud hat sicher den Respekt der Juden vor der Lehre und dem Lernen vertieft, ihre Fähigkeit, logisch zu denken, geschärft und eine Dialektik entwickelt, in der jeder Satz in einen Zusammenhang gestellt wird, der zugleich das Gegenteil des Satzes enthält. »Typisch jüdisch« ist sicher die Freude am Gedankenspiel. Die Juden »lernen«, indem sie den Text immer wieder in Frage stellen und neu interpretieren.

HK: Außerdem hat das Leben in der Diaspora die Juden gezwungen, besser und konsequenter nachzudenken als die anderen.

EL: Zweifellos. Der Jude muß immer ein bißchen tüchtiger sein als die anderen. Diaspora bedeutet, daß man um Dinge kämpfen muß, die für andere selbstverständlich sind. Viele Juden meinen, sie müßten um Entschuldigung dafür bitten, daß es sie gibt. Am besten hat es Sigmund Freud seiner Tochter Anna gegenüber formuliert, als er Österreich verlassen mußte: »Die wollen, daß wir uns alle das Leben nehmen, aber diesen Gefallen tun wir ihnen nicht.« Genauso sehe ich es auch.

HK: Sind die Juden in der Diaspora heute immer noch unbequem? Und wie steht es in Deutschland? Hindern die Juden die Deutschen vielleicht daran, die Vergangenheit zu verdrängen?

EL: Das ist es ja eben. In Deutschland erinnern sie durch ihre bloße Existenz an eines der größten Verbrechen in der Geschichte der Menschheit. Hätte Hitler seine Absicht ganz verwirklichen können, so hätte er damit auch die Erinnerung an dieses Verbrechen auslöschen können.

HK: Gab es Zeiten, in denen die Juden für die Bevölkerungsmehrheit nicht unbequem waren?

EL: Sie waren immer unbequem. Sie haben immer Maßstäbe gesetzt, die andere unzumutbar fanden. Dabei haben sie diese Maßstäbe eigentlich nur sich selbst gesetzt. Die Juden müssen immer ein bißchen mehr leisten als die anderen, auch in ihrem Verhältnis zu Gott. Sie sind nicht »auserwählt«, weil sie eine »Elite« sind, sondern »abgesondert«, weil Gott mit ihnen etwas Besonderes vorhat. Unter anderem, die Völker auf ihre Menschlichkeit zu prüfen. Das heißt, die jüdische Religion hat einen besonders hohen moralischen Anspruch. Das Christentum und der Islam haben ihn vom Judentum übernommen. Ein Papst hat es so formuliert: »Geistig sind wir alle Semiten.«

HK: Die jüdische Religion hat also der Welt viel gegeben.

EL: Ja, und das hat die Welt dem Judentum nie verziehen. So wie die Deutschen den Juden Auschwitz nicht verziehen haben.

HK: Wie meinen Sie das?

EL: Wenn es die Juden nicht gegeben hätte, dann hätte es Auschwitz nicht gegeben. Folglich sind wir für Auschwitz verantwortlich. Es ist absurd, aber so ist es.

HK: Der Gedanke, daß man den Juden nun auch noch für Auschwitz die Schuld geben kann, erscheint mir geradezu wahnwitzig.

EL: Dieser Gedanke ist nicht von mir. Und er trifft zu. Er definiert genau das Verhältnis von Nichtjuden und Juden in Deutschland. Denn das Bewußtsein, daß es Auschwitz gegeben hat, bedrückt auch den, der die Gnade der späten Geburt für sich in Anspruch nimmt. Wobei ich niemanden, der damals nicht dabei war, für irgend etwas verantwortlich machen will. Ich halte nichts von Kollektivurteilen. Es gibt *die* Deutschen ebensowenig wie *die* Juden. Als einzelne sind die Juden nicht besser und nicht schlechter als die Deutschen.

HK: Aber die Deutschen sind in der Mehrheit, und die Juden sind in der Minderheit. Mir scheint, sie sind die Minderheit schlechthin. Kann es denn zwischen Mehrheit und Minderheit überhaupt ein stabiles Verhältnis geben?

EL: Die Diaspora ist eine unnatürliche Lebensform, sicher. Und wenn ein Jude vergessen will, daß er Jude ist, läßt man das nicht zu. Früher oder später wird er daran erinnert, und zwar auf eine sehr unsanfte Art.

HK: In den Vereinigten Staaten spielen die Juden aber nicht mehr die Rolle der Minderheit und der Außenseiter.

EL: In den USA und in einigen anderen Ländern können Juden in einer rein jüdischen Welt aufwachsen, mit jüdischen Institutionen, Schulen und Veranstaltungen. Und sie können auch an der Peripherie solcher jüdischen Zentren leben. Oft steht der Jude mit einem Fuß in der jüdischen Welt und mit dem anderen in der Welt der nichtjüdischen Mehrheit. Im Spannungsfeld dieser Kräfte entsteht sehr oft gute Literatur, vor allem in den USA. Denken Sie nur an Saul Bellow, Philip Roth und Bernard Malamud. Auch Kafka hat an der Peripherie gelebt. Er war ein deutschsprachiger Schriftsteller unter Tschechen und ein ungläubiger Jude unter gläubigen. Er wußte, daß es für Juden kein Versteck gibt. Geborgenheit findet der Jude nur im Unsichtbaren. Albert Einstein hat viel darüber nachgedacht und gespürt, wo die Grenzen der Wissenschaft liegen. Der Glauben gehört einer anderen Sphäre an als die Wissenschaft. Deshalb kann man über den Glauben nicht diskutieren. Entweder man glaubt oder man glaubt nicht.

HK: Worin sehen Sie den Unterschied zwischen der jüdischen Gottesbeziehung und der christlichen?

EL: Der Jude hat einen direkten Draht zu Gott. Er muß keinen Umweg über einen Priester oder die Theologie machen. Und der jüdische Gott richtet sich nicht danach, was die Weisen sagen. Die jüdische Haltung Gott gegenüber ist nicht gottergeben oder resigniert. Der Jude sagt: »Hilf dir selbst, dann hilft dir Gott.«

HK: Welche Beziehung zu Gott haben Sie persönlich? Und welche Rolle spielt diese Beziehung in Ihrem Leben?

EL: Gott ist für mich ein jüdischer Gott, ein unsichtbarer Gott. Ich weiß sehr wenig über ihn. Ich kann nicht sagen, daß ich ihn verstehe. Mehr als Ahnungen habe ich nicht. Gott bedeutet für mich, daß ich an Wunder glaube und daran, daß alles, was geschieht, einen Sinn hat. Ich glaube also, daß es keinen Zufall gibt und alles, was geschieht, zu einem Plan gehört. Ich glaube, daß wir Menschen in dem Bereich, in dem wir uns bewegen, einen freien Willen haben. Wir können über unser Leben und unser Verhältnis zu anderen Menschen entscheiden. Der Mensch trägt Verantwortung, weil sein Leben nicht vorbestimmt ist. Und alles, was geschieht, ist gut, selbst das Schlimmste. Sonst würde es nicht geschehen. Ich kann es nicht immer begreifen und muß Fragen stellen. Und es gibt mehr Fragen als Antworten. Deswegen fragen wir Juden soviel.

HK: Das ist nicht leicht zu verstehen. Auf der einen Seite hat der Mensch Willensfreiheit und trägt Verantwortung für alles, woran er beteiligt ist. Auf der anderen Seite gibt es eine höhere Ordnung, und Gott verfolgt mit allem, was geschieht, ein bestimmtes Ziel.

EL: Ich sagte ja, daß der Mensch nur innerhalb eines bestimmten Bereichs frei entscheiden kann. Aber ich mache immer wieder die Erfahrung, daß die voraussehbare Entwicklung der Dinge durch etwas Unerwartetes geändert wird. Jederzeit kann etwas geschehen, das uns rettet. Ben Gurion hat gesagt: »In Israel sind wir Realisten, deshalb glauben wir an Wunder.« Das ist die Haltung, mit der ich durch das Leben gehe. In einem Vorwort zu einem Buch mit Liebesgedichten habe ich einmal geschrieben: »Wenn es nur fünfzig Frauen auf der Welt gäbe und ich mit achtundvierzig von ihnen schlechte Erfahrungen gemacht hätte, wäre das kein Argument gegen die neunundvierzigste und die fünfzigste Frau.« Ich glaube, daß wir über uns hinauswachsen können, und ich würde mich nicht wundern, wenn es möglich wäre, Berge zu versetzen. Ich glaube, daß mit jedem Menschen, der geboren wird, etwas völlig Neues in diese Welt kommt, eine neue Chance für die Menschheit.

HK: Hat dieser Glaube an Gott Sie nie zweifeln lassen? Hätte der Gott der Juden in Auschwitz nicht eingreifen müssen? Warum hat er denn diesen Massenmord nicht verhindert?

EL: Ich weiß es nicht. Mir fällt nur ein Gespräch zwischen Elie Wiesel und dem Lubatschewer Rebben ein. Elie fragt den Rabbi: »Wie können Sie gläubig sein, nach dem, was geschehen ist?« Der Rabbi antwortet: »Wie kann man ohne Glauben leben, nach dem, was geschehen ist?« Dazu sagt Elie Wiesel: »Wenn das eine Antwort ist, kann ich sie nicht akzeptieren. Wenn es aber eine Frage ist, eine Art Echo meiner eigenen, dann akzeptiere ich sie, denn dann führt sie zu einer weiteren Frage.« Ich verstehe nicht, welchen Sinn es haben soll, daß gerade die Frommen, die Gerechten und Wehrlosen so vielen Leiden ausgesetzt waren, während so viele Diebe, Mörder und Folterknechte nie für ihre Verbrechen büßen mußten. Wenn Adorno fragt, ob nach Auschwitz noch Gedichte möglich seien, dann sage ich: Ja, Gedichte über Auschwitz, Gedichte, die Auschwitz nicht ausklammern. Und ich gehe noch einen Schritt weiter und sage, daß unser Leben ein Geschenk ist, daß der Verschonte nicht um seiner Verdienste willen verschont wurde und die Verpflichtung hat, Zeugnis über diese Zeit abzulegen.

HK: Das heißt, es gibt keinen Anspruch auf Leben, und wenn wir trotzdem leben, ist das ein Geschenk Gottes.

EL: Daß ich verschont worden bin, daß ich in

keinem Lager gewesen bin, bedeutet: Ich bin aufgespart worden. Und das muß einen Sinn haben. Ich bin aufgefordert, die Erfahrungen meiner Generation weiterzugeben. Die Welt ist durch Auschwitz noch für Jahrhunderte geprägt. Hiroshima ist eine Folge von Auschwitz. Sehen Sie, es gibt bei den Chassidim eine sehr schöne Sitte. Wenn ein frommer Jude stirbt, trauern die Chassidim nicht nur, auch wenn sie den Verstorbenen geliebt haben und ihn vermissen. Sie heiligen das Leben mit einem Segensspruch über Wein und einem Tanz und danken Gott dafür, daß der Tote gelebt hat und daß sie leben. Man sollte ein Leben nicht nach seinem Ende beurteilen, sondern nach seinem Inhalt. So gesehen stirbt niemand zu früh. Ich kann mir Georg Büchner nicht als alten Mann vorstellen, ebensowenig wie viele andere früh Verstorbene. Vielleicht hat sie der frühe Tod davor bewahrt, sich zu überleben.

HK: Man sagt auch, die jüdische Religion sei eine Verpflichtung zum Leben.

EL: Das ist eine gute Formulierung. Das Leben ist heilig. Alle Gesetze, die ein frommer Jude beachten muß, werden außer Kraft gesetzt, wenn ein Leben bedroht ist. Und viele Juden haben den Opfertod gewählt, um nicht das Leben anderer zu opfern. Es gibt die Geschichte von dem Rabbi, dem ein SS-Mann befahl, am nächsten Tag fünfundzwanzig Leute auszuwählen, die nach Auschwitz deportiert werden sollen. Aber am Morgen darauf stand da nur der Rabbi mit seiner Familie und sonst niemand. Der Rabbi sagte: »Wir gehen nach Auschwitz. Über die anderen kann ich nicht bestimmen. Ich bin nicht Herr über Leben und Tod.« Dabei wußte er, daß am nächsten Tag jemand anders die fünfundzwanzig Leute auswählen würde. Aber er tat es nicht. Nach meiner Ansicht ist die Definition eines Faschisten, daß er Unterschiede zwischen Menschen macht und entscheidet, wer das Recht zu leben hat und wer nicht. Aber alle Menschen sind gleich. Am Versöhnungstag stehen alle Juden vor Gott und fasten, ob arm oder reich. Und die frommen Juden tragen an diesem Tag alle das gleiche Totenhemd.

HK: Ist das Judentum auch eine Religion der Nächstenliebe?

EL: Eine meiner Lieblingsgeschichten ist die Geschichte von dem reichen Juden, zu dem ein Mann sagt: »Ich bin arm und muß eine Frau und viele Kinder versorgen. Bitte hilf mir.« Der reiche Mann gibt ihm Geld. Als der Bettler gegangen ist, sagt die Frau des Reichen: »Dieser Mann ist gar nicht verheiratet, er hat auch keine Kinder, und er hat nach Bier gerochen.« Da sagt der reiche Mann: »Wieso soll ich wählerischer sein als Gott, der mir Geld gegeben hat?« Die Juden glauben nicht, daß der Unterschied zwischen arm und reich gottgewollt ist. Für sie sind Armut und Arbeitslosigkeit eine Herausforderung, die Verhältnisse zu ändern. Die jüdische Religion ist auf diese Welt bezogen, nicht auf irgendein Jenseits. Wenn Jesus sagt, sein Reich sei nicht von dieser Welt, steht er nicht mehr auf dem Boden des Judentums. Der Jude weiß, daß alles hier, auf dieser Erde, geschieht.

HK: Kurzum, die Juden wissen, daß im Leben etwas ist, das über das Alltagsleben hinausgeht. Oder anders gesagt, das Alltagsleben hat immer auch etwas Positives. Die Juden halten es nicht für nötig, sich ständig mit der Natur und den Naturgesetzen auseinanderzusetzen. Ich glaube, darum sind sie auch zum unbeschränkten Lebensgenuß fähig.

EL: Wahrscheinlich stimmt das. Bei alledem, was ich über das Judentum sage, gehe ich natürlich von der gegenwärtigen Situation aus und von mir selbst. Das ist eine moderne Haltung. Nach traditioneller jüdischer Einstellung fügt sich der Jude in eine Kette ein, die sich durch viele Jahrhunderte hindurchzieht. Sie hat am Berg Sinai oder noch früher begonnen. Die jüdische Religion verlangt kein Glaubensbekenntnis, sondern eine bestimmte Art zu leben.

HK: Glauben und Alltag klaffen nicht auseinander.

EL: Es gibt Regeln dafür, wie sich ein Jude seiner Frau, seinen Kindern und auch Fremden gegenüber verhalten soll. Das Alltagsleben ist dabei auch unmittelbar auf Gott bezogen. Man zündet die Kerzen an und spricht einen Segensspruch, so beginnt der Sabbat am Vorabend mit Gesängen. In jeder Synagoge brennt ein ewiges Licht. Und darum geht es. Das Leben wird nicht in Frage gestellt. Die Religion ist eine Möglichkeit, mit dem Alltag fertig zu werden.

HK: Und wie Sie vorhin sagten, es geht nicht um den einzelnen, sondern um die Gemeinschaft.

EL: Ja, auch darin unterscheidet sich das Judentum vom Christentum. Der Jude steht nicht allein vor Gott, sondern zusammen mit den anderen. Jude sein bedeutet, ein gemeinsames Schicksal zu bejahen, dem man nicht entrinnen kann.

HK: Erklärt das auch, warum Juden fähig sind, sich gegenseitig zu erkennen? Manche sagen, wenn sie mit anderen Juden zusammen sind, entstehe ein Gefühl der Zusammengehörigkeit, auch wenn sie nicht wissen, wen sie vor sich haben.

EL: Das kann ich bestätigen. Obwohl es auf deutsch schrecklich klingt, möchte ich hier von einer Erfahrung im Blut sprechen. Juden haben eine erhöhte Sensibilität für das Fremde und Feindliche, aber auch für das Gemeinsame, Positive.

HK: Worin gründet dieses Zusammengehörigkeitsgefühl?

EL: Ich möchte es nicht metaphysisch oder mystisch verankern, wie es andere tun. Es gibt auch bei den Juden einen gefährlichen Hang zur Sentimentalität und zur Nostalgie. Alles, was verschwunden ist, wird verklärt. Isaac Bashevis Singer sagt mit Recht: »Wenn ich heute in einem Schtetel leben müßte, würde ich vor Langeweile umkommen.« Das Leben im Schtetel wird verherrlicht, weil man in ihm rückblickend die Ganzheit jüdischer Existenz erkennt, nicht etwa eine Bindestrichexistenz wie die deutsch-jüdische, deutsch-amerikanische, jüdisch-amerikanische und so weiter. Eine ganze jüdische Existenz gibt es heute eigentlich nur in Israel.

HK: Was bedeutet es für die Juden in der Welt, daß der Staat Israel existiert? Hat das die Lage der Juden nicht grundsätzlich verändert?

EL: Ja, schon. Aber nicht so, wie es Herzl erhoffte. Wir wissen heute, daß sich der Zionismus in einem entscheidenden Punkt getäuscht hat, denn der Antisemitismus ist durch den Zionismus nicht verschwunden, sondern auch ein Antizionismus geworden. Was in Israel geschieht, verunsichert mich sehr, weil dort der Verfolgte auch Verfolger geworden ist. Und das kann ich nicht akzeptieren, obgleich es Teil einer Kampfes ist, bei dem es für die Israelis ums Überleben geht. Aber es ist auch eine wichtige Erfahrung. Wir Juden haben nicht gewußt, inwieweit wir selbst zum Bösen fähig sind. Und ein zionistischer Führer hat erklärt, es müsse auch jüdische Verbrecher und Prostituierte in einem jüdischen Staat geben.

HK: Welche Konsequenz hat das für den Juden, der nicht in Israel lebt?

EL: Es verschärft das Problem der doppelten Loyalität. Dem Land gegenüber, in dem ich wohne, und dem jüdischen Staat gegenüber. Dieses Problem zeigt sich schon im Talmud. Es gibt den Talmud aus Jerusalem und den babylonischen Talmud, der in der Diaspora entstand. Die Mehrheit der Juden lebt nicht in Israel, sondern in anderen Ländern. Überall, wo Juden leben und wo eine Synagoge steht, ist ein jüdisches Zentrum. Das ist seit Jahrhunderten die legitime jüdische Existenz.

HK: Was glauben Sie, wie wird die Zukunft des jüdischen Volkes aussehen?

EL: Ich glaube nicht, daß es gelingen wird, uns auszurotten, obwohl es so oft versucht worden ist und immer wieder versucht wird. Die einzige Sicherheit, die es für uns gibt, besteht darin, daß es keine Sicherheit gibt. Damit kann man sehr gut leben. Das trifft übrigens nicht nur für die Juden zu.

HK: Aber die Identität des Judentums ist auch durch die Assimilation gefährdet. In Amerika zum Beispiel ist die Assimilation schon weit fortgeschritten.

EL: Trotzdem erwacht das Judentum immer wieder zu neuem Leben. Es stirbt nicht, es ist krank. Und die Krankheit kann Jahrhunderte dauern. Wir denken in großen Zeitabschnitten. Und es muß ja nicht überall Juden geben. Vor allem nicht in Ländern, wo der Judenhaß so stark ist, daß er keine Assimilation der Juden zuläßt.

HK: Vielleicht ist die jüdische Identität heute zum ersten Mal wirklich gefährdet.

EL: Das war sie doch immer. Und sie wird immer gefährdet sein. Insofern hat sich nichts geändert. Aber die Frage ist ja, wo es leichter ist, Jude zu sein. In Israel oder außerhalb Israels? In der gesamten Geschichte des Judentums standen sich immer wieder zwei Arten von Juden gegenüber: die Juden, die das geistige Erbe verkörpern, und die Juden, die für die jüdische Existenz mit der Waffe in der Hand kämpfen. Auf der einen Seite zum Beispiel der Richter Samuel, auf der anderen Seite der König Saul. Seit dem Kampf der Juden gegen die Römer hat die geistige Seite das Übergewicht. Kurz bevor der zweite Tempel zerstört wurde, schlich sich der Rabbi Jochanan Ben Sakkai als Frau verkleidet aus der belagerten Stadt heraus. Das war Hochverrat! Er ging zum römischen Kaiser und bat ihn um die Erlaubnis, in Bne Brak ein Lehrhaus zu gründen. Und damit rettete er das Judentum. Die Lehre wurde nicht mit dem Tempel zerstört, und das Schwergewicht jüdischer Existenz verlagerte sich von der politischen Ebene auf die geistige und religiöse. Im Lehrhaus entstand ein riesiges Diskussionsprotokoll über die Heilige Schrift, der Talmud. Wo soll das Schwergewicht heute liegen – das ist die Frage. Wer garantiert heute, daß es eine jüdische Zukunft gibt?

HK: Aber was bedeutet das für einen deutschsprachigen Juden? Was bedeutet das für Sie selbst? Gehen wir von Ihrer These aus, daß es kein deutsches Judentum mehr gibt. Was bleibt dann für einen Juden, der dem deutschen Kulturkreis angehört, noch übrig? Was hat er noch außer der Vergangenheit?

EL: Ich kenne die Bundesrepublik Deutschland und Berlin gut genug, um zu wissen, daß das Leben ohne die Juden sehr gut weitergegangen ist. Vielleicht lebt die Welt ohne die Juden unbeschwerter und gelöster. Ich weiß, daß ich von der Vergangenheit geprägt bin. Ich weiche ihr nicht aus, ich erinnere an sie in meinen Filmen. Ich kann nicht verdrängen, obwohl ich weiß, daß man ohne ein gewisses Maß von Verdrängung nicht leben kann. Aber ich lebe nicht in der Vergangenheit.

HK: Der Gegenstand Ihrer Filme ist das kollektive Schicksal des Judentums. Kreisen Ihre Filme auch um die Frage, was es heißt, heute als Jude zu leben?

EL: Nur ein paar meiner Filme behandeln jüdische Themen. Da sehe ich in den Einzelschicksalen vor allem das kollektive Schicksal. Ich zeige verschiedene Formen jüdischer Existenz und bringe dabei meine Erfahrung ein, die des Überlebenden, dem das Schlimmste, das Konzentrationslager, erspart blieb. Ich lebe sehr bewußt, genieße das Leben in dem Bewußtsein, daß es eine Gnade ist, die vielen anderen meiner Generation verwehrt wurde. Das Judentum lehrt, man solle so leben, als sei jeder Tag der letzte. Das kann ich nicht. Ich kann mir nicht vorstellen, daß einmal ein Tag der letzte Tag meines Lebens sein wird. Ich bin besessen vom Leben, nicht vom Tod, und koste jeden Tag aus. Die Vergangenheit hat mich geprägt, und ich lebe in der Gegenwart. Meine Identität habe ich nie in Frage gestellt.

HK: Heißt Jude sein für Sie eine besondere Verpflichtung haben?

EL: Ja. Die Verpflichtung, Mensch zu sein, anderen offen und positiv entgegenzutreten, keine Urteile zu fällen. Ich bin kein Ankläger und kein Richter, sondern ein Zeuge. Ich bin ein Mensch, der mit anderen Menschen zusammen auf diesem Planeten leben will. Ich bin bereit, mich zu wehren, wenn ich verfolgt werde. Daß ich wieder verfolgt werde, ist jederzeit möglich. Damit muß ich rechnen. Deshalb bin ich solidarisch mit allen Verfolgten und will mit meinen bescheidenen Mitteln dazu beitragen, daß eine Welt entsteht, in der wir alle in Freiheit leben können. Ich sehe die Juden nicht als eine besondere Gruppe, sondern als einen Teil der Menschheit. Die Verfolgungen haben uns gelehrt, was Unmenschlichkeit bedeutet und wie wichtig es ist, Mensch zu sein. Diese Erkenntnis hat Arthur Koestler in eine ironische und treffende Formulierung gekleidet: »Jews are like other people, but more so.«

FRED LESSING

Kaufmann und Vorstandsmitglied des Leo-Baeck-Instituts.
Geb. 1915 in Bamberg, gest. 1990 in New York

HK: Herr Lessing, Sie sind in Bayern geboren, haben 1934 Deutschland in Richtung England verlassen, ehe Sie 1942 nach Amerika gegangen sind. Spüren Sie nach diesem kosmopolitischen Lebenslauf noch Ihre jüdischen Wurzeln?

FL: Ich wurde in eine ganz assimilierte Familie hineingeboren. Mein Vater ging nie in die Synagoge, meine Mutter ebenso wie meine Großmutter nur an Feiertagen. Soweit ich es zurückverfolgen kann, ist meine Familie nie fromm gewesen. Ein Teil meiner Familie väterlicherseits war getauft seit dem Jahr 1870. Aus diesem Teil der Familie stammt Doris Lessing, die Autorin. Als ich in die Schule ging, wußte ich gar nicht, daß ich Jude war. Es wurde zum Beispiel einmal ein Zensus erstellt über die Religionszugehörigkeit der Schüler. Man zählte neunzig Prozent Katholiken, 8,9 Prozent Protestanten und einen einzigen Juden. Als ich nach Hause kam, fragte ich meinen Vater, was denn ein Jude sei, in unserer Klasse gebe es einen. Dabei war ich es selbst. Als ich ins Gymnasium kam, mit zehn Jahren, kam der Rabbiner zu meinem Vater, um ihm zu sagen, daß ich Religionsunterricht haben müßte. Da wurde mir erst klar, daß ich Jude bin. Aber zunächst bedeutete es mir gar nichts.

Als ich zwölf Jahre war, im Jahr 1927, kam ein junger Rabbiner, Dr. Friedrich Rülf, nach Bamberg, der den alten Rabbiner, den niemand mochte, ersetzte. Irgendwie hatte ich eine Zuneigung zu ihm. Der hat mich bekehrt, und ich wurde fromm. Ich habe zwar nicht koscher gegessen, aber ich bin jeden Freitagabend in die Synagoge gegangen. Samstags konnte ich nicht, weil ich zur Schule mußte. Was aber für meinen Vater viel schlimmer war: Ich wurde Zionist. Und die liberale jüdische Gemeinde war antizionistisch.

HK: Sie versuchten also, der Assimilation entgegenzuwirken und Ihr Judentum zu betonen?

FL: Ja. Während einige meiner jüdischen Freunde auch an den jüdischen Feiertagen in die Schule gingen, weil ihre Eltern gesagt hatten: »Das bedeutet uns nichts«, ging ich nicht in die Schule.

Ich wollte aber nicht zu den Orthodoxen gehören. Es gab in Bamberg eine ganz kleine orthodoxe Gemeinde von ungefähr zwanzig bis dreißig ostjüdischen Familien, mit denen man natürlich nichts zu tun hatte.

HK: Sie sind dann 1934 sehr früh weggegangen.

FL: Da war ich neunzehn Jahre. Meine Eltern blieben in Bamberg, weil die Leute sagten: »Der Schwindel kann höchstens sechs Monate dauern.« Außerdem florierte das Geschäft meines Vaters. Es wurden viele Kasernen gebaut, und da wir Ziegeleien besaßen und ein Monopol für die Backsteinlieferung, ging das Geschäft in den Jahren 1933, 1934, 1935 besser denn je. Außerdem dachte mein Vater, ihm könne nichts passieren, da die Familie seit über hundert Jahren in Bamberg ansässig sei. Und es passierte ihm auch nichts, bis zur Kristallnacht.

In der Kristallnacht erhielt er einen Telefonanruf, daß die Synagoge brenne. Er zog sich an und wollte hingehen, um die Thorarollen zu retten – er wußte ja nicht, was wirklich los war. Er wurde erkannt und zusammengeschlagen, flüchtete und wurde verfolgt. Die SA-Schergen kamen auch ins Haus und haben ihn dermaßen zugerichtet, daß er am nächsten Tag, als alle Bamberger Juden nach Dachau gebracht wurden, nicht transportfähig war. Mit Hilfe des Erzbischofs und aller möglichen Leute konnte er ins allgemeine Krankenhaus gebracht werden, was natürlich für Juden normalerweise unmöglich gewesen wäre. Er war jedoch eine sehr prominente Persönlichkeit, jedermann kannte ihn. Er starb acht Wochen später an seinen Verletzungen. Nach dem Krieg konnten mit Hilfe eines seiner besten Freunde, Thomas Dehlers, der Generalstaatsanwalt in Bamberg war und später Justizminister wurde, die Täter überführt werden. Man wußte genau, wer die sechs Leute waren, die ihn zusammengeschlagen hatten. Sie wurden wegen Körperverletzung mit Todesfolge verurteilt. Drei bis sechs Jahre haben sie bekommen.

HK: Und die Bamberger Juden kamen dann alle unmittelbar nach der Kristallnacht nach Dachau?

FL: Ja, alle männlichen Juden mit Ausnahme einiger weniger, die Visa nach Amerika hatten und die ich dann in der nächsten Woche in England traf.

HK: Wie würden Sie Ihre jetzige Beziehung zum Judentum definieren?

FL: Ich gehöre einer Reformsynagoge an, aber in meinem Herzen bin ich eher konservativ. Manchmal gehe ich sogar in die konservative Synagoge. Ich bin mehr an jüdischen und deutsch-jüdischen Organisationen interessiert als an allem anderen. In zahlreichen dieser Organisationen bin ich Direktor oder Schatzmeister oder Präsident.

HK: Herr Lessing, Sie sprechen mit einem leicht fränkischen Akzent. Darf ich daraus schließen, daß Sie immer noch Bindungen an Bamberg haben?

FL: Ja. Bamberg ist meine Heimat. Gar kein Zweifel. Selbst meine amerikanischen Freunde wissen natürlich alle, daß ich von dorther komme. Ich empfehle Bamberg auf jeder Europareise und besuche die Stadt jedes Jahr. Meistens nur für einen oder zwei Tage, um den Friedhof zu besuchen, wo alle meine Vorfahren begraben sind, bis zu meiner Ururgroßmutter zurück, die im Jahre 1865 dort bestattet wurde. Es sind insgesamt dreißig Gräber. Die letzten Jahre habe ich auch mit dem Direktor des Staatsarchivs an einer Geschichte der Judenverfolgung in Bamberg gearbeitet. Er ist Nichtjude und nach dem Krieg geboren und hatte natürlich keine Ahnung, wie es war, hat es sich aber zur Lebensaufgabe gemacht, ein Buch darüber zu schreiben. Ich kann ihm dabei sehr helfen, denn ich kann ihm Auskunft geben über die betroffenen Juden und über die damaligen Verhältnisse.

HK: Wie kommt es, daß Ihre Beziehungen zu Bamberg immer noch so stark sind? Sie waren ja nicht einmal zwanzig, als Sie weggegangen sind.

FL: Der Grund ist meine Familie, mein »background«. Irgendwie fühle ich mich in Bamberg verwurzelt. Ich weiß mehr von der Heimatgeschichte als viele Bamberger, weil mein Vater und meine Großmutter sie mir erzählt haben. Ich bin ein Amateurhistoriker, und es macht mir Spaß. Was mich ein wenig bedrückt, ist, daß die Stadt jetzt zu dreißig Prozent preußisch ist und nicht mehr rein katholisch wie damals. Es herrscht eine ganz andere Atmosphäre wie in vielen deutschen Städten. Es ist nicht mehr das, was es einmal war. Dennoch: Wenn ich in den Bamberger Dom gehe, dann bedeutet mir das etwas. Ich kenne da jede Skulptur, jeden Altar. Denn ich bin ja damit groß geworden. Das Empire State Building und die St. Patricks Cathedral bedeuten mir viel weniger.

HK: Aber Sie haben nie erwogen zurückzugehen.

FL: Nein. Weil ich dort ein Fremder bin. Ich bin vor vier Jahren zum fünfzigsten Abiturjubiläum dort gewesen. Von den dreißig Mitschülern waren nur vierzehn da. Meine ehemaligen Mitschüler waren mir total fremd – außer einem, mit dem ich seit zehn Jahren wieder in Verbindung stehe, der Antinazi war. Man konnte sich auch nicht unterhalten. Es hatte mich gereizt hinzufahren, nachdem 1933, also im Abiturjahr, meine Mitschüler zu mir gesagt hatten: »Wir können dich jetzt leider nicht mehr zu unseren Bierabenden einladen.« Ich habe allerdings noch viele gute Beziehungen zu Bamberg.

HK: Glauben Sie, daß das Leben in der Emigration besondere Fähigkeiten fördert und Energien freisetzt?

FL: Ja, unbedingt. Man will ja in einer fremden Umgebung etwas erreichen. Ich bin sicher, wäre ich in Bamberg geblieben, wäre ich ein Playboy geworden, hätte das Geschäft des Vaters übernommen, das ganz von allein gegangen wäre, und das übliche Leben in einer Kleinstadt weitergeführt, das nicht besonders interessant war. Ich muß sagen, es ist Hitler zu verdanken, daß ich aus diesem Milieu herauskam. Eine Herausforderung bietet nur eine fremde Umgebung. Ich kam also nach England und habe an der London School of Economics studiert. Dann ging mir das Geld aus, weil man keines mehr von Deutschland schicken konnte, und ich habe gearbeitet, wurde dann aber interniert. Das war so unangenehm, daß ich die Nase voll hatte von England. Nach Amerika ging ich dann, weil meine zukünftige Frau schon vorher dorthin ausgewandert war. Ich kam dort mit vierzig Dollar in der Tasche an und habe sofort eine Stellung für fünfundzwanzig Dollar angenommen. Und dann später, nach vier, fünf Monaten, 1942, habe ich mich um eine Stelle als Buchhalter beworben, und später wurde ich Mitbesitzer der Firma. So geht es in Amerika. Ich habe dann studiert, in Abendkursen an der Universität, um meinen »bachelor degree« zu machen, damit ich sagen kann: »Ich habe einen akademischen Grad.« Aber der hat mir in meinem Beruf überhaupt nicht geholfen. Ich wäre auch so Mitbesitzer geworden.

HK: Mußte man, um gesellschaftlich anerkannt zu werden, besser sein als die anderen? Mußte man höhere Ansprüche an sich selbst stellen?

FL: Ja, natürlich. Ich bin sicher, daß Henry Kissinger in Deutschland Anwalt geworden wäre, im günstigsten Fall Universitätsprofessor. Wer in Deutschland ein guter Anwalt war, ist natürlich auch hier ein guter Anwalt geworden. Aber es gab auch, das darf man dabei nicht vergessen, eine Unmenge von Emigranten, die nicht erfolgreich waren.

HK: Was machte denn die Erfolgreichen hier so besonders erfolgreich?

FL: Die europäische Erziehung, die deutsche Erziehung, die deutsche Disziplin. Wir waren eben besser. Gar kein Zweifel. Ich bin, nachdem ich meine Firma verkauft hatte vor zwanzig Jahren, in einen Aufsichtsrat gewählt worden. Dort war ich der einzige Jude und wurde, wenn auch nicht gerade als ein »elder statesman«, aber doch als jemand betrachtet, dem man zuhören muß. Ich war für sie jemand, der sich in Geschichte auskennt, der nicht nur über Baseball und Golf Bescheid weiß, sondern noch ganz andere Interessen hat, obwohl er mit Akzent spricht, gutes Englisch schreibt. Aber trotzdem. Ich wurde zwar mit großem Respekt behandelt, aber wie ein exotisches Tier.

HK: Wie ist es aber mit der nachfolgenden Generation? Glauben Sie, daß sich für die jüngeren Leute sehr viel verändert?

FL: Ja. Bei meinen eigenen Kindern, die in Amerika geboren sind, ist das zwar nicht der Fall, aber sie sind für diese Generation nicht typisch. Meine ältere Tochter fühlt sich mehr oder weniger deutsch-jüdisch im Gegensatz zu ostjüdisch. Meine jüngere Tochter, die einen Amerikaner, einen Juden geheiratet hat, ist europäisch eingestellt, weil sie gern in der Schweiz Ski fährt, und sie ist von Bamberg begeistert. Beide Kinder lieben Bamberg. Und meine ältere Tochter pflegt zu sagen: »Wir kommen aus Bamberg.«

HK: Dieser Gegensatz zwischen Deutsch-jüdisch und Ostjüdisch besteht also noch?

FL: Für die jüdische Gesellschaft in Bamberg waren die meisten Ostjuden »koa Leit«. Man hat sie zwar gekannt und hat sie auch gegrüßt auf der Straße, aber doch nie zum Tee eingeladen. Das ist hier natürlich ganz anders. In meinem Haus verkehren Leute, die von meinen Eltern nicht eingeladen worden wären – weil die Eltern aus Rußland kamen. Sie sind meine Freunde, Amerikaner. Trotzdem gibt es diese Unterschiede noch. Der »Beach Club«, in dem ich seit siebenunddreißig Jahren Mitglied bin, wurde 1924/25 ursprünglich von deutschen Juden gegründet. Wenn man östlich der Weichsel geboren war, kam man bis zum Jahr 1933 nicht hinein. Nach 1933 hat sich das total geändert. Als ich 1950 aufs Land zog und in den Club wollte, wurde ich im Unterschied zu anderen sofort genommen, wenn auch nicht mehr so deutlich bevorzugt wie im Jahr 1925. Der Anteil deutscher Emigranten unter den Mitgliedern des Clubs beträgt heute nur noch fünf Prozent. Alle anderen sind amerikanische, in Amerika geborene Juden. Es gibt den Dünkel auch im umgekehrten Sinn. Die sogenannten Ostjuden, die schon seit zwei Generationen hier sind, haben mit Schadenfreude auf die neuen »refugees« herabgesehen und ihnen jede Starthilfe verweigert. Aus Rache dafür, daß die Juden in Deutschland von 1880 bis 1933 den Ostjuden nicht geholfen hatten. Verständlich vielleicht. Die Unterschiede bestehen nach wie vor, und ich glaube nicht an Amerika als »melting pot«. Gerade in höheren sozialen Schichten funktioniert die Abgrenzung immer noch. Geschäftlich macht man zwar keinen Unterschied, aber gesellschaftlich sehr wohl. Als »refugee« spricht man mit Akzent und wird irgendwie anders behandelt. Die Freunde meiner Familie sind zu fünfundneunzig Prozent Juden und von diesen fünfundneunzig Prozent sind wiederum siebzig Prozent deutsche Juden, Emigranten oder deren Kinder. Wir alle kriegen das zu spüren. Für die christlichen Geschäftsfreunde bin ich mit wenigen Ausnahmen eine »non-person«, seit ich aus der Firma ausgetreten bin.

HK: Jude zu sein war – euphemistisch gesagt – stets mit zahlreichen Nachteilen verbunden. Beinhaltet das für Sie auch eine ganz besondere Pflicht?

FL: Absolut. Erstens, meine ich, darf man es nicht verleugnen. Und dann verspüre ich meinen Glaubensgenossen gegenüber die Pflicht, ihnen zu helfen. Deswegen bin ich in deutsch-jüdischen Organisationen. Ich habe jedoch nichts mit United Jewish Appeal zu tun. Die kriegen keinen Pfennig von mir.

HK: Weshalb nicht?

FL: Weil amerikanische Juden nichts für die deutschen Juden tun. Und wir deutschen Juden müssen uns selbst helfen. Aber was heißt da Pflicht? Es ist selbstverständlich, daß ich helfe.

Ich würde, wenn ich es mir erlauben könnte, von all meinen Funktionen zurücktreten und zu Hause im Garten sitzen und ein gutes Buch lesen. Natürlich interessiert mich das Leo-Baeck-Institut. Aber ich kann es auch nicht mehr loswerden. Wenn ich heute zurücktrete, ist niemand anders da, der sich so dafür interessiert. Meine Generation stirbt aus.

HK: Glauben Sie, daß man als Jude einen höheren moralischen Anspruch an sich selbst hat als andere?

FL: Ich unterschreibe das. Absolut. Es läßt sich wahrscheinlich nicht nachweisen. Aber ich bin der festen Überzeugung, daß es so ist. Ich behaupte mit meinem Herzen, daß ich etwas Besseres bin als deutscher Jude und speziell als Bamberger Jude. Einen Unterschied zwischen Juden und Nichtjuden würde ich nicht unbedingt machen, obwohl ich auch das in meinem Innersten glaube, wenn ich ehrlich bin. Aber daß die deutschen Juden besser sind als die anderen Juden, davon bin ich felsenfest überzeugt. Ich rede jetzt von meiner Generation. Sie besitzen eine höhere Bildung, besseren Charakter, bessere Moral, kurz: mehr Kultur. Wenn Sie hier zum Beispiel in ein Konzert gehen, dann sind etwa zwanzig Prozent der Zuhörer deutsche Juden. Statistisch dürfte es nur ein Prozent sein.

HK: Das jüdische Volk hat seit 1948 wieder eine auf der Landkarte sichtbare Heimat, aber es ist auch eine politische Nation geworden. Dadurch hat sich sehr viel verändert. Wie beurteilen Sie diesen Wandel?

FL: Ich bin seit sechzig Jahren Zionist. Für mich ist Israel etwas ganz Besonderes. Ich ging zum ersten Mal 1961 nach Israel, mit der Idee: Da kommt die Thora her, das ist die spirituelle Heimat. Und war furchtbar enttäuscht. Es war ein Land wie jedes andere. Die Schwarzhändler tauschten die Dollars genauso wie anderswo. Ich hatte in ganz Europa meine Dollars auf dem Schwarzmarkt umgetauscht, aber doch nicht in Israel. Das war für mich eine solche Enttäuschung, daß ich zwölf Jahre lang Israel nicht wieder betreten habe.

HK: Obwohl Sie überzeugter Zionist waren?

FL: Ja, ich hatte mir als Junge in Bamberg schon ausgerechnet, wie man dort eine Hühnerfarm erwerben könnte. Aber die Konsequenzen einer solchen Entscheidung, das harte Leben dort, haben mir nicht gepaßt. Ich wäre kein guter Kibbuznik geworden.

HK: War nicht auch der moralische Anspruch, den die Juden an sich selbst und ihren neuen Staat gestellt haben, zu hoch? Vielleicht war er gar nicht einlösbar.

FL: Ja, das ist wohl richtig, aber als ich die Realität sah, war das für mich doch eine große Enttäuschung. Da wurde mir klar, daß es ein Land ist wie jedes andere, nur voller Juden. Dennoch weigere ich mich strikt, dies als Normalität anzuerkennen. Ich will nicht aufhören, anders zu sein, anders zu denken. Aber auch so, wie es ist, muß Israel erhalten bleiben, weil ich nicht weiß, ob ich oder meine Kinder hier in Amerika begraben werden. Ich sehe sehr schwarz für unsere Zukunft in Amerika.

HK: Was gibt Ihnen Anlaß zur Sorge?

FL: Wenn meine jüdischen Freunde sagen, Hitler kann es hier in Amerika niemals geben, dann sage ich: Meine Eltern haben 1929 in ihrem Haus in Bamberg dieselben Partys gegeben, wie ich sie hier gebe oder bei euch miterlebe. Wenn damals jemand meinem Vater prophezeit hätte, daß er acht Jahre später erschlagen werden würde, hätte er an dessen Verstand gezweifelt. Wer weiß denn, was in zwanzig oder dreißig Jahren sein wird? Was wird geschehen, wenn es wieder eine Depression gibt? Denselben Gedanken hatte ich natürlich vor vierzig Jahren auch schon, doch hatte ich damals noch die Hoffnung, daß erst die Schwarzen, dann die Puertoricaner und dann erst die Juden rausgeworfen würden. Heute kann ich das nicht mehr so sehen. Die Schwarzen sind keine Minorität mehr. Und die Puertoricaner auch nicht. Die vier oder fünf Millionen Juden sind die einzige Minorität. Es ist auch eine Illusion, daß wir die Macht hätten, die Wahlen zu entscheiden. Momentan noch. Aber wer garantiert uns, daß wir nicht eines Tages eine andere Gesetzgebung haben werden? Wer hätte 1925 in Deutschland für möglich gehalten, was 1933 eintrat? Das war nur acht Jahre später. Woher wollen wir wissen, was in acht Jahren passiert? Nehmen wir an, wir bekämen einen schwarzen Vizepräsidenten, das nächste Mal. Wenn dann der Präsident einen Unfall hat, haben wir einen schwarzen Präsidenten. Der wird, glaube ich, nicht sehr judenfreundlich sein, denn er braucht die Juden nicht zur Wahl, er hat die Schwarzen. Ich höre schon die Phrasen, dieselben, die Hitler gebraucht hat: Fred Lessing, du bist mit vierzig Dollar hier angekommen, was du heute besitzt, hast du uns ausgesaugt. Wir geben dir deine vierzig Dollar wieder, und damit kannst du zurück nach Israel oder Palästina. So wie Hitler über den Juden sagte: Er kam mit einem Rucksack an, und mit dem Rucksack geht er wieder fort. Es ist gut möglich, daß meine Kinder oder Enkelkinder auswandern müssen.

HK: Sie haben also kein besonders herzliches Gefühl für Amerika entwickelt?

FL: Amerika ist ein großes und reiches Land und wie gesagt, »it was good to me«, wie es so schön heißt, und vielleicht wäre ich anderswo nicht so erfolgreich geworden. Aber die Amerikaner sind mir nicht geheuer. Wenn Sie jemanden auf der Straße treffen, hören Sie schnell: »You are my best friend.« Wenn man jemandem vorgestellt wird: »This is a good friend of mine.« Das kommt natürlich aus der Pionierzeit, als man einander helfen mußte, als man in der Prärie die Planwagen zu einer Wagenburg zusammenschob. Man nimmt es Einwanderern heute noch übel, wenn sie nicht Bürger werden. Charlie Chaplin zum Beispiel wollte Engländer bleiben. Überall auf der Welt dauert es etliche Jahre, bis man Bürger wird. In der Schweiz ist es so gut wie unmöglich. Hier wird man Bürger, kaum daß man fünf Jahre da ist, und wird scheel angesehen, wenn man die Einbürgerung nicht beantragt. »Americans want to be loved.« Weil sie unsicher sind. Im Gegensatz dazu wollen Deutsche nicht geliebt werden. Hier werden jetzt fünf Millionen illegale Einwanderer amerikanische Bürger werden. Ein Wahnsinn. Deswegen habe ich es sehr begrüßt, als meine Tochter sich eine Wohnung in Jerusalem gekauft hat. Mit drei Schlafzimmern für die ganze Familie.

HK: Welche Beziehung haben Sie zu Israel, und wie denken Sie über die Verbindung von Religion und Politik, die sich dort manifestiert?

FL: Es ist natürlich ein Unglück, was die Orthodoxen dort treiben, die eine Theokratie wollen. Aber irgendwie wird es weitergehen. Wir denken immer in ganz kleinen Zeitabständen. Ich habe die Zeitungen der Jahre 1947 und 1948 aufgehoben. Damals hätte man nie daran gedacht, daß Israel so werden könnte, wie es jetzt ist. Es ist unglaublich, was in Israel passiert ist. Ich bin traurig darüber, aber ich kann nichts dagegen unternehmen.

HK: Lassen Sie uns noch einmal auf die Religion zurückkommen. Wie läßt sich Ihr Glaube an Gott mit der Tragödie des Holocaust vereinbaren?

FL: Gott hat zweitausend Jahre lang Judenverfolgungen zugelassen. Es ist im Grunde kein Unterschied, ob im Jahre 1349 sechzig Juden in Bamberg verbrannt wurden oder sechs Millionen während der Naziherrschaft umgebracht worden sind. Jene sechzig waren damals ja sämtliche Juden, die in Bamberg lebten. Es war eine ebenso totale Ausrottung, und sie hat in fast allen Städten Europas stattgefunden. Wenn ich die polnischen und russischen Juden einmal außer acht lasse, dann sind zweihunderttausend deutsche Juden umgekommen, und dreihunderttausend haben sich retten können. Dasselbe Verhältnis bestand damals im Mittelalter. Und die Leute, die 1350 gelebt haben, deren Familien zum Beispiel in England verbrannt wurden, haben wahrscheinlich genauso gefragt: »Wie konnte Gott das zulassen?« Natürlich verstehe ich, daß viele im Lager an Gott verzweifelt sind, aber ich kann deshalb nicht an Gott zweifeln.

HK: Glauben Sie, daß die Prophezeiung sich erfüllen und der Messias kommen wird?

FL: Natürlich kommt der Messias. Irgendwann wird er kommen. Aber nicht, solange ich lebe. Er wird kommen, weil es so in der Bibel steht und weil der Talmud das sagt. Als Voraussetzung für sein Kommen müßte Friede herrschen. Aber das ist ja nicht der Fall und ist wohl auch nicht zu erwarten.

HK: Somit wäre es sehr unwahrscheinlich, daß der Messias jemals kommt.

FL: Ja. Aber ich muß daran glauben, und ich bete dafur. Ich bete ja auch fur den Frieden, obwohl ich gleichzeitig Steuern zahle, von denen Cruise missiles gekauft werden. Mein Verstand sagt mir, daß es nicht eintreten wird. Als Gläubiger andererseits zweifle ich nicht daran.

HK: Was, glauben Sie, sind die Gründe für den

nun schon so lange existierenden Antisemitismus?

FL: Die Juden natürlich. Einem bekannten Spruch zufolge – Sie kennen ihn vielleicht – ist ein Antisemit jemand, der Juden mehr haßt, als absolut notwendig ist. Daß jedermann die Juden haßt, ist also normal: weil sie anders sind. Und man haßt eben Leute, die anders sind. In Bayern haßt man die Preußen, weil sie anders sind und bleiben wollen. Und weil sie denken, daß sie besser sind.

HK: Aber immerhin gab es in Deutschland doch eine Zeit, in der die Juden nicht wie Fremde behandelt wurden.

FL: Das war eine Illusion. Juden nahmen zwar am gesellschaftlichen Leben der Christen teil und gingen in christliche Clubs. Aber es war eine Illusion, die sich auch nur sechzig Jahre gehalten hat. Von 1870 bis 1933. Nicht einmal über zwei Generationen.

HK: Welche Meinung haben Sie von Deutschland heute?

FL: Wie gesagt, ich gehe jedes Jahr nach Deutschland. Ich fühle mich wohl in Deutschland. In gewisser Weise ist es mein Zuhause. Wenn man mich hier hinauswerfen sollte, würde ich nicht zögern, nach Deutschland zurückzukehren.

Nur fürchte ich, daß man mir es dann auch nicht leichtmachen würde.

EMANUEL LEVINAS

Philosoph. Geb. 1905 in Kaunas, gest. 1995 in Paris

HK: Herr Professor Levinas, Sie stammen aus Litauen. Wann sind Sie von dort fortgegangen?

EL: Im Jahre 1923. Ich ging nach Frankreich, ich war in Straßburg, dann in Paris. Dazwischen war ich auch in Deutschland, in Freiburg im Breisgau. Dort habe ich mein Doktorat vorbereitet. Freiburg hatte damals eine angesehene Universität. Dort lehrten bekannte deutsche Philosophen, Husserl vor allem. Wegen ihm bin ich nach Freiburg gekommen.

HK: Dann kamen die Nazizeit und der Krieg. Waren Sie damals schon französischer Staatsbürger?

EL: Ja, seit 1930.

HK: Wie haben Sie den Krieg erlebt?

EL: Ich wurde sofort nach der Mobilmachung 1939 eingezogen. Schon am 10. Mai 1940 geriet ich in Gefangenschaft. Ich kam in ein Lager in der Nähe von Hamburg. Ich war dort mit anderen jüdischen Gefangenen zusammen, aber nicht als Jude interniert. Wir wurden wie alle anderen Kriegsgefangenen behandelt.

HK: Wann wurden Sie befreit?

EL: Im Mai 1945 durch die Russen. Ich war inzwischen in ein Kriegsgefangenenlager in Ostdeutschland verlegt worden. Nach der Befreiung wurde ich nach Paris gebracht.

HK: Wußten Sie damals schon, was in den Konzentrationslagern vor sich gegangen war?

EL: Nein, das haben wir nicht erfahren. Wir haben wohl etwas geahnt, aber wir waren nicht in Kontakt mit der Bevölkerung. Obwohl unser Lager nicht weit von Bergen-Belsen entfernt lag, haben wir davon nichts gewußt.

HK: Sind Sie in der Tradition des Judentums erzogen worden?

EL: Ja. In Litauen gab es eine alte jüdische Kultur, die ostjüdische. Meine Eltern haben mit uns Kindern Russisch gesprochen. Wir haben natürlich Hebräisch gelernt, aber das moderne Hebräisch. Die jüdische Kultur war in den östlichen Ländern tief verwurzelt, aber dennoch entwickelte sie sich hin zum modernen Judentum, zum modernen Hebräisch, zur modernen Art und Weise, die Bibel zu lesen. Meine Eltern haben mir das Wesen des Judentums nahegebracht. Die größte Bedeutung maßen sie der Kenntnis des Hebräischen bei. Auf dieser Grundlage habe ich mich dann später in Frankreich mit den alten Schriften des Judentums befaßt, die Sie hier sehen.

HK: Was haben diese alten Bücher Sie gelehrt?

EL: Daß es eine gemeinsame jüdisch-christliche Ethik gibt und ihre Grundlage die Nächstenliebe ist. Die Juden sind keine Christen, aber die gemeinsame Basis des Judentums und Christentums ist das Alte Testament. Diese Basis gewinnt im Talmud noch eine andere, besondere Tiefe. Dennoch leben wir in der *einen* jüdisch-christlichen Welt. So sieht es auch Franz Rosenzweig, für den ich mich sehr interessiert habe. Für mich ist die Verantwortung für den anderen Menschen der Zugang zur Einzigartigkeit meiner selbst, die Bedingung der Möglichkeit, »ich« zu sagen.

HK: Sehen Sie in der Gründung des Staates Israel eine historische Chance für die Juden in allen Ländern der Welt?

EL: Die Existenz Israels trägt zum Zusammen-

halt der Juden bei, die über die ganze Welt verstreut sind. Israel hat deswegen eine Bedeutung für alle Juden, nicht nur für die Zionisten. Viele Juden warten noch darauf, wieder eine eigene Heimat zu haben. Der Zionismus ist eine Möglichkeit, als Jude weiterzuleben nach dem, was in Auschwitz geschehen ist. Alle Juden sollten an der Entwicklung in Israel in irgendeiner Form Anteil nehmen. Dort, wo Israel liegt, ist ja auch die historische Heimat der Juden.

HK: Was bedeutet Heimat für Sie persönlich?

EL: Das ist schwer zu sagen. Russisch ist meine Muttersprache, und ich bewundere alles, was die russische Literatur vorgebracht hat: Puschkin, Gogol, Lermontow, Tolstoj, Dostojewski. Und ich stamme aus Litauen. Aber ich fühle mich heute sehr an Frankreich gebunden. Ich empfinde natürlich viel für Jerusalem, aber die Heimat, wenn Sie so wollen, ist hier in Frankreich. Es ist ja nicht so, daß man wie eine Pflanze an den Boden gebunden wäre. Heimat ist für mich eher eine Frage der Kultur. Die französische Sprache vermittelt mir ein Heimatgefühl. Ich fühle in ihr den Geschmack der Erde.

HK: Würden Sie sagen, Sie sind zuerst Franzose und dann Jude?

EL: Das hängt immer davon ab, ob es Konflikte gibt. Wenn Sie einen Konflikt haben, müssen Sie entscheiden, was zuerst kommt. Ich schreibe Französisch. Ich lese Hebräisch, und ich kann es auch schreiben. Aber ich schreibe Französisch.

HK: Herr Professor Levinas, viele Ihrer Angehörigen wurden in Konzentrationslagern getötet. Empfinden Sie Haßgefühle, oder haben Sie manchmal Rachegedanken?

EL: Rache kommt nicht in Frage. Ich habe alles verloren, meine Eltern, die Eltern meiner Frau, meine Brüder. Alles ausradiert. Aber ich will das nicht in die Öffentlichkeit tragen. Ich bin nicht rachsüchtig.

HK: Ist Ihnen diese Selbstbeherrschung nicht sehr schwergefallen? Verzeihen Sie, wenn ich insistiere.

EL: Nein. Sehen Sie, ich habe deutsche Freunde. Die meisten sind Katholiken aus Süddeutschland, die ich wirklich ehre und liebe. Das sind Persönlichkeiten. Man sagt, Deutschland hat nicht um Vergebung gebeten, nicht kollektiv und nicht offiziell. Aber es gibt verschiedene Arten und Weisen, um Vergebung zu bitten. Und so etwas habe ich sehr wohl gesehen. Ich meine, mit Barbie habe ich kein Mitleid. Das kann ich ruhig sagen. Aber es erscheint mir unmöglich, im Haß zu verharren. Man kann eine gewisse Einstellung zu Auschwitz haben, ohne Rache nehmen zu müssen. Man muß gewisse Deutsche und eine gewisse Art, deutsch zu sein, nicht gerade lieben, aber deswegen muß man keine Rachegelüste haben. Es ist sehr schwer zu erklären. Ich gehe nicht nach Deutschland. Ich habe ein Gelübde abgelegt, als ich nach Frankreich zurückgekommen bin. Meine Freunde in Deutschland wissen und respektieren das, und sie organisieren Treffen, Kolloquien und Diskussionen auf neutralem Boden.

HK: Hat Ihrer Meinung nach durch Auschwitz die jüdische Ethik ihre Grundlage verloren?

EL: Ich sage immer, man muß die jüdische Ethik annehmen, auch wenn sie nichts verspricht. Auch wenn uns Auschwitz »passiert« ist, bedeutet das nicht, daß wir den anderen gegenüber so handeln müssen, wie man uns in Auschwitz behandelt hat. Man muß in der Ethik bleiben, auch wenn sie enttäuscht und auch, wenn sie nichts verspricht. Glauben ohne Happy-End. Auch wenn man in Auschwitz das Ende, den Tod der Ethik gesehen hat, ist das kein Grund, die Ethik als gestorben zu betrachten. Ich glaube weiterhin an die Ethik. Die Krise der Ethik ist kein Grund, sich selbst nicht nach ethischen Maßstäben zu verhalten, nicht menschlich zu handeln. Wenn man nach Auschwitz alles, was in der Bibel steht, vergessen würde, dann hätte Hitler am Ende vielleicht doch noch gesiegt. Denn gerade das war sein Ziel: nicht nur die Juden selbst auszurotten, sondern auch die jüdische Lehre und den jüdischen Geist. Man darf auch in negativer Hinsicht nicht von ihm lernen.

HK: Woher kommt eigentlich der Antisemitismus? Warum entsteht er immer wieder?

EL: Oberflächlich gesehen ist Antisemitismus der Haß auf das Andersartige. Aber dann wäre Antisemitismus nichts anderes als der überall zu beobachtende Haß zwischen den Völkern. Ich glaube aber, daß es einen bestimmten Haß gegen die jüdische Lehre in der Bibel gibt.

HK: Wie meinen Sie das?

EL: Ich meine die Menschenliebe, die Liebe zum anderen, zum Fremden. Ich meine den Geist der Bibel und der Rabbinerliteratur. Es gibt einen Haß gegenüber einer gewissen menschlichen Haltung und gegenüber einem bestimmten Menschenideal, welches in seiner entschiedenen Eigenart eine Herausforderung darstellt. In diesem Sinne ist das Christentum demselben Haß ausgesetzt wie das Judentum, sofern es das echte, ursprüngliche Christentum geblieben ist. Das Judentum ist der Träger eines gewissen Ideals, und dieses Ideal ist gewissen Leuten desto mehr zuwider, je hartnäckiger an ihm festgehalten wird. In diesem Sinne verstehen echte Christen das Judentum sehr gut.

HK: Wie interpretieren Sie die Verheißung der Bibel, daß der Messias kommen und die Welt sich verändern wird?

EL: Wenn man diese Verheißung wörtlich nimmt, ist das eine kindische Vorstellung. Sie ist natürlich mythologisch zu verstehen. Die Menschheit wird vielleicht zum wahren Menschentum zurückkommen. Man muß sich so verhalten, als ob dies gewiß wäre, und zugleich alles tun, um die Bedingungen für ein wahres Menschentum zu verbessern. Mit dem »Erscheinen« des Messias ist ein Prozeß der Vermenschlichung des Menschen gemeint. Einmal muß dieser Prozeß schließlich beginnen. Das wäre dann der Beginn des messianischen Zeitalters. »Messias« bedeutet nichts anderes, als daß es an der Zeit wäre.

HK: Ihr letztes Buch hat den Titel »Wenn Gott ins Denken einfällt«. Was besagt diese Formulierung?

EL: Das ist reine Philosophie. Ich sage damit, daß Gott ins eigene Denken kommt, wenn ich das Antlitz des anderen Menschen sehe. Und das ist keine Metapher, sondern gerade die wörtliche Bedeutung der ursprünglichen Offenbarung. Das Antlitz des anderen Menschen ist ein Um-Erbarmen-Bitten und das Gebot »Du sollst nicht töten«. Das ist Gottes Wort, und dieses Wort sagt mir das menschliche Antlitz. Das ist das Thema des Buches, nicht die Schönheit der Natur, nicht die Sonne. Natürlich auch diese Schönheit – aber dann fällt mir Gott ein. Er fällt mir ins Denken ein. Ich liebe dieses deutsche Wort. Es ist sehr schön zu sagen: Wenn er mir einfällt. Als ob er ins Denken hereinfällt. Wenn er sich dazu erniedrigt, ohne zu triumphieren, im menschlichen Antlitz zu mir zu sprechen. Darüber sollte man nachdenken.

LEO LÖWENTHAL

Philosoph und Literatursoziologe. Geb. 1900 in Frankfurt/M., gest. 1993 in Berkeley

HK: Herr Professor Löwenthal, wenn Sie Ihr Leben als kritischer Intellektueller überblicken – gibt es ein zentrales Motto Ihres wissenschaftlichen und politischen Engagements?

LL: Was mich seit meiner Frühzeit bis heute bewegt, ist das messianisch-utopische Element. Natürlich kann ich mich, ich bin ja heute fast neunzig Jahre alt, nicht mehr so aufspielen, wie man das in seiner Jugend tut, und mich gleichsam zum Mitvertreter einer messianisch-utopischen Hoffnung aufschwingen, die man zu realisieren versucht. Andererseits muß ich sagen, daß ich heute mit der viel realistischeren, sich konkret mit der Zeitlage auseinandersetzenden Haltung mancher meiner Freunde auf der politischen Ebene nicht immer ganz einig bin. In den meisten Dingen stimmen wir wohl völlig überein, aber ich kann nicht den Gedanken aufgeben, daß das zu beseitigen ist, was Georg Lukacs in dem schönsten Buch, das er je geschrieben hat, der »Theorie des Romans«, die Infamie des Bestehenden nennt. Dieser Traum von der Utopie, die die unmenschliche in eine menschliche Gesellschaft umwandelt, wozu auch die Befreiung der Natur zu gehören hätte, ist ein Gedanke, den ich nicht aufgeben kann, solange ich lebe. Ich bin durch so viel Konkretes hindurchgegangen. Mein Leben besteht, wenn man so will, aus der bestimmten Negation. So muß ich mich viel konkreter zu allem verhalten, kann nicht mehr so in allgemeinen Kategorien sprechen, wie ich das als Fünfundzwanzigjähriger getan habe, als ich alles verurteilt habe und nichts mitmachen wollte. Aber trotzdem bleibt die Hintergrundmusik meines Lebensgefühls in einer gewissen Weise das Utopische.

HK: Welche Rolle spielt für Sie dabei das spezifisch jüdische Erbe?

LL: Ich kann das nicht sagen. Es ist *ein* Element. Ich bin Jude, ich bin Deutscher, ich bin Amerikaner, ich bin Kosmopolit und ein kritischer Theoretiker. Das gehört alles da hinein. Ich glaube wirklich noch an die Autonomie der Kunst, an das utopische Element, an den Widerstand. Wie weit das jüdische Element da eine wichtige Rolle spielt, weiß ich nicht. Ich würde allerdings eines sagen – diese Formulierung stammt ursprünglich von Max Horkheimer, ich habe sie gerne übernommen: »Die Juden sollten es besser wissen.« Das heißt, vieles von dem, was die Juden in der sogenannten Diaspora wie auch in Israel tun, sehe ich im Widerspruch zu der prophetisch-messianischen Erbschaft, von der wir soviel hermachen. Es wäre wohl angebrachter, wenn der Rausch der Normalität der Israelis sich etwas weniger in dem Normalverhalten der Israelis ausdrückte, die genauso doppelmora-

lisch sind wie andere Menschen auf der Welt auch. In dem Sinne ist das Messianische noch ein berechtigter erhobener Zeigefinger, den sich die Juden in bezug auf ihre Verhaltensweise immer vor Augen halten sollten.

HANNA MARRON

Schauspielerin, Tel Aviv. Geb. 1923 in Berlin

HK: Frau Marron, ich habe die Empfehlung, Sie zu besuchen, von Gottfried Reinhardt, mit dem ich in Los Angeles gesprochen habe. Woher kennen Sie sich?

HM: Er war damals Regisseur an der Volksbühne Berlin, und ich war – ich weiß nicht, ob er Ihnen das erzählt hat – so eine Art Wunderkind, ein Kinderstar. Ich habe schon mit vier Jahren Theater gespielt. Im ursprünglichen »Pünktchen und Anton«, also in der Theateraufführung, war ich das Pünktchen. Mit Emil Jannings zusammen hab' ich im »Fuhrmann Henschel« gespielt. Es gab auch Radioauftritte und Filme. Auch in »M« von Fritz Lang habe ich mitgespielt. Ich war damals das Hannerle Maierzak. Maierzak war unser Familienname. Meine Mutter war damals bei diesen Dingen immer dabei. Sie war es auch, die vor allem dahinterher gewesen war, daß ich mich so produzierte. Ich selbst werde ja wohl kaum mit vier Jahren aufgestanden sein und gesagt haben, ich will Schauspielerin werden.

HK: Hat es damals eine Rolle gespielt, daß Sie ein jüdisches Kind waren?

HM: Ich glaube nicht, daß man überhaupt allgemein wußte, daß wir Juden sind. Ich wußte es selbst nicht. Noch jetzt, in der Rückschau, kommt es mir eigenartig vor, wie wenig damals bei uns zu Hause über so etwas gesprochen wurde. Wir wohnten auch in einer, wie ich heute weiß, ganz und gar nichtjüdischen Gegend von Berlin.

Aber einmal gingen wir wieder ins Funkhaus, weil ich ein Gedicht vorlesen sollte. Alle kannten mich da. Wir wurden überall durchgelassen und gingen direkt zum Programmdirektor, der hatte das Gedicht. Meine Mutter las es und sagte: »Hannerle kann das nicht vortragen.« Es war ein Gedicht für jemanden an der Spitze der Partei. Der Programmdirektor fragte, was denn sei, ob wir mehr Geld wollten oder was sonst? Da sagte meine Mutter: »Nein, es ist so, wir sind nicht arisch.« Da hörte ich sie das zum ersten Mal sagen: »Wir sind Juden. Ich bin Jüdin, mein Mann ist Jude, und Hannerle ist Jüdin.« Da nahm mir dann dieser Onkel – die Kinder in Berlin haben damals zu allen Onkel gesagt – das Manuskript wieder aus der Hand und sagte: »Ich danke Ihnen, Frau Maierzak, das hätte mich den Kopf kosten können.« Die beiden sprachen dann noch leise miteinander. Meine Mutter sagte so etwas wie: »Ich glaube, wir fahren weg.« Und er: »Gehen Sie, es wird ja nicht lange dauern.«

Das war das erste Mal, daß ich hörte, daß ich Jüdin war, und selbst da war ich ja noch nicht viel schlauer geworden. Wir waren zu Hause nicht koscher, wir hatten einen Weihnachtsbaum, allerdings zu Chanukka auch einen Leuchter. Und freitagabends hat meine Mutter Lichter angezündet, aber ich habe das nie als etwas Besonderes empfunden, weil ich ziemlich alleine aufgewachsen bin. Bei anderen Kindern fiel mir nie auf, daß da etwas anders war.

HK: Noch vor der Machtergreifung sind Sie dann nach Paris gegangen.

HM: Ja, mein Vater hat früh gespürt, daß es brenzlig wird. Es gab damals viel Streit zwischen meinen Eltern. Er war überhaupt nicht begeistert von dem ganzen Getue um seine Tochter. Er wollte am liebsten gleich weiter nach Palästina, weil er sich gut vorstellen konnte, sich hier eine Existenz aufzubauen. Er war Elektriker. Meine Mutter hätte es am liebsten gehabt, wenn ich in dem »Pünktchen und Anton«-Film hätte spielen können, den man damals gerade machen wollte. Sie wollte nicht nach Palästina, sie sagte: »Nein, da gibt es nur Kamele.« Ich habe das alles nur so mit angehört. Ich fand das mit den Kamelen sehr faszinierend, aber sie wollte nun einmal nicht.

In Paris war es schrecklich, wir haben richtig gehungert. Mit dem Film ist es natürlich auch nichts geworden. Es lag etwas in der Luft. Viele Flüchtlinge, vor allem politische, waren auch schon da, aber ich wußte immer noch nicht, worum es eigentlich ging und was ein Jude eigentlich ist. Das kam dann alles erst, als wir schließlich doch nach Palästina gegangen sind.

Da hat sich mein ganzes Leben vollkommen verändert. Ich war auf einmal nicht mehr Hannerle Maierzak, der Star, sondern einfach ein Kind, und ich fand das wunderbar – wie wir in Jaffa ankamen, wie wir von Arabern in die Boote heruntergehoben

CAROLINGIAN ART
ARCHAIC GREEK ART

wurden, die uns an Land bringen sollten. Das ist eine wunderbare Erinnerung.

HK: Sie hatten sich freilich schon in Paris daran gewöhnen müssen, daß sich nicht alles nur um Sie dreht.

HM: Ja, aber ich habe natürlich noch viel lernen müssen. Iwrith, also das Neuhebräische, das ist mir überhaupt nicht schwergefallen. Ich mußte mir zum Beispiel das Knicksen abgewöhnen. Das fanden die anderen Kinder faszinierend. Oder meine Korkenzieherlocken. Ich habe meine Mutter angefleht: Bitte, hör auf mit den Korkenziehern! Die anderen Kinder lachen sich ja krank!

Aber alles in allem war es eine schöne Zeit. Wir waren arm, aber das hat mir nichts ausgemacht. Wir hatten eine Dreizimmerwohnung, die kostete zehn Pfund. Das war ein Pfund mehr, als mein Vater verdiente. Und so haben wir nur ein Zimmer für uns selber behalten und die beiden anderen untervermietet. So haben dann sieben Leute in der Wohnung gewohnt. Meine Mutter hat einen privaten Mittagstisch gemacht und so noch etwas dazuverdient. Zu der Zeit war es auch, daß ich in der Schule allmählich erfuhr, was es mit dem Judentum überhaupt auf sich hat. Und da wurde ich dann auch sofort sehr patriotisch, wie Kinder so sind. Aber nicht aus religiösen Motiven.

HK: Bis dahin, haben Sie gesagt, hatten Sie hin und wieder etwas aufgeschnappt aus den Gesprächen der Erwachsenen, hatten nur ein Anderssein gespürt. Können Sie sich an dieses Gefühl noch erinnern?

HM: Es war doch ein Schock. Heute fühle ich mich ja nicht mehr anders als andere. Aber damals, als es hieß, du bist eine Jüdin, und wir sind alle Juden, und deswegen müssen wir weg – das war ein Gefühl des Ausgestoßenseins. Bald kam dann allerdings ein gewisser Stolz dazu: Ich bin nicht so wie alle. Ich sah nicht ein, daß das Anderssein etwas sein sollte, wofür man sich schämen mußte.

HK: Wie denken Sie heute als Erwachsene über dieses Anderssein? Hat es eine reale Grundlage?

HM: Aber nein. Für mich gibt es, humanistisch gedacht, überhaupt keinen Unterschied zwischen den Menschen. Aber es ist dennoch eine schwierige Frage. Die Menschen sind gleich und doch nicht gleich. Es hängt davon ab, wo man aufgewachsen ist, was für eine Kultur man mit sich bringt. Ich bin in gewisser Weise immer ein Weltmensch gewesen. Ich kenne das Problem nur von der einen Seite aus, von der passiven, von der Seite dessen, der als anders angesehen wird – in meinem Fall ganz ohne eigenes Zutun, denn ich kannte ja nicht einmal die jüdischen Bräuche. Ich habe sie bis heute nicht angenommen, und deswegen besteht, so empfinde ich es, zwischen mir und einem streng religiösen Juden in Jerusalem vielleicht ein größerer Unterschied als zwischen mir und einem durchschnittlichen, nicht besonders strenggläubigen Palästinenser.

Ich war auch als Kind eine ganz normale kleine Berlinerin gewesen. Ich war bei den Paraden in der Siegesallee lustig dabei, rief »Berlin bleibt Berlin« und so weiter – bis ich merkte, daß es viele Leute gab, die der Meinung waren, ich gehörte eigentlich nicht dazu. Das war damals meine erste Begegnung mit dem Antisemitismus. Noch keine so schlimme Begegnung, weil ich noch nicht persönlich darunter zu leiden hatte. Von den wirklich fürchterlichen Aspekten des Judeseins auf dieser Welt habe ich erst später allmählich erfahren. Richtig eigentlich erst, als ich selbst beim britischen Militär war, nach Kriegsausbruch.

HK: In welcher Einheit oder Funktion waren Sie dort?

HM: Im Auxiliary Territorial Service. Das waren Hilfstruppen, die aus Frauen bestanden. Zuerst war ich in Kairo als Sekretärin eingesetzt und später, als die Jewish Brigade formiert wurde, also die richtigen Kampfverbände, in einer Unterhaltungstruppe zur Aufmunterung der Soldaten an der Front. Wir haben ein Programm zusammengestellt, Lieder und Sketche, alles auf hebräisch und auf die Verhältnisse in Palästina zugeschnitten. Zum Beispiel war ein kleiner Sketch über einen Traktor im Kibbuz dabei. Und weil man anscheinend nicht wußte, daß das Programm rein hebräisch war, hat man uns auch zu anderen Soldaten geschickt, Australiern zum Beispiel, die natürlich kein Wort verstanden und kein bißchen gelacht haben – es war entsetzlich.

Aber was ich eigentlich erzählen wollte, ist etwas anderes. Wir kamen mit dieser Truppe eineinhalb Jahre vor Kriegsende nach Tarvisio, das heute an der italienisch-jugoslawischen Grenze liegt. Und dort trafen wir zum ersten Mal mit jüdischen Flüchtlingen zusammen, mit Überlebenden der Lager. Das war für uns alle ein ungeheurer Schock. Wir haben damals überhaupt erst eine Ahnung davon bekommen, was sich in Deutschland tatsächlich abspielte.

HK: Wann sind Sie nach dem Krieg das erste Mal wieder nach Deutschland gefahren?

HM: Ende der sechziger Jahre, auf der Rückreise von Norwegen, wo mein Mann beruflich zu tun hatte. Es war ein ganz spontaner Einfall von ihm. Er wollte sich in Berlin irgendein Gebäude anschauen. Ich hatte noch kurz vorher ein Angebot von Helene Weigel ausgeschlagen, eine Rolle zu übernehmen, weil ich nicht nach Deutschland wollte. Und jetzt waren wir auf einmal dort. Ich war völlig unvorbereitet. Ich habe die ganzen zwei Tage lang nicht ein deutsches Wort herausgebracht. Mein Mann spricht sehr schlecht Deutsch. Er sagte, um Gottes willen, jetzt hilf mir doch! Es ging nicht, ich war wie gelähmt, wie in einer Luftblase eingeschlossen.

So war es allerdings nur das erste Mal. Bei den späteren Besuchen in Deutschland hat sich das dann gelöst.

HK: Was haben Sie heute für Gefühle, wenn Sie an Deutschland denken?

HM: Nach dem Krieg ist Deutschland für mich ein anderes Land. Ich glaube nicht daran, daß der Geist der Väter auf die Kinder übergeht. Ich habe Deutsche getroffen, die in überhaupt nichts an das erinnern, was man früher mit den Deutschen assoziiert hätte. Zum Beispiel, als ich hier mit einem deutschen Regisseur gearbeitet habe, der an der Habima ein paarmal Regie geführt hat – ich habe die Elisabeth in der Maria Stuart gespielt. Und ich habe an deutschen Theatern großartige Aufführungen gesehen. Das ist die eine Seite. Es gibt aber auch eine andere. Wenn ich in Deutschland bin, begegnet mir manchmal, sobald man erfährt, daß ich eine in Deutschland geborene Israelin bin, eine ganz angestrengte Apologetik: Meine Eltern waren aber unpolitisch, mein Vater war bei den Nazis überhaupt nichts Besonderes in dieser Art. Das berührt mich unangenehm. Es ist alles immer noch zweideutig. Ich will Ihnen ein Beispiel dafür geben, wie ich oft empfinde. Ich höre gerne Wagner, ich habe Platten mit seiner Musik, ich würde mich eigentlich freuen, wenn die israelische Philharmonie Wagner aufführen würde. Ich verstehe aber gleichzeitig, daß man Wagner hier nicht spielen kann, solange es Leute gibt, und es gibt viele, die am Jom-Haschoah, am Tag des Holocausts mit der KZ-Nummer durch die Straßen gehen.

HK: Die ganze Wahrheit über den Holocaust war ja erst bei Kriegsende ans Licht gekommen. Haben Sie sich damals, als Sie erfuhren, was in den Konzentrationslagern geschehen war, religiöse Fragen gestellt – der Art: Wie konnte Gott so etwas zulassen?

HM: Dazu muß man erst einmal an Gott glauben, und ich glaube nicht an Gott. Ich glaube an die Natur und an die Menschheit. Der Holocaust ist eine Sache, die ich bis heute nicht akzeptieren kann. Ich kann diese Unmenschlichkeit nicht begreifen. Ich habe auch nie in einem Stück mitmachen wollen, in dem versucht wurde, den Holocaust auf die Bühne zu bringen. Ich kann so etwas nicht spielen. »Spielen« – schon das Wort ist hier absurd. Ich kann das nicht nachempfinden, kann mich da nicht einfühlen. Man kann daraus kein Theater machen.

HK: Sie möchten dieses Unfaßbare, soweit es geht, von sich fernhalten?

HM: Ja, ich kann mich dem nicht aussetzen. Man muß natürlich, wenn man als Schauspielerin einen schlechten oder kranken Menschen porträtieren soll, eine Mörderin, eine Alkoholikerin, nicht selber eine Mörderin oder Alkoholikerin sein. Aber man muß doch verstehen können, wie ein Mensch zu diesem oder jenem werden kann. Und hier ist etwas, das ich nicht verstehen kann. Vielleicht laufe ich weg vor dem Ganzen, mag sein, weil es mir persönlich gutgeht, weil ich dieses Land sehr liebe, auch wenn ich viel an ihm auszusetzen habe. Vielleicht habe ich auch einfach Angst, daß dieses ewige »Anderssein des Judentums« mir überallhin nachläuft, wenn ich es nicht selbst von mir fernhalte. Ich weiß ja eigentlich immer noch nicht, was dieses Jüdischsein ist. Ich weiß, es steht in meiner Geburtsurkunde, die ich mal zwischen den Sachen meiner Eltern gefunden habe. Da steht Hannah und so weiter, geboren dann und dann, in gotischen Buchstaben, und unter »Religion« steht »jüdisch«. Ich weiß, daß ich ein Teil einer Nation bin. Aber man kann doch ein Teil von etwas sein, ohne die ganze Zeit darüber nachzudenken! Mir liegen andere Fragen mehr am Herzen, zum Beispiel das Problem der Palästinenser und der Araber, mit denen wir hier zusammenleben und mit denen wir, meiner Meinung nach, auch zusammenleben wollen sollten.

HK: Glauben Sie, daß Israel und die Juden in der Diaspora sich auf die Dauer auseinanderleben werden?

HM: Ich weiß, daß Israel eine Zuflucht für die Juden auf der ganzen Welt ist, und das muß es auch bleiben. Ich würde auch alles tun, um Juden zu helfen, die zum Beispiel aus Rußland hierherkommen und nichts haben. Meine Generation trägt wahrscheinlich noch etwas von dem Erbe der Diaspora mit sich herum, auch wenn wir es uns nicht bewußtmachen. Wahrscheinlich sogar mein Mann, der schon hier geboren ist, dessen Familie aber noch aus Rußland stammt.

Aber von der nächsten Generation an denken viele nur noch an Israel. Mein Sohn lehnt so etwas wie eine Verantwortung für das internationale Judentum ganz rigoros ab. Ihm sind die Juden, die in anderen Ländern leben, vollkommen gleichgültig, so sagt er. Für ihn ist Israel eben schon Nation genug, eine Nation, die sich ganz ablösen kann von einem religiösen oder anderen Zusammengehörigkeitsgefühl.

HK: Finden Sie diese Entwicklung bedauerlich?

HM: Nein, ich begrüße sie.

HK: Frau Marron, Sie sagen, Sie wünschen sich eine Koexistenz von Arabern und Juden in diesem Land. Nun sind Sie ja selbst in einen arabischen Terroranschlag geraten, groteskerweise auch noch in Deutschland, 1970, und haben dabei ein Bein verloren. Hat das Ihre Einstellung beeinflußt?

HM: Es hat an meiner Einstellung gar nichts geändert. Ich bin heute vielleicht noch mehr gegen Gewalt als früher. Ich glaube eher noch fester daran, daß wir zu einer friedlichen Koexistenz mit unseren Nachbarn finden müssen und mit dem Volk, das mit uns im selben Land lebt. Ich will jetzt nicht so tun, als wäre ich politisch andauernd aktiv. Mein Leben ist hier doch sehr in Watte eingepackt. Als Schauspielerin bin ich fast nur zwischen Theater und Wohnung unterwegs. Aber ich habe doch immer, wenn es sich ergeben hat, versucht, mit den Arabern ins Gespräch zu kommen. Man stößt immer wieder auf dasselbe Unverständnis: warum wir denn unbedingt hier sein müssen? Warum wir nicht wieder weggehen? Natürlich, vom Standpunkt meines Sohnes aus, der hier geboren ist und Israel als sein Land ansieht, gibt es darüber keine Diskussion. Aber irgendwie gibt es denn doch eine Kette. Als wir damals vom Holocaust erfuhren, da konnten wir uns überhaupt nicht vorstellen, daß die Juden in ihrem eigenen Staat einmal etwas auch nur im mindesten Unmenschliches würden tun können. Aber wenn man einmal akzeptiert hat, daß wir eben eine Nation sind wie jede andere, dann denkt man, vielleicht sind derartige Dinge einfach unvermeidlich.

HK: Glauben Sie fest an eine Lösung?

HM: Es muß ja nicht bis zur Katastrophe kommen, denke ich in meiner Naivität. Ja, ich habe kein Vertrauen zu den politischen Führern. Wenn Arafat das Wohl des palästinensischen Volkes wirklich am Herzen läge, dann würde er den Staat Israel nicht vollkommen ablehnen. Und wenn Leute wie Schamir oder Gula Cohen es ehrlich meinen würden, dann müßten sie das Problem der anderen Seite akzeptieren und einsehen, daß wir nicht mehr im biblischen Land leben. Das hat ja auch damals nicht immer uns allein gehört.

Ich glaube, daß auf beiden Seiten das Volk, die Leute, die Menschen das Problem würden lösen können, wenn man nicht immer im selben Topf herumrühren würde.

Wir waren vor ein paar Jahren in Ägypten, mein Mann, ein Architektenkollege von ihm mit seiner Frau und ich. Architekten sind Wahnsinnige. Sie sehen nur Gebäude, sonst nichts. Und nachdem wir so einmal einen ganzen Tag durch Kairo gefahren waren und ich keine Moschee mehr sehen konnte, bin ich einfach im Taxi sitzen geblieben. Der Fahrer konnte ein bißchen Englisch, und wir haben angefangen, uns zu unterhalten. »Ihr seid Israelis«, hat er gesagt, »ihr könnt euch nicht vorstellen, was das für uns bedeutet. Wir sprechen hier einfach miteinander, viele Touristen kommen aus Israel, und ich bin darüber froh. Aber ihr müßt verstehen: Bis vor kurzem, als ich noch zur Schule ging und auch noch, als ich schon ein junger Mann war, hat man mir gesagt, die Leute in Israel haben zwei Hörner und einen Schwanz. Und jetzt sitzen wir hier und reden. Das ist für mich keine leichte Umstellung.« Aber es ist eben doch möglich. Wenn ich persönlich mit den Palästinensern spreche, die ich kenne, zum Beispiel mit denen, die am Theater arbeiten, dann scheinen die Probleme nicht mehr unüberwindlich. Viele denken vielleicht ähnlich wie ich. Ich brauche den ganzen Gazastreifen nicht.

HANS MAYER

Schriftsteller und Literaturwissenschaftler, Tübingen. Geb. 1907 in Köln

HK: Herr Professor Mayer, wann haben Sie Deutschland verlassen?

HM: Sehr früh. Ich wurde ja schon im April 1933 von der SA gesucht. Trotzdem bin ich noch nach Berlin gegangen und habe dort das Große Juristische Staatsexamen gemacht, nachdem von Freunden festgestellt worden war, daß keiner mich erwartete, um mich abzuholen. Alle waren sehr nobel zu mir. In der Ecke saß dann allerdings Herr Roland Freisler, als Staatssekretär im Justizministerium, und warf mir böse Blicke zu. Aber im August 1933 mußte ich fliehen. Mein Vater und entfernte Verwandte aus der Eifel haben das organisiert. An einem Sonntagmorgen bin ich zu einem harmlosen Spaziergang nach Belgien aufgebrochen. Da war ich gerettet.

HK: Wohin sind Sie von Belgien aus gegangen?

HM: Nach Frankreich und in die Schweiz. Nach

Kriegsausbruch wurde ich in der Schweiz interniert. Bis Oktober 1945 habe ich mich dort aufgehalten. Dann hat mich die amerikanische Militärregierung nach Frankfurt geholt. Dort wurde ich Chefredakteur der DANA, der Deutsch-Amerikanischen Nachrichtenagentur, und ein Jahr später Chefredakteur von Radio Frankfurt, dem heutigen Hessischen Rundfunk. Mein amerikanischer Kontrolloffizier, mit dem ich nach wie vor in enger Verbindung stehe, war Golo Mann.

HK: Ist jemand von Ihrer eigenen Familie im Konzentrationslager umgekommen?

HM: Ja, meine Eltern sind umgekommen. Und der größte Teil der Verwandten. Meine Eltern hat man aus Köln abgeholt. Das muß 1940 oder 1941 gewesen sein. Die letzten Nachrichten von den Eltern kamen aus Lodz, also Litzmannstadt. Man kann so ungefähr ahnen, was da gewesen ist. Im einzelnen wollte ich es gar nicht wissen.

HK: Standen Sie nach Ihrer Flucht noch in Kontakt zu Ihren Eltern?

HM: Ja. Zuerst hat man ihnen die Gewerbeerlaubnis entzogen. Und dann, im Jahre 1938, hat man die deutschen Juden dazu verdammt, eine Milliarde Reichsmark zu zahlen. Sie konnten ja nichts mehr verdienen, da mußte halt verkauft werden. Unter anderem der Schmuck meiner Mutter und die schöne moderne Bildersammlung der Familie. Um 1970 herum, als ich Mitglied der Akademie der Künste in Berlin war, habe ich etwas Schreckliches erlebt. Die Akademie veranstaltete eine Ausstellung expressionistischer Maler aus Breslau, Schlesien. Da wurden Oskar Moll und andere Expressionisten aus der Zeit der zwanziger Jahre gezeigt. Und plötzlich stehe ich vor einem Bild, werde blaß und sage: »Das hing im Schlafzimmer meiner Eltern.« Ich sehe im Katalog nach. Ja, das Bild gehörte einer Kölner Galerie.

HK: Waren Ihre beiden Eltern jüdisch?

HM: Ja. Ich bin, um im Nazijargon zu sprechen, Volljude. Beide Elternteile waren Volljuden. Die Familie meiner Mutter lebte seit dem Anfang des neunzehnten Jahrhunderts in Cloppenburg, einer katholischen Enklave im protestantischen Norden. Als Kind war ich oft in Cloppenburg. Ich erinnere mich noch an das schöne Haus der Großeltern, geschmackvoll eingerichtet, mit einem Textilgeschäft. In den sechziger Jahren, als ich Professor in Hannover war, habe ich an einer Tagung des Schriftstellerverbandes in Cloppenburg teilgenommen und das Haus wiedergesehen. Da wohnt jetzt natürlich der Bürgermeister. Nachdem mein Großvater gestorben war, ist meine Großmutter mit ihrem Schwager, meinem Großonkel Ludwig, nach Köln-Ehrenfeld in die Siemensstraße gezogen. Das waren sehr deutsche Juden, literarisch interessiert, verbürgerlicht, wohlhabend.

HK: Und die Familie Ihres Vaters?

HM: Auf der väterlichen Seite geht das nun ins Rheinische. Die Vorfahren waren offenbar Viehjuden in der Eifel. Mein Großvater wurde dann Kaufmann. Mein Vater war ebenfalls Kaufmann. Er hat eine sehr wohlhabende Erbin geheiratet, meine Mutter. 1915 ist er als junger Mensch in den Krieg gezogen. Später hatte er ein Import-Export-Geschäft in Köln, Fleischtransporte aus Holland. Er war sehr musisch, sehr musikalisch. Was ich an Begabung habe, kommt weitgehend von ihm – das künstlerische und das spekulative Element. Der Vater hat dafür gesorgt, daß ich Musikunterricht bekam und studiert habe. Diese preußische Ordnungsliebe, die auch in mir ist, eine Art Verantwortungsethik, die kommt eher von der mütterlichen Seite.

HK: Waren Ihre Eltern strenggläubige Juden oder eher säkularisiert?

HM: Wie die meisten bürgerlichen Juden waren sie in Glaubensdingen liberal, sogar indifferent. Man beging die großen Feiertage. Das können Sie alles auch bei Benjamin, bei Freud, bei Kafka im »Brief an den Vater« nachlesen. Mir hat es Freude gemacht, diese wunderbare Thora zu sehen, aus der ich dann bei der Bar Mizwah lesen mußte. Ich konnte natürlich nicht wirklich lesen, was da geschrieben stand. Aber ich hatte meinen Text auswendig gelernt und sang ihn vor, die Familie freute sich, und man gratulierte. Es war ein großes Familienfest. Seit meinem siebzehnten Lebensjahr bin ich nicht wieder in einer Synagoge gewesen. Aber mir ist nie auch nur der Gedanke gekommen, mich taufen zu lassen. Das wäre ganz unsinnig gewesen, da mir keine Religion irgend etwas bedeutete.

HK: Ist Ihnen die jüdische Religion heute nähergekommen?

HM: Ich hatte nie Beziehungen zu jüdischen Gemeinden. Auch nicht nach meiner Rückkehr nach Deutschland. Aber ich bin nie ausgetreten. Natürlich weiß man das auch in Israel, und ich bin dort als gläubiger Jude angesehen worden. Dort wurden die Dinge sogar kompliziert. Denn ich bin außerdem, nach einer Familientradition, noch Kohen, also Priester. Daher durfte ich nach Überzeugung der ordentlichen, frommen Juden in Jerusalem auf keinen Friedhof gehen. Geblieben sind mir aus dem Religionsunterricht sehr gute Bibelkenntnisse. Wenn man mich nach der Religion fragt, dann sage

ich immer: Ich interessiere mich nicht für Religion, aber für Theologie. Ich interessiere mich für theologische Deutungen und das Verhältnis von Glauben und Wissen. Alles andere, Glaubensbekenntnisse – schwer zu sagen. Ich bin nicht einmal mit Überzeugung Atheist. Weil ich auch das für töricht halte. An den Urknall zu glauben statt an Gott ... Das scheint mir ein bißchen billig und im Alter wohl auch unbefriedigend. So leicht verschwindet das Problem nicht.

HK: Sind Sie durch die talmudische Lehre in Ihrer Arbeit, zumindest in Ihren Fragestellungen, beeinflußt worden?

HM: Überhaupt nicht. Der Talmud war für mich kein interessanter Gegenstand. Was mein Verhältnis zur Religion angeht, kommt aber ein anderes Element hinzu. Ich bin ein Kölner. Und Köln ist eine römische und katholische Stadt. Von diesen Dingen ist man beeinflußt, ob man will oder nicht. Köln ist ja ein Zentrum von religiösen und säkularisierten Komplexen. Es hat mich durch das wunderbare Stadtbild damals berührt, mit den großen romanischen Kirchen, mit den Heiligenlegenden. Das alles hat mich geprägt. Ich habe in den letzten Jahren die Beziehung zu meiner Vaterstadt wiederhergestellt. Die Stadt ihrerseits zu mir. Ich habe einen Vertrag mit Köln gemacht. Meine Schriften, auch sämtliche Widmungen, alle Dokumente meines literarischen Lebens sollen im Historischen Archiv der Stadt Köln liegen, und sie liegen teilweise schon dort. Ich habe sie der Stadt geschenkt. Die Gegengabe der Stadt Köln ist, vertraglich festgelegt, daß ich in Köln begraben werde, und zwar auf einem der alten Friedhöfe, auf dem meine Vorfahren liegen. Dort liegen die emanzipierten Juden neben den Nichtjuden.

HK: Das heißt, Sie werden auf einem nichtjüdischen Friedhof begraben sein.

HM: Natürlich. Es gibt wohl keine jüdischen Friedhöfe mehr in Köln. Ich glaube, es gibt auch kaum mehr Juden.

HK: Was hat Sie bewogen, nach Deutschland zurückzukommen, in ein Land, das Ihnen doch sehr viel Leid angetan hat?

HM: Zunächst einmal hatte ich innerlich keine Wahl. Ich wollte auf keinen Fall in der Schweiz bleiben. Ich hatte kein wirkliches Bedürfnis, nach Amerika zu gehen. Ich glaubte und hoffte, daß ich in Deutschland als Schriftsteller und Lehrer für Kultur- und Literaturgeschichte wirken könnte. Und vergessen Sie nicht, als ich nach Deutschland zurückkehrte, hatte ich mein Buch »Georg Büchner und seine Zeit« bereits geschrieben. Das heißt, ich hatte bereits eine berufliche und ideelle Entscheidung getroffen. Ich war nicht mehr Jurist. Ich hatte auch nicht mehr das Gefühl, im Horkheimerschen Institut für Sozialforschung als Soziologe arbeiten zu wollen. Vielmehr wollte ich die musikalischen und literarischen Interessen meiner Lehr- und Wanderjahre verbinden und eine literarische, kulturgeschichtliche Aufgabe erfüllen.

HK: Warum sind Sie 1948 nach Leipzig gegangen?

HM: Die Aufgabe, von der ich gesprochen habe, wurde mir 1948, als ich bereits in Frankfurt tätig war, angeboten, und ich habe dieses Angebot akzeptiert. Ich war ja als Sozialist nach Deutschland zurückgekommen. Ich hatte den Eindruck, es sei in West und Ost möglich, das herbeizuführen, was man heute in offiziellen Kreisen mit Abscheu eine »Systemveränderung« nennt. Nachdem auch die Deutschen ihre bitteren Erfahrungen gemacht hatten – ich sah ja die Ruinen, das Leid, die Leichen und die Kriegsgefangenen –, vertraute ich darauf, daß die Menschen ein neues Verhältnis zueinander finden würden. Und ein solches Verhältnis hat es bis zum Anfang der fünfziger Jahre wohl auch gegeben. Die Erfahrungen, die ich damals gemacht habe, waren doch recht erfreulich. Doch dann kam eben die neuere deutsche Geschichte.

HK: Was ist seitdem geschehen?

HM: Die Hoffnungen und Neuanfänge von damals sind unterdrückt und weggewischt worden. Im Westen durch die Politik der freien Marktwirtschaft, im Osten durch die Stalinisten. Ungeheure Schuld ist aufgehäuft worden, und so müssen wir heute in fürchterlichen Zuständen leben, die nur Schlimmes erwarten lassen. Ich mache auch kein Geheimnis daraus, daß ich mich später, nachdem ich von Leipzig weggegangen und Beamter der BRD auf Lebenszeit geworden bin, immer wieder gefragt habe: War es vielleicht doch ein Fehler gewesen, nach Deutschland zurückzukehren? Aber damals war es sicher eine richtige Entscheidung gewesen. Denn ohne diese Entscheidung wäre ich nicht das geworden, was ich heute bin. Was ich geschrieben habe, konnte ich nur hier schreiben.

HK: Was Sie sagen, ist erschreckend. Ich sehe Ihr Dilemma. Sie sind auf die deutsche Sprache und Kultur angewiesen, weil Sie selbst ein Teil der deutschen Kulturgeschichte sind. Aber zugleich empfinden Sie die Zustände in Deutschland als unerträglich.

HM: Ich glaube, wäre ich zwanzig Jahre jünger, würde ich meinen Wohnsitz in Deutschland wieder aufgeben. Da mache ich gar keinen Unterschied zwischen der BRD und der DDR. Wenn ich so etwas sage, kommt natürlich sofort die Frage: Wo willst du hingehen? Und auf diese Frage habe ich keine Antwort.

HK: Läßt sie sich überhaupt entscheiden?

HM: Sie ist schon entschieden. Durch mein Leben und meinen Lebenslauf. Wenn ich etwas rückgängig machen wollte, müßte ich mich ja selbst verleugnen. Doch ich gestehe, daß es mir immer schwerer fällt, mich in einer größeren Menge von Deutschen aufzuhalten.

HK: Woran liegt das? Was hat sich verändert?

HM: Es liegt, glaube ich, an den Deutschen. Da sie sich nicht verändert haben. Ich sehe heute immer wieder die Menschen, die 1933 und die Folgen möglich gemacht haben. Virtuell ist alles immer noch da.

HK: Und das sehen Sie heute deutlicher als vor zehn, zwanzig Jahren?

HM: Ja, ich sehe es deutlicher, weil es ja freigesetzt wird. Die Hemmschwellen fallen. Das liegt natürlich auch an der Politik. Vor allen Dingen an der westdeutschen Politik. Die westdeutsche Politik, mit dem Bundeskanzler Helmut Kohl an der Spitze, geht heute davon aus, daß die Schonfrist vorüber ist. Man hat keine Rücksichten mehr zu nehmen. Und wie der Herr, so's Gescherr. Von Österreich ganz zu schweigen. Da bin ich auch nicht objektiv. Da bin ich immer noch der Mensch, der nicht vergessen kann und nicht vergessen darf. Es hat keinen Sinn, mir etwas vorzumachen. Vieles ist im Grunde unvereinbar. Nationalpreisträger der DDR, höchste Auszeichnungen der BRD, dabei das tiefe Gefühl, ein Deutscher auf Widerruf zu sein. Aber in diesem Spannungsverhältnis ist auch mein Werk entstanden.

HK: Sie sagen, Sie sind ein Deutscher auf Widerruf. Wie ist das zu verstehen?

HM: Das ist der Titel meiner Lebenserinnerungen. Wenn ich aus diesem Buch etwas vorgelesen habe, hat man mir immer wieder gesagt: Aber Sie sind doch heute deutscher Professor, hochgeehrt in der Bundesrepublik, auch in der DDR – also sind Sie doch wieder Deutscher. Meine Antwort ist nach wie vor: nein. Zunächst einmal frage ich mich: Was ist heute überhaupt ein Deutscher? Ein Deutscher hüben oder drüben? Und was ist Deutschland? Das gibt es ja alles nicht mehr. Davon abgesehen kann ich auch nicht sagen, daß ich meinen ehemaligen Landsleuten gegenüber irgendwelche Sympathien hätte.

HK: Keine Sympathien den Deutschen gegenüber, aber eine enge Bindung an die deutsche Kultur. Und Erinnerungen an Ihr eigenes Deutschland, in dem Sie aufgewachsen sind. Hat das Wort Heimat für Sie noch eine Bedeutung?

HM: Durchaus. Aber Heimat ist für mich ein ganz enger Begriff. Heimat ist das Rheinland, Köln, die rheinische Landschaft, die mich immer wieder bewegt, wenn ich mit dem Zug nach Mainz und nach Köln fahre. Das ist meine Landschaft. Das verleugne ich nicht. Ich lebe auch gern in Tübingen und habe mich gefreut im vorigen Jahr, als mir die Stadt Tübingen durch einstimmigen Beschluß des Gemeinderats die Bürgermedaille verliehen hat, was eine seltene Auszeichnung ist. Ich habe mich dafür bedankt, auch eine Rede gehalten. Aber die Heimat ist das Rheinland. Mir gefällt der Gedanke, am Ende wieder dort unterzukommen, wo ich auf die Welt gekommen bin. Doch ganz wohl ist mir bei dem Begriff Heimat nicht. Wenn in Deutschland wieder ein Heimatgerede anfängt, ist das ein Gefahrensignal. Da ist viel von der verlorenen Heimat die Rede. Man spricht immer nur vom Verlust, von den Wirkungen, aber nicht von den Ursachen. Man ist vertrieben worden, aber warum ist man eigentlich vertrieben worden?

HK: Haben Sie auch den Eindruck, daß in der jüngsten Zeit wieder gewisse antisemitische Affekte in der Bevölkerung der Bundesrepublik stärker werden?

HM: Gar keine Frage. Der Antisemitismus flammt heute in Deutschland wieder auf. Und er wird organisiert. Von einflußreichen Leuten, ehemaligen Nazis, die viel Geld in den Rechtsextremismus investieren und auch in der Presse immer wieder den Versuch machen, jede Schuld abzustreiten. Dabei sind die deutschen Juden heute fast nicht mehr vorhanden. Heute in Deutschland Antisemit zu sein, bedeutet, sich demonstrativ zum Dritten Reich zu bekennen. So herum muß man es sehen. Wer sich antisemitisch äußert, sagt damit: Im Grunde haben die Nazis doch recht gehabt.

HK: Was ist das eigentlich, der Antisemitismus? Warum erstarkt er immer wieder?

HM: Ich glaube, die beste Antwort ist immer noch bei Sartre zu finden. In seinem Aufsatz »Betrachtungen zur Judenfrage« zeigt er auf, daß es gewisse Formen des Antisemitismus gibt, die gar nichts mehr mit der Existenz realer Juden zu tun haben. Sartres These ist: Jeder kann in jedem Augenblick der Jude für einen anderen werden. Das ist ein Mechanismus. Ich habe mir diese These zu eigen gemacht, auch in meiner Rede in den Münchner Kammerspielen über »das eigene Land«.

HK: Haben Sie das Problem des Judentums und des Antisemitismus auch in Ihren eigenen Arbeiten behandelt?

HM: In meinem Buch »Außenseiter« spielt dieses Problem eine große Rolle. Wie sehr ich fasziniert bin von der Frage der jüdischen Existenz, sehen Sie im dritten Teil dieses Buches, der den Titel »Shylock« trägt. Ich gehe da auch auf den Versuch vieler Juden ein, sich von ihrem Judentum zu distanzieren. Ich meine jene Haltung, die in dem Satz zum Ausdruck kommt: Es ist ein purer Zufall, daß ich als Jude geboren wurde. Das ist eine Auffassung, die Ernst Bloch gehabt hat. Bei ihm finden sich viele Züge des jüdischen Selbsthasses. Wie auch bei Karl Kraus, bei Theodor Lessing und bei Trotzki.

HK: Und wie sehen Sie das?

HM: Das lehne ich ab. Die Rolle des jüdischen »Antisemiten« läßt sich weder begründen noch durchhalten. Das ist dummes Zeug. Man hat zur Sache zu stehen.

HK: Es ist seltsam mit dem jüdischen Selbsthaß. Aber gibt es ihn heute überhaupt noch?

HM: Eben nicht! Gott sei Dank. Das ist ausgestanden.

HK: Sie haben viele Bücher geschrieben. Aber ich glaube, es gibt immer ein Motiv, das sich im gesamten Werk eines Schriftstellers durchhält. Wenn Sie auf Ihr Lebenswerk zurückblicken, können Sie dann sagen, da gibt es etwas, das ich zeit meines Lebens verfolgt habe?

HM: Ja, ich glaube doch, das ist die Geschichte der europäischen und insbesondere der deutschen Aufklärung. Dieses Problem hat mich auch in dem Buch beschäftigt, das vielleicht das wichtigste Buch der letzten Jahre ist: »Das unglückliche Bewußtsein«, zur deutschen Literaturgeschichte von Lessing bis Heine. Das ist die Geschichte der deutsch-jüdischen Symbiose und zeigt, wie sie entstanden und woran sie gescheitert ist. Da wird auch deutlich, warum das Jahr 1933 möglich war, warum alle bürgerliche Aufklärung letztlich ohnmächtig blieb gegenüber der Barbarei. Und damit zusammen hängt die zweite Frage, die ich mir als Deutscher und als Germanist immer wieder gestellt habe: Wie kommt es, daß im Gegensatz zu den Franzosen und Engländern, sogar den Spaniern und Italienern, der deutsche Schriftsteller immer gedemütigt worden ist? Niemals konnte er in der Öffentlichkeit eine Rolle spielen wie Voltaire, wie Zola, wie Sartre. Nie war er das Gewissen der Nation, eine öffentliche Macht. Und das ist, um mit Hegel zu sprechen, das unglückliche Bewußtsein. Die Deutschen sind »tatenarm und gedankenvoll«, sagte Hölderlin. Aber sie haben bewiesen, daß sie sehr tatenreich sein können.

HK: Erkennen Sie dieses unglückliche Bewußtsein auch in der deutschen Gegenwartsliteratur?

HM: Tatsache ist, daß die Rolle der deutschen Intellektuellen immer prekär gewesen ist, ob es nun Juden oder Nichtjuden waren. Das ist heute nicht anders. Ich habe gerade ein Buch abgeschlossen, den ersten Band. Den zweiten Band hoffe ich nächstes Jahr vorlegen zu können. Da fasse ich zusammen, was ich von der Entwicklung der deutschen Literatur seit 1945 denke. Die umerzogene Literatur in der Zeit von 1945 bis 1967. Immer wieder die Polarisierung zwischen den Mächtigen und den Intellektuellen. Zum Beispiel in den fünfziger Jahren. Ich muß nur zwei Namen nennen, Konrad Adenauer und Heinrich Böll. Und wie kommt es, daß – innerhalb der Literatur – der deutsche Essayist so geringgeschätzt wird, während die großen Essayisten Frankreichs, Englands und Amerikas ebensoviel gelten wie die großen Dramatiker, Lyriker und Erzähler? Warum wurde in Deutschland die reflexive, die kritische Prosa immer verachtet? Ein wirklicher deutscher Dichter muß ein bißchen dumm sein. Es ist doch so. Das ist der Instinkt der deutschen Leser. Eines meiner Anliegen war es immer, diese fatale Konstellation, die ja auch mein eigenes Metier betrifft, darzustellen.

HK: Ich möchte das Thema des Judentums noch erweitern und auf die Lage der europäischen Juden in der neueren Geschichte und ihren Beitrag zur Kulturentwicklung zu sprechen kommen. Wenn man an den relativ kleinen Bevölkerungsanteil der Juden in Europa denkt, ist dieser Beitrag doch erstaunlich groß. Glauben Sie, daß das Leben in der Diaspora und im Ghetto bei den Juden besondere Fähigkeiten geweckt hat, so daß die Juden in vielen Bereichen Außerordentliches geleistet haben?

HM: Schwer zu sagen. Aber was Sie eben gesagt haben, gefällt mir nicht. Es ist ein Gedanke, der auch in dem unseligen »Centralverein deutscher Staatsbürger jüdischen Glaubens« geäußert worden ist. Man wußte um die exponierte Stellung vieler Juden und warnte vor dem Neid der anderen und den bösen Folgen …

HK: Jetzt haben Sie meiner Frage eine Wendung gegeben, die ich nicht im Sinn hatte.

HM: Ich weiß. Aber das hängt eben zusammen. Ich habe einmal mit einem sehr interessanten polnischen adligen Schriftsteller diskutiert, der nicht gerade ein Judenfreund war, mit Witold Gombrowicz. Ein Schriftsteller, der im Exil gelebt hat. Dieser Gombrowicz meinte damals, die Juden sollten doch nicht immer sagen: Wir sind Leute wie andere Leute auch. Warum die außerordentlichen Fähigkeiten und Leistungen unter den Scheffel stellen? Es ist ja offensichtlich, daß die Juden keine Jedermänner sind. Es ist doch ganz unsinnig, das leugnen zu wollen. Nehmen Sie als bekannte Beispiele nur die großen Geiger der Welt. Wie viele nichtjüdische Geiger sind ihnen denn überhaupt an die Seite zu stellen, seitdem es Geigenvirtuosen gibt? In vielen anderen Berufen ist es ähnlich. Es gab einmal ein Sprichwort, das von den Juden selbst kam: Wenn ein Jude dumm ist, dann ist er ganz ungewöhnlich dumm. All das hängt sicherlich mit der Diaspora zusammen. Aber das ist ein jahrtausendealter Prozeß der Selektion, der ja nun auch sehr viele Nachteile, Neurosen, Phobien und Krisen mit sich gebracht hat. Und wir können die jüdischen Genies nicht säuberlich von den gewöhnlichen Juden trennen und sagen, die Genies nehmen wir in die Geschichte der Zivilisation auf ...

HK: Nein, nein. Es gibt einen Aufsatz von Stefan Zweig. In diesem Aufsatz schreibt er, daß die Seele des jüdischen Kindes immer wieder verletzt wird und das Kind diese Verletzungen irgendwie kompensieren muß, unter anderem auch durch außergewöhnliche Leistungen.

HM: Ja. Nun muß ich aber wiederum sagen, ich habe unter meiner jüdischen Abstammung niemals gelitten. Ich bin als Jude nicht beleidigt worden. Obwohl ich nie so getan habe, als wäre ich kein Jude. Es wäre ohnehin sinnlos gewesen. Ich sehe jüdisch aus. Ich hatte keinen Grund und keine Chance, Mimikry zu spielen.

HK: Glauben Sie, daß es ein jüdisches Aussehen gibt?

HM: Ja, natürlich.

HK: Das ist doch heftig umstritten.

HM: Ich glaube nicht. Es gibt ja auch diese Graphiksammlung »Das jüdische Antlitz«, die Arnold Zweig mit dem jüdischen Graphiker Hermann Struck herausgegeben hat. Ich glaube auch, daß Juden einander in der Menge erkennen. Natürlich gibt es Ausnahmen und Mischformen. Ich spreche jetzt nur von der Symbiose der Juden in der Diaspora. Ich spreche nicht von den Leuten in Palästina, die ich wahrscheinlich nicht als Juden erkennen würde. Allerdings muß ich sagen, es war für mich doch ein großes Erlebnis, als ich in Haifa oder Tel Aviv am Meer war und die Menschen gesehen habe. Da habe ich plötzlich begriffen: Die Juden sind nach wie vor ein Mittelmeervolk. Vieles, was im Norden als typisches jüdisches Verhalten gilt, läßt sich wahrscheinlich herleiten aus einer mittelmeerischen Existenz. Es war völlig unsinnig, wenn uns damals von wohlmeinenden Erziehern gesagt wurde: »Rede nicht mit den Händen!« Oder wenn die Nazis sagten: »Der spricht mit die Händ'.« Ich sehe es bei den Italienern, Spaniern und Griechen ja auch. Es ist eine ganz andere Form der humanen Kommunikation.

HK: Können Sie die jüdische Physiognomie beschreiben?

HM: Ja, aber ganz so leicht ist das nicht. Versuchen Sie mal, den typischen Deutschen zu charakterisieren, den es ja sicher auch gibt. In jedem Fall hat sich die Geschichte auch im Äußeren auskristallisiert. Ich kann mich dem jüdischen Aussehen nur durch den Vergleich mit den deutschen Elementen nähern. Das ist keine Frage von Häßlichkeit oder Schönheit. Prägend sind bestimmte Formen der Zivilisation, zum Beispiel der Umstand, daß die Juden keine Bauern waren und daher auch keine bäuerlichen Züge haben. Wobei selbst das nicht stimmt. Mein Vater wäre nie für einen Juden gehalten worden. Er hatte den Körper eines Eifelbauern, war ein blonder, blauäugiger Rheinländer. Ich bin – Mendelsches Gesetz – wieder nach dem Großvater geraten, mit ausgesprochen jüdischen Eigenschaften. Das kann man alles nicht über einen Kamm scheren.

HK: Wie das die Nazis versucht haben.

HM: Aber damit haben sie sich immer blamiert. Es gibt zwei wunderbare, historisch verbürgte Anekdoten. Der Verbrecher Julius Streicher hat in der Zeit vor 1933 einmal einen Band mit bedeutenden deutschen Fotografien betrachtet und die abgebildeten Menschen abschätzig nach rassischen Merkmalen beurteilt. Und dann hat er gesagt: »Hier ist endlich mal ein schöner deutscher Rassekopf!« Das war der Jude Friedrich Gundolf, ursprünglich Gundelfinger. Verbürgt ist auch, daß Adolf Hitler in München eine Lieblingsschauspielerin hatte. Das war die Volljüdin Therese Giehse. Er wußte nicht, daß sie Jüdin war.

HK: Inwieweit hat das Bewußtsein, Jude zu sein, Ihre Arbeit beeinflußt?

HM: Ich war genötigt, um erneut mit Sartre zu reden, mich anzunehmen. Die Tatsache, daß ich Jude war. Welche Faktoren mich befähigt haben, das eine zu können, das andere nicht zu können, ist schwer zu sagen. Ich war von Hause aus nicht für schwere körperliche Arbeit geeignet. Doch im Schweizer Arbeitslager war ich plötzlich imstande, in der Landwirtschaft hart zu arbeiten, weil es von mir verlangt wurde. Aber durch Herkunft, Familie und Milieu wurden bei mir künstlerische und literarische Interessen herausgebildet. Enge Verwandte waren mit Else Lasker-Schüler befreundet. Ich habe Maler wie Otto Dix und Max Ernst bei uns zu Hause erlebt. Und um noch dies zu sagen: Mein Jüdischsein allein hat in meiner Entwicklung weder eine positive noch eine negative Rolle gespielt. Eine große Rolle spielte aber die seelische Situation, der Umstand, das einzige Kind der Eltern zu sein. Schwierigkeiten mit der Mutter. Unverständnis für alles, was ich wollte, von ihrer Seite her.

HK: Ihre Eltern, Ihre Verwandten sind ermordet worden. Der Ausrottungskrieg der Nazis widersteht dem Versuch rationaler Erklärung. Er scheint kein geeigneter Gegenstand für die Philosophie zu sein, geschweige denn für die Theologie. Hans Jonas setzt sich in einem Aufsatz mit dem »Gottesbegriff nach Auschwitz« auseinander. Er geht von der Frage aus, warum Gott Auschwitz zulassen konnte, und antwortet mit der These, daß Gott seine Allmacht aufgegeben hat, indem er seinen Geschöpfen Kreativität verliehen hat. Ein Gott, der nicht allmächtig ist, kann auch nicht verantwortlich gemacht werden.

HM: Diese Frage stellt sich für mich nicht. Im Gegensatz zu Hans Jonas habe ich keinen Gottesbegriff. Gott ist für mich eine Formel, eine Chiffre. Was Jonas sagt, ist ein Gedanke, der schon von den Gnostikern in der Spätantike geäußert worden ist. Kann es einen allmächtigen Got geben, der diese Welt geschaffen hat? Daraus entwickelte sich der Gedanke, die Welt als Betriebsunfall zu sehen. Im neunzehnten Jahrhundert taucht dieser Gedanke häufig auf, vor allem bei den jüdischen Linken. Aber auch bei Büchner und Grabbe im Vormärz. Grabbe läßt in seiner Komödie »Scherz, Satire, Ironie und tiefere Bedeutung« den Teufel zum Schulmeister sagen: Ich bin der Teufel, ich kann Ihnen sagen, Gott hat die Welt doch gar nicht geschaffen, das war ein Lehrling, der sie gemacht hat. Und der Lehrling hat auch ein paar hinter die Ohren bekommen, weil er diese schlampige Arbeit abgeliefert hat ... Diese Fragen stellen sich immer wieder. Ein allmächtiger Gott hätte das ja nicht zulassen können.

HK: Eine weitere philosophische Frage: Gläubige Juden leben in der Erwartung, daß eines unabsehbaren Tages der Messias zu den Menschen kommt. Welche Bedeutung hat diese Heilshoffnung für das Judentum insgesamt? Welche persönliche Einstellung haben Sie zu dieser Vorstellung?

HM: Da bin ich völlig inkompetent. In meinem Leben und Denken gibt es überhaupt kein Element des Chiliasmus. Ich mache mich lustig über den jüdisch-orthodoxen Eigensinn der Leute, die in Israel sagen: Wir nehmen, was der Staat Israel uns bietet, aber wir lehnen diesen Staat ab, denn der Messias ist noch nicht gekommen, und vorher darf der Staat Israel nicht gegründet werden.

HK: Wie stehen Sie grundsätzlich zur Gründung und zur Existenz Israels?

HM: In Fragen, die Israel betreffen, bin ich nicht objektiv. Zu diesen Fragen habe ich keine intellektuelle Distanz. Ich wünsche mir oft, daß in Israel manches anders verlaufen würde, aber dann sage ich mir immer wieder, daß Israel ohne die Vertreibung und Ermordung der Juden nach 1933 gar nicht existieren würde. Insofern ist Israel ein Teil meines Lebens.

HK: Wann haben Sie Israel besucht?

HM: Ich habe drei große Besuche in Israel gemacht. Alle waren grundverschieden. Das erste Mal war ich 1968, nach dem Sechstagekrieg, in Israel. Dieser Besuch stand unter einem ungünstigen Stern. Der Botschafter der Bundesrepublik hatte mich zu einer Buchausstellung bundesdeutscher Bücher in Tel Aviv eingeladen, und ich hielt einen literarischen Vortrag in dem seit Wochen ausverkauften Saal der Bne-Brit-Loge. Dieser Loge hatte auch mein Vater angehört. Am nächsten Tag war eine große Pressekonferenz. Da ging es los: Wie konnten Sie als Jude deutscher Professor werden? Meine Antwort war damals: Ich bekenne mich nicht zu Deutschland oder zur Bundesrepublik, aber ich fühle mich als deutscher Schriftsteller. Ich bin Professor der deutschen Literaturgeschichte. Man kann in diesem Fach nur dann sinnvoll arbeiten, wenn man in einem Lande lebt, in dem die deutsche Sprache gesprochen wird. Ich habe nie ernsthaft daran gedacht, nach Palästina zu gehen.

HK: Waren Sie nie Zionist?

HM: Ich war nie Zionist. Als Marxist konnte ich nicht Zionist werden. Doch ich habe mit großer Sympathie die Gründung des Staates Israel verfolgt. Am meisten hat mich die zweite Einladung im Jahre 1979 beeindruckt. Mein Freund und Akademiekollege Gerhard Scholem hatte sie vermittelt. Als erster Professor für deutsche Literatur wurde ich aufgefordert, an der Hebräischen Universität in Jerusalem ein Gastsemester abzuhalten. Ich war von Januar bis April in Israel. Die meisten Vorlesungen mußte ich auf englisch halten. In den Seminaren behandelte ich Lessing, Goethe, Heine, Walter Benjamin und andere. Ich hatte auch die Ehre, in der Israelischen Akademie für Kunst und Wissenschaft einen Vortrag zu halten. Ich sprach über meinen Freund Ernst Bloch und seine Vorstellungen von Utopie, auf englisch. Eingeleitet wurde der Vortrag durch Nathan Rotenstreich, den Historiker. Die Atmosphäre war sehr herzlich. Ich sagte mir in Jerusalem: Jetzt schreibst du nicht ein weiteres Buch über deutsche Literatur, sondern beschreibst die Geschichte deines Lebens, in den Verhältnissen deiner Zeit. In diesen Tagen in Israel hat sich in meinem

Inneren etwas bewegt. Ich kann es nicht rational erklären, aber ich habe auch in Israel eine Heimat vorgefunden, ebenso wie die Landschaft im Rheinland.

HK: Es ist rational nicht zu erklären ... Kann es sein, daß in der israelischen Landschaft etwas von der uralten Geschichte des jüdischen Volkes haftengeblieben ist?

HM: Soweit würde ich niemals gehen. Zu meiner Abneigung gegen den Zionismus kam noch eine sonderbare Idiosynkrasie oder Allergie hinzu – wie bei vielen österreichischen und deutschen Juden: Ich möchte nicht in einem Land unter lauter Juden leben. Aber dann kam ich nach Israel und habe gesehen: Das ist dummes Zeug. Lauter Juden, das bedeutet extreme Vielfalt. Einwanderer aus Marokko oder aus dem Irak oder aus Österreich oder aus Amerika. Es gab keinen Grund, in Israel nicht zu leben. Aber es gab auch keinen Grund, dort zu leben. Dort hätte ich keine Funktion gehabt. Dieses Gefühl: Hier kommt es auf mich an, das habe ich nur in Deutschland und nicht in Israel. Im übrigen verändert sich Israel. Die sogenannten Jeckes sterben aus, und eine ganz andere Bevölkerung mit ganz anderen Problemen wächst nach. Wo wäre da meine Aufgabe? Aber objektiv bin ich nicht. Ich lasse mich auch nicht mit Nichtjuden auf Diskussionen über Israel ein.

HK: Ich riskiere trotzdem die Frage, welche Einstellung Sie zur politischen Entwicklung in Israel haben.

HM: Da habe ich natürlich meine Vorstellungen, wie auch anderen Ländern gegenüber, wie auch Deutschland gegenüber. Ich wünschte, daß der Likud aus der Regierung verschwände und die Arbeiterpartei alle Möglichkeiten hätte, eine andere Politik zu machen. Natürlich nehme ich an der Politik Israels teil, und natürlich ergreife ich auch Partei.

HK: Und das jüdische Volk, nicht nur in Israel, sondern in aller Welt – welche Zukunft wird es haben?

HM: Ich sehe keine Zukunft für das jüdische Volk. Ich kann nur eines sagen. Es muß alles getan werden, um den Staat Israel zu erhalten. Das ist die Hauptsache. Ich sehe nicht, wie der Staat Israel derzeit eine große Anziehungskraft entfalten könnte. Ich wünsche es mir auch gar nicht, denn eine neue Einwanderungswelle würde ja voraussetzen, daß irgendwo in der Welt wieder Juden verfolgt werden. Außerdem würde eine neue Welle von Juden das Gleichgewicht im Nahen Osten gefährden. Und was die Juden in Europa, in Amerika und anderswo betrifft ... Ich glaube nicht, daß die Juden in irgendeinem Teil der Welt durch perfekte Assimilation völlig verschwinden werden. Sie sind eben das jüdische Volk, und sie überleben als Juden, wie sie es immer getan haben. Schwer zu sagen, kraft welcher Fähigkeiten. Ist es die Religion, ist es die Diaspora, ist es die Absonderung, ist es die Tradition? Wohl alles zusammen.

MAX FERDINAND PERUTZ

Biochemiker und Nobelpreisträger, Cambridge. Geb. 1914 in Wien

HK: Herr Doktor Perutz, Sie sind 1936 von Österreich hierhergekommen. Vier Jahre später, nach der deutschen Besetzung Hollands und Belgiens, wurde das Mißtrauen gegen Emigranten mit deutschen oder italienischen Namen in England sehr groß, und es gab pauschale Internierungen in Gefangenenlagern. Wie war es für Sie möglich, trotzdem der britischen Admiralität anzugehören?

MFP: Das ist eine köstliche Geschichte – so ernst damals alles war. Ich war am Anfang selbst auch interniert, wurde nach Kanada verschickt, und ich hatte auch die blaue Gefangenenjacke mit dem großen roten Kreis auf dem Rücken tragen müssen, wenn ich nicht meine alte Tweedjacke durch sorgfältiges Kunststopfen am Leben erhalten hätte. Ich konnte dann im Winter 1940/41 nach England zurück, weil dort die öffentliche Meinung über die Emigranten umgeschlagen war. Ich war immer noch »enemy alien«, aber frei, und so kam ich nach Cambridge zurück. Und weil man wohl wußte, daß ich mich mit Gletscherforschung beschäftigt hatte, vielleicht auch, weil ich aus Österreich kam, wo es bekanntlich Gletscher gibt – wurde ich in ein äußerst mysteriöses Kriegsprojekt hineingezogen, das den Namen »Habbakuk« trug. Man sagte mir anfangs überhaupt nicht, worum es ging, nur, was meine Aufgabe war. Ich sollte Eis verfestigen, eine Art von härterem Eis erfinden. Ich bekam Mittel, Assistenten und ein riesiges Kühlhaus zur Verfügung gestellt. Also verfestigten wir Eis, nach einigen Versuchen einfach dadurch, daß wir es mit Holzwolle vermischten. Allmählich stellte sich dann heraus, was für eine Idee hinter dem Ganzen steckte, die Idee eines gewissen Pyke, dessen Leben übrigens eine

Geschichte für sich wäre. Es sollten schwimmende Flugzeugträger aus Eis auf den Atlantik gesetzt werden, mächtige ausgehöhlte künstliche Eisberge von über zwei Millionen Tonnen Gewicht, unsinkbar und torpedosicher. Das Projekt wurde fieberhaft vorangetrieben, weil sowohl Churchill als auch Mountbatten es sehr ernst nahmen. Wir hatten sogar schon einen Platz für die Gefrierwerft – oder wie man es nennen soll, ausersehen: in Neufundland, wo es kalt war und die Wälder für die Holzwolle hinter dem Haus wuchsen.

So kam es, daß ich damals ein wichtiger Mann war. Wie Sie wissen, ist dann doch nichts aus der Sache geworden, weil die technischen Schwierigkeiten sich aufeinandertürmten. Wie befestigt man ein fünfzehn Stockwerke hohes Steuerruder an einem Eisberg? Außerdem wurde Lord Mountbatten, der Hauptfürsprecher des Projekts, nach Südostasien geschickt. So kam ich dann auch wieder nach Cambridge. Zuerst war ich traurig, daß mein Eifer, zum Krieg gegen Hitler etwas beizusteuern, in eine Sackgasse geraten war. Aber ich war auch erleichtert, weil bei der ganzen Sache niemand ums Leben gekommen war.

HK: Hat man Sie damals auch zum englischen Staatsbürger gemacht?

MFP: Ja, im Schnellverfahren. Aber auch sonst wäre meine Heimat jetzt in England. Denn hier sind meine Kinder und meine Enkel geboren, hier habe ich meine ganze wissenschaftliche Arbeit geleistet, und hier habe ich alle meine Freunde. Was mir fehlt, ist die Alpenlandschaft, an der ich sehr hänge. Hier ist alles flach, Cambridge ist landschaftlich ziemlich häßlich. Das ist das einzige Heimweh, das ich habe: die schönen Berge, die Kulturlandschaft, die hübschen Dörfer. Die Sprache fehlt mir gar nicht. Ich kann mich wahrscheinlich auf englisch besser ausdrücken als auf deutsch.

HK: In den dreißiger Jahren sind ja alle Juden Europas, ganz unabhängig von ihrem Glauben und von ihrer Lebensweise, auf ihre jüdische Herkunft hingestoßen worden. Es gibt ja ein talmudisches Sprichwort, das sinngemäß so lautet: »Wenn jemand vergißt, daß er Jude ist, wird die Welt ihn daran erinnern.«

MFP: Vergessen hatte ich das nie. Daß ich Jude war, hat ja dann auch mein Leben einschneidend verändert. Ich selbst wäre zwar vielleicht sowieso Engländer geworden, aber dann mußten ja auf einmal meine Eltern fliehen. Ich war damals vierundzwanzig. Ein halbes Jahr vorher waren sie sozusagen noch für mich verantwortlich gewesen. Jetzt war ich für sie verantwortlich.

Aber um auf Ihre Frage zurückzukommen: Ich glaube, es macht doch einen Unterschied, wo man lebt. Ich habe ja zum Beispiel einen ausländischen Akzent. Manchmal fragen mich die Leute, wo ich herkomme. Nur aus Interesse, um über etwas zu reden. Wenn man in London, in Hampstead, leben würde, würde man sich seiner Herkunft viel häufiger bewußt werden. Dort ist ein riesiges jüdisches Wohnviertel, und da werden sicher Kontraste zwischen Juden und Engländern sichtbar. Aber hier in Cambridge spielt es eigentlich kaum eine Rolle, wo man herkommt. Das Schönste ist, daß man hier in England in den wissenschaftlichen Kreisen überhaupt nicht nach seinem Herkommen beurteilt wird, sondern nur nach der wissenschaftlichen Leistung. Die wissenschaftlichen Kreise sind nahezu völlig vorurteilsfrei. Welche Karriere ich hier mache, liegt einzig und allein an mir, und das ist eine kolossale Herausforderung.

Ich hatte mir für meine Arbeit ein hochinteressantes, aber furchtbar schwieriges Problem ausgesucht. Eigentlich war es ein Lotteriespiel. Ich hatte meine Karriere aufs Spiel gesetzt, um das Problem zu lösen. Zum Glück ist es mir gelungen, sonst würden mich alle Leute bemitleiden, daß ich so verrückt war, mir das auszusuchen. Und viele Leute haben ja das Pech, daß sie jahrelang an einem Problem arbeiten, und dann ist jemand anders schneller gewesen. Ich habe das große Glück, daß kein anderer da war, der an der Lösung derselben Frage gearbeitet hatte.

Mein erster Lehrer war ein junger Kristallograph. Er hat zwei Leute dazu angeregt, sich mit dem Thema zu befassen. Der eine war ein Amerikaner, der Sohn von einem Rabbi in Brooklyn, und der andere war ich. Der Amerikaner hat sehr viel geleistet, solange er hier war, in dieser kolossal anregenden Atmosphäre. Er ist dann bei Kriegsanfang nach New York zurückgegangen und hat dort am Polytechnikum in Brooklyn eine Stellung bekommen. Irgendwann hat er beim Arbeiten über die Proteine die Geduld verloren, und um sich vor sich selbst zu entschuldigen, daß er nichts mehr gemacht hat, hat er überall erklärt, daß die Sache hoffnungslos sei. Ihm hat man es zu verdanken, daß sich in Amerika niemand ernsthaft damit befaßt hat. Weil er ihnen allen abgeraten hat.

HK: Sie haben für Ihre Forschung dann den Nobelpreis bekommen. In diesem Jahrhundert sind viele berühmte Wissenschaftler, Natur- wie auch Geisteswissenschaftler, Juden gewesen. Glauben Sie, daß es dafür einen Grund gibt? Etwa den, daß die Benachteiligungen, unter denen ja fast alle

Juden früher in Europa gelitten haben, besondere Fähigkeiten mobilisiert haben?

MFP: In dem Sinne, daß man mehr arbeiten mußte, um sich zu behaupten, vielleicht. Ich selber habe aber nie das Gefühl gehabt, daß mein Erfolg etwas mit meiner Abstammung zu tun hatte.

Die Juden sind kein Volk, das fähiger ist als alle anderen. Ich war mit Juden in der Schule, die alles andere als fähig waren. Ich bin bei dieser Sicht der Dinge immer sehr skeptisch. Die Emigranten, die in ein fremdes Land gekommen sind, überhaupt kein Geld, keine Stellung, kein Renommee hatten und dann enorm gearbeitet haben, um es zu etwas zu bringen – von denen hatten natürlich viele Erfolg!

Ich will Ihnen sagen, wie ich selber über diese Frage denke. Ich habe als junger Mann Schopenhauer gelesen und mir sehr zu Herzen genommen, was er darüber sagt, wie man einen Menschen beurteilen soll: nicht nach dem, was er vorstellt, auch nicht nach dem, was er hat, sondern nach dem, was er ist. Und mit dem, was er ist, meint Schopenhauer den Charakter. Was er vorstellt – darunter fallen Nationalität, Rasse, Glaube, alles das, was man den Menschen anhängt und wofür man sie manchmal verurteilt. Diesen Gedanken habe ich für mein ganzes Leben mitgenommen. Und so beurteile ich die Leute auch: ob sie anständig sind, ob sie Sinn für Humor haben, ob man sich mit ihnen zusammen wohl fühlt. Was für eine Religion sie haben, welcher Nationalität oder Rasse sie angehören, ist mir völlig egal.

HK: Während des Dritten Reichs haben in einigen Ländern Europas die Juden bei der einheimischen Bevölkerung viel mehr Rückhalt gehabt als in anderen. In Italien etwa, in Holland oder Dänemark oder in Belgien sind viele Juden versteckt und nicht viele denunziert worden. Warum, meinen Sie, konnte in anderen Ländern der Judenhaß so schlimm werden? Warum wurden die Juden dort als Fremdkörper angesehen?

MFP: Das ist mir nicht klar. Warum sie zum Beispiel jetzt in Österreich wieder als Fremdkörper angesehen werden. Es gibt, glaube ich, nur zehntausend Juden in Österreich. Ich verstehe das nicht. Die meisten Antisemiten haben im Leben noch nie einen Juden gesehen.

Es gibt da eine Geschichte vom Konrad Lorenz in seinem Buch über Aggression, wo er von den Ratten erzählt und beschreibt, wie herzlich die Mitglieder der Rattenfamilie zueinander sind. Sie helfen einander und sind wirklich liebevoll. Kommt aber eine Ratte, die anders riecht als dieser Stamm, dann fallen sie über sie her und zerfleischen sie. Leider sind die Menschen auch so. Sie sagen, die Belgier waren nett zu den Juden. Ich bin in einem Eisenbahnabteil gesessen mit vier belgischen Wallonen. Wir sind von Paris nach Brüssel gefahren. Ich habe ihnen zugehört. Sie haben die ganze Zeit darüber geredet, wie sie die Flamen hassen. Es war furchtbar. Was haben die ihnen angetan? So ist es wohl leider einer der bedauernswerten Charakterzüge der Menschheit, daß sie alle Fremden von Natur aus hassen.

HK: Glauben Sie, daß die Juden manchmal als ganz besonders fremd erscheinen?

MFP: Wenn sonst niemand da ist. In Frankreich hassen sie momentan die Algerier, und wenn die Deutschen eine andere Minderheit gehabt hätten, hätten sie vielleicht die gehaßt. In Rußland und Polen hat es sicher immer eine große Rolle gespielt, daß die Juden andere Sitten und Gebräuche und eine andere Sprache hatten. Die Juden dort haben nicht Russisch, sie haben Jiddisch gesprochen. Das war wirklich noch eine fremde Minorität. Und es gab ja auch Verfolgungen aus politischer Raison. »You can get a people's support by directing their animosities against someone else.« Die Juden waren oft die naheliegende Minorität. Das ist von vielen Regierungen ausgenutzt worden. Aber die Intoleranz der Kirche hat eine enorme Rolle gespielt. Philipp der Zweite von Spanien hat die Juden und die Mauren ausgestoßen, nur aus Bigotterie. Eine ähnliche Wahnsinnsidee wie die Idee der Nazis, daß man die deutsche Rasse von den Juden befreien, reinigen muß. Solche Wahnsinnsideen entstehen leider, aber woher sie kommen, ist mir nicht klar.

HK: Sie selber sind ja getauft. Gibt es in Ihrer Familie schon lange keine jüdische Tradition mehr?

MFP: Meine Großeltern waren noch fromme Juden, meine Eltern schon nicht mehr. Mich haben sie taufen lassen, und ich bin als sehr frommes katholisches Kind aufgewachsen. Das war keine Formalität, ich war wirklich sehr fromm. Meine Eltern selber waren agnostisch. Ich bin das dann auch geworden. Die Ereignisse der dreißiger Jahre haben auch das Ihre dazu getan, daß ich meinen kindlichen Glauben an Gott verloren habe.

HK: »Wie konnte Gott den Holocaust zulassen?« War es das?

MFP: Nicht erst der Holocaust, sondern schon Mussolinis Feldzug in Abessinien. Wenn Gott es zuläßt, daß dieser Schurke, dieser Abenteurer, die unschuldigen, wehrlosen Abessinier mit Giftgas bombardiert, aus reinem Sadismus, ohne jede militärische Notwendigkeit – da habe ich mir gesagt, dann kann es keinen barmherzigen, gerechten Gott geben.

HK: Man würde verzweifeln, wenn man sagen würde, daß er es zuläßt und doch existiert.

MFP: Ja.

HK: Hat es bei Ihnen manchmal zu inneren Konflikten geführt, daß Sie christlich erzogen wurden, aber jüdischer Abstammung waren? Fehlt Ihnen die jüdische Tradition jetzt in Ihrem Leben?

MFP: Nein, absolut nicht. Ich ziehe die christliche Tradition vor. Ich finde, meine christliche Erziehung ist die Quelle meines Pflichtbewußtseins. Das ist kein Monopol der jüdischen Religion. Als Christ erlegt man sich noch mehr Pflichten auf. Auch wenn man nicht an Gott glaubt, sollte man so leben, als ob man es täte. Es ist nicht so, daß ich an der katholischen Kirche hänge. Ich hänge an der christlichen Tradition, an der christlichen Moral, an der Bergpredigt, am »Liebe deinen Nächsten wie dich selbst«.

HK: War das Ihr Leitsatz? Haben Sie danach gelebt?

MFP: Zumindest mich bemüht. Es gelingt einem nicht immer. Und was Ihre Frage nach den inneren Konflikten angeht – ich habe mir in der Schule schon einen gewissen Skeptizismus angewöhnt. Da gab es ja den getrennten Religionsunterricht für die Katholiken, Juden und Protestanten. Die Katholiken lernten, daß die anderen alle in die Hölle kommen, die Protestanten lernten, daß die Katholiken in die Hölle kommen. Sie haben es sich gegenseitig mit großer Freude vorhergesagt. Ich weiß nicht, ich scheine gegen innere Konflikte relativ immun zu sein. Ich habe ein sehr phlegmatisches Temperament. Ich freue mich zwar enorm, wenn irgend etwas gutgeht, und bin deprimiert, wenn es schiefgeht, aber ich glaube, im allgemeinen habe ich doch ein ziemlich gleichmäßiges Temperament. Es gibt bei mir keinen Konflikt zwischen Judentum und Christentum, und schließlich war Christus ja ein Jude. Das vergißt man immer. Was er an den Juden kritisiert hat, hat mir immer sehr gefallen. Aber da ich nicht an Gott glaube, glaube ich auch nicht, daß Christus ein Gott war, sondern eben ein Mann, der sehr tief über den menschlichen Charakter und die menschlichen Beziehungen nachgedacht hat. Was er darüber gesagt hat, gilt heute noch immer. Allerdings, daß man nichts in dieser Welt erreichen könne, sondern sich nur für das nächste Leben vorbereiten solle – das hat über tausend Jahre lang das Christentum in einer Art Lähmung gehalten, so daß es lange nicht über die Errungenschaften des Altertums hinausgekommen ist. Das war erst die enorme Errungenschaft der Renaissance: Es liegt am Menschen selbst, sein Schicksal zu verbessern. In diesem Sinne hat sich die Renaissance vom Christentum emanzipiert.

HK: Das jüdische Volk hat ja jetzt wieder ein Land, in dem es eine Nation geworden ist, Israel. Wir beurteilen Sie, was dort geschehen ist und geschieht?

MFP: Als Tragödie. Wir haben doch die Nation der Juden nicht durch die Vertreibung der Araber erkaufen wollen. Ich fürchte, die ganze Geschichte wird tragisch ausgehen. Die Errungenschaften der Juden in Israel sind enorm, aber der Preis, im Sinne von menschlichem Leiden, mit dem sie erkauft wurden, ist auch enorm. Ich bin kein Zionist. Ich finde, daß die Großmächte die eigentlich sehr geringe Zahl der Einwanderer nach Israel ohne weiteres in ihren Ländern hätten unterbringen können: in Kanada, in den Vereinigten Staaten, in Australien, in Neuseeland. Es sind doch kaum zwei Millionen Juden nach Israel eingewandert. Das hätte doch in diesen Ländern überhaupt keine Rolle gespielt. Damit hätte man diesen furchtbaren Konflikt, dessen Zeugen wir jetzt sind, vermeiden können. Es wäre schön, wenn es ein Land gäbe, wo die Juden leben könnten, ohne ein anderes Volk zu verdrängen und zu unterdrücken. Aber für diese ganze Mythologie, daß Israel den Juden gehört, weil sie dort vor zweitausend Jahren gelebt haben, habe ich überhaupt nichts übrig. Ich glaube nicht daran, daß die Juden ein auserwähltes Volk sind. Ich glaube nicht, daß es eine eigene jüdische Rasse gibt, denn die Juden sind eine gemischte Mittelmeerrasse und den Italienern und Arabern ziemlich nah verwandt. Man sollte von ihnen nicht anders sprechen, als man von Griechen, Ägyptern, Tunesiern und Spaniern spricht. Ich sehe anthropologisch keine besondere Identität bei den Juden. Die jüdischen Führer scheinen sich dessen bewußt zu sein, denn sie versuchen die Juden dadurch zusammenzuhalten, daß sie sie auf ihre altertümlichen Gebräuche verpflichten. Es scheint mir auch, daß die Juden der Welt sowieso nicht alle in Palästina Zuflucht haben könnten, selbst wenn sie es wollten. Die meisten müssen sich doch an die Länder anpassen, in denen sie leben.

HK: Bevor wir aufhören müssen, möchte ich Sie gern noch etwas Persönliches fragen. Was ist und war Ihr Hauptanliegen in Ihrem Leben und in Ihrer Arbeit?

MFP: Die Freude an der Forschung. Die Naturwissenschaft fasziniert mich. Jedes Problem, an dem man arbeitet, bringt einem Überraschungen. Die wissenschaftliche Forschung ist die schönste Tätigkeit, die man sich vorstellen kann. Sie ist mein Leben. Die Naturwissenschaftler unterscheiden sich eigentlich nicht so sehr von den Künstlern. Wenn Sie die Lebensgeschichten der Künstler lesen – Renoir hat jeden Tag seines Lebens gemalt. Haydn hat jeden Tag komponiert. Er ist früh aufgestanden und hat versucht zu komponieren, und wenn ihm nichts eingefallen ist, hat er seinen Rosenkranz genommen und hat Ave Marias aufgesagt und um göttliche Inspiration gebeten. Bei einem guten Naturwissenschaftler ist es genauso. Er ist immer irgendwie am Arbeiten. Er denkt immer über die Probleme nach, an denen er gerade arbeitet. Ich habe andere Dinge auch gern. Ich war leidenschaftlicher Bergsteiger und Skiläufer, und ich verbringe viel Zeit mit meiner Familie. Ich gehe gerne ins Theater, ich liebe alle möglichen Dinge. Aber meine Hauptleidenschaft ist die naturwissenschaftliche Forschung.

SIR KARL POPPER

Philosoph. Geb. 1902 in Wien, gest. 1994 in Croydon bei London

HK: Herr Professor Popper, Sie sind seinerzeit aus dem Gymnasium ausgetreten und haben beschlossen, selbst zu lernen. Warum?

KP: Ich habe mich in der Schule furchtbar gelangweilt. Sonst nie in meinem Leben, nur in der Schule. Die Langeweile war geradezu schmerzhaft. Aber das war natürlich nicht alles. Es gab verschiedene Konflikte mit den anderen Schülern und auch mit den Lehrern, die mit meinem Pazifismus zusammenhingen. Und das im Jahre 1918. Aber ich möchte nicht darauf eingehen.

HK: Mit zwölf Jahren haben Sie Ihr erstes politisches Buch gelesen. Sie haben sich für den Marxismus interessiert, aber mit siebzehn Jahren waren Sie bereits Antimarxist. Wie kam es, daß Sie sich so früh und so kritisch für das Politische interessiert haben?

KP: Ich weiß nicht, woher Sie die Information haben, daß ich mit zwölf Jahren mein erstes politisches Buch gelesen habe. Ich weiß nichts darüber. Vielleicht meinen Sie den interessanten und durchaus harmlosen Zukunftsroman von Edward Belamy »Ein Rückblick aus dem Jahre 2000« – das ist nicht der volle Titel. Dieses Buch »politisch« zu nennen, ist etwa so, als ob man Jules Vernes »Reise um die Erde in achtzig Tagen« politisch nennen würde. Aber der Grund für mein politisches Interesse war der Ausbruch des Ersten Weltkriegs 1914. Meine Familie war pazifistisch. Es war mir klar, daß der Krieg – insbesondere in unserer Zeit – grausam und unmenschlich sein muß. Die Kriegsbegeisterung erschien mir roh und erschreckend. Ich wurde Anfang 1919 Kommunist, weil die russischen Kommunisten in Brest-Litowsk Frieden geschlossen hatten. Wie ich etwa zehn Wochen später Antimarxist wurde, habe ich in meiner Autobiographie beschrieben.

HK: Herr Professor Popper, es heißt, Sie läsen keine Tageszeitung, sähen kein Fernsehen, hörten kein Radio. Interessiert Sie Politik heute nicht mehr, oder glauben Sie, daß es besser ist, sich aus der Tagespolitik zurückzuziehen?

KP: Ich lese Zeitungsartikel nur dann, wenn einer meiner Mitarbeiter oder Freunde mir sagt, daß ich sie lesen soll. Ich halte keine Tageszeitung, nur ein paar fachwissenschaftliche Journale, habe keinen Fernsehapparat, höre so gut wie nie Radio – vielleicht einmal in zwei Jahren. Gründe: es erspart viel Zeit und einigen Ärger. Es hat nichts mit einem Rückzug aus der »Tagespolitik« zu tun, da ich mich nie an so etwas beteiligt habe. Ich erfahre von meinen Freunden, was los ist.

HK: Sie sagten einmal, von allen politischen Idealen sei der Wunsch, die Menschheit glücklich zu machen, vielleicht der gefährlichste. Das haben Sie vor rund einem halben Jahrhundert geschrieben. Stehen Sie noch dazu?

KP: Ja, selbstverständlich. Natürlich soll man sich bemühen, seine nächsten Freunde glücklich zu machen, aber nicht »die Menschheit«. Aber ich habe auch gesagt, der Versuch, den Himmel auf Erden einzurichten, produziert stets die Hölle. Die Leute, die sich einbilden, daß sie die Menschheit glücklich machen könnten, sind sehr gefährliche Menschen.

HK: Warum halten Sie die für so gefährlich? Die Menschen haben doch zwangsläufig die Hoffnung auf das Glück, den Traum von einem besseren Leben.

KP: Es ist aber ein gefährlicher Traum. Weil man dann glaubt, daß man das Recht hat, eine Menge böse Leute umzubringen, um die anderen glücklich zu machen. Der große Zweck heiligt die Mittel.

HK: Muß denn der Traum zur Hölle führen?

KP: Wenn der Traum verwirklicht ist, dann schimpfen die Leute. Wir leben in einer wunderba-

ren Welt. Verglichen mit allem, was vorhergegangen ist, ist es der Himmel auf Erden. Trotzdem sagt das niemand, und alle Leute schimpfen über die Welt. Es ist doch so, daß die Menschen dauernd von der Priesterklasse, von den ambitiösen Intellektuellen zum Beispiel, verführt werden. Ich meine, alle Zeitungen, alle Fernsehsender – ich sehe sie nicht, aber ich weiß es – sprechen davon, in was für einer schlechten Welt wir leben. Es ist vollkommen richtig, daß unsere Umwelt gefährdet ist. Aber daraus macht man eine fürchterliche Affäre. Das Waldsterben zum Beispiel war eine reine Lüge. Die Wälder sind in dieser Zeit, in der die Leute über das Waldsterben geredet haben, größer geworden. Es gibt und es gab immer Waldkrankheiten, und es ist wichtig, die Waldkrankheiten zu bekämpfen, selbstverständlich. Aber daraus eine solche Affäre zu machen, ist immer wieder Verführung und Lüge. Ich finde zum Beispiel, daß die Grünen sehr arge Verführer sind. Die Grünen behaupten, daß eine große Spannung zwischen ihnen und der Wissenschaft und der Technologie besteht. Aber ohne Wissenschaft und Technologie kann man die Umwelt nicht schützen. Die großen Seen, deren Leben nahe daran war, biologisch zugrunde zu gehen, sind von der Wissenschaft und der Technologie gerettet worden. Nicht einer von den Grünen hat etwas dazu beigetragen.

HK: Glauben Sie nicht, daß es erst Mahner geben muß, bevor die Wissenschaft etwas unternimmt?

KP: Ja, aber nicht Schreier. Und noch etwas ist besonders fürchterlich bei den Grünen. Sie sind Antiamerikaner, und sie haben immer nach Rußland geschielt – schon vor Gorbatschow. Das sind ganz widerliche Sachen. Amerika hat Deutschland gerettet, in jeder Hinsicht, vor Hitler und nach Hitler. Aber es herrscht eine antiamerikanische Stimmung und Propaganda, besonders unter den jungen Leuten in Deutschland, die einfach abscheulich ist. Wieder einmal ein Nationenhaß. Es gibt keinen Nationenhaß in Amerika. Aber in Deutschland gibt es junge Menschen, die Amerika hassen.

HK: Sie waren immer ein Gegner von Ideologien und skeptisch gegenüber den großen Idealen. Ist nicht auch die Vernunft ein solches Ideal, und sind nicht in deren Namen gräßliche Dinge geschehen? Wenn man das zugesteht, ist das nicht ein Argument gegen Rationalität überhaupt?

KP: Ja, ich bin ein Gegner von Ideologien. Ich glaube nicht, daß ich jemals den großen Idealen gegenüber skeptisch war – nur gegen deren Verkünder, die sie oft mißbraucht haben (zum Beispiel gegen Fichte, Hegel und die anderen postkantischen Idealisten und Nationalisten). Die Verbrechen, die Robespierre im Namen der Vernunft begangen hat, sind in der Tat gräßlich. Aber ich halte es für grundfalsch, daraus ein »Argument gegen Rationalität« oder »gegen Rationalität überhaupt« abzuleiten.

HK: »Es gibt alle Arten von Erkenntnisquellen, aber keine Autorität«, sagten Sie. Gibt oder gab es für Sie auch keine menschlichen Autoritäten?

KP: Ich würde es vorziehen, zu sagen: »Es gibt viele verschiedene Erkenntnisquellen, aber keine hat Autorität.« Es gibt Menschen, die ich unendlich verehre – Michelangelo, Kepler, Bach, Newton, Mozart, Kant, Shakespeare ... Aber keiner von ihnen ist eine »Autorität«. Nicht einmal in der Mathematik gibt es so etwas. Wir sind alle Menschen und fehlbar. Sogar Kurt Gödel wurde kürzlich ein – nicht allzu wichtiger – Fehler nachgewiesen.

HK: Thomas Mann hat einmal gesagt, Kunst wolle Erkenntnis werden. Sie haben sich meines Wissens erst im letzten Jahrzehnt zur Kunst geäußert. Sehen Sie einen Zusammenhang zwischen Kunst und Erkenntnis?

KP: Ich weiß nicht, ob man das so allgemein sagen kann. Wenn, dann ist es so, daß in der Forschung natürlich etwas eine Rolle spielt, was sehr ähnlich ist wie das Künstlerische. Das schon. Das Umgekehrte ist kaum der Fall. Oder nur selten: Goethe war ein Naturforscher, Schiller ein Philosoph. Aber ich mag, wie gesagt, den Thomas Mann nicht, weder persönlich noch, ich hätte fast gesagt, sein Geschreibsel. Ununterbrochen hört man den »größten noch lebenden Dichter« sprechen.

HK: Hat der Philosoph für seine Philosophie und die mit ihr verbundenen möglichen Auswirkungen eine unmittelbare moralische und politische Verantwortung?

KP: Selbstverständlich ja.

HK: Ihre Philosophie enthält bestimmte ethische Grundsätze, gewissermaßen eine »Ethik der Forschung«. Läßt die sich auch auf Ihre Lebensführung übertragen? Gibt es eine Einheit von Lehre und Person?

KP: Selbstverständlich ja. Aber meine sogenannte »Philosophie« enthält weit mehr an ethischen Lehren als die – sehr wichtige – Ethik der Wahrheitssuche.

HK: In der deutschen Tradition hält man die Philosophie und die Person, die sie vertritt, für ganz eng miteinander verbunden. Für Sie, scheint mir, ist Ihre Philosophie etwas ganz von Ihnen Abgehobenes, etwas, das sich Ihnen gegenüber verselbständigt. Deshalb halten Sie es ja auch nicht für so wichtig, über sich selbst zu sprechen. Sehe ich das richtig?

KP: Ich halte auch die Lehre, oder besser das Werk, für eng verbunden mit der Person. Insbesondere auch das Kunstwerk. Aber ich glaube, daß jeder, dem sein Werk wichtig ist, das objektive Werk für wichtiger hält als die Person.

HK: Sie haben vor langem einmal Kant zitiert: »Zwei Dinge erfüllen mich immer wieder aufs neue mit Ehrfurcht, der bestirnte Himmel über mir und das moralische Gesetz in mir.« In einem anderen Zusammenhang erwähnten Sie, daß dieser Satz oft falsch verstanden wird.

KP: Was man nicht verstanden hat – was aber jeder bestätigen wird, der den Anfang des »Beschlusses« der zweiten Kritik von Kant liest –, war, daß mit dem bestirnten Himmel die Newtonsche Theorie des Sternenhimmels gemeint ist und nicht ein Gefühlssyndrom, nicht das »Überschwengliche«, wie Kant sagt. So wird der Himmel für Kant das Symbol der Regelmäßigkeit der Welt. Um das festzustellen, braucht man bloß Newton zu lesen. Darauf bezieht er sich. Er meint damit im wesentlichen die Newtonschen Gravitationsgesetze. Dem stellt er gegenüber, was er das Sittengesetz nennt. Diese beiden Dinge stellt er zusammen. Und das hat einen Sinn, während das Anhimmeln des Himmels keinen Sinn hat.

HK: Sie haben geschrieben: »Wir müssen uns klarwerden, daß wir andere Menschen zur Entdeckung und Korrektur von Fehlern brauchen ...« Durch wen haben Sie am meisten gelernt? Wer war Ihr bester Kritiker?

KP: In dem Sinn, den Sie wohl meinen, habe ich am meisten von Alfred Tarski gelernt. Aber ich müßte wohl eine lange Liste aufstellen, mit meiner verstorbenen Frau an der Spitze. Unter meinen ehemaligen Schülern hat David Miller bei weitem die meisten Fehler entdeckt und korrigiert.

HK: Gibt es für Sie so etwas wie »mein Judentum«? Oder spielt das bei Ihnen keine Rolle?

KP: Ich bin ein Gegner des »Deutschtums« und ebenso des »Judentums«. Manche Deutsche oder manche Bekenner der christlichen oder der jüdischen oder der mohammedanischen Religion haben Großes geleistet. Natürlich auch manche Franzosen, Engländer oder Bekenner eines Agnostizismus. Aber ich halte jede Form des Nationalismus für einen verbrecherischen Dünkel oder für eine Mischung von Feigheit und Dummheit. Feigheit, weil der Nationalist die Unterstützung der Menge braucht: Er wagt nicht, allein zu stehen. Dummheit, weil er sich und seinesgleichen für besser hält als andere.

MARCEL REICH-RANICKI

Literaturkritiker, Frankfurt/M. Geb. 1920 in Wloclawek an der Weichsel

HK: Herr Reich-Ranicki, in Ihrem Buch »Über Ruhestörer – Juden in der deutschen Literatur« findet sich die Bemerkung, daß Leben und Werk dieser Schriftsteller sicherlich von ihrer jüdischen Herkunft geprägt worden sind. Welchen Einfluß hat Ihre jüdische Herkunft auf Ihr Leben und Ihre Arbeit?

R.-R.: Natürlich bin auch ich durch die Folgen der jüdischen Herkunft in hohem Maße geprägt worden. Denn den Antisemitismus habe ich von früher Kindheit an in Polen kennengelernt – in der Kleinstadt, in der ich geboren bin. Es war ein Antisemitismus in relativ gemäßigter Form. Ich bin 1929 als Neunjähriger nach Berlin gekommen und war in zwei Gymnasien. Das Abitur habe ich am Fichte-Gymnasium gemacht, mitten im Dritten Reich. Ich hatte Glück. Das Verhältnis der Lehrer und Schüler zu den wenigen jüdischen Mitschülern war gut. Bis zu meinem neunzehnten Lebensjahr habe ich im Dritten Reich gelebt und bin dann nach Polen deportiert worden. Ich war bis Februar 1943 im Warschauer Ghetto, ich bin dann geflohen und lebte im Untergrund. Selbstverständlich haben mich diese Erlebnisse geprägt.

HK: Zeigt sich dieser Einfluß, diese Prägung auch in Ihrer Arbeit?

R.-R.: Ja, dieser Einfluß hat mit dem Judentum zu tun, ist aber kein jüdischer Einfluß. Das soll heißen: Ich bin in einer Zeit aufgewachsen, in der ein Teil der deutschen Literatur im Deutschen Reich verfemt war. Welcher Teil? Es wäre ganz falsch, wollte man sagen, Bücher von Juden. Die Juden gehörten allesamt dazu, aber bildeten nur einen Teil der verbotenen Literatur. Verfemt war die linke Literatur, die kommunistische und auch Bücher von Autoren, die gar nicht mal sehr links, aber emigriert waren. Deren Prosastücke und Gedichte verschwanden zwar nicht aus den Lesebüchern. Es gab ja zunächst keine neuen Lesebücher. Aber die verbotenen Autoren wurden im Unterricht nicht mehr behandelt. Und natürlich hat ebendiese Literatur mich geprägt. Das Verbotene interessiert ja immer. Warum sollten plötzlich Thomas Mann, Bertolt Brecht, Franz Werfel, Arthur Schnitzler, Heinrich Mann, Arnold Zweig, Alfred Döblin, Stefan Zweig nichts mehr gelten? Das hat mich ebenso interessiert wie jene Malerei, die als entartete Kunst deklariert wurde. Wenn ich gefragt würde, welche Literatur mich in meiner Jugend geprägt hat, müßte ich zwei generelle Antworten geben: Die deutsche Klassik, und hier vor allem Goethe, Schiller, Kleist, Büchner bis hin zu Fontane, und jene verbotene Literatur. Für die Schule habe ich nur den ersten Bereich verwenden können.

HK: Wenn ich lese, was Sie über Börne, Heine und andere jüdische Schriftsteller schreiben ...

R.-R.: Nicht jüdische Schriftsteller, sondern deutsche Schriftsteller, die zugleich Juden waren. Das ist etwas ganz anderes.

HK: In vielen Ihrer Bemerkungen über diese Schriftsteller glaube ich auch Sie selbst zu erkennen. Täusche ich mich hier?

R.-R.: Jeder Autor, der über andere Schriftsteller schreibt, schreibt zugleich über sich selbst. Es ist unvermeidlich, daß viele Autoren ihre Motive im Werk und in der Biographie anderer Schriftsteller wiederfinden, und zwar desto häufiger, je größer diese Schriftsteller sind. In Goethes gigantischem, vielseitigem Werk kann man ja immer sich selbst wiedererkennen, die eigenen Sorgen, Nöte, Glücksgefühle, Leidenschaften und dergleichen. Und wenn Sie nun lesen, was ich über Juden geschrieben habe, etwa über Heine oder Börne oder Arnold Zweig oder Franz Kafka, dann können Sie sagen, das trifft ja auf ihn selbst auch zu. Und ich muß Ihnen ehrlich antworten, ich weiß es nicht immer. Das kann ich oft überhaupt nicht beurteilen. Denn es ist kein so bewußter Prozeß. Außerdem kommt noch etwas anderes hinzu. Eine unendlich wichtige Frage bei Juden, die in deutscher Sprache schreiben, ist ihr Verhältnis zu Deutschland und zur deutschen Kultur. Darüber haben Heine und Börne sehr viel geschrieben, aber auch Arnold Zweig und Lion Feuchtwanger, Joseph Roth und Anna Seghers und andere. Das ist natürlich ein Thema, das mich in höchstem Maße angeht. Es füllt ja mein Leben aus. Und sobald ich auf dieses Thema zu sprechen komme, können Sie sagen, es sei auch von mir die Rede. Sie sollten aber etwas nicht verkennen. Sie haben vorhin von mir einen Satz zitiert ...

HK: »Sicher ist, daß die jüdische Herkunft Ihr Leben und somit auch Ihr Werk geprägt hat.«

R.-R.: Dieser Satz kann, aus dem Zusammenhang gerissen, kraß mißverstanden werden. Der Satz bedeutet nichts anderes als folgendes: Jeder deutschsprachige Schriftsteller, der Jude ist, hat eine ganz bestimmte Biographie, ob er nun im neunzehnten Jahrhundert gelebt hat wie Heine und Börne, im ausgehenden neunzehnten Jahrhundert wie etwa Schnitzler oder im zwanzigsten Jahrhundert wie Kurt Tucholsky oder Egon Erwin Kisch oder Alfred Polgar. Ich bin der Ansicht, daß der prägende Einfluß auf das Werk dieser Schriftsteller nicht von irgendeinem jüdischen Erbe ausging. Das hat gar nichts mit jüdischem Blut oder dergleichen zu tun. Der prägende Einfluß rührt zunächst und vor allem von den Lebensbedingungen her. Ob diese Schriftsteller es wollten oder nicht, sie wurden von ihrer Umwelt immer als Juden betrachtet. Das heißt nicht, daß sie immer antisemitisch betrachtet wurden. Keineswegs. Manchmal philosemitisch. Aber sie haben in einer bestimmten Welt gewohnt, ihr Leben unter bestimmten Umständen verbracht. Diese Umstände haben ihre Biographie geprägt. Wenn ein Mann wie Walter Benjamin in Deutschland nicht Professor werden konnte, weil er Jude war, mußte dies auf ihn Einfluß haben. Die Juden konnten im Wilhelminischen Deutschland und zum großen Teil auch noch in der Weimarer Republik nicht Professoren werden. Warum wurden denn so viele Juden Literatur- und Theaterkritiker? Warum waren fast alle wichtigeren Theaterkritiker Deutschlands – mit Alfred Kerr an der Spitze – Juden? Was konnte ein Mensch werden, der Germanistik studiert und das Studium abgeschlossen hatte? Wenn er nicht Lehrer werden wollte, mußte er, wollte er Professor werden. War das nicht möglich, dann ging er zur Presse, oder er wurde Verlagslektor.

Jeder Schriftsteller spricht doch in seinem Werk von seiner Person. Das ist das Hauptthema der Schriftsteller. Nicht der Krieg, nicht das Schicksal Deutschlands, sondern das eigene, private Schicksal. Goethe hat es gesagt: Seine Werke seien Bruchstücke einer einzigen Konfession. Literatur ist in hohem Maße Selbstdarstellung, Selbstbekenntnis, Selbstrechtfertigung, Selbsterklärung. Wie erst bei jemandem, der in einem Land lebte, in dem er antisemitischen Schikanen, ernsten oder milden, kleinen oder großen oder unschuldigen, ausgeliefert war, und zwar schon in der Schule und erst recht an der Universität! Ja, das prägt die Person, und indem es die Person prägt, muß es auch das Werk prägen. Es gibt zwei Beispiele, die besten Beispiele dafür in der deutschsprachigen Literatur: Heine und Kafka. Heine hat sich taufen lassen, weil er, wie er sagte, anders am Kulturleben überhaupt nicht teilnehmen

Heinrich von Kleist

konnte. Von ihm stammt das berühmte Wort, der Taufzettel sei das Entreebillett zur europäischen Kultur.

HK: Was ja auch in Österreich häufig vorgekommen ist.

R.-R.: Ja. Hat ihm aber nicht geholfen, dem Heine. Er war Jurist, promoviert in Göttingen. Er hoffte, eine Staatsstellung zu bekommen. Er hat nie eine Stellung bekommen. Als Jude war er nicht anerkannt, und er hat schließlich den Weg in die Emigration gewählt. Und natürlich ist diese Situation, die unerwiderte Liebe zur deutschen Kultur und zu Deutschland, die Basis seines Werks. Bei Kafka ist überhaupt von gar nichts anderem die Rede. Kafkas Werk beschäftigt sich im Grunde immer wieder mit Juden. Das Wort Jude kommt in seinen Romanen und Erzählungen so gut wie überhaupt nicht vor. Dennoch ist von nichts anderem die Rede. Kafkas »Prozeß«: Da wacht ein Mensch frühmorgens auf und ist angeklagt und verhaftet, und er weiß nicht, warum. Das ist doch die Situation des Juden. Und das »Schloß«: Da kommt einer und möchte anerkannt und integriert werden, und es gelingt nicht. Er bleibt als der Fremde, der gerade noch geduldet wird. Kafka hat diese Themen besonders stark empfunden. Weil er ja in doppelter Hinsicht einer Minderheit angehörte. Er gehörte der deutschsprachigen Minderheit in Prag an und innerhalb der deutschsprachigen Minderheit der jüdischen Minderheit.

HK: Ist es möglich, von einer deutsch-jüdischen Literatur zu sprechen?

R.-R.: In meinem Buch über »Ruhestörer« wende ich mich vor allem gegen die Vorstellung, daß die Literatur aus der Feder von Juden anders sei, weil die Juden eine andere Mentalität, ein anderes Erbe hätten. Das ist alles Unsinn. Juden haben in den letzten hundert Jahren an sämtlichen Richtungen der deutschen Literatur teilgenommen. Juden waren Naturalisten und Expressionisten und Impressionisten. Juden waren sehr oft linke Schriftsteller, weil sie sich von der angestrebten Verwandlung der Gesellschaft die Gleichberechtigung versprachen. Aber auch im erzkonservativen Kreis um Stefan George waren Juden dabei, etwa Friedrich Gundolf und Karl Wolfskehl. Es gibt keine Möglichkeit auf Erden, anhand eines Prosatextes oder eines Gedichtes zu sagen, dieser Stil weise auf einen jüdischen Autor hin. In keinem einzigen Fall. Es gibt keinen jüdischen Stil, es sei denn, daß einer schlecht Deutsch schreibt. Aber der Einfluß ist gigantisch. Nicht der Einfluß des jüdischen Erbes oder einer jüdischen Veranlagung, sondern der Einfluß der Biographie des Juden innerhalb der nichtjüdischen Gesellschaft.

HK: In gewisser Weise ist das tragisch und dankenswert zugleich. Unter tragischen Umständen wurden Werke geschaffen, die zu den größten Kulturleistungen zählen.

R.-R.: Ja, Kafka zeigte die Situation des Juden in der nichtjüdischen Gesellschaft von Prag, und das hat außer den Leuten in Prag niemanden interessiert. Dreißig Jahre später wurde sein Werk zum Welterfolg, weil sich herausstellte, daß es etwas zeigte, was er gar nicht beabsichtigt hatte. Nämlich die Situation des Intellektuellen in der modernen Welt. Die ganze Menschheit erkannte in Kafka den Schriftsteller unseres Jahrhunderts. Es gibt da eine sehr schwierige Frage, die ich nur stellen, nicht beantworten kann. Die Grundlagen der modernen Literatur hat Franz Kafka geschaffen. Die Grundlage der modernen Physik Albert Einstein. Die Grundlagen der modernen Musik Gustav Mahler und Arnold Schönberg. Die Grundlagen der modernen Soziologie Karl Marx und die Grundlagen der modernen Psychologie Sigmund Freud. Alle waren sie Juden. Jetzt kommt das Mysterium, das ich nicht erklären kann. Alle waren sie deutschsprachige Juden. Nur diese Verbindung hat die Genies erzeugt. Weder die französischen Juden haben solche Genies hervorgebracht noch die italienischen oder russischen.

HK: Warum ist gerade diese deutsch-jüdische Verbindung so fruchtbar geworden? Warum keine andere?

R.-R.: Ich weiß es nicht. Sie werden keine Antwort aus mir herauspressen. Es sieht so aus, als ob eine andere Verbindung von ähnlicher Bedeutung möglich sein wird: die amerikanisch-jüdische in den USA. Aber in der Vergangenheit war es nur die deutsch-jüdische. Ich kann Ihnen keine Antwort geben, sondern nur einen Vorschlag zur Behandlung dieser Frage machen. Vielleicht hat es eine Rolle gespielt, daß die Juden, die im achtzehnten Jahrhundert überall auf Erden verfolgt worden sind, in manchen deutschen Staaten noch am ehesten die Möglichkeit zur intellektuellen Arbeit hatten. Vor allem in Preußen.

HK: Und in Österreich erst später.

R.-R.: Ja. Viel später in Österreich. Die Juden hatten diese Möglichkeiten in Frankreich nicht. Die Französische Revolution hat die Juden aus den Ghettos befreit. Aber der König von Frankreich hat keinen Juden an seinen Tisch gebeten. Friedrich der Große hat sehr wohl Moses Mendelssohn wiederholt eingeladen. Immerhin.

HK: Aber gibt es nicht noch andere Erklärungen dafür, daß gerade die deutschsprachigen Juden zu solchen Leistungen stimuliert wurden? Heine spricht von der Wahlverwandtschaft zwischen Deutschen und Juden. Und Kafka hat gesagt, beide hätten vieles gemeinsam. Ich denke an den berühmten Satz, die Juden und die Deutschen seien die tüchtigsten Menschen auf Erden und überall gleich unbeliebt.

R.-R.: »Tüchtig, fleißig und gründlich verhaßt bei den anderen. Juden und Deutsche sind Ausgestoßene.« Dieser Satz findet sich bei Kafka. Er findet sich bei Heine und bei Benjamin auch. Die Ähnlichkeit zwischen Juden und Deutschen ist so groß, daß sie gleichsam als feindliche Brüder galten. Und aus der großen Liebe wurde der große Haß.

HK: Dann stünden wir aber wiederum vor der Frage, worauf diese seltsame Affinität zurückzuführen ist.

R.-R.: Auch das weiß ich nicht. Warum haben die Juden sich ihre Sprache im Mittelalter aus dem Deutschen gemacht? Sehr merkwürdig. Das Jiddische ist nichts anderes als Mittelhochdeutsch, verballhornt mit hebräischen und slawischen Zusätzen. Warum haben die Juden auf dem Weg durch Europa nicht das alte Französisch mitgenommen, sondern das Deutsche? Ich weiß es nicht, aber es fällt mir auf. Es gibt nur noch ein anderes Beispiel dieser Art. Das ist Spaniolisch.

HK: Eine Gaunersprache?

R.-R.: Nein. Spaniolisch ist die Sprache, die sich die Juden im Mittelalter aus dem Spanischen gemacht haben. Romanisten, Hispanisten hören Spaniolisch und sind glücklich. Als ob in Konservenbüchsen eine alte Sprache aufbewahrt worden wäre.

HK: Lassen Sie uns auch über die Musik sprechen. Auffällig ist doch die große Zahl jüdischer Solisten und Dirigenten. Was halten Sie von folgender Erklärung: In Polen und Rußland hatte ein Junge nur dann eine Chance, aus dem Ghetto oder der Kleinstadt herauszukommen, wenn er etwas lernte, mit dem er in der Gesellschaft Erfolg haben konnte. Eine dieser Möglichkeiten war die Musik. Nun war die Geige ein relativ billiges Instrument, das man obendrein überallhin mitnehmen konnte. Daher befanden sich unter den Violinvirtuosen besonders viele Juden.

R.-R.: Diese Theorien sind nicht schlecht, sie haben nur einen Fehler, sie stimmen alle nicht. Juden spielen gut Geige, weil die Geige nicht viel kostet und leicht unter den Arm zu nehmen ist ... Warum aber ist Arthur Rubinstein Pianist geworden? Und warum war der größte deutsche Pianist der Weimarer Republik, Arthur Schnabel, ein Jude? Ich könnte Ihnen Dutzende von Pianisten aufzählen. Und denken Sie an die großen Dirigenten heute. Wenn Sie von Karajan absehen – Bernstein, Solti, Barenboim, Levine, Maazel, alles Juden. Also entdecken wir, daß die Juden keine spezifische Begabung für die Geige, sondern für die Musik haben. Der große Bronislaw Huberman, ein berühmter Geiger, hat gesagt: Es ist ein reiner Zufall, daß ich Geiger geworden bin. Ich habe ein Wunderkind gesehen, das Klavier gespielt hat, und ich wollte es ihm nachtun. Aber meine Eltern hatten kein Geld für ein Klavier, da haben sie mir eine Geige geschenkt. Er meinte, als Pianist wäre er genauso berühmt geworden. Mal sind es Geiger, mal Pianisten, mal Dirigenten.

HK: Aber nur wenige große Komponisten. Mir fallen nur Mendelssohn und Mahler ein.

R.-R.: Auch diese Rechnung geht nicht ganz auf. Komponisten vom Range eines Mozart, Beethoven, Schubert, Brahms haben die Juden nicht. Und die Engländer und die Franzosen auch nicht und die Schweden auch nicht. Niemand, nur die Deutschen mit den Österreichern. Aber die Juden haben immerhin Mendelssohn. Moderne Musik ist zu einem großen Teil ein Werk der Juden. Sogar die Musicals – denken Sie an Kurt Weill, an Gershwin und Bernstein. Und viele der großen Komponisten der Gegenwart wie Ligeti und Maurizio Kagel sind ebenfalls Juden. Schönberg ist eine andere Generation. Auch der bedeutendste sowjetische Komponist, Alfred Schnittke, ist ein Jude. Kurzum, Sie kommen mit Ihrer These nicht zu Rande. Die Juden haben eine besondere Begabung für Musik und für Juristerei und seit jeher für Medizin und für Kritik und Journalismus – und so weiter.

HK: Sehen Sie auch heute noch Gemeinsamkeiten zwischen Juden und Deutschen?

R.-R.: In der Bundesrepublik Deutschland spielen die Juden im Kulturleben keine Rolle. Bilden Sie sich das nicht ein. Natürlich hat die Bundesrepublik die meisten Opernhäuser der Welt und beschäftigt sehr viele Dirigenten. Unter ihnen sind Israelis und Juden aus Amerika. Die dirigieren hier, weil gerade ein Posten frei ist. Aber sie gehören strenggenommen nicht zum deutschen Kulturleben.

HK: Glauben Sie, daß der Einfluß der Juden auf die deutsche Kultur zum Erliegen kommen wird?

R.-R.: Über den Anteil der Juden an der deutschen Kultur der Gegenwart lohnt es sich nicht mehr zu reden. Da gibt es Peter Zadek, einen Emigranten, den Schweizer Juden Lucien Bondy, den ungarischen Juden Ivan Nagel. Das sind schon ältere Leute. Die meisten Schriftsteller, ich meine wiederum die Juden, sind nach 1945 nicht nach Deutschland zurückgekommen. Erich Fried ist in London geblieben, Peter Weiss in Schweden, Canetti in England und in der Schweiz, Hildesheimer ebenfalls in der Schweiz.

HK: Dann wären Sie und einige andere Ihrer Generation die allerletzten deutschschreibenden Juden?

R.-R.: Ich bin davon überzeugt, aus einem einfachen Grund. Sie können keine Literatur aus dem Boden stampfen ohne eine gewisse Bevölkerungsbasis. Es gibt doch keine Juden mehr in diesem Land. Es gibt kaum mehr als dreißigtausend, und von denen leben manche nur noch mit einem Bein in der Bundesrepublik. Deren Kinder werden schon für das Ausland erzogen.

HK: Ich habe bei allen Gedenkreden über die Vernichtung der Juden, die wir in letzter Zeit gehört haben, den Eindruck, daß die Deutschen übersehen, welcher Verlust ihnen selbst durch die Vernichtung und Vertreibung der Juden entstanden ist.

R.-R.: Das kann ich nicht beurteilen. Man hat ja oft genug aufgezählt, wie viele Universitätsprofessoren von 1933 bis 1939 aus Deutschland vertrieben worden sind. Eine gigantische Zahl. Und das waren nicht nur Juden. Daß darunter die deutsche Wissenschaft bis heute leidet, wird oft gesagt. Ich hoffe, aufrichtig.

HK: Aber mich erstaunt immer wieder, daß so wenige Versuche gemacht worden sind, diese Leute zurückzuholen.

R.-R.: Fragen Sie bitte nicht mich. Fragen Sie bitte andere danach. Sie haben vollkommen recht. Ich kann Ihnen nur ein Beispiel geben, das härteste. In den fünfziger Jahren haben noch alle großen deutschen Architekten gelebt. Die Jahrhundertarchitekten. Die lebten in Südamerika, in verschiedenen Ländern, und waren noch keine Greise, jünger als sechzig Jahre. Man brauchte doch diese Architekten zum Wiederaufbau der deutschen Städte. Aber keiner ist zurückgerufen worden. Ich kann Ihnen das nicht erklären. Ein anderes Beispiel. Einer der besten deutschen Germanisten war Heinz Polizer an der Universität Berkeley, aus Wien stammend. Er ist in Berkeley gestorben. Man hat ihm in Wien keine Professur angeboten. Angeblich hat man mit ihm verhandelt, aber es ist nichts daraus geworden. Auch andere bedeutende Germanisten, zum Teil Leute, die erst in den fünfziger Jahren emigriert sind, hat man nicht zurückgeholt. Peter Demetz stammt aus Prag und hat hier nie eine Professur angeboten bekommen. Vielleicht gab es da simple Konkurrenzgründe.

HK: Ich möchte noch einmal auf das Verhältnis von Juden und Deutschen zurückkommen. Sie haben von der unerwiderten Liebe vieler Schriftsteller jüdischer Herkunft zu Deutschland und zur deutschen Kultur gesprochen. Hat nicht diese Anhänglichkeit der Juden an ein wenig dankbares Volk auch den sogenannten jüdischen Selbsthaß verstärkt?

R.-R.: Den Begriff des jüdischen Selbsthasses hat Theodor Lessing geprägt. Aber er kennzeichnet ja nicht nur die Juden. Es gibt noch ein Volk auf Erden, das sich selbst leidenschaftlich haßt. Das sind die Deutschen. Schon wieder eine Parallele. Es gibt einen starken deutschen Selbsthaß. Sehen Sie sich das Werk eines Schriftstellers wie Heinrich Mann an. Nicht das, was er in der Zeit des Dritten Reichs geschrieben hat, sondern im Wilhelminischen Deutschland und in der Weimarer Republik. Ungeheurer Selbsthaß. Eine Verherrlichung der Italiener und Franzosen, die bisweilen schon verantwortungslos ist. Die hat er ja nur den Deutschen zum Trotz verherrlicht. Ob es heute jüdischen Selbsthaß gibt? Da es keine Juden gibt, ist diese Frage ziemlich belanglos. Mir persönlich sind diese Gefühle fremd. Vielleicht hat das auch damit zu tun, daß ich nie so richtig im Judentum verwurzelt oder engagiert war.

HK: Und wie steht es mit Ihrem deutschen Selbsthaß?

R.-R.: Sie können in mir keinen Deutschen sehen. Ich bin kein Deutscher. Machen Sie keinen Deutschen aus mir. Ich bin ein Bürger der Bundesrepublik. Selbstverständlich und gern. Mir gefällt dieser Staat, trotz allem. Ich schreibe in deutscher Sprache, ich bin ein deutscher Literaturkritiker, ich gehöre zur deutschen Literatur und Kultur, aber ich bin kein Deutscher und werde es nie werden.

HK: Das führt mich zu einer anderen Frage. Sie sind in Polen geboren, nach Deutschland gekommen, wurden nach Polen deportiert und sind wieder nach Deutschland zurückgekehrt. Haben Sie unter diesen Umständen noch einen persönlichen Heimatbegriff? Heine hat gesagt, daß die Juden die Bibel als portatives Vaterland mit sich herumschleppen. Gibt es so etwas wie Heimat für Sie?

R.-R.: Das portative Vaterland, das Heine meint, ist nicht das, was mich geprägt hat. Mein portatives Vaterland ist Goethe und Thomas Mann, Heine, Fontane und Lessing. Hinzu kommen Mozart, Beethoven, Schubert, Wagner und Brahms. Sie sehen, ich nenne nicht die Namen Albrecht Dürer oder Lucas Cranach. Die Malerei hat mir nie sehr viel bedeutet. Es gibt einen Ort auf Erden, da verspüre ich, wenn ich bestimmte Plätze und Straßenecken sehe, einen Anflug von Heimatgefühl. Dieser Ort ist Berlin. Weil ich dort meine Jugend verbracht habe. Da gab es oder gibt es die Theater, in denen ich zum ersten Mal Shakespeare auf der Bühne gesehen habe, da sind die Plätze, wo man Fußball gespielt hat. Aber Berlin als meine Heimat zu bezeichnen, wäre übertrieben.

HK: Ich glaube, es war Börne oder Heine, der von der Unzugehörigkeit der Juden geschrieben hat.

R.-R.: Vielleicht war es weder Börne noch Heine. Vielleicht steht es bei mir. Jeder von uns hätte das schreiben können.

HK: Fühlen Sie selbst auch eine solche Unzugehörigkeit?

R.-R.: Die Frage verstehe ich nicht. Unzugehörigkeit wozu?

HK: Zu Deutschland.

R.-R.: Ich fühle eine sehr starke Zugehörigkeit zur deutschen Kultur.

HK: Aber in welcher Rolle gehören Sie zur deutschen Kultur?

R.-R.: Es gibt nur ein Gefühl bei mir, das Sie interessieren kann. Weil es nicht ganz alltäglich ist. Ich sagte Ihnen vorhin, ich bin kein Deutscher, und ich werde es nie sein. Aber ich fühle mich nicht als Gast in diesem Land und nicht als Fremder.

HK: Als was sonst?

R.-R.: Ich fühle mich durchaus nicht als einer, der in diesem Land geduldet wird, sondern als einer, der Anspruch hat, in diesem Land zu sein, und das volle Recht hat, am Kulturleben des Landes teilzunehmen.

HK: Bitte erlauben Sie mir, noch einmal auf Ihre Lebensgeschichte einzugehen. Nach Ihrer Deportation von Berlin nach Warschau kamen Sie ja 1940 ins Warschauer Ghetto. Das ist natürlich wieder ein Thema für ein ganzes Gespräch. Dennoch möchte ich Sie bitten zu beschreiben, wie der Alltag im Ghetto ausgesehen hat und wie Sie dort überlebt haben.

R.-R.: Das entscheidende Merkmal der Existenz im Ghetto waren nicht der Hunger und die Krankheiten. Es war die panische Angst vor dem, was am nächsten Tag geschehen konnte. Es war eine Existenz unmittelbar vor einem Abgrund, und dieser Abgrund bedeutete den Tod. Das war das Schrecklichste. Es gab Konzerte im Ghetto, und man ging hin, ohne sicher zu sein, daß man nicht unterwegs aufgehalten oder erschossen werden würde. Und während des Konzerts hatte man nicht die Gewißheit, daß es beendet werden würde. Wir ertrugen diese Dinge ein wenig besser als die anderen. Weil wir sehr jung waren. Jugend bedeutet auch Unbeschwertheit. Das Ghetto ist Ende 1940 eingerichtet worden. Da waren wir beide – meine Frau und ich – zwanzig Jahre alt. Die Sechzigjährigen haben es anders erlebt.

HK: Haben Sie im Judenrat gearbeitet?

R.-R.: Als Dolmetscher. Besser gesagt, als Übersetzer.

HK: Hannah Arendt hat den Judenräten vorgeworfen, mit den deutschen Unterdrückern über das notwendige Maß hinaus kollaboriert und gegenüber den ihnen anvertrauten Menschen versagt zu haben.

R.-R.: Der Artikel von Hannah Arendt gehört zum Dümmsten, was diese Frau je geschrieben hat. Ich erspare es mir, ihre Darstellung im einzelnen zu bewerten. Das hat schon ein anderer getan, und er hat die Sache durchschaut. Einer, der nicht Partei ist, sondern gewissermaßen ein Außenstehender, nämlich Golo Mann, hat 1964 in der »Zeit« dargelegt, um was es sich handelt: um die Verantwortungslosigkeit einer ehrgeizigen Frau, die um jeden Preis eine originelle These präsentieren will. Hannah Arendt hat ja auch von Eichmann gesagt, er sei ein unschuldiger Mensch gewesen. Ein Beamter, ein Holocaust-Beamter. So war es nicht.

HK: Wie beurteilen Sie die schwierige Situation, in der die jüdischen Verantwortlichen im Ghetto handeln mußten?

R.-R.: Es gab Ghettos in mehreren Städten Polens. Dort herrschten jeweils unterschiedliche Zustände. Der Vorsitzende des Judenrates in Warschau, Adam Czerniaków, den ich gekannt habe, war ein hochanständiger Mensch, der zu keiner Kollaboration mit deutschen Behörden bereit war. Er hat am zweiten Tag der sogenannten Umsiedlungsaktion – das bedeutete: der Deportation zu den Gaskammern – Selbstmord verübt, um nicht zum Vollstrecker dieser Grausamkeit zu werden. Mehr können Sie von einem Menschen nicht verlangen. Ich habe auch nicht gehört, daß einem anderen Mitglied des Judenrates in Warschau je das Geringste vorgeworfen worden wäre. Im Unterschied zu den jüdischen Polizisten, die, um ihr Leben zu retten, in Todesnot andere in die Waggons gesteckt haben. Was übrigens diesen Polizisten nichts genützt hat. Auch sie wurden allesamt deportiert. Und jetzt komme ich zu einem anderen Punkt. An der Spitze des großen Ghettos von Lodz stand ein Mann namens Chaim Rumkowsky. Dieser Rumkowsky hat uneingeschränkt mit den deutschen Behörden zusammengearbeitet. Er war ein Kollaborateur. Im Warschauer Ghetto hat kein einziger Mensch überlebt. Es haben nur Menschen überlebt, die aus dem Ghetto geflohen sind wie wir beide. Und von den Aufständischen im Ghetto hat eine kleine Gruppe in der Kanalisation unter der Erde Zuflucht gefunden. Alle anderen wurden ermordet. Im Ghetto von Lodz haben zwanzigtausend oder dreißigtausend Menschen überlebt. Darüber mag urteilen, wer will. Rumkowsky ist ermordet worden. Wenn er überlebt hätte, hätte er gesagt: Mir wollt ihr Vorwürfe machen? Ich habe einige zehntausend Menschenleben gerettet. Czerniaków ist wie ein Held gestorben. Aber er hat keinen Menschen gerettet. Was ist besser? Heroisch sein oder Leben retten? Ich bin nicht berufen, das zu entscheiden.

HK: Ich zitiere jetzt Reich-Ranicki: »Wer zum Tode verurteilt war, bleibt ein Gezeichneter. Der zufällig verschont wurde, während man die Seinen gemordet hat, kann nicht in Frieden mit sich selber leben. Wer vertrieben wurde, bleibt für immer nicht nur ein Vertriebener, sondern auch und vor allem ein Getriebener.« Gilt dies auch für Sie?

R.-R.: Jedes Wort gilt für mich. Selbstverständlich. Und das wird sich auch nicht ändern. Unbeschwerter Lebensgenuß und Unbefangenheit – wie viele meiner Generation, die ähnliches erlebt haben, sind dazu noch fähig?

HK: Können Sie sich vorstellen, daß so etwas wie Auschwitz noch einmal möglich ist? In Deutschland oder anderswo?

R.-R.: Es gibt ein Wort von Golo Mann: Wo das möglich war, ist alles wieder möglich. Die Geschichte wiederholt sich wohl, aber immer anders. Muß ich mir darüber Gedanken machen? Mich interessiert nicht das Problem, ob Auschwitz wieder möglich ist. Weil das kein Problem dieser Jahre ist. Mich interessiert das Problem, daß Auschwitz hier in diesem Lande von vielen umgelogen wird, gelegentlich auch von Historikern. Das läßt mir keine Ruhe.

HK: Mich interessieren auch Ihre ersten Jahre in der Bundesrepublik Deutschland, nachdem Sie 1958 zurückgekehrt waren. Welche Erfahrungen haben Sie in dieser Zeit gemacht?

R.-R.: Ich habe später oft gehört, daß man jenen, die aus dem Dritten Reich deportiert worden waren, bei ihrer Rückkehr rote Teppiche ausgerollt, das Leben beinahe zur Idylle gemacht, Wohnungen gegeben und Positionen angeboten hätte. Ich weiß nicht, ob das richtig ist. In meinem Fall war es jedenfalls nicht so. Vor mir hat kein Mensch je einen roten Teppich ausgerollt. Ich mußte mir gewaltige Mühe geben, um in Hamburg für meine Familie, für drei Personen, eine Zweieinhalb-Zimmer-Wohnung zu bekommen. Und man hat mir nie eine Stelle angeboten. Ich habe angefangen, für Zeitungen Kritiken zu schreiben. Diese Arbeit ging gut und leicht. Man hat meine Rezensionen zuerst in der FAZ und in der »Welt« gedruckt. Ich wurde schnell bekannt. Ich bekam ein Angebot von der »Zeit« und dann dort eine feste Anstellung als Literaturkritiker. Aber in den vierzehn Jahren bei der »Zeit« habe ich nie an einer Redaktionskonferenz teilgenommen. Man hat einen Redakteur nach dem anderen engagiert, aber mir hat man nicht den kleinsten Redakteursposten angeboten.

HK: Wären Sie gerne Redakteur geworden?

R.-R.: Selbstverständlich. Ich saß vereinsamt in einer kleinen Wohnung in Hamburg-Niendorf und führte ein monologisches Dasein, das für mich schwer erträglich war. Lesen und Schreiben, nichts anderes. Kaum Menschen gesehen. Ich beklage mich nicht. Ich habe in diesen vierzehn Jahren in Hamburg eine Fülle von Kritiken geschrieben, die dann das Fundament mehrerer Bücher gebildet haben. Ich habe Einladungen zu Vorträgen bekommen. Ich bin von vielen Universitäten eingeladen worden. Auch Angebote für eine kontinuierliche Tätigkeit an einer Universität habe ich bekommen. Aber von amerikanischen und schwedischen Universitäten. Nicht von deutschen. Den Ehrendoktor habe ich auch bekommen, 1972, aber von der Universität Uppsala. Von einer deutschen Universität habe ich, obwohl ich mittlerweile neunundsechzig Jahre alt bin, noch nie einen Ehrendoktor erhalten. Ich beschwere mich nicht darüber, aber das Faktum ist aufschlußreich. Kein Verlag, keine Zeitung, keine Zeitschrift, kein Rundfunk- oder Fernsehsender hat mir auch nur den kleinsten Posten angeboten, obwohl mein Name durch Publikationen rasch bekannt geworden ist, obwohl mein erstes in der Bundesrepublik erschienenes Buch, »Deutsche Literatur in West und Ost«, 1963 gedruckt, großes Aufsehen erregt hat und in kurzer Zeit in mehreren Auflagen erscheinen konnte. In der »Zeit« hat man sehr wohl gewußt, daß ich an einer Tätigkeit außerhalb des Arbeitszimmers in meiner Privatwohnung interessiert war. Man hat sie mir nie offeriert. Das erste Angebot, das man mir gemacht hat, kam 1973 von der FAZ.

HK: Es gibt ein berühmtes Zitat: »Die einen werfen mir vor, daß ich ein Jude sei; die anderen verzeihen mir es; der Dritte lobt mich gar dafür; aber alle denken daran.« Entspricht dieses Zitat Ihren eigenen Erfahrungen?

R.-R.: Das ist ein Wort von Ludwig Börne, das ich zitiert habe. Ob ich diese Erfahrungen gemacht habe? Ja. Täglich.

HK: Täglich? In welcher Weise?

R.-R.: Es ist sehr heikel, was ich Ihnen jetzt sagen werde. Und ich sage es nicht im anklagenden Ton. Ich habe in den letzten dreißig Jahren in der Bundesrepublik Hunderte von Vorträgen gehalten, vor Studenten oder vor anderen Auditorien. Vor dreihundert Menschen oder vor tausend Menschen. Da habe ich sofort bemerkt, daß das Verhältnis zu den Juden unnatürlich ist. Zumindest kein normales Verhältnis. Und Sie wollen jetzt von mir erfahren, wie ich das bemerkt habe.

HK: Ja.

R.-R.: Ich habe das geradezu experimentell überprüft, um auszuschließen, daß ich das Opfer meiner Überempfindlichkeit bin. Ich halte einen Vortrag über deutsche Literatur. Nichts Ungewöhnliches. Irgendwann, an einer Stelle, wo es angebracht und nötig ist, sage ich, man dürfe bei der Deutung von Kafkas Werk nie vergessen, daß Kafka Jude gewesen ist. In demselben Augenblick ändert sich alles. Totale Stille im Saal. Das Wort Jude im Zusammenhang mit Döblin oder Heine oder Schnitzler, und es wird plötzlich still im Saal. Ich will nicht sagen, daß diese Stille etwas Schlechtes sei oder etwas Gutes. Aber diese Stille beweist, daß es ein normales Verhalten den Juden gegenüber nicht gibt. Das ist etwas Unheimliches. Wenn wir bei Freunden sind, abends, wenn man getrunken hat, kommt nach einer Weile regelmäßig das Gespräch auf Juden, Nationalsozialismus, Antisemitismus. Wie oft habe ich gemerkt, daß meine Anwesenheit bei den Gesprächen ein Faktor ist, der irritiert.

Ich habe es schon erlebt, daß ein Mensch, der mir relativ nahesteht, in meiner Gegenwart und in Gegenwart meiner Frau einen Film gesehen hat, der gerade im Fernsehen lief, einen Unterhaltungsfilm der UFA aus dem Jahr 1938, und völlig harmlos gesagt hat: »O Gott, die schönen dreißiger Jahre.« Ein hochgebildeter Mann, Autor bekannter Bücher. Er war sich überhaupt nicht dessen bewußt, daß diese Bemerkung für uns etwas Ungeheuerliches war. Daß 1938 die Zeit war, wo man uns geprügelt, vertrieben, ermordet hat. Übrigens war der Vater dieses Menschen kein Nazi. Es ist ihm im Dritten Reich auch nicht gut ergangen. Und dieser Mensch sagt: »Oh, die herrlichen dreißiger Jahre.« Diesen Satz von Börne habe ich immer als die Darstellung meiner eigenen Situation empfunden. Wahrscheinlich ist es anders gar nicht möglich. Die Leute, mit denen ich zusammen bin, fühlen sich zu einer gewissen, sagen wir taktvollen Rücksichtnahme verpflichtet. Man spricht doch im Hause des Gehängten nicht vom Strick.

HK: Nach meiner Erfahrung trauen sich viele Deutsche gar nicht, mit Juden über diese Dinge zu reden. Und ich muß Ihnen sagen, zu Beginn meiner Gespräche mit jüdischen Emigranten hatte ich Schwierigkeiten, das Wort »Jude« auszusprechen.

R.-R.: Ich habe bei der FAZ zwei Erlebnisse gehabt, die charakteristisch sind. Das erste mit einem bedeutenden Herausgeber dieser Zeitung, der nicht mehr lebt. Ich war damals erst ein Jahr bei der FAZ. Er kam zu mir und sagte, ich hätte etwas Ungeheuerliches geschrieben. Ich hätte in einem Artikel über Kafka die Worte geschrieben: »der Jude Franz Kafka«. Kafka könne man doch nicht als Juden bezeichnen. Dieser Mann der älteren Generation fand, das Wort Jude sei beleidigend. So ist er im Dritten Reich erzogen worden. Ich habe ihm gesagt: Nein, davon werden Sie mich nicht abbringen. Wohingegen ich nicht protestieren kann, wenn man schreibt, daß im Frankfurter Bahnhofsviertel der israelische Staatsbürger Schlomo Rosenstein wegen Hehlerei und Betrug verhaftet wurde. Dagegen ist nichts zu sagen. Wenn es so war, dann muß es so geschrieben werden. Und dann darf man vielleicht auch schreiben, daß Albert Einstein oder Sigmund Freud oder Franz Kafka Juden waren.

Das andere Erlebnis war ganz ähnlich. Zum zehnten Todestag von Paul Celan habe ich drei, vier Autoren gebeten, ihre Erinnerungen an Celan zu schreiben. Zu diesen Artikeln habe ich einen Vorspann verfaßt. Und ein Redakteur, der heute nicht mehr bei der Zeitung ist, änderte, ohne sich mit mir zu verständigen, eine bestimmte Formulierung. Ich habe es noch rechtzeitig gemerkt und wieder in Ordnung gebracht. Es handelte sich um den Satz: »Der rumänische Jude Paul Celan, der nie in Deutschland gelebt und sich in Österreich nur wenige Monate aufgehalten hat, gilt vielen als der bedeutendste deutsche Lyriker nach 1945.« Der Redakteur hat das Wort Jude gestrichen. Er hielt das Wort Jude für beleidigend. Nun ist aber in Celans Werk von gar nichts anderem die Rede als von der Verfolgung der Juden. Wozu erzähle ich Ihnen diese Geschichten? Nicht, um irgend jemanden anzuklagen, sondern um zu zeigen, daß das Verhältnis zu den Juden in Deutschland infolge dessen, was geschehen ist, mit Hemmungen verschiedenster Art belastet ist. Es ist kein natürliches, kein normales Verhältnis.

HK: Es ist natürlich verständlich, daß die Deutschen sich scheuen, das Wort Jude ganz unbefangen zu verwenden, als sei es ein Wort wie jedes andere auch.

R.-R.: Rechtfertigen Sie niemanden, ich habe ja niemandem einen Vorwurf gemacht.

HK: Wie Walther Rathenau sagt, gibt es in den Jugendjahren eines jeden deutschen Juden einen schmerzlichen Augenblick, in dem »ihm zum ersten Mal voll bewußt wird, daß er als Bürger zweiter Klasse in die Welt getreten ist und daß keine Tüchtigkeit und kein Verdienst ihn aus dieser Lage befreien kann«.

R.-R.: Ein treffender Satz. Deswegen habe ich ihn zitiert. Ich habe ein solches Erlebnis nicht gehabt, weil ich dieses Gefühl schon hatte, soweit ich zurückdenken kann. Ich bin wie Kafka in Prag ein doppelter Minderheitenmensch. Ich bin als polnischer Jude 1929 nach Berlin gekommen, als Kind in eine deutsche Schule. Ich war erstens Ausländer, zweitens Jude. Diese zweite Eigenschaft machte sich sehr bald deutlich bemerkbar, denn 1933, als ich zwölf Jahre alt war, traten die Jungs ringsherum der Hitlerjugend und dem Jungvolk bei. Und warum bin ich der beste Deutschschüler in der Klasse geworden? Warum nicht der beste Mathematikschüler? Aus Trotz, natürlich aus Trotz.

HK: Und warum »Literaturpapst«?

R.-R.: »Literaturpapst« ist lediglich ein Markenzeichen, das mir teils von meinen Gegnern angehängt wurde und teils von jenen, die mich schätzen. Wenn Sie mit dieser Bezeichnung auf meine Funktion im literarischen Leben anspielen, so kann ich nur sagen: Auch hierbei hat sicherlich Trotz eine wichtige Rolle gespielt. Davon, daß eine gewisse Begabung hinzukommt, brauchen wir nicht zu reden. Mir hat man hier, als ich 1958 hergekommen bin, den Rat gegeben, ich sollte mich auf polnische und sowjetische Literatur beschränken. Aber nein. Ich wollte über Goethe und Schiller schreiben, über Fontane und Thomas Mann. Ich bin aufgewachsen in einer Zeit, als täglich in den Zeitungen stand, die Juden seien eine minderwertige Rasse, unfähig, den deutschen Geist und die deutsche Literatur zu verstehen, in deutscher Sprache zu schreiben. Heine war Dreck, alles, was Juden schrieben, galt als Dreck. Ich bin täglich an den Schaukästen des »Stürmer« vorbeigegangen und habe die Juden-Karikaturen gesehen. Ich habe täglich die antisemitische Propaganda erlebt. Das hat mich ein für allemal geprägt. Bei allem, was ich tue, handle ich auch aus Trotz.

HK: Läßt sich diese Feststellung auch auf andere Juden übertragen?

R.-R.: Das Leben aller Juden von Rang, ob sie nun Geiger, Dirigenten, Physiker oder Schriftsteller waren, wurde von einem solchen Gefühl bestimmt: Da ich Jude bin, muß ich zweimal besser sein als die anderen, sonst kann ich mir keine Geltung verschaffen.

HK: Sie haben ja Lust am Urteilen, Lust an der Macht. Und Sie haben einmal geschrieben, daß es zu den Pflichten des Kritikers gehört, Totenscheine auszustellen, ohne daß man Sie deswegen als Mörder anklagen dürfe. Wie verstehen Sie die Verantwortung des Kritikers? Ich vermute, Ihre Kritiken stellen für manche Schriftsteller ein Trauma dar. Für einige, zum Beispiel für Martin Walser, waren sie vielleicht sogar ein Alptraum. Bekennen Sie sich zur Lust an der Macht?

R.-R.: Den Schuh ziehe ich mir ungern an.

HK: »Spaß an der Macht«, haben Sie gesagt. Das ist das wörtliche Zitat aus dem »Spiegel«-Interview.

R.-R.: »Spiegel«? »Spaß an der Macht«? An das Interview erinnere ich mich. Aber wer hat das gesagt?

HK: Der »Spiegel« fragte: »Macht es Spaß?« Und dann sagten Sie: »Offen gesagt: Ja.«

R.-R.: Wenn Sie mir diese Frage stellen, können Sie auch einen Chirurgen fragen: Wie können Sie es ertragen, ein Messer in die Hand zu nehmen und den menschlichen Körper aufzuschneiden? Da wird er sagen: Das ist mein Beruf, das muß ich tun, um den Patienten zu retten. Genauso verhält es sich hier. Ich wollte sagen, es ist nicht wahr, daß ein Kritiker ein Buch ermorden kann. Das gibt es nicht. Ein solches Buch hat in Wirklichkeit nie gelebt. Der Kritiker hat also nur einen Totenschein ausgestellt. Das ist die Verantwortung. Ich habe oft darunter gelitten. Ich habe gesehen, wieviel Schmerz ich Menschen zufüge. Aber immer, wenn ich darüber nachgedacht habe, gab es für mich einen großen Trost: daß ich andere Autoren glücklich gemacht habe. Das eine bedingt das andere.

HK: Oft läßt es sich ja gar nicht vermeiden, daß man als Kritiker ungerecht ist. Das haben Sie oft zum Ausdruck gebracht.

R.-R.: Ich halte nicht viel von den deutschen Kritikern, die sich nicht entscheiden wollen, die nie pro oder contra sind, sondern ständig mit Einerseits und Andererseits operieren. In dieser Hinsicht ist heute einiges besser geworden. Vor zwanzig Jahren war es schlimmer.

HK: Sie sind doch auch heute noch der einzige, der kompromißlos den Daumen nach oben oder nach unten hält.

R.-R.: Wenn das stimmt, wäre es traurig. Das Risiko, das man eingeht, wenn man sich so deutlich äußert, ist groß. Aber wenn man sich nicht entschieden äußert, nicht eindeutig ja oder nein sagt, kann man sich nur halb irren.

HK: Damit stehen Sie wieder in der klassisch-jüdischen Tradition von Börne und Heine.

R.-R.: Das ist eine sehr schöne Tradition. Und ich könnte noch viele Namen hinzufügen.

HK: Aber in bestimmten Fällen sind Sie auch recht gnädig gewesen. Gottfried Reinhardt hat mir gesagt: Wenn es die jüdischen Kritiker von früher noch geben würde, wäre ein Heinrich Böll nie mit einem großen Schriftsteller verwechselt worden.

R.-R.: Das stimmt, und es stimmt nicht. Wir, die wir zu Bölls Ruhm beigetragen haben, sahen keinen anderen Ausweg. Es gab keinen anderen. Die konservative Kritik wollte Gerd Gaiser zur Galionsfigur der Literatur machen. Den antisemitischen, exnazistischen Schriftsteller. Das konnten wir nicht zulassen. Wir haben uns auf Böll als Gegenkandidaten geeinigt. Es gab andere, die besser waren. Aber sie waren nicht geeignet.

HK: Warum nicht?

R.-R.: Der eine hatte einen kleinen Fehler: Er war Schweizer. Max Frisch schied daher als Gegenkandidat aus. Wir brauchten einen Deutschen. Wir brauchten eine deutsche Galionsfigur. Denn für einen Schweizer war es ja keine Kunst gewesen, im Dritten Reich sauber zu bleiben. Böll hatte das Schicksal eines durchschnittlichen Deutschen, der Soldat gewesen war. Und er stellte etwas dar. Der andere, der als Galionsfigur in Frage kam, ach, das war der von mir bewunderte Wolfgang Koeppen. Aber Koeppen hatte schon damals aufgehört zu schreiben. Er produzierte nicht mehr. Was Gottfried Reinhardt in Sachen Böll angedeutet hat, ist nicht dumm und nicht falsch. Ich kann zu meiner Rechtfertigung nur auf die vielen Verrisse verweisen, die ich über Bücher von Böll geschrieben habe. Aber außer Böll kam für diese moralische Position niemand in Frage.

HK: Sehen Sie sich selbst in der Tradition der Kritiker wie Kraus, Kerr, Polgar und Tucholsky?

R.-R.: Das ist eine Frage, die Sie allen anderen stellen sollten, aber nicht mir. Wenn ich eine solche Frage bejahend beantworten würde, wäre mir nicht ganz wohl.

HK: Aber Sie spielen doch in der heutigen Literaturszene eine ähnliche Rolle wie die eben genannten.

R.-R.: Ich habe von diesen Kritikern sehr, sehr viel gelernt. Aber es klingt ein wenig hochmütig zu sagen: In der Tradition von ... Das ist so ähnlich, als ob Sie den Komponisten Henze fragen würden: Sehen Sie sich in der Tradition von Mozart, Beethoven, Schubert, Schumann, Brahms und Richard Strauss? Und er sagt, ja. Sehen Sie, jetzt lachen Sie. Aber wenn Sie die Frage der historischen Größenordnung ausklammern, stimme ich zu. Lassen Sie einmal die großen Figuren Heine und Börne beiseite. Ich habe ja nicht zufällig eine sechsbändige Ausgabe der Werke Polgars herausgegeben. Ja, natürlich sehe ich mich in der Tradition von Kerr, Polgar und Tucholsky. Oder meinen Sie, ich sehe mich in der Tradition von Ganghofer und Anzengruber und Peter Rosegger? Oder in der Tradition von Rudolf G. Binding?

HK: Ich finde es bemerkenswert, daß Sie nie Literatur studiert haben. Der Weg zum Studium war Ihnen 1938 ja versperrt. Sie haben die Universitätshörsäle erst 1961 kennengelernt, als Sie in Göttingen eine Vorlesung gehalten haben. Hat es Sie manchmal belastet, daß Sie nicht studieren konnten? Gerade in Verlags- und Kritikerkreisen erscheint doch ein Studium geradezu als Kompetenzbeweis.

R.-R.: Sie verquicken zwei völlig verschiedene Fragen. Die eine Frage ist, ob mir dadurch, daß ich nicht studiert habe, viel entgangen sei. Die zweite Frage ist, ob mir der Umstand, daß ich nicht studiert habe, in meiner Laufbahn als Kritiker geschadet habe. Zur ersten Frage: Selbstverständlich bedauere ich es bis heute, daß ich nie die Möglichkeit hatte zu studieren. Ich habe mein Leben lang andere unterrichten müssen. Ich leide darunter, daß ich nicht wie die anderen vier oder fünf Jahre Zeit hatte, um mich mit der Geschichte der deutschen Literatur zu beschäftigen. Daß ich mir alles selbst beibringen mußte. Geholfen hat mir niemand. Alles, was meine Bücher darstellen, habe ich aus meiner eigenen Erfahrung geschaffen.

HK: Ludwig Marcuse hat ja einmal gesagt: »Vielleicht sind die Bildungsinhaber die unvitalste Schicht einer Gesellschaft, weil ihre Sinne weniger verlangen.«

R.-R.: Das erinnert mich an den Satz: »Geld macht nicht glücklich.« Das ist richtig, aber das sagen nur diejenigen, die Geld haben. Diejenigen, die eine regelrechte Bildung genossen und jahrelang studiert haben, können hinterher sagen: Hat sich das eigentlich gelohnt? Eines jedenfalls hätte sich für mich gelohnt: Wenn ich anständig Mittelhochdeutsch gelernt hätte. Und der zweite Aspekt – Sie fragen, ob meine Laufbahn dadurch, daß ich nie studiert habe, in der Bundesrepublik Deutschland beeinträchtigt worden ist. Möglicherweise hätte mir eine Universität einen Lehrstuhl angeboten, wenn ich ein reguläres Studium mit Abschluß gehabt hätte. Hätte ich dieses Studium hinter mir, würden es sich manche meiner Gegner nicht so rasch und leicht und bequem machen mit dem Vorwurf, das, was ich tue, sei mehr oder weniger Dilettantismus. Es ist sehr komisch, daß Günter Grass, der mit meiner Rezension von einem seiner Bücher unzufrieden war, gleich über mich gesagt hat: Nun ja, er ist ein Liebhaber der Literatur. Und das wiederholt er immer wieder. Liebhaber, das soll heißen: die richtigen Bildungsvoraussetzungen hat er nicht, aber er liebt die Literatur. Interessant an dieser abfälligen Bemerkung ist nur, daß sie aus dem Mund eines Schriftstellers stammt, der im Unterschied zu mir nicht einmal das Abitur geschafft hat.

Aber was soll es? Ich habe mit meiner redaktionellen Arbeit bei der FAZ und meinen Artikeln und Büchern einigen Einfluß auf die literarische Entwicklung gehabt und mich längst damit abgefunden, daß mir Studium und Doktortitel fehlen. In meiner Biographie hat auch dies eine ähnliche Rolle gespielt wie das Judentum. Es hat meinen Trotz herausgefordert. Ich hätte mich ja darauf beschränken können, über Böll und Grass und Koeppen und Uwe Johnson und vielleicht über Thomas Mann und Heinrich Mann zu schreiben. Aber es war mein Ehrgeiz, auch über Lessing, über Kleist, über Goethe und über Heine zu schreiben. Damit gebe ich auch zu verstehen: Das, was ihr könnt, ihr, die ihr euch ein Leben lang mit Goethe oder Lessing befaßt habt, das schaffe ich auch. Vieles auf dieser Erde ist aus Widerstand und Trotz entstanden.

HK: Sie haben viele Bücher herausgegeben. Sie haben sehr viel geschrieben. Aber hat es Sie nie gereizt, selbst Romane zu schreiben?

R.-R.: Nein. Aus einem einzigen Grund. Weil ich es nicht kann.

HK: Und Sie sind klug genug, sich nicht zu blamieren, wie es andere getan haben.

R.-R.: Ich bin kein Erzähler. Ein freundlicher Mensch hat mir gestern abend in Darmstadt gesagt, daß mein Buch »Thomas Mann und die Seinen« über Literaturkritik weit hinausgehe, was die Darstellung der Lebensschicksale betrifft. Das mag stimmen. Aber es handelt sich um authentische Figuren der Literatur. Nein, ich kann keine Romane schreiben. Ich habe auch nie ein Gedicht geschrieben. Eben weil ich es nicht kann.

HK: Auch nicht in Ihrer Jugend?

R.-R.: Nein. Im jugendlichen Überschwang habe ich mir in Berlin einmal ein dickes Notizbuch gekauft, gebunden und liniert, und habe angefangen, Rezensionen zu schreiben. Zwei habe ich geschrieben, dann habe ich es aufgegeben. An die eine kann ich mich noch erinnern. Über »Hedda Gabler« von Ibsen. Die andere habe ich vergessen. Das war das einzige, was ich damals geschrieben habe – natürlich abgesehen von vielen und bisweilen sehr langen Schulaufsätzen.

HK: Sie haben Persönlichkeitsbilder von Thomas Mann und vielen anderen Autoren entworfen. Könnten Sie sich auch selbst beschreiben?

R.-R.: So etwas würde ich überhaupt nicht tun. Ich würde es mit Rücksicht auf andere Arbeiten immer wieder zurückstellen. Aber ich habe einmal den persönlichen Fragebogen in der »Zeit« ausgefüllt. Da haben Sie ein paar Antworten, aus denen sich ein Porträt machen ließe.

HK: Sind Sie leidenschaftlich?

R.-R.: Bestimmt.

HK: Sind Sie eitel?

R.-R.: Bestimmt. Sonst wäre ich nicht Kritiker geworden. Kritiker kann man nicht sein, ohne eitel zu sein. Der Kritiker ist doch die Versuchsperson, die bei sich selbst die Wirkung von Literatur testet. Dabei muß man sich selbst furchtbar wichtig nehmen.

HK: Sind Sie radikal?

R.-R.: Ja, ich neige dazu.

HK: Sind Sie wahrheitsliebend?

R.-R.: Mit größter Entschiedenheit.

HK: Sind Sie klug?

R.-R.: Nicht genug. Es reicht mir nicht.

HK: Haben Sie Lust am Genuß?

R.-R.: Ja, aber nicht an manchen Genüssen, die die Menschen für besonders wichtig halten. Es gibt einen Genuß, der für mich keine große Rolle spielt.

HK: Und das wäre?

R.-R.: Das Essen.

HK: Was genießen Sie am meisten?

R.-R.: Musik. Literatur. Intelligenz. Und einige andere Dinge.

HK: Sind Sie geistreich?

R.-R.: O Gott, das habe ich schon in der Schule immer gehört. Aber das ist doch ein relativer Begriff. Ich kann Ihnen sagen, was ich nicht bin. Zu meinem Leidwesen. Ich bin nicht musikalisch genug. Das bedauere ich sehr.

HK: Wären Sie gern ein berühmter Musiker?

R.-R.: Ja, aber darum geht es nicht. Ich würde vor allem gerne Partituren lesen. Ich beneide Leute, die das können. Und Leute, die Klavier spielen können. Ich habe es einmal zu lernen versucht, aber die Umstände waren nicht danach. Außerdem ist meine natürliche Musikalität nicht stark genug. Im übrigen empfinde ich ganz allgemein ein Ungenügen.

HK: Welches?

R.-R.: Ich bin mit meinen Fähigkeiten und Gaben meist unzufrieden. Ich möchte mehr sein, besser sein.

HK: Woran denken Sie insbesondere?

R.-R.: Ich würde gern eine größere Begabung für Fremdsprachen haben. Angeblich habe ich ein sehr gutes Gedächtnis. Aber es reicht nicht. Ich möchte ein besseres Gedächtnis haben. Und ich bin nicht beherrscht genug. Könnte ich mich besser beherrschen, würde ich mir viele Unannehmlichkeiten ersparen.

HK: Demnach sind Sie auch maßlos.

R.-R.: Maßlos ist nicht das richtige Wort. Aber manchmal bin ich jähzornig. Dagegen habe ich eine Fähigkeit, mit der ich recht zufrieden bin.

HK: Sagen Sie bitte, woran Sie denken.

R.-R.: Ich habe ziemlich viel Vertrauen zu meiner Intuition, was die literarische Qualität betrifft. Und wenn das ganze deutsche Volk aufsteht und sagt, die Gedichte von Ulla Hahn taugten nichts, weiß ich trotzdem, daß von unseren achtziger Jahren unter anderem einige Gedichte von Ulla Hahn bleiben werden. Da kann mich nichts beirren.

HK: Was macht Sie so sicher?

R.-R.: Das weiß ich nicht. Unsicherheit kenne ich auch. Die trage ich mit mir selbst aus, und dann trete ich dem Leser mit jener Sicherheit gegenüber, auf die der Kritiker nicht verzichten kann. So wie ich von Patrick Süskind gleich gesagt habe, daß sein Buch ein großer Wurf sei. Ob mehr kommt, weiß ich nicht. So wie ich beim ersten Buch von Rolf Dieter Brinkmann sofort das Talent erkannt habe. Ich kann Ihnen ein Dutzend weiterer Namen nennen. Es ist nicht so, daß ich mit allem, was mir die Natur mitgegeben hat, unzufrieden bin.

HK: Und was vermissen Sie bei sich noch?

R.-R.: Ich habe einen schlimmen Fehler, von dem niemand etwas ahnt. Ich habe zuviel Vertrauen zu Menschen und dadurch viele Unannehmlichkeiten. Häufig habe ich offen und ehrlich mit Menschen gesprochen, und die haben mich am nächsten Tag denunziert. Einige, denen ich zu schnell vertraut hatte, haben sich nach zwei Wochen oder drei Monaten als unanständige Leute erwiesen. Ich bin sehr versöhnlich. Ich hatte oft heftige Auseinandersetzungen. Das war unvermeidbar und hat mit meinem Beruf zu tun. Ich habe bestimmte Bücher sehr negativ beurteilt, und manche haben mir das übelgenommen und über mich böse Dinge geschrieben.

HK: Sie schreiben häufig Kritiken, die sehr verletzend wirken. Würden sie auch eine scharfe Kritik an Ihren eigenen Arbeiten vertragen?

R.-R.: Über mich sind doch schon die verletzendsten Kritiken geschrieben worden. Von Reinhard Baumgart, von Peter Handke und vielen anderen. Über mich sind Dinge geschrieben worden, die an Schärfe weit über das hinausgehen, was ich jemals geschrieben habe. Ich habe zum Beispiel vor siebenundzwanzig Jahren einen Roman von Baumgart schlecht beurteilt. Baumgart hat sich revanchiert und mein Buch »Deutsche Literatur in West und Ost« rezensiert. Aber er hat nicht geschrieben, mein Buch sei schlecht. Er schrieb, daß einer, der ein solches Buch verfaßt habe, überhaupt nicht berechtigt sei, sich über Literatur zu äußern. Das ist der Unterschied. Ich kritisiere schriftstellerische Leistungen, zum Beispiel Handkes »Langsame Heimkehr« und »Die linkshändige Frau«, aber diejenigen, die mich kritisieren, meinen meine ganze Existenz. Die wenden sich nicht gegen eine bestimmte Kritik von mir, sondern sagen, der ganze Mann ist eine Unmöglichkeit. Am liebsten würden sie sagen: Der Mann hat hier gar nichts zu suchen. Nur wagen sie es im Hinblick auf die Zeit des Nationalsozialismus nicht, um nicht in ein schiefes Licht zu geraten. So wie Platen über Heine gesagt hat: Was hat dieser Mensch im deutschen Kulturleben zu suchen? Sehen Sie, in der Reihe »Text und Kritik« ist ein Band über mich erschienen. Es ist ungeheuerlich, was da geschrieben steht. In einem Beitrag von Helmut Heißenbüttel steht, daß ich geisteskrank sei. Daß ich irrsinnig und völlig unfähig sei. Ich habe nie ein Wort gegen Heißenbüttel geschrieben. Aber ich habe ihm etwas Furchtbares angetan, was er mir nie vergessen wird. Ich schreibe seit dreißig Jahren Kritiken in Deutschland, und ich habe noch nie seinen Namen erwähnt. Er verübelt mir, daß ich ihn ignoriere.

HK: Ich glaube, auch einige andere verübeln Ihnen, daß Sie sie ignorieren.

R.-R.: Ja.

HK: Über Jurek Becker haben Sie geschrieben, daß er bei aller Liebenswürdigkeit ein unbequemer, wenn nicht gar gefährlicher Mann sei. Er stamme aus dem Geschlecht der Ruhestörer und Provokateure. Das könnte man eigentlich auch von Ihnen sagen.

R.-R.: Aber ja, selbstverständlich. In meinem Leben wäre manches einfacher, wenn ich weniger die Neigung hätte zu provozieren.

HK: Haben Sie Freude am Provozieren?

R.-R.: Ja, leider. Das bringt mir viele Unannehmlichkeiten.

HK: Aber Sie sagen ja auch, es wäre schlimm, wenn man keine Feinde hätte.

R.-R.: Ja. Aber so viele Feinde, wie ich habe, braucht man nicht zu haben. Ich könnte auf einige verzichten.

HK: Aber Sie tun wenig, um Freunde zu gewinnen.

R.-R.: Bei allem Streit zwischen mir und anderen bin ich immer derjenige, der zur Versöhnung bereit ist. Selten die Gegenseite. Wenn sich jemand mit mir versöhnen wollte, habe ich ihn nie zurückgewiesen. In keinem einzigen Fall. Ich war immer der Ansicht, daß Literatur ein Spiel ist. Ein herrliches und sehr ernstes Spiel, aber eben ein Spiel. Und je älter man wird, desto weniger hat man Lust, sich ständig zu streiten.

HK: Ich möchte noch einmal das Thema wechseln, weil ich von Ihnen gern noch mehr über das Verhältnis von Juden und Deutschen erfahren würde. Sie führen die Prägung des jüdischen Intellektuellen durch seine Herkunft weitgehend auf die Folgen der antisemitischen Diskriminierung zurück. Aber gibt es nicht auch eine jüdische Eigenart, die nicht erst durch den Antisemitismus entsteht? Ich zitiere Sigmund Freud, der über einen anderen Psychoanalytiker in einem Brief schrieb: »Wir waren beide Juden und wußten voneinander, daß wir gemeinsam das geheimnisvolle Etwas tragen ..., das bisher jeder Analyse unzugänglich den Juden ausmacht.« Können Sie etwas über dieses geheimnisvolle Etwas sagen?

R.-R.: Da gibt es kein geheimnisvolles Etwas. Das Geheimnis ist nichts anderes als die Rolle des Juden in der Gesellschaft. Ich weiß nicht, wie es in hundert Jahren sein wird. Ich sehe nur, wie es im achtzehnten und neunzehnten Jahrhundert gewesen ist und wie es heute ist. Die Rolle des Juden in Europa läßt sich in diesem Jahrtausend nicht mehr normalisieren. Das Jahrtausend geht ja zu Ende. In elf Jahren ist es zu Ende. Die Mörder und die Opfer werden in elf Jahren fast alle tot sein. Vielleicht wird dann ein anderer Geist des Zusammenlebens entstehen. Aber jeder Mensch, der heute von Deutschland aus nach Israel fährt, stellt sich Fragen, die er sich nicht stellt, wenn er nach Portugal oder Griechenland fährt. Das Verhältnis der Deutschen zu Israel und den Juden ist ein ganz besonderes.

HK: Das war immer ein besonderes Verhältnis.

R.-R.: Es war ein besonderes Verhältnis, weil die Emanzipation der Juden im Jahr 1812 vom deutschen Volk im Grunde nicht akzeptiert worden ist. Sie war ein Verwaltungsakt von oben. Hundert Jahre später haben die Juden eine enorme Rolle im Kulturleben Deutschlands gespielt. Das hat verschiedene Reaktionen hervorgerufen, natürlich auch Neid, Futterneid. Was meinen Sie, wie glücklich viele deutsche Schriftsteller 1933/34 waren, nachdem man die jüdischen Schriftsteller vertrieben hatte. Nicht alle waren Antisemiten. Viele von ihnen hatten gegen die Juden im Grunde nichts einzuwenden. Aber sie waren glücklich. Und sagten sich im stillen, jetzt kommen wir dran. Es wurden Plätze frei. Verdienstmöglichkeiten, Positionen, Akademiesitze.

HK: Ich möchte Ihnen noch etwas vorlesen. Ich weiß nicht, ob es von Ihnen ist: »Aber da ist auch etwas anderes, schwer Faßbares, das wir mit Freude und Bestürzung wahrnehmen, wenn wir Juden begegnen. Es ist eine andere Lebensart. Dieses Lebhafte, einzig ...«

R.-R.: Das ist nicht von mir!

HK: »... alles sofort sprachlich und mit Gesten auszudrücken. Ich finde mich wieder in anderen Juden. Aber gleichzeitig wage ich das nicht auszusprechen.«

R.-R.: Dumm ist das nicht. Es mag sein, daß sich viele Juden in anderen Juden unmittelbar wiedererkennen. Das ist gar nicht schlecht beobachtet. Das jüdische Temperament unterscheidet sich von einem nichtjüdischen Temperament. Gar keine Frage. Aber wenn jemand eine Beethoven-Symphonie dirigiert, können Sie nicht erkennen, ob er Jude ist oder nicht.

HK: Nein. Aber Robert Jungk hat mir gesagt, daß es eine Art von Erkennen gibt. Man weiß, der andere ist Jude. Ein familiäres Gefühl.

R.-R.: Sie wollen wissen, ob ich dieses familiäre Gefühl empfinde?

HK: Ja. Oder wie ich eben zitiert habe: »Ich finde mich wieder in anderen Juden.«

R.-R.: Nein, das trifft auf mich überhaupt nicht zu. Ich lebe jetzt in der Bundesrepublik einunddreißig Jahre. In dieser Zeit habe ich nicht sehr viele, aber doch einige Freunde gewonnen, Männer und Frauen. Darunter ist kein einziger Jude. Ich halte das weder für erfreulich noch für bedauerlich. Das ist durchaus keine Klage, sondern eine objektive Feststellung. Die Lyrik von Brecht steht mir viel näher als die des Juden Paul Celan. Und nicht bei dem genialen Juden Kafka finde ich mich wieder, sondern bei Thomas Mann.

HK: Warum gerade bei Thomas Mann?

R.-R.: Weil er meine Probleme ausgedrückt hat, und zwar in höherem Maße als Kafka. Thomas Mann steht mir viel näher als Kafka.

HK: Aber ist nicht Thomas Manns Haltung den

Juden gegenüber recht zwiespältig? Einerseits sagt er, daß die Juden das europäische Kulturstimulans seien. Andererseits hat er auch gesagt, daß bestimmte Bereiche wie zum Beispiel die Juristerei »verjudet« seien und es nicht schaden könne, wenn sie ein wenig »entjudet« würden. Wie erklären Sie sich das?

R.-R.: Man muß bei einem Schriftsteller sehr genau unterscheiden zwischen dem, was er in seinen Büchern schreibt, und dem, was er in Tagebüchern, die nicht zur Veröffentlichung bestimmt sind, rasch notiert. Das erste, was Sie zitiert haben, stammt aus einem Essay von Thomas Mann. Das zweite ist eine eilige Notiz im Tagebuch. In den Tagebüchern steht so manch ein unbedachter, ja sogar törichter Satz. Aber er hat sie zur Veröffentlichung freigegeben. Thomas Mann hat die große Bedeutung der Juden in der Kultur sehr wohl gesehen, und nicht erst unter dem Eindruck der Judenverfolgung im Dritten Reich. Mehr noch: Gerade Thomas Mann hat über die Juden, über ihre Rolle und ihre Funktion im deutschen Geistesleben schon vor dem Ersten Weltkrieg Aufsätze geschrieben, die zu den scharfsinnigsten gehören, die über dieses Thema je publiziert wurden. Gelegentliche, spontane, zornige Äußerungen in Briefen oder Tagebüchern fallen da überhaupt nicht ins Gewicht.

HK: Wie viele Freunde haben Sie?

R.-R.: Nicht viele. Einige. Kritiker sind Menschen, die zum literarischen Milieu drängen. Alfred Kerr hat das auch gespürt. Menschen, die sich im literarischen Milieu am wohlsten fühlen. Aber Freundschaften zwischen Kritikern und Schriftstellern sind immer heikel, hängen am seidenen Faden.

HK: Aber Sie könnten ja auch andere Freunde haben.

R.-R.: Das kommt selten vor. Bei einem, der von seinem Beruf so stark in Anspruch genommen wird wie ich von der Literatur, sind langjährige Freundschaften mit einem Arzt oder Rechtsanwalt fast unmöglich.

HK: Haben Sie jemals an Gott geglaubt?

R.-R.: Nein, nie im Leben. Ich war nie Mitglied der jüdischen Gemeinde. Ich gehöre keiner Religionsgemeinschaft an. Und als ich nach Deutschland zurückkam, hat sich die jüdische Gemeinde auch nicht um mich gekümmert. Was ich ohne Vorwurf feststelle.

HK: Und was ist der jüdische Gott?

R.-R.: Eine schöne Erfindung. Gott ist eine Erfindung von Literaten.

HK: Sie brauchen also keinen Gott?

R.-R.: Nein, nein. Ich habe ihn nie gebraucht. Da, wo er hätte helfen können, war er nicht. Als man sechs Millionen Menschen ermordet hat, habe ich keinen Gott gesehen. Oder doch gesehen: Er war auf seiten Hitlers. Lassen Sie mich in Frieden mit Gott. Gott ist immer mit den stärkeren Bataillonen, sagt Friedrich der Große. Gar nicht schlecht.

HK: In Ihrem Buch über Juden in der deutschen Literatur habe ich vieles entdeckt, was auch auf den Kritiker Reich-Ranicki zuzutreffen scheint. Zum Beispiel: »Er stilisierte seinen Schmerz, um ihn zu ertragen.«

R.-R.: Damit ist Heine gemeint.

HK: Ein anderes Zitat: »Am häufigsten suchte er Schutz in der Ironie. Was manche sogar für seinen Zynismus hielten, diente ihm nur als Maske oder Zuflucht.« Kann man das nicht auch von Ihnen sagen?

R.-R.: Ich bin mit Sicherheit kein Zyniker. Im Gegenteil. Ich neige zur Sentimentalität, aber nicht zum Zynismus.

HK: Aber Sie verdecken das sehr gut.

R.-R.: Da kann ich Ihnen nur mit Schnitzler antworten: »Wir spielen immer, wer es weiß, ist klug.« Da gilt jedes Wort für mich. Sie zitieren hier das ganze Buch über die »Ruhestörer«. Alles beziehen Sie auf mich. Aber Sie haben recht.

HK: Man fürchtet sich vor Ihnen, obwohl Ihre Schroffheit wahrscheinlich eine Schutzhaltung ist.

R.-R.: Ja, wahrscheinlich.

HK: Wie sublimieren Sie Ihren Schmerz?

R.-R.: Indem ich über Literatur schreibe. Andere schreiben Gedichte. Celan hat Gedichte geschrieben, Peter Weiss die »Ermittlung«, Jurek Becker hat »Jakob, der Lügner«, Hildesheimer und Canetti haben anderes geschrieben. Und ich schreibe über Schriftsteller und über Bücher.

HK: Selbst bei Thomas Mann verhielt es sich so. Er war anerkannt, geschätzt, respektiert. Er wollte geliebt werden, wurde aber nicht geliebt. Und auch die Juden finden, wie Gershom Scholem sagt, zwar immer die Anerkennung und oft die Dankbarkeit, aber selten die Liebe, die sie suchen. Sie sind sehr anerkannt. Sie sind sehr geschätzt. Und geliebt?

R.-R.: Viel zu wenig. Nein, man muß, wenn man Kritiker ist, sich damit abfinden, daß man, je mehr Einfluß man hat, von einer desto größeren Menge von Schriftstellern gehaßt wird. Liebe und Dankbarkeit gibt es in diesem Gewerbe nicht.

HK: Auf der einen Seite ist es doch so, daß man geliebt werden möchte, und auf der anderen Seite haben Sie sich bewußt in eine Position begeben, wo dies nie der Fall sein kann.

R.-R.: Sehr gut, was Sie sagen. Es stimmt. Darin

besteht der unauflösbare Gegensatz. Ich möchte mit den Leuten in Frieden und Freundschaft leben und bin von Haß umgeben. Ganz wenige Menschen haben ein anderes Verhältnis zu mir.

HK: Zugleich aber war es der einzige Weg, um zu einer Position zu kommen, in der man Anerkennung und Respekt findet.

R.-R.: Also habe ich den richtigen Weg gewählt. Es ist genau so, wie Sie es sagen. Ich beklage mich nicht. Ich kann doch von Günter Grass nicht erwarten, daß er mich liebt, wenn ich geschrieben habe, die »Rättin« sei ein unmöglicher Roman.

HK: Hat die Liebe in Ihrem Leben eine große Rolle gespielt?

R.-R.: Ja ... ja.

HK: Können Sie hierüber etwas mehr sagen?

R.-R.: Ich sehe hierzu keinen Grund. Wenn es aber jemanden besonders interessiert: Ich habe ja oft über die Liebe geschrieben, allerdings in der Regel über die Liebe von Menschen, mit deren Leben und Werk ich mich beruflich befaßt habe, also über die Liebe von Schriftstellern. In meinen Aufsätzen über Kafka, Schnitzler, Karl Kraus, Tucholsky, Brecht und viele andere findet sich manches, was auch auf mich selbst zutrifft. Ich gebe seit über fünfzehn Jahren die »Frankfurter Anthologie« heraus, in der bisher rund 780 Gedichte interpretiert wurden. Ich selbst habe mir als Autor Zurückhaltung auferlegt: Nur vier Gedichte wurden von mir kommentiert – Gedichte von Walther von der Vogelweide, Paul Fleming, Goethe und Brecht. Es sind allesamt Liebesgedichte. Der Kritiker schreibt eben seine Selbstbekenntnisse in Form von Interpretationen von Texten anderer Autoren. Jeder dieser Kommentare hat mit mir zu tun, sogar mit ganz konkreten Situationen in meinem Leben.

HK: Was war die Leitlinie Ihres Lebens? Der rote Faden in Ihrem Leben?

R.-R.: Das bin ich schon einmal gefragt worden. Und der Interviewer hat meine Antwort in Zweifel gezogen. Aber ich hatte nicht gelogen. Die Leitlinie heißt: Erst leben, dann philosophieren. Und die ewige Angst, daß immer nur Literatur bleibt und das Leben einem entgeht ... Steht alles im »Faust« von Goethe. Ein kluger Mensch hat es mir in ein Buch als Widmung geschrieben, als ich fünfzehn, sechzehn Jahre alt war. »Ein Kerl, der spekuliert, ist wie ein Tier auf dürrer Heide. Am kurzen Stock herumgeführt, und ringsumher ist schöne grüne Weide.« Ich bewundere diesen Mann, der mir das aufgeschrieben hat. Er lebt längst nicht mehr. Er hat schon bei dem Sechzehnjährigen die Gefahr gesehen, daß das Intellektuelle etwas anderes verdrängen könnte. Aber es ist nicht so schlimm gekommen.

HK: Was würden Sie anders machen, wenn Sie noch einmal leben könnten? Würden Sie Jude bleiben?

R.-R.: Natürlich. Das bin ich und bleibe ich. Aber ich glaube, es wäre eine ganz normale Antwort, wenn ich sagen würde, ich möchte lieber keiner Minderheit angehören. Jude sein, einer Minderheit angehören – das hat mir das ganze Leben lang viel Kummer gebracht, viel Leid verursacht und wird mir noch viel Kummer bringen. Es ist ja nicht nur der Holocaust.

HK: Gibt es auch eine Leiderfahrung, die Sie nicht missen möchten?

R.-R.: Vielleicht eine Liebesgeschichte, die sehr unglücklich geendet hat und mir viel Leid gebracht hat. Auf die hätte ich nicht verzichtet. Aber nicht wegen des Unglücks am Ende, sondern wegen des Glücks vorher.

HK: Was haben Sie in der Liebe gesucht?

R.-R.: Unter anderem den Augenblick, zu dem ich sagen könnte: Verweile doch, du bist so schön.

HK: Was hat Ihnen also die Liebe bedeutet in Ihrem Leben?

R.-R.: Glück. Nichts anderes. Mehr ist da nicht zu sagen. Der Rest steht im »Tristan«. Aber in der Partitur, nicht im Text.

GOTTFRIED REINHARDT

Filmproduzent. Geb. 1913 in Berlin, gest. 1994 in Los Angeles

HK: Herr Reinhardt, Sie sind in Berlin geboren und in Berlin aufgewachsen. Sie sind dann im Oktober 1932 nach Amerika ausgewandert und haben 1938 die amerikanische Staatsbürgerschaft erhalten.

GR: Ja, ich glaube 1938, nach den üblichen sechs Jahren.

HK: Man konnte sie schneller bekommen, wenn man zum »Office of Strategic Services« ging, was viele Deutsche taten.

GR: Ich war schon Staatsbürger, bevor ich eingezogen wurde. Ich bin auch nicht im »Office of Strategic Services« gewesen. Ich habe mich zwar beworben, dachte, ich wäre prädestiniert dafür, schon wegen meiner Sprachkenntnisse und meiner Bekanntschaften. Immerhin bin ich ja mit Nazis auf der Schulbank gesessen, zum Beispiel mit Wernher von Braun. Er ist sitzengeblieben und verließ das Gymnasium. Er fiel, man möchte es nicht glauben, im Fach Mathematik durch. Aber das Militär hat meinen Standpunkt nicht geteilt. Doch ich hatte viele Freunde, die im Geheimdienst starteten, und viele gingen dann auch rüber in amerikanischer Uniform und haben sich mehr oder weniger gut benommen. Aber ich hatte damit nichts zu tun.

HK: Was taten Sie in der amerikanischen Armee?

GR: Ich habe Filme gedreht, Lehrfilme oder Propagandafilme. Ich habe unter anderem einen Film gemacht, der hieß »Know your enemy Germany« – »Kenne deinen Feind Deutschland«.

HK: Waren Sie bereits in Deutschland Regisseur gewesen?

GR: Ja, bevor ich nach Amerika fuhr, habe ich zum Beispiel Erich Kästners »Pünktchen und Anton« inszeniert und im Deutschen Theater in Berlin uraufgeführt. In Amerika habe ich von der Pike auf neu anfangen müssen. Ich konnte kaum Englisch. Zuerst war ich Assistent bei Lubitsch, dann wurde ich Lektor bei MGM. Ich blieb einundzwanzig Jahre dort und habe alle Stationen durchlaufen: Ich war Drehbuchautor, dann Assistent eines Produzenten, dann selbst Produzent, und schließlich wurde ich auch noch Regisseur. Von MGM ging ich 1954 zurück nach Europa und machte mehrere deutsche Filme in Berlin für Artur Brauner. Dann machte ich wieder ein paar amerikanische Filme in Deutschland und Österreich, drehte in Wien und bei der »Bavaria« in München, inszenierte dreimal den »Jedermann« in Salzburg und den »Urfaust« im »Theater in der Josefstadt« in Wien. Und schließlich schrieb ich ein Buch über meinen Vater mit dem Titel »Der Liebhaber«.

HK: Haben Sie Familienangehörige in einem KZ verloren?

GR: Im KZ nicht. Aber eine Tante von mir, eine Schwester meines Vaters, ist im Lemberg umgekommen. Sie war in Deutschland mit einem polnischen Staatsbürger verheiratet, einem Buchhändler, und dadurch waren sie von den Nazis länger unbehelligt geblieben. Das stellte sich dann als ein Unglück heraus. Sie hatten sich zu lange sicher gefühlt, und eines Tages wurden sie nach Polen abgeschoben. Kaum waren sie in Lemberg, sind die Deutschen eingefallen.

HK: Weiß man, was dann geschah?

GR: Das war eine entsetzliche Geschichte. Die Wehrmacht hat drei Tage freibekommen. Sie konnten mit den Juden machen, was sie wollten. Sie haben beide umgebracht. Es gibt noch einen Cousin und eine Cousine von mir in New York, und ein Bruder meines Vaters ist in Holland untergetaucht während des ganzen Krieges. Er hatte das Glück, mit einer Arierin verheiratet zu sein, die ihn bei Bauern für Geld verstecken konnte, und ist dann nach Australien ausgewandert, zu seinem Sohn, und dort gestorben. Ich habe Leid gesehen, aber ich habe persönlich nicht gelitten.

HK: Glauben Sie im nachhinein, daß die Emigration für Sie sogar positiv gewesen ist?

GR: Ja, hundertprozentig, und nicht nur für mich. Sie war für viele enorm anregend. Sogar für einen Mann wie Brecht. Sie dürfen nicht vergessen, daß Brecht seinen Erfolg eigentlich erst hatte, nachdem er wieder zurückgekehrt war. Bis dahin war er nur unter Intellektuellen und in Verbindung mit Musik bekannt. Seinen ersten wirklichen rein dramatischen Erfolg hatte er mit seinem »Galilei«, den er mit Charles Laughton in Hollywood gemacht hat.

Obwohl Berlin eine Metropole war, und Gott weiß, eine interessante, damals in den zwanziger und dreißiger Jahren, war das Erlebnis New York und Los Angeles positiv. Viele Emigranten landeten erst in Paris, bevor sie Amerika erreichten. Es hat uns alle ein bißchen lebendiger gemacht und weniger provinziell. Man ist hier nicht so steif wie in Deutschland. Es ist ja doch merkwürdig: Nach allem, was passiert ist, ist sie noch immer geblieben, diese Steifheit im sozialen Leben. Das hat auch seine Nachteile. Die Erziehung ist hier nicht so gut wie in Europa, andererseits weniger beengend.

HK: Was bedeutet Heimat für Sie?

GR: Gar nichts. Berlin, wo ich immerhin neunzehn Jahre meiner Jugend verbracht habe, existiert nicht mehr. Es gibt Berlin, und es ist auch nicht uninteressant, aber es hat überhaupt nichts mit dem Berlin zu tun, wo ich aufgewachsen bin. Wenn ein Ort meine Heimat sein könnte, dann wäre es Los Angeles, wo ich meine Karriere begonnen und mein Geschäft gelernt habe. Aber es ist auch keine wirkliche Heimat. Ich bin in dieser Beziehung gespalten. Wenn ich in Europa bin, bin ich ein glühender Amerikaner, und wenn ich in Amerika bin, bin ich ein glühender Europäer. Deutschland ist, wenn auch nicht finanziell, viel ärmer geworden, nicht nur politisch. Die deutsche Wissenschaft zum Beispiel war Ende des neunzehnten Jahrhunderts und Anfang des zwanzigsten Jahrhunderts Weltspitze. Allein die Konzentration von Koryphäen am Kai-

ser-Wilhelm-Institut, Max Planck, Einstein, Haber, Laue und so weiter. Ich sage immer: Vergeßt doch, was ihr den Juden angetan habt, denkt daran, was Hitler euch Deutschen angetan hat. Nicht nur, daß es kein vereintes Deutschland mehr gibt. Auch die Qualität ist einfach nicht mehr dieselbe, nicht in der Literatur, nicht im Film, nicht im Theater, nicht in der Wissenschaft, nicht in der Medizin.

HK: Günther Anders sagte einmal, die Juden seien das Salz in der Erde.

GR: Ja. Es war gar nicht so wichtig, wie viele Juden auf der Bühne standen, aber die Juden im Publikum waren wichtig. Daß, als die Nazis an die Macht kamen, die Juden nicht mehr auf der Bühne standen, fiel gar nicht so ins Gewicht wie der Umstand, daß sich auch das Publikum verändert hatte. Bei einer Premiere hatten die Juden eine große Rolle gespielt, als Publikum und als Kritiker. An ihnen wetzte man sich. Das gab Elektrizität. Die fehlte dann im judenreinen Publikum. Insofern ist das kulturelle Leben eine salzlose Kost geworden.

HK: Also hatten die Juden eine Funktion in der Öffentlichkeit.

GR: Die Funktion der Reibung. Gewisse Dinge sind einfach nicht durchgegangen. Karl Kraus, Harden, Tucholsky, Alfred Kerr, Jacobson, Friedell und andere haben Standards gesetzt. Diese Funktion der Juden war eigentlich viel wichtiger als der schöpferische Beitrag. Man konnte nicht salbadern. Ein Heinrich Böll wäre unmöglich gewesen, einfach nicht gut genug. Die Kritik war schonungslos und unbestechlich. An diesen Leuten kam man nicht vorbei, ob man nun wollte oder nicht. Das fehlt in Deutschland. In Amerika spüre ich noch diese Elektrizität. Stellen Sie sich New York ohne Juden vor, das ist gar nicht auszudenken. Israel produziert die besten Musiker zur Zeit. Wer von dort alles kommt – der Zuckerman, der Barenboim, der Perlman. Das hat Deutschland alles verloren. Vieles, was in Deutschland heute so vor sich geht, wird von Ausländern gemacht. Ich sah in Berlin eine glänzende Vorstellung von den »Hugenotten« von Meyerbeer, einem Juden. Der Regisseur war Engländer. Der Mann, der das Stuttgarter Ballett zu einer Weltmacht gemacht hat, war ein Engländer. Die Deutschen haben es schwer, in geistiger Hinsicht zu konkurrieren. Die Gefahr von Provinzialität ist groß. Dabei ist die Welt allem Deutschen gegenüber sehr aufgeschlossen. Der deutsche Film zum Beispiel wird in Amerika meiner Meinung nach überschätzt. Fassbinder war für mich absolut keine Offenbarung. Aber manche stürzen sich darauf, auch die jüdischen Kritiker.

HK: Im Journalismus, Theater, in der Musik, Literatur und in vielen anderen Bereichen waren die Juden in Deutschland häufig tonangebend, obwohl sie eine Minorität waren. Glauben Sie, daß die Umstände, unter denen sie lebten, besondere Energien und Fähigkeiten mobilisiert haben?

GR: Wahrscheinlich. Die Juden haben in Deutschland, was ihre Anzahl betrifft, in der Tat eine größere Rolle gespielt, als ihnen zahlenmäßig zukam. Fast alle deutschen Banken sind von Juden gegründet worden, inklusive der Deutschen Bank, der Dresdner Bank und der Commerzbank, von den vielen Privatbanken gar nicht zu reden. Bismarcks Bankier war Herr Bleichröder, und der beste Freund von Kaiser Wilhelm dem Zweiten war Albert Ballin, der Chef der Hamburg-Amerika-Linie, der das Ende des Ersten Weltkriegs so tragisch nahm, daß er Selbstmord beging. Juden waren sehr national gesinnt in Deutschland. Auch in der Wissenschaft haben sie eine ganz große Rolle gespielt. Ullstein und Mosse waren ja die Senioren der deutschen Presse, und das »Berliner Tageblatt« war damals wahrscheinlich eine der besten Zeitungen überhaupt. Die »Weltbühne« war eine hervorragende Zeitschrift. Das war nicht zuletzt Kurt Tucholsky zu danken. In meiner Jugend habe ich jeden Donnerstag begierig darauf gewartet, daß sie herauskam.

HK: Das ist die Tragik, daß gerade in Deutschland die Nazis Fuß faßten, denn Deutschland hat den Juden enorm viel zu verdanken.

GR: Die Ironie der Geschichte ist ja, daß Hitler im Grunde das Judentum erst mobilisiert hat. Es gab zwar den Zionismus schon vorher, aber der Motor des Zionismus waren die Juden aus dem Osten, die russischen und polnischen Juden, die unter Pogromen litten und nach Palästina wollten. Die deutschen Juden fühlten sich ausgesprochen wohl in Deutschland, wo auch der Antisemitismus kaum ausgeprägt war, viel weniger als in England oder Frankreich. Österreich war eine andere Sache. In Wien war der Antisemitismus besonders virulent. In Deutschland gab es auch nicht so viele Juden. Sechshunderttausend Juden spielten in einem Land von sechzig Millionen rein zahlenmäßig eine kleine Rolle. Zudem waren sie in vier Städten konzentriert: Berlin, Frankfurt, Leipzig und Köln. Anderswo kannte man eigentlich gar keine. Hitler hatte es sehr leicht, den Menschen ein Zerrbild des Juden vorzuhalten, weil sie keine Ahnung hatten, wer Jude war und wer nicht. Die Opfer des Nationalsozialismus waren auch nur zu einem kleinen Teil die deutschen Juden. Zu einem viel größeren Teil lebten sie in Osteuropa. Wo auch immer, sie waren Herolde des Deutschtums. Sie haben die Deutschen vergöttert und groß gemacht, und die großen Deutschen hatten den Juden oft viel zu verdanken. Es ist ja kein Zufall, daß sich Bismarck, als er geschaßt wurde, einem Juden eröffnete, Maximilian Harden, einem der großen Publizisten. Karl Kraus hat Wedekind groß gemacht, Otto Brahm, Alfred Kerr und mein Vater den Gerhart Hauptmann. Brahm und Reinhardt haben ja das Deutsche Theater in Berlin geleitet und einiges für das Deutschtum geleistet. Im Ersten Weltkrieg war Reinhardt der Gesandte, der Botschafter Deutschlands in der neutralen Welt. Die Deutschen waren unbeliebt. Aber Max Reinhardt konnte nach Holland, nach Schweden, nach Dänemark, in die Schweiz gehen und hat dort das Deutschtum vertreten, die deutschen Klassiker gespielt. Die Juden haben für Deutschland enorm viel geleistet und es gerne getan, und sie haben natürlich nie geglaubt, daß es ein solch schlimmes Ende nehmen würde. Das war die Tragik. Die Verknüpfung war äußerst kompliziert. Goebbels hat immerhin bei Gundolf in Heidelberg studiert und dort promoviert. Er hat sich um eine Journalistenstelle im »Berliner Tageblatt« beworben, und wenn Theodor Wolff sie ihm gegeben hätte, vielleicht wäre alles anders gekommen.

HK: Was sind Ihre jüdischen Wurzeln?

GR: Ich bin Halbjude. Ich habe aber eigentlich sehr wenige jüdische Wurzeln, denn mein Vater, obwohl er ein frommer Jude war und an jedem Versöhnungstag fastete, war der Prototyp eines deutschen assimilierten Juden, der sehr wenige Beziehungen zu dem orthodoxen Judentum hatte. Meine Mutter war zwar protestantisch, aber keine praktizierende Christin. Ich bin vollkommen atheistisch aufgewachsen. Und ich wäre auch nie bewußt projüdisch geworden, wie ich es heute bin, wenn es nicht die Nazis gegeben hätte. Es wurde einem ja doch eines Tages klar, daß niemand die Juden wollte, daß sie verstoßen wurden und daß sie nach Israel gehen mußten. Nicht weil sie das unbedingt gewollt hätten, sondern weil es gar keinen anderen Ausweg gab. Als mir das eines Tages aufging, wurde ich Zionist, und ich bin es bis heute.

HK: Nicht Ihre Herkunft, sondern Hitler hat Sie zum bewußten Juden gemacht.

GR: Ja. In Berlin hat mich überhaupt nicht interessiert, wer Jude war und wer nicht. Jüdische Witze hat man gemacht, aber das war auch alles. Die deutschen Juden haben deshalb die Gefahr auch nicht gesehen. Die waren naiv. Sogar die Nazis haben nicht gewußt, daß sie es so leicht haben würden.

HK: Die jungen Israelis können heute nicht verstehen, warum sich ihre Eltern damals kampflos in die Gaskammer führen ließen, und machen den Alten Vorwürfe deswegen.

GR: Das ist für die jüngere Generation auch in Deutschland unverständlich. Wenn ich ehrlich bin, ist es auch für mich unverständlich. Die Menschen waren wehrlos, weil sie es sich einfach nicht vorstellen konnten, daß das mit ihnen geschehen könnte. Wenn man erklären will, wie die Deutschen dazu fähig waren, wird oft die Wirtschaftskrise herangezogen, aber die hat es in der ganzen Welt gegeben. Als ich nach Amerika kam, 1932, gab es hier zehn Millionen Arbeitslose. Das war kein deutsches Monopol. Frankreich ging es ebenso schlecht. Aber wie gesagt, die Deutschen kannten kaum Juden, und Hitler war ein Österreicher, wo der Antisemitismus schon wirklich manisch war.

Aber es kam doch völlig überraschend. In den USA ist der Antisemitismus heute stärker als vor den Nazis in Deutschland. Es gibt heute noch in Amerika gewisse Clubs, wo kein Jude hineindarf, wie den Los Angeles Golf- und Country Club. Während des Krieges, im Jahre 1942, versuchte ich für meinen Vater, es war eine Hitzewelle in New York, ein Hotel in einem Erholungsort am Meer an der Ostküste zu finden. Kein einziges Hotel wollte einen Juden aufnehmen. So kamen nur die in Frage, die nur Juden nahmen. So etwas hat es in Deutschland einst nicht gegeben. Als Junge habe ich vom Antisemitismus kaum etwas gespürt. Man konnte sicher kein Oberst werden in der preußischen Armee, aber es gab keine Clubs oder keine Hotels, die den Juden verschlossen gewesen wären. Außerhalb Deutschlands war der Antisemitismus viel stärker. Denken Sie an literarische Größen wie T. S. Eliot, Ezra Pound, Evelyn Waugh, Knut Hamsun. Amerika ist ein Emigrantenland. Hier sind die deutschen Juden selbst antisemitisch. Ihnen wurden die anderen Juden unangenehm. Die amerikanisch gewordenen Einwanderer haben sich immer von den neuen Einwanderern abgegrenzt.

HK: Was, glauben Sie, sind die Gründe für den Antisemitismus?

GR: Das ist eine sehr schwierige Frage, die ich bestimmt nicht beantworten kann. Darüber ist ja schon eine ganze Bibliothek geschrieben worden. Es gibt aber verschiedene Ursachen, die ins Auge springen. Eine ist zweifellos das Christentum. Immerhin hat man jahrhundertelang gepredigt, daß die Juden Christus getötet hätten. Und das wurde jedem Christenkind eingebleut. Als die Moslems noch Spanien regierten, hatten die Juden wichtige

Stellungen inne, und es ging ihnen gut. Kaum wurde Spanien aber von den Christen befreit, kamen die Inquisition und die Judenverfolgung. Wo immer das Christentum Fuß faßte, war es für die Juden schwer, und der Antisemitismus blühte.

Das Zweite war, daß die Juden, da sie verfolgt wurden und um im Leben etwas zu erreichen, notgedrungen fleißiger, tüchtiger und immer auf Draht sein mußten und daher unerhört viel Neid erregten. Schon die Tatsache, daß die Juden immer eine Sprache mehr sprachen als die anderen, machte sie zu etwas Speziellem. Das reizte die Menschen. Sie sahen nicht, daß sie die Juden selbst dazu zwangen, mehr zu tun, als sie es mußten. So kam eben die antisemitische Legende auf, daß die Juden klüger seien.

Drittens ist da noch das Mysterium um die Juden: Sie sind keine Bürger wie andere. Was sind sie aber dann? Man hat einen verschwommenen Begriff von ihnen, und das ist etwas Irritierendes. Das hat den Antisemitismus geschürt. Natürlich haben die Juden genauso viele Fehler wie andere Menschen. Es gab immer wieder Skandale, und da sie nun Juden waren, wurden die Skandale maßlos aufgebläht. Auch das hat den Antisemitismus geschürt. Schließlich und endlich waren sie natürlich immer Sündenböcke für alles. Schon im Mittelalter. Wenn irgend etwas schiefging, hatte der Jude daran schuld.

HK: Viele Leute fragen: Warum konnte Gott Auschwitz zulassen?

GR: Das ist eine Frage, die überhaupt nicht zu beantworten ist. Für mich ist schon unverständlich, warum man überhaupt religiös sein kann. Ich habe in meinem Leben auch viele Juden gekannt, die Katholiken wurden. Werfel ist einer von ihnen, der Dirigent Otto Klemperer ein anderer. Ich habe sie oft gefragt: Wie ist es möglich, daß ihr daran glaubt? Das ist eine Mystik, ohne die wahrscheinlich die Welt nicht leben kann. Mir bleibt sie verschlossen.

HK: Das jüdische Volk besitzt mit Israel erstmals wieder ein eigenes Territorium und nationale Eigenständigkeit. Was ist Ihre Meinung dazu?

GR: Ich begrüße das hundertprozentig. Unter den berühmten Männern, mit denen mein Vater zusammenkam, war der erste Präsident Israels, Chaim Weizmann, ein sehr gescheiter Mann. Er hat gesagt: Es gibt auf der ganzen Welt Schweizer, aber kein Mensch fragt sich, was ein Schweizer ist – ob er nun Herr Ritz heißt und in der ganzen Welt Hotels baut oder ob er Herr Nestle heißt –, weil es eine Schweiz gibt. Und wo immer ein Schweizer wohnt, fragt sich niemand, wo er herkommt, denn man weiß, wo er herkommt. Er kann auch immer wieder hingehen. Das muß eben bei den Juden dasselbe sein. Denn solange sie nicht aus einem bestimmten Land kommen oder nicht wieder in dieses Land gehen können, sind sie etwas Unangenehmes, etwas Unverständliches, Mysteriöses und Gefährliches. Das hat mir eingeleuchtet. Als ich das erste Mal nach Israel kam, war ich enorm beeindruckt davon, was Juden zu leisten imstande sind, war tief berührt und fühlte mich zugehörig. Obwohl meine Herkunft dies gar nicht nahelegte.

HK: Aber als Nation und Staatsvolk sind die Juden auf einmal etwas ganz anderes, als sie bisher waren.

GR: Natürlich. Wenn man eine Nation wird, ändert sich alles, auch der Charakter. Wenn man in meiner Jugend gesagt hätte, ein Jude wird General, wäre das ein Witz gewesen. Heute sind viele Juden Generäle in Israel. Oder daß Juden Landwirtschaft betreiben. All das war ja den Juden jahrhundertelang verboten. Die Juden durften keinen Grund und Boden besitzen, und daß sie militärische Begabung hätten, wäre niemandem eingefallen. Aber man darf auch nicht vergessen, daß viele nicht in Israel bleiben wollen. Vielen ist das Leben dort zu hart. Für einen Menschen, der aus Europa oder aus Amerika kommt, aus westlichen Industrieländern, ist es eine scharfe Diskrepanz zu seinem bisherigen Leben, wenn er sich plötzlich in der Wüste beweisen muß.

HK: Wie sehen Sie die Zukunft des jüdischen Volkes?

GR: Ich sehe sie weitgehend mit dem Schicksal Israels verbunden. Ich glaube, es wäre Wahnsinn, wenn die Juden sich wieder auf den Assimilierungsprozeß verlassen würden. Denn im Gegensatz zu vielen Menschen, die glauben, daß es ein Fehler war, sich zum Judentum zu bekennen, glaube ich, daß die Juden gerade dort, wo sie versuchten und wo es ihnen gelungen ist, sich zu assimilieren, umgebracht wurden. Nirgendwo waren die Juden so assimiliert wie in Deutschland. In Rußland oder Polen gab es zwar Pogrome. Aber die systematische Ausrottung ist ihnen dort widerfahren, wo sie sich am sichersten gefühlt haben. Und wenn sie das wieder tun würden, wäre das meines Erachtens Selbstmord.

HK: In welcher Beziehung stehen Sie zu Deutschland?

GR: Ich gehörte zu denjenigen, die nie wieder nach Deutschland zurückkehren wollten. Ich glaube sehr wohl, daß es eine Kollektivschuld gibt, daß es Unsinn ist nachzuforschen, wer welche Verbrechen begangen hat oder nicht. Verbrecher gibt es in jedem Land. Es gibt auch Verrückte in jedem Land. Aber es gibt nicht in jedem Land eine Elite, wie sie es in Deutschland gab, die diese Verrücktheit und dieses Verbrechertum nicht nur mit angesehen, sondern gefördert hat. Wenn ich also nach Deutschland komme, frage ich mich nicht, wer mit den Nazis paktiert hat und wer nicht. Es ist für mich eine Tatsache, daß es mehr oder weniger alle getan haben. Es war nicht allen möglich mitzumachen, weil die Nazis nicht alle gewollt haben. Viele haben sich bemüht, Nazis zu sein, und durften es nicht.

Als ich nach dem Krieg das erste Mal wieder zurückkam, 1949, habe ich festgestellt, daß Deutschlands Wiederaufbau ja den Amerikanern zu verdanken war, so daß ich also, wenn ich mich als Amerikaner fühlte, inkonsequent handelte, wenn ich Deutschland etwas übelnahm, was meine neuen Mitbürger offenbar nicht taten. Im Gegenteil. Dann wurde mir natürlich auch klar, daß die Schuld nicht nur Deutschland allein trägt. Die Welt hat ja Hitler möglich gemacht. Allzu viele Menschen in England, noch mehr in Frankreich und auch viele in Amerika. Die Kollaborateure waren in der Mehrzahl. Ich hatte kaum Rachegefühle und hatte natürlich auch enorm starke Bindungen an Deutschland. Das war nicht zu verleugnen. Deutsch ist meine Muttersprache. Außerdem sah ich, daß sich Deutschland zumindest bemühte, die Vergangenheit zu bewältigen. Die Wiedergutmachung war in Westdeutschland – in Ostdeutschland gab es sie ja nicht – doch sehr generös. Adenauer hat sich ausgezeichnet benommen. Ein junger Deutscher, den ich zufällig kennenlernte, hat mir eine Kassette von Helmut Schmidts letzter Ansprache im Parlament geschickt, und die hat mich sehr bewegt. Ich sah einen Mann, der ja Leutnant in der Wehrmacht gewesen war, der aber alles sehr nüchtern und mit klarem Blick betrachtete und auch keine Entschuldigungen suchte. Es gibt in Deutschland Kräfte, die damit fertig werden. Und so bin ich jetzt etwas milder gestimmt.

MARY S. ROSENBERG

Buchhändlerin. Geb. 1900 in Fürth, gest. 1992 in New York

HK: Frau Rosenberg, Sie sind 1939 aus Deutschland emigriert und nach New York gegangen. Seither führen Sie hier Ihren berühmten Buchladen mit deutscher Literatur. Warum verkaufen Sie nur deutschsprachige Bücher?

MSR: Weil ich von etwas anderem nichts verstehe. Das ist das, was ich gelernt habe. Ich bin seit meinem sechzehnten Lebensjahr Buchhändlerin, bin die Tochter eines Buchhändlers. Vom deutschen Buch habe ich etwas verstanden, als ich herüberkam.

HK: Wie waren die Anfänge?

MSR: Ich habe in meinem möblierten Zimmer angefangen, Bücher zu verkaufen, für drei Dollar, an denen ich dann fünfundsiebzig Cent verdient habe. So fing die Geschichte an. Die Frage ist für mich heute, wie sie weitergeht, wenn ich mal nicht mehr arbeiten kann. Meine Bekannten sagen: Was geht's dich an, was aus deinem Geschäft wird, wenn du nicht mehr da bist? Und dann sage ich immer: Erst einmal geht's mich was an, solange ich mich darum kümmern kann, und zweitens habe ich eine gewisse Verantwortung. Schon gegenüber den Verlegern. Die haben immer in meinen Katalogen inseriert, haben mit mir ausgestellt bei Tagungen und so weiter. Und ich hab' selber auch viel, viel getan für die deutschen Verleger in den fünfziger Jahren, als die klein angefangen haben. Es hat sich doch eine gewisse Kontinuität, eine gewisse Tradition herausgebildet, die ich nicht abgebrochen sehen will, eine Tradition von harten vierzig Jahren Arbeit. Das ist in einem Jahr kaputt, wenn es nicht weitergeführt wird. Gleich nach meinem Tod.

HK: Ist Amerika Ihre Heimat geworden?

MSR: Das ist meine Heimat: dieser Stall hier. Und meine Freunde. Ich habe sehr gute Freunde hier gefunden. Natürlich, die ältesten sind alle mindestens zwanzig, dreißig Jahre jünger als ich.

HK: Fühlen Sie sich als Amerikanerin?

MSR: Ja, Gott, ich fühle mich bestimmt nicht so amerikanisch, wie ich mich als junger Mensch gefühlt habe. Ich finde mich nur amerikanisch, wenn ich im Ausland bin und jemand über Amerika schimpft. Da bin ich auf einmal furchtbar amerikanisch. Ich war ja immerhin fast vierzig Jahre alt, als ich hierherkam. Das ist sicher anders, wenn man als Kind rüberkommt. Halbwegs durch das Leben schon durch, da hat man doch eine ganz andere Einstellung. Aber wie gesagt, wenn jemand über Amerika schimpft, werde ich kolossal chauvinistisch.

HK: Haben Sie je daran gedacht, in Israel zu leben?

MSR: Doch, natürlich. Ich habe sogar angefangen, Hebräisch zu lernen. Aber es hat nicht geklappt. Wie soll ich sagen? Vielleicht, wenn ich

jünger gewesen wäre oder mehr Geld gehabt hätte. Für mich kam Israel aus praktischen Gründen nicht in Frage. Wenn ich in Israel leben würde, würde ich mir sicher dort eine Heimat suchen, mehr als hier in Amerika. So kann ich nur hoffen, daß Israel sich weiterhin entwickeln kann und das wird, was es sein möchte: eine Heimstätte, ein Land, in dem die Juden unbehelligt sind.

HK: Was bedeutet es für Sie, jüdisch zu sein?

MSR: Daß ich als Jüdin geboren bin. Das ist eine Volksangelegenheit und eine Sache der Erziehung. Ich bin als Jüdin geboren und habe das nie als Belastung empfunden.

HK: Sie sagen, eine Volksangelegenheit. Läßt sich das jüdische Volk auf bestimmte Weise charakterisieren?

MSR: Nein, ein Volk ist ja keine amorphe Masse. Das sind ja Individuen. Ich lehne das alles ab, wenn gesagt wird, die Deutschen sind so, und die Juden sind anders. Das ist ja alles Geschwätz. Dazu sind die Menschen viel zu verschieden – auch innerhalb eines Volkes. Andererseits, wenn viele einfach leugnen, daß es ein jüdisches Volk gibt, ist das natürlich auch dumm. Es gibt ein jüdisches Volk.

HK: Ein Volk und eine Rasse?

MSR: Eine Rasse nicht, aber ein Volk. Eine jüdische Rasse gibt es nicht, so wie es überhaupt keine reinen Rassen gibt. Warum sollte es bei den Juden eine reine Rasse geben?

HK: Früher gab es ja auch kaum Mischehen. Heute sind vierzig Prozent aller von Juden geschlossenen Ehen Mischehen. Was bedeutet das für die Identifikation mit dem Judentum?

MSR: So viele Mischehen? Das ist natürlich eine große Veränderung. Ich habe ja immer schon den jungen Leuten gesagt, wenn sie mich um Rat gefragt haben – sie haben natürlich immer das Gegenteil getan, aber immerhin haben sie gefragt: Eine Mischehe muß Probleme aufwerfen, und das Leben hat genug Probleme ohnedies. Man hat es nicht nötig, sie noch künstlich hervorzubringen. Mischehen sind einfach problematischer als einschichtige Ehen. Ein Großneffe, mit dem ich sehr gut stehe, hat sich jetzt gerade eine neue große Liebe zugelegt, und das Mädel gefällt mir großartig, aber sie ist Christin, und natürlich wäre es mir lieber, wenn er eine Jüdin heiraten würde. Dabei finde ich gar nicht, daß sie anders sind, besser oder schlechter, weder die Christen noch die Juden, sondern ich glaube, daß es in jedem Volksstamm Gute und Schlechte gibt und daß grundsätzlich die Juden und die Christen gar nicht so verschieden sind, wie manche meinen.

HK: Daraus schließe ich, daß Sie die Juden nicht für ein auserwähltes Volk halten, mit besonderen Qualitäten und besonderer Verantwortung?

MSR: Um an das auserwählte Volk zu glauben, muß man vor allem religionsbewußter sein, als ich es bin. Ich bin von zu Hause aus nicht fromm erzogen. Mein Vater war ganz unreligiös, hat sich aber trotzdem sehr jüdisch gefühlt. Aber wir haben natürlich zehn Jahre lang jüdischen Religionsunterricht gehabt, und ich habe da auch ein bißl was abgekriegt davon. Mein erster Boyfriend war aus einem orthodoxen Haus, und ich war eine Zeitlang so fromm, daß ich zum Beispiel mal mit einem Rucksack voll Matzen für acht Tage auf die Zugspitze gegangen bin. Heute gibt es für mich keine Religion mehr. Aber das ist eine persönliche Einstellung, die will ich Ihnen gerne erläutern, da Sie sich für das Problem interessieren. Aber machen Sie das Tonband aus – ich will nicht in Ihrem Buch drinstehen haben, warum ich nicht mehr religiös bin. Ich mein', wenn man in Nürnberg-Fürth neben Herrn Streicher gelebt hat, ist es vielleicht nur natürlich, daß man seinen Glauben an Gott verliert. Das können Sie ruhig schreiben. Weil man sich eben nicht vorstellen kann, daß jemand so etwas wollen kann.

HK: Sie haben neben Julius Streicher gelebt?

MSR: Ich bin in Fürth aufgewachsen, wo der Herr Streicher um die nächste Ecke saß. Bei uns war es besonders schlimm mit Antisemitismus und Nazismus. Ich habe schon Anfang der zwanziger Jahre auf einmal das Gefühl gehabt, da gehören wir nicht dazu. Irgendwie kam das aus mir selber, nicht, daß ich mir das angelesen hab'.

HK: Sie sind ja damals gerade noch aus Nazideutschland herausgekommen. Ihre Mutter war in Theresienstadt?

MSR: Meine Mutter war in Theresienstadt und hat merkwürdigerweise überlebt. Sie war eine der ganz wenigen, die es überstanden haben.

HK: Haben Sie Haßgefühle?

MSR: Haßgefühle? Das geht keinen Menschen was an. Über diese Gefühle rede ich nicht.

HK: Wie beurteilen Sie die Gefahr eines neuen Antisemitismus?

MSR: Ich hab' jetzt gerade ein Buch gelesen über Antisemitismus von Henryk Broder. Er war hier bei mir, hat mir sein Buch in die Hand gedrückt, und ich lese mit Grauen, was es an Antisemitismus gegeben hat und was es noch gibt, vor allem in Deutschland, aber auch hier, und und und …

HK: Kennen Sie auch das Buch von Bernt Engelmann, »Deutschland ohne Juden«?

MSR: Ja ja. Hat mir nicht gefallen. Das ist mir zu judenfreundlich. Der Engelmann übertreibt. Der tut, als ob nur die Juden was leisten würden. Zu wohlwollend. So war's nicht. Aber der Broder ... Wenn das wirklich so ist, wie der schreibt, dann kann man ja gleich den nächsten Strick kaufen und sich aufhängen. Aber ich kann mir einfach nicht vorstellen, daß es noch oder wieder so schlimm ist.

HENRY ROSOVSKY

Wirtschaftswissenschaftler und ehem. Dekan der Harvard University. Cambridge.
Geb. 1927 in Danzig (Gdansk)

HK: Herr Professor Rosovsky, Sie waren erst zehn Jahre alt, als Sie Deutschland verlassen mußten, und haben seither in verschiedenen Teilen der Welt gelebt. Hat das Wort Heimat noch eine Bedeutung für Sie?

HR: In einem gewissen Sinne bedeutet Heimat für mich das, was ich nicht habe. Mein Bruder und ich sind in Danzig geboren, aber wir waren die Kinder von Flüchtlingen. Wir waren nicht arm. Uns fehlte nichts. Aber wir haben auch schon vor Hitler gewußt, daß wir keine Danziger waren, keine Deutschen. Als wir dann 1937 nach Belgien zogen, war es uns natürlich auch klar, daß wir keine Belgier waren. Die Belgier verhielten sich nicht sehr freundlich den jüdischen Flüchtlingen gegenüber. Wir waren dort nicht willkommen. So war es für mich natürlich eine Offenbarung, als wir nach Amerika kamen, in dieses für uns sehr fremde Land, wo die Leute automatisch annahmen, daß man dazugehörte, einfach auf Grund dessen, daß man dort war. Diese Atmosphäre, daß man sich sofort willkommen fühlte, war völlig anders als das, was wir in Europa erlebt hatten.

HK: Und fühlen Sie sich heute in Amerika zu Hause?

HR: Ich würde sagen, daß ich das Wort Heimat mehr auf die USA beziehe als auf sonst ein Land.

HK: Haben Sie noch Erinnerungen an Deutschland aus Ihrer Kindheit?

HR: Einige meiner frühesten Erinnerungen hängen mit der Schule zusammen. Mein Bruder, der fünf Jahre älter ist als ich, mußte 1933 nach Belgien in ein Internat geschickt werden, weil er das Gymnasium beginnen sollte, und das war in Danzig für Juden unmöglich. Dort gab es sehr früh eine Naziregierung. Als ich im selben Jahr die Schule begann, war es Juden auch nicht mehr erlaubt, eine normale öffentliche Schule zu besuchen. Ich ging in eine Schule, die von der jüdischen Gemeinde in Danzig gegründet wurde.

HK: Und die Unterrichtssprache war Deutsch?

HR: Natürlich. Was sonst?

HK: Sprechen Sie heute noch Deutsch?

HR: Nein, das könnte ich nicht behaupten. Ich kann es verstehen, kann es lesen, aber zu Hause haben wir eigentlich nie Deutsch gesprochen. Ich habe es auf der Straße gesprochen, in der Schule, mit dem »Fräulein« zu Hause. Aber mit meinen Eltern haben wir in der Regel nur Russisch gesprochen. Und in dem Moment, als wir Danzig verließen, haben wir ganz aufgehört, deutsch zu reden. Es wurde nie ausdrücklich gesagt, aber es war fast so, als hätten wir ein Abkommen getroffen, daß wir nicht mehr Deutsch sprechen würden.

Als ich später, nach dem Krieg, mit der amerikanischen Armee nach Deutschland zurückkehrte, habe ich Verhöre geführt, und einmal sagte ein Deutscher zu mir, ich hätte einen hervorragenden Akzent, aber den Wortschatz eines Zehnjährigen. Ich sagte: »Sie haben es genau getroffen.«

HK: Wo waren Sie in Deutschland stationiert?

HR: In Wiesbaden und in Oberammergau. Ich war im »Counter Intelligence Corps«. Wir waren für die interne Sicherheit der amerikanischen Streitkräfte und für die Entnazifizierung zuständig.

HK: Das muß für Sie eine seltsame Situation gewesen sein.

HR: Allerdings. Ich war sehr jung, erst neunzehn oder zwanzig Jahre alt, und viele meiner Verwandten waren in den Lagern umgekommen – meine Großeltern, Tanten, Onkel. Für die meisten amerikanischen Soldaten war die Besatzungszeit ein riesiges Fest. Es waren zum Teil Bauernjungen aus Kentucky oder Indiana oder irgendwo sonst, zum ersten Mal in Europa. Sie fanden die deutschen Mädchen schön. Was hätte man von ihnen erwarten sollen? Aber für mich war es anders. Ich fühlte mich sehr einsam. Ich konnte an der Party nicht richtig teilnehmen, weil ich mir immer sagte: Das sind die Menschen, die vor zwei Jahren meine Großmutter in einen Ofen geschoben haben.

Für uns in Oberammergau war es besonders schwierig. Wir waren dort, weil wir mehrere Sprachen beherrschten. So war für jedermann klar, daß wir Flüchtlinge waren. Wir sprachen Englisch, mit einem starken Akzent. Für die normalen amerikanischen Soldaten waren wir wie exotische Tiere. Aber in einem gewissen Sinn bin ich froh, daß ich im Abseits blieb, denn es war wohl nicht die richtige Zeit, um eine Party zu feiern.

HK: Und wie war der Kontakt mit den Deutschen?

HR: Dazu kann ich Ihnen eine Geschichte erzählen: Ich war 1946 eine Zeitlang in Wiesbaden stationiert, wo wir das Haus eines Arztes für eine Gruppe von Offizieren übernommen hatten. Und da ich der einzige war, der einigermaßen Deutsch konnte, mußte ich immer mit der Haushälterin verhandeln. Ich hatte schon damals gegen die allgemeine Tendenz gekämpft, die Deutschen kollektiv zu verurteilen und alle Deutschen gleich zu behandeln, ohne zu unterscheiden, ob sie in den Todeslagern gedient hatten oder einfache Hausfrauen gewesen waren, die nur versucht hatten zu überleben. Ich hielt zwar immer Distanz. Ich konnte nicht fraternisieren wie die anderen. Aber ich war immer sehr höflich und korrekt – zumindest bildete ich mir das ein. Aber am Tag vor meiner Abreise kam diese Haushälterin zu mir und überreichte mir ein Geschenk, eine Fliese, auf die man heiße Sachen abstellen kann. Sie sagte: »Das ist ein Geschenk für Ihre Mutter. Sagen Sie ihr, daß nicht alle Deutschen so schlimm sind, wie Sie meinen.« Ich wußte nicht, was ich sagen sollte. Ich glaube, die Frau hat verstanden, daß ich kein grausamer Mensch bin. Aber offensichtlich hatte ich mir doch erlaubt, die Menschen pauschal zu verurteilen. Ich habe oft an diese Frau zurückgedacht und glaube, daß sie mir einen großen Gefallen tat und daß ich dank ihr freier von Vorurteilen bin, als ich es sonst gewesen wäre.

HK: Kommen Sie aus einer religiösen Familie?

HR: Nein. Ich würde sagen, daß meine Eltern zu den ersten wirklich assimilierten russischen Juden gehörten. Sie hatten beide die Universität in Rußland abgeschlossen, was für Juden damals sehr ungewöhnlich war. Meine Großeltern sowohl mütterlicher- als auch väterlicherseits sprachen sehr gut Russisch, was auch ungewöhnlich war, obwohl sie sicherlich auch sehr jüdisch waren. Die Großeltern väterlicherseits haben noch koscher gegessen, die anderen schon nicht mehr. Der Vater meines Vaters hatte eine Jeschiwa besucht und war in der jüdischen Religion sicherlich sehr gebildet, wenn er sie auch nicht praktizierte. Auch mein Vater kannte sich in den jüdischen Bräuchen aus, aber wir haben zu Hause nicht koscher gegessen. Gleichzeitig hatten wir viele Verwandte, die Ende des neunzehnten Jahrhunderts nach Palästina ausgewandert waren. Sie waren also Zionisten, nicht religiöse, sondern nationalistische Juden. Eine Cousine meines Vaters war zum Beispiel mit einem der israelischen Präsidenten verheiratet. Es gab also nie Zweifel, was unsere jüdische Identität anging.

HK: Ist diese Identifikation bei Ihnen noch immer stark?

HR: Im Lauf meines Lebens ist sie eigentlich immer stärker geworden. Das Leben der europäischen Juden vor Hitler unterschied sich stark vom Leben der Juden in den USA, weil in Europa der Antisemitismus vor allem staatlich verordnet war, aber nicht von der Gesellschaft ausging, während der Antisemitismus in Amerika gesellschaftlich war, aber nicht staatlich. In Europa, in Danzig und in Brüssel bestand unser Freundeskreis hauptsächlich aus russischen Flüchtlingen, die wie wir während der Revolution aus Rußland geflohen waren. Juden und Nichtjuden gleichermaßen. In den USA dagegen war es, zu unserem Erstaunen, viel weniger gemischt. Juden verkehrten vor allem mit anderen Juden, Nichtjuden mit Nichtjuden.

Ein zweiter Faktor war ohne Zweifel, daß Hitler uns alle für jüdische Belange sensibilisiert hat. Mein Bruder und ich interessieren uns viel mehr für jüdische Themen und sind in der Gemeinde viel aktiver, als unsere Eltern es waren. In meinem Fall kommt hinzu, daß ich eine Israelin geheiratet habe, so daß ich zwangsläufig viel mehr Kontakt mit diesen Dingen habe.

HK: Haben Sie jemals überlegt, selbst nach Israel zu ziehen?

HR: Nein. Ich kann mich erinnern: Eines der Hindernisse für unsere Heirat war, daß meine Frau partout nicht in den USA leben wollte. Sie wollte nach Israel zurück. Ich habe ihr aber unmißverständlich klargemacht, daß ich nicht daran dachte, nach Israel zu ziehen. Aus zwei Gründen. Der eine ist pragmatischer Natur. Mein Fachbereich ist zufälligerweise japanische Wirtschaftsgeschichte, und ich sah in diesem Bereich keine berufliche Chance in Israel. Das war aber nicht der Hauptgrund. Wichtiger war, daß mir das Ideal der amerikanischen Gesellschaft näherstand als das Ideal der israelischen. Die kulturelle Mischung in Amerika hat für mich eine starke Anziehungskraft. Ich habe nicht viel übrig für das Reine, das Homogene, das ein jüdischer Staat repräsentieren soll. Ich erkenne es als legitim an, und ich habe großen Respekt für das, was man in Israel erreicht hat. Aber die Idee einer Gesellschaft, die sich Menschen aus allen Teilen der Welt öffnet, zieht mich stärker an.

HK: Kennen Sie Israel gut?

HR: Ich fahre seit den fünfziger Jahren regelmäßig nach Israel. Damals fühlte ich mich sehr wohl dort, hauptsächlich weil die Menschen zum größten Teil deutsche und russische Juden waren. Es waren Menschen, die ich verstand und die mich verstanden. Wenn ich heute nach Israel fahre und durch die Straßen von Jerusalem wandere, habe ich das Gefühl, ich könnte genausogut in Damaskus sein. Die Mehrheit der Bevölkerung von Israel kommt heute aus den nichtwestlichen Ländern. Sie sind ganz anders als die früheren Einwanderer. Natürlich habe ich auch etwas mit Juden aus dem Irak oder aus Nordafrika gemeinsam, aber diese Gemeinsamkeit ist eine rein religiöse. Kulturell stehe ich sicherlich den Menschen in Westeuropa oder Amerika näher. Israel wird immer mehr zu einem levantinischen Land. In zwanzig Jahren werden die Juden, von denen wir reden, die deutschen, die österreichischen, die russischen Juden, der Vergangenheit angehören.

Das andere, was zu einer Art Entfremdung geführt hat, sind die Ultraorthodoxen in Israel. In einem gewissen Sinn symbolisieren sie eine Intoleranz, die mir sehr widerstrebt. Ich tue mich sehr schwer mit den Ultraorthodoxen, auch wenn ich anerkenne, daß es die Juden als Volk wohl längst nicht mehr geben würde, wenn es sie nicht gegeben hätte.

HK: Glauben Sie nicht, daß es die Religion war, die die Juden über die Jahrhunderte als Volk überleben ließ?

HR: Ich weiß nicht mehr, wer mich darauf aufmerksam machte, aber wenn man die Bevölkerung Israels zu biblischen Zeiten mit der Anzahl der Juden vergleicht, die heute auf der Welt leben, dann müßte es sehr viel mehr Juden geben, als es tatsächlich gibt. Also hat wahrscheinlich ein Großteil der Juden eben nicht als Juden überlebt. Manche sind zu anderen Religionen übergetreten, und manche Gemeinden sind ausgestorben.

Eines unserer Kinder hat einen Nichtjuden geheiratet, und ich erinnere mich, als ich mit meiner Frau darüber sprach, daß sie sagte: »Wir werden eines Tages aussterben.« Und das ist etwas, was mich sehr irritiert. Es ist ein Widerspruch, mit dem man als Jude lebt. Wir sind Amerikaner, und wir haben unsere Kinder im Glauben erzogen, daß alle Menschen Brüder sind. Wir können ihnen nicht sagen, daß dies für das Heiraten nicht gilt. Auf der anderen Seite wünsche ich mir, daß meine Kinder jüdisch bleiben.

Um auf Ihre Frage zurückzukommen: Ich glaube schon, daß es in der Vergangenheit meistens die Religion und die Einhaltung der religiösen Bräuche waren, was die Juden in der Diaspora als Juden überleben ließ. Für die Zukunft aber kann das nicht mehr gelten. Vielleicht wird Israel letzten Endes für das Überleben des jüdischen Volkes bürgen. So gesehen wäre es wahrscheinlich richtig für Juden wie mich, nach Israel zu ziehen. Das wäre das Einfachste. Dort muß man nicht religiös sein. Man kann Jude sein, indem man dort lebt.

HK: Glauben Sie, daß die jüdische Gemeinde in Amerika auch durch einen neu aufkommenden Antisemitismus bedroht ist?

HR: Juden in Europa oder in Israel sagen oft zu uns amerikanischen Juden: »Ihr lebt in einem falschen Paradies. Ihr seid erfolgreich, glaubt euch sicher, seid amerikanische Patrioten. Aber ihr macht den klassischen Fehler der deutschen Juden.« Ich glaube nicht, daß wir den Fehler der deutschen Juden wiederholen. Die sozialen Strukturen in Amerika sind sehr verschieden von denen in Deutschland vor Hitler. Die ganze Einstellung Minderheiten gegenüber ist anders. Die amerikanischen Juden sind wirklich in allen Schichten und Bereichen der Gesellschaft akzeptiert. Ich sehe darin eher ein gewisses Ressentiment gegenüber den amerikanischen Juden, weil sie nach dem Zweiten Weltkrieg doch führend wurden. Jüdische Organisationen in Amerika reden immer wieder davon, daß der Antisemitismus hier zunehme und daß wir sehr wachsam sein müßten. Aber ich glaube, daß vieles von dem, was sie sagen, vor allem darauf hinzielt, ihre Mitgliederzahl zu erhöhen.

HK: Der Antisemitismus in der europäischen Geschichte war ja durchaus ernst zu nehmen. Warum glauben Sie, daß es ihn überhaupt gibt?

HR: Wir sind eine Minderheit, wir haben eine andere Religion, wir verhalten uns in einem gewissen Sinn wie ein Clan. Wir wollen nicht, daß unsere Kinder Nichtjuden heiraten. Und ich glaube, jede Minderheit, die versucht, sich von den anderen abzusondern, wird der Mehrheit suspekt. Historisch gesehen glaube ich, daß das Christentum die wichtigste Quelle des Antisemitismus gewesen ist und daß er mit der Entstehungsgeschichte des Christentums zusammenhängt. Man kann auch wirtschaftliche Erklärungen geben, soziologische Erklärungen. Aber ich kann Ihnen unmöglich eine allumfassende Theorie des Antisemitismus bieten. Es gibt einfach zu viele Faktoren.

HK: Oft wird der Antisemitismus als ein Ausdruck des Neids gesehen, weil die Juden der Diaspora bestimmte Fähigkeiten entwickelt haben, die ihnen als Minorität erlaubt haben, aus der jeweiligen Gesellschaft herauszuragen.

HR: Ich glaube jedenfalls nicht, daß die Juden im genetischen Sinn ungewöhnlich sind. Es kann aber sein, daß eine Minderheit, wenn die Möglichkeiten zur Entfaltung eingeschränkt sind, mit besonderer Anstrengung in den Bereichen tätig wird, die ihr offenstehen, und einen gewissen Leistungsdruck verspürt. Man kann das gleiche Phänomen heute bei den Asiaten in den USA beobachten. Vor zwanzig Jahren konnte man auch von den jüdischen Studenten sagen, daß sie auffallend hochmotiviert zu sein schienen. Heute hört man das nicht mehr.

HK: Vielleicht haben sie nicht mehr das Gefühl, sich beweisen zu müssen.

HR: Ja, wir sind inzwischen anerkannt. Ich würde sagen, überanerkannt. Viele Nichtjuden glauben tatsächlich, daß die Juden die Medien kontrollieren. Von der mysteriösen Macht der Juden wird sehr viel geredet in den USA. Ich halte diese Übertreibung für ziemlich gefährlich.

HK: Warum gefährlich?

HR: Wenn die Leute meinen, die Juden seien zu reich oder zu intelligent, dann fangen sie an zu glauben, die Juden wären keine normalen Menschen, was sie aber doch sind. Es war immer das Ziel der Zionisten, die Juden zu normalisieren: Wir würden jüdische Diebe, jüdische Polizisten, jüdische Prostituierte haben. Ich habe meinen Freunden in Israel immer gesagt: »Als amerikanischer Jude habe ich das alles schon gesehen.«

Ich wehre mich gegen die Idee, daß die Juden anders seien oder daß sie intelligenter seien. Ich glaube, daß Intelligenz gleichmäßig unter den Völkern verteilt wurde. Gleichzeitig überrascht es mich nicht, daß Israel eine der besten Armeen der Welt hat. Dieses Stereotyp von den Juden, daß sie gute Geschäftsleute abgeben, aber keine Soldaten, ist genauso unsinnig. Ich habe immer geglaubt, daß wir alles tun können, was die anderen tun. Wir sind wie jedes andere Volk. Und die israelische Armee ist wie jede andere auch korrumpierbar. Warum sollte eine Besatzung die Israelis nicht korrumpieren? Ich habe in zwei Besatzungsarmeen gedient, in Deutschland und später in Japan. Es korrumpiert jeden. Man kann ein anderes Volk nicht besetzen, ohne korrupt zu werden.

Was mich auf der anderen Seite an den Juden immer wieder erstaunt, ist der enorme Einfluß, den dieses kleine Volk auf die Weltgeschichte ausgeübt hat. Ich meine das nicht im Sinne einer Kontrolle über die Ereignisse, aber im Sinne einer Beeinflussung der Geschichte durch Ideen, so wie sich zum Beispiel das Christentum und der Islam von der jüdischen Religion ableiten. Es scheint mir auch, daß die ethischen Grundlagen großer Teile der zivilisierten Welt auf der jüdischen Weltanschauung basierten. Es beginnt bei den Zehn Geboten, und es reicht sehr weit. Viele der grundlegenden ethischen Prinzipien sind von dem abgeleitet, was dieses kleine Volk hervorgebracht hat. Also gibt es schon etwas Besonderes an den Juden.

HK: Fühlen Sie als Jude eine besondere Verantwortung?

HR: Ja und nein. Es gibt zwei Dinge. Es ist kein Geheimnis, daß mir 1978 angeboten wurde, Präsident der Yale University zu werden, und daß ich abgelehnt habe. Damals gab es ziemlich viel Gerede darüber, weil ich Jude bin. Und ich erinnere mich, daß meine Frau mir heftig zuredete, den Posten anzunehmen. »Du wärest dann der erste jüdische Präsident einer so wichtigen Universität.« Mir schien es aber, daß wir 1978 schon so weit in die amerikanische Gesellschaft integriert waren, daß ich nicht etwas tun mußte, was ich nicht wollte, nur des Judentums wegen.

Auf der anderen Seite glaube ich sehr stark an die jüdischen ethischen Werte und an die jüdische Weltanschauung, auch wenn ich kein religiöser Mensch bin. Ich identifiziere mich mit der Friedensbewegung in Israel, und ein Grund dafür ist, daß die jüdische Moral meiner Meinung nach eine bestimmte Verhaltensweise verlangt, an die andere Länder vielleicht nicht gebunden sind. Ich bin wegen meinem öffentlichen Eintreten für die israelische Friedensbewegung nicht sehr beliebt in den Kreisen des jüdischen Establishments in Amerika. Man sagt mir immer: »Wovon redest du? Die Syrier töten fünfundzwanzigtausend Menschen, und niemand regt sich auf. Aber wenn die Juden ein paar Köpfe einschlagen, ist die Hölle los.« Meiner Meinung nach ist das für uns ein Kompliment, eine Anerkennung dessen, daß wir uns nach anderen Maßstäben messen. Wir müssen uns selbst treu bleiben. In diesem Sinn ist für mich Jude zu sein eine ernsthafte Verpflichtung.

In diesem Zusammenhang möchte ich noch etwas sagen: Mich stört die Tatsache, daß uns die Welt heute mehr mit dem Holocaust identifiziert als mit irgend etwas anderem. Für die Welt sind der Holocaust und Israel die wichtigsten Merkmale der Juden heute. Das ist eine enorme Pervertierung der jüdischen Geschichte, daß wir vor allem als Opfer betrachtet werden. Sie ignoriert mehr als zweitausend Jahre Geschichte, in der es auch sehr gute Zeiten gab, in denen wir große philosophische und moralische Beiträge für die Zivilisation geleistet haben. Dabei glaube ich nicht, daß uns die Außenwelt diese Identifikation aufgezwungen hat. Wir selbst tragen dafür die Hauptverantwortung. Wir haben den Holocaust zum Teil ausgenutzt, und die Folge davon ist ein sehr unausgewogenes Bild von der jüdischen Geschichte und von den Juden.

HK: Hat das Unbegreifliche des Holocaust für Sie eine religiöse Bedeutung? Haben Sie sich gefragt, warum Gott den Holocaust zugelassen hat?

HR: Vielleicht hatte Gott gar nichts damit zu tun. Ich glaube nicht, daß Er da oben sitzt und sagt, ich werde dies oder jenes geschehen lassen. Für mich ist Gott eine Idee, eine Art Ideal, die das Gute im Menschen darstellt, das Streben nach Vollkommenheit.

Was am Holocaust so schwer zu vestehen ist, das ist die Tatsache, daß er in Deutschland geschehen ist. Wenn so etwas in anderen Ländern geschieht, etwa mit den Armeniern in der Türkei, oder in Uganda, oder unter Stalin, haben wir in der westlichen Welt einen eingebauten Schutzmechanismus im Kopf. Wir denken uns, das sind alles sehr sonderbare Völker, die andere Werte haben. Aber in Deutschland – wo es Goethe, Schiller, Beethoven und Mozart gab? Ich kann es nicht verstehen. Die Deutschen haben die Japaner unter Druck gesetzt, auch in ihrem Land die Juden zu verfolgen. Aber es gab dort kaum welche. Die Japaner wären gern bereit gewesen, es zu tun, aber sie wußten nicht, wie. Es gab zwar andere Verfolgungen in Japan während des Krieges, aber die Japaner waren dabei sehr ineffizient. In Deutschland wurden sie mit deutscher Disziplin und Gründlichkeit durchgeführt. In Deutschland wurde alles deutsche Können aufgewandt, um dieses böse Ziel zu erreichen. Das ist wirklich sehr schwer zu verstehen.

HK: Um noch einmal auf die Religion zu kommen: Wie müßte sich die Welt ändern, damit die Prophezeiung vom Kommen des Messias in Erfüllung ginge?

HR: Ich habe nie darüber nachgedacht. Ich bin auch davon überzeugt, daß er erst nach meinem Tod kommen wird. Also brauche ich mir darüber nicht den Kopf zu zerbrechen. Ich kann Ihnen dazu aber etwas Interessantes erzählen: Die Familie meiner Frau ist im achtzehnten Jahrhundert nach Palästina eingewandert. Sie kamen aus einem damals nicht ungewöhnlichen Grund, nämlich um dort zu sterben, weil es heißt, wenn der Messias kommt, werden wir alle auferstehen und nach Israel gehen. Und die Leute haben gedacht, daß es viel einfacher wäre, wenn sie schon dort seien und die schwierige Reise nicht mehr machen müßten. Diese pragmatische Einstellung liegt im Wesen der jüdischen Religion. Das ist etwas, was mich sehr anzieht. Es ist eine Religion, die in der Welt steht. Wir sind keine Mönche. Wir nehmen an der Welt teil, glauben, daß wir etwas tun müssen, daß wir etwas ändern können. Für mich ist der Messias also nicht etwas, das eines Tages per Zufall eintreffen wird. Es ist eher ein Symbol der Hoffnung, etwas, das wir durch unser Wirken der Erfüllung näherbringen können.

HANS SAHL

Schriftsteller. Geb. 1902 in Dresden, gest. 1993 in Tübingen

HK: Herr Sahl, Sie sind in Dresden und Berlin aufgewachsen, haben dann studiert und in Breslau in Kunstgeschichte promoviert. Wie ist es dann beruflich bei Ihnen weitergegangen?

HS: Ich begann für das »Tage-Buch« und den »Montag Morgen« zu schreiben, beide von Leopold Schwarzschild herausgegeben, zwei der wichtigsten Blätter, die sich vor allem an anspruchsvolle, intelligente Leser wandten. Ich gehörte damals zu einer Gruppe von jungen Menschen, die in den Anfängen des deutschen Films versuchten, eine Ästhetik des Films zu entwickeln. Siegfried Kracauer, soziologisch, für die »Frankfurter Zeitung«, Rudolf Arnheim, psychologisch, für die »Weltbühne« und ich, kunstgeschichtlich, für den »Montag Morgen«. Dort habe ich von 1924 bis 1933 gearbeitet, bis ich fliehen mußte.

HK: Wohin sind Sie geflohen und mit welchen Stationen?

HS: Prag, Zürich, Paris, Lissabon. Und im Jahr 1941 kam ich in New York an, wo ich seitdem lebe. Nach dem Krieg war ich sehr oft drüben. Ich war fast fünf Jahre in Deutschland, sogar auch mit der Absicht, dort zu bleiben. Aber dann gab es ein Gesetz, demzufolge man seine amerikanische Staatsbürgerschaft verlor, wenn man sich länger als fünf Jahre im Land seiner Geburt aufhielt. Und als die fünf Jahre sich bei mir dem Ende näherten, wollte

ich nicht das verlieren, was ich mir so schwer erworben hatte, und fuhr zurück. Das war der äußere Grund. Später gab es auch noch innere Gründe. 1961 hatte ich geheiratet, und wir hatten dann zwei Söhne. Eine Umsiedlung nach Deutschland wäre unter diesen Umständen etwas zu kompliziert gewesen.

HK: Wann waren Sie wieder in Deutschland?

HS: Von 1953 bis 1958. Da habe ich auch wieder für deutsche Zeitungen geschrieben. Und ich habe amerikanische Theaterstücke übersetzt. Thornton Wilder, Tennessee Williams, Arthur Miller. Ich war immer in Deutschland, wenn die Stücke uraufgeführt wurden. Zum Beispiel war ich in Düsseldorf bei der Premiere von Tennessee Williams' »Die Katze auf dem heißen Blechdach« oder in Wien zur Uraufführung von Arthur Millers »Nach dem Sündenfall«. Ich war New Yorker Kulturkorrespondent, erst für die »Neue Zürcher Zeitung«, dann für die »Süddeutsche Zeitung« und die »Welt«. Das kam aber später. Vorher hatte ich Hungerjahre. Ich habe den Journalismus ungefähr 1980 aufgegeben, um bloß noch für meine eigenen Arbeiten zu leben.

HK: Lassen Sie mich noch einmal auf Ihre Emigration zurückkommen. Ein Grund dafür, daß Sie fliehen mußten, war, daß Sie Jude sind.

HS: Ich habe Hitler nicht nur, weil ich Jude war, bekämpft, sondern auch, weil ich ihn als einen Feind des deutschen Volkes und der Welt überhaupt betrachtete. Wenn ich kein Jude gewesen wäre, hätte ich ihn genauso bekämpft.

HK: Inwieweit sind Sie mit dem Judentum verwurzelt?

HS: Das ist ein sehr heikles Thema. Bei meiner Ankunft in New York haben die amerikanischen Juden gesagt: Geschieht euch ganz recht, ihr habt ja das Judentum aufgegeben, habt es verleugnet! Das stimmte. Ich komme aus einem Hause, in dem man vollkommen assimiliert war, deutsch fühlte, deutsch betete, deutsch dachte, Kaisertreue kultivierte, konservativ war. Mein Vater hat das jüdische Gebetbuch eingewickelt in Zeitungspapier, wenn er zum Gottesdienst ging. In fünfzig Jahren wäre das deutsche Judentum fast völlig aufgegangen im Deutschtum.

Stellen Sie sich vor: Schon bei den Raubrittern, den Quitzows, soll ein Vorfahre von mir, ein Mathematiker namens Hirsch, beschäftigt gewesen sein. Darauf hat mein Vater sich mit Stolz berufen. Vom Jüdischen habe ich zu Hause kaum etwas gelernt. Ich kann nicht Hebräisch, Jiddisch wurde bei uns verboten, das kannte auch niemand. Erst durch Hitler wurde man daran erinnert, daß man Jude war.

Was war das Jüdische in mir? Das Musische, das Einfühlungsvermögen, die Neugier auf die Zukunft, das Prophetische. Und vor allem die Zeitkritik. Die Juden, die Propheten, waren Zeitkritiker, waren Moralkritiker. Sie waren besorgt um die Zukunft der Menschheit, und sie waren Idealisten. Vieles davon haben sie mit den Deutschen gemeinsam.

Als ich in den zwanziger Jahren in München studierte, lehrte dort der Literaturhistoriker Fritz Strich, der eines der besten Bücher über die deutsche Romantik geschrieben hat. Friedrich Gundolf arbeitete über Goethe und Kleist. Beide waren Juden. Kaum einer hat den deutschen Geist so gut interpretiert wie sie. Ein anderes Beispiel war Alfred Kerr. Tragisch ist, daß die Begegnung von zwei Geistesrichtungen, die einander so großartig ergänzten, auf eine so grausame Weise zerstört wurde. Ich habe versucht, dies in vielem, was ich schreibe, auszudrücken, in meinen Theaterstücken und Essays, in der Lyrik und in der Prosa. Natürlich ist der Schaden irreparabel. Wiedergutmachung kann es nur finanziell geben. Geschichte geschieht, sie kann nicht rückgängig gemacht werden.

HK: Sie haben sich nie irgendwelchen Dogmen oder Ideologien verschrieben. Waren die Ihnen immer suspekt?

HS: Als ich noch zur Schule ging, fand die russische Revolution statt, und die ungeheure Erregung und die Erschütterung, der Geist jener Zeit, hatten auch mich ergriffen. Aber es gehörte fast ein halbes Leben dazu, sich aus der Ideologie zu befreien, die, wie ich jetzt weiß, eine Krücke war.

HK: Ich möchte noch einmal auf die Beziehungen zwischen Deutschen und Juden zurückkommen. Empfinden Sie manchmal Haßgefühle gegen Deutschland und die Deutschen, gegen die, die Sie vertrieben haben?

HS: Ich kann nicht hassen.

HK: Warum können Sie es nicht?

HS: Ich kann nicht Klassen, Rassen, Massen, ich kann nicht anonyme Körperschaften hassen. Ich kann nicht anonyme Wesen hassen. Ich kann dann nur eine tiefe Trauer über die Gattung Mensch empfinden. Ich habe eine sehr pessimistische Auffassung vom Menschen: Der Mensch ist nicht und kann nicht das Endziel der Schöpfung sein, dazu ist er zu mangelhaft. Hitler ist doch nicht allein eine deutsche Katastrophe, sondern eine Menschheitskatastrophe gewesen, eine Ohnmachtserklärung des

Menschen, eine Liquidation des Menschen überhaupt. Ich habe gegen Hitler geschrieben, ich habe mich exponiert gegen ihn, aber ich war niemals antideutsch. Ich war Anti-Nazi. Ich bin ja selbst ein Deutscher. Ich bin auch nicht antirussisch, ich bin Anti-Stalinist.

Mit den Juden hat Hitler die besten Deutschen ermordet. Ihr einziger Fehler war es vielleicht, daß sie noch deutscher sein wollten als die Deutschen. Das wurde ihnen zum Verhängnis.

HK: Das jüdische Volk hat nun seit Jahrtausenden wieder eine territoriale Heimat. Und außerdem ist es zum ersten Mal eine Nation, ein Staatsvolk. Wie sehen Sie diese Entwicklung?

HS: Wir als Sozialisten oder Kommunisten waren Antizionisten. Wir wollten die Abschaffung des Staates. Aber heute bin ich für Israel, weil sich Israel als Zuflucht für die Verfolgten erwiesen hat und es bleiben muß.

HK: Sie selbst haben eine Christin geheiratet und leben in New York. Welche Folgen hat es für Sie, in der Diaspora zu leben?

HS: Ich habe meine beiden Söhne taufen lassen. Das war Anfang der sechziger Jahre. Ich war vom Ende des Judentums überzeugt. Heute würde ich sie nicht mehr taufen lassen.

HK: Eine Frage: Sind Sie religiös? Glauben Sie an Gott?

HS: Was ist Gott? Wenn es ihn nicht gäbe, müßte man ihn erfinden, um die Angst vor dem Tod zu überwinden, die Angst vor dem Nichts, dem absoluten Nichts. Ich finde, man muß Gott zu Hilfe kommen, indem man gut ist. Man müßte gut sein, um Gott wieder die Möglichkeit zu geben, zu wirken. Ich glaube überhaupt, daß wir zu anderen Problemstellungen kommen müssen. Das zerstörerische Potential liegt in uns selbst, in unserer eigenen Natur. Alle Religionen, alle Philosophien waren nicht imstande, den Menschen zu ändern. Es gibt natürlich einen materiellen Fortschritt, aber keinen moralischen.

HK: Sie waren also Atheist, bevor Sie wieder an Gott glaubten?

HS: Ja. Ich habe gefunden, daß Atheismus keine Antwort sein kann. Ein Atheist erkennt doch an, daß es einen Gott gibt, sonst wäre er ja nicht Atheist. Als ich sechzehn, siebzehn Jahre alt war, wollte ich Christus sein und ließ mir einen Bart wachsen. Das war die Zeit des Expressionismus in Deutschland. Auch der Expressionismus hat religiöse Wurzeln, zum Beispiel bei Matthias Grünewald.

HK: Worin sehen Sie den Unterschied zwischen jüdischem und christlichem Glauben?

HS: Das Jüdische ist die Hoffnung auf eine bessere Welt, die mit dem Messias kommen wird. Für den Christen ist der Messias bereits gekommen. Christus ließ sich ans Kreuz schlagen, als er sah, daß das Wort nicht mehr ausreichte, die Menschen vor dem Untergang zu retten. Es war ihm, der selbst Jude war, so ernst um das Schicksal der Menschen, daß er ein Beispiel geben wollte. Er ließ sich für sie ans Kreuz schlagen. Es war der Ausdruck einer letzten Verzweiflung über den Menschen, einer letzten Einsicht in die Selbstzerstörung des Menschen. Das konnten aber jene, die noch auf einen Messias, der sie erlösen sollte, warteten, nicht ertragen. Deshalb mußte er getötet werden. Das Prinzip Hoffnung mußte erhalten bleiben.

KURT SANDERLING

Dirigent, Berlin. Geb. 1912 in Arys (Orzysz)

HK: Herr Sanderling, die meisten Emigranten der dreißiger Jahre haben ja eher den Weg nach Westen gefunden. Auch Sie sind 1935 in die Schweiz emigriert, von dort aber 1936 in die Sowjetunion gegangen. Wie hat sich das für Sie ergeben?

KS: Daß das damals nicht allzu viele waren, das hatte zum Teil ganz profane Gründe. Es war sehr schwer, ein Einreisevisum in die Sowjetunion zum ständigen Dort-Leben zu bekommen. Ich hatte Verwandte in Moskau. Ein Onkel von mir, ein Ingenieur, war im Jahr 1930 oder 1931 als deutscher Spezialist in die Sowjetunion gerufen worden. Als der hörte, daß ich Deutschland verlassen mußte, bot er sich an, mir ein Einreisevisum zu verschaffen, was ihm mit größter Mühe auch gelang. Ich weiß nicht, ob Sie eine Vorstellung davon haben, was sich damals in Europa abspielte. Wir Emigranten waren ja nirgendwo besonders erwünscht und gelitten, und wer letztlich wohin kam, das war mehr oder weniger Zufall. Wie viele sind sang- und klanglos untergegangen in diesen furchtbaren Jahren! Ich in in einen Kulturkreis gekommen, der mir von Haus aus nicht so vertraut war, wo es auch viele bittere Erfahrungen für mich gegeben hat und wo ich sehr viel habe lernen müssen. Aber letztlich eben doch zu meinem Vorteil lernen müssen!

Insofern war meine Emigration, wenn Sie so wollen, sogar sehr fruchtbar.

HK: Sie konnten auch, was wenigen Emigranten möglich war, gleich wieder in Ihrem Beruf arbeiten.

KS: Das war für mich ein ganz großes Glück. Sehen Sie, in einer Zeit, in der in ganz Europa in meinem Beruf, und nicht nur in meinem Beruf, eine unglaubliche Arbeitslosigkeit herrschte, kam ich dorthin. Nach vierzehn Tagen Aufenthalt, ich war noch gar nicht richtig warm geworden in der Februarkälte von Moskau, war ich bereits Korrepetitor beim Rundfunk und verdiente zum ersten Mal nach langer Zeit eigenes Geld. Ich wurde da von vielen beneidet, auch von vielen, die nach Amerika gegangen waren und es dort sehr schwer hatten, die, statt Musik zu machen, Teller spülen mußten. Aber wissen Sie, jeder Mensch meines Alters hat in unserem Jahrhundert eine Geschichte zu erzählen. Ich glaube, daß es in keinem Jahrhundert so viele verschiedene Schicksale gegeben hat wie in unserem. Ich habe kolossales Glück gehabt. Ich weiß, wie viele meiner Mitjuden das von sich nicht sagen können. Ich darf mich über mein Schicksal wirklich nicht beklagen. Das wäre Sünde, wenn es diesen Begriff überhaupt geben darf.

HK: Während Ihrer Lebenszeit haben nicht nur die Menschen zu Millionen ihre angestammten Länder verlassen müssen. Sogar die Länder selbst haben sich auf der Landkarte bewegt, ihren Namen und ihre Eigenart geändert. Hat für Sie der Begriff Heimat noch eine Bedeutung?

KS: Zunächst mal ist Heimat für mich immer noch die Landschaft, in der ich groß geworden bin, und das war Masuren im ehemaligen Ostpreußen. Das ist in einer Hinsicht Heimat. In anderer Hinsicht ist Heimat für mich das kulturelle Milieu, in dem ich aufgewachsen bin, nämlich die deutsche Kultur des zwanzigsten Jahrhunderts. Und außerdem könnte Heimat auch das Land oder die Umgebung sein, die mir Heimrecht gewährt hat. Es gibt, glaube ich, viele Sorten von Heimat, und ich habe Ihnen einige genannt, die für mich zutreffen.

HK: Gehört dazu auch ein Gefühl der Verbundenheit mit dem Judentum und seinen Traditionen?

KS: Das ist für mich sehr schwer zu beantworten. Ganz sicher gibt es bei mir keine religiösen Bindungen, denn ich bin nicht gläubig. Im Gegenteil: Im Protest gegen mein Elternhaus und vor allem gegen meinen Vater war ich früher eher auf eine jugendlich unbekümmerte Art freidenkerisch. Mein Vater war zwar auch nicht sehr religiös, aber er beachtete die Bräuche, und das war mir schon zu viel – gar nicht so sehr, weil es um die Religion ging, als weil es eben der Vater tat! Es war eine Form des jugendlichen Protestes. Aber um auf Ihre Frage zurückzukommen: Sicher gibt es tatsächlich eine bestimmte Geisteshaltung, die den Juden zu eigen ist. Sehen Sie, es fällt mir so schwer, darauf zu antworten, weil das voraussetzen würde, daß ich viel über mich und meine Herkunft nachgedacht hätte. Ich habe mich eigentlich mehr hingenommen als Produkt, als deutsches Produkt dieses Jahrhunderts, und mir nicht so viele Gedanken darüber gemacht, was nun an mir vielleicht typisch jüdisch ist. Wenn Sie so wollen: Zu einem bewußten Juden hat mich eigentlich erst Hitler gemacht. Ich fühlte mich eben der deutschen Kultur zugehörig, in ihr und in Deutschland beheimatet, und das hat erst der aufziehende und dann der etablierte Nationalsozialismus in Frage gestellt. Damals hat sich natürlich ein gewisses Trotzbewußtsein – »Ich bin Jude!« – entwickelt. Das habe ich niemals abgestritten und streite es heute weniger als je ab, weil ich glaube, mich dessen nicht schämen zu müssen und zu sollen, Jude zu sein. Aber mein Judesein war für mich nie eine zentrale Frage gewesen bis zu dem Moment, wo es eine existentielle Frage wurde.

HK: In Deutschland gab es vor dem Dritten Reich eine Reihe von Berufen, von Sparten des Kulturlebens, in denen besonders viele Juden gearbeitet haben, oft in wichtigen Positionen. Ich denke an Musik, Theater, Pressewesen, Verlage. Haben Sie eine Vorstellung, warum das so war?

KS: Ganz sicher ist die Ursache für eine gewisse Einseitigkeit der Berufswahl bei den Juden ihre Geschichte gewesen. Sie durften ja zum Beispiel keine Ackerbauern sein. Also kann man auch nicht verlangen, daß der Prozentsatz an Ackerbau treibenden Juden plötzlich groß ist. Sie nannten im wesentlichen geistige Berufe, aber ich möchte auch etwas anderes nicht vergessen. So war, wenn ich zum Beispiel an Berlin denke, die Konfektion fast ganz in jüdischen Händen. Das hängt eben auch damit zusammen, daß die Juden in Deutschland Handel treiben durften. In Rußland und in Polen hat das schon wieder anders ausgesehen. Da hat es sehr viele jüdische Handwerker gegeben, weil sie das dort sein durften. Aber dafür durften sie dort die sogenannten geistigen Berufe nicht ausüben. Sie durften auch nicht in den großen Städten leben. So hat die jeweilige Diaspora auch die jeweiligen Berufe für die Juden determiniert. Daß in den Bereichen, die Sie genannt haben, viele Juden prominent geworden sind, das mag daran liegen, daß die Juden eben durch die Geschichte in den letzten Jahrhunderten in Mitteleuropa bevorzugt auf ein Feld gedrängt wurden, das mit den geistigen Wissenschaften und den schönen Künsten umschrieben werden kann. Sie wurden durch ihr Schicksal dahin gedrängt, und so ist ihr Erfolg nicht verwunderlich. In keinem Fall würde ich dafür genetische Ursachen sehen. Ich glaube, man darf nicht in den Fehler verfallen, die jüdische Nation, wenn es denn so etwas gibt, etwa für insgesamt besonders prädestiniert zu halten für irgend etwas. Wie gesagt, in Rußland und in Polen waren die Juden die Handwerker und die Kleinhändler, aber sie waren innerhalb der Geisteswissenschaften und innerhalb der Künste nicht vertreten. Ihnen werden nicht viele bedeutende russisch-jüdische Schriftsteller oder Komponisten einfallen. Die es gibt, wie zum Beispiel Scholem Alejchem, waren wirklich jüdische Schriftsteller, die auf jiddisch geschrieben haben und nicht etwa auf russisch.

HK: Bedeutet jüdisch zu sein eine besondere Pflicht für Sie?

KS: Ich glaube nicht, daß das eine besondere Pflicht für mich bedeutet. Wir waren natürlich alle irgendwie und irgendwo Außenseiter, oder anders gesagt, wir wurden als solche behandelt, obwohl wir es uns nicht wünschten. Das hat uns, wenn Sie so wollen, Pflichten auferlegt, denn ein Außenseiter muß immer versuchen, »richtiger« zu liegen, im guten Sinne dieses Wortes, als ein unbeschwert Normaler. Insofern Pflichten, ja, aber ich würde das nicht akzentuieren.

HK: Das jüdische Volk hat jetzt wieder eine geographisch bestimmbare Heimat, ist aber auch zum ersten Mal eine staatstragende Nation. Wie denken Sie darüber?

KS: Ich fühle mich nicht befugt, hier ein politisches Urteil abzugeben, denn die Situation, in der sich der Staat Israel befindet, ist außerordentlich kompliziert, und immer nur das Richtige und nach außen hin Schön-Aussehende zu tun, ist sicher sehr schwierig. Ob alles das, was vom Staat Israel getan wird, notwendig und richtig ist, oder ob man es, auch optisch, besser machen könnte – ich kann darüber nicht urteilen. Am liebsten würde ich Ihnen mit einem Konditionalsatz antworten: Wenn die geschichtliche Entwicklung es zuließe, daß Israel ein Heimland für die Juden werden kann – oder bleiben kann, wie immer Sie es formulieren wollen –, dann würde ich mich sehr darüber freuen, denn die Juden haben in den letzten zweitausend Jahren sehr viel Unrecht erlitten. Und leider ist der Antisemitismus noch keineswegs überall besiegt.

HK: Wie ist es in diesen zweitausend Jahren immer wieder zu Ressentiments gegen die Juden und zu Verfolgungen gekommen? Haben Sie darüber eine Auffassung?

KS: Ich glaube, da gibt es sehr viele Gründe. Da gibt es sowohl tiefe psychologische wie handfeste ökonomische Gründe. Da gibt es die Notwendigkeit für die Juden im Mittelalter und auch in der Neuzeit, in einer ihnen nicht sehr freundlich gesonnenen Umwelt überleben zu müssen und dadurch vielleicht Durchsetzungsmotivationen in sich aufbauen zu müssen – was wiederum der Umgebung um sie herum unsympathisch auffiel. Der Jude war eben oft der Fremde, der Eindringling. Nicht nur derjenige, der mir meine Erwerbsmöglichkeiten schmälerte, sondern auch der Fremde, der nicht in meinem Kulturkreis anzusiedeln war, der sich vielleicht auch etwas absonderte, auch durch ein sehr starres und bewußtes Festhalten an eigenen Bräuchen, was mit Sicherheit eine Abwehrhaltung war.

HK: Sie sagen: »Er blieb Fremder.« Es gab viele Völker oder Rassen, die einfach aufgegangen sind in den Völkern, mit denen sie zusammengelebt haben, die mit ihnen einfach verschmolzen sind. Der Jude ist immer für sich geblieben.

KS: Ja, das liegt daran, daß seine Lebensweise sehr ausgeprägte Eigenarten aufwies. Sehen Sie, als die Hugenotten nach Preußen kamen, waren sie auch Fremde, aber es kamen eben sozusagen Protestanten zu Protestanten, und nach zwei oder drei Generationen hatten sich die Verschiedenheiten verwischt. Während nach zwei oder drei Generationen der Jude noch immer Fremdling war. Aber ich muß Ihnen gestehen, Sie befragen mich die ganze Zeit über ein Gebiet, über das ich nicht allzuviel und allzu intensiv nachgedacht habe. Ich hatte vielleicht das Glück, daß das nur für kurze Zeit ein für mich existentielles, ein mein Leben bedrohendes Problem war. Und es hat dann später diese Bedeutung wieder verloren. Es tauchten sehr viele andere Probleme auf, die ich nicht nur für mich, sondern auch für die Menschheit als vordringlicher und nachdenkenswerter empfunden habe. Aber natürlich, Sie haben das Recht, mich dazu zu befragen, denn es gibt keinen Grund, warum ich nicht darüber nachdenken sollte, was es heißt, wenn ich heute sage: Ich bin Jude. In meiner Jugend mußte ich das in vielleicht etwas aggressiver Weise tun. Jetzt brauche ich das nicht mehr, denn die Umgebung, in der ich jetzt lebe, kennt Antisemitismus und diese ganze Problematik praktisch nicht. Ich muß mich nicht mehr tagtäglich als Deutscher beweisen.

HK: Sie haben mir gesagt, Sie seien nicht religiös – trotzdem möchte ich Ihnen eine Frage stellen, die viele gläubige Juden bewegt: Wie konnte Gott Auschwitz zulassen?

KS: Wenn es ihn, wie ich glaube, nicht gibt, so war auch nicht er es, der es zugelassen hat, sondern es sind geschichtliche Entwicklungen, die dahin geführt haben. Auschwitz, glaube ich, steht für etwas Einmaliges in der Geschichte der Menschheit. Morde hat es immer gegeben, und es hat auch Pogrome und andere Massenmorde gegeben. Aber diese kaltschnäuzig wissenschaftliche Art des Ausrottens – ich glaube, das ist etwas Einmaliges. Und wie es soweit gekommen ist, dazu darf man nichts Halbes sagen. Jede halbe Wahrheit ist hier auch nur halb richtig. Was geschehen ist, ist so ungeheuerlich, daß ich darüber nicht leichtfertig sprechen möchte.

HK: Herr Sanderling, um das Gespräch auf Ihr Metier zu bringen, viele nichtreligiöse Menschen wie Sie sagen, daß die Musik etwas wie ein religiöses Empfinden in ihnen auslöst. Trifft das auch für Sie zu, für den Musik ein Beruf ist?

KS: Was in diese Richtung geht und was sicher den Gefühlen vieler religiöser Menschen sehr nahekommt, das ist eine Art Erstaunen vor dem Wunder Natur, das ich manchmal beim Musikhören erleben kann. Im allgemeinen aber empfinde ich bei Musik nichts weiter – dieses »nichts weiter« soll jetzt überhaupt nicht abfällig gemeint sein – als eine Verstärkung meiner Freude am Leben, am Dasein. Und das auch, wenn die Musik über den Tod berichtet – sagen wir einmal die Musik von Tschaikowsky, um ein Beispiel zu nennen. Jede wirkliche Kunst kann das. Sie macht mich klüger, sie macht mich glücklicher, sie vergrößert, wenn Sie so wollen, mein Wissen um die seelischen Dinge.

HK: Ist Mahler ein Komponist, der Ihnen besonders liegt?

KS: Ja, der späte Mahler vor allem. Wo er an der Welt, in der er so gern in Frieden leben möchte, verzweifelt, da berührt er mich ganz außerordentlich. Deshalb sind auch die Werke, die mir besonders nahegehen, die Sechste Sinfonie, das Lied von der Erde, die Neunte und auch das, was wir von der Zehnten Sinfonie kennen. An den Stellen, wo er mit aller Gewalt zu einem Frieden in dieser Welt kommen will, habe ich immer das Gefühl, daß ihm das Mühe macht und daß er dies auch gar nicht kaschieren kann.

HK: Ist es nicht auch so, daß man in der Musik das Empfinden haben kann, daß man überhaupt nicht zu dieser Welt gehört, daß man ganz auf sich gestellt ist?

KS: Ja, das ist auch ein wesentliches Thema der Musik, der Kunst überhaupt: die Stellung des Menschen in der Welt. Und so verschiedenartig, wie die sein kann, ist ihre Darstellung. Sie kann unsere Freude an der Zugehörigkeit zum Leben steigern, und es kann Kunstwerke geben, die mir meine Isolation nur noch deutlicher machen. Ich kenne beides sehr gut. Das Thema der Kunst ist das ganze Leben, alle meine möglichen Emotionen, von äußerster Verzweiflung bis zum höchsten Glück. Und deshalb bin ich bei Mahler so erschüttert von der tiefen Traurigkeit, mit der er gerade am Schluß seines doch sehr kurzen Lebens diese Welt betrachtet, eigentlich aus der Position eines Gescheiterten heraus. Ich bin weniger glücklich dort, wo er zu einem Konsens mit dem Leben kommt – was bei den sogenannten Klassikern ja noch eine Grundbedingung künstlerischen Schaffens war.

HK: Geht es Ihnen manchmal so, daß Sie jetzt, wo Sie älter sind, ein Werk, mit dem Sie sich früher schon einmal beschäftigt haben, völlig neu erleben?

KS: Ja, sogar sehr häufig. Völlig neu würde ich allerdings nicht sagen, denn ein Minimum an Eindeutigkeit ist ja in jedem Werk gegeben. Aber es reizt mich oft, ein Stück, das ich früher vielleicht schon richtig gesehen habe, noch besser zu realisieren. Mir geht es so: Je älter ich werde, desto unzufriedener werde ich mit dem, was ich früher getan habe. Mir scheint – aber vielleicht ist das reine Illusion –, was ich jetzt spiele, spiele ich besser und richtiger, als ich es damals getan habe. Und insofern wünsche ich mir noch einige Zeit, um dieses Besserwissen in die Praxis umsetzen zu können. Da gibt es schon manchmal so etwas wie Torschlußpanik. Nicht in dem Sinne, daß ich meinen würde, ich hätte in meinem Leben nicht genug gearbeitet, sondern einfach, weil die Arbeit sehr schön ist und man natürlich gerne so lange wie möglich dieses Schöne festhalten möchte. Ich wünsche mir den Tod ja nicht, wenn ich auch nicht sagen könnte, daß ich Angst vor ihm habe.

HK: Wie denken Sie sich den Tod?

KS: Ich möchte fast sagen, banal: Es ist eben zu Ende. Das ist etwas ganz Natürliches, und dem hat man entgegenzuschauen, hat zu versuchen, innen und außen sein Haus zu bestellen und jeden Moment gewärtig zu sein: Jetzt kann er kommen. Und davor habe ich keine Angst. Angst vor einem qualvollen Sterben, das ja. Aber der Tod selbst schreckt mich nicht.

GERSHOM SCHOCKEN

Verleger und Politiker. Geb. 1912 in Zwickau, gest. 1990 in Tel Aviv

HK: Herr Schocken, hat die jüdische Tradition in Ihrer Familiengeschichte eine Rolle gespielt?

GSCH: Mein Vater stammt aus einem traditionellen jüdischen Milieu in der damaligen Provinz Posen. Eine Gegend, die, wie Sie sicher wissen, ursprünglich zu Polen gehört hat und durch die polnische Teilung Ende des achtzehnten Jahrhunderts an Preußen fiel und heute wieder polnisch ist. Die Posener Kleinstädte, in denen damals Juden gelebt haben, ähnlich wie in den Kleinstädten Polens oder der Ukraine, waren für den deutschen Einfluß besonders aufgeschlossen. In der Provinz Posen hat sich der deutsche Einfluß bei den Juden besonders stark geltend gemacht. Die Kinder gingen in deutsche Schulen. Und die deutsche Verwaltung war überall spürbar. Während die einheimische christliche Bevölkerung im allgemeinen antideutsch eingestellt war, polnisch-nationalistisch, hatten die Juden kulturell und politisch für Deutschland optiert und wurden im Laufe von ein, zwei Generationen zu deutschen Juden, nicht anders als diejenigen, die in Hessen oder Bayern oder anderen Teilen Deutschlands schon seit Jahrhunderten gelebt hatten.

Mein Großvater, den ich noch gekannt habe, war ein orthodoxer Jude. Mein Vater dagegen, der als junger Mann sein Elternhaus verlassen hatte, hat sich neben seiner kaufmännischen Ausbildung intensiv mit deutscher Literatur und deutscher Philosophie beschäftigt. Er war kulturell äußerst interessiert, auch dann noch, als er ein sehr erfolgreicher Kaufmann geworden war. Er hatte sich damals von den jüdischen Lebensformen schon weit entfernt. Aber gerade seine Anteilnahme an der deutschen Kultur hat ihn später wieder zum Judentum zurückgeführt. Denn gerade die Juden, die weitgehend in der deutschen Kultur integriert waren, bekamen zu spüren, daß sie vom deutschen Volk doch nicht aufgenommen wurden, daß man sie als Fremde ansah. Das war für diese weitgehend assimilierten deutschen Juden eine schmerzliche Erfahrung, und manche von ihnen haben aus ihr die Konsequenz gezogen: Wenn wir keine Deutschen sein können, dann müssen wir eben unsere eigene nationale Identität haben. So entstand die Idee des Zionismus mit dem Ziel der Schaffung eines jüdischen Gemeinwesens in Palästina. Mein Vater wurde ein sehr aktiver Zionist.

Es gab damals den Unterschied zwischen »präassimilatorischen« und »postassimilatorischen« Zionisten. Wir in Deutschland waren »postassimilatorische« Zionisten, und in dieser Beziehung unterschieden wir uns von denen, die aus dem Osten kamen. In diesem Geist wurde ich erzogen. Auf der einen Seite waren wir eng mit dem deutschen Geistesleben verbunden, auf der anderen Seite hat mein Vater uns von Anfang an klargemacht, nicht pädagogisch, aber atmosphärisch, indem er es vorgelebt hat: Ihr seid zwar deutsch geworden, aber ihr wart nicht immer Deutsche, ihr seid ursprünglich und eigentlich Juden. Wir haben eine eigene Geschichte, eine eigene Kultur, und ein kultivierter Jude muß seine eigene Geschichte kennen und in seiner eigenen Kultur verankert sein. So haben wir also auch von klein auf Hebräisch gelernt, jeden Tag eine Stunde, was mir damals eher lästig war. Dennoch ist eine ganze Menge davon hängengeblieben.

HK: Haben Sie selbst damals schon an ein Leben in Palästina gedacht?

GSCH: Ich gehörte seit meinem zwölften Lebensjahr einer zionistischen Jugendbewegung an. Die war ziemlich gut organisiert und hatte das Ziel, ihre Mitglieder, Jungen wie Mädchen, auf das Leben in Palästina vorzubereiten. Aus dieser Bewegung sind später viele Chaluzim – Pioniere – hervorgegangen. Viele sind in die Kibbuzim gegangen.

Mein Onkel hatte damals in der Nähe von Berlin ein großes Gut, das er als Investition gekauft hatte. Er ist bei einem Autounfall ums Leben gekommen, und mein Vater hat das Gut übernommen und auf ihm Ausbildungskurse für junge Leute organisiert, die nach Palästina gehen wollten. Es gab damals eine ganze Reihe von solchen Ausbildungszentren in Deutschland. Gut Winkel war nur eines davon. Sie sehen jetzt vielleicht, in welcher Atmosphäre ich aufgewachsen bin. Einerseits hat mein Vater uns deutsche Gedichte und Erzählungen vorgelesen, auf der anderen Seite hat er Wert darauf gelegt, daß ich Hebräisch lerne. Er hat selbst hebräische Schriften gelesen, auch viel neuhebräische Literatur. Er war mit S. J. Agnon, dem bedeutendsten neuhebräischen Erzähler, der damals in Deutschland lebte, eng befreundet.

HK: Was hat es damals für Sie bedeutet, zum jüdischen Volk zu gehören?

GSCH: Das war ein Tatbestand, den ich vorgefunden habe und in den ich hineingewachsen bin. Ich will Ihnen einen Vorfall erzählen, den ich aufgeschrieben habe, unter der Überschrift: »Initiierung in den Stamm.« Ich war damals vier Jahre alt, und ich wußte nicht, daß ich Jude bin. Im Sommer waren wir, meine Mutter, mein kleiner Bruder und ich, in einem Kurort bei Leipzig. Meine Großmutter lebte in Leipzig, und sie war dort auch die meiste Zeit mit uns zusammen. Ich bin jeden Morgen mit ihr spazierengegangen. Eines Morgens, als wir so gingen, sagte sie, wir müßten eben mal in ein bestimmtes Haus hineingehen. Es würde eine halbe Stunde dauern. Es war ein sehr heller Sommertag, und aus dem Sonnenlicht kam ich in ein ziemlich dunkles Zimmer, so daß ich fast gar nichts sah. Meine Großmutter setzte mich auf einen Stuhl und gab mir mit dem Finger ein Zeichen, daß ich nicht reden sollte. Ich habe nicht verstanden, warum, aber ich bin still dagesessen, und nach kurzer Zeit, nachdem sich meine Augen an die Lichtverhältnisse gewöhnt hatten, sah ich, daß am Fenster ein Mann stand, mit dem Rücken zu uns. Sonderbarerweise hatte er seine Jacke ausgezogen. Damals gingen die Männer ja sonst den ganzen Tag komplett angezogen. Er hatte einen Hemdsärmel hochgestreift und hatte am Oberarm Riemen, und auch am Kopf hat er so etwas Komisches gehabt. Ich war sehr folgsam, und ich habe nichts gesagt. Es hat einige Zeit gedauert, dann hat der Mann diese Riemen abgewickelt, hat seine Jacke angezogen und ist mit meiner Großmutter in ein anderes Zimmer gegangen. Er war der Zahnarzt meiner Großmutter. Ich bin allein dagesessen. Nach ungefähr zwanzig Minuten kam sie heraus, und wir sind wieder fortgegangen. Auf der Straße habe ich dann meine Großmutter sofort bestürmt: »Was hat dieser Mann gemacht, was hat das zu bedeuten?« Darauf sagte sie: »Er hat gebetet.« – »Warum hat er einen nackten Arm gehabt und diese Riemen?« Darauf sagte meine Großmutter: »Weil er ein Jude ist.« Ich fragte: »Was ist das, ein Jude?« Da sagte sie: »Du bist ein Jude.« Das war für mich ein Schock, es hatte mir nicht gefallen, was ich da gesehen hatte, und ich bin in Tränen ausgebrochen und habe gesagt: »Ich will aber kein Jude sein!« Darauf sagte meine Großmutter, sie war eine sehr resolute Frau: »Was redest du für einen Unsinn, du bist ein Jude, dabei bleibt es, jetzt hör auf zu weinen!« Das war meine Einführung in das Judentum. Ich glaube, es war eine gute Einführung.

HK: Sie sagen, Sie sind in einen Tatbestand hineingewachsen. Aber haben Sie sich später nicht auch bewußt mit Ihrer jüdischen Identität beschäftigt?

GSCH: Ursprünglich habe ich sicherlich wenig verstanden. Daß ich als Zionist erzogen worden und in der Jugendbewegung aufgewachsen bin, hat mir meine Lage erleichtert, und das war auch nötig, wenn ich so zurückdenke. Ich bin Ostern 1919 in Zwickau in Sachsen in die Schule gekommen. Das war ein halbes Jahr nach dem Zusammenbruch des Kaiserreichs und der sogenannten Novemberrevolution. Auch in Zwickau hat es damals gegärt. Sachsen war politisch polarisiert. Fortwährend gab es Wahlen, Reichstagswahlen, Landtagswahlen, Stadtratswahlen, mit heftigen Wahlkämpfen. Die Nazis gab es damals noch nicht, und von den Vorgängen in München wußte man wenig. Aber es gab Vorgänger der Nazis, völkische, antisemitische Parteien. In Zwickau gab es auf der einen Seite Linkssozialisten und Kommunisten – Zwickau war ja eine Bergarbeiterstadt –, auf der anderen Seite ein reaktionäres, nationalistisches Bürgertum.

Ich kann Ihnen noch eine kleine Kindergeschichte erzählen: Unsere Schule war in zwei verschiedenen Gebäuden untergebracht. In der großen Pause wurden wir in Viererreihen aus unserem Gebäude herausgeführt und gingen dann in den Keller des anderen Gebäudes, dort hat man uriniert. Und eines Tages, es muß ungefähr 1921 gewesen sein, stand ich so da, und neben mir stand ein Klassenkamerad von mir, mit dem ich mich normalerweise ganz gut vertrug. Er war größer als ich, ich sah ihn, und er sah mich, und da sah er, daß ich ein bißchen anders aussah als er. Und während wir unser Wasser abschlugen, sagte er mir ins Ohr, es war wieder einmal kurz vor den Wahlen: »Wenn die Bürgerlichen siegen, werdet ihr vertrieben!«

Ich glaube, das war die beste politische Lektion, die ich in meinem ganzen Leben bekommen habe. Es ist ja genau das eingetreten. Ein Jahr später wurde Rathenau, damals Außenminister der Weimarer Republik, ermordet. Das war der erste politische Mord, bei dem ich spürte, das geht mich an, obwohl es nicht der erste politische Mord war, von dem ich wußte. Irgendwie wußte ich, daß Rathenau ein Jude war. Man hatte einen prominenten Juden erschossen. Das war ein Schock für mich, und am nächsten Tag wollte ich nicht in die Schule gehen. Ich hatte Angst, und meine Eltern mußten mir lange zureden. Eine Zeitlang dachten sie damals daran, mich in ein Landerziehungsheim zu schicken. Ich glaube, es war richtig, daß sie das dann doch nicht getan haben. Sie sagten sich wohl: Der Junge muß ja doch hier leben, also muß er unter normalen Umständen leben und nicht in solch einer künstlich abgeschirmten Umgebung. Aber dann hat mein Vater, der ja im jüdischen Leben in Zwickau ein sehr einflußreicher Mann war, geschäftlich und auch öffent-

lich, dafür gesorgt, daß in Zwickau eine Ortsgruppe der jüdischen Jugendbewegung entstand. So entstand eine Umgebung, in der ich gesellschaftlich normal leben konnte. Ich bin natürlich weiterhin mit den deutschen Schülern jeden Tag zusammengekommen, aber ich wußte: Ich gehöre dahin, und die gehören anderswohin.

HK: Wie kam es dann zu Ihrem Entschluß, nach Palästina zu gehen? Und zwar schon 1933, als sich die Situation in Deutschland noch nicht lebensbedrohlich zugespitzt hatte.

GSCH: Wie das damals vor sich ging, war in gewisser Weise typisch für viele deutsche Zionisten. Ich war schon vor 1933 in Palästina zu Besuch gewesen, sechs Wochen lang, direkt nach dem Abitur. Es hat mir sehr gefallen, aber ich habe damals nicht daran gedacht auszuwandern. Ich war auch in einem Kibbuz. Einer der führenden Leute dort, den ich schon aus Deutschland kannte, führte uns herum, und ich sagte ihm, es sei sehr schön hier. Worauf er sagte: Bleib doch! Das hat mich etwas verwirrt. Ich wußte nichts Rechtes darauf zu antworten. Mein damaliges Nahziel war, an der Universität zu studieren. Ich bin nach Deutschland zurückgefahren und habe zwei Semester in Heidelberg studiert. Das war 1932/33. Alles war politisch ungeheuer angespannt, und man spürte, daß entscheidende Dinge vorgehen. Es war noch nicht hundertprozentig sicher, daß Hitler an die Macht kommen würde, aber die Wahrscheinlichkeit war schon ziemlich groß. In diesem Jahr war ich sozialistisch beeinflußt. Ich hatte einen trotzkistischen Freund, der auch aus einem zionistischen Haus stammte, aber vollkommen absorbiert war vom revolutionären Sozialismus. Er war sehr intelligent. Ich habe damals auch Marx gelesen, aber das hat meine zionistische Grundhaltung nicht tangiert.

Als dann die Nazis an die Macht kamen, war für mich sofort klar: Hier bleibe ich nicht, ich gehe nach Palästina. Mein Vater war damit anfangs nicht einverstanden, was etwas unlogisch wirkte, weil er ja ein aktiver Zionist war, der in Palästina für die zionistischen Siedlungen Land gekauft hatte, für die Universität in Jerusalem und für die wirtschaftliche Entwicklung des Landes gearbeitet hatte. Aber als er mit der Situation konfrontiert wurde, daß sein ältester Sohn weggehen wollte, fragte er mich: »Wovon willst du da überhaupt leben? Du kannst doch noch gar nichts.« Ich bin aber doch gefahren und habe eine Stelle in einer Bank in Tel Aviv angenommen.

HK: Kann Israel eine Heimat für das jüdische Volk sein? Kann das jüdische Volk eine politische Nation werden?

GSCH: Israel ist eine politische Nation. Das ist ja der Sinn des Zionismus, daß die Juden als Volk eine politische Nation werden. Seit dem Holocaust kann die Notwendigkeit des politischen Zionismus wohl nicht mehr bezweifelt werden. Es gibt da aber einen Gegensatz, der heute schärfer hervortritt. Für viele hier – besonders unter den streng orthodoxen Juden – ist dieses Land eben Eretz, Israel, doch sie könnten genausogut in Brooklyn oder in Antwerpen leben. Viele von denen, die in den letzten Jahren aus Amerika gekommen sind, haben auch gar keine israelische Staatsbürgerschaft. Viele sind eine Zeitlang hier, dann gehen sie wieder zurück, dann kommen sie wieder her. Viele von ihnen lehnen als orthodoxe Juden den säkularisierten Staat ab. Ich bejahe den Staat. Ich bin ein politischer Zionist. Die Juden, die in Europa, in Deutschland insbesondere, aber auch in anderen Ländern, nicht voll akzeptiert wurden, wollen ihr eigenes Staatswesen haben, und dieses Staatswesen kann heute nur Israel sein. In dieser Beziehung wurde die Gründung des Staates Israel für mich die Erfüllung des größten Wunsches, den man in seinem Leben haben kann.

Man möchte eben nicht mehr abhängig sein von einer fremden Regierung, wie das immer der Fall war, in all den Hunderten von Jahren in der Diaspora und sogar in Palästina, als es noch englisches Mandatsgebiet war, als es große Bereiche des gesellschaftlichen und politischen Lebens gab, mit denen wir gar nichts zu tun hatten. Es gab kein Parlament, das Gerichtswesen war englisch, die Regierung war englisch. Wir haben uns damals mit Landkauf und Besiedlung beschäftigt. Und Tel Aviv war die erste rein jüdische Stadt. Tel Aviv ist insofern die Keimzelle des jüdischen Staates. Der Bürgermeister von Tel Aviv war damals so etwas wie heute der Ministerpräsident des Landes. Und das war die Erfüllung dessen, wofür man gelebt hatte.

HK: Viele Zionisten sagen heute: Was aus Israel geworden ist, ist nicht das, was wir uns vorgestellt hatten.

GSCH: Dieses Stadium ist unvermeidlich. Häufig ist nichts im Leben so enttäuschend wie Träume, die in Erfüllung gehen. Es ist lächerlich und oberflächlich zu sagen: Es ist nicht so geworden, wie wir es uns vorgestellt haben, und infolgedessen sind wir unzufrieden. Sicher ist vieles anders, aber die Verhältnisse können nicht immer gleichbleiben. Das Leben im Land hätte in jedem Fall unerwartete Formen angenommen, auch wenn die Katastrophe der europäischen Juden nicht eingetreten wäre, die der Zionismus ja immer als das große Menschenreservoir unseres Staates angesehen hatte. Die Millionen von Juden in Osteuropa waren die Kandidaten für die Besiedlung dieses Landes. Daraus ist nichts geworden. Die Deutschen haben unter Hitler das europäische Judentum vernichtet. Als uns am Ende des Zweiten Weltkriegs dieser furchtbare Tatbestand vor Augen trat, reagierte Ben Gurion auf ihn in einem genialen politischen Willensakt. Praktisch sagte er: Die europäischen Juden gibt es nicht mehr, wir müssen ein anderes jüdisches Volk erfinden. Die orientalischen Juden hatte es zwar schon vorher gegeben, aber sie hatten bis dahin in der zionistischen Bewegung nur eine periphere Rolle gespielt. Der Zionismus war die Schöpfung des aschkenasischen, europäischen Judentums gewesen. Nun waren die sephardischen, orientalischen Juden plötzlich die einzige Massenbasis, um das Land zu bevölkern! Klar, daß damit alles anders werden mußte, gesellschaftlich, kulturell, politisch. Und es wird auch weiterhin Veränderungen geben.

HK: Wie sehen Sie die Zukunft des jüdischen Volkes in Israel einerseits, in der Diaspora andererseits?

GSCH: Viele Möglichkeiten sind offen. Heute haben wir eine beträchtliche Auswanderungswelle von jungen Leuten aus Israel. Es ist nicht leicht, hier zu leben, besonders für junge Leute. Sie müssen drei Jahre beim Militär dienen, sie haben dann fortwährend Reservedienst zu leisten, und alle paar Jahre wird ein Krieg geführt, mit vielen Verlusten. Vielen geht das auf die Nerven. Sie spüren, daß die wichtigsten Jahre ihres Lebens vergehen, ohne daß sie sich den Dingen widmen könnten, mit denen sie sich eigentlich beschäftigen wollen, daß sie hier ihre eigene Existenz nicht so aufbauen können, wie sie es anderswo könnten – etwa in Amerika. Es gibt zwar noch eine gewisse Zuwanderung, aber zur Zeit ist sie sehr gering, und niemand weiß, wie sich die Dinge noch entwickeln werden. Manche sagen, und da ist sicher etwas dran: Wenn Israel weniger als zehn Millionen Bürger hat, dann ist unsere Zukunft in Gefahr, in dieser orientalischen Umgebung von hundert Millionen Arabern. Alles ist unsicher. Aber ich persönlich – und alle meine Kinder mit ihren Familien –, wir haben uns für ein Leben in Israel entschieden. Mit allen Risiken, die es nun mal gibt. Ich sehe hier das Zentrum meines Lebens, auch wenn ich jetzt meine Ferien im allgemeinen in der Schweiz verlebe, auch wenn ich öfter nach Deutschland fahre und mir dort Museen ansehe und in Theater und Buchhandlungen gehe. Man ist eben das eine und das andere auch. Bei meinen Kindern ist es anders. Heute würde ich es selbst für unnatürlich halten zu sagen, das deutsche Geistesleben und das, was sich in Deutschland ereignet, interessiert mich nicht, es geht mich nichts an. Es geht mich sehr wohl etwas an. Aber das Zentrum ist hier.

HK: Eine Frage zum Abschluß: Wo liegen Ihrer Meinung nach die Gründe für das Phänomen des Antisemitismus?

GSCH: Es hat immer Antisemitismus gegeben, solange es Juden gibt. Schon bevor es den christlichen Antisemitismus gab, schon in der antiken Welt. Und der hing offenbar damit zusammen, daß sich die Juden, die an sich ein Teil der hellenistischen Welt waren, als einziges Volk programmatisch und ideologisch geweigert haben, sich mit anderen Völkern zu verbrüdern. Das hat sich ganz schlicht darin geäußert, daß Juden mit Nichtjuden nicht zusammen aßen, tranken und Ehen schlossen. Die Römer und die Griechen haben sich mit allen verheiratet. Rom wurde im Lauf der Zeit ein kosmopolitisches, nivellierendes und synkretistisches Staatswesen. Die Juden haben da nicht mitgemacht, und das haben die anderen ihnen übelgenommen. Dazu gehörte auch die Weigerung, sich für die Religion der anderen Völker zu interessieren, die auch Teile der hellenistischen Welt waren. Die Römer haben doch allen Göttern gehuldigt, orientalischen, ägyptischen, griechischen und römischen. Das hat niemanden gestört, während die Juden unbeirrt gesagt haben: Es gibt nur einen Gott, das ist unser Gott, und alles andere ist Götzendienst. Wir waren so wie die Christen im Mittelalter, die alle griechischen und römischen Götter zu Hexen und Teufeln gemacht haben. Diese Haltung haben sie ja von den Juden übernommen: Die anderen haben lauter entsetzliche Gewohnheiten, weshalb man sich von ihnen fernhalten muß. Das hartnäckige Bestehen auf einem einzigen Gott, zu dem allein man beten darf. Dies hat die Juden der antiken Zeit von den anderen abgesetzt.

Der christliche Antisemitismus hat den Juden besonders übelgenommen, daß sie Jesus, der ja ein Jude war, nicht als Messias anerkannt haben. Dann kam einer von den Aposteln auf die geniale Propagandaidee, daß die Juden den Erlöser getötet hätten. Damit waren die Fronten eindeutig definiert. Das war eine gute Basis für den christlichen Antisemitismus der Spätantike. Der Antisemitismus der frühchristlichen Zeit hat wohl auch weitgehend auf Konkurrenz beruht. Denn ursprünglich waren die Christen eine jüdische Sekte. Und diese Urchristen, die Juden waren, wollten, daß alle Juden sich ihrer Form des Judentums anschlossen, das heißt Jesus als Messias akzeptierten. Daß die Juden das nicht taten, haben diese Judenchristen ihnen ungeheuer übelgenommen. Das war die Basis der Judenfeindschaft.

Etwas Ähnliches hat sich übrigens in unserem Jahrhundert abgespielt, in Rußland, zwischen den Kommunisten und den Juden. Denn ursprünglich, in der Anfangszeit des Kommunismus, waren die führenden Kommunisten fast ausschließlich Juden. Die Kommunisten haben damals hauptsächlich die jüdische Jugend als das Reservoir angesehen, aus dem sie Aktivisten rekrutieren konnten. Aber es gab auch antikommunistische und nichtkommunistische jüdische Bewegungen wie den Zionismus und den Bund. Und die Kommunisten haben dem Zionismus und dem Bund übelgenommen, daß er dem Kommunismus aussichtsreiche jugendliche Kandidaten abspenstig machte. Dadurch gab es so eine Art Geburtsfeindschaft zwischen den Kommunisten und den Zionisten, denn für den normalen Kommunisten war vor siebzig Jahren ein Zionist ein abtrünniger Kommunist. Er hätte eigentlich Kommunist sein sollen und hat sich statt dessen diesem idiotischen bürgerlich-reaktionären Nationalismus verschrieben. Später hat Stalin dann die Juden im russischen Kommunismus fast völlig ausgerottet.

Und schließlich gibt es als Ursache des Antisemitismus natürlich noch das Moment der wirtschaftlichen Konkurrenz, das ja für sich allein schon ausreichen kann. Dazu kommt dann noch der generelle Fremdenhaß, den es überall gibt. Es gibt viele Ursachen für den Antisemitismus.

CURT SILBERMAN

Rechtsanwalt, Florham Park. Geb. 1908 in Würzburg

HK: Herr Doktor Silberman, Sie haben Deutschland nach der Kristallnacht 1938 verlassen. Waren Sie bis zuletzt als Rechtsanwalt zugelassen?

CS: In Deutschland war ich zuletzt als Devisenberater für jüdische Auswanderer tätig. Das erforderte eine Lizenz vom Reichswirtschaftsministerium. Diese hat mich berechtigt, die Auswanderer in rechtlichen, wirtschaftlichen und allgemeinen Auswanderungsfragen zu beraten. Seit Ende 1938 lebe ich in den USA, mit Wohnsitz in New Jersey. Nach verschiedenen anderen Tätigkeiten in der Sozialarbeit, insbesondere auch als Direktor des sogenannten Immigrants Service of New Jersey, habe ich noch mal studiert und bin dann im Jahr 1947 wieder als Anwalt in New Jersey zugelassen worden. In den fünfziger Jahren wurde ich auch zur Anwaltschaft am US Supreme Court in Washington D. C. zugelassen. Ich praktiziere noch, spezialisiert auf dem Sektor des internationalen Privatrechts mit gelegentlichen Vorlesungen in meinem Spezialgebiet.

HK: Was haben Sie anschließend gemacht?

CS: Ich war Präsident der American Federation of Jews from Central Europe, der Dachorganisation der aus Deutschland unter Hitler ausgewanderten Juden. Dieses Amt habe ich innegehabt von 1963 bis 1986, als Nachfolger von Rabbiner Dr. Max Gruenewald. Die früheren Präsidenten der American Federation, die ungefähr 1941 gegründet worden ist, waren Prof. Dr. Rudolf Callmann und Prof. Dr. Nathan Stein. Der ursprüngliche Chairman der American Federation war der Bankier Max Warburg.

HK: Welche Aufgabe hatte diese Organisation?

CS: Sie sollte die Adresse und die Plattform der aus Deutschland in die USA ausgewanderten Juden sein. Sie hatte das Recht, Interessen und die Ansprüche dieser Gruppe nach außen hin zu vertreten, am Anfang insbesondere im Interesse der sogenannten »Enemy Alien«. Es galt, der US-Regierung nachzuweisen, daß die aus Hitlerdeutschland geflohenen Juden nicht als »Enemy Aliens« anzusehen waren.

Ende der vierziger, Anfang der fünfziger Jahre bis ungefähr Mitte der sechziger Jahre war es Aufgabe der Föderation, die Entschädigungs- und Wiedergutmachungsrechte der durch das Hitlerregime zu Schaden gekommenen Juden wahrzunehmen und in Zusammenarbeit mit der Claims Conference und auch dem Council of Jews of Germany, der Dachorganisation der aus Deutschland ausgewanderten Juden mit Sitz in London, bei der Gesetzgebung mitzuwirken und dabei die Rechte der Juden zur Geltung zu bringen. Nun lassen sich natürlich, wie die Wiedergutmachungsgesetzgebung auch immer aussehen mag, Folter, Mord und Totschlag nicht wiedergutmachen. Von »Wiedergutmachung« kann also eigentlich gar keine Rede sein. In Wirklichkeit ist der Ausdruck falsch. Auch die Abfindung für die Inhaftierung in den KZs mit einhundertfünfzig DM pro Monat kann man wirklich nicht als Wiedergutmachung bezeichnen. Aber im-

merhin muß man anerkennen, daß das Wiedergutmachungswerk der Bundesrepublik Deutschland eine gute Sache war und Tausenden von Juden, die überlebt haben, eine Existenzmöglichkeit gegeben hat. Auch beim Aufbau des Staates Israel waren die Wiedergutmachungsleistungen von größter Bedeutung.

Wie Sie wissen, ist die Entschädigung eingeleitet worden auf der Haager Konferenz durch eine Vereinbarung zwischen Konrad Adenauer und Nahum Goldmann. Dort hat man dann das Gesetz auf Entschädigung für Schaden an Leib und Leben, Schaden an der Gesundheit, Verlust von Eigentum und Vermögen und Verlust von Beruf konzipiert. Diesem Gesetz sind die von den alliierten Besatzungsmächten erlassenen Nationalrestitutionsgesetze vorausgegangen. In all diesen Rechtsschöpfungen im Interesse der Hitlerverfolgten hat die Föderation mitgewirkt.

HK: Die Juden, speziell in Europa, waren, obwohl sie immer eine Minorität waren, Teil der geistigen Elite Deutschlands. Welche Gründe sehen Sie dafür?

CS: Ob es je eine Symbiose gegeben hat zwischen Deutschen und Juden, ist eine ziemlich akademische Frage. Tatsache ist, daß in den Jahren nach der Französischen Revolution den europäischen Juden die »Emanzipation« gewährt worden ist. Rein rechtlich gesehen, hat dieser Prozeß ja in einzelnen Ländern bis zum Ende des Ersten Weltkriegs angedauert. Die Weimarer Republik war der Zeitraum, in dem die deutschen Juden den größten Beitrag zur Kultur Deutschlands geleistet haben. Angefangen bei der Verfassung von Hugo Preuss, die, weil sie von einem Juden verfaßt worden ist, als Judenverfassung verpönt war. Der kulturelle und wirtschaftliche Beitrag war auf allen Gebieten sehr groß, ob es Wissenschaft, Kunst, Theater, Literatur oder Wirtschaft war. Auf der anderen Seite hat sich die völkische Bewegung entwickelt, die ja mehr oder weniger auf dem Buch von Chamberlain »Die Grundlage des neunzehnten Jahrhunderts« aufgebaut war, ein Bestseller übrigens bis 1933. Zum frühen politischen, religiösen, sozialen und wirtschaftlichen Antisemitismus besonderer deutscher Prägung hat sich der rassische Antisemitismus gesellt. Mit der Machtergreifung Hitlers war der Traum und die Realität der hundertfünfzigjährigen Emanzipation beendet.

HK: Wie hat denn die Diaspora, die Außenseitersituation, besondere Kräfte entfalten können?

CS: Ich möchte vorausschicken, daß das Diasporaleben nicht Ghettoleben bedeutet. Die Diaspora war ein Begriff der Zionisten. Die Zionisten bildeten aber nur einen kleinen Prozentsatz der deutschen Juden. Die meisten deutschen Juden hatten gar nicht das Gefühl, in der Diaspora zu leben, sondern haben geglaubt, vollberechtigte deutsche Staatsbürger jüdischen Glaubens zu sein. Mein Freund Joachim Prinz schrieb 1933, daß man sich mit der Emanzipation getäuscht habe und daß die einzige Möglichkeit, zu überleben und zu existieren, sei, »ja« zum Judentum zu sagen, sich eben zu den Werten zu bekennen, die Hitler zerstören wollte.

HK: Aber wie erklären Sie das hohe Maß an Bildung, das die deutschen Juden eben hatten?

CS: Das möchte ich damit begründen, daß das Volk der Juden von jeher immer das Volk des Buches war. Das hat sich überall die Jahrhunderte hindurch bewiesen. Daß sich die Juden auf das Ghetto beschränken mußten, hat das Bibelstudium zu einer Art Überlebenstraining werden lassen. Hier hat man über talmudische und andere Fragen, auch weltliche, diskutiert und dabei den Geist geschärft. Und so hat sich das Interesse am Buch in allem fortgesetzt. Und der Wunsch der Eltern war gewesen, daß auch die Kinder besessen sind vom Buch. Ich bin der Ansicht, daß eine gewisse Intelligenz, gepaart mit Strebsamkeit und der Notwendigkeit, sich behaupten zu können und besser zu sein als die anderen, dazu geführt hat, daß der Anteil der Juden am intellektuellen Leben in Deutschland weit über dem Durchschnitt lag und daß sich die im Ghettoleben aufgespeicherte Intelligenz nach Aufhebung der Ghettoschranken explosionsartig ausgeweitet hat.

HK: Was bedeuten Ihnen Ihre jüdischen Wurzeln?

CS: Wenn man von außen angefeindet und von Argwohn umgeben ist, geht man in sich selbst. Man besinnt sich auf seine eigenen Wurzeln, um Kraft zu schöpfen. Wenn man seine Identität aufgibt, gibt man sich selbst auf. Die Tatsache, daß man von Haus aus verfolgt wurde, nur weil man Jude ist, hat die Notwendigkeit ergeben, »ja« zu sagen zum Judentum, um sich zu behaupten.

HK: Die Juden haben nunmehr eine geographisch definierbare Heimat. Wie stehen Sie zu Israel als Nationalstaat?

CS: Die Tatsache, daß Israel besteht, ist von großer Bedeutung. Mit dem Bestehen des Staates Israel ist der Jude gewachsen. Man hat den Juden bis dahin ganz anders eingeschätzt. Natürlich war der Jude in Deutschland in der Wirtschaft gewesen, in der Wissenschaft. Daß der Jude aber zu allem fähig ist, selbst Krieg zu führen, und daß er fähig ist, Land zu bebauen und Städte zu errichten, und daß er Zement liefert und Ziegelsteine herstellt und so weiter, das hat der Welt ein anderes Bild vom Juden gegeben. Die Existenz Israels war und ist notwendig für die gesamte Menschheit, deren Gewissen durch Auschwitz belastet ist, und vor allem für die Juden selbst.

HK: Glauben Sie, daß Jüdisch-Sein mit einer ganz besonderen Verpflichtung verbunden ist?

CS: Der Jude war in der Geschichte stets so etwas wie ein Monitor. Er hat immer an das Gewissen der Welt appelliert. Um das sein zu können, muß er selbst die ethischen Voraussetzungen erfüllen. Ich kann das Gewissen der Welt nur aufrütteln, wenn ich selbst ein gutes Gewissen habe, wenn ich selbst die ethischen Voraussetzungen erfülle.

HK: Wie sehen Sie die Zukunft des jüdischen Volkes?

CS: Was mich selbst angeht, habe ich immer an den Zionismus geglaubt. Das jüdische Volk ist eine Schicksalsgemeinschaft, zu der ich gehöre, und eine Schicksalsgemeinschaft, die ich nie verlassen würde, was immer auch geschehen mag. Ich glaube, daß nach Hitler die meisten Juden so denken. Ausgenommen die Opportunisten, die meines Erachtens Menschen sind, die glauben, mit Aufgabe ihrer Identität untertauchen zu können. Als die Synagogen brannten, haben auch diejenigen, die von ihren Synagogen wenig oder keinen Gebrauch gemacht hatten, und die assimilierten Juden erkennen müssen, daß sie alle einer Schicksalsgemeinschaft angehören. Hitler hat eigentlich das Gegenteil von dem erreicht, was er wollte. Er hat erreicht, daß die Juden sich enger miteinander verbunden gefühlt haben als zuvor. Aus Notwendigkeit und aus Überzeugung. Ich hoffe und glaube, daß Israel fortbestehen wird, trotz der stetigen Kämpfe um seine Existenz, umgeben von Feinden und einer Welt, die zu vergessen beginnt, daß ihr schlechtes Gewissen Israels Gründung herbeigeführt hat.

HK: Was bedeutet für Sie Heimat?

CS: Es entsteht ab und zu der böswillige Verdacht, als Jude habe man ja eine doppelte Loyalität, eine gegenüber Israel und eine gegenüber Amerika. Wenn man damit aber meint, das wäre ein unerträglicher Zustand oder mache einen politisch unzuverlässig, irrt man sich. Im sogenannten Pluralismus von Amerika können die Menschen sehr wohl Bürger des Landes und gleichzeitig Mitglied ihrer ethnischen Gruppe sein. Und gerade als Mitglieder ethnischer Gruppen leisten sie ihren besonderen Beitrag für das Ganze. In Amerika ist dies möglich. Wenn ich nun also nach meiner Heimat gefragt werde, sage ich wie der Lateiner: »ubi bene, ibi patria«, wo es mir gutgeht, ist meine Heimat. Als früherer deutscher Jude fühlt man sich in Amerika trotzdem mit der deutschen Kultur verbunden, und obwohl man Bürger der USA ist, kann man sich mit seiner Gruppe identifizieren, auch wenn sie anderswo in einem eigenen Staat lebt. Das tun die Juden ebenso wie die Iren, die Italiener und andere Völkergruppen in Amerika, ohne damit mangelnder Loyalität verdächtigt zu werden. Die Größe Amerikas und die Stärke seiner Demokratie ist letzten Endes das Ergebnis des hier bestehenden Pluralismus.

CURT SIODMAK

Regisseur, Produzent und Autor, Three Rivers. Geb. 1902 in Dresden

HK: Herr Siodmak, denken Sie oft an die Zeit zurück, als Sie Deutschland verlassen haben?

CS: Ich leide an der Vergangenheit, obgleich ich schon zwanzig Jahre länger hier in Amerika lebe als in Deutschland. Solange ich hart arbeiten mußte, hatte ich die Erinnerungen eingesperrt. Da war der Deckel zu. Jetzt, wo ich meinen Unterhalt nicht mehr zu verdienen brauche, ist der Deckel aufgesprungen, und alle Geister kommen heraus. Ich schreibe jetzt darüber. Der Titel ist »Mosaic«, kleine Steine, die sich zu einem Bild formieren. »Mosaic« heißt auch »mosaisch«, jüdischer Glaube, wie es in meiner Geburtsurkunde, die in Dresden ausgestellt wurde, steht.

HK: Die Geister der Vergangenheit!

CS: All das Unglaubliche, das wir durchgemacht haben! Von einem Tag auf den anderen haben mich meine Freunde nicht mehr gekannt ... Wenn sie mich sahen, gingen sie auf die andere Straßenseite. Zwischen 1929 und 1933 habe ich für die UFA gearbeitet und vierzehn Romane veröffentlicht. Plötzlich bekam ich einen Brief von dem »Verband deutscher Schriftsteller«, der mir verbot, in Deutschland zu arbeiten. Meine Frau, Henrietta, die Schweizerin und keine Jüdin ist, hatte es lange vor mir geahnt, was auf uns zukommt, und Deutschland verlassen. Mein letzter deutscher Film war »F. P. I antwortet nicht«, ein Film, der auf meinem Roman beruhte. Aber ich war nun schuldlos ein Paria.

HK: Haben sich auch Ihre engsten Freunde so verhalten?

CS: Alle, obgleich sie keine Nazis waren. Sie waren Opportunisten. Ein typischer Fall ist Martin Stiebing. Er war Assistentredakteur der großen Wochenzeitung »Die Woche« und hat dort meinen ersten Roman untergebracht. Aber plötzlich ist er mit Leuten in schwarzen Naziuniformen aufgekreuzt. Der hatte es gar nicht nötig, »Heil Hitler« zu schreien. Später ist er Chefredakteur der »Woche« geworden. Als der Krieg zu Ende war, erhielt ich eine Postkarte von ihm. Ich antwortete nicht. Dann kam ein Brief von zehn Seiten. Er behauptete, daß er mich damals gesucht hatte. Das war nicht wahr. Ich habe nie von ihm gehört. 1938 hatte er Amerika besucht, wie er schrieb. Wer, glauben Sie, hat ihm diese Reise bezahlt? Ich schrieb ihm einen Antwortbrief, brachte es aber nicht fertig, ihn abzusenden. Mein Bruder Robert aber bestand darauf. Und dann habe ich es leider getan. Mein Brief löste eine Wolke von Briefen aus, von Martin, seiner Frau Eva, ihrer alten Mutter, die ich sehr gern hatte. Diese Briefe sind in dem Magazin »Story« veröffentlicht, unter dem Titel »Epistels to the Germans«, und sind eine exemplarische Erklärung des deutschen Charakters.

HK: Sind Sie damals Ihrer Frau in die Schweiz gefolgt?

CS: Die Grenze war 1933 noch offen. Aber die Deutschschweizer haben ihre Fahne in den Wind gehängt. Sie fürchteten, daß Hitler einmarschieren würde. Plötzlich waren die Juden Luft für sie. Während der Bombenangriffe, als die alliierten Flugzeuge über die Schweiz Deutschland angriffen, durften die Schweizer in die Bunker, aber nicht die Juden! Ich erhielt keine Aufenthaltserlaubnis, obgleich meine Frau Schweizerin und auch in anderen Umständen war. Die Deutschschweizer wären enthusiastische Nazis geworden!

HK: Haben Sie Deutschland nochmals besucht?

CS: Ich durfte nicht in der Schweiz bleiben, und wir hatten kein Geld. Deshalb bin ich 1933 nochmals nach Berlin zurückgegangen, da mir die UFA und »Die Woche« Geld schuldeten.

Ich habe jetzt gerade ein Theaterstück beendet, das »Drei Tage« heißt. Da habe ich mir das, was ich damals erlebt habe, von der Seele geschrieben. Drei schwere Tage meines Lebens ... *Der erste Tag*, im Jahr 1929: Ich war in Berlin, hatte Erfolg mit meinem ersten Roman, und fünf junge Filmaspiranten machten einen Spielfilm: »Menschen am Sonntag«. Mein Bruder Robert führte Regie, Billy Wilder und Fred Zinnemann waren dabei, und Edgar Ulmer: fünf Namen, die später international bekannt wurden. In meinem Theaterstück warten wir auf die Morgenzeitung mit den Kritiken. Plötzlich waren wir alle arriviert. Da brachte Moriz Seeler, der Filmkritiker, seinen jungen Nazifreund mit, der Geld für die Partei sammelte. Das war das Omen ...

Der zweite Tag, 1933: Ich komme aus der Schweiz nach Berlin, um Geld aufzutreiben. Sitze in meiner Wohnung in der Pfalzburgerstraße. Berlin wird dunkel, und die Nazis marschieren mit Fackeln vorbei und singen: »Wenn das Judenblut vom Messer spritzt ...« Was nun? Frage ich mich. Hubert Mühlfriedel von der deutschen Polizei, den ich als technischen Ratgeber bei einem UFA-Film beschäftigt hatte, besucht mich. Er ist seit Jahren Parteimitglied, was niemand weiß. Er arbeitet als Spitzel für die Nazis, fährt in die Schweiz, freundet sich mit deutschen Sozialisten an, die geflohen sind, und verschafft ihnen Pässe, damit sie ihre Familien in Deutschland besuchen können. Alle wurden verhaftet und kamen ins Konzentrationslager ... Mühlfriedel fragt nach meinem Paß und stempelt ihn. Wir fahren noch in der gleichen Nacht in meinem Chrysler zur Schweizer Grenze. Ich gehe zu Fuß über die Grenze, und Mühlfriedel behält meinen Wagen und meine Berliner Wohnung. Ende des zweiten Aktes.

Der dritte Tag, 1985: Ich bin wieder in Berlin, eingeladen von der Stadt. Ein Film von mir wird gezeigt, im gleichen Kino, wo »Menschen am Sonntag« anlief. Billy Wilder besucht mich. Als ich wieder allein bin, erscheinen die Geister der Vergangenheit: Martin, Eva, Moriz Seeler, Mühlfriedel. Alle wurden sie in den Holocaust hineingerissen, und jeder hat seine Erklärungen und Anschuldigungen. Am Schluß kommt ein junger Nazi in mein Hotelzimmer, um wie der Nazi im ersten Akt Geld für eine neue Partei zu sammeln, die mit der Parole wirbt: »Fremde und Türken raus.«

Ich schreibe, um die Gespenster der Vergangenheit zu vertreiben.

HK: Die Schweiz war ja nur die erste Station Ihrer Emigration.

CS: Die erste richtige Station war Frankreich. Aber nicht lange. Meine Frau wollte, daß unser Kind in England zur Welt kommt, und lief mir nach England weg, fast mittellos und ohne die Sprache zu sprechen. Die Einwanderungsbehörden ließen sie hinein, als sie ihnen auf französisch erklärte, daß sie ein englisches Kind haben wollte. Das fanden die Bürokraten einfach überwältigend. Ich folgte ihr natürlich. Mein Sohn wurde in London geboren. Wir waren sehr arm, und er blieb einige Wochen in einer Schule für Kinderschwestern. Henrietta und ich fanden ein Zimmer in einem Haus, das, wie sich herausstellte, ein Puff war. Ich lernte verzweifelt Englisch, da unser Leben davon abhing. Ich war ja Schriftsteller. Schließlich schickte ich Henrietta mit einer französischen Filmgeschichte nach Paris zurück: »La crise est finie.« Mein Bruder Robert drehte diesen Film. Wir hatten nun etwas Geld und konnten unseren Sohn aus dem Waisenhaus zurückholen. Jeden Abend saßen wir, in Dekken eingehüllt, im Kino oder drehten das Radio an, um Englisch zu lernen. Ich klebte die Wände unserer kleinen Mietwohnung mit englischen Worten voll.

Aber ich erhielt keine Arbeitserlaubnis und wurde ausgewiesen. Eine Einreiseerlaubnis für Frankreich hatte ich auch nicht. Neun Tage lang fuhr ich auf einer Fähre zwischen Folkstone und Calais hin und her und konnte nicht an Land gehen. Der Kapitän, Roger Greene, hatte Mitleid mit dem armen Juden, gab ihm eine Kabine und spielte Schach mit ihm. Henrietta durfte nach Frankreich und hat mich schließlich auch hereingebracht. Es war eine grausame Zeit. Rolf, mein jüngerer Bruder, erschoß sich im Park von Versailles in Verzweiflung. Ich schrieb Filmgeschichten, und irgendwann durften wir regulär nach England einreisen und bekamen unseren Sohn zurück, der bei einem Schriftstellerfreund in London untergebracht war. Dann erhielt ich einen Jahresvertrag bei einer englischen Filmfirma, und von da an ging es uns besser.

HK: Wann sind Sie nach Amerika gekommen?

CS: Henrietta, mit ihrem sicheren Instinkt, wollte nach Amerika. Die Luft in Europa roch ihr nicht gut. Sie fühlte den herannahenden Krieg und wollte einen amerikanischen Paß für ihren Sohn. Da sie immer recht hatte, fuhr ich 1937 nach Amerika, zur gleichen Zeit wie Billy Wilder. Ich reiste legal ein, arbeitete bei »Paramount« und schrieb Drehbücher. Hollywoods Schriftsteller hatten damals fast überhaupt keine Rechte. Wir hatten keine Verträge und konnten alle vierundzwanzig Stunden hinausgeworfen werden. Billy Wilder, Charles Brackett, Belgrad, Partos und Dutzende Schriftsteller gründeten die »Screenwriters Guild«, die jetzt neuntausend Mitglieder hat und sich sehr erfolgreich mit den Produzenten herumschlägt. Wilder und ich sind heute die ältesten Mitglieder.

HK: Sie haben in der Emigration Karriere gemacht. Aber viele Emigranten sind im Ausland gescheitert.

CS: Ich kannte viele deutsche Juden, die in Amerika nicht zurechtgekommen sind. Aber ich hatte schon in Deutschland Erfolg. Erfolgslinien setzen sich auch im Ausland fort. Ich glaube, persönlicher Erfolg hat nichts mit dem Land zu tun. Man trägt sein eigenes Schicksal mit sich herum. Natürlich bekommt jede Karriere in der Emigration erst mal einen Knick.

HK: Ich glaube, Sie haben ein Buch darüber geschrieben.

CS: Es heißt »God Has Gone Fishing«. Gott hat einen Laden, an dem ein Zettel hängt, daß er nicht zu Hause ist. Ein Ausländer kommt nach Amerika, wird in alle möglichen Geschichten verwickelt. Am Ende weiß er, was er falsch gemacht hat: Wenn man in ein neues Land kommt, ist es, als ob man noch einmal geboren wird. Erst muß man lernen, was für die Eingeborenen selbstverständlich ist. Erst dann kann man sich wieder an das erinnern, was man früher gelernt hat: die eigene Kultur. Wer glaubt, daß er es besser weiß, geht unter. Nicht viele Emigranten haben gelernt, Englisch zu schreiben. Eine Handvoll vielleicht.

HK: Wenn Sie heute an Deutschland denken, welches Gefühl haben Sie dann?

CS: Sie werden verstehen, daß ich Hitlerdeutschland nicht verehre. Meine Familie wurde ermordet. Mein Onkel Hugo wurde ins Konzentrationslager gesteckt. Im Winter haben sie den Juden mit Wasser bespritzt und ihn in einen Eisblock verwandelt. Wer waren diese Ungeheuer? Mein Jahrgang? Die unschuldigen Kinder, mit denen ich Schlagball spielte? Es ist ein Alptraum.

Die Familie meiner Mutter lebte in Leipzig seit dem fünfzehnten Jahrhundert, als die sephardischen Juden aus Spanien verbannt wurden. Mein Onkel Hugo hatte ein kleines Herrengeschäft. Das waren fleißige Leute, Kleinbürger, patriotisch. Hitler war das Ende dieser alten Familie. Weshalb? Ich habe es nie verstanden, daß sich sogar Kinder in der Schule gegen jüdische Kinder grausam benahmen. Ist das die Seele des Deutschen?

HK: Haben Sie manchmal Sehnsucht nach Ihrem früheren Vaterland?

CS: Sehnsucht? Ich besuche Deutschland gern. Auf unserer letzten Reise waren wir in Fulda. Da steht eine Kirche aus dem neunten Jahrhundert. Zauberhaft! Und die alten Restaurants. Die Deutschen sind freundlich und nicht so gehetzt wie wir in Amerika. Aber meine Frau hat dort drüben kaum ein Wort gesagt. Keine zehn Pferde könnten sie nach Deutschland bringen. Es ist ihr unheimlich, als ob der Hitler unter einer dünnen Schicht von Glasur steckt. Jetzt kommt ein ehemaliger SS-Mann, Franz Schönhuber mit einer rechtsgerichteten Partei. Großer Jubel in Deutschland! Hoffentlich hat Henrietta nicht recht. Die Geschichte lehrt, daß der Mensch nichts aus der Geschichte lernt.

HK: Zwiespältige Gefühle?

CS: Es ist eine Art Haßliebe. Ich habe bei meinen Besuchen Dinge erlebt, die mich an 1932 erinnern. Als wir vor einigen Jahren in Hamburg waren, saßen wir in einer der alten Weinstuben. Wir sprachen Englisch. Da kommt einer herüber an unseren Tisch und spricht Englisch. Ich antworte in Deutsch. »Du sprichst so gut Deutsch«, sagt er. Gleich per du. Ich sage: »Ich bin in Dresden geboren.« Und er: »Warum sprichst du Englisch?« – »Ich lebe in Amerika«, sage ich. Er sagt: »Warum denn? Hat dich Hitler rausgeschmissen? Bist du Jude?« – »Ich bin Jude«, sage ich. Er lacht: »Haben wir dich nicht erwischt?« Das sollte ein Scherz sein. »Mich habt ihr nicht erwischt«, sage ich. »Was machst denn du?« – »Ich bin der Chef der größten Versicherungsgesellschaft hier in Hamburg«, sagt er. »Wieviel Geld verdienst du denn?« frage ich. »Na, so an die achtzigtausend«, sagt er. »Achtzigtausend«, sage ich. »Mensch, wenn du in Amerika wärst, würdest du in so einer Stellung zweihunderttausend Dollar Gehalt haben. Mußt aber jüdisch sein!« Das hat ihm nicht gefallen.

HK: Sind das Déjà-vu-Erlebnisse?

CS: Ich erzähle Ihnen noch eine Geschichte, die Henrietta sehr verstört hat. Wir sind zu einer Museumseröffnung eingeladen. Deutsche einzeln sind nett, nur die Masse ist scheußlich. Auch Amerikaner sind nett, aber als Masse sind sie scheußlich. Der Mob ist immer scheußlich.

Tausend Menschen waren eingeladen, unter ihnen viele Prominente. Da spricht mich so ein Lümmel an, etwa fünfunddreißig, mit Bart und angetrunken. »Wo kommst du denn her?« – »Aus Amerika. Ursprünglich komme ich aus Sachsen.« – »Ich hasse die Sachsen«, sagt er. »Was machst du in Amerika? Bist du Jude?« – »Ja.« – »Ich hasse die Juden«, sagt er. Wie gehabt. Ich bin sicher, der hatte noch nie einen Juden gesehen. Hör mal zu, wollte ich sagen, die Zeit ist vorbei, in der man Lampenschirme aus Menschenhaut gemacht hat. Ich blieb aber stumm, da die Leute, die mich eingeladen hatten, rings um uns herumstanden. Keiner kam mir zu Hilfe. Keiner. Da habe ich Henrietta am Arm genommen, und wir sind weggegangen. Hätte ich Krach geschlagen, hätte es geheißen: Da laden wir den Siodmak ein, und er macht dicke Luft.

HK: Sie haben anscheinend den Eindruck, daß sich in Deutschland nichts geändert hat.

CS: Die deutsche Erziehung scheint noch die alte zu sein. Ich war im »Kaufhof«, hochmodern. Alle Speisen der Welt, wie wir sie nie in Amerika hatten, konnte man kaufen. Da schob eine Amerikanerin einen Einkaufswagen vor sich her, in dem ein kleines Kind saß. Und ein kleiner Junge plärrte: »Das ist verboten!« Mit fünf Jahren hatte er schon gelernt, was verboten ist, und imitierte die Erwachsenen. So geht die deutsche Erziehung los. Und kann bei Schönhuber enden.

HK: Fühlen Sie sich als Amerikaner?

CS: Natürlich, obgleich man als Einwanderer ja niemals ein »Eingeborener« ist. Aber ich könnte nirgendwo in Europa leben.

HK: Was bedeutet Heimat für Sie?

CS: Ubi bene, ibi patria. Wo es einem gutgeht, dort ist das Vaterland. Ich bin Amerikaner wie alle Amerikaner. Genaugenommen sind ja alle Emigranten.

HK: Dann ist Amerika Ihre Heimat geworden?

CS: Henrietta ist hier fest verwurzelt. Sie könnte nirgendwo anders leben. Wenn Sie hier einmal eine Zeitlang gewohnt haben und die große Weite sehen ... Hier kann man atmen, drüben in Europa ist alles klein und eng. Man steigt in Hamburg ins Flugzeug, es hebt ab und geht wieder runter, und schon ist man in München.

HK: Stammen Sie aus einer Familie, in der die jüdische Tradition noch eine große Rolle gespielt hat?

CS: Meine Eltern waren nicht religiös. Als Kind bin ich im jüdischen Glauben erzogen worden, wurde sogar Bar Mizwah. Das war vor dem Ersten Weltkrieg. Damals hielten sich die jüdischen Familien noch an die Traditionen. Übrigens finde ich die jüdischen Feiertage wunderschön.

HK: Und wie haben Sie Ihren Sohn erzogen?

CS: Mein Sohn war ja britischer Staatsbürger. Ich habe ihn in die nächste Kirche getragen und taufen lassen. Ich will von der jüdischen Religion nichts mehr wissen. Sollen doch die anderen mal das auserwählte Volk sein! Meine Frau ist sowieso Christin, und nur wenn ein Kind eine jüdische Mutter hat, ist es Jude. Henrietta ist auch nicht religiös. Mein Sohn, der jetzt fünfundfünfzig ist, war sicherlich niemals mehr in einer Kirche.

HK: Was bedeutet es denn dann noch für Sie, Jude zu sein?

CS: Ich habe einmal einen jüdischen Freund gesprochen und ihn gefragt: Wozu das Ganze? Weshalb glauben die Menschen an Märchen? Wenn ich in Indien geboren wäre, wäre ich Buddhist, in Japan Shintoist, in Italien katholisch. Ist das nicht alles ein primitiver Aberglaube? Und er sagte: Du kannst stolz auf deine Vorfahren sein. Es ist ein großer

Unterschied, ob man Jude oder kein Jude ist. Die Juden sind ein besonderer Stamm. Wenn man einmal dazugehört, gehört man immer dazu, auch wenn man nicht an das Judentum glaubt.

HK: Auch wenn Sie sich taufen lassen würden?

CS: Man kann kein Huhn in einen Fisch verwandeln.

HK: Warum ist denn das Judentum so etwas Besonderes?

CS: Das ist genetisch.

HK: Das klingt nach Rassentheorie.

CS: Die Juden sind eine fünftausend Jahre alte Rasse, älter als die chinesische. In diesen Club können Sie nicht eintreten. Der nimmt niemanden auf. Die Juden haben auch keine Missionare. Nur wer eine jüdische Mutter hat, kann nach Israel einwandern und Staatsbürger werden. Die Mutter bestimmt die Rasse, auch wenn sie fremdgegangen wäre. Mir hat gerade ein Arzt, der Nichtjude ist, vorgeschwärmt, daß die jüdische Medizin nicht nur bis ins Mittelalter, sondern bis auf die zehn Stämme zurückgeht. Er glaubt sogar, daß die Juden zehn Prozent mehr Intelligenz haben als die anderen.

HK: Woher kommt diese Intelligenz? Ist sie auf das Leben in der Diaspora zurückzuführen?

CS: Im Mittelalter herrschte die Kritik über die Universitäten. Man wählte die intelligentesten Kinder aus und ließ sie studieren. Dann mußten sie dem Klerus beitreten und durften nicht heiraten, und ihre Intelligenz wurde nicht forgepflanzt! Während die Juden das intelligenteste Kind als Rabbiner erzogen. Der heiratete das reichste Mädchen im Dorf und machte unzählige Kinder. Seine Intelligenz pflanzte sich fort. Wenn man das jahrhundertelang macht ... Auch durften die Juden kein Land besitzen. In Norwegen galt das Gesetz noch bis 1929, in der Schweiz bis 1890. Deshalb ist für die Juden immer noch die Erziehung das Wichtigste. Alles Geld wurde in die Erziehung der Kinder investiert. Nur so hatte der Jude die Möglichkeit, die Verfolgungen zu überleben. Deshalb sind so viele Juden Rechtsanwälte und Ärzte. Wer am Leben bleiben will, muß intelligenter sein als die anderen. Als ich 1937 nach Amerika kam, hatten die Universitäten noch einen Numerus clausus. Nur vier Prozent Juden wurden in den verschiedenen Fächern zugelassen. Das hat sich erst nach dem Zweiten Weltkrieg geandert.

HK: Die jüdische Intelligenz kommt also nicht aus den Genen.

CS: Doch, auch. Wenn Sie sich die Weltgeschichte anschauen: Alle großen Ideen kamen von den Juden und den Engländern, die glauben, daß sie der verlorengegangene zehnte jüdische Stamm sind. Bei den Juden gab es zum ersten Mal den unsichtbaren Gott. Ich habe mich gefragt, weshalb der jüdische Gott unsichtbar ist. Ganz einfach: Die Juden mußten das schwere Goldene Kalb mitschleppen. Da haben sie sich gesagt: Wenn der Gott unsichtbar wäre, brauchten wir uns nicht mehr mit diesem Ding abzuschleppen. Also haben sie den unsichtbaren Gott erfunden. Das ist natürlich ein Witz. Außerdem haben sie die Zehn Gebote erfunden. Aus reinem Selbsterhaltungstrieb: Schlag mich nicht tot, stiehl mir nichts, schlaf nicht mit meiner Frau ...

HK: Bis zur Atombombe.

CS: Das war keine sehr gute Idee. Aber Einstein, Fermi, Oppenheimer und Teller waren Juden. Die Atombome war eine jüdische Erfindung. Deshalb wollte Hitler sie nicht haben. Und deshalb hat er den Krieg verloren. Er wollte mit den Juden nichts zu tun haben. Da hat sich der alte jüdische Gott ganz schön eingemischt!

HK: Die gläubigen Juden erwarten ja, daß der Messias kommt. Was, glauben Sie, würde geschehen, wenn der Messias wirklich käme?

CS: Hier sehen Sie den Unterschied zwischen Christen und Juden. Für die Christen ist der Messias schon erschienen. Vielleicht kommt er noch einmal, aber er ist schon dagewesen. Und wer würde ihm glauben, wenn er käme? Die Juden wissen ganz genau, daß der Messias nicht kommen kann. Somit würde ihre Religion und damit ihre Zukunft verschwinden.

Es gab schon viele Propheten, die behauptet haben, der Messias zu sein. Es ist ein genialer Einfall der Juden, ewig auf den Messias zu warten. Vielleicht war Hitler der Messias? Er hat ja die Juden ins Heilige Land zurückgeführt. Wo steht denn geschrieben, daß der Messias ein guter Mensch ist?

HK: Ist das der wesentliche Unterschied zwischen Christentum und Judentum?

CS: Für die christliche Religion ist die Bibel ein abgeschlossenes Buch. Für die Juden ist sie ein Buch, das niemals abgeschlossen werden kann. Es hat ein offenes Ende. Deshalb geht die jüdische Religion dort weiter, wo die christliche aufhört. Da sich die Sitten ändern, ändert sich auch die Auslegung des gedruckten Wortes.

HK: Hat hier der Antisemitismus seinen Ursprung?

CS: Christus sagt: Das Reich Gottes wird noch zu unseren Lebzeiten kommen. Petrus hat seine jüdischen Anhänger um sich geschart und seine Kirche gegründet, die auf das Reich Gottes wartete. Das kam aber nicht. Da wurde die Kirche das Reich

Gottes. Die Juden haben nicht an Christus geglaubt, und deshalb sind sie Antichristen. Der Antichrist ist der Teufel. So ist der Antisemitismus, glaube ich, entstanden. Nachdem die Kirche die Juden zweitausend Jahre lang gequält hat, hat der Papst den Juden vergeben! In Wahrheit kann die christliche Kirche ohne den Antisemitismus nicht existieren. Wen sonst könnte sie hassen? Die Mohammedaner? Die Buddhisten? Nein, sie braucht die Juden. Wenn die Juden als Feindbild wegfallen, zerfällt die christliche Religion in Sekten. In Los Angeles haben wir bereits zweiundfünfzig protestantische Religionen.

HK: Gibt es auch in Amerika einen unterschwelligen Antisemitismus?

CS: Aber natürlich. Der Los Angeles Tennisclub nimmt keine Juden auf. Die Chrysler Company beschäftigt keine Juden.

HK: Leiden Sie darunter?

CS: Ich? Überhaupt nicht. Ich will gar nicht dabeisein. Wir sind alle Einzelgänger oder bilden uns ein, Einzelgänger zu sein. Außerdem haben die Juden hier auch ihren exklusiven Golfclub, und manchmal machen sie einen Christen zum Ehrenjuden.

HK: Hat sich mit der Gründung des Staates Israel die Lage der Juden nicht grundsätzlich verändert?

CS: Ich war zweimal in Israel. Es ist ein sehr interessantes Land. Aber es hat nicht ausschließlich mit den Juden zu tun. Die ganze Weltgeschichte hat sich in diesem kleinen Stück Wüste abgespielt. Man spürt, daß man auf uraltem Boden steht.

HK: Werden die Juden in der Welt mit anderen Augen gesehen, seitdem sie gewissermaßen nicht mehr heimatlos sind?

CS: Da kann ich Ihnen eine komische Geschichte erzählen. Während des Siebentagekrieges war mein Bruder Robert in Hamburg. Er saß in einem Taxi, und im Radio kamen gerade die Nachrichten. Da drehte sich der Taxifahrer um und sagte: »Hören Sie mal, wie unsere Juden kämpfen! Ist das nicht wunderbar?« Das heißt, wenn sich die Menschen totschlagen, bewundert man sie. Die Deutschen sind dermaßen verdrossen, weil sie keine Kriege mehr führen können. Mit wem sollen sie denn auch? Mit den Franzosen? Den Schweizern? Das machen heute unsere Juden viel besser. Ich glaube, daß der Krieg den Männern so wichtig ist wie die Schwangerschaft den Frauen.

HK: In der Geschichte waren die Juden fast immer die Verfolgten, und jetzt sind sie das erste Mal eine Besatzungsmacht.

CS: Israel ist doch die einzige Demokratie im Nahen Osten. Praktisch der einundfünfzigste Staat der USA, umzingelt von dieser arabischen Bande. Sie dürfen nicht vergessen, daß das Land, wo die Juden leben, nur ein Prozent des ungeheuer großen arabischen Gebietes ist. Die brauchen dieses kleine Palästina doch gar nicht. Und sie schlagen sich gegenseitig tot. Die Tschechen haben zweieinhalb Millionen Sudetendeutsche rausgeschmissen. Die Polen haben drei Millionen vertrieben und sich das Land der Kreuzritter, die dort tausend Jahre gelebt haben, einverleibt. Drei Millionen Pakistani sind aus Indien geflohen, und die Inder besitzen jetzt ihr Land. Wer spricht davon? Niemand.

HK: Plädieren Sie für eine unnachgiebige Haltung Israels?

CS: Ich würde den Arabern nicht einen Zentimeter Land geben. Außerdem ist Palästina selbst schon ein künstliches Gebilde. Der Erste Weltkrieg hat die Türkei zerschlagen, und die Engländer haben Palästina und Jordanien gegründet. Palästina gab es vorher gar nicht in der Weltgeschichte.

HK: Welches Gefühl ist es für Sie, in Israel zu sein?

CS: Es ist wie Berlin in der Nachkriegszeit mit den Kommunisten ringsherum. Das gleiche Gefühl haben Sie in Israel. Sie sind im Mittelpunkt des Geschehens. Die ganze Weltpresse kümmert sich kaum, wenn die Syrer Tausende Araber totschlagen. Aber wenn ein Araber in Israel bei einem Bombenanschlag die Beine verliert, ist das die Schlagzeile. Die Welt verlangt von den Juden eine besondere Ethik, die sie selber nicht hat.

HK: Glauben Sie, daß Israel ein Land ist, in dem es noch auf den einzelnen ankommt?

CS: Ja, genau. Und die jungen Israelis können nicht verstehen, daß sich die Juden nicht gegen die Nazis gewehrt haben. Das ist ein ganz anderer Menschenschlag. Gutaussehend, durchtrainiert, jeder hat ein Gewehr. Ich habe dort junge Männer und Mädchen mit Zigaretten im Mund und Maschinengewehren im Arm fotografiert. Stellen Sie sich vor, in amerikanischen Städten würden die Leute mit Maschinengewehren durch die Straßen flanieren.

HK: In Israel ist das ganz normal.

CS: Jeder Israeli muß einmal im Monat Wache stehen, sogar die Parlamentsmitglieder, Männer wie Frauen. Da sitzen zum Beispiel alte Leute vor den Schulen oder vor dem Hilton Hotel mit ihren Waffen und halten Wache. Und ich wette, die wissen auch, wie man schießt.

HK: Ist das die alte jüdische Solidarität?

CS: Die Bedrohung hält sie zusammen. Wenn diese Gefahr eines Tages weicht, schlagen sich die Juden gegenseitig tot.

HK: Wie sehen Sie die Zukunft Israels?

CS: Pessimistisch. Der Einfluß der intelligenten eingewanderten europäischen Juden schwindet. Sie sterben aus. Ich habe meinen Bruder in Israel besucht. Sein Sohn spricht nur Hebräisch und Arabisch. Ich konnte mich nicht mit ihm verständigen, auch nicht in Deutsch, das sein Vater zu Hause spricht. Die jungen Leute haben die Lebensart des Nahen Ostens angenommen. Sie kommen mir schon wie junge Araber vor. Jetzt kommt noch der Einfluß der russischen Juden, denen es aber in Rußland besser gefallen hat. Bald werden die Juden aus dem Jemen und aus Marokko dominieren. Es wandern sogar schwarze Juden von Äthiopien ein. Dort gibt es auch jüdische Stämme. Die Israelis nennen sich Juden, sind aber von der arabischen Kultur schon so beeinflußt, daß von dem europäischen Judentum bald nichts mehr übrigbleiben wird. Dann sind sie ein typisches Volk des Nahen Ostens.

HK: Das Judentum hat einen langen Weg hinter sich und hat sich immer wieder erneuert.

CS: Es wird immer Juden geben. Aber wenn die Amerikaner eines Tages die Juden nicht mehr unterstützen, was dann? Dann werden die Juden in Israel, die zur Minderheit werden, von den Arabern aufgesogen. Die Araber bekommen zehnmal mehr Kinder. Die Juden selbst haben nicht genug Nachwuchs, und die Emigration stagniert. Viele Juden verlassen Israel.

HK: Und welche Zukunft haben die Juden in der Diaspora?

CS: Die sterben doch auch aus. Natürlich. Wo gibt es die denn noch?

HK: In Los Angeles und auch in New York leben zum Beispiel sehr viele Juden.

CS: Auf der ganzen Welt gibt es nur zwölf Millionen Juden. Sie machen nicht einmal ein Drittel Prozent der Weltpopulation aus. Außerdem gründet sich das amerikanische Judentum nur noch auf Geld. Das ist doch keine Religion mehr. Nicht besser als die katholische Kirche, die ein Drittel des amerikanischen Bodens in den Städten besitzt. Daher glaube ich, daß das Judentum, wie ich es in meiner Jugend kannte, die nächsten fünfzig Jahre nicht überleben wird.

HK: Sie sind wirklich sehr pessimistisch.

CS: Wundert Sie das?

HK: Steht hinter dem Pessimismus die Verzweiflung an Gott? Viele Juden fragen sich ja: Was ist das für ein Gott, der Auschwitz zugelassen hat und uns seit Tausenden von Jahren das Leben so schwermacht?

CS: Mit Gott können Sie das nicht erklären. Wie viele anständige Menschen gibt es auf der Welt? Die Deutschen haben doch letztlich alle mitgemacht. Oder sich einfach nicht darum gekümmert, was um sie herum geschehen ist.

HK: Und die Menschen tragen selbst die Schuld, nicht Gott.

CS: Wenn man an Gott glaubt, kann man ihm die Schuld geben und ist selbst nicht verantwortlich. Das ist der Vorteil der Religion. Gott ist der Prügelknabe für die Menschen, die die Wahrheit ihrer Schuld nicht verkraften können. Die Frommen kann nichts erschüttern, da sie die Verantwortung auf Gott übertragen. Ich kannte einen Mann, dem das Schicksal übel mitgespielt hat. Ich fragte ihn: Wenn du vor die Wahl gestellt würdest, entweder deinem Glauben an Jesus Christus abzuschwören oder deine Kinder zu opfern, was würdest du tun? Und er hat geantwortet: Natürlich würde ich meine Kinder opfern. Wie in der Bibel. Gott ist immer noch der alte Donnergott, der alte Wotan. Er stammt aus der Steinzeit. Ich wundere mich immer wieder, daß intelligente Menschen an diese Märchen glauben.

HK: Und was setzen Sie an Stelle des Glaubens?

CS: Sie meinen, wer die Welt erschaffen hat? Das werden wir nie wissen. Wer kann begreifen, daß in einer Zelle sämtliche Erbanlagen gespeichert sind? Wir verstehen doch kaum ein halbes Prozent von dem, was in der Natur vor sich geht. Wir fragen vergeblich danach, was vor dem Anfang war und nach dem Ende kommt. Anders gesagt, wir sind auf die Vorstellung fixiert, daß alles einen Anfang und ein Ende haben muß. Wir finden uns nur in einer dreidimensionalen Welt zurecht. Wir werden niemals verstehen, was »unendlich« heißt. Trotzdem bilden wir uns ein, daß das, was wir nicht wissen, von einer höheren Macht kommen muß. Wir wollen nicht zugeben, daß unser Gehirn inferior ist. Die Arroganz des Menschen ist grenzenlos.

HK: Und Ihre eigene Haltung? Ist das Zynismus oder Bescheidenheit?

CS: Wir sollten endlich zugeben, daß alle unsere Vorstellungen von der Welt beschränkt sind. Aber statt dessen täuschen wir uns mit Religion und Philosophie über unsere Ahnungslosigkeit hinweg. In manchen Dingen sind sogar die Kühe klüger als wir. Die Kühe riechen Wasser auf Kilometer. Die Kühe finden es, ich finde es nicht. Die Kühe können sich selbst ernähren, im Gegensatz zu mir. Die

Kühe haben sich den Gesetzen der Welt angepaßt. Wir haben das Gleichgewicht nicht gefunden. Intelligenz ist die Fähigkeit, sich einzufügen und am Leben zu bleiben. Aber wir sind nicht demütig genug, uns der Natur einzufügen. Wir zerstören sie und am Ende uns selbst. Aber der Mensch ist für die Natur nicht notwendig. Dieser Planet wird um die Sonne für Milliarden von Jahren kreisen, wenn die menschliche Rasse vergessen ist.

SIR GEORG SOLTI

Dirigent. Geb. 1912 in Budapest, gest. 1997 in Antibes

HK: Herr Solti, Max Born hat einmal gesagt: Bei manchen hatte die Katastrophe auch ihr Gutes. Denn für einen Menschen gibt es nichts Heilsameres und Erfrischenderes, als entwurzelt zu werden und in völlig anderer Umgebung neu Wurzeln zu schlagen.

GS: Das ist ein sehr kluger Satz. Ich glaube das auch. Auf mich trifft es jedenfalls zu. Ich war früher ein zweihundertprozentiger Ungar, mit all seinen Attributen, und wenn ich geblieben wäre, wäre ich es wahrscheinlich heute noch. Ich wäre weniger kosmopolitisch, vielleicht weniger intelligent. Ich habe ein paarmal gesagt, daß auf eine schreckliche Weise Hitler mein Segen war. Ich wäre wahrscheinlich heute ein etablierter ungarischer Dirigent ohne wirkliche internationale Erfahrung und Anerkennung.

HK: Das hört sich aberwitzig an.

GS: Es ist grausam zu sagen, daß Hitler mein Wohltäter war. Einer der schrecklichsten Sätze, die man sagen kann, wenn man denkt, wie viele Menschen gestorben sind für diesen Satz! Aber ich muß wirklich auserwählt gewesen sein. Schauen Sie, daß ich vierzehn Tage vor Kriegsausbruch aus Ungarn herausgekommen bin, das ist ein solches Glück, ein ungeheures Glück! Und daß ich in die Schweiz gegangen bin und nicht weiß Gott wohin, das hat mir wahrscheinlich das Leben gerettet. Sehr wahrscheinlich.

HK: Warum ist England jetzt Ihr selbstverständliches Zuhause geworden? Weil Sie hier mit offenen Armen aufgenommen worden sind?

GS: Mit offenen Armen aufgenommen worden bin ich auch in Deutschland, als ich 1946 aus der Schweiz nach München kam – als einer der ersten Juden übrigens. Mit offenen Armen und offenen Türen. Nein, das Wichtigste ist etwas anderes. Hier in England habe ich damals eine neue Familie gegründet. Zwei Kinder sind hier geboren und aufgewachsen. Für einen Heimatlosen, wie ich es geworden bin, ist das das entscheidende Kriterium: Ich bin da zu Hause, wo meine Familie ist. Aber es gibt noch einen anderen Grund. Die angelsächsischen Länder sind für mich doch eine musikalisch viel offenere Landschaft als Mitteleuropa.

Direkt nach dem Krieg, als ich nach Budapest zurückwollte, habe ich noch eine regelrechte Abfuhr bekommen: Ich solle nicht zurückkommen, man brauche mich nicht. Dieses Verhältnis hat sich übrigens in letzter Zeit sehr gebessert. Ich habe jetzt sogar ein Stipendium in Ungarn eingerichtet – als eine späte Dankbarkeitsgeste für meine musikalische Erziehung am Budapester Konservatorium, das vielleicht immer noch eines der besten in der Welt ist. Ich war dann also in Deutschland, in München und später in Frankfurt. Aber auf die Dauer wurde es mir dort zu eng. Und als das Angebot von Covent Garden kam, habe ich es kurzentschlossen angenommen. Es kam mir wie eine logische Weiterentwicklung vor – genauso wie später Chicago, wo ich noch immer bin. Und daß diese Entscheidungen, etwas Neues zu beginnen, richtig waren, das hat sich im nachhinein immer herausgestellt. Also, meine Arbeitsheimat ist Chicago, und meine Lebensheimat ist hier in London.

HK: Glauben Sie, daß es so etwas wie Vorbestimmung gibt, ein Schicksal, das einen führt?

GS: Ich habe einen Schutzengel. Das ist gar keine Frage. Der hat mich mein ganzes Leben lang geleitet – manchmal gegen meine Wünsche. Sie können sich denken, daß ich damit nicht sagen will, man solle sich hinsetzen und ganz genügsam abwarten, was einem das Schicksal bringt. Das tue ich nicht, das habe ich nie getan. Ich habe immer gearbeitet.

HK: Würden Sie sagen, daß Sie ein religiöser Mensch sind?

GS: Ich bin ein tiefreligiöser Mensch, aber nicht in dem Sinne, daß ich in die Synagoge gehe – das tue ich nie. Ich kann Religion nur in mir selbst suchen, allein. Ich kann nicht mit anderen zusammen beten! Das war schon so, als ich noch ein kleiner Junge war, in Budapest. Mein Vater war ein sehr religiöser Mann. Er hätte es sehr gerne gesehen, wenn

ich Freitag abends, Samstag morgens mit ihm in die Synagoge gegangen wäre, und es hat meinen lieben Vater immer furchtbar geärgert, daß sein geliebter Sohn nicht mitkommen wollte. Ich bin einige Male mitgegangen, aber gleich wieder gegangen. Es hat mich wahnsinnig gestört, daß die Leute dort reden und allerlei Dinge tun. Mein Vater hat mir erklärt: »Für einen Juden ist eine Synagoge sein Zuhause.« Da ist er zu Hause, da macht er alles. Aber ich bin immer davongelaufen, bis zum heutigen Tage. Ich muß allein sein.

HK: Gibt es auf einer anderen Ebene als der religiösen etwas, das Sie mit der Tradition des Judentums verbindet?

GS: Das könnte ein anderer vielleicht besser analysieren als ich selbst. Mein musikalisches Talent kommt sicher aus der jüdischen Tradition, natürlich auch aus der ungarischen. Das ist ja in der Musik immer eine sehr fruchtbare Mischung gewesen – was die reproduzierende Musik angeht. vielleicht sogar die fruchtbarste überhaupt. Denken Sie nur – unter meinen Kollegen – an Reiner, Szell, Ormandy, Dorati, vielleicht auch an mich selbst. So viele Dirigenten aus einem Volk von zehn Millionen Menschen allein in den letzten fünfzig Jahren! Diese ungarisch-jüdische Mischung – wie übrigens auch die deutsch-jüdische – hat in der Musik wirklich viel Großartiges geschaffen. Allerdings gibt es kaum jüdische Komponisten. Warum, weiß ich nicht.

Hier könnte ich sagen: Hier liegt mein Judentum. Sonst aber nirgends! Die schlechten Eigenschaften der Menschen stören mich, bei den Juden ebenso wie bei den Christen oder den Mohammedanern. Ich glaube nicht an die Besonderheit der Juden, daran, daß sie besser geartet seien als andere. Es gibt gute und schlechte Menschen, taktlose und taktvolle, solche, die sich böse, und solche, die sich richtig verhalten und gütig sind. Und all das hat nichts mit Religion zu tun.

HK: Hat die Frage, wie Sie selbst im Judentum verwurzelt sind, überhaupt eine Bedeutung für Sie?

GS: Man könnte wohl sagen, daß meine Persönlichkeit auf irgendeine Weise von meinem Talent geprägt ist und daß mein Talent ja auch auf irgendeine Weise vom Judentum geprägt ist. Daß ich international lebe und Kosmopolit bin, hat aber nichts mit dem Judentum zu tun, sondern mit meinem Schicksal. Daß ich dieses Schicksal hatte, hat freilich wiederum damit zu tun, daß ich Jude bin. Aber wie das alles zusammenhängt, weiß ich nicht. Vielleicht müßten Sie jemand Gescheiteren als mich fragen. Mich interessiert es letztlich auch nicht.

Ich habe nie untersucht, warum ich begabt bin, warum ich vielleicht begabter bin als andere. Ich weiß nur, daß ich für meine Begabung viel gearbeitet habe. Zugeflogen ist mir nichts. Das Talent, ja. Damit wird man geboren oder nicht. Aber was man daraus macht, hat nichts mehr mit Glück zu tun. Die wirklich Begabten kämpfen für ihre Begabung. Untergehen tun nur die Schwachen.

HK: Abgesehen davon, daß Musik Ihre Arbeit ist – was bedeutet Ihnen Musik? Was Sie über Ihre Religion gesagt haben, hat mich an mein Gespräch mit Victor Weisskopf erinnert. Er sagte, für ihn sei Musik wie die Matthäuspassion von Bach eine religiöse Erziehung – eine bessere als jede formale.

GS: Ich bin sehr froh, daß Sie das fragen. Die Matthäuspassion ist mein Lieblingsstück, und ich finde, sie ist das schönste human-religiöse Dokument, das je ein Mensch geschaffen hat. Wenn ich sie höre oder dirigiere, und die Aufführung ist gelungen, dann habe ich nachher das Gefühl, religiöser und menschlicher geworden zu sein. Ich bin froh, daß ich da einen Gesinnungsgenossen gefunden habe. Das »Deutsche Requiem« von Brahms ist ein anderes solches Stück, bei dem man tiefe religiöse Gefühle haben kann: von einem Abschied von diesem Leben, von einem Zurückgehen in den Tod. Das ist wunderschön. Ob man es anhört oder dirigiert, das kommt ganz auf dasselbe heraus. Wenn ich ein Stück allerdings studiere, weil ich es für meine Arbeit brauche, ist das selten ein Vergnügen. Das ist harte Arbeit. Man analysiert ununterbrochen.

HK: Sie haben fast alle Wagner-Stücke auf Platte eingespielt. Was interessiert Sie an dieser Musik besonders?

GS: Ich habe viel Wagner aufgenommen, aber er nimmt bei mir keine Sonderstellung ein. Ich habe eben alle großen Stücke der Musikliteratur aufgenommen – und da gehört Wagner dazu. Beethoven, Brahms, Bach, Mozart, Haydn, Bruckner, Mahler. Ich habe alle dirigiert, ich bin kein Spezialist. Wenn Sie meine Lieblingskinder nennen wollen – das sind Bach und Mozart, nicht Wagner. Das war früher anders. Ich habe Wagner einmal sehr geliebt, schon als kleiner Junge von sechs, sieben Jahren. Man ändert seinen musikalischen Geschmack im Lauf der Zeit immer wieder. Auch innerhalb der zehn Wagner-Opern verändern sich die Vorlieben. Zum Beispiel habe ich heute eine viel stärkere Beziehung zum »Tristan« als früher.

HK: Von Wagner sind viele antisemitische Äußerungen überliefert.

GS: Ja, das ist wahr. Wenn ich mich auf die Wagnerische Philosophie einlassen würde, könnte ich seine Musik vielleicht nicht dirigieren. Ich habe immer versucht, den Komponisten und den Menschen auseinanderzuhalten, und das tue ich heute noch. Sie werden übrigens bei sehr wenigen Komponisten finden, daß sie menschlich auf derselben Ebene stehen wie musikalisch. Beethoven war sicher ein sehr schwieriger Herr, mit seinem Verfolgungswahn und all seinen Neurosen. Mahler war paranoid. Muß man das wissen? Seien wir froh, daß die großen Stücke geschrieben worden sind. Ob ein Komponist kriminell war oder, wie im Fall Wagner, politisch mißbraucht wurde, kriminell benutzt, das ist für mich belanglos. Sie haben etwas geschaffen und hinterlassen, das so vielen und für alle Zeit Freude macht. Alles andere interessiert mich nicht. Natürlich können Sie fragen: Warum haben die Nazis nicht Bach, Mozart oder Haydn benutzt? Weil man es nicht konnte! Das ist schon richtig. Aber soll man sich von Hitlers musikalischem Geschmack abhängig machen? Hitlers Lieblingsstück waren Wagners »Meistersinger« und die »Lustige Witwe« von Lehár. Daran können Sie sehen, was für eine musikalische Intelligenz er hatte: gar keine. Sie können, das ist ohne Zweifel möglich, in den »Meistersingern« ein deutschnationales Pathos finden, den Siegfried können Sie als die Verkörperung des Machtmenschen sehen – und Sie können mich dann fragen: Warum dirigieren Sie das dann? Das bin ich oft gefragt worden: Wie kann ein Jude so etwas dirigieren?

Weil ich es nicht wissen will! Ich will auch nicht wissen, was Wagner als Schriftsteller geschrieben hat! Ich spiel' den blinden Mann, aber nicht den tauben. Ich wäre viel ärmer, wenn ich diese Musik nicht kennen würde. Ich würde viel ärmer sterben, wenn ich diese großen Stücke nicht dirigiert hätte. Ich bin, wenn Sie so wollen, ein Nutznießer. Ich benütze Herrn Wagner für meine musikalische Erziehung und mein Vergnügen.

HK: In einem Interview haben Sie einmal gesagt, ein guter Dirigent sei wie ein Kinderarzt, weil man eigentlich mit nervenkranken Kindern arbeite.

GS: Die Musiker, vor allem die Solisten, sind in der Situation, daß sie jeden Abend buchstäblich ihre Haut zu Markte tragen müssen. Natürlich muß man mit ihnen gut und geschickt arbeiten.

HK: Sie gelten aber als Dirigent als relativ autoritär. Am Anfang Ihrer Zeit in London hat man Sie den »preußischen General« genannt.

GS: Ja. Weil sie daran nicht gewöhnt waren, daß man Disziplin verlangt in der Musik. Ich habe Disziplin sehr gern. Ich verlange Musikdisziplin.

HK: Muß man auch einigermaßen autoritär sein, um einem Orchester sozusagen den Stempel oder die Vorstellung der Musik aufzudrücken?

GS: Die Autorität kommt aber natürlich nicht vom Schreien oder von der Position, sondern ausschließlich von Ihrem Talent und davon, daß die Musiker anerkennen, daß Sie gut sind. Das ist der einzige Weg, sich Autorität zu verschaffen. Ein junger Dirigent hat dazu noch Schwierigkeiten, weil junge Dirigenten bei einem Orchester nicht beliebt sind. Sie sind Eindringlinge. Ältere haben diese Schwierigkeiten nicht mehr. Sie müssen jede Minute beweisen und die Musiker davon überzeugen können, daß es richtig ist, was Sie tun und was Sie verlangen. Aber Autorität haben Sie nur von Ihrem Können her. Sie müssen nicht im Kopfstand Geige spielen können, Sie müssen aber beweisen, daß Sie wesentliche und gute Sachen von den Musikern verlangen, mit denen sie wachsen können und wodurch etwas Neues entsteht. All das begründet autoritäres Dirigieren. Das Allerwichtigste ist die Vorstellungskraft – daß Sie, wenn Sie dort stehen, nicht experimentieren, nicht sagen: Vielleicht ja, machen wir es doch mal so, und dann machen wir es vielleicht doch lieber anders ... Das können Sie einmal im Jahr tun, aber nicht öfter. Musiker wollen nicht, daß Dirigenten auf ihre Kosten herumexperimentieren.

HK: Gibt es für Sie so etwas wie den Ausdruck des Bösen in der Welt?

GS: Intoleranz! Ich finde, das ist eine der schlimmsten Eigenschaften des Menschen. Es kann mich wahnsinnig machen, daß es das im zwanzigsten Jahrhundert immer noch gibt. Polizeistaat, Diktatur, letztlich auch der Hunger, alle diese Übel unseres Jahrhunderts kommen von der Intoleranz. Ich habe mir vorgenommen, bis ans Ende meines Lebens zu versuchen, die Menschen zu verstehen. Warum sie tun, was sie tun. Intoleranz hat sehr viel für mich mit Erziehung zu tun, mit einem Mangel an Erziehung. Deshalb ist Erziehung eines der wichtigsten Dinge im Leben. Vorhin haben Sie mich gefragt, warum England meine Lieblingsheimat ist, auch jetzt noch, da ja Chicago zu meiner Arbeitsheimat geworden ist. Weil ich meine Kinder nicht in Amerika erziehen lassen wollte! Ich glaube, daß die englische Erziehung immer noch die beste ist. Daß die Kinder hier eine humanistischere, eine rundere, eine bessere Erziehung bekommen und in England Toleranz in hohen Maßen existiert.

HK: Können Sie sich vorstellen, daß so etwas wie in Auschwitz noch einmal geschieht?

GS: Ja, leider kann ich mir das vorstellen. Es muß ja nicht in Deutschland, in Europa sein. Es kann auch in Asien oder Afrika passieren – dort leben die meisten Menschen, und dort fallen nicht, wie zur Zeit in Europa, die Grenzen. Daß die Intoleranz der Menschen noch einmal zu einer solchen Situation führt, daß Millionen umgebracht werden für das, was sie sind, ihrer Rasse oder ihrer Religion wegen – ich hoffe das Beste, aber vorstellen kann ich es mir. Auch in Deutschland. Ich hoffe, ich lebe nicht so lange.

FRITZ STERN

Historiker, New York. Geb. 1926 in Breslau (Wroclaw)

HK: Herr Professor Stern, Sie sind ein »getaufter Jude«. Ist das nicht eigentlich ein Widerspruch in sich selbst?

FS: Ich war ein drei Monate altes Kind, als ich getauft wurde, das heißt, ich war ganz gewiß nicht dafür verantwortlich. Aber ich kann es historisch verstehen. Ich habe acht jüdische Urgroßeltern, drei jüdische Großeltern und einen getauften Großvater. Meine Eltern wurden beide getauft. Also komplizierte Verhältnisse. Ich war sieben, als Hitler an die Macht kam, und bis dahin war die Einstellung in meiner Familie, ich sage das jetzt ohne Vorurteil, mehr traditionell deutsch. Weihnachten wurde gefeiert mit Weihnachtsbaum, jüdische Feiertage wurden nicht gefeiert. Das jüdische Bewußtsein kam 1933/34 und wurde dann immer stärker. Von diesem Zeitpunkt an war mir das Getauftsein problematisch. Aber ich habe mich mit diesem Problem abgefunden. Jemand hat mich mal als einen jüdischen Heiden bezeichnet. Und daran mag etwas wahr sein.

HK: Hat Ihr Getauftsein jetzt noch eine Bedeutung für Sie?

FS: Mal mehr, mal weniger. Es gab Zeiten, in denen ich mich jüdischer gefühlt habe als zu anderen Zeiten. Aus den verschiedensten Gründen ist jetzt wieder eine Zeit, wo ich mir sehr wenig Gedanken darüber mache. Ich bin Jude, obwohl ich immer noch das Gefühl habe, ich müßte mich deswegen mit meinen Eltern und Großeltern noch auseinandersetzen, besonders mit meiner Mutter. Für sie war die christliche Religion etwas tief Bewegendes, etwas sehr Wichtiges. Nach meiner Rede vor dem Bundestag werde ich oft einfach als Jude bezeichnet, und es käme mir nicht in den Sinn, das je zu korrigieren. Das Schicksal, als Jude einem Volk anzugehören, das in unserer Zeit beispiellos verfolgt worden ist, hat einen umfassenden Einfluß auf mein Leben gehabt, das ist gar keine Frage. Es geht ja aus meiner Arbeit hervor, daß ich mich mit dem Judentum und dem Schicksal der Juden identifiziere. Das versteht sich von selbst.

HK: Sie leben seit Jahrzehnten in den USA, haben aber auch noch eine enge Beziehung zu Deutschland. Was bedeutet Heimat für Sie?

FS: Heimatlosigkeit. In einem gewissen Sinne fühle ich mich auf beiden Seiten des Ozeans zu Hause. Ich habe eine weit längere Zeit meines Lebens in Amerika verbracht als in Europa und fühle mich im Berufsleben, meinen Kindern gegenüber völlig amerikanisch, aber als Amerikaner mit einer europäischen Vergangenheit, die mich nicht losläßt. Mir liegt ungeheuer viel an Europa, und um Schwierigkeiten der tiefsten Art zu entgehen, habe ich mir so etwas wie eine Ersatzheimat geschaffen, in Sils Maria im Engadin, wo ich mindestens zweimal im Jahr bin. Natürlich ist das nicht die wirkliche Heimat, und es ist in meinem Fall vielleicht besser, von einer gewissen Heimatlosigkeit zu sprechen, da ja das, was man Heimat nennen würde, nämlich die Stadt, in der man geboren ist, nicht mehr deutsch ist. Ich habe Breslau ja wieder einmal besucht im Jahr 1979. Auch da spielt die Sprache eine große Rolle. Wenn ich in Köln geboren wäre, müßte ich mich klarer entscheiden. So kann ich sagen, wie vor dem Bundestag, ich komme aus einem Deutschland, das nicht mehr existiert und nie wieder existieren wird.

HK: Einer meiner Interviewpartner sagte kürzlich, daß die Deutschen und die Juden viele gemeinsame Eigenschaften hätten. Sehen Sie das auch so?

FS: Ja, das ist Heines Ansicht: Die Juden sind wie die Völker, unter denen sie leben, nur noch typischer. Demnach wären die deutschen Juden den Deutschen sehr verwandt und vielleicht noch deutscher als sie, sowohl im guten wie im schlechten.

HK: Ist das vielleicht auch ein Grund für die fortwährende Ambivalenz im Verhältnis zwischen Juden und Deutschen, für diese Mischung von Liebe und Haß?

FS: Eine Ambivalenz gab es wahrscheinlich bei den meisten deutschen Juden, zumindest seit der Emanzipation. Aber wenn man überhaupt heute noch von Ambivalenz sprechen will, so handelt es sich um eine völlig andere Ambivalenz: eine Ambi-

valenz unter dem Strich. Die historische Ambivalenz war noch von Hoffnung geprägt, von großer Hoffnung und großer Liebe. Heute ist es eine Ambivalenz mit großer Trauer, nicht nur darüber, daß die Hoffnungen in einer Tragödie geendet haben, die unfaßbar ist, sondern auch über das menschliche Versagen.

HK: In Deutschland haben ja in vielen Bereichen jüdische Persönlichkeiten die Entwicklung maßgeblich beeinflußt, sei es in der Medizin, in der Musik, im Theater oder in der Presse. Haben Sie eine Erklärung dafür? Als Minderheit in der Diaspora waren die Juden ja den Deutschen gegenüber benachteiligt. Aber offenbar war dieser Nachteil auch ein ständiger Ansporn.

FS: Ich habe in dem Aufsatz über Einsteins Deutschland geschrieben: »Germany mixed hospitality and hostility in a unique fashion and perhaps both were needed for the achievements.« Das beantwortet Ihre Frage, glaube ich, bis zu einem gewissen Grad. Um es anders auszudrücken: In Rußland im neunzehnten Jahrhundert waren die Feindschaft und die Diskriminierung so groß, daß zwar große jüdische Leistungen stattfanden, aber häufiger im Exil. In Deutschland waren die Chancen des Aufstiegs und der Selbsterfüllung viel größer. Und doch gab es dann immer eine Art Diskriminierung, die sicher auch irgendwie produktiv gewirkt hat. Das ist übrigens nicht nur in Deutschland der Fall, deswegen sprechen Sie ganz zu Recht von der Diaspora. Das andere Zitat, das ich in dem Zusammenhang gelegentlich benutze, ist eine Bemerkung von Disraeli zu dem jungen Montefiore: »You and I belong to a race that can do everything but fail.« Was meines Erachtens alles sagt, was zu sagen ist. Das erklärt den Ansporn. Wir können es uns nicht leisten, auch einmal eine Generation zu überspringen oder einmal nachzulassen.

HK: Heißt das, daß man immer besser sein muß als die Nichtjuden?

FS: Ja. Ich erinnere mich, als ich das Zitat, von dessen Prägnanz ich ganz hingerissen war, meinem Sohn zeigte, der Psychologe ist, sagte er sofort: »Wie schwer für die anderen Leute.« Und das ist natürlich in einem gewissen Sinne ganz richtig.

HK: Der Neid auf die besonderen Fähigkeiten der Juden gilt ja auch als eine der Ursachen des Antisemitismus. Wie konnte es aber zu dessen entsetzlichen Auswüchsen kommen, zu Auschwitz?

FS: Auschwitz war der Ausbruch einer Unmenschlichkeit, eines Sadismus, der meist durch Autorität, welcher Art auch immer, zum größten Teil unterdrückt wird. In diesem Fall wurde diese Unmenschlichkeit, dieser Sadismus vom Staat und von einer Partei gefördert.

Historisch gesehen ist der Weg nach Auschwitz sowohl ein langer, tiefer und komplizierter Prozeß als auch bis zu einem gewissen Grad von Zufällen diktiert. Um es anders auszudrücken: Ich behaupte, daß niemand im Jahre 1933 Auschwitz hätte vorhersagen können, nicht einmal Hitler selbst, obwohl er und andere von der Ausrottung gesprochen haben. Ich glaube nicht, daß Hitler damals schon an physische Ausrottung gedacht hat. Erst als er das Gefühl hatte – das ist jetzt reine Hypothese –, daß der Krieg vielleicht doch nicht zu gewinnen sei, wollte er zumindest das zweite Ziel erreichen, das heißt das Judentum vernichten, wirklich zerstören. Es gab in Deutschland eine besondere Art von politischem Antisemitismus, den es in Frankreich auch gab, der unter spezifischen historischen Umständen immer brutaler wurde und schließlich von einer Partei, die die Macht im Staat gewonnen hatte, zur offiziellen Politik gemacht wurde. Aber wenn im Jahr 1933 die Engländer, Franzosen, Amerikaner, Mexikaner und so weiter zu den Deutschen gesagt hätten, wir nehmen eure Juden, ihr diskriminiert sie, wir sind bereit zu einer großen Aktion – ich möchte betonen, das ist jetzt nicht historisch gedacht, sondern lediglich ein utopisches Bild –, hätten die Deutschen, glaube ich, mit Handkuß gesagt: »Hier, nehmt sie!« Sie waren, glaube ich, am Anfang nicht daran interessiert, das Judentum zu vernichten, sondern hätten sich damit begnügt, das deutsche Judentum zu vertreiben. Die Politik der Vernichtung, die Technik der Vernichtung kam erst im Krieg.

HK: Glauben Sie denn, daß die anderen Länder die Katastrophe hätten vorhersehen können?

FS: Deshalb habe ich es ja als reine Utopie bezeichnet. Wie hätten sie es erkennen können? Ich meine, selbst die deutschen Juden haben es ja nicht erkannt. Chaim Weizmann hat zwar die Tragödie 1933 erahnt, aber nicht deren Ausmaß. An eine totale Ausrottung hat niemand geglaubt.

HK: Sie schreiben in Ihrem Aufsatz »Nationalsozialismus als Versuchung«, daß Sie ein gewisses Verständnis für die Menschen hätten, die dem Nationalsozialismus erlegen sind.

FS: Um Kurt Schumacher zu zitieren, der damals ein blutjunger Sozialdemokrat war: »Der Nationalsozialismus ist nichts als ein Appell an den Schweinehund im Menschen.« Es gab viele Leute, die das erkannt haben. Es gab aber auch viele, die sich der Hoffnung hingaben, daß diese Bewegung, wie sie damals hieß, das Land von dem Unrecht von

Versailles befreien würde und von der inneren Zersplitterung. Viele sind auf die positiven Versprechungen, die mit ungeheurer Theatralik inszeniert worden sind, hereingefallen. Um aus diesem grauenvollen Geschehen etwas zu lernen, muß man verstehen, daß Menschen sich solchen Illusionen hingeben können, möglicherweise auch angezogen werden von der Brutalität und von dem Bösen, weniger bewußt als unbewußt. Man sollte sich nicht vorstellen, daß eine ganze Nation mit Begeisterung in diese Sache hineinmarschiert wäre. Da täte man den Sozialdemokraten, den Demokraten und auch vielen anderen Deutschen unrecht. In meinem Aufsatz, den Sie zitiert haben, komme ich immer wieder auf die Frage der deutschen Eliten zurück. Ich glaube eben, daß die Anmaßung der deutschen Eliten darin bestand, daß sie glaubten, auf Grund ihrer Bildung zu einer überlegenen Beurteilung der Lage imstande zu sein. Man muß sagen, daß sich die Eliten eigentlich ebenso anfällig gezeigt haben wie andere Deutsche, möglicherweise als noch anfälliger. Meines Erachtens tragen sie eine sehr viel größere Verantwortung als die kleinen Leute. Das mag rassenarrogant klingen, aber es ist nicht so gemeint. Wenn man sich an die Anmaßung der Eliten erinnert, die man ja in einem gewissen Sinne ernst nehmen sollte, muß man sagen: Von einigen hervorragenden Ausnahmen abgesehen, die ich zitiere und die immer wieder zitiert werden sollten, haben die Eliten versagt. Aber es war ein Versagen, das nicht nur mit moralischer Feigheit zu erklären ist. Man ist auch einer Versuchung erlegen. Daher der Titel: »Nationalsozialismus als Versuchung«.

HK: Sie kennen gewiß die theologisch-philosophische Diskussion über den Gottesbegriff nach Auschwitz und über die Frage, wie Gott Auschwitz zulassen konnte.

FS: Das ist keine Frage, die ich beantworten kann. Es gibt Prämissen in dieser Frage, über die man lange diskutieren müßte. Die These, daß der liebe Gott nicht gleichzeitig allmächtig und kategorisch gut sein kann, berührt die tiefe und sehr alte theologische Streitfrage: Wie kann es gleichzeitig Gott und die Sünde geben? Sie wurde im zwanzigsten Jahrhundert im Gulag und in Auschwitz ungeheuer akut, und sicher hat sich auch ein Bonhoeffer in der Gefängniszelle mit ihr auseinandergesetzt. Aber da fühle ich mich nicht berufen, etwas hinzuzufügen. Ich bin kein Theologe. Allerdings stößt mich dieses Thema auf die Frage: Wie konnten die christlichen Religionen dies alles mit ansehen, die Vertreter Gottes, diejenigen, die glaubten, Gott zu dienen? Aber das ist ein ganz anderes Gebiet.

HK: Seit vierzig Jahren haben nun die Juden ihren eigenen Staat. Wie ist Ihr Verhältnis zu Israel?

FS: Ich versuche das erst einmal autobiographisch zu beantworten. Im Juni 1942 wurde mein Vater, der Arzt war, zur Frau von Herrn Weizmann gerufen, außerhalb von New York, und ich habe ihn hingefahren. Ich erinnere mich noch heute an das Gespräch mit Herrn Dr. Weizmann. Zu einer Zeit, als wahrscheinlich die Deutschen und Japaner näher an einem Sieg waren als je zuvor, sprach Weizmann völlig offen darüber, wie groß die Katastrophe sein könnte. Aber wenn sie nicht käme, dann würde der Negev blühen! Dieser Traum hatte für mich von diesem Moment an eine ganz besondere Bedeutung. Durch die Beziehung zu Weizmann hatte ich eine besondere Beziehung zu der Geburt des Staates Israel. Mein Vater war zufällig bei ihm, als die Nachricht kam, daß er der erste Präsident Israels sein würde. Später ist es mir so gegangen wie vielen: Der Sieg von 1967 hat mir großen Eindruck gemacht, obwohl ich im selben Moment das Gefühl hatte: Das ist ein ungeheurer Sieg, aber keine Lösung. Trotzdem hat er zur Identifikation mit Israel beigetragen. 1971 bin ich zum ersten Mal selbst nach Israel gefahren, dann 1977, 1979 und 1985, beruflich jedesmal. Ich freue mich über das, was geleistet wurde, über das, was zum Beispiel ein Teddy Kollek geleistet hat. – Was jetzt geschieht, geht mir tief ins Herz. Das Bild von einem israelischen Soldaten, der einem Palästinenser einen Fußtritt gibt, erinnert einen fatal an ähnliche Bilder in anderen Situationen. Daß man das erleben muß, das ist nicht leicht. Ganz zu schweigen davon, daß sich Israel über der Frage der Verteidigung der besetzten Gebiete selbst zerfleischt, wie die Juden es schon oft getan haben. Aber diesmal ist es einer der ernsteren Momente in der Geschichte. Ich würde die Hoffnung gerne teilen, daß die Unruhen und die Empörung der Palästinenser bei der Mehrzahl der Israelis zu einer Besinnung auf die Realitäten führen. Das wäre möglich und sehr zu begrüßen.

Es gibt da eine Debatte, vielleicht mehr untergründig als offen, ob Juden, die außerhalb Israels wohnen, das Recht haben, Israel zu kritisieren. Ich meine, selbstverständlich haben sie ein Recht dazu. Nicht, weil sie Juden sind oder weil Juden aus aller Welt Israel unterstützt haben, sondern weil man als Weltbürger auch ein Recht hat, an Chile, Südafrika oder Rumänien Kritik zu üben. Es fällt einem wahrscheinlich schwer, es gegenüber Israel zu tun, aber es ist, glaube ich, notwendig.

HK: Und welche Einstellung haben Sie heute Deutschland gegenüber?

FS: Den wirklichen, ehrlichen, engagierten deutschen Demokraten, wenn ich das so ausdrücken darf, die sich auch mit der Vergangenheit beschäftigen und versuchen, die Vergangenheit verständlich zu machen, fühle ich mich sehr verbunden. Da fühle ich Mitverantwortung. Ich würde sagen, in Deutschland gibt es eine Minderheit von engagierten Menschen in vielen Berufen, die sehr bescheiden, sehr vorsichtig eine Art Verpflichtung fühlen, das Vergangene nicht zu vergessen und sich ihm zu stellen. Das wurde vielleicht am klarsten, eindrucksvollsten von Weizsäcker in seiner berühmten Rede vom 8. Mai 1985 dargestellt. Diesem Verlangen, diesem Deutschland fühle ich mich verbunden.

HK: Sie haben Freunde in Deutschland. Könnten Sie sich auch vorstellen, dort zu leben?

FS: Man muß mit Ambivalenzen leben, aber ich glaube nicht, daß ich freiwillig mit einer Ambivalenz leben möchte, die auf Schmerz und Trauer basiert. Ich möchte nicht täglich daran erinnert werden. Ich kann nur sagen: Nein, schlicht nein. Außerdem fühle ich mich als Amerikaner. Ich hoffe, daß das meine deutschen Freunde verstehen.

GEORGES TABORI

Schriftsteller, Schauspieler und Regisseur, Wien. Geb. 1914 in Budapest

HK: Herr Tabori, Sie sind in Ungarn aufgewachsen, Ihre Muttersprache ist Ungarisch. Als junger Student haben Sie 1932/33 ein Jahr in Berlin verbracht. Nach der Machtübernahme durch die Nazis begann für Sie eine Odyssee durch Europa und den Nahen Osten. Können Sie die wichtigsten Stationen nennen?

GT: Ich bin von Berlin nach Budapest zurückgekehrt und im Mai 1937, als die Lage für uns auch in Ungarn immer schwieriger wurde, nach England emigriert. Von London aus habe ich wiederholt kurze Abstecher nach Budapest gemacht, um meine Eltern und Freunde wiederzusehen. Das letzte Mal habe ich Budapest um die Jahreswende 1939/40 besucht. Da mir der Rückweg versperrt war, bin ich nach Sofia ausgewichen und habe als Korrespondent britischer Blätter gearbeitet. Kurz bevor die Deutschen in Bulgarien einrückten, habe ich mich nach Istanbul abgesetzt. Dort hat mich 1942 die britische Armee rekrutiert und als Nachrichtenoffizier zu einem Armeesender nach Jerusalem und Kairo geschickt. Ende 1943 wurde ich zur BBC nach London zurückbeordert. Ich habe dann meine ersten Romane geschrieben und bin 1947 nach Amerika gegangen.

HK: Wann sind Sie in die BRD übergesiedelt?

GT: Endgültig 1971. Seitdem lebe ich hier und mache Theater.

HK: Können Sie mir etwas über das Verhältnis Ihrer Familie zum Judentum sagen?

GT: Mein Vater war ein Linksliberaler und nicht religiös. Meine Eltern legten keinen Wert darauf, ihre Kinder zu frommen Juden zu erziehen. Ich war als Kind nie in einer Synagoge. Wir waren in einer Art liberaler Utopie befangen und fühlten uns als ungarische Weltbürger, nach dem Motto: Alle Menschen sind Brüder. Aber dabei ging es uns nicht um Assimilation. Das Ziel war, aus dem Ghetto herauszukommen, auch im übertragenen Sinne. Dabei täuschten wir uns jedoch über die starken antisemitischen Strömungen in Ungarn hinweg. Nach dem Ersten Weltkrieg sympathisierte mein Vater mit der kommunistischen Revolution von Béla Kun und kam später auf die Schwarze Liste. Dann erlebten wir die ersten Pogrome. Aber in den zwanziger Jahren hat sich die Lage in Ungarn »stabilisiert«. Man hat die Leistung der Juden in Kunst und Wissenschaft anerkannt.

HK: Eine grundsätzliche Frage: Warum spielten die Juden im öffentlichen Leben und im Geistesleben vieler europäischer Länder eine solch herausragende und tonangebende Rolle?

GT: Inwieweit das wirklich so war, müßte man noch untersuchen. Die Behauptung, daß die Juden so viele Führungspositionen besetzten, wurde ja propagandistisch ausgeschlachtet. Aber die Sache lag ganz einfach. Die Juden wollten nicht im Ghetto eingesperrt sein. Aber um gleichberechtigt zu sein, mußten sie sich anstrengen. Und weil sie keine Bauern oder Generäle sein durften, avancierten sie als Ärzte, Rechtsanwälte, Regisseure, Dichter und Journalisten.

HK: Dieser Anstrengung ging doch die Erfahrung des Lebens in der Diaspora voraus. Wahrscheinlich war dieses Leben ein starker Ansporn, alle Kräfte zu mobilisieren.

GT: Die Juden waren die schwächste, verletzbarste Gruppe der Gesellschaft. In Krisenzeiten waren sie die ersten Opfer. Oft mußten sie in andere Länder fliehen. Auch diese erzwungene Beweglichkeit

hat viele Fähigkeiten geweckt. Die Juden waren eben anders, obwohl sie nicht unbedingt anders sein wollten. Daher dieser ungeheure Drang im neunzehnten Jahrhundert, nach der Emanzipation, dazuzugehören und anerkannt zu werden.

HK: War das Bewußtsein, Jude zu sein, bestimmend für Ihr ganzes Leben?

GT: Es ist doch so: Man wird nicht allmählich Jude, und man ist auch nicht von vornherein Jude. Man wird von den anderen daran erinnert, daß man Jude ist. Das macht einen erst so richtig zum Juden. Ich selbst war mir zuerst gar nicht bewußt, daß ich Jude bin. Vielleicht war es ein unbewußtes Wissen. Aber der Faschismus in Deutschland und Ungarn hat mich darauf gestoßen, daß ich einer bin. Irgendwann habe ich dann diese Rolle akzeptiert. Das war meine wichtigste Erfahrung überhaupt. Ich war in Berlin, als Hitler an die Macht kam. Damals war ich noch ganz jung und grün und dumm. Plötzlich hat sich die Welt in Schwarz und Weiß aufgeteilt.

HK: Sie haben vom jüdischen Anderssein gesprochen. Können Sie darauf noch einmal eingehen?

GT: Das ist für mich nicht die Frage. Jedenfalls ist es nicht mein Problem. Anders wird man erst durch die anderen, die einen dazu machen. Mich beschäftigt nicht mein Anderssein als Jude, sondern mein Anderssein als Mensch und Künstler. Was ist der Unterschied zwischen einem Künstler und einem Handwerker? Die Dinge, die der Handwerker herstellt, können technisch perfekter oder schöner sein. Aber es fehlt ihnen das schöpferische Nein-Sagen, das undefinierbare Neue. Ein Künstler besitzt Originalität, wenn er auf authentische Weise er selbst ist. Dieses einzigartige Anderssein ist das künstlerische Prinzip.

HK: Ich kenne kaum jemanden, der sich so intensiv wie Sie in seinem Werk mit dem Judentum und der jüdischen Existenz beschäftigt hat.

GT: Aber erst seit meiner Rückkehr nach Mitteleuropa. In Amerika habe ich mich mit ganz anderen Themen beschäftigt. New York ist eine jüdische Stadt. Da fühlt man sich gewissermaßen daheim. Mit dem Stück »Die Kannibalen« ist der Knoten gerissen. Ich habe es 1968 geschrieben. Damals habe ich begonnen, über meinen Vater und meine Familie nachzudenken. Ich war in einer Existenzkrise, die auch eine Krise meiner Rolle als Schriftsteller im kommerzialisierten New York war. Das Stück wurde in New York aufgeführt und dann zu meiner Überraschung auch in Berlin. Auf diese Weise wurde ich wieder mit Deutschland konfrontiert, und diese Konfrontation hat sich fortgesetzt. Das war gar nicht geplant. Aber in Deutschland kommt man um das deutsch-jüdische Problem nicht herum.

HK: Wie stehen Sie heute zu Deutschland?

GT: Mein erster Roman war ein »deutscher« Roman – der »Held« war ein Junker. Ich habe ihn während des Kriegs geschrieben, um den Krieg zu verstehen. Dafür wurde ich damals auch angegriffen. Mir kam es immer darauf an, objektiv zu sein. Mein Vater hat mir eingeschärft, daß man nie verallgemeinern darf. Man darf nie von *den* Rumänen oder *den* Deutschen sprechen. Anfang 1934 habe ich eine Zeitlang in Dresden in einem Hotel als Volontär gearbeitet. Dresden war Garnisonsstadt. Die Straßen waren voller Uniformen, und aus den Lautsprechern tönte Gebrüll. Da habe ich zu mir gesagt: Das Wichtigste ist, daß du nicht so bist wie die. Aber niemand außer ein paar Propheten hat damals geahnt, wohin das führen würde. Ich habe als Journalist auch manche Nazijournalisten gekannt. Die Hälfte von ihnen hat später die Seiten gewechselt. Einem habe ich sogar dabei geholfen. Auch die Nazijournalisten hatten ihre guten und ihre schlechten Seiten. Ich habe da genau differenziert. Allerdings hatte 1933 die wirklich schlimme Zeit noch nicht begonnen. Aber auch grundsätzlich – ich will nicht verallgemeinern. Wir Menschen sollen nicht verurteilen. Wir sind nicht Gott.

HK: Ich komme jetzt zu einer sehr schwierigen Frage. Sie betrifft den jüdischen Glauben und die Konzentrationslager. Können sich die Juden, die das Dritte Reich überlebt haben, überhaupt noch ihren Glauben an Gott bewahren? Sie müssen sich doch fragen, wie Gott Auschwitz zulassen konnte und warum er nicht eingegriffen hat.

GT: Angenommen, Gott existiert ... Aber das eigentlich Tragische dabei ist, daß für viele Juden, die diese furchtbaren Dinge erlebt haben, der Dialog mit Gott unterbrochen worden ist. Die jüdische Religion ist ja ein Dialog. Ständig wird Gott angesprochen, beschimpft, angebetet und in Frage gestellt. Dieser Dialog ist durch den Holocaust unterbrochen worden, und seitdem herrscht eine Art von theologischem Stillschweigen. Das ist der eine Aspekt. Der andere Aspekt ist, Gott als Versager zu sehen. Die Tragödie der Göttlichkeit. Gott hat diese Welt geschaffen, aber er selbst ist einsam geblieben, weil er vergessen hatte, auch den Menschen zu schaffen. Warum hat er nicht mit dem Menschen angefangen? Also hat er den Mann erfunden und geglaubt, jetzt habe er seine Arbeit getan. Ein Irrtum. Also hat er auch Eva erschaffen. Und dann ging die Geschichte los, eine Katastrophe folgte der anderen. Gott wollte nämlich nicht mehr eingreifen. Denn ein Teil seines Geschenks an die Menschen war die Freiheit, gut zu sein oder böse zu sein.

HK: Was ist Ihre Einstellung zu dieser Frage?

GT: Unsere Vorstellung von Gott ist sicher eine Projektion. Gott ist der Ausdruck unserer Sehnsucht nach Vollkommenheit. Bei allem, was die Menschen tun, zeigt sich die Kluft zwischen der Absicht und dem Ergebnis. Die menschliche Geschichte ist eine Geschichte des Scheiterns. Der Mensch ist wahrscheinlich ein Fehlgriff der Natur. Er resultiert nicht aus einer kontinuierlichen Evolution, sondern aus einem evolutionären Sprung. Unheilbar verrückt. Wenn Sie die Zeitung aufschlagen, sehen Sie, daß fast alles außer Kontrolle geraten ist.

HK: Erklärt das, wie so etwas wie Auschwitz möglich war?

GT: Schon immer wurden Menschen im Krieg umgebracht und ganze Völker ausgerottet. Das Neue war die Gründlichkeit und Konsequenz, mit der die Nazis ans Werk gegangen sind. Moralisch gesehen ist es ja kein Unterschied, ob ich jemanden erschieße, erwürge, aufhänge oder in die Gaskammer schicke. Und von einem überfüllten Gefängnis zu einem KZ ist es nur ein kleiner Schritt. Das KZ haben die Engländer im Burenkrieg erfunden. Ich finde es nicht erstaunlich, daß mitten im Krieg diese Endlösungsidee entstanden ist. Das war auch nicht viel wahnsinniger als viele andere Dinge. Nein, den besonderen Stil des Holocaust sehe ich in der wissenschaftlichen Sachlichkeit. Viele charakterisieren den Faschismus als ein Gemisch überhitzter, pathetischer, reaktionärer Affekte und als großes Gebrüll. War er nicht eher die radikale Anwendung wissenschaftlicher Rationalität auf den Menschen selbst? Kühl und emotionslos haben die Nazis die Vernichtung der Juden geplant. Voraussetzung ist, daß man nicht mehr zwischen Menschen und irgendwelchen Objekten unterscheidet. Man hat aus Menschen Dinge gemacht, genauso wie in Vietnam bei den Flächenbombardements. Der Holocaust war der Ausdruck totaler Versachlichung.

HK: Damit ist der Mensch zu allem fähig.

GT: Ja. Wenn dieser Schritt einmal vollzogen worden ist, fällt es überhaupt nicht schwer, alle nur denkbaren Mittel einzusetzen. Dafür sorgt schon die technokratische Sprache. Die andere Voraussetzung sind naturlich Propaganda und Demagogie. Die Gegner sind keine Individuen mehr, sondern »die Juden« oder auch »die Deutschen« und so weiter. Die Leute in Dresden waren 1945 auch keine Menschen mehr: Macht sie alle kaputt, die Deutschen! Ich finde es sogar gefährlich, von *den* Nazis zu sprechen. Ich habe Nazis gekannt, die auch anständig waren. Man kann nicht alle in einen Topf werfen. Die gleiche Geisteshaltung, nämlich alle in einen Topf zu werfen, hat das Naziregime und den Holocaust ermöglicht.

HK: Können wir das, was geschehen ist, auf irgendeine Weise bewältigen?

GT: Die Vorstellung, die Vergangenheit bewältigen zu können, ist ein bißchen negativ. In Deutschland sagt man immer wieder: Wir müssen die Vergangenheit bewältigen. Natürlich aus den besten Beweggründen, aber das ist gar nicht so einfach. Nicht nur die Deutschen verdrängen die Vergangenheit. Das tun auch die Juden.

HK: Ist es nicht verständlich, daß die Juden versuchen, nicht an die Vergangenheit zu denken?

GT: Ja, denn viele Dinge sind zu grauenvoll, zu schmerzhaft, zu ekelhaft. Sie anzurühren tut weh. Jeder hat seine eigenen Verdrängungsgründe. Wenn ich zum Beispiel an meine Mutter denke. Sie hat den Krieg überlebt und ist aus Ungarn herausgekommen. Sie hat ihren Mann, ihre ganze Familie verloren. Über gewisse Dinge wollte sie einfach nicht reden. Auch viele Leute, die im KZ waren, wollen über ihre Erfahrungen nicht reden. Weil das, was sie tun mußten und sehen mußten, so beschämend, so unglaublich und absurd ist, daß es dafür keine Sprache gibt. Wie kann man mit dem Unerträglichen leben, Tag für Tag?

HK: Bei allen Parallelen, die es zwischen den Ausrottungskriegen der Vergangenheit und Gegenwart und zwischen dem Endlösungsplan und den Flächenbombardements gibt, läßt sich, glaube ich, nicht verkennen, daß der Holocaust in der menschlichen Geschichte keine Entsprechungen hat. Und es läßt sich auch nicht verkennen, daß in Auschwitz eine zweitausendjährige Geschichte der Judenverfolgung gipfelt. Wie sehen Sie diese Tradition des Antisemitismus? Läßt sich für sie überhaupt eine Erklärung finden?

GT: Ich glaube, beim Phänomen des Antisemitismus versagen die üblichen soziologischen und ökonomischen Erklärungen. Die Juden wurden auch dort angefeindet, wo sie ganz gewiß keine ökonomische Konkurrenz oder gar Bedrohung darstellten. Das jüngste Beispiel ist Österreich. Der Antisemitismus ist eigentlich eine Ideologie der Feigheit. Man projiziert die eigenen Ängste und Aggressionen auf andere, fühlt sich dann bedroht und schlägt zu. Am besten projiziert man auf eine schwache, unbewaffnete Gruppe, die sich nicht wehren kann.
Die Juden waren immer ideale Sündenböcke und die ersten Opfer in Krisensituationen.

HK: Haben Sie so etwas auch in Ungarn erlebt?

GT: Ich persönlich habe unter dem Antisemitismus nicht sehr gelitten, obwohl er auch und gerade in Ungarn virulent war. Es gibt da eine sehr schöne wahre Geschichte: In einer kleinen Stadt, in der sich auch eine kleine jüdische Gemeinde befindet, verschwindet ein junges christliches Dienstmädchen. Man beschuldigt die Juden, das Mädchen bei religiösen Riten umgebracht zu haben. Beim Prozeß tritt sogar der Sohn des Rabbiners als Kronzeuge auf und sagt aus, er habe durch das Schlüsselloch der Synagoge mit eigenen Augen gesehen, wie sein Vater dem Mädchen die Adern aufgeschnitten habe und das Mädchen verblutet sei. Der Verteidiger des Rabbiners, ein liberaler Rechtsanwalt, läßt die Synagogentür in den Gerichtssaal bringen, und es stellt sich heraus, daß der Junge nicht groß genug ist, um durch das Schlüsselloch zu blicken. Außerdem stellt sich heraus, daß man die angebliche Opferstätte durch das Schlüsselloch gar nicht sehen konnte. Das Vorurteil produziert seine Zeugen, sogar unter den Juden. Ja, die Gründe des Antisemitismus. Ich glaube, letztlich handelt es sich um einen religiösen, wenn Sie wollen, philosophischen Konflikt zwischen Judentum und Christentum.

HK: Können Sie mir das erklären?

GT: Die Juden haben Gott nicht getötet, sie haben ihn erfunden. Sie haben den *einen* Gott erfunden. Es ist ganz klar, daß das Christentum auf dem Boden des Judentums steht. Deswegen fühlen sich die Christen auch von dem erpreßt, was George Steiner den jüdischen Perfektionismus genannt hat. Die Juden haben Gesetze formuliert – die Zehn Gebote, die Hygiene-Vorschriften von Moses und andere. Die Bergpredigt ist eigentlich nur eine Neuformulierung alter prophetischer Texte. Diese Gesetze sind eine gute, vernünftige Sache, gewissermaßen die Moral in Vollendung. Aber man bringt es nicht fertig, sie alle einzuhalten. Das führt zu einem schlechten Gewissen und zu einer ständigen Irritation. Die Juden repräsentieren das biblische Gesetz, und mit ihrem Dasein erinnern sie die Christen an das unerreichbare Ideal. Weil von ihnen dieser moralische Druck ausgeht, richtet sich die Wut gegen sie. Auch darf man nicht vergessen, daß der jüdische Gott ein Stammesgott aus der Wüste ist. Petrus und Paulus waren politische Genies. Sie haben an diesem Gott Korrekturen vorgenommen, um ihn für den gesamten Mittelmeerraum annehmbar zu machen. Sie haben Gott eine Familie gegeben. Sie haben ihm einen Sohn gegeben – der ja im Grunde genommen nur einer der jüdischen Reformpropheten gewesen war. Sie haben dem Sohn eine Mutter gegeben und als Zugabe noch den Heiligen Geist. Dieser neue christliche Glaube war notwendigerweise antisemitisch. Der Preis, den die Juden zu zahlen hatten, waren die Ghettos.

HK: Somit wäre das Christentum eine Art Reform und zugleich Verwässerung des Judentums.

GT: Karl Barth, der große deutschjüdische Theologe, hat über den Unterschied zwischen Judaismus und Christentum gearbeitet. Er meint, das Christentum sei eine romantische Religion, der Judaismus eine realistische Religion. Die Christen haben den Druck, der von den Gesetzen ausgeht, abgeschwächt. Das beginnt damit, daß die Beschneidung wegfällt. Für einen Christen kommt es vor allem darauf an, daß er glaubt und sein Glauben unerschütterlich ist. Er kann die schlimmsten Dinge tun, aber solange er glaubt, kommt alles wieder in Ordnung. Für einen Juden genügt es nicht zu glauben. Er muß auch nach den Gesetzen leben.

HK: Hätte es für die Juden eine Möglichkeit gegeben, sich mit dem neuen Glauben zu arrangieren?

GT: Ich glaube, ihr Fehler war, daß sie Christus vollständig abgelehnt haben. Auch als Symbolfigur, als einen Propheten unter anderen Propheten. Aber Christus hat es ihnen auch besonders schwergemacht. Die Grundlage des Judaismus ist der eine Gott. Und nun sollten die Juden glauben, daß Gott einen Sohn hat, also doppelt existiert. Und daß dieser Sohn auch noch der Messias ist.

HK: Nach jüdischer Überzeugung steht die Ankunft des Messias noch bevor. Was müßte sich verändern, bevor sich die Prophezeiung erfüllen und der Messias kommen kann?

GT: Ich bin kein Theologe, aber meine Theorie ist folgende: Jesus hat den Märtyrertod am Kreuz gesucht, denn er wollte die Prophezeiung erfüllen, und dazu gehörte dieser Tod. Judas war der einzige, der das verstanden hat. Er wollte das verhindern, und darum hat er Jesus verraten. Das messianische Gefühl hat immer etwas mit der Erwartung des Weltuntergangs zu tun. Bei den Juden gibt es mehr apokalyptische Literatur als bei den Christen. Die alte Erwartung ist: Es muß eine Erneuerung kommen, und sie kann nur kommen, wenn das Alte zerstört wird. Eine kleine Schar von Rechtgläubigen wird gerettet, und diese Schar baut das neue Jerusalem auf. Aber vorher muß eben die alte Ordnung untergehen. Daß Jesus Christus der Messias ist, erscheint den Juden schon deswegen unglaubwürdig, weil er weder die alte Ordnung zerstört noch ein neues Reich geschaffen hat. In jeder revolutionären Bewegung lebt diese Heilshoffnung. Man denke an Karl Marx, an die chiliastischen Bewegungen im

Mittelalter und so weiter. Und immer gibt es einen Propheten, der sagt: Ändert euch, sonst kommt das Strafgericht über euch.

HK: Und was ist Ihre persönliche Auffassung?

GT: Die Leute wollen sich ja nicht ändern. Vor allem die nicht, die es gut haben. Ich werde Ihnen meine Lieblingsgeschichte erzählen. Die Geschichte von Jonas im Alten Testament, aber aus meiner Sicht. Da ist ein Prophet im Ruhestand, ein Bote Gottes, der endlich seinen Frieden haben will. Aber da kommt Gott schon wieder zu ihm und sagt: Du mußt nach Ninive, um den Menschen dort zu sagen, daß sie aufhören sollen zu sündigen, denn sonst werden Feuer und Asche über sie kommen. Jonas hat keine Lust und versteckt sich, und Gott verfolgt ihn. Jonas flieht auf ein Schiff, und auf hoher See kommt ein gewaltiger Sturm auf. Jonas weiß genau, wer den Sturm schickt. Alle haben Todesangst, und Jonas springt über Bord, um die Passagiere zu retten. Er wird vom Walfisch verschluckt und leidet furchtbar im Bauch des Walfischs. Da sagt er zu Gott: Einverstanden, ich mache es. Dann rülpst der Walfisch, und Jonas reist nach Ninive, wo wirklich üble Dinge passieren, und spricht auf einer Massenversammlung zu den Bürgern: Wenn ihr nicht aufhört, kommen Feuer und Asche und das Ende der Welt. Ich gebe euch vierzig Tage, euch zu bessern. Die Leute lachen über ihn und werfen ihn hinaus. Und jetzt sitzt er vor seinem Dorf und wartet. Die vierzig Tage vergehen, die Menschen haben sich nicht geändert, aber der große Knall bleibt aus. Jonas beklagt sich bei Gott: Ich habe die Leute in Deinem Namen gewarnt, und jetzt blamierst Du mich. Warum bestrafst Du sie nicht? Da sagt Gott: Ich habe eben das Mitleid erfunden.

HK: Mich interessiert auch Ihre Meinung zur gegenwärtigen Lage des Judentums. Hat sich die Lage der Juden durch die Gründung des Staates Israel entscheidend geändert?

GT: Diese Rückkehr der Juden nach Palästina ist nur unter religiösen Prämissen verständlich. Ich war 1942 selbst in Palästina. War das die Utopie? Und die Konflike mit den Arabern waren vorprogrammiert. Die Juden sind jetzt nicht mehr Opfer, sondern haben selbst die Macht. Aber Macht korrumpiert. Ich kenne keine Regierung in der Geschichte, die nicht verbrecherisch war. Ich glaube, das ist fast ein Naturgesetz.

HK: Sind Sie pessimistisch, was die Zukunft Israels angeht?

GT: Natürlich wird Israel von den Arabern tödlich bedroht. Außerdem erproben die Großmächte und die Europäer im Nahen und Mittleren Osten ihre neuen Waffensysteme. Wie damals im Spanischen Bürgerkrieg. Das verspricht nichts Gutes. Aber ich bin kein Prophet. Vielen Völkern geht es schlecht. Die großen Probleme machen an den Grenzen nicht halt. Wir leben auf einer kleinen schlammigen Kugel, gefährdet durch uns selbst. Das Ozonloch. Die allgemeine Kriminalisierung des Lebens. Die eskalierende Unzulänglichkeit in den menschlichen Beziehungen. Wir sehen die Gefahren, aber wir tun nichts gegen sie, und das ist schrecklich. In Budapest habe ich einen Witz gehört: Was ist die neueste Frage des dialektischen Materialismus? Die Frage ist: Gibt es ein Leben vor dem Tod?

HK: Gibt es ein Land, das Sie als Ihre Heimat betrachten?

GT: Meine Heimat mußte ich erst einmal aufgeben. Ich hatte lange Zeit Heimweh nach Ungarn, nach den Freunden, nach den Eltern, nach den Straßen und Gerüchen. Aber das ging vorüber. Ich halte das ganze Heimatgerede und den Patriotismus für ein Übel. Es gibt ein englisches Sprichwort: Patriotismus ist der letzte Fluchtort des Gauners. Er ist eine Art von Xenophobie, eine Rechtfertigung dafür, daß man den anderen hassen kann. Habe ich eine Heimat? Die Bücher sind meine Heimat. Die Bühne ist meine Heimat. Und mein Bett.

HK: Was bedeutet es für Sie selbst, Jude zu sein? Fühlen Sie sich zu einer bestimmten Lebenshaltung verpflichtet, weil Sie Jude sind?

GT: Ich fühle keine bestimmte Verpflichtung. Aber ich erlebe einen Konflikt zwischen dem Wunsch, gut zu sein, und dem Wunsch, glücklich zu sein. Dieser Konflikt erscheint mir typisch jüdisch. Ich möchte der gute Junge sein und habe deswegen viele dumme Sachen gemacht und auf vieles verzichtet. Am besten erzähle ich Ihnen einen urjüdischen Witz: Ein Religionsstudent geht im Hof der Schule auf und ab und murmelt: »Ich verstehe es nicht, ich verstehe es nicht.« Da kommt der Rabbi herunter und fragt: »Was ist mit dir, mein Junge?« Der Student sagt: »Ich verstehe es nicht.« Der Rabbi sagt: »Ich erkläre es dir.« Und der Student erwidert: »Erklärt habe ich es schon, nur verstehen kann ich es nicht.«

HK: Manche Juden sagen, daß ihre Aufgabe darin bestehe, gewissermaßen die Monitoren der Welt zu sein.

GT: Monitoren? Diese Rolle erscheint mir etwas zu bequem. Außerdem lassen es die anderen ja nicht zu, daß wir diese Rolle spielen. Aber die ernsthaften moralischen Probleme beginnen für uns Juden erst, wenn wir nicht mehr die Opferrolle einnehmen. Solange man das Opfer ist, hat man in jedem Fall eine gewisse moralische Integrität. Sobald man aufhört, Opfer zu sein, wird man zum Täter. Die Unschuld geht verloren.

HK: Wie kommt es, daß die Juden, wenn sie sich selbst charakterisieren, so häufig Witze erzählen?

GT: Der jüdische Witz bezeichnet eine Haltung dem Dasein gegenüber, und er soll von diesem Dasein erlösen, wenn auch nur für wenige Augenblicke. Die menschliche Existenz war für den Juden lange Zeit gleichbedeutend mit Leiden und Schmerz. Deshalb handeln die jüdischen Witze von Katastrophen. Ich kenne auch jüdische Witze über Konzentrationslager. Aber solche Witze sind sicher nicht das, was Sie unter Witzen verstehen.

HK: Das heißt, der Witz entsteht aus der Verzweiflung.

GT: Ja. Um es ganz einfach zu formulieren, der Witz soll das Unerträgliche erträglich machen. In jedem Witz gibt es eine überraschende Wendung, einen dialektischen Sprung, der eine gewisse Distanz zur Katastrophe schafft. Ich gebe Ihnen ein Beispiel. Kennen Sie den kürzesten deutschen Witz überhaupt?

HK: Nein.

GT: Auschwitz.

JOSEF TAL

Komponist, Jerusalem. Geb. 1910 in Pinne (Pniewy)

HK: Herr Professor Tal, Ihr Vater ist in Auschwitz oder auf dem Transport dorthin ums Leben gekommen. Wie ist es Ihren anderen Verwandten ergangen?

JT: Meine Mutter war vorher schon gestorben, eines natürlichen Todes. Meine Schwester lebte mit ihrem Mann, der bei Philips Ingenieur war, und mit ihrem kleinen Sohn in Holland. Sie wurde dann auch nach Auschwitz gebracht. Den Sohn, der drei oder vier Jahre alt war, schickte man in ein Kindervernichtungslager, und der Mann kam in die Tschechoslowakei in eine Fabrik. Den konnten sie noch gebrauchen. Meine Schwester hat überlebt. Sie lebt heute in San Francisco, und als ich zum ersten Mal dort war, erzählte sie mir die ganze Geschichte, und zwar mit so viel Humor, daß ich oft lachen mußte. Das war ihr Geheimnis, weshalb sie überhaupt durchkam – im allerletzten Moment haben die Amerikaner sie gerettet. Sie war immer guter Stimmung und hat immer Vitalität gezeigt. Obgleich man mit ihr die fürchterlichsten gynäkologischen Experimente angestellt hat und obgleich sie am Ende nur noch Haut und Knochen, ein Krüppel war, hat sie immer noch Lebensmut gezeigt und Freundlichkeit aufgebracht. Als die Amerikaner dem Lager schon sehr nahe waren, wurden alle Insassen hinausgetrieben, auf einen Gewaltmarsch, damit die Amerikaner sie dort nicht finden konnten. Die meisten konnten natürlich gar nicht marschieren, das waren ja alles Halbtote. Aber es gab den strengen Befehl: Wer sich hinsetzt, wird sofort erschossen. Meine Schwester erzählte mir, Schuhe hatten sie nicht, die Füße hatten weder Haut noch Fleisch, da haben sie sich also ausgezogen und sich die Lumpen, die sie am Leib hatten, um die Füße gebunden. Mit einer alten Dame zusammen ist sie dann losgezogen. Lange konnte das natürlich nicht gehen. Der Tod war für sie beide kein Problem, denn den hatten sie jahrelang jeden Tag mitangesehen. Er war wirklich nur die Erlösung. Also haben sie gesagt: Komm, wir setzen uns hier auf den Baumstumpf, und wenn er kommt, dann soll er schießen und Schluß. Und er kam, der Soldat mit seinem Gewehr, aber er warf das Gewehr auf den Boden, zog sich splitternackt aus und rannte in den Wald, damit er den Amerikanern nicht in Uniform in die Hände fiel. Weg war er, und die Amerikaner waren tatsächlich eine Viertelstunde später da und haben diese beiden Frauen aufgesammelt.

Als meine Schwester aus dem Spital kam, hat man sie zurückgeschickt nach Holland. Ihre alte Wohnung, ein Häuschen, in dem sie vor dem Krieg gelebt hatten, stand noch. Drei Tage später brachte das Rote Kreuz den kleinen Jungen, den auf dem Marsch ins Lager Bauern aus der Reihe gezogen hatten, in irgendeinem Dorf – bis heute weiß man nicht, wo – und den ganzen Krieg versteckt und durchgefüttert und dann dem Roten Kreuz gebracht hatten. Eine weitere Woche später erschien der Mann, mit einem gestohlenen Autobus aus der Tschechoslowakei. Er war durch ganz Europa gefahren, hatte überall Benzin geklaut und die Flüchtlinge aufgesammelt. Diese Familie ist ganz heil geblieben, nur der Vater ist umgekommen. Soviel Glück hatten natürlich nur wenige. Aber das hat es gegeben, und sie lebt heute noch. Sie ist älter als ich, und wenn man sie sieht, ist sie voller Temperament

und Unternehmungslust, und sie sagt mit Recht: Mir kann nichts mehr passieren. Was es überhaupt an Schlimmem im Leben geben kann, habe ich schon hinter mir. Auch eine Lebenserfahrung.

HK: Sie selbst sind rechtzeitig emigriert?

JT: Ja, 1934, mit meiner Frau und meinem Sohn. Wir kamen hier zuerst in einen Kibbuz und 1936 dann nach Jerusalem.

HK: Herr Tal, was sind Ihre jüdischen Wurzeln?

JT: Meine Herkunft, mein Elternhaus, so bin ich geboren. Mein Vater war ein sehr orthodoxer und sehr gläubiger Mann. Aber genauso tolerant. Er hat mich niemals zu irgend etwas gezwungen. Denn aus Zwang religiös zu sein, das ist ein Widerspruch in sich selbst. Ob ich nun die religiösen Gebote und Gesetze befolge oder ob ich ein Freidenker bin – ich bin, was ich bin. Diese jahrtausendealte jüdische Tradition enthält ja auch eine große Menge Lebensweisheit – nicht nur moralische Gesetze, sondern auch altes Erfahrungswissen, wie man sich verhalten soll, und zwar sowohl bei tragischen als auch bei sehr schönen Erlebnissen. Auch das Glücklichsein ist ja nicht so einfach. Auch das muß man zu begrenzen verstehen, genauso wie das Tragische, das man erlebt. Das Wesentliche ist, daß man seinem eigenen Ziel immer treu bleibt. Daß man überhaupt ein Ziel hat und dieses Ziel verfolgt, soweit wie möglich, bis zum letzten Tag.

HK: Jüdisch zu sein, bedeutet das für Sie auch, daß man auf dieser Welt eine besondere Aufgabe hat?

JT: Ich würde das allgemeiner formulieren: Sie sind es ja nicht zufällig. Sie haben zwar nichts dazu getan, daß Sie es sind, aber in dem Moment, wo Sie auf die Welt gekommen sind, haben Sie eine Verpflichtung auch sich selbst gegenüber, die Ihnen langsam zu Bewußtsein kommt. Das ist eine Frage der Erziehung. Mit Ihren angeborenen Gaben, Ihrem Erbe können Sie Schindluder treiben. Wenn jemand das tut, ist das tragisch, weil er mit sich nicht fertig wird, weil er nicht weiß, wozu er überhaupt existiert, und sich am Ende völlig überflüssig vorkommt. Aber wenn Sie arbeiten und eine Familie gründen, dann kommen Sie Ihren Verpflichtungen nach. Und wenn man als Jude geboren ist, dann hat man auch seine besondere Verpflichtung.

HK: Ihr persönliches »Arbeiten und Tun«, das ist ja die Musik, das Komponieren, das Unterrichten.

JT: Und die Musik ist auch mein Hauptmittel, um mit anderen Menschen zu kommunizieren. Deswegen ist mir das Unterrichten auch so wichtig. Ich versuche, mit den Schülern an Dingen zu arbeiten, die mich auch selbst interessieren. Die Schüler müssen mir helfen, Probleme zu lösen. Und ich will sie dazu erziehen, daß sie lernen, gut zu fragen.

HK: Die Musik, die Sie komponieren, gilt ja als eher schwierig. Meinen Sie, Ihr Schicksal, alle Umwege, die Sie in Ihrem Leben machen mußten, könnten dafür mit ein Grund sein?

JT: Je mehr ein Mensch erlebt, desto mehr reflektiert er auch. In diesem Sinne haben Sie wohl recht. Aber ich glaube, daß alle zeitgenössische und vielleicht überhaupt alle Kunst schwierig ist. Wenn man seinen Stil gefunden hat, seine Präferenzen, was man am liebsten zum Ausdruck bringen möchte, dann spricht man eine Sprache, die nicht mehr alltäglich ist, an die die anderen sich gewöhnen müssen. Das nennt man dann modern. Wenn jemand nicht unbedingt alles, was schon gesagt worden ist, noch einmal sagen will, sondern es überdenken und neu sagen will, dann muß der, der es hört, sich Mühe geben, um es zu verstehen. Die meisten Menschen erwarten sich von Musik einfach Genuß. Etwas Ungewohntes ist eben nicht ohne weiteres zu genießen. Man muß sich den Genuß erarbeiten.

HK: Hat Ihnen in den schwierigen Zeiten Ihres Lebens die Musik oft geholfen?

JT: Fraglos. Jede schöpferische Tätigkeit hilft dabei – weil man ja den ganzen Menschen mobilisieren muß. Man diskutiert sozusagen mit seiner eigenen Arbeit.

HK: Ist Palästina Ihre neue Heimat geworden?

JT: Ja, es war keine leichte Entscheidung, nach Palästina zu gehen. Als ich hierherkam, zum ersten Mal in Berührung kam mit der Natur dieses Landes, mit den Menschen dieses Landes, bekam ich als erstes eine Infektionskrankheit, eine Art Malaria von einem Insektenstich, und hatte hohes Fieber. Ich weiß noch ganz genau, wie sehr ich mich zurückgesehnt habe. Zumal im Jahre 1934 die Situation in Deutschland ja noch nicht so mörderisch war. Mein persönlicher Lebenskampf war hier anfangs so hart, daß ich mich oft nach meiner Heimat gesehnt habe, obwohl diese Heimat eine sehr gefährliche Heimat war. Das habe ich langsam überwunden, in dem Maße, wie ich mich an diese Landschaft gewöhnt habe, angefangen habe, die Grandiosität dieser Landschaft zu erkennen. Dann hat man auch langsam die Menschen kennengelernt und alles, was zum Beruf gehört – und das ist wohl das, was man Wurzeln schlagen nennt. Ich habe dann eine zweite Familie gegründet. Meine erste Frau ist später an einer Krankheit gestorben, und unser gemeinsamer Sohn ist im Sechstagekrieg gefallen. Sie sehen, es gab auch wieder sehr tragische Dinge. Inzwischen bin ich aber schon dreifacher Urgroßvater. Ich habe einen Sohn und drei Enkelsöhne, und der älteste Enkelsohn hat drei Kinder. Wenn Sie sich so etwas aufgebaut haben, dann ist das eine Heimat. Und wenn ich heute nach Deutschland fahre – ich fahre gern dorthin, ich habe dort zwar keinen einzigen Freund mehr aus der damaligen Zeit, aber viele neue –, dann wird mir bewußt: Das war einmal meine Heimat, aber heute ist sie es nicht mehr. Sie können nicht zwei Heimaten haben, das geht nicht.

HK: Glauben Sie, daß der Staat Israel, in dem das jüdische Volk politisch eine Heimat gefunden hat, also zur Nation geworden ist, für die einzelnen auch in einem emotionalen Sinn zur Heimat geworden ist?

JT: Da müssen Sie vorsichtig sein. Es ist nicht ganz so simpel. Dieses jüdische Volk war ja eine Nation, bevor es vertrieben wurde, hat sich dann über den Erdball zerstreut und ist mehr oder weniger in andere Nationen integriert worden. Es hat aber, und das ist wohl ein einmaliges Phänomen in der Geschichte, niemals seinen Gottesglauben aufgegeben. Unter den widrigsten Lebensbedingungen ist dieses geistige Besitztum, das man die Heilige Lehre oder die Thora nennt, lebendig geblieben bis heute, über alle Generationen hinweg, in allen Ländern der Welt. Und zwar deshalb, weil die Juden ein Bewußtsein davon behalten haben, von wo sie vertrieben worden waren, und eine große Sehnsucht kultiviert haben, an diesen Ort zurückzukehren. Die Sehnsucht war so stark, daß sie die Menschen zusammengehalten hat. Wo sie auch gewesen sind, waren sie eine Gemeinschaft, eine größere oder kleinere, die aber in der Heiligen Lehre wurzelte und aus der Lehre ihre Lebenssäfte zog. Das haben sie immer bei sich gehabt. Und das war etwas, das man nicht ermorden konnte. Diese Lehre hatten sie auswendig gelernt. Die war in ihrem Kopf, die konnte niemand vernichten. Und wenn man es mit Gewalt versuchte, dann ging es wie bei den Marranen in Spanien, die, damit man sie nicht umbrachte, Christen wurden, aber unten im Keller weiterhin Juden blieben. Die Tradition ist so lebendig geblieben, daß dann, als plötzlich mit dem Zionismus das politische Judentum von heute begann, sogar die hebräische Sprache auferstand, als brauchte man sie nur aus dem Schrank zu nehmen.

HK: Die Sprache war vielleicht da, aber die Menschen mußten sie lernen. Nicht alle, die hierherkamen, waren ja in der Tradition aufgewachsen.

JT: Die Juden, die wieder hierher zurückgekommen sind in ihr Land, sind nicht die Juden, die damals zerstreut wurden. Natürlich ist das eine andere Generation, die sich sehr viel von ihren Gastvölkern einverleibt hat. Die kommen hier alle zusammen wie in einem Schmelztiegel. Und dieses Miteinanderverschmelzen dauert Generationen. Das ist kein Vorgang, den man in ein paar Tagen erledigt. Da nützt es auch gar nichts, daß alle dieselbe Abend- oder Morgenzeitung lesen. Bis hier ein junger Mann, dessen Eltern aus Polen sind, nicht mehr sagt: »Ich habe eine Marokkanerin geheiratet«, sondern einfach: »Ich habe ein Mädchen geheiratet«, bis dahin dauert es noch. Diese wenigen Jahre des politischen Zionismus, des nationalen Zionismus, wie wir ihn heute leben, noch nicht einmal hundert Jahre, das ist doch keine Zeit für ein Volk. Außerdem kommt dieses Volk in ein Land, in dem es auf viele Widerstände stößt. Und auch unter sich viele Widerstände erzeugt, weil eben alle aus verschiedenen Himmelsrichtungen kommen, verschiedene Ideale haben und verschiedene Neigungen. Wenn Sie sich nur das Parlament hier anschauen! Das besteht nicht wie ein deutsches Parlament aus lauter Deutschen. In der Diskussion zeigt sich die Verschiedenartigkeit im Temperament und in der Art des Denkens. Und das ist alles nichts Mystisches. Das sind Vorgänge.

HK: Glauben Sie, Sie könnten hier in Israel vielleicht einmal das vermissen, was im Kosmopolitismus der Diaspora enthalten ist? Vielleicht eine Art von Ungebundenheit?

JT: Das kann ich nur ganz persönlich, mit einem Bild, beantworten, und zwar ist es das Bild der Beziehung zweier Menschen. Der eine lebt leider nicht mehr. Er war ein sehr naher Freund von mir, ein Bildhauer, und der andere bin ich selbst. Dieser nahe Freund von mir lebte hier in Jerusalem, ist nie aus seiner Stube herausgekommen, hat nur viel gelesen. Nach Tel Aviv fahren, das war für ihn wie auf den Mond fahren. Aber er wußte alles. Sie konnten mit ihm über alles diskutieren, nicht nur über seine Bildhauerei. Er wußte genau Bescheid und hatte sich zu allem seine eigenen Ideen zusammengezimmert. Zu ihm zu gehen, eine Tasse Kaffee mit ihm zu trinken, war immer ein Erlebnis. Jetzt nehme ich mich: Ich dagegen bin ungeheuer neugierig, reise furchtbar gerne. Ich bin, wenn ich auf dem Bahnhof sein muß, bestimmt zwanzig Minuten zu früh dort, oder ich sitze auf dem Flugplatz und schau mir die Leute an. Und was es auch sein mag, es ist für mich nie langweilig, zu früh dran zu sein, warten zu müssen, bis das Ding wegfährt oder abfliegt.

Wir beide, ganz enge Freunde, waren die größten

Kontraste, die Sie sich vorstellen können. Das war auch sicher einer der Hauptgründe, daß wir so intim befreundet waren: weil wir zwei Seiten ein und derselben Münze waren. Wenn Sie die Frage an mich stellen, ob es nicht besser wäre, daß man in der Diaspora lebt, um mehr Vergleichsmöglichkeiten zu haben – das ist meine Antwort. Die Diaspora können Sie sich in der Welt selbst machen, wo Sie wollen. Im kleinen haben Sie die Diaspora hier im Lande selbst. Wenn ich heute nach Akko fahre, in die alte Stadt bei Haifa, dann fahre ich ins Ausland. Das können Sie mit Jerusalem überhaupt nicht vergleichen. Oder wenn Sie nach Tel Aviv kommen – das ist eine Stunde Fahrt, und Sie sind in einer ganz anderen Welt. Diese Welt hier hat immer noch ihre zwei- oder mehr tausend Jahre auf dem Buckel. Die sind da, die sind nicht tot, die sind nicht nur in Geschichtsbüchern. Die leben, denn die Steine reden.

HK: Herr Tal, wie stellen Sie sich die Zukunft des jüdischen Volkes vor?

JT: Wenn ich mich über die politische Zukunft äußern soll, kann ich Ihnen nur etwas sagen, was ich nicht beweisen kann. Ich verlasse mich gerade auf die eigentlich fürchterliche Vergangenheit der Juden. Der Jude hat von der Pike auf gelernt, zu leiden und zu kämpfen. Nicht gerade mit dem Revolver, aber mit seinem Verstand. Der Verstand war seine Waffe. Auch im Krieg. 1947/48, im sogenannten Befreiungskrieg, war ich auch Soldat. Jerusalem war belagert und ringsum von der Außenwelt abgeschlossen. Man litt Hunger und Durst. Aber wenn ich mich erinnere, mit welchen Waffen wir gekämpft haben ... Das war ungefähr so, wie ich als kleiner Junge zu Hause mit meinen Freunden Räuber und Gendarm gespielt habe, ohne Mittel, aber mit viel Phantasie und Klugheit. Aber es gibt ja noch ganz andere Kräfte als den Verstand und die Waffen. Dazu kann ich Ihnen eine kleine Geschichte erzählen: Ich war damals in einer der entscheidenden Nächte der Kämpfe in Jerusalem an einer Barrikade eingeteilt. Das war einfach eine Mauer, die quer über die schnurgerade Hauptstraße gezogen worden war. Ich stand zur Strafe dort, denn in der Nacht zuvor war ich, auf einem ruhigeren Wachtposten, von einem Offizier beim Schlafen erwischt worden. Nun, dort standen wir also, zu zweit. Der andere hatte als Waffe ein Mittelding zwischen Pistole und MP, und ich hatte eine Rauchbombe, mit der ich mir bestenfalls die Pfeife hätte anzünden können. Auf der anderen Seite der Mauer stand ein englischer Panzer, den wir stoppen sollten für den Fall, daß er durchbräche. Es gab auch ein Loch in der Mauer, wo abwechselnd wir und die Engländer durchguckten, um zu sehen, was in der anderen Hälfte der Welt los war.

Es war tiefe Nacht, nur ein Stückchen Mond war noch am Himmel. Auf einmal wurde es dann ernst. Ein Stück die Hauptstraße hinunter begann ein irrsinniges Schießen. Die Kugeln flogen in allen Farben durch die Luft, und man mußte sich in die Ecke drücken, um nicht einen Blindgänger abzukriegen. Und da sehe ich auf einmal am anderen Ende der Straße, völlig ungeschützt, mitten auf der Fahrbahn, einen Menschen auf uns zukommen, ganz langsam, einen hochgewachsenen Mann. Mein erster Gedanke war: Die Engländer haben uns in die Zange genommen und kommen jetzt schon von der anderen Seite durch! Wir waren ja sowieso auf verlorenem Posten. Also gut, man wartet einfach ab. Der Mann kam immer näher, mit einer Seelenruhe, als würde er irgendwo auf einer Kurpromenade spazierengehen. Dann konnten wir sehen: Es war ein Mann aus dem ultraorthodoxen Viertel. Er hatte einen langen Kaftan und einen langen Bart. Ich dachte, das muß ein Verrückter sein. Wir haben uns nicht gerührt. Er konnte ja auch nicht viel sehen, aber er kam schnurstracks auf mich zu.

Und als er da ist – ich war ganz stocksteif und wußte nicht, was ich tun sollte –, nimmt er seine zwei großen Hände, legt sie mir auf den Kopf und segnet mich. Nimmt aus seiner Tasche einen Zettel, mit irgend etwas bedruckt, steckt ihn mir in die Manteltasche und sagt: »Laß den Zettel dort drin, guck nicht drauf, es wird dir nichts passieren, dir nicht und nicht deiner Familie.« Noch ein Segensspruch, und er dreht sich um und geht denselben Weg, den er gekommen ist, wieder zurück, genauso langsam.

Erst als der Krieg vorbei war und ich die Wintersachen wegpacken wollte, fiel mir der Zettel wieder ein, und er war tatsächlich noch in der Tasche. Es war ein kabbalistischer Zettel. Ich bin damit zu jemandem an der Universität gegangen, der das lesen kann, und er hat es mir erklärt: Das waren alles Sätze, Wörter, Symbole, Zeichen, die mich beschützen sollten. Seitdem läßt meine Frau mich nie wegfahren, ohne daß der Zettel im Gepäck ist.

Wenn Sie mich jetzt nach der Zukunft des jüdischen Volkes fragen: Das ist die Zukunft des jüdischen Volkes. Daß so etwas möglich ist, darin liegt eine ungeheure Kraft. Der Mann hatte überhaupt keine Angst, denn er hat ein Gebot erfüllt. Er mußte diesen Soldaten beschützen. Mit Schießen konnte er ihn nicht beschützen, aber er konnte ihm Gott auf den Kopf geben.

HK: Herr Tal, was haben Sie vorhin gemeint, als Sie gesagt haben, man müsse lernen, sich auch im Glücklichsein zu begrenzen?

JT: Ich glaube, daß man sich in allen seinen Empfindungen disziplinieren muß. Alles, was unbegrenzt ist, verläuft sich letztlich, verläuft im Sande. Ich muß auch darauf achten, daß ich im Glück nicht übermütig oder stolz werde. Daß mir nichts passiert, was man »seine Mitte verlieren« nennt – weder im Unglück noch im Glück.

HK: Was hilft Ihnen, diese Mitte zu bewahren?

JT: Alles das, was ich im Leben erfahren habe, mein Charakter, wenn Sie so wollen, was aus mir geworden ist. Und das ist etwas, was sich immer weiter verändern wird, bis zu meinem letzten Tag.

HK: Ist dieser letzte Tag etwas, woran Sie mit Schrecken denken?

JT: Nein, überhaupt nicht. Der Tod ist ein außerordentlich positives und sehr schöpferisches Element. Der Tod begleitet das Leben vom Moment der Zeugung an. Wir sind ständig mit ihm in Kontakt. Das menschliche Leben strebt, sowie es gezeugt wurde, von Anfang an und mehr und mehr zum Essentiellen, das am Schluß des Lebens zum Ausdruck kommt wie in der Coda eines Musikstückes. In dieser Coda wird das Leben dann vom Tode beschlossen, damit einer neuen Zeugung Raum gegeben wird. Ich glaube, man muß sich davor hüten, ein Perfektionist zu werden, der nie mit seiner Arbeit fertig wird, weil sich in dem Prozeß der ständigen Verbesserungen der Inhalt der Motivation verdünnt, in einem Prozeß, in dem man nur versucht, dem Tod zu entrinnen. Daher sagte zum Beispiel einer meiner Lehrer zu mir, das Schwerste am Komponieren sei das Aufhören. Genau das ist es: Das Aufhören ist nämlich die Coda. Und deswegen ist es auch das Schwerste und das Schönste zugleich, dem Tod als beglückendem Vollender des schöpferischen Lebens die Hand zu reichen. Und das nennt man dann Sterben. Das bedeutet nicht, daß ich jetzt in einer Phase wäre, in der ich nur noch sage, jetzt ist es genug, und eigentlich nur noch darauf warte, daß der Tod kommt. Ich arbeite sehr fleißig. Ich versuche, mehr und mehr das Wesentliche zu sagen, und wenn es dann soweit ist, dann mache ich zusammen mit dem Tod die letzte Coda. Das ist doch eine sehr positive und sehr schöne Tätigkeit. Warum soll man davor Angst haben? Ganz im Gegenteil.

EDWARD TELLER

Physiker, Stanford. Geb. 1908 in Budapest

HK: Herr Dr. Teller, Sie schreiben in Ihrem Buch »Better a Shield than a Sword«, die Wurzeln Ihrer religiösen Überzeugung lägen in der jüdischen Tradition. Könnten Sie mir sagen, was diese jüdischen Wurzeln sind und was für Sie das Spezielle der jüdischen Tradition ist?

ET: Sehen Sie, man benützt Begriffe wie Tradition, um in einem Wort vieles anzudeuten. Klar ist die Tatsache, daß in der jüdischen Tradition die Gesetze betont sind und nicht der Glaube. Über den Glauben wird nicht diskutiert, über die Gesetze schon. In der jüdischen Tradition nimmt man das Gebot, über Gott nicht zu reden, sehr ernst. Deshalb hat es auch in der jüdischen religiösen Literatur keine Diskussion über Gott gegeben. Darüber spricht man nicht. Über die Gesetze spricht man sehr wohl. Die jüdische Gesetzgebung strebt an, real zu sein, gültig für alle und nicht nur für Heilige. Das ist ein gewisser Widerspruch zu der christlichen Religion, in der wir alle Sünder sind. Natürlich, wenn man Gesetze macht, die nur Heilige einhalten können, dann sind wir eben alle Sünder. Die jüdischen Gesetze ähneln nicht den christlichen. Sie ähneln aber der modernen zivilen Gesetzgebung, von der man erwartet, daß ein jeder nach dem Gesetz leben kann.

HK: Überrascht hat mich in dem Buch Ihre Interpretation des berühmten alttestamentarischen Rechtsgrundsatzes »Auge um Auge, Zahn um Zahn«.

ET: Das wir ja oft ausgelegt als Rechtfertigung der Rache. Aber was die Bibel hier meint, ist nicht die Rechtfertigung, sondern die Beschränkung der Rache: daß man nicht mehr fordern darf, als man erlitten hat. Ich habe diesen Punkt im Buch so klar formuliert, wie ich es konnte. Ich würde vorschlagen, über andere Dinge zu sprechen.

HK: Erlauben Sie bitte noch einige Fragen zum Thema Judentum. In Los Alamos waren viele Ihrer wissenschaftlichen Kollegen Juden. Jüdisch sind bekanntermaßen auch überdurchschnittlich viele Nobelpreisträger. Wie erklären Sie diese besonderen Fähigkeiten von Juden, insbesondere in den Naturwissenschaften?

ET: Es gibt sicher mehr als einen Grund. Anders als in Amerika war für Juden in Europa Erfolg nur auf wenigen Gebieten möglich, eben in den Wissenschaften oder in der Musik. Da ist es ganz klar, daß die Juden diese Möglichkeiten wahrnahmen, und das bedeutete eine Konzentration auf diesen Gebieten. Nun aber kommt Hitler, gerade in dem Land, welches das Zentrum für die moderne wissenschaftliche Entwicklung war. Ich habe den Verdacht, daß man sich in Deutschland der ungeheuren Werte, des ungeheuren kulturellen Erfolges, der Blüte zwischen den zwei Weltkriegen in der Wissenschaft Zentraleuropas und vor allem Deutschlands gar nicht voll bewußt ist. Das hat nun Hitler zugrunde gerichtet. Und als dieser wissenschaftliche Fortschritt jäh abbrach, sind zwar nicht alle Wissenschaftler aus Deutschland geflohen, auch nicht alle Juden, aber alle in der Wissenschaft tätigen Juden. Denn für einen Bankier war es nicht so leicht, in England oder Amerika eine Stellung zu finden. Für einen Wissenschaftler war es ganz leicht. Also gibt es hier einen doppelten Konzentrationsprozeß. Erstens durch den Ausschluß der Juden aus anderen Tätigkeitsbereichen und zweitens durch die Möglichkeit für Juden, die in der Wissenschaft waren, zu fliehen. Wenn man diese beiden Faktoren berücksichtigt, ist eigentlich der Umstand, den Sie ansprechen, gar nicht so merkwürdig.

HK: Wie sehen Sie die Zukunft des jüdischen Volkes in der Diaspora und in Israel?

ET: Die brennende Frage ist nicht die Diaspora. Die brennende Frage ist im Moment Israel. Die Israelis sind allerdings im ganzen bewundernswerte Leute. Es wird Sie nicht überraschen, wenn ich sage, daß ich mehr mit dem Likud als mit der Arbeiterpartei übereinstimme. Aber auch der Leiter der Arbeiterpartei, Peres, ist ein ausnehmend guter Mann. Solche Idioten wie Dukakis gibt es in der israelischen Politik nicht – vielleicht ist das eine Übertreibung. Dennoch gibt es große Gefahren in Israel. Die Diaspora ist, glaube ich, heute kaum noch ein Problem. Die Schrecken des Zweiten Weltkriegs und der Konzentrationslager haben bewirkt, daß es wenigstens in der freien Welt für die Juden sehr viel weniger Probleme gibt.

HK: Sind die Voraussetzungen so gut, daß sie sich assimilieren werden?

ET: Ja. Aber das Merkwürdige in Amerika ist nach meiner Meinung, daß Amerika weniger ein Schmelztiegel ist als vielmehr eine Gesellschaft, in der verschiedene Kulturen zusammenleben und auch die Verschiedenheit der Kulturen bewahren und nutzen können. Das amerikanische Volk ist kunterbunt zusammengesetzt, und das liegt daran, daß die Verschiedenartigkeit eher gepriesen als eliminiert wird. Hier gibt es eine Möglichkeit, das Gute an einer regionalen Variante hervorzuheben und die Unterschiede zu loben, anstatt sie auszumerzen. Ich glaube, das ist ein Vorgang, der insgesamt weniger Probleme erzeugt und darum nicht so deutlich bemerkt wird, wie man ihn bemerken sollte. Und aufgrund dessen halte ich es für möglich, daß sich auch die jüdische Kultur unterscheidbar erhalten wird.

HK: Sie leben seit 1935 in Amerika, scheinen mit Europa aber noch enger verbunden zu sein. Sie sprechen noch Ungarisch, sprechen noch Deutsch. Welches Land betrachten Sie als Ihre Heimat?

ET: In den letzten kurzen fünfzig Jahren Amerika.

HK: Und wie ist Ihre Beziehung zu Deutschland?

ET: Das erste Mal nach dem Krieg war es nicht leicht, Deutschland zu besuchen. Später ging es leichter, und mittlerweile tue ich es gern, wenn ich kann. Ich habe noch Freunde in Deutschland aus meiner Studentenzeit. Nicht viele. Darunter einen, den ich sehr bewundere, Carl Friedrich von Weizsäcker. Ja, wir haben zusammen studiert.

HK: Herr Dr. Teller, Sie werden, auch wenn Sie sich dagegen wehren, häufig der »Vater der Atombombe« genannt und haben sich immer wieder mit der Frage nach der Verantwortung des Naturwissenschaftlers auseinandersetzen müssen.

ET: Und ich hoffe, bei solchen Gelegenheiten eine klare Antwort gegeben zu haben.

HK: Die Naturwissenschaftler liefern Forschungsergebnisse und haben doch keinen Einfluß darauf, wie man sie anwendet.

ET: Nein, und den sollen sie auch nicht haben. Wie man das, was man durch neue Kenntnisse möglich gemacht hat, im Detail anwendet, steht nicht in ihrer Macht. Wir haben ja auch als Forscher nicht etwas Neues geschaffen, sondern wir haben es nur entdeckt, und das können andere auch. Auf diese Entdeckung ein Recht zu haben oder für sie eine Verantwortung zu tragen, ist eine ganz unangemessene Vorstellung. Die Frage der Anwendung von Forschungsergebnissen geht jeden an, und in der Art von Gesellschaft, in der ich lebe und an die ich glaube, ist das die Verantwortung eines jeden. Andernfalls wären wir bei den ägyptischen Priestern. Man würde aus den Erfindern Priester machen, Herrscher, Könige, und das ist totaler Unsinn.

HK: Also keine Verantwortung des Wissenschaftlers für das, was er entdeckt hat?

ET: Damit wäre jeder überfordert. Wie etwas im Detail angewendet wird, ist ja nicht voraussehbar. Unsere Umgebung ändert sich so rapide, daß man solche Voraussagen nicht machen kann. Es ist ein weitverbreiteter Irrtum der Intellektuellen, daß sie glauben, das Richtige zu wissen und es anderen aufzwingen zu können. Das steht nach meiner Meinung in totalem Widerspruch zu den demokratischen Ideen. Übrigens ist es ein sehr alter Fehler. Es ist der Fehler von Plato. Platos Staat war ein ausdrücklich kommunistischer Staat. Plato ist für Zensur. Er ist absolut undemokratisch.

HK: Wer soll also die moralische Verantwortung tragen?

ET: Die Gesellschaft. Wie kann man diese Frage überhaupt stellen? Wie können Sie zugeben, daß das für Sie nicht klar ist, wenn Sie für eine demokratische Regierungsform sind? Da hilft nur eines, die Verantwortlichkeit eines jeden Staatsbürgers ernst zu nehmen. Auf die Vernunft einer Gruppe wie zum Beispiel der Gruppe der Wissenschaftler oder der Gruppe der Kommunisten oder der Gruppe der Aristokraten kann man sich nicht verlassen. Da sind die Wissenschaftler nicht besser als irgendeine andere Gruppe. Sie mögen sogar schlechter sein, denn sie haben in der Politik keine Erfahrung. Wenn man sich einbildet, man wüßte die Antworten, hat aber keine Erfahrung, keine Praxis, dann ist das Risiko, falsch zu handeln, sehr groß.

HK: Sie schrieben einmal, nach dem Krieg hätten Sie versucht, zum einfacheren Leben des Wissenschaftlers zurückzufinden. Wie ist das zu verstehen?

ET: Ich habe angefangen als Wissenschaftler, und dann, im Laufe des Zweiten Weltkriegs, begann ich, an Anwendungen zu arbeiten. Das war nicht, was ich selbst machen wollte, aber es schien mir unter den gegebenen Umständen nötig. Dann versuchte ich wie alle anderen, zur theoretischen Physik zurückzukehren. Dort hätte ich mich viel wohler gefühlt. Es war eine bemerkenswerte Entwicklung, daß während des Kriegs praktisch alle Physiker die angewandte Physik verließen. Als der Krieg zu Ende war, wollte keiner bei der Weiterentwicklung der Waffen bleiben, so daß dieses Gebiet vollständig verlassen gewesen wäre. Ich hielt das für falsch. Sie werden es vielleicht gelesen haben: Als die Frage der Wasserstoffbombe akut wurde, versuchte ich, Fermi und Bethe dafür zu interessieren, daß sie daran teilnehmen. Und als sie ablehnten, war es ziemlich klar, daß ich dabeibleiben mußte. 1949 kam die russische Atombombe. Es war abzusehen, daß die Sowjets nicht dabei stehenbleiben würden. Bis dahin hatten wir ein paar Jahre Vorsprung. Bei der Vollendung der Wasserstoffbombe gab es den nicht mehr. Da hatten die Sowjets gleichzeitig dieselben Resultate. Also war das eine Aufgabe, die durchgeführt werden mußte, die ich aber viel lieber nicht durchgeführt hätte. Jedenfalls nicht allein. Das ist es, was ich meine.

HK: Sahen Sie darin Ihre staatsbürgerliche Verantwortung?

ET: Ja. Wenn ich eben sehe, daß etwas getan werden muß und daß andere es nicht tun. Es ist dann meine Pflicht als Staatsbürger, weil ich eben speziell dazu fähig bin. Wenn ich gehandelt hätte, wie mir es paßte, hätte ich es nicht getan.

HK: Können Sie sich vorstellen, daß es irgendwann einmal einen Status quo im Wettrüsten geben wird?

ET: Warum essen, ich will ja nicht dicker werden. Ich kann einfach aufhören zu essen, aber dann höre ich auch auf zu leben. Einen Status quo gibt es nicht im Leben. Wir sind in einer Periode, in der die Technologie fortschreitet. Wer daran nicht teilnimmt, ist nicht dabei. Niemand sagt: Wir wissen genug, jetzt hören wir auf zu forschen. Denn jede Kenntnis läßt sich auch militärisch nutzen, und stehenzubleiben, besonders zu einem Zeitpunkt, da die Angriffswaffen sich entwickeln, ist außerordentlich gefährlich. Wir versuchen ja jetzt, soviel Gewicht wie möglich auf die Verteidigungswaffen zu legen. Aber die meisten Physiker wollen auch damit nichts zu tun haben, zumindest die Akademiker, und sie werden sehr vermißt.

HK: Warum wollen die Akademiker nicht, was glauben Sie?

ET: Das beruht auf einer Ideologie, auf einer Linksideologie, die klar besagt, daß alles, was mit dem Militär zu tun hat, falsch sei. Aber darauf möchte ich jetzt nicht weiter eingehen, denn schließlich ist dies das Hauptthema meines Buches, das ich hoffe, dort ausreichend erklärt zu haben. Und es dann in zwei Sätzen zusammenzufassen, wäre nicht richtig. Daß Argumente, die gegen Verteidigung überhaupt vorgebracht werden, Unsinn sind, ist klar. Ich muß aber zugeben, was ich hierzu vor zwei Jahren geschrieben habe, stellte sich als nicht ganz richtig heraus, und ich will Ihnen sagen, warum. Im Frühling 1983 forderte Reagan uns auf, an der Verteidigung zu arbeiten. Ich wollte, die meisten meiner Kollegen wollten nicht. Ich befand mich aber auch nicht in völliger Übereinstimmung mit Reagan. Reagan betonte von Anfang an, daß die Verteidigung womöglich ohne Nuklearwaffen auskommen sollte. Ich war nicht dieser Meinung, denn die Verteidigung schien schwierig genug zu sein ohne diese zusätzliche Einschränkung. Die Entwicklung besonders in den letzten zwei Jahren macht aber immer deutlicher, daß Verteidigung ohne Kernwaffen tatsächlich am besten und am leichtesten ist. Ich hatte also in dieser Hinsicht unrecht. Heute würde ich etwas anderes schreiben.

HK: Werden einmal alle Schwerter zu Pflugscharen werden, wie das die jüdische Religion nach dem Kommen des Messias prophezeit?

ET: Ich habe Ihnen bereits erklärt, daß es nicht meine Aufgabe ist, über Dinge zu reden, über die ich nichts weiß, und daß man in der jüdischen Religion über solche Dinge nicht diskutiert. Ich kann Ihnen nur sagen: Wir sind uns alle einig, daß der Messias noch nicht gekommen ist, und ich will nicht auf den Messias warten.

HK: Sie sagten einmal, das Leben wäre unerträglich ohne den Tod. Ist der Tod eine Erlösung?

ET: Der Tod ist natürlich eine Erlösung, nämlich vom Leben.

HK: Und an anderer Stelle sprechen Sie von der Pflicht zu leben.

ET: Es gibt den Spruch: Jeder hat ein Recht zu leben und die Pflicht zu sterben. Und ich finde es interessant, wenn man solche Sprüche umkehrt: Jeder hat eine Pflicht zu leben und ein Recht zu sterben.

HK: Pflicht ist meistens etwas Unangenehmes ...

ET. ... und zu leben ist ja in der Tat nicht immer angenehm. Es ist eine Art, sich die Welt anzusehen, die man sich besser vorstellen kann als den Messias: daß das Leben eben eine Pflicht ist, eine begrenzte Pflicht, von der, wenn sie zu schwer wird, man immer sagen kann, daß diese Pflicht nicht unbegrenzt ist.

HK: Sie kennen vielleicht die Gedanken von Hans Jonas zu der Frage, warum Gott den Holocaust zugelassen hat.

ET: Schauen Sie, das ist eine Frage, auf die es eine klare Antwort gibt in der Bibel, im Buch Hiob. Hiob war ein rechtschaffener Mensch, hatte sieben schöne Weiber und hundert Söhne oder wie viele auch immer, und die sind alle zugrunde gegangen, und er ist krank geworden. Er hat all das geduldet, aber am Ende hat er doch gehadert und gesagt: Herrgott, womit habe ich das verdient? Doch nachdem er sich gefügt hatte, all das nicht zu verstehen, wurde er wieder geheilt, hat sieben weitere Weiber gehabt und weitere hundert Söhne. Also, das Problem ist in der Bibel klar formuliert. Es wird ganz klar gesagt: Wir verstehen das nicht, und es ist nicht unser Geschäft, das zu verstehen. Die Antwort ist: Frage nicht.

HK: Das ist aber schwer zu akzeptieren. Eine fast übermenschliche Forderung.

ET: Lesen Sie das Buch. Ich meine, das ist klarerweise nicht eine neue Frage. Auschwitz hat es schon vor zweitausend Jahren gegeben. Ich weiß nicht, was die Antwort ist, aber wenn ich die Bibel ernst nehme, dann ist es mir nicht besonders wichtig, den Aufsatz von Jonas zu lesen. Deshalb ist das eben eine der Fragen, mit denen ich mich lieber nicht beschäftigen möchte, solange ich nicht selbst in Auschwitz bin. Wenn es mir sehr schlecht geht, werde ich wahrscheinlich auch hadern. Ich sollte nicht, aber ich werde wahrscheinlich.

HK: Haben Sie Angst vor der Zukunft?

ET: Wenn mir etwas Sorgen macht, so ist es die Vorstellung, wieviel schlechter es hätte gehen können, in der Vergangenheit. Nein, der Zweifel, das Quälende beim Gedanken an die Zukunft ist nicht so stark. Eine gewisse Angst vor der Zukunft muß immer da sein.

HK: Warum?

ET: Die Zukunft ist ungewiß. Ich bin 1908 geboren und war mir schon im Ersten Weltkrieg dessen ziemlich bewußt, was da vor sich ging. Im Zweiten Weltkrieg noch stärker. Wenn man irgendein Interesse an Geschichte hat, dann sollte man also erkennen, daß wir mindestens in der freien Welt und ganz sicher in Amerika in einem ganz ungewöhnlich glücklichen Zeitalter leben. Es ist merkwürdig, daß man diese schrecklichen Märchen vom Untergang der Menschheit immer wieder auftischt. Im Denken, im öffentlichen Denken, wenn es so etwas gibt, werden die zukünftigen Gefahren viel stärker betont, als es angemessen wäre.

HK: Was ist für Sie das Böse?

ET: Die Überzeugung, recht zu haben. Wenn man uneingeschränkt gläubig ist, in der Kirche, in der Politik, dann wird man zum Inquisitor, zum Diktator. Mit der Ansicht, das Übel käme von den Idealisten, bin ich nicht ganz einig. Ich stimme aber zu, wenn man das Wort Idealist als Schimpfwort benutzt, so daß der Idealist dem Fanatiker ähnlich wird. Wenn man sicher ist, recht zu haben, das kommt dem Bösen schon sehr nahe. Denn dann hat man das Gleichgewicht verloren.

HK: Was wäre geschehen, wenn die amerikanische Atombombe schon während der Herrschaft Hitlers einsatzfähig gewesen wäre?

ET: Darüber spricht niemand. Es ist ein großes Glück, daß es nicht so gekommen ist. Die Vorstellung, wie schrecklich es hätte werden können, ist etwas, das mich sehr belastet. Wenn wir mit der Atombombe ein Jahr früher fertig gewesen wären, dann –

daran gibt es wenig Zweifel – hätte man die Bombe gegen Hitler eingesetzt. Nun wollte Hitler eher den völligen Untergang Deutschlands in Kauf nehmen, als den Krieg verloren zu geben. In Japan haben zwei Bomben genügt, denn Hirohito war eindeutig für den Frieden, und heute wissen wir, daß schon eine bloße Demonstration der Folgen dieser Waffe genügt hätte. In Hitlers Deutschland wäre es viel schrecklicher geworden. Wenn der Krieg länger gedauert hätte oder wir in Los Alamos früher fertig geworden wären – was dann? Möglich, daß dann alle großen deutschen Städte vernichtet worden wären. Das hätte geschehen können. Wenn ich mit mir selbst argumentiere, dann komme ich an diesen Punkt. Wenn die Alternative gewesen wäre, Hitler siegen zu lassen oder die Atombombe einzusetzen, dann wären es nicht ein oder zwei Bomben gewesen, sondern mindestens ein Dutzend.

HK: Auch im Hitler-Deutschland ist ja an der Atombombe gearbeitet worden.

ET: Ja, ursprünglich war dort das wirkliche Zentrum, wo die Weichen gestellt wurden. Hitler hat dieses Zentrum zugrunde gerichtet, obwohl der Hauptteilnehmer, Werner Heisenberg, in Deutschland geblieben ist. Heisenberg hat sogar in Deutschland an der Atombombe gearbeitet und dabei viele Fehler begangen. Er hat daran gearbeitet, aber war sicher nicht ganz bei der Sache. Ich bin überzeugt, man arbeitet anders, wenn man wirklich Erfolg haben will. Es ist ein heikles Thema. Die Nazis hatten eine große intellektuelle Bewegung vernichtet, und Heisenberg sah es als seine klare Aufgabe an, die Physik in Deutschland wiederzubeleben. Nach dem Krieg habe ich ihn besucht, und ich weiß, daß das sein Hauptziel war. Aber nach meiner Meinung hat er es nicht erreicht. Ich bin persönlich mit ihm nicht einig, aber er war ein wunderbarer Mensch.

HK: Sie hatten durch Ihre Arbeit als Atomphysiker großen Einfluß auf die Politik, um nicht zu sagen auf die Weltgeschichte. Wie ist Ihr Verhältnis zur Macht?

ET: Keines. Ich habe kein Interesse an Macht.

HK: Sie haben aber immer noch großen Einfluß als politischer Berater. Ist das nicht auch Macht?

ET: Ich erfülle eher eine Pflicht, und manchmal, wenn es um wichtige Dinge geht, habe ich auch mal eine nicht ganz leichte Entscheidung zu treffen. Ich will es so sagen: Unter gewissen Umständen rede ich gerne. Gestern abend war ich eingeladen in Albuquerque, um bei der Fünfundzwanzig-Jahr-Feier für ein militärisches Laboratorium zu reden. Es war ein Abendessen für fünfhundert Leute, eine ganz schöne Feier, aber etwas lang und langweilig. Ich sollte der letzte Redner sein. Natürlich waren die Leute schon ziemlich müde, aber es ist mir gelungen, mich sehr kurz zu fassen. Jeder war mir sehr dankbar, daß er nach Hause gehen konnte. In fünfzehn Minuten habe ich über Fragen gesprochen, die ich in meinem Buch behandle. Und dadurch, daß ich die Aufmerksamkeit der Zuhörer nicht strapaziert habe, habe ich wahrscheinlich eine beachtliche Anzahl von einflußreichen Leuten beeinflußt. Das ist die einzige Art von Macht, die mich interessiert: daß man zuhört und zumindest nachdenkt darüber, was entschieden werden muß.

HK: Wenn Sie heute zurückblicken …

ET: Kein Bedauern.

HK: Würden Sie heute einiges anders machen, wollte ich fragen.

ET: Sehen Sie, Sie haben mich gefragt, ob der Wissenschaftler verantwortlich ist. Im Prinzip sage ich, nein, er kann es nicht sein und ist es nicht. Wenn andere sagen, du hast etwas getan, was das Ende der Menschheit herbeiführen könnte, stört mich das nicht. Denn da habe ich ein klares Gefühl. Für solche Dinge kann man nicht verantwortlich sein. Stellen Sie sich vor, daß wir die Wasserstoffbombe nicht gebaut hätten, die Russen aber sehr wohl. Ich glaube, alles, was ich getan habe, war notwendig, und vielleicht habe ich hier und da einen Fehler verhindert. Nein, ich empfinde kein Bedauern.

GEORG STEFAN TROLLER

Journalist, Paris. Geb. 1921 in Wien

HK: Herr Troller, Sie sind im Zentrum von Wien und in dem Wiener Vorort Döbling aufgewachsen. Im Jahre 1938, kurze Zeit nach der sogenannten Reichskristallnacht, ist Ihre Familie emigriert, zunächst nach Prag. Mit Hilfe eines falschen uruguayischen Visums gelangten Sie dann von Prag nach Frankreich. Wie kamen Sie zu diesem Visum?

GST: Das Visum war von einem Bekannten, einem Schulfreund meines Vaters in Prag, ausgestellt, der Ehrenkonsul von Uruguay war und keinerlei

Recht hatte, Visa auszustellen. Aber letzten Endes hat uns dieses Papier das Leben gerettet.

HK: Wie gelangte Ihre Familie von Frankreich in die Vereinigten Staaten?

GST: Nach neun Monaten Internierung in verschiedenen französischen Lagern mußten wir erneut fliehen. In Marseille schaffte es mein Vater, für mich noch einen Platz auf einem Schiff zu ergattern, das nach Amerika gehen sollte, dann aber in Nordafrika aufgehalten wurde. So erlebte ich noch einmal zwei Monate Internierungslager in der Wüste, in Marokko, und gelangte dann von dort aus im Sommer 1941 nach Amerika. Meine Eltern kamen über Spanien und Portugal heraus und trafen einige Monate nach mir in Amerika ein. Sie gehörten zu den letzten, die es geschafft haben. Wir haben uns gerade noch gerettet dank meines Vaters Tüchtigkeit. Ich selbst wäre bestimmt im Holocaust zugrunde gegangen, weil ich nicht genug Willenskraft, nicht genug Vertrauen zum Leben oder Vertrauen zu Gott oder Vertrauen zu mir selbst besaß, um entschlossen mein Leben zu verteidigen.

HK: Haben Sie heute Vertrauen zu Gott?

GST: Ja. Ohne daß ich definieren könnte, wer Gott ist. Aber ich habe seit einigen Jahren, vor allem seit der Geburt unserer Tochter Tonka, vor zwölf Jahren, das Gefühl, mehr in Einklang mit mir selbst, in Einklang mit dem Leben, mit meiner Umwelt und damit auch mit Gott zu stehen. Ich habe den Eindruck, daß das Leben nicht gegen mich ist oder, anders formuliert, daß Gott doch kein ironischer Witzbold ist, wovon ich früher überzeugt war. Jetzt glaube ich eher, Gott meint es ernst und vielleicht sogar gut mit mir. Viele assimilierte Juden sind zugrunde gegangen oder nicht rechtzeitig geflohen, weil sie unbewußt davon überzeugt waren, daß niemand, auch nicht Gott, an ihrem Überleben interessiert sei. Ich rede nicht von den Ostjuden, die nie am göttlichen Sinn des Daseins zweifelten. Aber die westlichen Juden, vielleicht auch unter dem Einfluß von Kafka, waren eher von der Sinnlosigkeit ihres Daseins überzeugt.

HK: Aber verpflichtet die jüdische Religion nicht jeden dazu, das Leben zu bejahen?

GST: Schon, aber wir waren ja nicht eigentlich religiös. Häufig hatten wir den Gottesglauben gegen den Goethe-Glauben eingetauscht. Die assimilierten Juden glaubten ja fast mehr an die deutsche Kultur als an Gott. Sie waren in den deutschen Kulturkreis eingebettet, und ich glaube, viele sahen sich als eine Art folkloristischer deutscher Stamm, wie die Oberbayern oder Ostfriesen. Und gar die Wiener Juden, die ja den Aufschwung von »Wien 1900« geradezu aus sich selbst herausgezaubert hatten.

HK: Wo war denn Gott in Auschwitz? Haben Sie an Gott gezweifelt, weil er Auschwitz zugelassen hat? Mußte man nicht fragen: Wie konnte Gott Auschwitz zulassen?

GST: In der Filmtrilogie »Wohin und zurück«, die ich für Axel Corti schrieb, ist der erste Teil übertitelt: »An uns glaubt Gott nicht mehr.« Viele von uns waren von dem Gefühl beseelt. Zwar glauben wir noch an Gott, aber Gott glaubt nicht mehr an uns. Wo war Gott in Auschwitz? Diese Frage ist nicht zu beantworten. Ich glaube wohl, daß Gott in Auschwitz war, nämlich bei den Juden. Aber wieso war er nicht bei der SS? Wo blieben die lebendigen Gewissen von Zehntausenden oder Hunderttausenden von Menschen, die hätten leiden müssen, weil sie uns willkürlich und sinnlos zum Leiden brachten? Sie hätten ebenso am Morden leiden müssen wie wir am Ermordetwerden. Wieso nicht? Das ist die Frage, auf die es keine Antwort gibt.

Ich war zum erstenmal vor einem Jahr in Auschwitz. Es ist nicht zu begreifen. Es übersteigt das menschliche Fassungsvermögen. Man hat mir da Details gezeigt: Knochensplitter im Gras, Orte, wo man verbrennendes menschliches Fett aus Leichenhaufen abschöpfte, um es wieder oben darüber zu gießen wie auf einen Gänsebraten. Man kann nicht verstehen, wie Menschen dazu fähig sind, andere Menschen, Juden, zwingen zu können, das zu tun. Da scheint Gott total abwesend. Und es ist leider so, daß viele der heutigen Deutschen das gar nicht als einen zweiten Sündenfall ansehen. Sondern als einen Betriebsunfall, den man nun endlich vergessen kann. Wie Herr Strauß sagte: Ein Volk, das solche Wirtschaftsleistungen vollbringt, hat das Recht, Auschwitz zu vergessen. Gut, es wundert mich nicht, daß die Deutschen als Volk unfähig sind zu trauern. Ein Volk kann nicht trauern. Aber wieso gibt es so wenig individuelle Trauer? Woher diese millionenfachen Ausreden? Den Satz: Es muß endlich einmal Schluß damit sein, habe ich zum erstenmal schon vor dem Kriegsende gehört, als wir alliierten Soldaten in Deutschland einzogen. April, Mai 1945. Da redeten die Leute schon so. Und der Nazismus war etwas längst Vergangenes, Halbvergessenes. Die Prügel waren ja schon bezogen: Bombenteppiche, gefallene Söhne, Vertreibung aus dem Osten. Wozu also noch von Strafe reden? Statt dessen: Aufrechnung. Dresden gegen Auschwitz, Rote Armee gegen Dachau ... Dazu gibt es einen großartigen Satz von Giordano: »Wer vergleicht, fühlt nichts.« Wer ein Massaker mit dem anderen vergleicht oder wer – wie im Historikerstreit – Stalin mit Hitler vergleicht, hat eben kein Gefühl, keine Kompassion, weder mit den Opfern Stalins noch denen Hitlers. Er sucht nur nach Rechtfertigungen für sich selbst. In meinem Buch »Selbstbeschreibung« habe ich mit Humor, mit aggressivem, sardonischem Witz zu sagen versucht, wir mir ums Herz ist. Weil ich das Gefühl hatte, wenn man die Leute zum Lachen bringt, kann man alles sagen, und nur dann. Aber dieser Humor kommt aus der Verzweiflung. Es ist eben der jüdische Galgenhumor. Wie sonst reagieren gegen Leute, die im Tiefsten davon überzeugt sind, daß wir unseren eigenen Tod verschuldet haben?

HK: Warum sind Sie nach dem Krieg nicht nach Österreich oder Deutschland zurück, sondern nach Frankreich gegangen?

GST: Ich habe ja versucht zurückzukehren, hatte aber nicht das Gefühl, daß mich irgend jemand braucht, verlangt, ruft. Ich war besessen von diesem Traum, irgendwann müßte der Ruf der Heimat ertönen. Natürlich eine sehr romantische Vorstellung, unrealisierbar. Es sind ja einige Emigranten nach Wien zurückgegangen – ich denke an Weigel, Torberg und andere. Sie haben sich ganz vernünftig im Rathaus gemeldet und gesagt: Da bin ich wieder, hätten Sie Verwendung für mich? Auf diese Idee kam ich nie. Ich erwartete irgend etwas Metaphysisches. Ich erwartete, daß die Bewohner meiner ehemaligen Heimat vom Wiedersehen mit mir so überwältigt sein würden, daß sie mich auf den Knien bitten würden, zu verzeihen und dazubleiben. Nichts dergleichen geschah, und nichts dergleichen konnte geschehen. Hier wurde ja gehungert, man interessierte sich hauptsächlich für Konserven und Kaffee und was immer die Amerikaner mitbrachten. Nylons, Zigaretten, Schokolade. Die mußten ja überleben. Und auch mein eigenes Auftreten war nicht gerade versöhnlich, denn ich fühlte mich doch sehr als Amerikaner und als Sieger. Man emigriert eben auf Lebenszeit. Es gibt keine Wiederkehr.

HK: Sie sind damals als Soldat zurückgekommen?

GST: Ich kam als amerikanischer Corporal, in der 45. Infanteriedivision, den »Donnervögeln« aus Oklahoma. Ich gehörte einem Team an, das deutsche Gefangene verhörte.

HK: Wie landeten Sie dann endgültig in Paris?

GST: Ich war noch ein Jahr Besatzungsmitglied, kam im Mai 1946 nach Amerika zurück, habe drei Jahre in Kalifornien und in New York studiert und kehrte im Herbst 1949 nach Wien zurück, in der geheimen Hoffnung, doch noch Fuß zu fassen. Aber Wien war nicht an mir interessiert. Ich habe dann dort zwei Monate Theaterwissenschaft studiert und bekam im November 1949 ein amerikanisches Stipendium für die Sorbonne in Paris. Sollte ich gehen? Ich ging. Seitdem bin ich in Paris, ohne daß ich es je als Heimat empfunden hätte. Ich hatte immer nur den einen Wunsch, mich in Deutschland, besser gesagt, dem deutschen Sprachraum und Kulturkreis zu integrieren. Und so glaubwürdig zu werden, daß man mir meine Geschichte abnehmen mußte, wenn ich soweit war, sie zu erzählen. So habe ich dreißig Jahre lang meine journalistische Arbeit getan. Und dann kam diese Filmtrilogie und jetzt mein Buch.

HK: Haben Sie außer Ihrem amerikanischen Paß auch noch einen österreichischen, deutschen oder französischen?

GST: Nein, keinen. Die Amerikaner haben mir das Leben gerettet. Das war's dann.

HK: Betrachten Sie Wien noch als Ihre Heimat? Oder, anders gefragt: Was bedeutet Heimat für Sie?

GST: Ja, eben nur das, was man mit sich herumträgt. Das habe ich herausgefunden. Das bißchen Heimat, das ich brauche, trage ich mit mir herum. So schön es auch ist, nach Wien zurückzukommen – Heimat in dem Sinne, daß man sich ohne Einschränkung zugehörig fühlt, habe ich nicht und brauche ich nicht mehr. Nur ewig schade ist es halt.

HK: Aber damals wollten Sie irgendwie dazugehören.

GST: Das will ich noch immer. Ich will zum deutschen Kulturkreis gehören. Ich habe daran gearbeitet, daß die deutsche Kultur in mir lebendig bleibt. Das ist immer eine der Antriebsfedern meines Wesens gewesen. Aber das führte zu einem grotesken Zustand. Ich beschreibe da in meinem Buch, wie ich mich an der deutschen Sprache und Kultur festkralle. Bis hin zu der Weigerung, Englisch zu sprechen. Aber die Belange der Bundesdeutschen sind mir eigentlich gleichgültig. Es ist mein Publikum, aber nicht mein Volk. Meine Kultur, aber nicht mein Land.

HK: Sie haben einmal erwähnt, daß Sie damals nicht Englisch gesprochen haben, um Ihre Muttersprache nicht zu verlieren.

GST: Ja, genau. So etwas habe ich nie von einem anderen Exilmenschen gehört. Es war eine Art von Besessenheit. Als würde ich mit der Sprache auch meine Identität verlieren. Daß ich heute Englisch so gut spreche und schreibe wie Deutsch, ist ein Nebeneffekt, den ich ausschließlich meiner Armeedienstzeit und meinem Studium in Kalifornien verdanke. Aber stets zählte für mich nur der deutsche

Kulturkreis. Ich habe auch nie versucht, in Frankreich kulturell Fuß zu fassen.

HK: Sie haben einmal geschrieben, daß jeder Wiener von seiner Geburtsstadt auf Lebenszeit geknetet und geformt werde, wohin es ihn auch verschlägt. Gilt das auch für Sie selbst?

GST: Ich fühle mich im Kern als Wiener. Ich glaube, daß meine artistischen Stärken und meine Charakterschwächen, diese einzigartige Verbindung von Ästhetik und Mangel an Durchschlagskraft, sehr wienerisch ist. Und ich habe bestimmt etwas vom Wiener Charme und die Fähigkeit, Leute zu überreden und selbst schnell beeindruckt zu werden, eine Hingabefähigkeit an Dinge und Menschen. Und jene wienerische Sentimentalität, dieses Zerfließen in Wehmut. Heute sehe ich diese Zugehörigkeit zum Wienertum, aber auch zu so vielen anderen Kulturen, als Bereicherung, während ich es früher als inneren Zwiespalt empfand. Als Mangel an Zugehörigkeit. Als Wurzellosigkeit. Als Schande. Vor ein paar Jahren wurde ich von einem Verlag aufgefordert, einen Beitrag zu schreiben, wie man Deutschland im Ausland sieht. Und ich war in dem Dilemma, daß ich nicht wußte, schreibe ich jetzt darüber als Deutscher oder als Ausländer. Ich kam nicht damit zu Rande. Konnte es einfach nicht schreiben. Bis ich zu meiner Verblüffung und Erleichterung herausfand: Sobald ich mich ironisch verhielt – sowohl gegenüber Deutschland als auch gegenüber den Ausländern –, dann ging es. Ich kann nur schreiben als Nichtanhänger, Nichtzugehöriger.

HK: Wie ist Ihre Beziehung zu Deutschland ganz allgemein?

GST: Die besteht nur aus widersprüchlichen Gefühlen. Es passiert mir ganz selten, daß ich sage: wir Deutschen oder: wir Wiener, und wenn, dann scherzhaft. Nie in dem Sinne, daß ich einen Moment glauben würde, ich bin eigentlich Deutscher oder Österreicher. Trotzdem habe ich das Gefühl, daß ich für diese Länder etwas geleistet habe, auch ohne eigentlich dazuzugehören. Deutschland: das sind die Menschen, mit denen ich arbeite, durch die ich mein Brot verdiene und die mich im großen und ganzen als Mitmenschen behandelt haben, über Jahrzehnte hinweg. Dort habe ich meine Freunde, dort sind Orte, in denen ich mich wohl fühle. Ich liebe München. Und zugleich weiß ich, wenn ich jemanden ankratze, kommen uralte Vorurteile zum Vorschein. Und nicht nur dort. Uralter, nie besänftigter Haß. Nie abgebaute Schnapsideen über Juden, Türken, Zigeuner als Schmutzfinken, Zersetzer, Parasiten.

HK: Wollen Sie sagen, daß der Rassismus in Deutschland unverändert fortbesteht?

GST: Natürlich nicht. Vor allem nicht seit 1968, im Unterschied zu Österreich. Es hat sich viel geändert, aber es gibt auch schon wieder die Republikaner. Und die alten Nazis leben ja dank ihres guten Gewissens besonders lang. So wie dieser Reichsfilmführer, der den »Ewigen Juden« produziert hat und sich jetzt in einer Talkshow über die Kristallnacht als Judenfreund ausgibt. Achtzig Jahre alt, strahlend braungebrannt, weißhaarig, sieht aus wie Luis Trenker. Hat sich nie mit seinem Gewissen herumgeschlagen. Und es ist das Gewissen, das die Menschen alt macht. Leider Gottes haben auch viele alte Nazis der Jugend allerhand beigebracht. Es ist also nicht so, daß ich das Gefühl habe, in Deutschland sei jetzt alles in Ordnung. Aber natürlich ist Deutschland noch Gold, verglichen mit Österreich. Die haben da kürzlich am Stephansplatz Gedenktafeln mit Fotos aus den Konzentrationslagern aufgebaut und die Passanten befragt, was sie davon halten. Da stehen einem die Haare zu Berge. Dachau und Auschwitz seien von den Alliierten mit Wachspuppen nachgestellt worden. So etwas habe es nie gegeben und werde es nie geben. Das sagen ganz normal aussehende, gut angezogene Leute auf der Straße. Immerhin kann ich jetzt voraussetzen, in Deutschland und Österreich, daß ich nicht angestänkert werde. Ich bin völlig entspannt, wenn ich dorthin komme. Ich habe aber jetzt auch das Gefühl, diese Länder haben, als ich emigrierte, ebensoviel verloren wie ich. Ich habe die Heimat verloren, aber sie haben den Troller verloren.

HK: Ich glaube, wir in Deutschland ermessen immer noch nicht, welches Potential wir durch die Vertreibung und Vernichtung der Juden kaputtgemacht haben.

GST: Eine ganze Kultur. Unvorstellbar. Und nicht einmal nur die Hochkultur. Denken Sie an die Witzblätter, die Schlager, den Boulevard, das Kabarett, die Mode.

Warum ist es denn in Deutschland so langweilig? Warum sind diese Talkshows so unbedarft? Und bei den Witzen verkriecht man sich vor Scham. Alles nett, naiv, kleinstädtisch, kleinkariert. Da fehlt Welt! Mal ganz abgesehen davon, daß die Juden dort, wo sie nicht selbst kreativ waren, gern den Mäzen gespielt haben. Fast die ganze Jugendstilkultur beruhte auf jüdischem Geld. Ein Mann wie Robert Musil wurde von einem Komitee jüdischer Damen ausgehalten, damit er seinen »Mann ohne Eigenschaften« schreiben konnte, über ein Jahrzehnt hinweg. Wer hat denn Fontane vergöttert,

Gerhart Hauptmann beklatscht, die Dreigroschenoper finanziert? Wer hat die Noldes gekauft, die Klimts, Schieles, Kokoschkas? Außerdem waren die Juden ein unruhestiftendes Element, und diese Unruhe tat solchen damals eher phlegmatischen Völkern wie den Deutschen ungeheuer gut. Und gehen Sie doch mal der Geschichte der Eisenbahnen, des Textils, der Elektrizität, des Tabakhandels nach. Die Juden haben solche bäurischen Länder wie die k. und k. Monarchie geradezu ins zwanzigste Jahrhundert katapultiert.

HK: Wie erklären Sie sich eigentlich die erstaunliche Befähigung so vieler Juden zu Kulturleistungen? Ist es die Form der Erziehung in den jüdischen Familien? Nehmen wir doch einmal Sie selbst als Beispiel. Was sind die Voraussetzungen für Ihre persönliche »jüdische Erfolgsstory«?

GST: Ich glaube, zuerst, daß man mehr gelobt als kritisiert wird. Oder immer nur mit Liebe kritisiert wird. Daß man das Gefühl hat, Nummer eins in der Familie zu sein. Daß die Familie stolz auf dich ist. Vor allem wird ja in jüdischen Familien das Lernen gefördert, und wenn es ein bloßes Auswendiglernen von Lesebüchern ist. Die Pedanterie des Lernens. Als Junge habe ich mich darüber lustig gemacht: Vaters ewige Museumsbesuche mit mir. Ich kann wirklich nicht behaupten, daß Vater mir das Wesen der Kunst nahegebracht hätte. Aber er hat mir beigebracht, daß es wichtig ist, Museen zu besuchen, Daten zu speichern, Künstler und Kunstrichtungen zu kennen. Das hat für mich etwas sehr Jüdisches. Die jüdische Tradition ist ja das Lernen des Talmud, der moralischen Gesetze. Allein in der Kurzfassung des Talmud gibt es sechshundert Gebote. Die jüdische Religion beruht auf Moralvorschriften. Je weiter sich aber die Juden assimilierten, nicht nur in Deutschland, desto mehr übertrugen sie diese Fähigkeit, sich komplizierte Gedankengänge anzueignen, auf ihre weltliche Umgebung. Sie wurden die besten Anwälte, die besten Ärzte und Wissenschaftler. Als mein Bruder den Faust-Monolog auswendig lernen mußte, war ich zwölf Jahre alt und habe ihn einfach durch Zuhören mitgelernt. Ich konnte damals Hunderte von Gedichten auswendig. Das Lernen blieb uns also, wenn auch die Materie, mit der man sich früher befaßt hatte, die jüdischen Moralgebote, zunehmend beiseite geschoben wurde. Ich glaube, daß diese verblüffende Fähigkeit der Juden, voranzukommen, etwas zu leisten, sich durchzusetzen, scharf zu denken und vorauszublicken, letztlich darauf beruht, daß wir über zwei Jahrtausende hinweg unsere Gehirne mit Bibel und Talmud geschult haben. Daneben natürlich auf unserer dauernden Wachsamkeit und Verteidigungsbereitschaft einer feindlichen Umwelt gegenüber.

HK: Sie schreiben in Ihrer Biographie: »Auch Onkel Robert, Mutters jüngerer Bruder, sah jüdisch aus, wenn auch längst nicht so prononciert wie ich.« Würden Sie sagen, daß es so etwas wie ein typisches jüdisches Aussehen gibt?

GST: Sicher gibt es das. Die Juden sind, obwohl sie wahrscheinlich ursprünglich blond oder rothaarig waren, durch Vermischung mit orientalischen Völkern, vielleicht Armeniern, zu einem Typus gekommen, der offensichtlich ein nahöstlicher ist. Später mischten sie sich erneut mit anderen Völkern, christlichen, slawischen, germanischen, und dieses Typische hat sich dann oft wieder verdünnt. Mein Vater war blond, mein Bruder braun, ich selbst wieder ein schwarzhaariger, langnäsiger »Rückfall«. Dieses Aussehen war in Österreich nicht gefragt. »Er ist ein Jud' und schaut auch danach aus.« Das ist ein Satz, der mir so in Fleisch und Blut übergegangen ist, daß ich ihn, obwohl lange nicht gehört, in meinem Buch ganz automatisch niederschreiben konnte. Man war das, wonach man aussah. Nicht Mensch, nicht Dichter, nicht Kaufmann, nicht Philosoph, nicht Musiker – man war zuerst einmal »Saujud«. Und da die Mißbilligung der Umwelt ja verinnerlicht wird, entstand unvermeidlich das, was damals gerne jüdischer Selbsthaß genannt wurde. Das heißt, wir wären lieber jemand anderer gewesen. Und viele Leute machten einen langen Leidensprozeß durch, bevor sie dazu kamen, sich selbst völlig zu akzeptieren.

HK: Glauben Sie, daß die deutschen und österreichischen Juden, die überlebt haben, sich heute noch zu ihrem Judentum bekennen?

GST: Ganz gemischt. Jedenfalls bekennen sie sich zu sich selbst. Nach Auschwitz kann uns ja nichts mehr passieren. Es kann uns völlig Wurst sein, wie die Leute uns sehen. Insofern bejaht man sich und sagt, man ist, was man ist, auch in der Mischung, die man ist. Ich selbst bin ja nicht jüdischer geworden mit den Jahren. Im Gegenteil. Ich fühle wahrscheinlich jetzt deutscher, als ich es je in meinem Leben gewesen bin. Aber es ist mir zunehmend egal, was die Leute von mir denken.

HK: Erst in letzter Zeit?

GST: In letzter Zeit mehr als früher. Aber das hat vielleicht auch mit dem Älterwerden und einem gewissen Erfolgserlebnis zu tun. Das war ein Kampf, der sich bei mir über Jahrzehnte hingezogen hat. Ich fühlte mich ja in meiner Jugend immer nur als Verfolgter, ohne Lebensberechtigung. Ich hatte den Verdacht, eigentlich dürfte es so einen wie mich gar nicht geben. Das zu überwinden sah ich unbewußt als meine Lebensaufgabe an. Und ich habe daran vierzig Jahre gearbeitet.

HK: Sie beschreiben ja in Ihrem Buch die charakteristische Selbstmißachtung der Wiener Juden.

GST: Wir standen nicht zu uns selbst. Aus Angst, aus Assimilationsdrang. Und in meinem Buch stelle ich auch dar, wie jemand dahin kommt, zu sich selbst zu stehen. Das ist einer der Fäden, die sich durch dieses Buch ziehen.

HK: Sie haben es früher oft für sich behalten, daß Sie Jude sind. Jetzt sagen Sie öffentlich: Ich bin Jude.

GST: Geleugnet habe ich das nie. Ich habe nur nicht aufgetrumpft mit meiner Geschichte: Ich bin Jude, Emigrant, ihr schuldet mir etwas – das war mir unangenehm. Den Judenbonus, den es zwar in Österreich nie gab, aber den es immerhin in Deutschland gab und gibt, den wollte ich nicht. Ich habe auch nie Wiedergutmachung beantragt. Ja, gewiß, ich will bewundert und geliebt werden, aber für meine Filme und Bücher. Nicht Rasse, nicht Verfolgung. Mitleid – nein danke.

HK: In Ihrer Biographie behandeln Sie auch die Frage, welche Wesensmerkmale eigentlich den Juden charakterisieren.

GST: Aber auf diese Frage habe ich keine Antwort gefunden. Ich weiß es nicht. Natürlich gibt es den religiös geprägten Juden. Und es gibt Israel, ein Land, in dem ich mich auch nicht wohler fühle als anderswo. Jeder Jude weiß, daß er Jude ist, auch da, wo es ihm die Umwelt nicht unter die Nase reibt. Das hat etwas zu tun mit der Überzeugung oder Ahnung, daß Gott in ihm als Gewissen wohnt und daß er ihn nicht in Ruhe lassen wird. Er läßt ihn nicht das Leben leben, wie es die meisten anderen Menschen kennen, mit seinen Freudenspendern Geld, Sport, Sex, Auto und so weiter. Er kann diese Dinge nicht einfach unbeschwert genießen, sondern muß sich mit ihnen auseinandersetzen. Mit der Berechtigung, leben zu dürfen, so leben zu dürfen. Wir stellen uns die Fragen, selbst wenn wir den Glauben verloren haben. Sicher haben auch viele andere Menschen ein Gewissen. Es gibt zum Beispiel das katholische Gewissen, in Irland ganz deutlich zu besichtigen. Ich habe die Iren immer sehr gemocht, ich finde sie den Juden sehr ähnlich. Wir sind also in dieser Art nicht einzigartig. Aber ich glaube, keiner kennt so wie wir die ständige Frage nach der Berechtigung unseres Soseins. Da man im Angesicht Gottes immer unzulänglich ist, muß man sich lebenslang diese Frage stellen und kommt nie ganz zu der Antwort: So, wie ich bin, ist es richtig. Aber dieser ewige Zweifel ist natürlich auch sehr fruchtbar.

HK: Was heißt das – in gewisser Weise einzigartig zu sein und doch ständig daran zu zweifeln?

GST: Eigentlich wollen wir gar nicht anders sein. Sondern wir wollen so sein wie alle anderen. Aber nicht unbedingt in dem Sinne, daß wir in den anderen aufgehen. Vielmehr sollen die anderen auch in uns aufgehen. Lauter Wechselbeziehungen. Wir wollen auch nicht das auserwählte Volk sein. Allenfalls in dem Sinne, daß wir auserwählt sind, uns Fragen zu stellen, uns mit Gott und der Welt herumzuschlagen, nicht aufhören können zu denken. Das ist etwas typisch Jüdisches. Allerdings sind die Leute in Israel heute genauso borniert wie alle anderen auch. Vielleicht gilt das, was ich gesagt habe, nur für die Juden im Exil, in der Diaspora. Ich glaube nicht so sehr an das eingeborene jüdische Wesen. Wenn ich heute in Israel bin, sehe ich nicht sehr viel Jüdisches. Vielleicht ist uns das sogenannte Jüdische gar nicht eingeboren, sondern in mehr als zweitausend Jahren Diaspora eingetrichtert worden. Wer weiß?

HK: Gilt das auch für den Kern des Judentums, seine Moral, seine Ethik?

GST: Bitte erlauben Sie mir, darauf hinzuweisen, daß ich, wie viele Assimilanten, von jüdischer Religion wenig verstehe. Ich gehöre vielleicht zu den letzten Jüngern von Karl Kraus, Egon Friedell, Hugo von Hofmannsthal, Schnitzler, Altenberg und so weiter, die meine Bibliothek füllen. Von Buber oder Rosenzweig besitze ich kein einziges Werk. Was mich persönlich fasziniert, ist, aus den Erscheinungsformen, in Vergangenheit und Gegenwart, auf das Wesen der Dinge zu schließen. Also das Verwandte aufzuspüren im Fremden. Mich einzufühlen in Fremdes. Die jüdische Religion bietet mir persönlich diese Herausforderung nicht. Ich empfinde sie nicht als eine Eroberung unbekannter Territorien, sondern als eine Art Rückkehr in den Mutterschoß. Als solches wiederstrebt sie mir. Hingegen gefallen mir die Randgebiete, zum Beispiel das Folkloristische. Das Jiddische, die verschwundene Schtedelkultur. Aber der Kern der Religion ist für mich etwas wie, auf anderer Ebene, das Land Israel. Innig vertraut, aber ich halte mich da heraus, um nicht verschlungen zu werden. Ein frommer Jude ist ja wie ein frommer Christ im Mittelalter: das und sonst nichts. Oder fast nichts. Und vergessen Sie nicht, daß der Chassidismus, der heute als Inbegriff jüdischer Frömmigkeit gilt, schon eine Reformbewegung war, vergleichbar dem Protestantismus. Der rührende Versuch, über eine schon nicht mehr zu bewältigende Fülle von Geboten und

Auslegungen hinweg, wieder zu einer direkten, naiven Gottesfreude zu kommen, durch Tanz, Fröhlichkeit, Geschichtenerzählen …

Sie fragen nach unserer Ethik. Ja, das Hauptanliegen unserer Religion ist die ethische Grundlagenforschung. Die Frage nach der absoluten Gerechtigkeit. Wo sie finden? Zuallererst in sich selbst. Insichgehen, Selbstkenntnis, Selbstveränderung. Eine nie endende Sisyphusarbeit, die wir für die Welt tun, welche uns dafür haßt. Ein Leben ohne Illusion, ohne Äußerlichkeit. Ein ewiges Ungenügen. Ich bewundere diesen Weg zutiefst. Aber er ist nicht mein Weg.

HK: Wie müßte sich die Welt verändern, damit der Messias kommen kann?

GST: Der Messias kommt, wenn die Welt für ihn reif ist. Aber ich glaube ja gar nicht, daß die Juden an das Kommen des Messias glauben. Sie schieben seine Ankunft ewig vor sich her. Sie wollen eigentlich nicht, daß er kommt, sondern an sein späteres Kommen glauben dürfen. Das Utopische ist unser eigentliches Wesen. Und daß Jesus Christus so tat, als wäre er schon der Messias, hat die Juden natürlich verstört. Hier nahm einer die Utopie vorweg.

HK: Jüdisch zu sein - beinhaltet das für Sie eine besondere Verpflichtung?

GST: Klüger sein als die andern. Nicht im Sinne von: schlauer, sondern: über seinen Passionen zu stehen. Nicht ihr Sklave zu sein. Jedes Vorurteil, jede vorgefaßte Meinung sofort einer Prüfung zu unterziehen. Und im besonderen die Lust- und Eitelkeitsspender.

HK: Heißt das, daß man immer so handeln sollte, daß man ein Beispiel gibt?

GST: Das ist bestimmt jüdisch. Und meist geht es um die Familie. Mein Vater sah sich bestimmt als beispielgebend an. Was er tat, mußte in jedem Moment so sein, daß seine Söhne es nachahmen konnten. Bei Juden geht es immer viel mehr um die Familie als um die Volksgemeinschaft. Aber ein Beispiel geben heißt ja keineswegs glänzen wollen. Die jüdischen Weisen sind ganz unscheinbar. Die gehen nicht in Büßergewändern, wandern nicht in die Wüste, machen kein großes Aufsehen. Bloß nicht auffallen, sich nicht zur Schau stellen. Je mehr man ist, desto weniger darf man davon hermachen. Als Kind habe ich die katholische Religion mit ihrem Prunk, dem Weihwasser, den Priestergewändern, Kerzen, Schnitzaltären, Fronleichnamsumzügen und Oratorien bewundert. Dagegen sind die jüdischen Synagogen sterbenslangweilig. Bei uns findet alles im Innern statt. Und selbst die Wunderrabbis haben keine hierarchische Stellung.

HK: Aber von diesem Geist, der sich keine Bilder macht, geht eine große Kraft aus.

GST: Sicher. Aber was mich betrifft, so liebe ich Bilder. Ich liebe Oberflächen, um unter sie zu dringen. Ich sehe überall Göttliches. Auf meine Art war ich immer Pantheist, und deswegen kann ich mich auf das Judentum nicht festlegen lassen. Auch von Ihnen nicht. Mich fasziniert die Welt mit allen ihren Erscheinungsformen. Dahinter spüre ich den Kern der Dinge. Direkt auf den Kern zuzugehen – wie das etwa mein älterer Bruder kann –, ist mir nicht gegeben. Vielleicht bin ich deshalb als Jude ungeeignet.

HK: Ich dachte immer, daß die jüdische Religion dem Sinnlichen nicht abgeneigt wäre.

GST: Die jüdische Religion, so wie ich sie kenne, ist asketisch. Sie hat tausend Dinge abzulehnen und abzuleugnen, um zu Gott durchzustoßen. Die Verführungen der Welt, vielleicht mit Ausnahme der Musik, sind Hindernisse auf dem Weg zu Gott. Oder nur Stufen oder Mittel. Und dem habe ich mich immer verweigert. Ich empfinde zum Beispiel Natur, Kunst oder Eros nicht bloß als Emanationen göttlicher Essenz, sondern liebe sie an und für sich. Aber für den wahren Juden ist alles symbolisch. Jüdische Religion hat, soviel ich davon verstehe, keinerlei Sinnlichkeit. Sie ist übersinnlich. Ich sehe den Juden in mir, ich stehe zum Juden in mir, aber viele andere Dinge sind mir vertrauter, berühren mich stärker. Ich bin eben Assimilant.

HK: Eine abschließende Frage: Wie sehen Sie die Zukunft des jüdischen Volkes?

GST: Ich weiß es wirklich nicht. Man darf nur hoffen, daß Israel auf diese oder jene Weise überlebt. Und man sich, wenn alle Stricke reißen, dorthin flüchten kann. Was die Diasporajuden betrifft, so muß wieder einmal jeder für sich seinen Kompromiß schließen. Es gibt keine Patentlösung. Jeder Jude muß mit sich und seinem Gewissen abmachen, ob er in der Diaspora bleiben will oder ob er sich in erster Linie als Jude sieht, der irgendwann nach Israel auswandert. Ich persönlich bin noch nicht bereit, nach Israel auszuwandern, oder einzuwandern, besser gesagt. Das Ganze ist so unlösbar wie jüdische Problematik immer. Man war schon verwundert, daß es in Israel ein paar Jahrzehnte lang so ausgesehen hat, als wäre das Problem gelöst. An dem, was jetzt in Israel vorgeht, sieht man schon wieder, daß es doch unlösbar ist.

HK: Nach Ihrer Überzeugung ist der Jude unerlöst und wird immer unerlöst bleiben.

GST: Ja. Unerlöst, unerlösbar. Und das ist vielleicht seine Aufgabe auf Erden. Deswegen darf der Messias ja nicht kommen.

ERIC M. WARBURG

Bankier. Geb. 1900 in Hamburg, gest. 1990 in Hamburg

HK: Herr Warburg, sind Sie jüdisch erzogen worden?

EW: Die jüdische Tradition meiner Familie im geistig-kulturellen und religiösen Bereich hat mich stark geprägt. Jedoch war die Tatsache, Jude zu sein, in Deutschland so lange nichts Ungewöhnliches, bis ein Herr erschien mit dem Namen Adolf Hitler, der in dieser Beziehung ganz besondere Ansichten hatte und dessentwegen wir auch Deutschland verlassen mußten. Ich wurde in der jüdischen Tradition und im jüdischen Bewußtsein erzogen, jedoch nicht religiös orthodox. Zwar war mein Großvater streng gläubig, aber schon mein Vater war, was die Regeln der jüdischen Religion angeht, liberal. Das in der jüdischen Religion tief verwurzelte Sozialbewußtsein hat bei mir großen Einfluß gehabt und führte zu meinen weitreichenden philanthropischen Aktivitäten.

HK: Ihr Elternhaus war berühmt für seinen gesellschaftlichen Glanz. Ihr Vater war mit dem deutschen Kaiser befreundet. Er wurde manchmal als ungekrönter König von Hamburg bezeichnet. Wie kam er zu diesem »Titel«?

EW: Nun, wir haben viele Jahrhunderte hier gelebt, seit dem Dreißigjährigen Krieg, als unsere Familie von Warburg in Westfalen nach Hamburg und Altona zog. Im Jahre 1798 gründete mein Ururgroßvater Moses Marcus Warburg die Bankfirma. Mein Vater hat sie also schon in der vierten Generation geleitet, und er hat die Bank zu internationaler Bedeutung geführt. Er hatte den sechsten Sinn, ohne den es keinen großen Bankier gibt, ein verfeinertes Ahnungsvermögen, das er selber »Flair« genannt hat. Aber im Detail war er sehr genau, und er war schnell in seinen Entschlüssen, wagemutig und voller Ideen. Er hat gespürt, was in anderen vorging, und Anteil genommen an ihrem Schicksal. Er war ein Menschenfreund mit großer Hilfsbereitschaft und voll Verachtung für erstarrte Konventionen. Vielleicht beantwortet das bis zu einem gewissen Grad Ihre Frage.

HK: Sie selbst leiteten die Familienbank Warburg also schon in der fünften Generation ...

EW: ... und mein Sohn Max ist Teilhaber in der sechsten. Ja.

HK: Die ungewöhnliche Kontinuität wurde ja nur möglich, weil Sie nach dem Krieg nach Deutschland zurückgekehrt sind, im Gegensatz zu vielen anderen, die vor Hitler flüchten mußten. Was waren Ihre Gründe dafür?

EW: Wie gesagt, wir haben viele Jahrhunderte hier gelebt, aber wir hatten hier nicht nur unseren Ursprung, sondern auch ein sehr großes Quantum an Verantwortung. Das habe ich sehr stark empfunden, nachdem sich hier wieder ein ganz neuer Beginn entwickelt hat. Man konnte nicht einfach die Tür zuschlagen, sondern hatte das weiterzuführen.

HK: Betrachten Sie Deutschland als Heimat?

EW: Ja, es ist wieder Heimat. Ich bin hier aufgewachsen, bin hier zur Schule gegangen, habe hier gearbeitet. Während der Hitlerzeit war es natürlich nicht Heimat.

HK: Sie sind erst 1938 vor den Nazis geflüchtet, sozusagen im letzten Moment. Hing das mit Ihren Kontakten zum Widerstand zusammen? Haben Sie auf einen Umschwung oder auf eine Entmachtung Hitlers gehofft?

EW: Ich hatte nahe Freunde im aktiven Widerstand, und ich habe ein Attentat auf Hitler nicht für unmöglich gehalten. Aber daß es Erfolg haben würde, schien mir bei der ständigen Bewachung Hitlers unwahrscheinlich, abgesehen von den unabsehbaren Folgen. Es hätte ein wahres Rachegemetzel gegeben. In der Familie und in der Firma war es uns bereits nach den Nürnberger Gesetzen von 1935 restlos klargeworden, daß wir unsere Positionen nicht würden halten können. Das waren Jahre des Ausharrens auf verlorenem Posten, voller Widerlichkeiten und menschlicher Enttäuschungen. Aber es gab in dieser Zeit auch großartige Zeichen von Freundschaft und Zusammenhalt mit uns. Und ich meinerseits habe es in diesen Jahren als wichtige Aufgabe angesehen, jüdischen Kunden und Freunden, und Freunden von Freunden, zur Auswanderung zu verhelfen. Die amerikanischen Behörden zum Beispiel verlangten die Vorweisung von dreitausend Dollar pro Person bei der Einwanderung. Jeder Auswanderer durfte aus Deutschland aber nur ganze zehn Reichsmark mitnehmen. Da mußten Mittel und Wege gefunden werden, und wir haben sie gefunden, so daß eine sehr große Anzahl von Flüchtlingen dem Holocaust entkommen konnte.

HK: Sie selbst gingen dabei vermutlich ein beträchtliches Risiko ein.

EW: Ich war sozusagen immer mit einem Bein im KZ. Aber es ging gut. Im September 1938 kam ich in New York an und war schon zehn Tage später amerikanischer Staatsbürger. Bald darauf kamen meine Eltern nach, und auch meine vier Schwestern konnten noch rechtzeitig entkommen.

HK: Glaubten Sie damals an eine Rückkehr nach Deutschland?

EW: Diese Frage ist unbeantwortbar. Ich war jedenfalls überzeugt, daß Hitler bald Krieg führen würde, und ich war mir ebenso sicher, daß nur ein militärischer Sieg über Hitler die Diktatur und den Rassenwahn beenden könnte.

HK: Haben Sie sich deswegen zur amerikanischen Armee gemeldet?

EW: Ja, ich habe alles in Bewegung gesetzt, um ins Heer zu kommen. Ich war ja damals noch Junggeselle, und außerdem glaubte ich wirklich, einen winzigen Teil beitragen zu müssen, um die Welt von Hitler und seinen Unholden zu befreien.

HK: Und so wurden Sie vielleicht zum einzigen Menschen der Geschichte, der im Ersten Weltkrieg die Pickelhaube der Preußischen Garde trug und im Zweiten die Uniform des amerikanischen Geheimdienstes.

EW: Ja, aber wie der Berliner sagt: »Wat soll ick mir dafür koofen?« Das war damals, 1918. Da hatte ich als Achtzehnjähriger den Standpunkt, der Krieg kann ohne mich nicht verloren werden. Also habe ich mich freiwillig bei der Preußischen Garde in Berlin gemeldet, Feldartillerie. Das hat meine Aufnahme in die amerikanische Armee 1942 nicht gerade erleichtert. Ich wurde dann speziell dafür ausgebildet, deutsche Flieger zu verhören, deren Maschinen abgeschossen worden waren. Das war meine Aufgabe zuerst in England, dann in Nordafrika und nach der Invasion in Frankreich und Belgien.

HK: Ist es richtig, daß Sie nach Kriegsende in Nürnberg als erster die Vernehmung Hermann Görings durchgeführt haben?

EW: Nein, nicht in Nürnberg. Ich habe es immer abgelehnt, an den Nürnberger Prozessen teilzunehmen. Aber ich habe Göring vorher verhört, im Mai 1945 in Augsburg. Das heißt, er sollte ja gar nicht merken, daß er verhört wurde. Deshalb mußte ich zahllose Fragen auswendig lernen und konnte auch keinerlei Notizen machen. Aber er war sehr ergiebig, wenn man seiner Eitelkeit schmeichelte.

HK: Sie hatten auch Einfluß auf die Grenzziehung der Besatzungszonen im Nachkriegsdeutschland.

EW: Das kann ich so nicht sagen. Ich weiß nicht, ob meine Einwände tatsächlich von Einfluß waren oder nicht.

HK: Wie und wo haben Sie sie vorgebracht?

EW: Das war hauptsächlich einmal während meiner kurzen Dienstzeit im Pentagon, November 1943. Da hing in einem sehr geheimnisvollen Zimmer hinter einem Vorhang eine große Landkarte Deutschlands, auf der schon damals die amerikanische, die englische und die russische Zone des zu besetzenden Deutschlands eingezeichnet waren. Die Zonengrenze war ganz schlicht der Elbefluß, so daß Schleswig-Holstein und Hamburg ganz klar zur russischen Zone gehörten. Ich wurde wegen meiner speziellen Ortskenntnisse um meine Meinung gefragt, und ich habe aus meinem Entsetzen über diese Grenzziehung keinen Hehl gemacht. Ich hielt ein Plädoyer dafür, daß der Kaiser-Wilhelm-Kanal aus militärischen Gründen unbedingt in westlichen Händen gehalten werden müßte, weil sonst die Kontrolle der gesamten Ostsee den Russen zufallen würde, und das bedeutete ja die Nordflanke Europas. Außerdem plädierte ich dafür, daß Hamburg eine amerikanische Enklave würde, damit wenigstens ein wichtiger Hafen amerikanisch besetzt sei. Beide Argumente machten den Herren Eindruck, aber wie gesagt, ob sie etwas bewirkt haben, das weiß ich nicht.

HK: Eindeutig belegt ist aber wohl Ihr Anteil am Stopp der Industrie-Demontagen in der Nachkriegszeit.

EW: Nun ja, ich traf im August 1949 mit John McCloy zusammen, der gerade zum amerikanischen Hochkommissar für Deutschland ernannt worden war, und sagte ihm, daß die Demontage der Industrie völlig eingestellt werden müßte. McCloy war zunächst sehr erregt und ablehnend und bestand auf Demontage, genauso wie im Altertum die Schwerter und Speere der Besiegten vor deren Augen zerbrochen wurden. Ich antwortete, es gehe nicht um Schwerter, sondern um Pflugscharen. Ohne Maschinen zur friedlichen Nutzung durch Industrie und Landwirtschaft könne das deutsche Volk nicht leben und arbeiten und würde infolgedessen dem Kommunismus verfallen. Etwas später am selben Abend fragte mich McCloy dann ganz spontan: »Which plants do you want me to take off the dismantling list?« Ich habe mir Bedenkzeit erbeten und ihm zwei Tage später zwölf große Konzerne genannt, die nicht demontiert werden sollten. Und McCloy hat sich dann tatsächlich erfolgreich für den Demontage-Stopp eingesetzt.

HK: Haben Sie noch weitere Versuche zur Veränderung der Zonengrenzen unternommen?

EW: Ja, einen letzten Versuch im Hauptquartier der amerikanischen Luftstreitkräfte, in Fontainebleau bei Paris. Das war im Frühsommer 1945, wenige Wochen, bevor die von uns gehaltenen Gebiete in Mitteldeutschland geräumt und gemäß den Abmachungen von den Russen besetzt wurden. Dort habe ich aber vor allem den Vorschlag gemacht, deutsche Forscher, Wissenschaftler und Ingenieure aus diesen Gebieten zu evakuieren und im westlichen Teil wiederanzusiedeln, damit sie nicht den Russen in die Hände fielen. Das haben die Herren Generäle eingesehen. Ich bekam entsprechende Vollmacht, und in den verbleibenden drei Wochen haben wir eine sehr große Anzahl von Menschen vor allem aus Thüringen herausholen können. Es war eine Jagd gegen die Zeit.

HK: Herr Warburg, obwohl Sie und Ihre Familie als alteingesessene Hamburger Bürger und deutsche Patrioten von den Nazis vertrieben wurden, haben Sie sich nach 1945 von Anfang an der Aussöhnung und dem gemeinsamen Wiederaufbau gewidmet. Hat Sie nicht auch der Gedanke an Schuld und Sühne beschäftigt?

EW: Natürlich, aber ich wollte und konnte nicht verallgemeinern. Ich habe die Deutschen zu gut gekannt, auch die, die dem Unrecht widerstanden hatten. Und gerade nach dem Holocaust schien es mir notwendig, daß wenigstens eine Anzahl Juden wieder in Deutschland antreten, wo sie ja wahrlich vieles geleistet hatten. Aber die Bewältigung der Vergangenheit hat mich noch lange nach meiner endgültigen Rückkehr nach Hamburg im Jahre 1956 beansprucht.

HK: Inwiefern zum Beispiel?

EW: Zum Beispiel, als es darum ging, aus den deutschen Konzernen Wiedergutmachungsbeiträge für ehemalige jüdische Zwangsarbeiter zu extrahieren.

HK: Glauben Sie, daß die Deutschen ihre jüngste Geschichte genügend verarbeitet haben?

EW: Nein, ich glaube, sie haben sich dieser Aufgabe nicht genügend gestellt. Aber auch da kann man nicht verallgemeinern. In einigen Berufen oder Gruppen ist sehr wenig getan worden, zum Beispiel bei den Juristen, ganz klar.

HK: Eine Ihrer vielen philanthropischen und versöhnlichen Aktivitäten war in den siebziger Jahren die Gründung einer Stipendienstiftung für das gemeinsame Studium von arabischen und israelischen Studenten in Haifa. Wie sehen Sie heute die Situation Israels?

EW: In früheren Jahren hat mich die Ernsthaftigkeit und der Enthusiasmus des Aufbaus dort sehr beeindruckt. Aber ich fürchte, die Zeit läuft nicht für, sondern gegen Israel. Wie die arabisch-israelische Frage gelöst werden kann, ist ja niemandem ganz klar. Nötig wäre die Einsicht, daß militärische Siege und militärische Gewalt dort keinen Frieden herbeizwingen können.

LORD ARTHUR GEORGE WEIDENFELD

Verleger, London. Geb. 1919 in Wien

HK: Lord Weidenfeld, wenn man Ihre Biographie betrachtet, könnte man vermuten, Sie hätten drei Heimatländer. In Österreich sind Sie aufgewachsen und erzogen worden, nach England emigrierten Sie und machten dort Ihre publizistische Karriere, in Israel waren Sie einer der Politiker der ersten Stunde und bekleiden dort ebenso wie in England zahlreiche öffentliche Ämter. Wie würden Sie Ihr Verhältnis zu den drei Ländern charakterisieren?

LGW: Meine geistige Heimat ist Israel und Jerusalem, meine Adoptivheimat ist England. Und meine größere, weitere, intellektuelle Heimat ist Europa. Ich sehe mich als Gesamteuropäer und Juden, ich sehe mich nicht als Österreicher. Ich bin sehr stolz darauf, daß ich in der deutschen Sprache erzogen wurde, und habe ein sehr großes Gefühl für ein bestimmtes Deutschland. Deutsche Literatur, Geschichte, Philosophie, Musik haben auf mich noch immer eine sehr starke Wirkung. Und als Zionist, als nationalbewußter Jude, habe ich eine sehr reibungslose, leichte und nicht komplizierte Haltung zum Deutschtum, zum deutschen Volk und zu Deutschland. Ich bin sehr prodeutsch, das heißt, ich bin für die Versöhnung zwischen den Juden und der neuen deutschen Nachkriegsgeneration. Ich finde auch, daß die deutsche Bundesrepublik nach Amerika Israels bester Freund ist und das größte Verständnis für das Judentum hat. Zum Beispiel der jüdische Buchladen in München – da sehen Sie junge deutsche Studenten in Jeans und Bärten Martin Buber und Chassidismus und Kabbala lesen und finden ein Verständnis, ein Interesse und eine tiefe Sympathie wie sonst fast nirgendwo.

HK: Also immer noch eine große Anziehungskraft?

LGW: Immer noch und wieder. Ich sehe in der Wiederannäherung der Deutschen und der Juden eine sehr, sehr wichtige Komponente für die Zukunft des Judentums.

HK: Wie sehen Sie diese Zukunft?

LGW: Ich bin von Natur aus noch ein Optimist. Ich glaube, daß es früher oder später zu einer Befriedung oder zu einer Koexistenz zwischen Arabern und Juden kommen muß, aber daß dies nur möglich ist, wenn die Araber sich damit abfinden, daß der jüdische Staat zu stark ist, um einfach zu verschwinden. Und wenn sich andererseits die Juden abfinden damit, daß man sich mit den Arabern auf der Basis von Gleichheit und Freundschaft vertragen kann. Dazu muß es kommen. Ich glaube nicht, daß heute der eine oder der andere der zwei Widersacher die Macht und Kraft hat, den anderen physisch einfach auszublasen. Das sind die Realitäten. Also muß man sich früher oder später zusammensetzen und einen Kompromiß finden. Ich bin für den Kompromißfrieden, aber der kann nur erreicht werden, wenn Israel stark ist. Und daher bin ich kurzfristig auf seiten derer, die eine starke Politik betreiben wollen, nicht, um sich durchzusetzen auf einer maximalistischen Linie, sondern im Gegenteil. Um eine minimalistische Linie duchzusetzen, muß man sehr stark sein, weil der Araber Schwäche gefährlicherweise mißdeuten könnte.

HK: Welche Art von Mißdeutung befürchten Sie?

LGW: Wenn eine Minderheit schwach und rechtlos ist, kann ihr alles passieren. Schwäche provoziert, im Tierleben und im Menschenleben. Das Schwache wird abgeschlachtet. Dafür war Auschwitz der ultimative und grausamste Beweis. Die Staatenlosigkeit, die Schwäche des Judentums führte zu Auschwitz. Und was gestern in Auschwitz geschah, könnte morgen in der arabischen Welt passieren – wenn man dem ausgeliefert wäre. Ich habe gar keinen Zweifel, daß Assad und andere arabische Führer ohne Skrupel auch den letzten Juden ermorden würden. Das sind Menschen, die bereit sind, ihre eigenen Landsleute und Religionsgenossen zu Zehntausenden zu schlachten, wie das Assad in Roma gemacht hat, wie das die Libanesen untereinander tun, wie das die Iraner tun und die Irakis, die ihre Landsleute, also kurdische Staatsbürger Iraks, mit chemischen, vielleicht morgen auch mit bakteriologischen Waffen, bombardieren. Die würden mit Genuß einen jeden Juden abschlachten. Daher ist das Wichtigste die Stärke Israels.

HK: Israel gehört ja auch neben Amerika mit zu den besten Waffenproduzenten.

LGW: Ja, das ist interessant, besonders vor dem Hintergrund, daß die Juden ja im Volksmund und in der Ikonographie des Antisemitismus immer als ein feiges, schwaches, unmilitantes Volk dargestellt wurden. In Wirklichkeit hat das jüdische Volk in Israel eine der besten Armeen und vielleicht die allerbeste Verteidigung des Landes entwickelt. Dieses Wehrbewußtsein hat angefangen mit den schlagenden Verbindungen zu Zeiten Herzls und mit der Haganah, mit der jüdischen Sportbewegung, mit Trumpeldor und Jabotinsky. Das ist ja wiederum fast eine darwinistische, biologische Notwendigkeit. Wenn man sich verteidigen muß, entwickelt man eben diese Fähigkeiten.

HK: Sie bemühen sich seit Jahren besonders um das Verhältnis zwischen Israel und dem Weltjudentum. Wie beurteilen Sie diese Wechselbeziehung heute?

LGW: Da sehe ich natürlich viele Probleme, Fragen, aber auch Möglichkeiten einer neuen Beziehung, einer familiären Verknüpfung des Geschicks der Auslandsjuden und der Juden Israels. Es ist die Aufgabe eines Zionisten, sowohl in Israel wie auch im Ausland, neue Bedingungen zu schaffen. Nicht nur auf der einfachen Ebene, daß Juden nach Israel auswandern sollen, können, müssen, sondern daß jede jüdische Familie im Ausland eine Art Wahlverwandtschaft, eine enge emotionelle Beziehung mit Menschen oder Institutionen oder Phasen des israelischen Lebens aufbaut. Das Ideal wäre, daß jeder Jude, jede Jüdin, jede jüdische Familie so eine Art Dienstjahr ableistete oder sonst eine enge Beziehung mit Israel hätte, damit sie einander besser kennen. Das ist sehr wichtig. Ein anderes, höchst wichtiges Problem ist es, die jüdische Religion aufrechtzuerhalten, ohne in fundamentalistisch bigotte und philisterhafte Extreme zu verfallen. Wir brauchen eine Art neue Welle von gemäßigt religiösen Menschen, die das Ethische, das ewige Ethos im Judentum aufrechterhalten, damit sich die Juden nicht dem Judentum entfremden. Das ist ein großes Problem.

HK: Wurden Sie selbst religiös erzogen?

LGW: Ich komme mütterlicherseits aus einer langen Linie von rabbinischen Vorfahren, vom Vater her aus eher aufgeklärtem jüdischem Milieu, zwar mit traditionalistischen Zügen, aber doch in der Erziehung eher kosmopolitisch. Der Vater war Altphilologe und Geschäftsmann. Ich war also nicht streng religiös erzogen, habe aber dadurch, daß ich mich ziemlich früh zum Zionismus bekannt habe, auch sehr frühe enge historische und kulturelle und emotionelle Beziehungen zum Judentum gehabt.

HK. Ganz offensichtlich hat es Ihnen in Ihrem Leben immer eine besondere Verpflichtung bedeutet, jüdisch zu sein.

LGW: Selbstverständlich. Man wird als Jude im-

nry Moore Drawings
ASSO AT 90
PICASSO
phael

mer wieder auf das Grundsätzliche zurückgeworfen. Man muß immer wieder erklären, darf nichts voraussetzen. Man kann Millionen von Wörtern und Tonnen von Druckerschwärze verbrauchen, und es werden immer noch Leute sagen, es habe keinen Holocaust gegeben, oder, der Jude habe dies oder jenes getan. Da muß man mit Lammsgeduld dokumentieren, argumentieren, die Leute auf das Grundsätzliche zurückbringen, offen auch kritische Punkte ansprechen, also nicht krude Propaganda betreiben. Das ist eine Pflicht, die einem fast jeden Tag obliegt.

HK: Was verstehen Sie unter dem Grundsätzlichen?

LGW: Das Grundsätzliche ist das Recht der Juden, in Israel zu sein. Dieses Recht ist nicht ein Auswuchs des neunzehnten Jahrhunderts und seines romantischen Nationalismus. Es geht zurück auf eine jahrtausendealte Kontinuität. Jeder Jude spricht in seinem Gebet und in seinem Denken seit zweitausend Jahren von Jerusalem und Zion. Tatsächlich gab es in diesem Lande immer jüdische Gemeinden, in Jerusalem zum Beispiel eine jüdische Majorität während des achtzehnten und neunzehnten Jahrhunderts. Und ohne daß ich die arabische Rolle heruntersetzen will: Die arabische Bevölkerung im heutigen Palästina, Beduinen und Südsyrer, war labil und instabil. Die palästinensische Identität entstand eher als Reaktion auf die jüdische Einwanderung. Viele Araber in Palästina wurden erst nach der jüdischen Besiedlung zu Nationalisten. Völkerrechtlich und historisch und tatsächlich war dieses Zwischenland, dieses Niemandsland Palästina, das eine Unterprovinz des türkischen Weltreichs war, ganz anarchisch und ein völlig loser Verband. Es war ja nicht so, als wären die Israelis in Südindien eingedrungen oder in Ostpreußen. Die Situation dort war sehr ungeformt. Schon deshalb sollte in Palästina Platz für beide Seiten sein. Wie es Dr. Weizmann einmal vor einer internationalen Kommission so offen und frei formulierte: »Es handelt sich nicht um eine Kollision von Recht und Unrecht, sondern um eine Kollision von zwei Unrechten. Aber unseres ist das kleinere Unrecht.«

Die jetzt so große, wichtige arabische Nation besteht heute aus dreiundzwanzig souveränen Staaten mit einem Territorium, das größer ist als Europa, vom Atlantik zum Ural, und verfügt über die größten Erdölschätze der Welt. Der jüdische Staat ist sogar mit Sinai kleiner als Schottland. Ich finde, es wäre für die große arabische Nation ein kleines Opfer, den dreißig Kilometer schmalen Sicherheitsstreifen der Westbank um des Friedens willen, ich will nicht sagen, zu opfern, aber ihm einen Status zu verleihen, der die arabische Souveränität militärisch einschränkt, zum Beispiel durch jüdische Wachtposten und Radarstationen. Dafür gibt es international viele Beispiele. Vieles wäre möglich. Aber die Araber wollen das Grundprinzip der Präsenz Israels noch immer nicht wahrhaben, auch die sogenannten Gemäßigten nicht, mit der Ausnahme von Ägypten. Und ich sehe keine Möglichkeit, durch einen einfachen Rückzug zu einem Frieden zu kommen. Ein Rückzug: ja, aber nur auf der Grundlage eines Friedensvertrages, und der kann nur erreicht werden, wenn man wirklich im guten Glauben um einen Tisch herumsitzt und sich beiderseitige Konzessionen macht, die symmetrisch sein müssen. Am Ende der Verhandlungen müssen beide Seiten sicher sein, daß so ein Staat Chancen hat zu überleben.

HK: Es gibt einen bekannten Kalauer, in dem es heißt: Wenn wir in Israel Huren und Diebe haben, dann sind wir ein ganz normales Volk geworden. Ist Israel ein ganz normales Volk?

LGW: Israel ist ein Staat, der eine gewisse Sonderposition einnimmt. Ich sehe, daß das Land Israel eine qualitative und nicht eine quantitative Großmacht sein kann und ist. Wie die Schweiz oder wie Holland, Belgien und so weiter kann Israel ungeachtet seiner kleinen Bevökerungsziffer ganz große Leistungen bieten und steht daher in der Liga der Völker ziemlich hoch oben. Die Qualität eines Staates hängt nicht von seiner Größe ab, sondern von seinen moralisch-ethischen und auch technologischen, wissenschaftlichen und intellektuellen Standards. Diese für Israel hochzuhalten ist auch eine Pflicht der Auslandsjuden, vor allem durch Unterstützung von Hochschulen, Forschungsinstituten und so weiter. Israel darf kein levantinischer Staat wie alle anderen werden. Das sage ich nicht von oben herab. Tatsächlich droht Israel nämlich eine der größten Gefahren nicht von außen, sondern von innen. Das Land darf nicht verschlampen, es darf nicht levantinisch werden. Daher ist es sehr wichtig, daß die Qualität des Staates, der Führung und der sich immer erneuernden Eliten auf hohem Niveau bleibt.

HK: Glauben Sie denn, daß der hohe moralische Anspruch, mit dem Israel gegründet wurde, erfüllt werden kann?

LGW: Unbedingt. Ich bin noch immer der Meinung, daß das, was in den besetzten Gebieten geschieht, was in der arabischen Politik geschieht, im großen und ganzen bewundernswert ist, wenn man den kriegsähnlichen Zustand bedenkt und an die sehr repressiven, reaktionären Regimes der Nachbarländer denkt, die sehr viel Geld ausgeben können, um den Staat Israel zu destabilisieren und zu demoralisieren. Dies ist freilich im großen und ganzen nicht gelungen. Trotz allem gibt es eine Justiz in Israel, einen funktionierenden öffentlichen Dienst, eine unabhängige Presse, die ja eigentlich die Hauptquelle der Kritik an Israel ist. Da können Leute frei und offen ihre Thesen verfechten, die wirklich gegen die Existenz des Staates heulen.

HK: Sie haben als Verleger sehr konträre Autoren in Ihr Buchprogramm aufgenommen. Sie haben sogar Albert Speer und Kurt Waldheim verlegt.

LGW: Ja. In diesen besonderen Fällen vertragen sich meine Ansichten vielleicht nicht mit der Mehrheitsmeinung. Ich sehe in Speer jemanden, der gebüßt hat und der ehrlich genug war zu sagen, warum er sich zu Hitler bekannt hat. Er hat sich von Hitler abgewandt, und ich sehe in der Speer-Biographie nichts Konträres. Was Waldheim betrifft, diese ganze Waldheim-Psychose, halte ich die Motivierung für berechtigt, den Österreichern etwas Druck zu machen, weil sie in der Judenfrage und in Fragen ihrer Zusammenarbeit mit dem Dritten Reich, sagen wir, sehr wenig, nicht genug eingesehen und gebüßt haben. Aber ich glaube, daß der Fall Waldheim sehr übertrieben wurde und daß Waldheim selbst es nicht verdient, zu diesem Symbol der Schuld Österreichs aufgeblasen zu werden.

HK: Wie schätzen Sie die Gefahr eines neuen Antisemitismus ein, und worin sehen Sie die Gründe für den historischen Antisemitismus?

LGW: Der Antisemitismus nimmt immer wieder neue Formen an, in jeder Geschichtsperiode. In Ländern, wo es eine unterentwickelte Mittelschicht gab, hat die Oberschicht den Juden dazu benützt, Druck auf das Volk auszuüben, indem er zum Beispiel als Pächter für die Gutsherren die Steuern eintreiben mußte, und viele Beispiele mehr. Der historische Antisemitismus hat außerdem eine sehr starke religiöse, man kann fast sagen, katholische Basis. Die katholische Kirche war die erste, die das Exklusivitätsprinzip vertrat, die allein seligmachende zu sein, das alleingültige Rezept für die Erlösung zu besitzen. Das hat jahrhundertelang gedauert. Aber heute hat sich durch die ökumenische Entwicklung in der katholischen Kirche sehr vieles grundsätzlich geändert, vor allem an dem Konzept, daß der Jude der Feind, der für den Tod Christi verantwortliche Volkskörper sei. Und ich glaube, in dieser Hinsicht wird sich in den nächsten Jahrzehnten noch weiteres ändern. Im großen und ganzen ist es anders geworden dadurch, daß es ein Israel gibt. Allerdings, Israel ist nicht nur ein positiver, sondern auch ein negativer Magnet. Die Leute sagen: »Wir sind antizionistisch, wir sind nicht antisemitisch.« Aber de facto sind sie es dann doch.

HK: Sie glauben also, daß der Antisemitismus in der Welt zurückweichen wird.

LGW: Er wird zurückweichen, ja. Ich glaube, andere Probleme, andere Rassenprobleme sind jetzt viel brisanter, nicht wahr. Der eigentliche Judenhaß und der praktische Antisemitismus, wie wir ihn kannten, tritt eher in den Hintergrund.

HK: Was ist und was war das Hauptanliegen in Ihrem Leben, in Ihrer Arbeit, in Ihrem Lebenswerk?

LGW: In meiner Arbeit, in meinem Beruf ist es, wenn Sie so wollen, eine Art Internationalismus: Kampf gegen Kulturchauvinismus, Philistertum, Isolationismus, die Welt der Welt vorzustellen, interessante kulturelle und intellektuelle Bewegungen im Ausland den Engländern und Amerikanern beizubringen, Übersetzungen zu fördern. Deshalb verlege ich alle möglichen Bücher – ob das jetzt ein Kunstbuch ist oder ein Fotoband, eine Biographie, ein Roman oder ein Reisebuch. Ich bin fast wie ein Anthropologe. Mich interessierte die Mentalität in verschiedenen Ländern. Ich liebe es, mich auf dem laufenden zu halten über das, was politisch und kulturell in verschiedenen Ländern vorgeht. Ich pflege Kontakt mit intellektuellen Kreisen und fühle mich, wie gesagt, in vielen Ländern zu Hause. Und mein spezifisches Anliegen ist es, für Israel zu arbeiten.

HK: Das haben Sie das ganze Interview hindurch getan.

LGW: Ja? Schön.

HK: Woher stammt diese tiefe Verbundenheit bei Ihnen?

LGW: Bei mir kommt sie aus der Idee der ununterbrochenen Kontinuität, der ununterbrochenen Tradition einer Volksreligion, eines religiösen Volkes, das im Zionismus seine Erfüllung sieht und hat. Das hat mein Leben, meine ganze Weltanschauung revolutioniert. Der Zionismus ist meine Wurzel.

GRETE WEIL

Schriftstellerin, München. Geb. 1906 in Rottach-Egern

HK: Frau Weil, Sie haben die deutsche Besatzung in Amsterdam überlebt, weil Sie von Freunden versteckt wurden. Ihren Mann hat man nach Mauthausen verschleppt, und dort ist er einige Monate später umgekommen. Warum sind Sie schon 1947 wieder nach Deutschland zurückgekommen?

GW: Weil ich nie das Gefühl verloren hatte, daß hier mein Zuhause ist. In diesem Sinne hat Hitler mich nicht zu seiner Schülerin gemacht – daß ich auch noch selber das Gefühl bekommen hätte, ich würde nicht hierhergehören.

In Amsterdam 1937 fand ich alles erst einmal grau und fremd und schrecklich, auch am Anfang, bevor die Deutschen dort waren und als es uns noch relativ gutging. Mein Mann, der ja hier Dramaturg gewesen war, und ich – damals war ich Fotografin –, wir hatten damals einen dicken Strich unter alles gemacht und sind in Amsterdam gar nicht mehr mit Intellektuellen und Künstlern zusammengekommen. Es war alles sehr schlimm für mich.

Das ist das eine – daß ich Heimweh hatte, das Gefühl hatte, hier zu Hause zu sein, und zwar ganz speziell hier, in Bayern, in dieser Landschaft, in den Bergen, wo ich geboren bin und wo ich früher jeden Sommer war. Und das andere ist die Sprache, die Kultur. Ich gehöre in die deutsche Kultur und in keine andere. Die deutsche Sprache ist für mich immer etwas Herrliches gewesen. Ich habe ja auch damals schon geschrieben, nur ist bis nach dem Krieg nichts von mir veröffentlicht worden.

HK: Wenn Sie in der jüdischen Tradition aufgewachsen wären, hätte Ihnen das ja vielleicht erleichtert, sich in einem anderen Land, wo Sie Juden angetroffen hätten, zu Hause zu fühlen.

GW: Ich bin eben überhaupt nicht in der jüdischen Tradition erzogen worden. Meine Eltern haben an die deutsch-jüdische Symbiose geglaubt wie die meisten damals. Und ich habe mich immer mit der deutschen Kultur identifiziert – wenn Sie so wollen, mit Goethe und Schiller. Bis Hitler kam, habe ich ja auch Germanistik studiert.

HK: Und das Religiöse?

GW: Dazu hatte und habe ich überhaupt keine Beziehung. Weder zur jüdischen Religion noch zu irgendeiner anderen. Die großen Feste waren für mich immer Weihnachten und Ostern. Ich weiß gar nicht, auf welche Tage die jüdischen Feiertage fallen. Eigentlich habe ich erst in der Arbeit für mein letztes Buch richtig angefangen, mich für Jüdisches zu interessieren.

HK: Gibt es für Sie nicht das Gefühl einer Verbindung zu den anderen Juden, aus dem heraus, was Hans Jonas »kollektive Erinnerung des Leidensweges« nennt?

GW: Das ja. Das gibt es. Mein Mann ist als Jude umgebracht worden, allein aus diesem Grund! Und ich bin als Jüdin verfolgt worden. Das sitzt doch tief. Man lebt nicht vier Jahre lang unter einer dauernden Todesgefahr, ohne daß einem etwas davon bleibt. Wenn Sie »Shoah« von Claude Lantzmann kennen – da sagt ein Überlebender, jemand aus dem Warschauer Ghetto, zu dem, der ihn interviewt: »Wenn Sie an meinem Herzen lecken könnten, wären Sie vergiftet.« Und das trifft es genau. Ich habe viele Freunde, alle sind Christen, wir denken in den meisten Dingen sehr ähnlich, aber da gibt es eben einen Unterschied. Ich bin traumatisiert und sie nicht – und wenn sie es noch so entsetzlich finden, was in den KZs geschehen ist. Aber das ist nur eines, diese Schicksalsgemeinschaft der Juden. Das andere ist die wirkliche jüdische Identität, und zu ihr gehört doch mehr. Vor ein paar Jahren hat mich einmal ein Jugendfreund, der in Schweden lebt, im Auftrag seiner Tochter gefragt, was ich denn unter jüdischer Identität verstehen würde. Da habe ich erst einmal geantwortet, ich wisse es auch nicht – und dann habe ich doch lange darüber nachgedacht. Sehen Sie, dieses Mädchen, die Tochter meines Freundes, ist als Kind zweier jüdischer Eltern ohne Religion aufgewachsen und fühlt sich ganz als Schwedin. Ich meine, daß zur jüdischen Identität doch in erster Linie Gottesglauben gehört – den ich nicht habe – und als zweites eine Liebe zu Israel und ein gewisses Eigentumsgefühl gegenüber diesem Land. Und das – das habe ich auch nicht.

HK: Sie haben ja Israel erst in den letzten Jahren kennengelernt. Was haben Sie da empfunden?

GW: Daß ich dort nicht hingehöre. Mir selber bleibt das Land letztlich fremd. Und dabei hatte ich doch auch – ich sage es jetzt genauso, wie ich es gerade geschrieben habe – »im Herzen eine tiefe Zärtlichkeit für das Land und seine Bewohner, mit dem Wunsch verbunden, daß es gutgehen möge mit ihnen, einem Wunsch, an dessen Erfüllung ich nicht glaube«. Ich glaube nicht, daß es gutgeht.

HK: Warum nicht?

GW: Es sind zu viele Feinde da. Und jeder Nationalismus, auch der israelische, macht mir angst. Ich selber bin ja auch mein ganzes Leben für die Assimilation eingetreten. Ich glaube, daß Assimila-

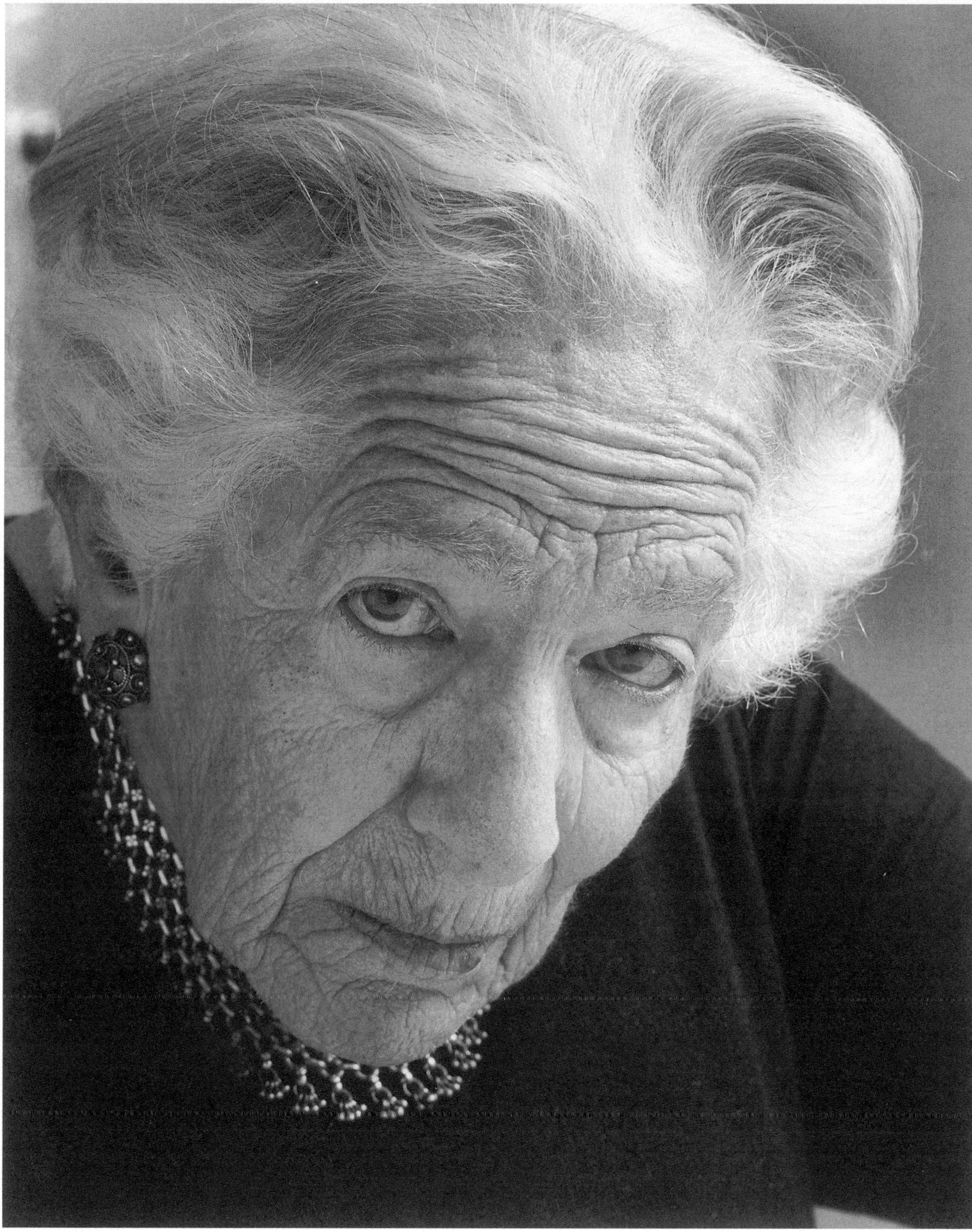

tion meistens etwas ist, das beiden beteiligten Völkern Gewinn bringt.

HK: Ist es in diesem Sinne eine bewußte Entscheidung von Ihnen, daß Sie keinen Umgang mit anderen Juden oder jüdischen Gruppen suchen?

GW: Das liegt wohl auch daran, daß die meisten Juden, mit denen ich Umgang haben könnte, so leben, als hätte es kein 1933 gegeben, und nur dadurch einfach zu bürgerlich sind. Und ich habe immer das Gefühl, sie mißbilligen, daß ich in Deutschland lebe.

HK: Haben Sie denn nicht auch selber manchmal Haßgefühle gegenüber diesem Land? Gehört das nicht zu dem »vergifteten Herzen«?

GW: Ich glaube, ich bin einfach eine schlechte Hasserin.

VICTOR WEISSKOPF

Physiker, Cambridge. Geb. 1908 in Wien

HK: Herr Professor Weisskopf, in den dreißiger Jahren waren Sie Mitarbeiter vieler bedeutender Atomphysiker. Sie waren bei Heisenberg und Schrödinger, bei Niels Bohr in Kopenhagen und 1933 bis 1936 bei Wolfgang Pauli in Zürich. Auf Empfehlung von Niels Bohr arbeiteten Sie seit dem Herbst 1937 in der University of Rochester in Amerika. Und 1943 holte Sie dann Oppenheimer zum Atomic Bomb Project in Los Alamos – darüber sollten wir auch noch sprechen. Kann man in Ihrem Fall eigentlich sagen, daß Sie emigriert sind? Führten Sie nicht einfach die Stationen Ihrer Karriere als Atomphysiker nach Amerika?

VW: Meine Frau und ich – wir waren keine Emigranten im üblichen Sinne. Aber daß mir Niels Bohr diese Stelle in Rochester verschafft hat, hatte durchaus einen politischen Hintergrund. Übrigens auch, daß ich 1936 die Schweiz verlassen mußte. Ich war ein jüdischer Gelehrter ohne Stellung und mit schlechten Aussichten in Mitteleuropa. Bohr verwaltete einen Fonds für solche Fälle. Das Geld kam übrigens von der Carlsberg Bierfabrik.

HK: Wie viele andere meiner Gesprächspartner stammen Sie aus einer Familie des gehobenen jüdischen Bürgertums in Wien. Haben Sie eine Erklärung dafür, daß gerade Wien die Geburtsstätte so vieler großer jüdischer Künstler und Gelehrter gewesen ist?

VW: Darüber habe ich viel nachgedacht. Meine Erklärung ist ganz einfach. Wien war der Mittelpunkt der österreichisch-ungarischen Monarchie. Diese Monarchie schloß Gebiete im Osten Europas mit einem hohen jüdischen Bevölkerungsanteil ein. Vor allem Galizien, die Bukowina, die Slowakei und andere. Dort lebten die Juden in ihrem Schtedel und ihrer orthodoxen Gemeinde. Diese Gebiete waren kulturell und ökonomisch sehr rückständig. Daher waren alle unternehmungslustigen Teile der jüdischen Bevölkerung, übrigens nicht nur der jüdischen, bestrebt, aus den östlichen Provinzen wegzukommen. Und viele von ihnen zog es nach Wien. Auf diese Weise gelangten gerade die aktivsten und talentiertesten Juden in die Hauptstadt. Das erklärt, warum diese Wiener Juden soviel Erfolg hatten. Nicht nur als Literaten, Komponisten und Wissenschaftler, sondern auch als Bankiers und Geschäftsleute.

HK: Kann man von einer jüdischen Kultur in Wien sprechen?

VW: Da ereignete sich etwas Interessantes. Die meisten dieser Leute oder ihrer Nachkommen haben in Wien ihren jüdischen Ursprung verdrängt und sich zur deutschen Kultur bekannt. Eigentlich waren sie in dieser Kultur heimischer als die Nichtjuden.

HK: Gilt das auch für Ihre Familie?

VW: Ganz sicher für die Familie meiner Mutter. Meine Mutter war – ich will nicht sagen, antireligiös, aber areligiös. Sie kam aus einer Familie, die sich in Wien bereits etabliert hatte. Dagegen hat mein Vater immer ein bißchen das Judentum betont. Er stammte aus einem böhmischen Schtedel und war der Sohn des Schächters der jüdischen Gemeinde. In Wien brachte er es vom Hauslehrer bis zum Richter und Rechtsanwalt. Er hatte etwas andere Vorstellungen von religiöser Erziehung als meine Mutter. Bei meinem älteren Bruder Walter hat sich mein Vater noch durchgesetzt. Mein Bruder hatte noch Bar Mizwah. Bei mir hat meine Mutter gesiegt, und ich hatte kein Bar Mizwah.

HK: Heißt das, daß Sie gar nicht mehr im Sinne der jüdischen Religion erzogen worden sind?

VW: Das ist wohl zutreffend. In der Schule habe ich die jüdische Religionsstunde meistens geschwänzt. Aber ich habe trotzdem eine richtige religiöse Erziehung bekommen, und zwar durch die Musik von Johann Sebastian Bach. Von der Matthäuspassion und der Johannespassion. Und

vom »Messias« von Händel. In dieser Musik wird die ganze Größe Gottes ausgedrückt. Meine religiöse Erziehung fand in den Konzerten statt.

HK: Wem verdanken Sie die Liebe zur Musik?

VW: Vor allem zwei Menschen. Im Ersten Weltkrieg, als mein Vater in russischer Gefangenschaft war, hat meine Mutter einen Hauslehrer engagiert. Hans Riedl, ein Universaltalent. Er hat uns Kindern am Klavier Opernmelodien vorgespielt, bevor wir die Opern sahen, und mir auch gezeigt, wie eine Hausglocke und ein Elektromotor funktionieren. Seltsamerweise war er der Bruder dieses ekelhaften Nazis Walter Riedl. Eine große Rolle spielte auch mein Großonkel für mich. Karl Colbert, Herausgeber der Zeitung »Der Abend«. Seine Frau war nichtjüdisch, eine Konzertpianistin, eine wunderbare Person. Meine Tante Toni. Ich besuchte sie oft und saß unter dem Klavier, wenn sie übte. Da strömten die Beethoven-Sonaten wie schäumendes Wasser über mich hinweg. Seitdem kann ich ohne Musik nicht mehr leben.

HK: Waren demnach die Wiener Juden vollständig in die Wiener Gesellschaft integriert? Wie war das in Ihrer Schulzeit? Mit wem waren Sie befreundet?

VW: So eindeutig waren die Verhältnisse nicht. Wenn ich an meine Klasse im Gymnasium denke, die bestand zu ungefähr dreißig Prozent aus Juden. Die Schule lag in einem Stadtteil, wo verhältnismäßig viele Juden wohnten. Einen gewissen Unterschied gab es schon. Ich hatte hauptsächlich jüdische Freunde. Aber natürlich auch andere. Sie müssen wissen, daß ich der sozialistischen Jugendbewegung angehörte. Ich war Mitglied im Bund sozialistischer Mittelschüler. Damals lernte ich auch Bruno Kreisky kennen. Er war am Akademischen Gymnasium, ich war am Realgymnasium. Mit unserer Gruppe – fünfzehn, zwanzig Freunde – gaben wir Kabarettvorstellungen, machten uns über die sozialistischen Führer lustig und über die Christlich-Sozialen. In dieser Gruppe war mehr als die Hälfte jüdisch. Völlig entspannt waren die Beziehungen zwischen Juden und Nichtjuden nicht. Vor allem nicht in der Schule. Aber wegen der sozialen Stellung meiner Familie habe ich mich nie diskriminiert oder unterdrückt gefühlt. Im Gegenteil. Man hatte als Jude sogar eine gewisse Arroganz. Das Gefühl: Wir sind doch ein »bißl gscheiter« als die anderen.

HK: Da schwingt doch so etwas wie Stolz auf Ihre jüdische Herkunft mit.

VW: Ja, aber das ist kein Rassenhochmut. Als ich im Vorstand des Weizmann-Instituts in Jerusalem saß, kannte ich einen Genetiker namens Sachs. Er hat sich viel mit Fingerabdrücken beschäftigt. Von ihm habe ich gelernt, daß die Juden überhaupt nicht reinrassig sind. Die Juden aus Deutschland haben zum großen Teil auch Deutsche unter ihren Vorfahren. Die sogenannte jüdische Begabung – das jüdische »Keppele«, der jüdische Kopf – ist nicht die Eigenschaft irgendwelcher Gene. Diese Begabung entsteht in der Atmosphäre der jüdischen Häuser. Du weißt von frühester Jugend an: Du mußt arbeiten. Mein Vater arbeitete zehn, zwölf Stunden am Tag. Man war sozusagen verpflichtet, im Gymnasium zu den Besten zu gehören. Und deswegen gehörte man meistens auch zu den Besten.

HK: Glauben Sie, daß es zwischen Juden und Deutschen auch eine gewisse geistige Verwandtschaft und eine gegenseitige Anziehung gegeben hat?

VW: Man sagt, Deutschland sei das Land der Dichter und Denker. Ich sehe schon eine gewisse Ähnlichkeit. Zumindest kommen die Deutschen den Juden näher als andere Völker. Das war schon immer meine Theorie. Ich glaube zwar, daß der Leistungswille bei den Juden noch stärker ausgeprägt ist, aber die Ähnlichkeit ist unverkennbar.

HK: Wie verträgt sich das mit dem Antisemitismus der Deutschen?

VW: Gleich und gleich stößt sich ab. Natürlich liegen die Dinge nicht ganz so einfach. Der Antisemitismus hat viele Gründe.

HK: Worin sehen Sie die Hauptgründe?

VW: Ich kann nur wenige aufzählen. Einen bringt die christliche Religion mit sich: daß die Juden Jesus getötet haben. Obwohl Jesus schließlich auch ein Jude war. Aber den Hauptgrund sehe ich darin, daß die Juden eben immer recht erfolgreich waren. Schon im alten Rom. Die Juden reagierten auf ihre Minderheitenposition mit Arbeitseifer: Du mußt arbeiten, weil du unterdrückt bist. Das hat sich sogar an den amerikanischen Universitäten gezeigt. Ende der dreißiger Jahre gab es noch viele Vorurteile gegenüber jüdischen Studenten. Um sich durchzusetzen, mußten die Juden besser sein als die anderen. Und dann waren sie auch besser. Nach dem Zweiten Weltkrieg war der Antisemitismus an den Hochschulen völlig verschwunden. In Harvard und anderen Universitäten gab es dann eine große Anzahl von jüdischen Professoren. Aber was war der Effekt, meine Liebe? Die Juden sind jetzt meistens nicht besser als die Nichtjuden. Weil der Druck nicht mehr da ist.

HK: Sie meinen, der Druck durch den Antisemitismus.

VW: Der Druck, der dadurch entsteht, daß man

einer Minderheit angehört, auf die sich Vorurteile richten. Man wehrt sich gegen den Druck, indem man Erfolg hat. So war es bei den jüdischen Studenten. Heute haben die Ostasiaten die Rolle der Juden übernommen.

HK: Es gab ja immer auch Minderheiten, die von der Mehrheit in Ruhe gelassen wurden. Warum wurden ausgerechnet die Juden so hartnäckig verfolgt?

VW: Vielleicht deshalb, weil viele von ihnen erfolgreich waren.

HK: Sie haben vorhin gesagt, daß viele der einflußreichen jüdischen Familien in Wien aus dem Osten stammen. Trifft das auch für das Judentum in Deutschland zu?

VW: Ich sehe da eine ähnliche Erscheinung. Auch viele deutsche Juden kamen ursprünglich aus dem Osten, weil sie dort zweitrangige Bürger waren. Auch Berlin und andere große Städte waren Magnete für unternehmungslustige Leute. Aber der jüdische Einfluß im Kulturleben Wiens war größer als in Deutschland.

HK: Das heißt, die Situation der Juden in der Diaspora erklärt allein noch nicht, warum es so viele Begabte unter ihnen gegeben hat.

VW: Schauen Sie, »Diaspora« ist kein eindeutiger Begriff. Man bezeichnet damit gewöhnlich die Zeit, nachdem die Juden aus Palästina vertrieben worden sind. Sie beziehen sich auf eine andere Diaspora, das neunzehnte Jahrhundert. In dieser Zeit hatten sich die Juden schon die Gleichberechtigung erkämpft. Zumindest auf dem Papier, aber zum großen Teil auch in der sozialen Realität. Und seit dem neunzehnten Jahrhundert zeigt sich im jüdischen Bürgertum etwas Merkwürdiges. Etwas, das mir sehr unsympathisch ist. Nämlich die Antipathie der arrivierten Juden gegen die Ostjuden.

HK: Auch in Ihrer Familie in Wien?

VW: Ich höre meine Mutter noch sagen: »Jüdel doch nicht so!« Manchmal haben wir aus Spaß jüdische Worte benutzt. »Du jüdelst schon wieder!« Oder sie hat gesagt: »Mit dem sollst du nicht verkehren, das ist doch ein Ostjude! Der wäscht sich nicht.« Und andere schreckliche Dinge. Als 1905 in Rußland die großen Pogrome stattfanden, kamen viele Ostjuden in den Westen. Sie hofften auf die Hilfe der Juden in Deutschland und Österreich. Aber da wurden sie enttauscht. Die osterreichischen und deutschen Juden wollten sie so rasch wie möglich wieder loshaben. Mich hat diese Haltung abgestoßen. Aber die Vorstellung vom ungewaschenen Ostjuden war ein zähes Vorurteil. Erst die Nazizeit brachte die meisten von uns zu der Erkenntnis, wie ungerecht diese Vorstellung war. Mit anderen Worten: die Juden sind genauso schlimm wie die anderen.

HK: Und worin unterscheiden sich die Juden von den anderen? Was glauben Sie?

VW: Das kann man eigentlich nur in Englisch sagen: »The jews are just like other people, only more so.« Das ist wahr in jeder Hinsicht. Im guten und im schlechten Sinne. Die Juden haben die Eigenschaften vieler Völker übernommen und dann diese Völker übertrumpft. Also muß ich doch sagen: Die Juden sind anders. Obwohl sie versucht haben, sich zu assimilieren. In der Vornazizeit lebte ich in der Erwartung, daß alle Unterschiede mit der Zeit verschwinden würden. Zum Beispiel war ich mir ganz sicher, daß ich einmal eine nichtjüdische Frau haben würde. Und ich habe tatsächlich eine nichtjüdische Frau geheiratet. Das führe ich unter anderem auf meine Verehrung von Tante Toni zurück. Aber unabhängig davon war die Assimilation unser Ziel. Warum sollten wir verschieden sein? Wir sind doch einfach Deutsche oder Österreicher. Dann kam es natürlich ganz anders …

HK: Als was fühlen Sie sich heute?

VW: Ich fühle mich auch heute in erster Linie nicht als Jude. Ein Beispiel: Man hat mir einmal das Angebot gemacht, Direktor des Weizman-Instituts in Israel zu werden. Doch von Anfang an wußte ich, daß ich ablehnen würde. Ich bin Wissenschaftler. Ich bin ein Mitglied der menschlichen Gesellschaft. Ich möchte nicht einfach nur Jude sein. Ich fühle mich als Angehöriger der westlichen Kultur. Eine Welt, die Mozart, Beethoven und die Quantenmechanik hervorgebracht hat, kann einfach nicht nur schlecht sein. Daran habe ich sogar in den schlechten Zeiten geglaubt, in der Hitlerzeit und während des Vietnamkrieges, als viele Leute verzweifelten. Trotz aller Schrecknisse haben die vergangenen Jahrhunderte ungeheure Werte geschaffen. Diese Ideen, diese Schätze des menschlichen Geistes, können durch nichts entwertet werden. Daran glaube ich trotz der Gefahren des Nuklearkrieges und der Umweltverschmutzung.

HK: Aber ist nicht gerade diese Einstellung typisch jüdisch?

VW: Sie haben recht. Das Judentum ist für mich heute keine irgendwie nationale, sondern eine internationale Angelegenheit. Ich fuhle mich als Jude verpflichtet, etwas zur menschlichen Kultur beizutragen. Aber – jetzt kommt's: eben deshalb, weil ich glaube, dazu als Jude besser imstande zu sein. Weil ich als Jude unabhängiger von nationalen Kulturen bin als andere.

HK: Das paßt zu dem, was Sie über das Anderssein der Juden gesagt haben.

VW: Noch etwas gehört zum Judentum. Lassen Sie mich eine Geschichte erzählen. Als ich Professor in Rochester war, hatte ich einen Mitarbeiter, der aus einer ostjüdischen Familie stammte. Sein Vater war ein kleiner Schneider in New York und verdiente sein Geld im Schweiße seines Angesichts. Der Sohn erhielt durch meinen Einfluß in Rochester eine Professorenstelle. Eines Tages lud er mich ein, mit ihm zusammen seinen Vater zu besuchen. Und da saß dieser Mann mit seinem langen Bart in seiner ärmlichen Wohnung. Der Sohn stellte mich vor, und der Mann kam auf mich zu, umarmte mich, weinte und sagte: »Ich weiß, daß Sie meinen Sohn zum Professor gemacht haben. Mein Sohn ist Professor. Das Ziel meines Lebens ist erreicht. Das ist der Lohn für alle meine Mühen.« Das hat mich sehr gerührt. Bei diesem Mann zeigte sich die schönste Seite des jüdischen Charakters: die Hochschätzung der geistigen Leistung. Das Ideal ist nicht, daß er ein reicher Mann wird. Das Ideal ist, daß er Professor wird. Natürlich gibt es das auch unter Nichtjuden.

HK: Aber wohl nicht in dieser Häufigkeit und selten so ausgeprägt. Ich meine den jüdischen Leistungswillen …

VW: Ich möchte betonen: den Willen zur geistigen Leistung. Ich habe auch eine Ahnung, woher das kommt. Das entstand in der jüdischen Schule, in der Rabbinerschule. Im jüdischen Schtedel, im Ghetto, war es eine große Sache, ein Bocher, ein Schüler des Rabbis zu sein. Und wenn man eine Tochter hatte, war es ehrenwerter, wenn sie einen Rabbi heiratete, als wenn sie einen reichen Mann heiratete. Warum? Aufgrund der alten Tradition, daß dem Geistigen der größte Wert beigemessen wurde.

HK: Das erklärt vielleicht auch, warum andere Minderheiten keinen solch entscheidenden Einfluß ausübten wie das Judentum.

VW: Denken Sie zum Beispiel an die polnische Minderheit im Deutschen Reich oder an die lettische Minderheit im Russischen Reich. Die wurden auch nicht gut behandelt. Aber sie waren nicht so erfolgreich wie die Juden. Oder denken Sie an die Neger in den Vereinigten Staaten. Sie standen unter noch größerem Druck als die Juden. Aber es mangelte ihnen an der kulturellen Tradition. Und wenn mir in Israel etwas imponiert, so ist es die Hochschätzung des Buches. Ich sagte Ihnen ja schon, daß wir völlig areligiös erzogen worden sind. In Israel habe ich zum erstenmal einen jüdischen Tempel betreten. Dort wurde die Thora aufbewahrt. Das Heiligtum. Aber dieses Heiligtum ist keine Statue und keine Reliquie. Es ist das Buch. Das bedeutet, die Gelehrsamkeit ist das Heilige. Und das wiederum hat etwas mit dem Erfolg und dem Einfluß der Juden zu tun.

HK: Obwohl wir das Thema schon gestreift haben, möchte ich Sie noch einmal ausdrücklich fragen: Erwächst für Sie daraus, daß Sie Jude sind, eine besondere Verpflichtung?

VW: Ich wiederhole mich: Die Juden sind so wie andere Leute, nur noch mehr. Im guten und im schlechten. In erster Linie bin ich weder Amerikaner noch Europäer. In erster Linie bin ich ein Mensch. Und als Mensch stehe ich unter einem kategorischen Imperativ. Als Mensch habe ich vor allem die Pflicht, so zu handeln, daß es immer besser wird. Nach meinen Kräften. Und hoffentlich habe ich, wenn schon nicht zu hundert Prozent, wenigstens zum guten Teil nach dieser Devise gehandelt. Ich meine damit, ich bin nicht unzufrieden mit mir. Obwohl ich vieles hätte besser machen können.

HK: Was zum Beispiel?

VW: Vieles. Ich frage mich, ob ich nicht während der Nazizeit noch mehr hätte tun können. Ich habe viele Leute nach Amerika gebracht, aber ich hätte vielleicht noch mehr Leute retten können. Und vielleicht hätte ich noch mehr für meine Wissenschaft tun können, wenn ich nicht gleichzeitig so viele andere Interessen gehabt hätte. Aber das sind hypothetische Fragen.

HK: Mich interessiert sehr, wie Sie heute Ihre Arbeit im Atombomben-Projekt von Los Alamos einschätzen. Warum haben Sie damals an diesem Projekt teilgenommen?

VW: Ich glaube, zwei Gründe waren ausschlaggebend. Der erste und wichtigste Grund war die Gefahr, daß Hitler die Atombombe in die Hände bekommen könnte. Für uns war das eine reelle Gefahr. Schließlich war die Kernspaltung ja in Deutschland entdeckt worden, und die Deutschen hatten sehr gute Physiker. Der zweite Grund war sicherlich, daß ich mich meinem Gastland gegenüber verpflichtet sah. Als mich Oppenheimer aufforderte mitzuarbeiten, war ich fünfunddreißig Jahre alt. Ich war Spezialist für Kernphysik, und die Aufforderung war eine Ehre. Alle guten Leute gingen dorthin. Es hätte einer übermenschlichen Stärke des Charakters bedurft, die Chance, die mir geboten wurde, nicht wahrzunehmen. Außerdem hätte ich mich außerhalb der Gesellschaft stellen müssen, die mich gerade aufgenommen hatte – und zu Kriegszeiten!

HK: Aber Sie kannten die Vernichtungskraft

dieser neuen Waffe. Einerseits waren Sie gerade der Vernichtung entkommen, und andererseits haben Sie an etwas gearbeitet, dessen Vernichtungskraft alles bisher Dagewesene überstieg.

VW: Das ist natürlich wahr. Aber wir hatten das Gefühl, daß diese Waffe künftig größere Kriege unmöglich machen würde. Wir waren damals eben sehr naiv. Aber vielleicht waren wir gar nicht so naiv ...

HK: Glauben Sie heute noch, daß es gut war, daß die Atombombe gebaut wurde?

VW: Ich kann diese Frage nicht bejahen. Aber ich kann sie auch nicht verneinen. Wir haben ja daran geglaubt, daß eine solche Waffe den großen Kriegen ein Ende machen würde. Und ich halte es nicht für ausgeschlossen, daß sich am Ende erweist, daß wir damals in unserer Naivität doch recht behalten haben. Wenn es wirklich keine Weltkriege mehr geben sollte, dann auch deswegen, weil die Atombombe existiert. Dann wären sogar die Hunderttausende von Opfern in Hiroshima und Nagasaki nicht umsonst gewesen. Ich bin eben ein unverbesserlicher Optimist. Immerhin ist heute ein Krieg zwischen westeuropäischen Nationen, etwa zwischen Deutschland und Frankreich, nicht mehr möglich. Das ist bereits ein schier unglaublicher menschlicher Fortschritt. Und vielleicht verhindert die Atombombe auch Kriege zwischen den Großmächten, zwischen den Kontinenten. Daher glaube ich, daß wir die Schuldfrage, die wir mit dem Bau der Bombe auf uns geladen haben, heute noch gar nicht beantworten können. Die Geschichte wird diese Frage beantworten. Ganz verzweifelt bin ich noch nicht.

HK: Wie war das damals in Los Alamos? Gab es kein Mißtrauen gegenüber einem Ausländer, als der Sie ja noch gelten mußten?

VW: Sie müssen sich vorstellen, daß ich 1943 erst sechs Jahre im Land gewesen war. Und im gleichen Jahr hat mich der Stadtrat von Los Alamos zum Vorsitzenden, also zum Bürgermeister gewählt. Mich, einen Fremden. Wäre das in irgendeinem europäischen Land möglich gewesen? Antisemitismus gab es auch in Amerika, aber bei unserem Projekt hat er überhaupt keine Rolle gespielt. Es war ja eine ganze Reihe von Juden dabei. Teller, Oppenheimer, Morrison, Bethe.

HK: Die Bombe ist ja dann auch eingesetzt worden. Welche Gefühle hatten Sie, nachdem das geschehen war?

VW: Ich weiß noch, welche Überlegungen damals eine große Rolle spielten. Die damaligen Bombenangriffe auf japanische Städte haben jeden Tag vierzigtausend Menschen das Leben gekostet. Die Atombombe hat einige hunderttausend Menschen getötet, aber der Sache eine Ende gemacht. Das war ein Argument. Ein weiteres Argument war: Hätte man die Bombe nicht eingesetzt, wäre vielleicht eine Invasion nötig gewesen. Und eine solche Invasion hätte mehr Opfer verlangt als die Bombe. Das waren nicht meine Argumente. Aber so hat man 1945 diskutiert. Ich weiß nur eines: Nicht zu rechtfertigen war die zweite Bombe, die Bombe auf Nagasaki. Ich fürchte, sie war ein Experiment der Militärs. Sie war ja anders konstruiert als die erste.

HK: Haben Sie sich hinterher mitschuldig gefühlt?

VW: Ja und nein. Man kann diese Frage annähernd mit der Frage nach der deutschen Kollektivschuld vergleichen. Kann ich Sie für die Taten der Nazis verantwortlich machen? Sie sind natürlich zu jung, aber Ihre Eltern waren dabei. Ja, ich fühle mich schuldig. Und dieses Schuldgefühl hat viele Aktivitäten zur Verhinderung eines Atomkrieges ausgelöst. Ich fühle mich nicht schuldig für die Art und Weise, in der die Bombe eingesetzt wurde.

HK: Gab es von seiten der Wissenschaftler Versuche, auf die Politiker Einfluß zu nehmen?

VW: Unsere Absicht war es, diese Waffe zu internationalisieren. Sowohl die Kernwaffe als auch die Kernkraft wollten wir unter internationale Kontrolle stellen. Das war die vorherrschende Meinung in der Federation of the American Scientists. Und Niels Bohr, der zu uns nach Los Alamos herüberkam, hat einige mutige Versuche gemacht, das in die Tat umzusetzen. Er hat mit Roosevelt gesprochen. Mit Churchill hat er sich überhaupt nicht verstanden. Und natürlich hat auch Stalin nicht mitgespielt. Die Amerikaner sind einer Illusion erlegen. Sie dachten, sie würden zwanzig Jahre lang exklusiv über die Bombe verfügen. Dabei wußten wir es besser. Wir haben immer wieder gesagt und geschrieben, daß die Russen die Bombe in vier, fünf Jahren haben würden. Aber wir hatten nicht viel Einfluß. Wir wollten mit der Kernkraft eine neue Welt erschaffen. Daraus ist nichts geworden. Allerdings habe ich mich seitdem unablässig dafür eingesetzt, daß die Kernenergie als Kriegswaffe geächtet wird. Für die Einsicht, daß ein Atomkrieg Selbstmord für beide Seiten ist.

HK: Kehren wir zur Frage des Judentums und zu Ihrer Lebensgeschichte zurück. Mir ist aufgefallen, daß Sie noch ausgezeichnet Deutsch sprechen. Betrachten Sie Österreich oder Wien noch als Ihre Heimat?

VW: Eine interessante Frage. Meine Frau und ich fahren fast jedes Jahr nach Österreich. Nach Wien und nach Altaussee. Wissen Sie, wenn ich nach Wien komme, habe ich immer ein warmes Gefühl. Trotz der Vergangenheit. Ich habe ja auch nicht unmittelbar unter den Nazis gelitten. Und in Altaussee ist mir als Kind zum erstenmal bewußt geworden, was ein Wald, eine Wiese, ein Berg ist. Wenn ich irgendwo eine schöne Gegend sehe, sage ich: Das ist ja fast so wie Altaussee. Ich habe ein wohliges Gefühl in Österreich. Irgendwie heimatlich. Aber das bedeutet nicht, daß ich in Österreich auf Dauer leben möchte. Die Bevölkerung selbst ist mir ein bißchen fremd und oft auch unsympathisch. Ich traue ihr nicht über den Weg. Und daß die Österreicher den Waldheim gewählt haben, ist eine schreckliche Sache. Aber man muß auch sehen, daß die gleichen Österreicher Herrn Kreisky, der ja ein Jude ist, viele Jahre lang zum Bundeskanzler gewählt haben.

HK: Sehen Sie Unterschiede zwischen Österreichern und Deutschen?

VW: Die Österreicher können oft sehr freundlich sein, ohne es zu meinen. Sie haben ein Talent, sich zu verstellen, aber sie haben einen Sinn für Humor. Die Deutschen haben nicht viel Sinn für Humor, aber man findet im allgemeinen mehr Aufrichtigkeit, selbst bei denen, die sich noch zum Nazismus bekennen. Natürlich gibt es auch aufrichtige Österreicher und humorvolle Deutsche.

Aber wenn ich aus irgendeinem Grund nach Europa zurückkehren müßte, würde ich entweder in Deutschland oder in Frankreich oder in der Schweiz leben. Österreich ist mir zu eng.

HK: Und wie ist ihr Verhältnis zu Amerika?

VW: Hier in Cambridge habe ich ein ganz anderes Heimatgefühl. Unsere Kinder sind hier. Und wir haben hier viele Freunde.

HK: Wo fühlen Sie sich mehr zu Hause?

VW: Auf beiden Seiten. Ich könnte nicht das ganze Jahr in Europa leben. Und ebensowenig könnte ich das ganze Jahr in Amerika leben. Hier wie dort habe ich das Gefühl: Ich möchte zurück. Ich bin Europäer, und ich bin Amerikaner. Ein »Atlantic citizen«.

HK: Fühlen Sie sich gespalten?

VW: Nicht gespalten. Ich fühle mich bereichert. Ich habe zwei Heimaten. Seitdem mir Kreisky die österreichische Staatsbürgerschaft zurückgegeben hat, habe ich zwei Pässe.

HK: Zunächst ein erstaunlicher Gedanke, daß die Emigration zu einer Bereicherung führt.

VW: Ich habe mir schon oft vorgestellt, daß ich Professor in München, in Berlin oder in Wien geworden wäre, wenn Hitler nicht gewesen wäre. Und meine Kinder wären in Deutschland erzogen worden und so weiter. Und das würde ich bedauern. Ich wäre doch geistig viel ärmer und enger. Für mich ist die Emigration ein Geschenk und kein Leiden.

HK: Ich vermute, Sie können die Dinge so sehen, weil Sie in der Emigration bekommen haben, was Sie erwartet und gewünscht haben.

VW: Ja, natürlich. Wir wurden mit offenen Armen empfangen. Aber ich habe auch meine Bindung an Europa bewahrt. Sie wissen ja, ich war fünf Jahre Direktor von CERN in Genf. Ich habe diese Aufgabe mit Begeisterung übernommen. Warum? Weil sie für mich ein Dienst an Europa war. Weil ich Europa soviel verdanke.

HK: Und welche Rolle spielt Israel für Sie – neben Europa und Amerika?

VW: Ich habe durchaus Sympathien für Israel. Ich habe viele Reisen nach Israel gemacht und war jedesmal sehr beeindruckt. Wenn ich an meine erste Reise denke ... Am meisten hat mir imponiert, daß es jüdische Polizisten gibt. Unvorstellbar. Für uns waren doch die Polizisten immer die anderen. Und sehr gut erinnere ich mich an eine Begegnung mit einem Kameraden aus meiner Klasse im Wiener Gymnasium. Er kam aus einer Familie, der es nicht so gutging, und fürchtete sich ständig vor antisemitischen Bemerkungen. Und aus diesem Grund wurde er häufig das Opfer solcher Bemerkungen. Dieser Schulfreund rief mich völlig überraschend an, als ich Israel besuchte. Er meldete sich mit einem hebräischen Namen, so daß ich einige Zeit brauchte, bis ich begriff, wer er war. Wir verabredeten uns für den Nachmittag in einem Kaffeehaus. Und da kam dieser Mann – völlig verändert. Ich kannte ihn als einen ängstlichen und unterwürfigen Menschen, und jetzt kam er voller Selbstbewußtsein auf mich zu und erzählte mir, er arbeite hier als Beamter im Auswärtigen Amt. Verstehen Sie, warum ich das erzähle? Viele haben erst in Israel ihr Selbstbewußtsein gefunden.

HK: Wie stehen Sie zur politischen Konzeption Israels? Zur Idee eines jüdischen Staates und einer zentralen jüdischen Heimat?

VW: Zwiespältig. Ich würde nie nach Israel auswandern, und ich fühle mich nicht als Jude oder Israeli. Sicherlich, wenn man das Schicksal des jüdischen Volkes betrachtet, ist es großartig, daß es ein solches Land gibt. Kaum zu glauben, daß die Idee von Herzl verwirklicht worden ist. Aber als politische Nation muß sich Israel mit allen Problemen einer politischen Nation herumschlagen. Und dadurch geht viel verloren.

HK: Würden Sie eine Prognose wagen, was die Zukunft des jüdischen Volkes betrifft?

VW: Ich bin tief enttäuscht über das, was in Israel geschieht. Aus der Ferne gewinnt man den Eindruck, daß dort fast Nazimethoden angewandt werden. Fast. Und ich sehe die Gefahr einer Katastrophe. Ich halte es nicht für ausgeschlossen, daß die arabischen Staaten Israel mit Atombomben vernichten. Dadurch würde das jüdische Volk nicht völlig vernichtet werden, denn es lebt in seiner Mehrheit ja immer noch in der Diaspora. Aber da wage ich keine Prophezeiung. Man kann nur hoffen. Und die Hoffnung besteht darin, daß sich das jüdische Volk wie in der Vergangenheit an der Verbesserung der Welt beteiligt. Das ist die Erlösung des jüdischen Volkes, nicht die Rückkehr in eine Heimstätte.

HK: Sie sind kein religiöser Mensch, jedenfalls nicht im üblichen Sinne. Dennoch möchte ich Sie fragen: Läßt sich Ihr Weltbild mit einem Gottesbegriff, einer Gottesvorstellung vereinbaren?

VW: Wenn die Rede auf Gott kommt, erzähle ich gerne folgende Anekdote: In einem jüdischen theologischen Seminar streiten sich die Rabbis stundenlang über Beweise für die Existenz Gottes. Und nach mehreren Stunden steht ein Rabbi auf und sagt: »Gott ist so groß. Er hat es gar nicht nötig zu existieren.« Denken Sie mal darüber nach. Ich finde, das ist eine sehr tiefsinnige Geschichte. Ich habe sie übrigens von Isaiah Berlin.

HK: Deuten Sie mir diese Anekdote?

VW: Gott ist so groß. Gott ist ein Symbol für vieles, zum Beispiel für Mozart und die Quantenmechanik. Es gibt immer verschiedene Arten, die Welt zu betrachten und zu verstehen. Von der modernen Physik haben wir gelernt, daß das Wellen-Modell und das Teilchen-Modell nur zwei Aspekte ein und derselben Sache sind. Die menschliche Erfahrung kann sich in Wissenschaft niederschlagen. Aber auch in Ethik oder in Kunst. Und alle diese Auffassungsweisen sind komplementär. Obwohl jede die anderen ausschließt, wenn man sie verabsolutiert. Aber die menschliche Existenz läßt sich nur verstehen, wenn man alle diese Betrachtungsweisen akzeptiert. Die Wissenschaft beispielsweise kann viel erklären, aber sie geht doch an wesentlichen Dingen vorbei. Etwa dann, wenn sie eine Beethovensonate als akustisches Phänomen oder als ein System von Nervensynapsen analysiert. Die Wissenschaft kann weder die Ethik noch die Kunst, noch die Religion ersetzen.

HK: Und was heißt das für den Gottesbegriff?

VW: Ich glaube nicht an einen Herrn Gott. Aber ich glaube an das, was der liebe Gott symbolisch bedeutet. Der liebe Gott selbst bedeutet wenig, aber die Idee, daß etwas ganz Großes existiert, ist ein Leitgedanke der Menschheit. Und dieser Gedanke wäre nicht möglich, wenn nicht irgend etwas Großes im Menschen selbst wohnt.

HK: Wenn aber Gott sozusagen in den Menschen wohnt – wie war dann ein Holocaust möglich?

VW: Eben wegen des Holocausts glaube ich nicht an einen lieben Gott außerhalb der Menschen. Und gab es nicht schon vor dem Holocaust genügend Beweise dafür, daß kein Gott über die Menschen wacht? Armut, Massenmord und schreckliches Unglück hat es ja schon immer gegeben. Unter Dschingis-Khan und anderen gab es auch schon Völkermord in gigantischem Ausmaß. Ein Gott könnte das nicht zugelassen haben. Deswegen leugne ich Gott in diesem Sinn. Aber ich zweifle nicht daran, daß die menschliche Existenz etwas Wunderbares und Erhabenes ist. Wenn Sie das etwas Göttliches nennen wollen, habe ich nichts dagegen. Der Mensch hat den Holocaust gemacht, aber der Mensch kann auch etwas anderes machen. Er kann auch die Menschheit befreien.

HK: Läßt sich aus dieser Sicht auch die jüdische Prophezeiung verstehen, daß eines Tages der Messias kommen wird?

VW: Der Messias, der kommen soll, ist natürlich eine symbolische Figur. Mir gefallen Symbole. Ich liebe die Poesie. Ich möchte auf Goethe nicht verzichten. Rilke ist für mich ein Halbgott, und daher habe ich Sinn für Symbole.

HK: Der Messias ist also für Sie nur eine Vorstellung.

VW: Keineswegs. Wenn es gelingen würde, eine Welt zu gestalten, in der große Kriege unmöglich geworden sind, dann ist ein Teil dessen eingetreten, wofür der Messias steht. Auch Jesus Christus ist ja ein Symbol. Und unter dem Messias verstehe ich die zweite Ankunft von Christus. Man muß aber auch sehen, daß der Mensch immer auch Gutes in Schlechtes verwandelt hat. Schaut euch die religiöse Zivilisation des Mittelalters an. Die Kreuzzüge, die Judenverfolgung, alles im Namen der Religion! Alles im Namen der Wiederkehr des Messias. Deshalb kämpfe ich gegen eine einseitige Sicht der Dinge und predige eine komplementäre Betrachtungsweise.

HK: Stimmen Sie mir zu, wenn ich das Symbol des Messias als Symbol des Friedens deute?

VW: Das Symbol des Messias schließt nicht nur die Hoffnung auf Frieden ein. Aus diesem Symbol sprechen die Hoffnung und der Wille, diese Welt besser zu machen. Der Messias ist eine reale Möglichkeit. Wenn wir für den Weltfrieden und die Verständigung zwischen den Völkern kämpfen, verwirklichen wir diese Möglichkeit. Die Idee, daß die bessere Welt noch kommen wird und nicht endgültig verloren ist, wie das Paradies – das ist die Idee des Messias. Und an diese Idee glaube ich.

JOHN WEITZ

Designer, New York. Geb. 1923 in Berlin

HK: Herr Weitz, wenn man es genau nimmt, haben Sie nur die ersten neun Jahre in Deutschland verbracht.

JW: Ja, ich kam schon 1932 nach England und habe dort verschiedene alte Schulen besucht. Die erste und längste Zeit war ich in der St. Paul's School in London. Aber bis 1938 habe ich die Ferien immer in Deutschland bei meiner Familie verbracht. Sicher, die Schule war mein Zuhause. Und je katastrophaler die Lage in Deutschland wurde, desto mehr habe ich mich mit der Schule identifiziert. Trotzdem wollte ich kein Engländer sein. Ich bin immer Ausländer, Deutscher geblieben.

HK: Hatten Sie Kameraden, die auch aus Deutschland kamen?

JW: An zwei erinnere ich mich noch gut. Ich wurde in das Büro des Schulleiters gebeten, was sehr selten vorkam. Und er sagte zu mir: »Da ist gerade ein deutscher Junge angekommen. Ich möchte, daß Sie ihm Rugby beibringen.« Und wer war dieser deutsche Junge? Es war Putzi Hanfstaengls Sohn. »Und nächsten Monat kommt noch ein deutscher Junge«, sagte der Schulleiter. »Der Junge heißt Ribbentrop. Kennen Sie den? Der Vater ist hier Botschafter geworden.« »Kennen? Den möchte ich gar nicht kennen. Danke sehr.« »Na, Augenblick mal, das ist ein Schuljunge genauso wie Sie.« Da gab es keine Unterschiede. Wir waren alle englische Schuljungen.

HK: Wo waren Sie, als der Krieg ausbrach?

JW: 1939 wurde ich mit anderen Deutschen in England festgenommen und interniert. Aber deswegen habe ich mir keine Sorgen gemacht. Ich habe das vollkommen verstanden. Schließlich war das die Zeit der fünften Kolonne, der Gerüchte über Naziagenten. Vorher, beim letzten Termin in der deutschen Botschaft, haben sie mir noch ein »J« in den Paß gestempelt und einen anderen Vornamen verpaßt. Ich hieß plötzlich Israel statt Hans-Werner.

HK: Und wie kamen Sie nach Amerika?

JW: Anfang 1940 reiste ich mit meinen Eltern nach Schanghai. Mein Vater hatte noch genügend Geld, um mir ein Jahr lang in Schanghai ein phantastisches Leben zu ermöglichen. Ich habe dort wie Gott in Frankreich gelebt, im Gegensatz zu vielen anderen Emigranten. Ende 1940 durften wir nach Amerika einreisen.

HK: Damals waren Sie siebzehn Jahre alt.

JW: Ja, und ein gutes Jahr später habe ich mich freiwillig zur Army gemeldet. Man hat mich genommen, obwohl ich noch kein amerikanischer Staatsbürger war. Ende 1942 war ich Sergeant bei der Infantrie. Da hat mich dann die OSS rekrutiert – Office of Strategic Services, die Spionageeinheit. Einen Tag, bevor ich mein Offizierspatent erhielt, wurde ich amerikanischer Staatsbürger. Ich blieb während des ganzen Krieges bei dieser Einheit. Dabei habe ich sehr eng mit Deutschen zusammengearbeitet, die gegen Hitler kämpfen wollten. Die meisten sind bei Sondereinsätzen umgekommen. Das waren großartige Menschen, für die ich alle Hochachtung habe. Bei ihnen habe ich mein Deutschland wiedergefunden.

HK: Und bis heute behalten?

JW: Darauf komme ich noch. Was ich sagen will, ist, daß meine Verbindung zu Deutschland nie abgerissen ist. Auch während des Krieges nicht. Ab Mai 1944 hat meine Einheit auch in Deutschland operiert. Nach der Invasion war ich an der französischen Atlantikküste stationiert und hatte viel mit deutschen Offizieren zu tun. Und nach dem Krieg … Ich weiß nicht, ob Ihnen bekannt ist, daß ich Rennfahrer war. Mein Lieblingssport. Auf diese Weise kam ich wieder mit Deutschen in Kontakt, mit Huschke von Hanstein, Richard von Frankenberg und Wolfgang von Trips. Mit Trips war ich eng befreundet.

HK: Haben Sie das Gefühl, daß Amerika im Lauf der Zeit so etwas wie eine Heimat für Sie geworden ist?

JW: Meine Heimat ist dort, wo meine Kinder sind, wo meine Frau ist. Eigentlich dort, wo meine Frau ist, denn Kinder wachsen ja auch und leben ihr eigenes Leben. Wenn wir draußen auf dem Land mit den Kindern zusammen sind und nichts zu tun haben, dann bin ich glücklich. Dann habe ich das

Gefühl von Heimat. Ich schätze vieles an Amerika, und ich bleibe Amerikaner. Allerdings habe ich ja auch einiges für Amerika getan, während des Krieges. Dafür habe ich die Staatsbürgerschaft bekommen. Ein amerikanisches Visum zu haben oder die amerikanische Staatsbürgerschaft zu bekommen war damals eine Frage von Leben oder Tod. Es macht mich traurig, wenn ich an die Dutzende von Ärzten, Musikern, Schriftstellern, Geschäftsleuten und Rechtsanwälten denke, die in Deutschland umgekommen sind, weil ihnen die amerikanische Regierung kein Visum erteilt hat. Wie viele große Talente Amerika damals verloren hat!

HK: Und Deutschland ebenso.

JW: Deutschland erst recht. Ich bin überzeugt davon, daß Deutschland durch die Verfolgung und die Emigration der Juden sehr viel ärmer geworden ist.

HK: In welcher Beziehung stehen Sie heute zu Deutschland und Ihrer eigenen deutschen Vergangenheit?

JW: Ich habe nie aufgehört, mich auch als Deutscher zu fühlen. Das sehen Sie schon an meinem Namen. Als ich mit neun Jahren nach England kam, wurde ich John genannt. John ist dasselbe wie Hans. Aber ich habe immer meine beiden deutschen Vornamen behalten. Wenn ich meinen vollständigen Namen angebe, nenne ich mich John Hans-Werner Weitz. Sie sehen, auch bei meinem deutschen Familiennamen bin ich geblieben. 1970 habe ich während der Modewoche in Köln eine Pressekonferenz gegeben und bin gefragt worden: »Warum kommen Sie so häufig nach Deutschland? Und warum sind Sie so nett zu den Deutschen?« Ich habe geantwortet: »Weil ich sehr an Deutschland hänge.« Diese Antwort hat geradezu Verblüffung ausgelöst. Aber so ist es. Ich fliege mindestens einmal im Jahr nach Deutschland, meistens nach Berlin. Außerdem sitze ich im Aufsichtsrat des American Council on Germany und des Leo-Baeck-Instituts und bemühe mich um die Beseitigung von Mißverständnissen. Viele Amerikaner betrachten Deutschland immer noch in erster Linie unter dem Aspekt der Nazizeit. Und manchmal wird sogar ein junger Deutscher verdächtigt, Nazi gewesen zu sein.

HK: Sie sagen, daß Sie Deutschland eng verbunden sind. Aber welches Gefühl haben Sie, wenn Sie durch die Straßen einer deutschen Stadt gehen? Haben Sie das Empfinden, zurückgekehrt zu sein oder etwas wiederzuerkennen?

JW: Ich denke vor allem an meine Familie, meine Vorfahren. Wenn ich jetzt in Berlin bin, gehe ich für meinen Vater durch Berlin. Dann bin ich nur sein Nachfahre, der an seiner Stelle durch die Straßen geht. Es ist sein Berlin, das ich sehe, und darum bin ich in dieser Stadt daheim. Denn ich weiß, daß er stolz darauf wäre, daß ich dort bin und sehe, was er geliebt hat. Darauf kommt es an. Ich fühle in Berlin so etwas wie Familienstolz. Und alle Juden stammen aus sehr alten Familien.

HK: Wenn ich Ihnen zuhöre, habe ich den Eindruck, daß Sie zwischen Ihrer jüdischen Herkunft und Ihrer deutschen Herkunft nicht unterscheiden.

JW: Ich bekenne mich zu meiner jüdischen Herkunft, aber meine jüdischen Wurzeln sind rein deutsch. Ich werde nie aufhören, ein Deutscher zu sein, ebensowenig, wie ich jemals aufhören werde, Jude und Amerikaner zu sein.

HK: Können Sie noch etwas von Ihrem Vater erzählen?

JW: Mein Vater war von ganzem Herzen Deutscher und vor allem Berliner, geborener Berliner. Darauf hat er großen Wert gelegt. Er war Frontsoldat im Ersten Weltkrieg, verwundet und hochdekoriert. Das hat ihm in den ersten Jahren der Nazizeit geholfen. Man hat ihn zunächst nicht so hart angefaßt. Natürlich war das eine Illusion, das hat er bald zu spüren bekommen. Er hat seine Orden hervorgeholt und getragen, weil er den Gedanken nicht ertragen konnte, daß man ihm sein Deutschsein abspricht. Deutsch zu sein war für ihn etwas Erstklassiges. Zweifellos, die Leute, die in Deutschland geboren und aufgewachsen sind, haben gewisse Vorzüge. Die Nachteile wie Borniertheit, Jähzorn, Überheblichkeit und Größenwahn von Zeit zu Zeit vergesse ich nicht. Aber sie haben auch Vorzüge, Eigenschaften wie Verläßlichkeit, Arbeitssinn, Pünktlichkeit, Treue, Pflichtbewußtsein, gute Erziehung, gute Manieren.

HK: Welche Eigenschaften machen für Sie den Wert eines Menschen aus?

JW: Wichtig ist alles, was einen Menschen anständig macht. Ich achte einen Menschen, der in seinem Wesen ehrlich ist, treu ist, redlich ist. Jetzt habe ich das ganze deutsche Lied gesungen, glaube ich.

HK: Entspricht Ihrer Einstellung Deutschland gegenüber auch das Verhalten der Deutschen Ihnen gegenüber?

JW: Die Frage ist, ob man der Vorstellung entspricht, die sich die Deutschen von Juden machen oder gemacht haben. Vor zwei Jahren beispielsweise traf ich zwei einfache Leute aus dem Dorf in der Nähe Berlins, in dem meine Familie vor dem Krieg ein Landhaus hatte. Ein Journalist hat sie zufällig kennengelernt und zu mir gebracht, weil sie noch meinen Namen kannten. Ich kannte sie als Bauernkinder, und sie erinnerten sich an mich als den Jungen, der in einer Limousine angekommen ist, Fahrrad gefahren ist und auf dem See gesegelt hat. Nach der Begrüßung fragten sie mich: »Eines konnten wir nie verstehen – warum sind Sie eigentlich plötzlich aus Deutschland verschwunden?« »Haben Sie denn nicht gewußt, daß ich Jude bin?« »Nein, das haben wir nicht gewußt.« Oder ein anderes Beispiel. Im Krieg habe ich einmal einen deutschen Fallschirmjäger-Offizier verhört. Dabei habe ich die amerikanische Fallschirmjägeruniform getragen. Und der Deutsche sagte – ich weiß nicht mehr, in welchem Zusammenhang: »Ja, wenn wir Jungs wie euch gehabt hätten ...« Und ich sagte: »Ihr habt ja Jungs wie uns gehabt.« »Wieso das denn?« »Ich bin doch ehemaliger Deutscher«, sagte ich auf englisch. Und dann fügte ich auf deutsch hinzu, daß ich Volljude sei. Das konnte er gar nicht glauben. Er wußte ja nicht, was jüdisch ist. Er kannte ja nur die Karikatur im »Stürmer«.

HK: Das heißt, Sie werden nur dann als Jude betrachtet, wenn Sie Ihr Gegenüber darüber informieren, daß Sie Jude sind.

JW: Ich entspreche nicht der Karikatur. Fast kein Jude entspricht dieser Karikatur. Und in solchen Situationen ist es mir immer schwergefallen zu sagen: Ja, wissen Sie, ich bin Jude.

HK: Ganz verstehe ich nicht, was Sie meinen.

JW: Als ob es ein Geheimnis wäre, jüdisch zu sein. Ein Geheimnis, das man offenbart oder nicht offenbart. Und als ob man nur eines von beiden sein könnte, entweder Jude oder Deutscher. Ich möchte nichts von dem verleugnen, was ich bin. Auch nicht mein Deutschsein. Ich kenne deutsche Emigranten, die nicht Deutsch sprechen wollen. Und das ist eine Schande. Ich kenne Leute, die nie mehr nach Deutschland zurückwollen. Auch das ist eine Schande. Es war Heinrich Heine, der die »Loreley« geschrieben hat. Es war Heine, der gesagt hat: »Denk ich an Deutschland in der Nacht, bin ich um meinen Schlaf gebracht.« Natürlich! Er hatte Deutschland im Blut, im Herzen, im Sinn. Genauso wie ich. Seine confessio judaica hat Heine nur von Zeit zu Zeit abgelegt. Und am Ende ist er Deutscher geblieben. Ich kann das gut nachvollziehen. Ich kenne viele deutsche Juden, die Deutsche geblieben sind und, nachdem sie ihre Heimat verloren hatten, sich nicht damit abfinden konnten, nur noch als Juden zu gelten.

HK: Dennoch möchte ich Sie auch fragen, was es für Sie bedeutet, jüdisch zu sein, Jude zu sein. Sind mit dieser Eigenschaft nicht bestimmte Fähigkeiten verbunden, die sich die Juden in der Diaspora erworben haben?

JW: Selbstverständlich. Wenn man die etwa fünftausendachthundert Jahre der jüdischen Geschichte überblickt, dann sieht man, daß die Juden viertausend Jahre lang im Exil, in der Diaspora, in der Minderheit waren. Das ist für mich die jüdische Situation. Jerusalem ist für mich nicht das Herz des Judentums. Ich sehe mein Judentum rein international. Und ich verfluche es oft. Ich habe auch schon oft daran gedacht, mich taufen zu lassen. Aber ich habe es nie getan. Aus vielen Gründen nicht.

HK: Warum nicht?

JW: Aus Eigensinn und Trotz. Aus einem obskuren Stolz heraus. Ich wollte einfach nicht das Leichte tun. Aber wenn mir jemand sagt, wie schön es ist, Jude zu sein, dann sage ich: Vielleicht wäre es für Sie schön. Für mich ist es ein Brechmittel. Es bringt mir nur Schwierigkeiten. Ich finde es überhaupt nicht großartig, Jude zu sein. Aber ich bin immer Jude geblieben.

HK: Das erscheint mir charakteristisch.

JW: Allerdings gehe ich nie in die Synagoge. Weil ich es hasse, das zu tun, was die anderen für typisch jüdisch halten. 1937 bin ich einmal in den Friedenstempel in Berlin gegangen. Das war unsere Synagoge. Außen stand die SA und machte Radau. Und innen stand unser Rabbiner in seinen pompösen Gewändern, er hob seine Hände und sagte: »Gott, du hast uns zu einem auserwählten Volk gemacht. Tu mir einen Gefallen und wähle ein anderes aus.« So ähnlich habe ich auch gefühlt. Jude sein – das ist so, als ob man aus einer alten aristokratischen Familie kommt und weiß, daß alle drei Generationen jemand stottert oder eine dicke Unterlippe hat, wie bei den Habsburgern, oder die Bluterkrankheit bekommt, wie bei den Romanows.

HK: Und die Dauerkrankheit der anderen, der immer wiederkehrende Antisemitismus.

JW: Ja, wir werden bald wieder neue Probleme haben. Jetzt ist plötzlich in Japan der Antisemitismus ausgebrochen. Ein japanischer Schriftsteller hat zwei Bücher geschrieben. »Kenne Judäa, und du kennst die Welt«, heißt das eine, »Kenne Judäa, und du kennst Japan«, heißt das andere. Seine Thesen gehen wie ein Lauffeuer durch die japanische Gesellschaft. Sie besagen, daß es die jüdischen Bankiers sind, die den Wert des Yens hochgetrieben haben, um die japanische Wirtschaft zu ruinieren. Eine große Sache. Erst vorige Woche ist eine Pressekonferenz in einem großen Warenhaus in Japan abgesagt worden, weil sie eine rein antisemitische Veranstaltung werden sollte.

HK: Das Dauerthema.

JW: Immer dasselbe. Ich mache sehr viele Geschäfte mit Japan und habe gerade einer amerikanischen Fernsehgesellschaft ein Interview gegeben, das auch in Japan ausgestrahlt werden wird. In diesem Interview ist viel von meinem Judentum die Rede. Da werden die Japaner sagen: Wir wußten ja gar nicht, daß er Jude ist. Der sieht gar nicht jüdisch aus … Was wissen die Japaner schon von Juden? Die Lateinamerikaner wissen ja auch nicht, wie ein Jude aussieht.

HK: Wie sieht denn ein Jude aus?

JW: Ja, wie denn? Interessante Frage, nicht wahr?

HK: Ja.

JW: Ich nehme an, wie ein Araber. Oder wie Jesus. Aber wie hat Jesus ausgesehen? Das wissen wir auch nicht. Also, wie sieht ein Jude aus? Das war ja schon mal allgemein bekannt. Der »Stürmer« hat geschrieben, daß man aus der jüdischen Nase eine Sechs machen kann. Da ist Franco in Schwierigkeiten geraten, denn aus dessen Nase konnte man auch eine Sechs machen. Und ich persönlich habe Goebbels auch nicht für eine arische Erscheinung gehalten. Und ebensowenig Alfred Rosenberg, den Rassentheoretiker. Probleme über Probleme.

HK: Warum beginnt das jetzt in Japan?

JW: Man sucht nach Erklärungen für die wirtschaftliche Rezession. Wie damals in Deutschland. Da kommen die jüdischen Bankiers gerade recht.

HK: Aber wie ist diese lange Tradition des Antisemitismus zu erklären?

JW: Es gehört nicht viel dazu, Antisemit zu sein. Ich kann das gut nachfühlen. Ich weiß nicht, wie antisemitisch ich sein würde, wenn ich kein Jude wäre. Das macht sicher großen Spaß. Man erfindet einfach einen bestimmten Menschenschlag und empört sich über ihn. Derzeit würde ich sehr antisemitisch auf das Düsseldorfer Wirtschaftswunder reagieren. Diese Geschäftsleute sehen irgendwie aufgeplustert »jüdisch« aus. Und ebenso die Industriellen, die an der Riviera auf ihren großen Yachten sitzen. Typische Opfer von Antisemiten. Der große Vorteil des Antisemitismus ist, daß man nie genau weiß, wer Jude ist und wer keiner ist. Die Schwarzen dagegen wären keine guten Opfer, denn man erkennt sie auf den ersten Blick.

HK: Glauben Sie, daß die Menschen immer irgendwelche Opfer brauchen?

JW: Jeder braucht ein Opfer. Man braucht immer jemanden, den man verdächtigen kann, vor dem man sich ekeln kann und über den man sich erhaben fühlen kann.

HK: Dann wäre die Rolle der Juden austauschbar.

JW: Zumindest glaube ich nicht, daß die Juden bessere Menschen sind. Neulich war hier ein Dokumentarfilm zu sehen, »The Jews of Washington Heights«. Er handelte von jüdischen Kleinbürgern in einem Distrikt von Washington, der heute von Puertorikanern überschwemmt wird. Die Leute stammen überwiegend aus deutschen Dörfern und Kleinstädten. Einer von ihnen, ein älterer Herr, wurde in diesem Film gefragt: »Was hättest du als Deutscher getan? Hättest du deine jüdischen Nachbarn unterstützt?« Und er sagte: »Das weiß ich nicht. Ich weiß nicht, ob ich soviel Mut aufgebracht hätte.«

HK: Fritz Stern, der selbst Jude ist, schreibt in seinem Essay: »Nationalsozialismus als Versuchung«, man müßte vorsichtig sein, moralische Urteile zu fällen, wenn man selbst nie in Versuchung geführt worden ist, sich mit der großen Mehrheit treiben zu lassen.

JW: Und die meisten deutsch-jüdischen Kleinbürger sehen den deutschen Kleinbürgern zum Verwechseln ähnlich. Hier, sehen Sie mal. Ein Bild von meinem Vater, der freilich kein Kleinbürger war. Hoch zu Roß. Ich habe noch ein anderes Bild von ihm. Da ist er in Uniform zu sehen, im Dritten Garderegiment zu Fuß. Und meine Freunde haben mich immer gefragt: »Who is that Nazi?« Das ist kein Nazi, das ist mein Vater.

HK: Aber je geringer die Unterschiede zwischen den Mördern und den Opfern zu sein scheinen, desto aberwitziger erscheinen die Erklärungen für die Vernichtung der Juden. Auschwitz sprengt den Verstand und auch die Vorstellung von einem gerechten Gott. Da liegt die Frage nahe: Was ist das für ein Gott, der so etwas zugelassen hat?

JW: Der hat schon viel zugelassen. Er hat Sodom und Gomorrha zugelassen. Er hat zugelassen, daß die jüdische Nation in alle Winde zerstreut worden ist, und er hat gesagt: »Ihr dürft nicht zurückkommen, bevor der Messias gekommen ist.« Er hat die Sintflut zugelassen. Offenbar betrachtet er sich von Zeit zu Zeit die Welt und spricht sein Urteil über die Menschen. Übrigens sind auch genügend Deutsche umgekommen, nachdem sie begonnen haben, die Juden umzubringen. Dresden und Hamburg und Leipzig waren kein Spaß. Es war ja keine einseitige Angelegenheit. Die Wut Gottes hat sich gegen alle gerichtet. Und wenn ich mir den Durchschnittsdeutschen vorstelle, der nichts wußte oder nichts wissen wollte ... Wenn ich mir vorstelle, ich wäre damals ein Kleinbürger in Dachau gewesen, und jemand hätte mir erzählt, daß da drüben im Lager etwas Furchtbares geschieht ... Ja, was dann? Was hätte ich dann getan?

HK: Ich glaube, hier stoßen wir in unserem Gespräch an eine Grenze. Ich würde Sie aber gern noch nach Ihrem Verhältnis zu Israel fragen. In Israel hat das jüdische Volk zum erstenmal seit fast zweitausend Jahren wieder eine geographisch definierbare Heimat gefunden. Die Juden sind in der Mehrheit, und andere sind in der Minderheit.

JW: In Israel ist eine jüdische Nation entstanden. Diese Nation besteht zum größten Teil aus Juden. Aber ich sehe in Israel nicht meine Heimat. Meine Heimat ist international. Mein Judentum trage ich mit mir herum. Das brauche ich nicht in Israel zu suchen.

HK: Besteht nicht die Bedeutung Israels vor allem darin, daß überhaupt wieder ein jüdischer Staat existiert?

JW: Sicher. Aber die Israelis sollten sich nicht soviel darauf einbilden, daß sie eine Armee haben und Kriege führen können. Es ist nichts Besonderes, mit Flugzeugen zu fliegen, mit Panzern zu fahren und mit Maschinengewehren zu schießen. Jeder Idiot kann das lernen. Darauf möchte ich als Jude nicht stolz sein. Und die Israelis sollten sich auch nichts darauf einbilden, daß es ehemaligen Nazioffizieren imponiert, wie phantastisch die Juden kämpfen können. Daß Juden kämpfen können, war schon länger bekannt. Im Ersten Weltkrieg sind, am Bevölkerungsanteil gemessen, mehr deutsche Juden als deutsche Christen gefallen. Außerdem ist Mut eine persönliche und keine nationale Eigenschaft. Und oft ist Mut nichts anderes als Dummheit.

HK: Worauf sind Sie als Jude stolz?

JW: Auf unsere Schriftsteller und Künstler, auf unsere Erfinder, auf unsere Nobelpreisträger. Auf Leute wie Einstein. Vielleicht ist man zu gewissen Zeiten gezwungen, auf die Infanterie stolz zu sein. Aber es gibt Wichtigeres. Das Wesen des Judentums ist für mich der jüdische Geist. Deswegen ist Israel nicht mein Herzensheim. Mein Herzensheim liegt irgendwo in einer Synagoge. Nur habe ich es dort noch nie besucht.

SIMON WIESENTHAL

Leiter des Dokumentationszentrums B.J.V.N., Wien. Geb. 1908 in Buczacz (Bučač)

HK: Herr Wiesenthal, Sie waren in insgesamt zwölf Konzentrationslagern und sind erst am 5. Mai 1945 in Mauthausen von den Amerikanern befreit worden. Sicher haben die Jahre in den Lagern Spuren hinterlassen. Können diese seelischen Wunden jemals verheilen?

SW: Nein, sie können nicht heilen. Ich werde diese Wunden haben, solange ich lebe. Nichts kann die Erinnerung vertreiben, und die Zeugen, mit denen ich spreche, erinnern mich an Dinge, die ich damals nur am Rande wahrgenommen habe. Ich trage nicht nur das mit mir herum, was ich selbst erlebt habe, sondern auch das, was andere erlebt haben.

HK: Sie schreiben, daß Hunderte und Tausende neben Ihnen gestorben sind. Welche Kraft hat Sie am Leben gehalten?

SW: Ich war überzeugt, daß das Böse eines Tages ein Ende nehmen würde, und ich wollte dieses Ende mit eigenen Augen sehen. An ein Leben nach diesem Ende habe ich überhaupt nicht gedacht. Ich habe manchmal im Gespräch mit Kameraden gesagt, ich möchte fünfzehn Minuten nach dem Zusammenbruch Hitlers noch am Leben sein, damit ich es so richtig begreife und mir nicht jemand in das Grab hineinschreit: Hitler hat den Krieg verloren. Das hat mir Kraft gegeben. In meinem ganzen Leben war ich so. Ich bin von Natur aus Optimist. Auch jetzt ist mein Optimismus nicht gebrochen, obwohl ich soviel Böses erfahren habe. Ich glaube an das Gute im Menschen.

HK: Was ist für Sie das Böse auf der Welt?

SW: Das begleitet den Menschen schon bei der Geburt. Der Trieb zum Bösen liegt in vielen Menschen, und nur die Angst vor Strafe hält sie zurück. Als Kind habe ich mit Maikäfern gespielt und ihnen die Flügel herausgerissen, aber meine Mutter hat mir auf die Finger geschlagen, und das habe ich mir gemerkt. Sehen Sie, in den Lagern hat man diesem Trieb freien Lauf gelassen. Man hat die Menschen nicht mehr als Menschen, sondern als Untermenschen gesehen und diesen Triebtätern frei zur Verfügung gestellt.

HK: Was waren das für Menschen, die im KZ Dienst getan haben?

SW: Ich hatte mit vielleicht tausend Fällen zu tun. Keiner dieser Menschenschinder ist aus einem verbrecherischen Milieu gekommen. Die Leute waren normal und wurden durch die Diktatur verändert. Nach dem Kriege wollten sie wieder ins normale Leben zurück, als hätten sie eine Grippe überstanden. Als man ihnen in der Kleiderkammer ihre Uniform gegeben hat, haben sie dort ihr Gewissen deponiert. Gewissen war für diese Leute eine jüdische Erfindung, wie Goebbels es bezeichnete. Das wollten die Juden zu ihren Gunsten den anderen einreden, damit sie an etwas appellieren konnten, aber das gab es gar nicht.

HK: Wie haben Sie es ertragen, jahrzehntelang fast jeden Tag mit dem Grauen konfrontiert zu werden?

SW: Viele Leute haben zu mir gesagt: Du hast dir dein Konzentrationslager praktisch verlängert, du lebst noch mit Blut und Tränen. Ich bin mir dessen bewußt, aber ich habe Distanz, und ich kann damit leben. Vor allem, weil ich kein Hasser bin. Haß ist mir etwas komplett Fremdes. Vielleicht würde ich Haß empfinden, wenn ich den Mörder meiner Mutter treffen würde. Ich weiß es nicht. Ich habe auch in dieser Zeit, als ich den amerikanischen Paß hatte und Leute persönlich verhaften konnte, jede Berührung, jeden körperlichen Kontakt mit diesen Leuten peinlich vermieden. Aus Abscheu. Das amerikanische Büro, in dem ich Ende 1945 gearbeitet habe, war rein zufällig nur einige Häuser vom Haus der Familie Eichmann entfernt. Damals wußten wir schon, wer Eichmann war. Mein Chef sagte mir: Mach eine Hausdurchsuchung, ich gebe dir zwei Militärpolizisten mit. Da habe ich gesagt: Schick jemand anderen, ich will nicht die Türklinke in die Hand nehmen, die Eichmann in der Hand gehabt hat. Das war meine Art seelischer Hygiene.

HK: Aber läßt sich diese Distanz immer aufrechterhalten?

SW: Ich war vor zehn Tagen in Mauthausen. Das österreichische Fernsehen hat anläßlich meines achtzigsten Geburtstages eine Sendung gemacht und mich dort hingefahren. Auf dem Weg ins Lager hat sich auf einmal alles bevölkert. Ich habe alles so gesehen wie vor dreiundvierzig Jahren. Und auf einmal übermannt einen ein Schuldgefühl, weil man am Leben geblieben ist. Ich sage zu meinem Begleiter: Bleib stehen, hier erinnere ich mich, zwischen diesem Gebüsch und diesen Bäumen wurde ein Mann, der mit uns gegangen ist und es einfach nicht mehr geschafft hat, von einem SS-Mann erschossen. Denn unser Leben hat nichts bedeutet. Wir waren für diese Leute keine Menschen.

HK: Sie haben auch geschrieben, daß man umkommen wird, wann und wie es einem bestimmt ist.

SW: Das ist Fatalismus. Im Konzentrationslager war man oft so müde, und vor Müdigkeit konnte man nicht schlafen. Besonders in Lemberg, als ich auf dieser Pritsche gelegen bin. Da führte man Gespräche. Und da war immer dieser Fatalismus. Wir sagten uns, wir sind nicht die ersten, und wir sind nicht die letzten, und so war es immer, und der Tag wird kommen für jeden von uns. Sie verstehen mich. Das hat mit Vorsehung nichts zu tun. Man nimmt einfach sein Schicksal zur Kenntnis. Gläubige Leute wurden Atheisten im Lager, Atheisten wurden fromm, weil nichts mehr gegolten hat. Wir hatten nur Fragen, auf die es keine Antworten gab. Das Verhältnis zwischen Gut und Böse stimmte nicht mehr.

Ich kann mich erinnern, als ich ins Ghetto gekommen bin, mit einem Durchlaßschein vom Konzentrationslager, hat mir ein Überlebender eine Mauer gezeigt und erzählt, daß ukrainische Polizei und SS gekommen sind, kleine Kinder herausgeholt haben, sie bei den Füßen genommen und ihre Köpfe an der Mauer zerschlagen haben. Man hatte uns gelehrt, daß man für gute Taten belohnt und für böse Taten bestraft wird. Diese Babys hatten ja noch gar keine Zeit, etwas Böses zu tun. Warum wurden sie auf diese gemeine Weise aus dem Leben gestoßen? Es gab keine Antwort.

HK: Warum haben Sie die Verfolgung der Naziverbrecher zu Ihrer Lebensaufgabe gemacht?

SW: Als ich beschlossen habe, mich mit der Sache zu befassen, habe ich nicht an eine Lebensaufgabe gedacht. Ich habe mir gesagt, man muß Gerechtigkeit in diese Welt bringen, und mir vorgestellt, daß in einigen Jahren die Gerechtigkeit wiederhergestellt sein würde. Dann wollte ich wieder in meinem Beruf als Architekt arbeiten. Ich war Architekt aus Passion.

HK: Aber aus den wenigen Jahren wurden mehr als vierzig Jahre.

SW: Das war zunächst keine prinzipielle Entscheidung. Ich habe ein Jahr in der amerikanischen Kriegsverbrecherkommission gearbeitet. Aber die Amerikaner, die 1946 die Arbeit übernommen haben, hatten nicht die richtige Einstellung zu ihrer Aufgabe. Da habe ich mit dreißig Gleichgesinnten unser Ermittlungszentrum gegründet. Wir haben uns gesagt, der Krieg ist nicht zu Ende, solange es keine Gerechtigkeit gibt. Ich bin zum Nürnberger Prozeß eingeladen worden. Aber dann hat die Berliner Blockade begonnen, und in den nächsten zwölf Jahren ist nichts mehr passiert. Wir haben Verbrecher und Zeugen ausfindig gemacht, aber kein Gericht, weder in Deutschland noch in Österreich, ist bereit gewesen, unser Material zu übernehmen. Warum nicht? Ganz einfach, die Leute

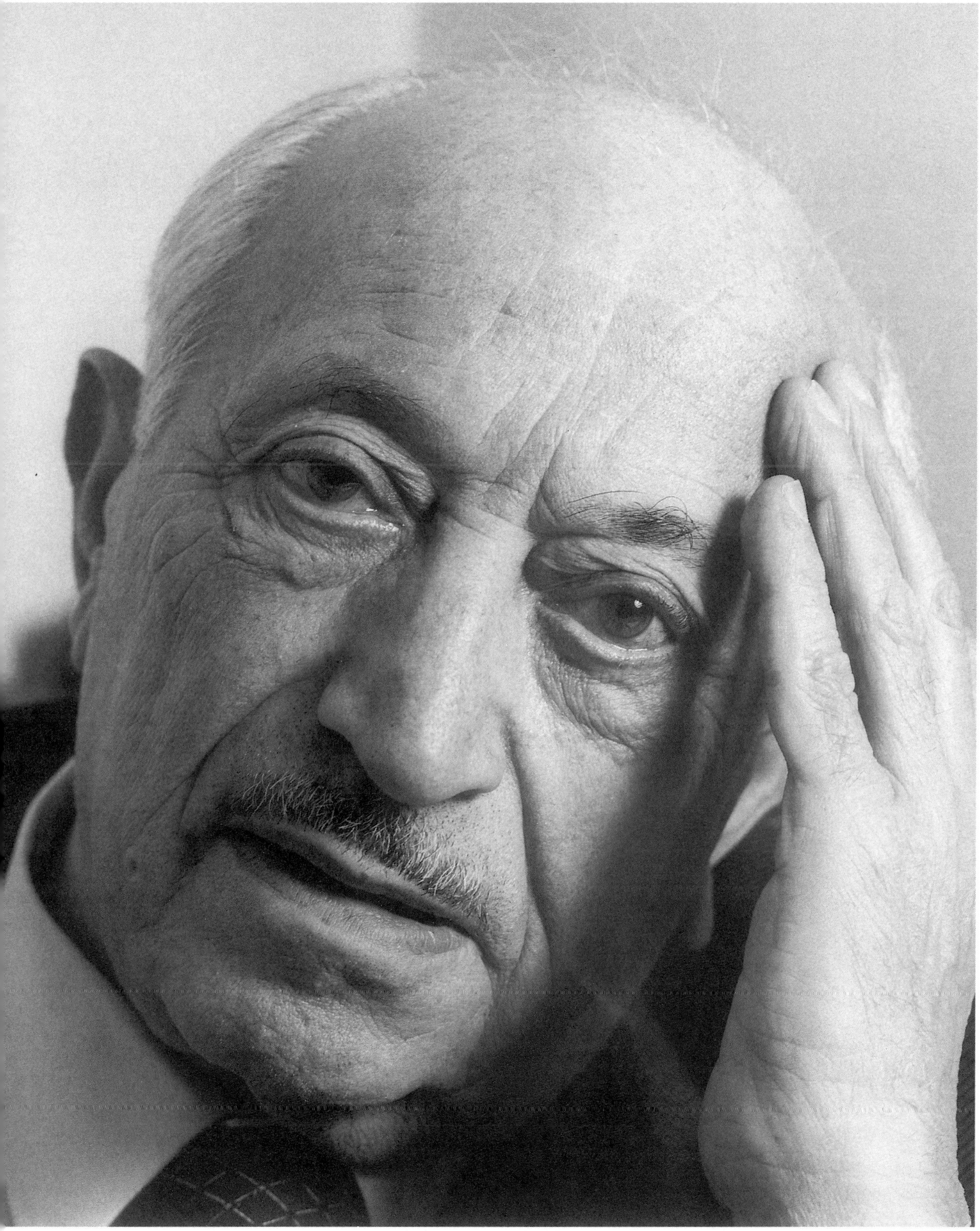

waren der Meinung, daß sich der Kalte Krieg jeden Tag in einen heißen Krieg verwandeln könnte. Da waren Prozesse gegen Naziverbrecher wohl nicht opportun. Meine Mitarbeiter sind abgesprungen und ausgewandert, und 1954 war ich allein. Ich habe alle Dokumente nach Israel geschickt, fast eine Tonne. Nur den Akt Eichmann habe ich behalten und das Büro geschlossen. Ich habe Zeitungsartikel geschrieben, um meinen Lebensunterhalt zu verdienen. Dann habe ich mich um Flüchtlinge gekümmert, die Europa verlassen wollten, und kam wieder in Kontakt mit den Amerikanern. Viele wollten damals auswandern. 1956 kamen noch hundertachtzigtausend ungarische Flüchtlinge hinzu.

HK: Sie haben sich damals sehr für die Flüchtlinge engagiert.

SW: Ich habe Diplome über Berufe für Flüchtlinge ausgestellt. Wir haben Schulen eingerichtet und Rechtsanwälte zu Radiotechnikern umgeschult, damit sie nach Amerika auswandern und dort überleben konnten. Ich habe vielleicht achttausend Diplome unterschrieben. Die Vereinten Nationen gaben mir eine Auszeichnung für meine Arbeit im Dienste der Flüchtlinge.

HK: Wann haben Sie wieder begonnen, Naziverbrecher zu jagen?

SW: Nach dem Eichmann-Prozeß, an dem ich zwei Monate teilgenommen habe, Anfang der sechziger Jahre. Als ich nach Österreich zurückgekommen bin, wußte ich, was meine Lebensaufgabe ist. Wir haben das Büro wieder eröffnet und versucht, die zwölf verlorenen Jahre nachzuholen. 1963 haben wir Anklage erhoben gegen siebzehn Männer, die in Galizien und Lemberg Verbrechen verübt hatten. Neun von ihnen habe ich selbst aufgespürt. Wir hatten die Angeklagten, jetzt brauchten wir die Zeugen. Und da haben wir festgestellt, daß von den hundertundfünfzigtausend Juden Lembergs keine fünfhundert Personen am Leben geblieben sind. Da stand ich wieder vor dem Abgrund, vor dieser Frage: Warum bin ich am Leben geblieben? Das waren viel intelligentere, bessere, gescheitere Leute. Die haben nicht überlebt. Und als Summe dieses Nachdenkens bekommt man einen Komplex, einen Vertreterkomplex.

Wir haben weitergearbeitet. Wir hatten in den sechziger Jahren so viele Möglichkeiten, aber wir hatten kein Geld. In den sechziger Jahren bin ich auch das erste Mal in die Vereinigten Staaten gekommen. Ich hatte gerade den Kommandanten von Treblinka, Franz Stangl, in Brasilien verhaftet, den einzigen lebenden Kommandanten eines Vernichtungslagers. Ich habe Kontakt mit Robert Kennedy aufgenommen, der mir geholfen hat, daß der Mann ausgeliefert wurde. Wir waren kurz davor, auch den stellvertretenden Kommandanten von Sobibor zu verhaften, aber wir hatten kein Geld. Ich brauchte fünftausend Dollar, aber ich konnte das Geld in Amerika nicht auftreiben. Vielen Juden hat es gereicht, daß sie einmal im Jahr zu einer Gedenk-Kundgebung kommen konnten. Sie haben sich erinnert und ein bißchen geweint, und das war es dann bis zum nächsten Jahr.

HK: Sie schreiben auch, daß es Phasen gegeben hat, in denen Sie fast resigniert hätten. Haben Sie nicht auch daran gezweifelt, ob Sie nach so vielen Jahren noch imstande sein würden, den selbstgewählten Auftrag zu erfüllen?

SW: Nein, es gab keine Zweifel. Schauen Sie, wenn es zu dieser Zeit noch ein paar ähnliche Büros gegeben hätte ... Vielleicht hätte ich mir gesagt, dann sollen die anderen weitermachen. Aber wenn Sie wissen, das ist das einzige und letzte Büro in der Welt, dann können Sie nicht aufhören. Es gab große Organisationen, die mir gesagt haben: Wir geben dir genug Geld, wenn du uns dein Büro unterstellst. Aber diese Leute wollten dirigieren, wollten auswählen, welche Nazis angeklagt werden sollten und welche nicht. Zum Beispiel habe ich erlebt, wie der bekannte Historiker Josef Wulf mit Unterstützung des Jüdischen Weltkongresses ein Buch über den Staatssekretär Globke vorbereitet hat. Doch plötzlich hat Nahum Goldmann, der Präsident, Druck auf ihn ausgeübt, kein Buch über Globke zu schreiben. Warum? Goldmann wußte, Globke ist einflußreich, und solange er Butter am Kopf hat und nicht angegriffen wird, kann man gut mit ihm verhandeln. So etwas kam für mich nicht in Frage.

HK: Sie sprechen von Gerechtigkeit. Für diese Art von Verbrechen gibt es vielleicht gar keine gerechte Strafe im juristischen Sinne.

SW: Für mich hat jeder Fall und jeder Prozeß drei Dimensionen: eine juristische Dimension, eine historische Dimension und eine erzieherische. Die juristische Dimension ist bald weggefallen. Weil diese Verbrechen ein derartiges Ausmaß haben, daß sie überhaupt nicht bestraft werden können. Ich habe einmal gesagt, wir brauchen ein kosmisches Strafrecht.

HK: Das meine ich. In einem strengen jüdisch-talmudischen Sinne gibt es doch gar kein Strafmaß für diese unvorstellbaren Verbrechen. Sie überfordern jede Bemühung um Gerechtigkeit.

SW: Zu mir sind einige Pfarrer und Prälaten gekommen und haben gesagt, daß diese Leute nach ihrem Tod vor den großen Richter kommen. Ich habe geantwortet: Diese Leute glauben nicht an Gott und an den großen Richter. Die haben nur Angst vor dem kleinen Richter auf Erden. Den Gefallen werde ich ihnen nicht tun. Ich weiß, man kann das nicht so bestrafen, wie man es hätte bestrafen müssen. Aber diese Leute sollen nicht als Unschuldige sterben.

HK: Als das Todesurteil im Eichmann-Prozeß verkündet wurde, herrschte Totenstille im Gerichtssaal. Jetzt, beim Todesurteil gegen Demjanjuk, hat das Publikum laut geklatscht.

SW: Eichmann war ein Schreibtischtäter, ein Werkzeug des Regimes, das alles getan hat, was man ihm aufgetragen hat. Demjanjuk war unmittelbar körperlich beteiligt. In ihm hat man ein Monster gesehen. Das ist der Unterschied.

HK: Sie sagten, daß Ihre Arbeit auch eine erzieherische Dimension hat.

SW: Die Frage ist doch: Wie können wir verhüten, daß unsere Kinder oder Enkelkinder, egal, ob sie Juden oder Nichtjuden sind, wieder dasselbe erleben müssen? Die Gefahr ist immer da. Die Geschichte der Menschheit ist eine Geschichte der Verbrechen. Das heißt, wir müssen die Mörder von morgen warnen, ihnen sagen, daß sie niemals Ruhe haben werden. Mir ist es wenigstens gelungen, diese Warnung auszusprechen. Alle diese Verbrecher haben meine Möglichkeiten überschätzt, und ich habe das natürlich nicht richtiggestellt. Daß bestimmte Leute nicht mehr als zwei oder drei Wochen im selben Bett schlafen, obwohl sie tausend Kilometer von mir entfernt sind, ist auch ein Teil ihrer Strafe.

HK: Manche derer, die Sie verfolgt haben, haben Selbstmord verübt.

SW: Ja, das ist vorgekommen.

HK: Was denken Sie, wenn Sie hören, daß sich ein Gejagter umgebracht hat?

SW: Daß er durch diese Tat selber ein Schuldbekenntnis abgelegt hat. Daß er sich zur Schuld bekannt hat und sich sozusagen den Prozeß und die Verurteilung ersparen wollte. Na gut, das ist seine Sache. Schauen Sie, wir warten jetzt gerade auf die Auslieferung eines Mannes aus Buenos Aires. Einer unserer Fälle gleich nach dem Kriege. Der Mann konnte mehrmals flüchten. Fünfundvierzig Jahre nach der Tat soll er jetzt zu einem Prozeß in Deutschland ausgeliefert werden. Neuntausendsechshundert Kilometer vom Ort der Tat entfernt. Ein Mann, der sechsundsiebzig Jahre alt ist, nicht sehr gesund, ohne jeden Einfluß. Was wollte er? Er wollte in Ruhe sterben. Er hat zwei Söhne, einer lebt in Deutschland, der andere in Kanada. Aber wer in einen derartigen Völkermord verstrickt war, hat eben kein Recht, in Ruhe zu sterben. Das ist die Lehre, und das ist die Warnung. Damit niemand von denen sagen kann, endlich haben die Juden aufgegeben. Dann wären Millionen für nichts gestorben. Ja, das ist der ganze Sinn meiner Arbeit. Ich habe mir mit der Zeit zwei Losungen erarbeitet. Die erste war: Zuerst die Wahrheit, dann die Gerechtigkeit, nicht umgekehrt. Später habe ich mir gesagt, Aufklärung ist Abwehr.

HK: Bedeutende Vertreter des Judentums, zum Beispiel der Oberrabbiner von England, aber auch Gelehrte in Israel haben neuerdings die Juden gewarnt: Macht aus dem Holocaust nicht das Zentrum eurer Geschichte. Denkt mehr an die Zukunft als an die Vergangenheit. Besinnt euch wieder auf euer Judentum.

SW: Ja, das weiß ich. Das hat der Jakobovits gesagt. Er war bei meinem letzten Vortrag. Und ich habe gesagt: Natürlich darf die Vergangenheit die Zukunft nicht überschatten. Aber es gibt keine Zukunft ohne Kenntnis der Vergangenheit. Wir müssen uns an alles erinnern, was geschehen ist. Man sagt, die Geschichte wiederholt sich. Ich glaube, daß die Fehler, die man macht, sich wiederholen. Und das sollten wir verhindern.

HK: Sie warnen also nicht nur die Mörder von gestern und die Mörder von morgen, sondern auch alle, die verhindern könnten, daß sich der Holocaust wiederholt.

SW: Ich bin mir bewußt geworden, wie meine Generation in den Untergang hineingeschlittert ist. Wir hatten zu Hause eine ganze Bücherwand mit deutschen Klassikern. Ich habe zu Hause mit meiner Mutter Deutsch gesprochen. Wenn meine Mutter mich zurechtweisen wollte, zog sie einen Band von Goethe oder Schiller heraus und las mir einen passenden Spruch vor. Ich meine, wir haben alle an dieses Jahrhundert des Fortschritts, der Freundschaft und der Verständigung geglaubt. Und später habe ich mir gesagt, so einer wie der Hitler, ein Halbgebildeter, ein Phantast mit idiotischen Ideen hat doch überhaupt keine Chance bei einem Volk von Dichtern und Denkern, Erfindern und großen Ärzten. Nein. Und das hat uns gelähmt. Was habe ich getan? Ich habe Karikaturen gegen Hitler gezeichnet. Ich habe ihn als Idioten dargestellt und lächerlich gemacht. Und genau das ist in der ganzen Welt geschehen. Hitler hat gesagt: Den Juden wird noch das Lachen vergehen. Wir haben die Zeichen der Zeit nicht erkannt. Selbst ein Karl Kraus hat gesagt, zu Hitler falle ihm nichts mehr ein. Daher haben wir keine Freunde gesucht, um Hitler gemeinsam zu bekämpfen. Und als er an die Macht gekommen ist, war es zu spät. Heute sage ich mir, das Allerwichtigste ist, die Leute aufzuklären, wohin es führt, wenn der Haß zum Programm einer Nation und eines Staates wird. Die Aufklärung soll jungen Menschen helfen, die Gefahr früher zu erkennen, als wir sie erkannt haben.

HK: Sie wissen ja, daß sich in Deutschland viele Juden vor der Zeit des Nationalsozialismus in erster Linie als Deutsche und erst in zweiter Linie als Juden gesehen haben.

SW: Der Unterschied zwischen Deutschland und Österreich war folgender: Deutsche Juden waren integriert. Sie waren Deutsche jüdischen Glaubens. In Österreich wurden sie nur toleriert. Die ganze Ideologie des Antisemitismus hatte in Österreich ihre Brutstätte. Hitler war ja kein Eskimo, er war Österreicher. Seinen Haß hat er hier aufgesogen.

HK: Wie ist Ihr Verhältnis zu Österreich? Sie haben von einem Vorfall 1945, kurz nach Ihrer Befreiung, berichtet. Sie sind von einem Polen geschlagen worden. Er ist dann zu Ihnen gekommen und hat Sie um Verzeihung gebeten, und Sie haben gesagt, Sie verzeihen ihm, aber Sie geben ihm nicht die Hand. Kennzeichnet das auch Ihr Verhältnis zu Österreich?

SW: Ach, wissen Sie, mein Büro befindet sich nur deshalb in Wien, weil mir bekannt ist, welche Rolle die Nazis aus Österreich gespielt haben. Der Bevölkerungsanteil der Österreicher im ganzen großdeutschen Reich betrug ungefähr achteinhalb Prozent, aber die Nazis aus Österreich saßen in Schlüsselstellungen, so daß ein wesentlich größerer Teil der Verbrechen auf ihr Konto geht. Man wird kaum übertreiben, wenn man sagt, die Hälfte. Das betrifft die Leute vom Stabe Eichmann. Das betrifft die Kommandanten der Vernichtungslager, und das betrifft viele Leute in Schlüsselpositionen wie den Nachfolger von Heydrich, Kaltenbrunner. Von Hitler selbst ganz zu schweigen.

HK: Und wie stehen Sie heute zu Österreich?

SW: Ich habe mir gesagt, ich bin von Geburt Österreicher. Mein Vater ist als österreichischer Soldat gefallen. Ich bin nicht nach Polen zurückgekehrt, sondern habe die österreichische Staatsbürgerschaft angenommen. Außerdem war Österreich vor Hitler eine kulturelle Großmacht, und das hat Österreich zum großen Teil dem jüdischen Erbe zu verdanken. Ich meine, dieses Erbe sollte nicht verlorengehen. Alles ist eine Frage der Erziehung. Man kann natürlich alte, eingefleischte Antisemiten nicht mehr bekehren. Aber man sollte sie daran hindern, junge Menschen mit ihrem Antisemitismus zu vergiften.

HK: Nach einer Studie, deren Ergebnisse im »Spiegel« veröffentlicht worden sind, sind antisemitische Einstellungen in Österreich immer noch oder wieder weit verbreitet. Wie schätzen Sie die Lage ein?

SW: Ich glaube, es sind kaum junge Menschen, die davon erfaßt werden. Es sind die alten Antisemiten, die sich wieder melden, weil sie Morgenluft wittern. Wegen des Wahlkampfs um Waldheim, wegen des Fehlverhaltens der ÖVP und wegen des Schweigens der SPÖ, die keine Wähler verlieren will. In Österreich haben wir seit 1975 eine kalte Amnestie. Und für diese Amnestie mache ich nur einen Mann, den damaligen Bundeskanzler Kreisky, verantwortlich. Denn seit 1971/72 hat man mehrere hundert Verfahren eingestellt gegen mutmaßliche Mörder, ohne sich mit diesen Fällen auseinanderzusetzen.

HK: Wie verstehen Sie die auffällige Verbundenheit der deutschen Juden mit den Deutschen und der deutschen Kultur? War das ein Versuch, das eigene Judentum zu verleugnen?

SW: Nein, es war der Versuch einer Symbiose. Die Juden waren die Wegbereiter des deutschen Geistes in Europa. Es war eine Liebe zum Deutschen, ähnlich wie die der spanischen Juden zur spanischen Kultur. Beide haben denselben Schiffbruch erlitten, beide wurden vertrieben. Als die deutschen Juden im Mittelalter vertrieben wurden, gingen sie in den Osten und haben die deutsche Sprache mitgenommen, so wie die spanischen Juden das Altkastilianische mitgenommen haben. Nur mit den Spaniern und mit den Deutschen sind die Juden eine geistige Symbiose eingegangen, und mit beiden haben sie eine Katastrophe erlebt. Mit den Deutschen die größere, dank der Technologie. Aber wenn die Spanier für ihre Inquisition die Technologie der Gegenwart gehabt hätten, dann hätte kein Jude in Spanien und kein Protestant in Frankreich überlebt. Ebensowenig wie ein Katholik in England. Haß und Technologie, das sind die beiden Komponenten des Völkermordes.

HK: Kennen Sie das Phänomen des jüdischen Selbsthasses?

SW: Bei Weininger, bei Tucholsky und vielen anderen. Das ist nichts Neues.

HK: Was sind die Ursachen dieses Selbsthasses?

SW: Es beginnt damit, daß sich manche begabte Leute sagen, ach, wenn ich kein Jude wäre, dann würde ich von meiner Umgebung akzeptiert und hätte mehr Möglichkeiten. Das führt dazu, daß er beginnt, sich selbst und seine Herkunft zu hassen. Ich war im Konzentrationslager mit einem deutschen Juden zusammen, der immer gesagt hat: Wie komme ich bloß hierher, ich habe mit euch Juden überhaupt nichts Gemeinsames. Nur mein Großvater war noch ein religiöser Jude, aber ich bin im christlichen Geiste erzogen worden, und zu Hause hatten wir jedes Jahr einen Christbaum. Und ich habe eine nichtjüdische Braut ... Er hat ein Stück von einem Spiegel gefunden und sich immer betrachtet und mich gefragt: Habe ich denn etwas Jüdisches in meinem Gesicht? Nach dem Krieg habe ich wieder mit ihm gesprochen. Nach dreieinhalb Jahren Konzentrationslager denkt er heute anders. Auf seiner Stirn sieht man noch die Striemen, die von einer SS-Peitsche stammen. Seine Frau und seine Freunde haben ihn zu einer kosmetischen Operation gedrängt. Aber er will keine Operation. Er sagt: Ich will nicht vergessen.

HK: Obwohl die jüdische Bevölkerung in Deutschland und Österreich in der Minderheit war, stellte sie einen großen Teil der geistigen Elite in diesen Ländern. Hängt das mit der bedrängten Lage der Juden in der Diaspora zusammen?

SW: Ja, was waren denn die Juden vor zweitausend Jahren? Es gab natürlich auch Denker unter ihnen, aber im wesentlichen waren sie Fischer und Bauern. Dennoch gab es unter den Juden auch schon vor zweitausend Jahren fast keine Analphabeten. Das ist wichtig. Nachdem sie aus Palästina vertrieben und nach Europa gekommen waren, hat man ihnen den Landbesitz und die Landwirtschaft untersagt und sie ins Ghetto gezwängt. Auf diese Weise hat man sie gezwungen, geistig tätig zu werden. Außerdem mußten sie viel mehr leisten, um dieselbe Anerkennung wie ein Nichtjude zu bekommen. Ich mußte auf dem polnischen Gymnasium sehr gute Arbeiten abliefern, um ein Genügend zu bekommen.

HK: Der jüdischen Minderheit blieb nur die Wahl, sich besonders hervorzutun oder sich aufzugeben.

SW: Eine Minderheit kann nicht sorglos leben. Das kann nur die Majorität.

HK: Aber die Juden unterschieden sich von anderen Minderheiten dadurch, daß sie ihr geistiges Potential aktivierten.

SW: Jeder reiche Jude hat davon geträumt, seine Tochter mit einem Gelehrten zu verheiraten. Oft hat er dem Bräutigam noch das Studium bezahlt. Im Unterschied zu heute gab es damals bei den Juden nur die Aristokratie des Geistes. Heute haben wir die Aristokratie des Geldes. Heute sehen wir, was Hitler uns angetan hat. Schauen Sie sich die führende Schicht des amerikanischen Judentums an. Der Nachwuchs aus dem jüdischen Schtedel bleibt aus. Wer sind denn alle diese jüdischen Nobelpreisträger? Ihre Eltern waren Schuster oder Schneider oder kleine Gewerbetreibende, die sich das Geld vom Mund abgespart haben, um ihre Söhne und Töchter studieren zu lassen.

HK: Sie gehen nicht in die Synagoge, Sie sind, glaube ich, kein gläubiger Jude. Was macht Ihr Judentum aus, wenn Sie nicht gläubig sind?

SW: Ich habe mir die jüdische Ethik bewahrt. Ohne die jüdische Ethik gäbe es kein Christentum und keinen Islam. Das ist für mich das Wertvollste, auf das ich als Jude stolz bin. Und außerdem fühle ich mich mit Juden, wo sie auch immer leben, in einer Art Schicksalsgemeinschaft. Diese Gemeinschaft hat sich durch tausendjährige Verfolgung und tausendjähriges Leiden geformt. Man hat uns immer als Kollektiv behandelt. Daher mußten wir bei allem, was wir taten, darauf achten, daß die anderen nicht dafür bestraft werden konnten. Nein, ich bin kein Synagogengeher. Ich glaube, daß kein gebildeter und selbständig denkender Mensch einen Vermittler zu Gott braucht.

HK: Seit es mit Israel einen jüdischen Staat gibt, haben alle Juden in der Welt einen potentiellen Zufluchtsort. In Israel sind die Juden aber in der ungewohnten Position der Mehrheit. Verändern sich dadurch nicht die jüdische Lebensart und der Geist des Judentums selbst?

SW: Ich habe oft im Scherz gesagt, in Israel gibt es keine Zionisten. Warum nicht? Indem die Juden in Israel sind, hat sich ihr Zionismus ja schon erfüllt. Die Israelis werden mit dem täglichen Leben konfrontiert, und das tägliche Leben stellt neue Anforderungen. Die Zeit der großen Männer und Frauen, die Israel aufgebaut haben, ist vorbei. Die Gründerzeit ist vorbei. Was die Juden immer besonders ausgezeichnet hat, war der jüdische Humor. Den gibt es in Israel auch nicht mehr.

HK: Warum nicht?

SW: Humor entsteht in Zeiten der Not. Der jüdische Witz hatte eine wichtige Funktion. Mit ihm haben die Juden ihre Situation verspottet und sich damit über vieles hinweggetröstet. In Israel heilt man die Leiden auf andere Weise. Während des Eichmann-Prozesses habe ich Gespräche mit jungen Israelis geführt. Ich sage, Israelis, nicht Juden. Das ist ein ganz anderer Menschenschlag. Diese jungen Leute haben uns nicht verstanden. »Wieso habt ihr euch nicht gewehrt?« haben sie gefragt. Das ist diese Frage. Ganz einfach, weil wir getäuscht wurden. Die Juden sind ewige Optimisten. Wie ein roter Faden zieht sich der Optimismus seit zweitausend Jahren durch das Leben der Juden. Wir leben unter hundert Völkern und kennen die Geschichte eines jeden Volkes, nur nicht unsere eigene.

HK: In welchem Verhältnis stehen heute die Juden in Israel und die Juden außerhalb Israels?

SW: Die Israelis sind sozusagen die Reichsjuden, und wir sind die Volksjuden. Entsprechend dem Unterschied von Reichsdeutschen und Volksdeutschen. Auch die Majorität der Griechen lebt nicht in Griechenland. Und schon zur Zeit von Jesus Christus lebten die meisten Juden nicht in Palästina. Die meisten lebten in Mesopotamien und irgendwo im Römischen Reich. Das jüdische Volk ist in zweitausend Jahren von dreieinhalb Millionen auf nur vierzehn Millionen angewachsen. Nehmen Sie England zum Vergleich. Dort lebten vor zweitausend Jahren etwa eine Million Briten. Trotz Kriegen und Seuchen ist diese Bevölkerung auf sechzig Millionen angewachsen. Das beweist, daß die Ausrottung der Juden durch Hitler nicht die erste war. Seit zweitausend Jahren ist das jüdische Volk immer ein Rest. Wir waren ein Rest aus Babylon, ein Rest aus Palästina, ein Rest aus Spanien und ein Rest aus Hitlers Mordmaschine. Die Juden hatten nie eine echte Fluchtmöglichkeit.

HK: Sollen die Juden Ihrer Ansicht nach bleiben, wo sie sind? Oder sollen sie nach Israel auswandern?

SW: Da gibt es keine allgemeingültige Regel. Wir wissen nur, daß es keinen Holocaust geben wird, solange Israel existiert. Israel ist viel zu klein, um vierzehn Millionen Juden aufzunehmen. Aber Israel ist in meinen Augen das Herzstück des jüdischen Volkes. Wenn Israel zugrunde gehen sollte, würden sich die Juden von diesem Schlag nicht mehr erholen. Daher ist die Unterstützung Israels für jeden Juden eine Hilfe für sich selbst.

HK: Günther Anders schreibt, in Israel bestehe die Gefahr, daß die, die früher unterdrückt waren, jetzt zu Unterdrückern werden. Sehen Sie das auch so?

SW: Ich kenne Leute von der Résistance. Diese Gefahr, von der Sie gesprochen haben, gibt es überall und immer. Was heißt »Unterdrücker«? Ich bin einmal in Israel gewesen und wollte sehen, wie die Beduinen leben. Als ich gehört habe, in welchem Ton mein Begleiter mit den Beduinen gesprochen hat, war ich sehr verärgert. Ich habe meinen Besuch abgebrochen. Ich habe gesagt: Du sprichst nicht die Sprache, die ich hören möchte. Aber meine Freunde haben mich beruhigt: Schau, das ist ein Einzelfall, und es gibt überall freundliche Menschen und gemeine Kerle. Die Grenze zwischen Guten und Bösen geht quer durch alle Nationen. Und Sie müssen eines bedenken. Die Juden haben immer geglaubt, daß sie den Antisemitismus bekämpfen, wenn sie etwas Gutes für die Menschheit tun. Das war ein Irrtum.

HK: Wie sehen Sie die Zukunft des jüdischen Volkes?

SW: Da glaube ich an die Bibel. Von den Juden sind immer nur wenige davongekommen. Wir waren die Überlebenden aus Ägypten, die Überlebenden aus Babylonien und die Überlebenden aus Spanien. Und heute sind wir die Überlebenden der Konzentrationslager. Und die Bibel sagt, der Rest wird bleiben. Auf ewig.

EUGENE WIGNER

Physiker und Nobelpreisträger. Geb. 1902 in Budapest, gest. 1995 in Princeton (New Jersey)

HK: Herr Professor Wigner, Sie stammen aus einer Familie ungarischer Juden, die sich nach dem Ersten Weltkrieg evangelisch taufen ließ. Hat dieser Religionswechsel Ihr weiteres Leben maßgeblich beeinflußt?

EW: Das glaube ich nicht. Die Religionen sind einander furchtbar gleich. Sie alle sagen, du sollst gut sein, und du sollst anderen helfen. Ich hatte damals nicht das Gefühl, daß sich viel geändert hat. Ich weiß eigentlich gar nicht, warum diese Unterscheidung zwischen den Religionen, der jüdischen, evangelischen, katholischen, überhaupt existiert. Vielleicht hat es einen Sinn insofern, als sie sich miteinander beschäftigen und sich dadurch unterstützen. Es ist leichter, eine gute Religion zu haben, wenn eine andere gute Religion existiert, wenn sie also konkurrieren. Eine einzige Religion wäre für die Menschheit nicht gut. Der Religionskönig würde allen sagen, was zu tun ist, und wir hätten eine Diktatur. Meiner Meinung nach gibt es aber zu viele Religionen.

HK: Und was war der Grund für den Übertritt von der jüdischen zur evangelischen Religion?

EW: Als nach dem Ersten Weltkrieg die Juden die Ungarn beschimpften, das Land und die Leute schlecht beurteilt haben, wollte mein Vater das

nicht mitmachen. Deshalb haben wir die Religion gewechselt und sind evangelisch geworden.

HK: Das war noch vor der Hitlerzeit. Bald darauf wurden die Juden von den Nazis verfolgt, selbst wenn sie getauft waren.

EW: Richtig, und das hat mich bewogen, nach Amerika zu gehen und bald meine Eltern und meine Schwestern mit ihren Familien nachzuholen. Ich bin 1930 das erste Mal nach Amerika eingeladen worden, hierher an die Universität in Princeton, für drei oder vier Monate als Gastprofessor. Das wiederholte sich einige Jahre. Ich bin jedoch immer wieder nach Deutschland zurückgegangen. Als Hitler an die Macht kam, wurde mir aber bald klar, daß ich nicht in Deutschland bleiben konnte.

HK: Sie sind in Ungarn aufgewachsen und haben in Deutschland studiert, und Sie leben jetzt schon sehr lange in Amerika. Was bedeutet Heimat für Sie?

EW: Zu Hause zu sein, eine Frau zu haben, die ich sehr liebe, mit ihr und mit den Kindern zusammenzusein.

HK: Heimat ist für Sie Haus und Familie?

EW: Ja, Princeton, das Haus, die Mitbewohner, die Orte, wo wir spazierengehen. Wir haben ein Häuschen in Vermont, und auch das liebe ich.

HK: Ich würde jetzt gern auf Ihre Arbeit als Physiker zu sprechen kommen. Haben Sie eigentlich auch an dem Projekt von Los Alamos, an der Entwicklung der Atombombe, mitgearbeitet?

EW: Das ist nicht einfach mit Ja oder Nein zu beantworten, denn ich war nicht in Los Alamos, sondern in Chicago, später noch in einer anderen Stadt. Das Los-Alamos-Projekt war natürlich streng geheim. Offiziell hätte ich gar nicht wissen dürfen, woran Teller und Weisskopf arbeiteten. Von Teller habe ich es natürlich gewußt, denn ich kannte ihn sehr gut, und er sprach Ungarisch wie ich. Ich erfuhr also, daß wir am gleichen Projekt forschten, wenn wir auch nicht zusammenarbeiteten, nämlich an der Entwicklung eines neuen Sprengstoffes, der viel explosiver sein sollte als Dynamit.

HK: Hatten Sie dabei manchmal moralische Bedenken?

EW: Wir haben alle sehr stark befürchtet, daß die Deutschen die Bombe entwickeln könnten und dann in der Lage sein würden, die Erde zu erobern. Das hat uns veranlaßt, ja dazu getrieben vorzuschlagen, selbst an der Entwicklung dieser Bombe zu arbeiten, um Hitler zuvorzukommen. Ich erinnere mich, ich habe über dieses Problem mit Einstein gesprochen. Ich bat ihn, einen entsprechenden Brief an den Präsidenten zu schreiben. Einstein hat den Vorschlag gleich aufgegriffen und einen solchen Brief diktiert. Ich habe ihn ins Englische übersetzt, und er wurde Roosevelt übermittelt. Dieser Brief hat maßgeblich zur Begründung der amerikanischen Atomforschung beigetragen.

HK: Wie haben Sie Albert Einstein erlebt? Er ist ja eine fast schon mythische Gestalt unseres Jahrhunderts.

EW: Ich habe ihn sehr gemocht. Einsteins Leistungen werden natürlich gewöhnlich überschätzt. Die Relativitätstheorie ist im wesentlichen seine Entdeckung. Aber wenn man gerecht sein wollte, müßte man berücksichtigen, daß es damals in Deutschland mindestens zwei andere gab, die nicht weniger zur Physik beigetragen haben als Einstein. Ich meine Max Planck und Max von Laue. Aber Einstein verdient diesen Ruhm, denn er war sehr aufrichtig und sehr integer. Nicht zuletzt hat er viele junge Leute, die Wissenschaftler werden wollten, unterstützt und ermuntert.

HK: Was ist das heute für ein Gefühl für Sie, die Atombombe mitentwickelt zu haben?

EW: Es war ja unvermeidlich, daß sie entwickelt werden würde, und es war gut, daß sie in einem friedliebenden Land wie Amerika zuerst entwickelt wurde. Sonst wäre es, dessen bin ich sicher, viel schlimmer gekommen. Ich bedauere nicht, daß ich mit anderen zusammen vorgeschlagen habe, die Atombombe in Amerika zu entwickeln.

HK: Die Amerikaner haben die Atombombe auch eingesetzt.

EW: Glücklicherweise in sehr beschränktem Ausmaß. Aber ich muß gestehen, daß wir von dem tatsächlichen Einsatz der Bombe in Hiroshima überrumpelt waren. Wir waren damals dagegen. Ich bin aber heute nicht mehr so sicher, daß unser Einwand richtig war, denn der Einsatz der Bombe hat den Krieg doch erheblich abgekürzt und damit die möglichen Gesamtverluste verringert. Japan hat daraufhin kapituliert, und das war zweifellos positiv. Ich bedauere deshalb nicht, daran teilgenommen zu haben.

HK: Haben Sie die amerikanische Politik gezielt beeinflußt?

EW: In gewissem Sinne ja. Denn ich bin immer für die Stärkung der amerikanischen Verteidigung eingetreten. Die USA hatten offenbar keine Eroberungsabsichten. Wenn sich die Vereinigten Staaten hätten ausbreiten wollen, hätten sie dazu Gelegenheit genug gehabt. Die USA wollten und wollen das nicht, und das ist gut so, denn die Welt soll nicht ein einziges Haus sein, in dem alles zusammengeschlossen und einheitlich ist. Es soll Unterschiede geben, einen Wettbewerb um das Glück und den Wohlstand und die seelische Zufriedenheit der Menschen.

HK: Glauben Sie, daß es dafür wichtig ist, eine starke Verteidigung zu haben?

EW: Für ein Land wie die Vereinigten Staaten schon. Man kann nur hoffen, daß in Rußland ähnlich gedacht wird und die jetzige Führung das Hauptziel nicht darin sieht, die Welt zu erobern, sondern die Menschen im eigenen Land glücklich zu machen. Möglich ist es durchaus.

HK: Teilen Sie die weitverbreitete Angst, daß jemand aus Versehen auf den Knopf drücken könnte?

EW: Und eine Bombe ausgelöst würde? Ja, aber das ist mit Bakterien oder chemischen Kampfstoffen nicht viel anders. Die Atombombe ist nicht gerade ein Segen, aber sie ist nicht furchtbarer als viele andere Waffen. Zuerst war es das Schwert, dann wurde der Sprengstoff erfunden, verschiedene Gifte und viele andere tödliche Dinge. Die Möglichkeit, jemanden umzubringen oder ein ganzes Land zu vernichten, gibt es schon sehr lange, nicht erst seit der Erfindung der Atombombe. Im Gegenteil, sie hat dazu beigetragen, diese Sünden als Sünden bewußtzumachen und die Menschen von ihrer Anwendung abzuhalten, das heißt davon abzuhalten, andere zu töten, die sie nicht einmal kennen.

HK: Glauben Sie, daß die Erfindung der Atombombe dem Frieden dient?

EW: Sie hat jedenfalls bisher nicht dazu beigetragen, die Anzahl der Morde zu vergrößern. Krieg zu führen ist nicht mehr so attraktiv, wie es früher war. Kriege sind, wo sie noch stattfinden, abschreckend. Ich glaube, die Menschen sind vernünftiger geworden, aufgrund der Tatsache, daß sie viel mächtiger geworden sind. Nicht zuletzt dank der Atombombe haben sie die Erkenntnis gewonnen, daß sie diese Macht nicht ausüben dürfen. Das Verlangen nach Macht war früher größer. Kriegführen war früher wie eine Sitte, eine Institution. Das ist heute anders. Seit vielen Jahren hat ein wirklicher Krieg nicht mehr stattgefunden.

HK: Seit dem Zweiten Weltkrieg.

EW: Ich könnte auch sagen, seit der Erfindung der Atombombe. Ob die Atombombe das tatsächlich bewirkt hat, wissen wir nicht. Sicher ist aber, daß sie nicht das Gegenteil bewirkt hat.

HK: Glauben Sie an Gott, Herr Professor Wigner?

EW: Ich weiß nicht, was das bedeutet. Wenn es bedeutet, daß man anständig sein soll, daß man hilfreich sein soll, daß man ein gutes Leben führen soll, dann ist es gut zu glauben, daß dies von einer höheren Instanz von uns verlangt wird, von einer höheren und besseren Vernunft als die der Menschen. Aber ich bin mir nicht sicher, ob es sich darum handelt.

HK: Glauben Sie, daß Sie durch Ihre Forschungsarbeit dazu beigetragen haben, die Menschen glücklicher zu machen?

EW: Ich weiß nicht. Das kann man wohl nicht behaupten. Mir selbst hat die Arbeit sehr viel Freude bereitet, und zwar Freude, die nicht auf Kosten anderer ging. Aber welche Wirkung hat sie? Ich glaube jedenfalls, dafür zu arbeiten, daß die Menschen die Welt besser verstehen können. Das ist ein schönes Ziel.

GISELA WYZANSKI

Vorstandsmitglied von mehreren Wohltätigkeitsorganisationen. Geb. 1912 in Hamburg, gest. 1991 in Cambridge (Mass.)

HK: Frau Wyzanski, Sie sind als Tochter Max Moritz Warburgs in Hamburg aufgewachsen und 1938 im Alter von sechsundzwanzig Jahren nach New York gekommen. Ich glaube, Ihr Weg in die Emigration unterscheidet sich wesentlich von dem der meisten deutschen Juden.

GW: Vielleicht nur insofern, daß ich nicht auswandern wollte, solange ich bei der Rettung möglichst vieler jüdischer Jugendlicher helfen konnte. Ich arbeitete ab 1935 für die »Jugend-Aliyah« – »Aliyah« ist Hebräisch und bedeutet »Einwanderung«. Diese Organisation half Gruppen von Vierzehn- bis Achtzehnjährigen, für eine zweijährige Schul- und landwirtschaftliche Ausbildung in Siedlungen in Palästina unterzukommen. Im Herbst 1938 bekam ich die Erlaubnis, nach Amerika zu fahren, um mehr Geld für eine verstärkte Auswanderung von Jugendlichen zu sammeln. Die Ereignisse des 10. November, der Kristallnacht, ließen mich nicht mehr wagen zurückzukehren und machten mich zur Emigrantin.

HK: Daß Sie sich bewußt für die jüdische Sache eingesetzt haben – war das die Konsequenz einer Familientradition?

GW: Die Geschichte der Familie Warburg läßt sich in Deutschland fünfhundert Jahre zurückverfolgen. Aber meine Geschwister und ich sind nicht mehr als strenggläubige Juden erzogen worden. An den hohen Feiertagen ging mein Vater mit uns in die orthodoxe Synagoge. Dort wurde nur Hebräisch gesprochen und gesungen, und ich habe kein Wort verstanden. Das hat mich motiviert, Hebräisch zu lernen. Aus irgendeinem Grund habe ich mich immer für das Judentum interessiert. Chaim Weizmann – später der erste Präsident des Staates Israel – hat mich bei unserer ersten Begegnung 1928 wie einen reifen Apfel gepflückt und zum Zionismus bekehrt. In diesem Jahr fuhren meine Eltern, eine Schwester und ich mit ihm durch Palästina. Als die Hitlerzeit begann, hatte ich mich bereits entschieden, nach Palästina auszuwandern.

HK: Aber dann waren Sie plötzlich in Amerika. Wie ging es dort weiter?

GW: Ich habe mich sofort der Hadassah, der zionistischen Organisation, der Vertretung von »Jugend-Aliyah« in den Vereinigten Staaten, zur Verfügung gestellt. Ich, die nie öffentlich gesprochen hatte, wurde durch ganz Amerika bis zur Westküste geschickt, und ich sprach vor allen Hadassah-Gruppen und in Privathäusern, um Geld aufzubringen. Die »Jugend-Aliyah« hat zweihundertfünfzigtausend Flüchtlingskinder in Israel eingegliedert, zuerst vor allem aus Deutschland und den von Deutschland besetzten Ländern, später, nach der Gründung des Staates Israel, als die Masseneinwanderung begann, vor allem aus dem Mittleren Osten und Afrika. 1943 beschloß eine Gruppe von christlichen Amerikanern, daß nicht nur mit Worten der Sympathie, sondern mit aktiver Hilfe die jüdische verfolgte Jugend gerettet werden müßte. Eine interkonfessionelle Gruppe von Christen und Juden, die sich »Children to Palestine« nannte, wurde gegründet und sammelte Geld für die »Jugend-Aliyah«. Unter dem Einfluß eines unvergessenen Pädagogen – ursprünglich aus Deutschland, Direktor eines Kinderdorfes in Israel, der von Anfang an überzeugt war, daß die Zukunft der jüdischen Heimstätte von dem guten Verhältnis zwischen Juden und Arabern abhängig sein würde – hat unsere interkonfessionelle Gruppe sich darauf konzentriert, gemeinsame Projekte für arabische und jüdische Jugendliche zu verwirklichen. Sie heißt heute »Fellowship in Israel for Arab-Jewish Youth«.

HK: Wenn Sie sich persönlich für die jüdisch-arabische Verständigung engagiert haben, sehen Sie Ihre Arbeit jetzt als gescheitert an?

GW: Diese Arbeit ist wichtiger als je zuvor, aber sie ist nur ein Tropfen auf dem heißen Stein. Es gibt ein englisches Sprichwort: »It is better to light a candle than to curse the darkness.« Und das versuchen wir. Die Aufgabe ist verzweifelt schwierig, aber aufgeben werde ich nie. Das wäre das gleiche, als ob ich desertieren würde. Israel braucht uns, gerade in schlechten Zeiten.

HK: Und wie stehen Sie nach all dem, was geschehen ist, zu Deutschland?

GW: Ich war nach dem Krieg schon oft wieder dort, weil mein Bruder wieder in seinem alten Haus außerhalb von Hamburg lebt. Ich kenne in Hamburg nur noch drei Leute von früher. Die anderen sind entweder tot oder weggezogen. Ich sage mir, die meisten Leute, die ich in Deutschland kennenlerne, waren in der Nazizeit noch kleine Kinder oder noch gar nicht geboren. Aber trotzdem möchte ich dort nicht mehr leben.

HK: Warum würden Sie dort nicht leben wollen?

GW: Es gibt Verletzungen, die heilen nicht. Es ist so viel Furchtbares geschehen. Es ist ein Gefühl, als ob ein Freund Sie betrogen hat, und Sie wissen nicht mehr, ob Sie ihm wieder hundertprozentig vertrauen können.

HK: Sie sprechen noch immer gut deutsch und hamburgischen Dialekt. Das bedeutet doch, die Bindung zur Vergangenheit und zur deutschen Sprache besteht immer noch. Ist Hamburg für Sie noch die alte Heimat?

GW: Ich erzähle Ihnen am besten eine Geschichte. Ich bin von einer Kinderfrau erzogen worden, die ich heiß geliebt habe und die Hamburgisch gesprochen hat. Von ihr habe ich den Dialekt. 1949, als ich mit meinem Mann gerade in Genf war, bekam ich einen Brief von dieser Kinderfrau. Ich habe geweint, denn ich dachte, ich würde sie nie wiedersehen, weil ich ja nicht mehr nach Deutschland zurückwollte. Aber mein Mann hat mich überredet. Er hat mir klargemacht, daß ich ja nicht Deutschland besuchen würde, sondern nur meine alte Kinderfrau. Und dann bin ich gefahren. Im Zug überkamen mich diese schrecklichen Gefühle: Was habt ihr gemacht? Wen habt ihr umgebracht? Es war grausam. In Hamburg hat mich nicht nur meine Kinderfrau abgeholt, sondern auch unser Chauffeur, mit dem ich gefahren bin, als ich neun Jahre alt war, und der Sohn des Inhabers unserer früheren Bank. Wir haben alle geweint. Hamburg war entsetzlich zerstört. Wir wollten im Wagen nach Bahrenfeld fahren, in die Straße, wo meine Kinderfrau wohnte. Und ich dachte, ich würde mich noch zurechtfinden und dem Fahrer die Straße zeigen können. Aber ich konnte den Weg nicht finden. Niemand fand den Weg, weil Hamburg nur noch ein Trümmerhaufen war. Wir hielten bei unserer früheren Bank, und ich ging mit dem Fahrer hinein, und da sah mich ein Mann, der damals ein Angestellter meines Vaters gewesen war. Er sagte: »Mein Gott, das ist ja Gisela! Bitte warten Sie einen Moment.« Nach fünf Minuten kam er wieder und brachte mir zwei Dutzend rote Rosen von den alten Angestellten der Bank. Da habe ich wieder geheult. Übernachtet habe ich dann bei einem Freund, der auf unserem Besitz in Blankenese wohnte. Ich kam mir vor, als ob ich auf dem Mond gelandet wäre.

HK: Aber das war nicht Ihr letzter Besuch in Hamburg.

GW: 1952 habe ich mit meinem Mann und meinen Kindern, die damals fünf und sieben Jahre alt waren, Hamburg besucht. Ich wollte ihnen zeigen, wo ich geboren und aufgewachsen bin. Außerdem war unser Landsitz in Blankenese inzwischen wieder an meinen Bruder zurückgegeben worden, und wir konnten dort wohnen. Ich habe mich so gefreut, daß die Kinder noch meine alte Kinderfrau kennengelernt haben. Jedenfalls haben sich meine Kinder in Hamburg ganz rührend mit ihr verstanden, obwohl sie keine gemeinsame Sprache hatten. Eine Szene werde ich nie vergessen. Als wir in Hamburg angekommen waren, hatte jemand meinem Sohn eine Mark geschenkt und gesagt: »Die darfst du ausgeben, wie du willst.« Mein Sohn dachte, das sei eine Menge Geld. Und als wir eines Tages meine Kinderfrau besuchten, stand er am Fenster, drehte sich plötzlich zu ihr herum und sagte: »I want to give you something.« Er hat diese Mark herausgezogen und sie ihr geschenkt. Sie hat natürlich gar nicht geahnt, was dieses Geschenk bedeutet.

HK: Welchen Eindruck haben Ihre Kinder von Deutschland gehabt?

GW: Das war auch für mich verwirrend. Wir hatten auf unserer Europareise eine Schwester in England, einen Onkel in der Schweiz und eben auch Hamburg besucht. Als wir wieder daheim in Boston waren, kamen wir eines Tages in einen Laden, in dem jüdische Flüchtlinge selbstgenähte Sachen verkauften. Und die Leiterin fragte meinen Sohn, wo es ihm in Europa am besten gefallen habe. Da sagte er im Brustton der Überzeugung: »In Deutschland.« »Warum in Deutschland?« Er war auf dieselbe Buche geklettert wie wir als Kinder, und er fand die Elbe mit den vielen Schiffen aufregend. Die Leiterin fragte mich empört: »How could you allow that to happen that he loves Germany best?« (»Wie konnten Sie zulassen, daß es soweit kommt, daß ihm Deutschland am besten gefällt?«) Als wir dann rausgingen, sagte ich zu meinem Sohn: »Ich möchte dir einmal erklären, was ich von Deutschland halte. Ich fühle mich so, als ob mich ein Freund betrogen hätte. Ich kann Deutschland nicht mehr lieben. Ich kann Deutschland nicht mehr trauen. Trotzdem wünsche ich Deutschland alles Gute. Ich habe keine Rachegefühle. Nur kann niemand erwarten, daß ich beim Wiederaufbau von Deutschland mithelfe.« Da sagte mein Sohn ganz rührend zu mir: »Die Kinder, die ich in Deutschland kennengelernt habe, die haben Hitler genausowenig gekannt wie ich. Wie lange willst du noch so über Deutschland denken?« Und ich habe geantwortet: »Daß du so denkst, ist völlig in Ordnung. Du sollst keine Vorurteile haben. Aber du mußt auch verstehen, wie ich darüber denke.« Und nur meine Kinder und ich verstehen es.

HK: Sprechen Ihre Kinder Deutsch?

GW: Auch das ist eine merkwürdige Geschichte. Am Anfang habe ich mit ihnen Deutsch gesprochen, weil ich sie zweisprachig erziehen wollte. Aber es hat furchtbar lange gedauert, bis sie überhaupt mit dem Sprechen angefangen haben. Das ist ein Erbteil meiner Familie. Mein Mann war beunruhigt und hat mich gebeten, mit den Kindern nicht mehr Deutsch zu reden, weil er dachte, daß die beiden Sprachen die Kinder verwirren. Das war natürlich psychologisch völlig falsch. Aber ich habe nur noch Englisch mit ihnen gesprochen. Und später, im Kriege, wollte sowieso kein Mensch mehr Deutsch reden. Als meine Tochter vierzehn Jahre alt war, äußerte sie den Wunsch, Deutsch zu lernen. Und da sie es bei mir nie gelernt hätte, habe ich sie nach Deutschland geschickt, zu guten Antinazifreunden, die auf einem Landsitz in der Nähe von Hannover wohnten. Als sie zurückkam, sprach sie fließend Deutsch, fehlerhaft, aber mit guter Aussprache. Mein Sohn ist ein ganz anderer Typ. Er besuchte die Berlitz-Schule, als er siebzehn Jahre alt war, und lernte viel Grammatik – etwas, womit sich meine Tochter nie beschäftigt hatte. Er machte genauso viele Fehler wie sie, weil er vor jedem zweiten Wort lange überlegte, ob es männlich, weiblich oder sächlich ist. Heute sprechen beide gebrochen Deutsch. Und beide waren schon mehrmals wieder in Deutschland.

HK: Für die Juden, die Auschwitz überlebt haben, muß es doch sehr schwer sein, an diese Zeit zurückzudenken. Mich würde es nicht wundern, wenn viele versuchten, die Erinnerung daran aus ihrem Bewußtsein zu verdrängen.

GW: Bei dieser Frage fällt mir zuerst ein Rabbiner ein, der in Harvard lehrt, ein ungewöhnlicher Mensch, der mir sehr nahesteht. Er redet nie über seine Zeit in Auschwitz. Er sagt, er kann es nicht. Aber zum vierzigsten Jahrestag der Befreiung von Auschwitz konnte er die Bitte der Studenten, sein Schweigen zu brechen, nicht abschlagen. Da hat er folgende Geschichte erzählt: Am ersten Tag in Auschwitz mußten die Häftlinge schwere Eisenstangen tragen. Eine fiel ihm auf die Stirn, und er begann, heftig zu bluten. Man zwang ihn weiterzugehen. Aber eine Bauersfrau bei der Feldarbeit sah die Häftlingskolonne und den blutenden Jungen, lief ins Haus, holte ein Pflaster und brachte die Blutung zum Stillstand. Und als die Kolonne abends einrückte, stand die Frau am Weg und sah nach dem Jungen. Einige Jahre später wurde er mit den letzten Häftlingen von Auschwitz auf den Todesmarsch geschickt. Wer nicht weitergehen konnte, wurde erschossen und auf den Leichenwagen geworfen. Als ihn seine Kräfte verließen und er zu schwanken begann, kam eine der SS-Wachen, packte ihn und warf ihn auf den Leichenwagen. Und während der ganzen Nacht zog ihn dieser SS-Mann immer wieder unter den Leichen hervor, die auf den Wagen geworfen wurden, und legte ihn oben auf den Leichenberg. So hat er ihn vor dem Ersticken bewahrt. Am nächsten Morgen wurden die Leichen in eine Grube geworfen, und wieder fischte der SS-Mann den Jungen heraus und rettete ihn. Nach der Befreiung hat dieser Überlebende die ersten vierzehn Tage damit verbracht, diese beiden Menschen zu suchen. Er hat gesagt, sie seien die einzigen wirklichen Menschen gewesen, die ihm in dieser Zeit begegnet waren. Er hat sie nie gefunden.

HK: Eine solche Geschichte habe ich noch nie gehört.

GW: Ich habe auch noch nie etwas Ähnliches gehört. Deswegen hat mich diese Geschichte so gerührt. Ich habe auch andere gefragt: Wie konntet ihr überleben? Warum seid ihr nicht in den elektrischen Draht gelaufen? Denn ich stelle mir vor, daß ich dies in ihrer Lage getan hätte. Die Antwort war: Bis zum elektrischen Draht wärst du gar nicht gekommen. Du wärst schon vorher erschossen worden. Außerdem gab es für jeden einen Häftling im Lager, mit dem er befreundet war. Ich habe meine Ration mit ihm geteilt, und ohne mich hätte er nicht überlebt ... Viele wurden auch vom Haß am Leben gehalten. Sie wollten noch sehen, wie diese Teufel, die ihnen das Leben zur Hölle machten, bestraft würden. Ich habe mittlerweile eine eigene Theorie über das, was mit den Leuten im KZ passiert ist. Ich glaube, im KZ sind die Charakterunterschiede immer deutlicher hervorgetreten. Die Guten wurden zu Engeln, und die anderen sind allmählich verroht.

HK: Hat der Glauben dabei eine Rolle gespielt?

GW: Mir ist es ein Rätsel, wie man im KZ seinen Glauben bewahren kann. Die orthodoxen Juden sagen, die Vernichtungslager seien die Strafe für die Unterlassungssünden und den Ungehorsam der Juden gewesen. Aber ich glaube, so einfach ist die Rechnung nun doch nicht. Andererseits: Israel wäre ohne Auschwitz nie entstanden. Ein eigentümlicher Gedanke. Aber unwiderlegbar. Ich habe einen Teil des Eichmann-Prozesses in Israel verfolgt. Das Erschütternde war, daß viele Menschen, die versucht hatten, über das Grauen nicht mehr zu sprechen, plötzlich ausgepackt haben. Viele Eltern konnten und wollten mit ihren Kindern nicht darüber reden. Sie wollten ihre Kinder schonen. Aber mir scheint, daß diese Kinder häufiger seelisch gestört sind als die Kinder, deren Eltern erzählt haben, was geschehen ist.

HK: Ich hatte ein Gespräch mit Herrn Grubel vom Leo-Baeck-Institut. Für Grubel ist die jüdische Religion die Religion des Lebens und beinhaltet die Pflicht zu leben.

GW: Mag sein. Vielleicht gab es unter den Juden in Auschwitz auch einige, die nicht in den Stacheldraht gelaufen sind, weil sie sagten, das dürfen wir nicht. Ich hätte es, glaube ich, trotzdem getan. Aber etwas anderes beschäftigt mich viel mehr. Ich fühle mich manchmal schuldig, weil ich davongekommen bin. Dann frage ich mich: Warum habe ich überlebt und so viele andere, die ich gekannt habe, nicht? Ich weiß, daß es viele gibt, die sich auf diese Weise schuldig fühlen. Es verpflichtet dazu, aktiv zu sein, an den anderen etwas gutzumachen. Seltsamerweise ist dieser Rabbiner, von dem ich soviel halte, völlig frei von solchen Schuldgefühlen. Ihn quält der Gedanke an die Opfer, aber eben deshalb, weil man ihnen das Lebensrecht genommen hat. Aber dafür, daß er selbst lebt, fühlt er sich nicht schuldig.

HK: Ich kenne eine Psychologin in Israel, Erika Landau, die selbst im KZ gewesen ist. Sie behandelt viele Leute, die sich schuldig fühlen, weil sie überlebt haben. Sie kann es nachempfinden, warum sich die Leute fragen: Was habe ich getan, daß ich überlebe und der andere nicht?

GW: Nur ein Beispiel. Ich hatte eine fabelhafte Freundin, die mit mir in der »Jugend-Aliyah« gearbeitet hat. Sie hat mit einem, wie es damals hieß, arischen Filmregisseur zusammengelebt, der kein Jude und verheiratet war und sich nach dem damals geltenden Recht noch nicht scheiden lassen konnte. Nach 1933, als es immer schlimmer wurde, hat sie sich um seine Stellung und Karriere Sorgen gemacht. Schließlich haben sie sich getrennt. Aber sie ist in Deutschland geblieben, und zweimal im Jahr haben sich die beiden heimlich getroffen. Immer hat sie Rücksicht auf andere genommen. Sie ist an Tuberkulose erkrankt und in einem Schweizer Sanatorium gewesen, hat ihre Mutter aber in dem Glauben gelassen, daß sie in der Schweiz für die »Jugend-Aliyah« arbeite. Bald nach ihrer Rückkehr wurde sie abgeholt und nach Theresienstadt gebracht. Wieder hat sie ihrer Mutter Postkarten geschrieben und ihr etwas vorgemacht. Und als dann ihre beste Freundin auf den Transport nach Auschwitz kam, ist sie freiwillig mitgegangen. Eine Woche vor dem Ende wurde sie umgebracht. Sehen Sie, das ist einer dieser Fälle, bei denen ich mich frage: Warum sie und nicht ich?

HK: Haben Sie deswegen manchmal an Gott gezweifelt?

GW: Nein, das nicht. Wir denken und leben doch nur in kleinen, engen Kreisen. Wir können die großen Kreise nicht erfassen. Wir wissen nicht, wozu etwas geschieht. Aber es ist mir auch ein Rätsel, wie die Juden im KZ haben beten können. Mir wäre das Beten vergangen.

HK: Wenn man die beiden letzten Jahrtausende überblickt, sieht man, daß die Juden ständig von Verfolgung und Tod bedroht waren. Was, glauben Sie, sind die Gründe für diesen immer wiederkehrenden Antisemitismus?

GW: Leider muß ich sagen, daß der Antisemitismus mit der Gründung der Kirche begann. Vorher gab es keinen Antisemitismus, da kämpfte ein Volk gegen das andere. Der Skandal für die Kirche war der Gottesglaube unter Ausschluß von Jesus. Der zweite wichtige Grund ist der Neid. Daß die Juden so viele einflußreiche Posten bekleidet haben, hat die anderen gewurmt. Dazu kam noch die erzwungene und freiwillige Absonderung der Juden. Zum Beispiel das koschere Essen. Das hat die Phantasie angeregt. Auch die orthodoxen Juden hören es gar nicht gern, daß sich hinter dem Gebot, koscher zu essen, vernünftige Gesundheitsregeln verstecken. Wenn die Tiere verbluten, kann krankes Blut das Fleisch nicht verderben. Wenn Milchiges und Fleischiges nicht gemischt werden darf, wird das Fleisch nicht sauer und schlecht. Und so weiter. Aber solche Regeln hatten immer auch die Funktion, die Juden über Jahrhunderte hinweg zusammenzuhalten.

HK: Und zugleich abzusondern …

GW: Eben. Aus dem gleichen Grund haben die Juden Mischehen strikt abgelehnt. So etwas ist heute schwer zu verstehen, da in einer Regel nur noch die Einschränkung gesehen wird. Die Juden wehren sich nicht gegen Mischehen, weil sie sich einbilden, besser zu sein als die anderen. Ganz im Gegenteil. Zum jüdischen Glauben gehört nämlich die Verpflichtung, ein Beispiel zu geben, wie Menschen in Frieden zusammenleben können. Aber dieses Beispiel kann nur in Gemeinschaft vorgelebt werden. Das jüdische Volk versteht sich als ein Instrument, durch das diese Gemeinschaft zustande kommt. Wenn früher eine Jüdin einen Christen geheiratet hat, ist sie dem jüdischen Volk verlorengegangen. Jede Mischehe hat die Gemeinschaft geschwächt.

HK: Die Leidensgeschichte des jüdischen Volkes hätte ja ein Ende, wenn die Prophezeiung sich erfüllen und der Messias kommen würde. Was müßte dann geschehen, damit sich das ereignen könnte?

GW: Wir müßten alle so sein, wie wir sein sollten, was nahezu unmöglich ist. Wir sind heute sehr weit weg vom Messias. Ja, wann wird es soweit sein? Bestimmt nicht zu unseren Lebzeiten. Das sollten wir uns aus dem Kopf schlagen. Aber was Jesus Christus angeht, meine ich, daß er durch und durch jüdisch war. Die Juden hätten besser daran getan, ihn als einen ihrer Propheten anzuerkennen.

HK: Aber nicht als den Messias?

GW: Nein, nicht als den Messias. Wenn er der Messias gewesen wäre, dann hätte sich die ganze Welt, die ganze Menschheit zum Guten verändert. Aber das war nicht der Fall, oder?

HK: Niemand kann bestreiten, daß der Anteil der Juden unter den zukunftsweisenden Wissenschaftlern, Ärzten und Künstlern im neunzehnten und zwanzigsten Jahrhundert weitaus größer war als ihr Anteil an der Bevölkerung. Wie erklären Sie sich das? Hat das Leben in der Diaspora die Juden so klug und sensibel gemacht?

GW: Gezwungenermaßen. Ein Jude mußte ja besser sein als sein Nachbar, wenn er nicht untergehen wollte. Er mußte schneller lernen und begreifen, was in seiner Umwelt geschah. Und für dieses Lernen war er bestens vorbereitet, weil er die Thora und den Talmud studieren mußte.

HK: Sie glauben also, daß die jüdische Lern- und Denkfähigkeit vom Studium der Thora und des Talmud angeregt wurde.

GW: Daran ist gar nichts Erstaunliches. Die Juden hatten keine Wahl. Die anderen hatten ihre Landwirtschaft und ihre Innungen und Zünfte. Den Juden blieb nur der Verstand. Also haben sie ihren Verstand beackert. Und auf diesem Gebiet hatten sie einen kleinen Vorsprung, weil man sie schon früh zum Lernen angehalten hatte. Natürlich hat sich das auch vererbt. Damit habe ich immer meinen Mann geneckt, der einen fabelhaften Verstand hatte. Ich habe zu ihm gesagt: Deine Vorfahren, die Talmudlehrer, haben deinen Verstand schon geölt, bevor du geboren worden bist.

HK: Worin sehen Sie den wesentlichen Unterschied zwischen der jüdischen und der christlichen Religion?

GW: Die Christen trösten sich damit, daß diese Welt nur ein Vorstadium für das eigentliche Leben im Jenseits ist. Sie glauben, daß es ihnen im nächsten Leben besser oder schlechter gehen wird, je nachdem, wie sie sich auf dieser Welt verhalten haben. Für die Juden dagegen geht es schon auf dieser Erde gewissermaßen ums Ganze. Wir tun das Gute, oder wir tun das Schlechte, und wir empfangen unseren Lohn schon in diesem Leben.

HK: Bedingt das nicht ein ganz anderes Lebensgefühl – die Entschlossenheit, das Leben voll zu leben?

GW: Ich glaube, ich muß noch etwas Grundsätzliches über das Judentum sagen. Jüdisch zu sein, Jude zu sein, wird in der nichtjüdischen Welt meist als Religionszugehörigkeit verstanden. Aber es ist mehr als Religion. Land, Sprache, Volk und Religion gehören untrennbar zusammen. Ich denke manchmal, vielleicht hat Hitler, der Todfeind der Juden, auch etwas für die Juden getan. Er hat sie gezwungen, wieder zu erkennen, was die Geschichte sie gelehrt hat, was sie aber in Deutschland vergessen haben: Judentum bedeutet nicht nur Glaubensgemeinschaft, sondern auch Kampfgemeinschaft und Schicksalsgemeinschaft. Und in der hebräischen Sprache lassen sich Dinge ausdrücken, wie sie in keiner anderen Sprache auszudrücken sind. Das heißt aber wiederum, daß auch die jüdische Religion aus dem jüdischen Volk entstanden und ihm gemäß ist. Ich bezweifle sehr, daß ein ähnlich enger Zusammenhang zwischen dem Christentum und den christlichen Völkern besteht. Schließlich sind ja auch die Deutschen Christen. Wie konnte Hitler bei den Deutschen soviel Erfolg haben? Offenbar ist das Christentum vielen Völkern nur aufgepfropft worden und ihrem Charakter letztlich äußerlich geblieben.

HK: Aber gab es nicht bis ins zwanzigste Jahrhundert hinein auch eine bestimmte Affinität zwischen Juden und Deutschen?

GW: Ganz sicher. Vor der Hitlerzeit waren die deutschen Juden sehr verliebt in alles gute Deutsche. Sie haben es angeeignet und wieder von sich gegeben. Zum Beispiel als Schriftsteller und Komponisten.

HK: Hans Sahl hat geschrieben, daß die Deutschen an den Juden die Eigenschaften bewundert haben, die sie sich selbst zugesprochen haben, zum Beispiel Humanismus und Idealismus. Haben oder hatten Deutsche und Juden gemeinsame Eigenschaften?

GW: Davon bin ich überzeugt. Die Juden sind schlechte Politiker, und ich finde, auch die Deutschen sind schlechte Politiker. Sie haben dieselben Schwächen und dieselben Stärken. Ich muß Ihnen wieder eine Geschichte erzählen. Ich erinnere mich gut an den Tag, als die fünfte Gruppe der jüdischen Kinder aus Deutschland in Haifa ankam. Die Gründerin und Leiterin der »Jugend-Aliyah« begrüßte die Kinder, und ich stand neben ihr. Die Kinder hatten nur sehr wenig aus Deutschland mitnehmen dürfen. Nur das Nötigste. Die Eltern hatten wohl geahnt, daß sie ihre Kinder nie wiedersehen würden, und ihnen alles mitgegeben, was am besten an die Familie und die Heimat erinnerte. Als wir gemeinsam durch den Zoll gingen, platzte eine Tasche auf, und heraus fielen Schillers und Goethes Werke. Da sammelte diese Frau die Bücher auf, ging zu dem Kind und sagte: »Bitte vergiß die schrecklichen Dinge, die du in Deutschland erlebt hast. Aber bewahre das, was in diesen Büchern steht.« Dafür habe ich diese Frau immer bewundert. Sie hat gewußt, was sich Juden und Deutsche zu geben hatten. Und sie wollte nicht das Gute mit dem Schlechten verdammen.

HK: Was ist denn Juden und Deutschen gemeinsam?

GW: Das müßten Sie eigentlich meine Kinder fragen. Die amüsieren sich immer darüber, daß ich bei jeder Gelegenheit ein deutsches Sprichwort verwende. Ich kann nur sagen, was die deutschen Juden mit den Deutschen verbindet. Vor allem der Sinn für Ordnung, Organisation und Präzision. In Israel waren die deutschen Juden zuerst gar nicht beliebt, weil sie immer sagten: Bei uns haben wir das so und so gemacht ... Aber heute werden sie sehr geschätzt, denn sie haben bestimmte Dinge nach Israel gebracht, die dort gefehlt haben. Ich habe auch solche typisch deutschen Eigenschaften. Da bin ich meinem deutschen Ursprung treu geblieben. Man muß sich ja selbst treu bleiben.

HK: Sie haben vorhin von der Gemeinschaft des Judentums gesprochen, wie sie im Lauf der Geschichte in der Diaspora entstanden und gefestigt worden ist. Kann diese Gemeinschaft auch in Israel fortbestehen?

GW: Das ist eine wichtige Frage. Diese Gemeinschaft hat sich in Notlagen bewährt. Wenn ein Jude bei seinem jeweiligen Landesherrn in Ungnade fiel und vertrieben wurde, konnte er sich nur auf seine Familie und auf die anderen Juden verlassen. Sonst hat ihm niemand geholfen. Das hat den Zusammenhalt unter den Juden, vor allem den Zusammenhalt in der Familie enorm gestärkt. Und es hat auch unsere Wertvorstellungen beeinflußt. Auch Israel ist aus der Katastrophe der Judenvernichtung entstanden. Eine staatliche Gemeinschaft, die aus der Not entstanden ist. Um so schlimmer ist es, wenn die Israelis sich jetzt gezwungen sehen, unjüdisch zu handeln. Was jetzt auf der Westbank bei den Palästinensern vor sich geht, finde ich entsetzlich.

HK: Wenn das unjüdisch ist, was wäre denn dann jüdisches Handeln?

GW: Ein Volk, das viele Jahrhunderte lang gelitten hat, nirgends zu Hause war, von einem Land ins andere geflüchtet ist und immer nur als Gast geduldet wurde, darf anderen nicht das gleiche antun. Die Palästinenser haben dieselben Gefühle für Palästina wie die Juden für Israel, auch wenn ihre Geschichte in diesem Land kürzer ist als die Geschichte der jüdischen Bindung zu Israel. In jedem Fall ist es unsere Pflicht, besonders rücksichtsvoll vorzugehen. Es ist eine harte Bewährungsprobe für Israel. Natürlich liegen die Dinge viel klarer, wenn man selbst unterdrückt wird. Ich selbst bin lieber die Unterdrückte als die Unterdrückende. Da wir jahrtausendelang immer die Unterdrückten waren, ist es uns leichter gefallen, anständig zu sein. Aber jetzt in Israel sind wir nicht die Unterdrückten. Da wird es sich zeigen, ob die Lehren der Geschichte für uns auch in dieser Lage noch maßgebend sind oder ob wir zu unserer Verteidigung Dinge tun, die man uns früher selbst angetan hat.

HK: Haben Sie selbst eine enge Bindung zu Israel?

GW: Ich hänge sehr an diesem Land. Ich habe zwei aus Deutschland geflüchtete Cousinen und ihre Kinder in Israel. Es beeindruckt mich immer wieder zu sehen, welche Gegensätze dort aufeinandertreffen und integriert werden. Leider kann ich mich für Israel nicht mehr so einsetzen, wie ich es eigentlich tun möchte. Außerdem spreche ich nicht gut genug Hebräisch. Es ist eine schwierige, wunderbare Sprache. Ich hoffe, daß ich künftig mehr Zeit in Israel verbringen kann. Im Augenblick bin ich noch völlig mit der Hinterlassenschaft meines Mannes beschäftigt. Außerdem habe ich hier meine Kinder und Enkelkinder. Auswandern werde ich nicht mehr. Und ich bin sehr dankbar dafür, daß ich Amerikanerin bin.

HK: Ich verstehe.

GW: Die Vereinigten Staaten sind das Land der Emigranten. In jedem anderen Land bleiben Sie Ausländer bis zum letzten Tag. Und wenn Sie mit Akzent sprechen, werden Sie schief angesehen. Hier spricht jeder zweite mit Akzent. Und in dieser Hinsicht hat sich hier einiges geändert. Noch vor fünfzig Jahren standen Sie unter dem Zwang, sich möglichst rasch zu assimilieren und amerikanischer als die Amerikaner zu sein. Daß es jetzt anders ist, verdanken wir zum Teil den Negern. Heute sind sich die Amerikaner wieder bewußt, daß sie alle Emigranten sind. Amerika ist ein Schmelztiegel, und jede Gruppe hat ihren Teil zur amerikanischen Kultur beigetragen. Das ist ein großer Vorteil. Es ist sogar so – wenn Sie einen Akzent haben und etwas für die Gemeinschaft tun, werden sie so behandelt, als wären sie mit der »Mayflower« gekommen. Dafür bewundere ich die Amerikaner am meisten. Nur deswegen kann man sich hier vollkommen zu Hause fühlen.

HK: Wo wollen Sie nach Ihrem Tod begraben werden – hier in Amerika oder in Israel?

GW: Hier in der Nähe meines Hauses, in dem ich schon fünfundvierzig Jahre gelebt habe. Ich kenne hier einen herrlichen Friedhof mit schönen Bäumen und Sträuchern. Als mein Mann noch lebte, sind wir dort immer sonntags spazierengegangen. Dort fühle ich mich zu Hause ... Es ist merkwürdig – mein Mann hatte den Wunsch, daß man seine sterblichen Überreste verbrennt und die Asche in alle vier Winde zerstreut. Ich will mich nie verbrennen lassen. Ich habe mein ganzes Leben Angst vor dem Feuer gehabt. Außerdem verstößt es gegen die jüdische Religion. Am Jüngsten Tag sollen die Menschen in Jerusalem vom Tempelplatz aus auf einem Seil, das über das Tal gespannt ist, zum Ölberg hinübergehen. Die Guten werden hinübergehen, und die anderen werden hinunterfallen. Aber wie können sie auf dem Seil gehen, wenn sie verbrannt worden sind?

FRED ZINNEMANN

Filmregisseur. Geb. 1907 in Wien, gest. 1997 in London

HK: Herr Zinnemann, Sie haben 1952 mit »High Noon« einen Film gedreht, der als Inbegriff des amerikanischen Westerns gelten darf. Finden Sie es nicht etwas ungewöhnlich, daß dieser Film gerade Ihnen, einem gebürtigen Wiener, der seine Jugend in Europa verbrachte, gelungen ist?

FZ: Nein, denn erstens hatte ich zu diesem Zeitpunkt schon über zwanzig Jahre in Amerika gelebt und zweitens dort ja auch das Filmemachen von der Pike auf gelernt. Ich fing als Kurzfilm-Regisseur bei »Metro Goldwyn Mayer« an. Übrigens eine sehr gute Schule für einen angehenden Regisseur. Da lernte man Disziplin. Man hatte für eine vollständige Geschichte nur zehn Minuten zur Verfügung und lernte das Spielfilm-Handwerk sozusagen en miniature. Dann erst realisierte ich abendfüllende Filme. Zunächst noch mit einem festen Vertrag bei MGM und dann als freier Regisseur. Natürlich war ich nie vollkommen frei von europäischen Einflüssen – ich werde ja auch als europäischer Hollywoodregisseur bezeichnet. Aber ich glaube, daß meine Arbeit eine relativ gelungene Synthese aus beiden Welten – Amerika und Europa – darstellt. Der europäische Einfluß ist meiner Meinung nach in Filmen wie »Die Gezeichneten«, »Der Schakal« oder »Julia« deutlich zu sehen. Was »High Noon« betrifft, so finde ich, ist er gar nicht der klassische amerikanische Western, als den Sie ihn hinstellen. Der typische Western ist eine Art bodenständige Heldensage, ein Wunschtraum. Der Held ist immer jung und furchtlos und siegt automatisch. Meine Hauptfigur ist beinahe fünfzig und hat Angst. Dafür hat er aber Zivilcourage. Eine Tapferkeit, die nicht instinktiv ist, sondern eine bewußte Haltung der Gefahr und den Konsequenzen gegenüber. Darauf kommt es an. Ich wollte zeigen, daß der Charakter eines Menschen sein Schicksal ist, und der »Marshal« aus »Zwölf Uhr mittags« fühlt sich verpflichtet, den Menschen trotz seiner Angst zu helfen. Das ist kein ausgesprochen amerikanisches Thema, sondern ein allgemein menschliches.

HK: Weil Zivilcourage heutzutage so selten ist …

FZ: Ja, aber es gibt dennoch erstaunlich viele Menschen, die sie noch haben. Sie stehen zwar nicht oft in den Zeitungen, sitzen aber oft wegen ihres Gewissens im Gefängnis. Bekannte Beispiele sind ja Solschenizyn und Sacharow. Aber es gibt auch, da bin ich Optimist, viele unbekannte Menschen, die wirklich Helden sind, unter unglaublichem Druck stehen und trotzdem in ihrer Widerstandsbewegung oder im Untergrund weitermachen.

HK: Ihre Filmhelden sind Menschen, die sich häufig in Grenzsituationen befinden, die moralische Entscheidungen treffen müssen, für die das eigene Gewissen eine wichtige Instanz ist. Was ist für Sie daran so faszinierend?

FZ: Ich halte die Auseinandersetzung mit dem eigenen Gewissen für sehr wichtig. Mich interessiert die Frage, wie sich ein Mensch in einer bestimmten belastenden Situation verhält. Gibt er dem Druck seiner Angst oder der Gesellschaft nach oder folgt er, wie der »Marshal« in »High Noon«, seinem Gewissen und hält stand? Vielleicht kommt das Interesse auch daher, daß ich selber sehr oft darüber nachdenke, was ich persönlich unter einem vergleichbaren Druck tun würde. Man kann nicht wissen, ob man sich tatsächlich anständig benehmen würde. Aber das ist so eine Art Wunschtraum von mir.

HK: Haben Sie denn persönlich schon ähnlich schwierige Entscheidungen treffen müssen?

FZ: Na ja, keine besonders schwerwiegenden. Als ich zum Beispiel an der Wiener Universität Jura studierte, bin ich statt in die Vorlesung über römisches Recht ins Kino gegangen und habe mir einige Filme, etwa »Panzerkreuzer Potemkin«, angesehen. Dabei ist mir klargeworden, daß es für mich Unsinn wäre, Jura zu studieren, und ich habe beschlossen, Filmregisseur zu werden. Das war so eine Gewissensentscheidung. Und noch früher glaubte ich, Talent zum Musiker zu besitzen. Aber mein kleiner Bruder hat immer bittere Tränen geweint, wenn ich Violine spielte, und mein Foxterrier hat auch geheult. Da habe ich eingesehen, daß ich für die Musik untauglich bin, zumal mein Vater sehr gut Viola spielte und ich Minderwertigkeitsgefühle bekam.

Als ich dann schon beim Film war und bei MGM unter Kontrakt stand, sollte ich des öfteren Filme machen, deren Themen mir nicht gefielen. Und obwohl ich sie rein rechtlich gesehen hätte drehen müssen, habe ich mich geweigert und bin dann in Hollywood als »Troublemaker« in Verruf gekommen. Das ist auch so ein Beispiel für meinen Charakter. Ich habe den Leuten dann gesagt, daß Geld für mich nicht die Hauptsache ist und daß ich Filme nicht allein deshalb drehe, weil sie Geld bringen.

HK: Glauben Sie, daß Sie Ihre Filme, also Filme

mit der spezifischen Fragestellung, die Sie vorher erläutert haben, heute noch drehen könnten?

FZ: Ja, sicher. Aber ob dann noch jemand ins Kino gehen würde, um sie sich anzusehen, steht auf einem anderen Blatt. Auch die Finanzierung wäre wahrscheinlich schwierig, denn die Geldgeber wollen ja nicht nur ihr Geld zurückbekommen, sondern auch noch wenigstens einen kleinen Gewinn machen. Aber es gibt noch Menschen, die sich anders verhalten. Nehmen Sie John Paul Getty. Er ist ein Mann, der wahnsinnig viel Geld besitzt, damit aber auch außerordentlich viel Sinnvolles tut. Er unterstützt Museen, und unlängst hat er dem Britischen Filminstitut eine neue hochtechnische Ausrüstung finanziert. Aber das ist ein Ausnahmefall. Die Filmproduzenten im heutigen Hollywood verhalten sich da ganz anders. Die wollen soviel Geld wie möglich verdienen. Das wollten zwar die Filmchefs zu meiner Zeit auch, aber die hatten wenigstens zu den Filmen noch ein gewisses emotionales Verhältnis. Für Sam Goldwyn zum Beispiel war ein Film wie ein Baby, und er mußte ihn mögen, um ihn zu produzieren. Heute dagegen spielt es doch gar keine Rolle mehr, ob ein Film gut oder schlecht ist. Es kann der letzte Dreck sein, aber wenn er hundert Millionen Dollar einspielt, ist er für diese Leute ein guter Film.

HK: Das klingt sehr bitter. Sie scheinen überhaupt am momentanen Zustand der Welt zu leiden. Sind Sie politisch engagiert?

FZ: Ich bin eigentlich kein politischer Mensch. Ich würde sagen, ich bin humanitär gesinnt. Ich möchte, daß Menschen Respekt haben, vor sich selber, vor anderen und vor der Welt. Vielleicht könnte man sagen, daß ich ein Sozialdemokrat im Sinne von Adlai Stevenson, Roosevelt oder Willy Brandt bin.

HK: Was ist denn Ihrer Meinung nach an der heutigen Gesellschaft zu kritisieren?

FZ: Mir scheinen der Opportunismus und die Geldgier geradezu monströs geworden zu sein. Es ist ja bereits so, daß sich Macht gar nicht mehr so sehr politisch oder militärisch definiert, sondern ökonomisch. Wer das meiste Geld hat, kann immer noch mehr verdienen und tun und lassen, was er will.

Und die gewöhnlichen Menschen sitzen da, sind machtlos und wissen weder aus noch ein. Da können Firmen schamlos Giftgas nach Libyen oder an den Irak liefern. Zwar gibt es einen furchtbaren Skandal, aber der geht vorüber und wird vergessen, und die Lieferungen gehen weiter, als ob nichts geschehen wäre. Und wer genügend Geld hat, kann andere bestechen, die Presse kaufen, nicht nur in Deutschland, überall. Das brauche ich Ihnen ja nicht zu erzählen. Geld ist geradezu zur Religion geworden. Dabei ist es Selbstmord, wenn alles so weiterläuft und man ganze Urwälder aus Profitgier abholzt. Dann nimmt man viel Zement, stellt ein paar Wolkenkratzer hin und baut eine Untergrundbahn, damit die Millionen Menschen, die da wohnen, herumfahren können, ohne das Tageslicht sehen zu müssen. Mir scheint das irgendwie nicht ganz normal zu sein.

Und dann gibt es ja einfach viel zu viele Menschen. Als ich 1929 nach Amerika kam, gab es noch Platz. In ganz Kalifornien lebten vielleicht sechs Millionen Menschen, in Los Angeles ungefähr zwei Millionen und in San Francisco vierhunderttausend. Da gab es noch Räume, die fast unbesiedelt waren, wo nur ein paar wenige Menschen lebten, die sich dann riesig über jeden Fremden freuten, der vorbeikam. Man war sehr freundlich und offen. Diese Leute haben ja gar nicht daran gedacht, ihre Türen zuzumachen, geschweige denn abzuschließen. Heute sind die Menschen gehässiger geworden, weil eben nicht mehr genügend Luft da ist. Wenn man richtig durchatmen will, muß man schon auf die Bernina hinauf, oder noch besser nach Patagonien oder Alaska.

Deswegen war ich auch ein begeisterter Bergsteiger.

HK: Gibt es eine Lösung für diese Probleme?

FZ: Ich weiß es nicht. Da müssen Sie den lieben Gott fragen.

HK: Entschuldigen Sie, wenn ich hier gleich so nachhake, aber man sagt das ja so leicht dahin mit dem lieben Gott. Glauben Sie denn, daß es ihn gibt?

FZ: Ich hoffe, daß es einen Gott gibt, sehr sogar. Ich glaube doch, daß es eine Seele gibt. Wissen Sie, wenn ich ein schönes Streichquartett oder Beethovens Neunte höre, dann ist das so schön, so beeindruckend, daß ich mir denke, daß kann doch kein Zufall sein. Da steckt soviel menschlicher Geist dahinter, und es ist so wunderbar, daß es auf keinen Fall zugrunde gehen darf. Religion ist ja ein Teil der menschlichen Natur. Daran hat sich bis heute nichts geändert. Es ist sehr interessant, daß sich die eine Hälfte des menschlichen Gehirns, die rationale, so immens entwickelt und dabei immer mehr spezialisiert hat, so daß ein Mensch heute ein großer Experte auf einem ganz kleinen Gebiet sein kann. Aber die emotionale Hälfte ist noch so wie früher, nur etwas stärker kontrolliert. Und die Religion ist ja eine emotionale Sache. Ich gehöre zwar rein for-

mal keiner Kirche an, habe aber trotzdem auf meine Art und Weise einen Glauben. Vielleicht ist es auch nur Optimismus. Von meiner Abstammung her bin ich Jude, und meine Großeltern waren in religiöser Hinsicht noch sehr pflichtbewußt, wenn auch nicht orthodox. Aber das hat mit meinem persönlichen Glauben praktisch nichts zu tun.

HK: Hat es Ihr Filmschaffen beeinflußt? Juden waren doch immer eine Minderheit, eine oft verfolgte überdies. Und in Ihren Filmen findet sich ja häufig eine tragische Konfrontation des Individuums mit der Gesellschaft.

FZ: Ja, das spielt schon eine gewisse Rolle, obwohl Juden als solche in meinen Filmen eigentlich nicht vorkommen. Aber die Außenseiterproblematik kommt schon von daher. Juden waren immer Außenseiter, die vielleicht toleriert, manchmal gar geschätzt werden, aber letztendlich eben doch nicht dazugehören, ja mißtrauisch beobachtet werden, weil sie ein Element in die Kultur bringen, das es vorher nicht gab. Man spürt dieses Mißtrauen instinktiv, die Juden sind dafür sehr sensibel. Man bemerkt diese Aura des Mißtrauens von Kindheit an, und das bleibt dann in einem stecken. Ich spürte das in Wien sehr deutlich, obwohl Wien eigentlich sowieso schon toleranter war als der Rest Österreichs. Als ich dann als Zwanzigjähriger nach Paris kam, fand ich dort plötzlich eine ganz andere Welt vor. Man konnte direkt aufatmen. Kein Mensch hat sich Gedanken darüber gemacht, ob man nun Jude war oder nicht. In Amerika war es übrigens genauso.

HK: Und die jüdische Religion? Spiegelt sich die jüdische Religion gar nicht in Ihren Filmen wider?

FZ: Na ja, das ist schwer zu sagen. Irgendwie ist man davon sicherlich beeinflußt. Das bleibt vielleicht durch die Jahrhunderte an einem hängen, wird sozusagen genetisch eingebaut. Aber einen ausgesprochen jüdischen Film habe ich nicht gemacht. Wohl einen, in dem die katholische Religion eine große Rolle spielt. Aber beide Religionen haben auch vieles gemeinsam. Dieser Film war »Die Geschichte einer Nonne«. Es ging um eine Nonne, die siebzehn Jahre lang in einem Kloster lebt, dann aber den Gehorsam verweigert und geht. Das ist ja ebenfalls ein beeindruckendes Beispiel von Zivilcourage. Für mich war dieser Film sehr wichtig, weil ich mich ein Jahr intensiv mit der katholischen Kirche auseinandergesetzt habe, bevor ich ihn drehte. Die Schauspielerinnen haben sogar jeweils eine Woche in einem Kloster gelebt und dort den ganzen Tagesablauf vom frühen Morgen bis zum Abend mitgemacht. Und für mich war es sehr interessant zu sehen, wie viele Parallelen es zwischen der jüdischen und der katholischen Religion gibt.

HK: In Ihrem Film »Das siebte Kreuz« geht es um den Ausbruch aus einem Konzentrationslager, und der Film »Die Gezeichneten« thematisiert das Schicksal von Vertriebenen im Zweiten Weltkrieg. Wenn Sie Österreich nicht schon Ende der zwanziger Jahre verlassen hätten, wären Sie vielleicht selbst vertrieben worden oder in ein KZ gekommen. Haben diese Überlegungen eine Rolle bei der Themenwahl gespielt?

FZ: Nein, das war nicht der Grund. Ich wollte zeigen, daß ein Mensch, der in äußerster Not oder in Lebensgefahr ist und Hilfe braucht, andere Menschen durch seine bloße Gegenwart dazu zwingt, Stellung zu beziehen. Wollen sie ihm helfen, obwohl es gefährlich ist, oder nicht? Diese Konstellation offenbart rasch die Charaktere einer Gruppe von Menschen. Jeder reagiert anders, jeder aus anderen Gründen. Bis sich schließlich einer findet, der bereit ist zu helfen. In »Das siebte Kreuz« ist das ein Arbeiter, der Hitler für einen genialen Politiker hält, weil er die Arbeitslosigkeit beseitigt hat. Der nimmt den Flüchtling mit sich nach Hause, lädt ihn zum Abendessen ein und erfährt dabei, daß er von der Gestapo verfolgt wird. Dieser einfache, ungebildete Mann macht nun das Unerwartete. Er hilft dem Verfolgten über die Grenze nach Holland.

HK: Wie ist es denn Ihrer Familie in der Zeit des Nationalsozialismus ergangen?

FZ: Nun, mein Bruder ist noch rechtzeitig aus dem Land gekommen. Aber meine Eltern sind 1941/42 umgebracht worden, wie der halbe Rest der Familie auch.

HK: Welches Verhältnis haben Sie vor diesem Hintergrund zu Österreich? Sie haben ja unlängst eine Auszeichnung, die Ihnen von diesem Land verliehen werden sollte, abgelehnt.

FZ: Ich halte es in Österreich nie länger als drei oder vier Tage aus, obwohl es dort sehr viele nette Menschen gibt. Die Jugend dort ist heute viel besser als zu meiner Zeit. Aber irgendwie beschleicht mich immer ein unheimliches Gefühl. Leben könnte ich dort auf keinen Fall mehr. Ich verstehe gar nicht, daß es Juden gibt, und es sind, glaube ich, an die siebentausend, die dort leben können. Ich finde zwar auch, daß man verzeihen können muß, aber vergessen kann ich nicht. Ich bin immer noch gerne in den Alpen, besonders in den Dolomiten, die jetzt nicht mehr zu Österreich gehören, aber ich fühle mich sehr schnell unwohl. Man hat ja gedacht, daß nach dem Krieg alles anders werden würde, aber wenn ich in die Wiener Elektrische steige und den

Leuten so zuhöre, was sie sagen, was so ihre Ansichten sind, dann merke ich, daß der Volksmund genau der gleiche wie früher ist. Wie die Italiener sagen: Die Musikanten sind andere, aber die Musik ist dieselbe. Und wenn man einen Mann sieht, der so sechzig, fündundsechzig Jahre alt ist, denkt man unwillkürlich: Was hat der im Krieg gemacht, bei welchem Einsatzkommando war der? Und dann wird es gespenstisch.

Diese Auszeichung, ich glaube, eine Goldmedaille war es wohl, die man mir in Österreich verleihen wollte, habe ich deshalb aus Gewissensgründen abgelehnt. Unmittelbar ausschlaggebend war allerdings, daß damals gerade Herr Waldheim von einer Mehrheit zum österreichischen Bundespräsidenten gewählt worden war. Und der ist nun das Symbol des Staates Österreich. Damit wollte ich nichts zu tun haben. Eine dumme Einstellung von mir vielleicht, aber ich bin nun einmal so.

Außerdem fühle ich mich sowieso viel mehr als Amerikaner. Ich gehöre nach Amerika. Da bin ich zu Hause, da habe ich meine Wurzeln – auch wenn ich jetzt schon lange in London lebe – meine Frau ist Engländerin – und vielleicht auch hier sterben werde.

Aschkenas/Aschkenasi: Bezeichnung für deutsche und deutschstämmige Juden (im Gegensatz zu den sephardischen Juden).

Bar Mizwah (»Sohn der Pflicht«): Weihe jüdischer Knaben im Alter von 13 Jahren zur Erreichung der Religionsmündigkeit.

B'ne Brit (»Söhne des Bundes«): Jüdische Loge, 1843 in New York gegründet mit der Zielsetzung der Förderung von Kunst und Wissenschaft.

Bocher: Unverheirateter junger Mann, Talmudstudent.

Chaluz, pl. Chaluzim (»Pionier«): Jüdischer Einwanderer in Palästina.

Chanukka (»Einweihung«): Achttägiges Lichterfest zur Erinnerung an den Sieg der Makkabäer und die Wiedereinweihung des zweiten Tempels im Jahre 165 v. Chr.

Chassid, pl. Chassidim: Anhänger des Chassidismus, einer religiös-mystischen Bewegung des Judentums, Mitte des 18. Jahrhunderts in Osteuropa entstanden.

Chaver (»Freund«): Anrede innerhalb der zionistischen Arbeiterpartei.

Chuzpe: Frechheit, Unverschämtheit.

Erez Israel (»Land Israel«): Biblischer Name für Kanaan; vor der Staatsgründung geprägter Begriff für das Land Israel.

Goj, pl. Gojim: Nichtjude.

Hadassah: Zionistische Frauenorganisation in den USA, 1912 gegründet zur Förderung der Gesundheitsfürsorge in Palästina; Name eines großen Krankenhauses in Jerusalem.

Haganah (»Verteidigung«): Jüdische Untergrund-Organisation während des britischen Mandats in Palästina, bekannt auch als »Irgun«-Gruppe.

Hillel, Rabbi: Einer der Begründer des Talmud, größte Gesetzesautorität vor der Zerstörung des Tempels, wirkte um 30 v. Chr. bis 10 n. Chr.

Histadrut: Israelische Einheitsgewerkschaft, gegründet 1920.

Jecke: Leicht ironische Bezeichnung der Israelis für deutsche Juden.

Jom Kippur: »Sühnetag« und »Versöhnungsfest«, wichtiger jüdischer Feiertag. Ein Tag des Fastens und Betens um Vergebung der Sünden gegenüber Gott und den Mitmenschen.

Jugend-Aliyah: 1933 in Deutschland gegründete Organisation zur Ausbildung und Überführung jüdischer Jugendlicher nach Palästina. Aliyah, wörtl. Aufstieg, ist die Bezeichnung für Einwanderung.

Kantor: Vorbeter in der Synagoge.

Kibbuz: Auf kollektivistischen Grundlagen aufgebaute landwirtschaftliche Siedlung.

Kibbuznik: Mitglied eines Kibbuzes.

Knesset (»Versammlung«): Israels Parlament.

Koscher (»rein«): Erlaubte und gemäß den Reinheitsgeboten zubereitete Speisen.

Kwuza (»Gruppe«): Vorläufer des Kibbuz.

Maimonides: Bedeutendster jüdischer Religionsphilosoph des Mittelalters (1135–1204).

Mischpoche: Jiddisch für Familie, Verwandtschaft.

Mizwah (»Gebot«): Religiöse Vorschrift (Gebot, Verbot) gemäß der Thora.

Passah-Fest/Pessach: Achttägiges Fest zur Erinnerung an den Auszug der Juden aus Ägypten.

Sabbat: Samstag, Ruhetag, Feiertag, der am Freitagabend mit Sonnenuntergang beginnt und am Samstagabend endet; für gläubige Juden ist jegliche Arbeit am Sabbat verboten.

Sephardim: Spanische, portugiesische und orientalische Juden (im Gegensatz zu den aschkenasischen Juden).

Schtedel: Ausschließlich von Juden bewohnte Gebiete in Osteuropa; Zentrum für jiddische Sprache und Kultur.

Talmud: Zusammenfassung der Lehren und mündlichen Überlieferungen, neben der Thora das Hauptwerk des Judentums.

Thora (»Lehre«): Pentateuch, 5 Bücher Mose.

Wir haben uns bemüht, die Lebensdaten zu aktualisieren.
Für weitere Hinweise sind wir dankbar.

Alpar, Gitta, Opernsängerin (Sopran). Geboren 5. 3. 1903 in Budapest, in 2. Ehe verheiratet mit Gustav Fröhlich. 1923 Debüt in Budapest, ab 1927 in Berlin. Erfolge mit Opernpartien und vor allem Operetten. Mit Richard Tauber Traumpaar der Operettenliebhaber. 1933 Emigration nach Wien, 1936 in die USA. Gestorben 1991.

Arnheim, Rudolf, Prof. für Psychologie der Kunst, Filmtheoretiker. Geboren 15. 7. 1904 in Berlin. Studium u. a. bei dem Begründer der »Gestalt«-Schule Wertheimer. Als assist. Herausgeber des Wochenmagazins *Die Weltbühne* Feuilletons und Filmkritiken. 1933 Emigration nach Italien, 1939 nach England, 1940 in die USA. Beiträge für BBC London. Gastprofessor u. a. in New York, Tokio und Harvard. Diverse Veröffentlichungen zur Psychologie der Wahrnehmung und ihrer Anwendung auf die Künste. Lebt in Ann Arbour, Michigan.

Avnery, Uri (urspr. Helmut Ostermann), Journalist und Politiker. Geboren 10. 9. 1923 in Beckum, Westfalen. 1933 Emigration nach Palästina. Er begann 1947 seine Journalistenlaufbahn als Soldat und Kriegsberichterstatter im Unabhängigkeitskrieg. 1938 in die Irgun; später Gründung der »BaMaavak«. Im Krieg in der Haganah-Armee. Lebt in Tel Aviv.

Ben-Chorin, Schalom (»Sohn der Freiheit«). Religionsphilosoph, Journalist, Schriftsteller. Geboren 20. 7. 1913 als Fritz Franz Rosenthal in München. Studium der Literaturgeschichte und der vergleichenden Religionswissenschaft. 1935 Emigration nach Palästina. 1970–82 Gastprofessor an den Universitäten Jerusalem, Tübingen und München. Engagement für die Verständigung zwischen Juden und Christen. Lebt in Jerusalem.

Bethe, Hans, Physiker, Nobelpreisträger. Geboren 2. 7. 1906 in Straßburg. Studium in Frankfurt/M. und München u. a. bei Werner Heisenberg. 1933 Emigration nach England. 1933–35 Dozent an den Universitäten Manchester und Bristol. Dann folgte er einem Ruf an die Cornell-Univ. in Ithaca im Staat New York. 1943–46 half er mit, die Atombombe in Los Alamos zu entwickeln. Später trat er entschieden für die Einstellung der Kernwaffenversuche ein. 1967 erhielt er den Nobelpreis für Physik. Lebt in Ithaca, N. Y.

Bettelheim, Bruno, Kinder- und Sozialpsychologe. Geboren 28. 8. 1903 in Wien. 1938 verhaftet und in den Konzentrationslagern Dachau und Buchenwald interniert. 1939 Emigration in die USA. Ab 1944 Lehrtätigkeit vor allem an der Univ. Chicago. Direktor des Instituts für Entwicklungspsychologie und der Universitätsklinik für emotional gestörte Kinder in Chicago. Gestorben 1990.

Bing, Ilse, Photographin, bildende Künstlerin. Geboren 23. 3. 1899 in Frankfurt/M. Studium der Mathematik und Kunstgeschichte in Frankfurt/M. und Wien. 1928 begann sie als freie Photographin zu arbeiten, 1930–39 in Paris, vor allem spezialisiert auf Mode- und Porträtphotographie u. a. für *Vogue* und *Harper's Bazaar*. 1940–41 Internierung in einem französischen Konzentrationslager. Emigration in die USA. Weiter als freie Photographin tätig. Seit 1959 schriftstellerische Arbeiten, Malerei und Collagen. Gestorben 1998.

Bloch, Konrad, Biochemiker, Nobelpreisträger. Geboren 21. 1. 1912 in Neiße, Schlesien. Studium der Chemie und der Ingenieurwissenschaften in München. 1936 Emigration in die USA, Lehrtätigkeit an der Columbia Univ. 1954 Professor an der Harvard Univ. in Cambridge/Mass. 1964 erhielt er zusammen mit Prof. Lynen aus München den Nobelpreis für Medizin und Physiologie. Lebt in Cambridge, Mass.

Blumenfeld, Erik, Unternehmer, Politiker. Geboren 27. 3. 1915 in Hamburg. Ausbildung in England, Frankreich und Skandinavien bis 1935. Studium an der TH in Berlin. 1939 Kriegsdienst. 1941 als Halbjude aus der Wehrmacht entlassen. 1942 verhaftet. War in den Konzentrationslagern Auschwitz und Buchenwald bis zur Befreiung durch die Alliierten. Ab 1945 Wiederaufbau des Familienbetriebes (Brennstoffhandel und -produktion und Schiffahrt). Seit 1945 politisch tätig in der Hamburger Bürgerschaft und der CDU. Mitglied der Deutsch-Israelischen Gesellschaft und des Europa-Parlaments. Gestorben 1997.

Brauner, Artur, Filmproduzent. Geboren 1918 in Lodz, Polen. Flucht aus einem KZ in Ostpolen. Seit 1946 Filmregisseur und einer der führenden Produzenten des deutschen Nachkriegsfilms. Lebt in Berlin.

Buber, Rafael, Nachlaßverwalter seines Vaters Martin Buber. Geboren 9. 7. 1900 in Silz, Tirol. 1918 zum österreichischen Militär eingezogen. Bis 1924 landwirtschaftliches Studium, Arbeit in einer Landwirtschaftsmaschinen-Fabrik, kaufmännische Ausbildung im Kaufhaus Schocken. 1933 verhaftet. 1934 Emigration nach Palästina. Landarbeit im Kibbuz Geva. Danach selbständiger Bauunternehmer. Gestorben 1990.

Chargaff, Erwin, Biochemiker und Schriftsteller. Geboren 11. 8. 1905 in Czernowitz. 1928–30 an der Yale Univ. 1930–33 Assistent an der Univ. Berlin. 1933–34 am Institut Pasteur Paris. Ab 1935 an der Columbia Univ. New York. Nach der Emeritierung 1974 Gastprofessor an Universitäten der USA, in Schweden, Japan und Brasilien. Lebt in New York.

Cohn, Haim Hermann, Jurist, Rechtsanwalt. Geboren 11. 3. 1911 in Lübeck. Studium in München, Jerusalem, Hamburg und Frankfurt/M. 1933 Emigration über Frankreich nach Palästina. Anwalt in Jerusalem und Rechtsberater der Jewish Agency. 1948 in der gesetzgebenden Versammlung. 1950–60 Generalstaatsanwalt im israelischen Justizministerium. 1952–53 Justizminister. Seit 1960 Richter am Obersten Gerichtshof. Gastprofessor für Rechtsgeschichte und Rechtsphilosophie. Mitglied des Internationalen Schiedsgerichts in Den Haag. Lebt in Jerusalem.

Cycowski, Roman (Pseud. Josef Roman), Mitglied der Comedian Harmonists, Kantor. Geboren 24. 1. 1901 in Tussin bei Lodz. Im 1. Weltkrieg emigrierte er nach Deutschland. Engagements als Opernsänger an verschiedenen Bühnen. 1927–40 Mitglied der Comedian Harmonists. 1940 Emigration in die USA, Kantor in Los Angeles und San Francisco. Lebt in Palm Springs, Kalifornien.

Edvardson, Cordelia, Journalistin, Schriftstellerin. Geboren 1. 1. 1929 in München, älteste Tochter von Elisabeth Langgässer. Nahost-Korrespondentin für das *Svenska Dagbladet*. Für ihre Beiträge u. a. vom Libanonkrieg erhielt sie den schwedischen Journalistenpreis. In ihrem Buch »Gebranntes Kind sucht das Feuer« schildert sie ihre Kindheit und ihr Leben in Theresienstadt und Auschwitz. Lebt in Jerusalem.

Ehre, Ida, Schauspielerin, Regisseurin, Theaterleiterin. Geboren 9. 7. 1900 in Prerau. 1901 Übersiedelung nach Wien. Verschiedene Engagements an zahlreichen Bühnen. 1930 Lessing-Theater in Berlin. 1933 Berufsverbot. 1939 scheiterte eine Auswanderung nach Chile. 1945 gründete sie die »Hamburger Kammerspiele«, deren Geschäftsführerin sie bis zu ihrem Tod 1989 blieb.

Eisenstaedt, Alfred, Photograph, Photojournalist. Geboren 6. 12. 1898 in Dirschau, Westpreußen. 1906 Umzug nach Berlin. 1917 im 1. Weltkrieg verwundet. 1927 erste Photos für Zeitschriften und Bildagenturen. In den frühen 30er Jahren neben Salomon führender Photojournalist in Deutschland. 1935 Emigration in die USA. Berühmte Dokumentationen u. a. über Mussolini, den Äthiopienkrieg, Goebbels, Hitler, den 2. Weltkrieg. Veröffentlichungen in *Vogue, Harper's Bazaar* und *Life*. Zahlreiche internationale Ausstellungen seiner Photographien. Gestorben 1995.

Ekstein, Rudolf, Psychoanalytiker. Geboren 9. 2. 1912 in Wien. Studium in Wien. Mitglied in sozialistischen Jugendorganisationen. 1938 Emigration über England in die USA. Lehranalysen und Psychotherapie in verschiedenen Kliniken. 1970–80 Freud-Vorlesungen als Gastprofessor in Wien. Lebt in Los Angeles.

Elias, Norbert, Soziologe. Geboren 22. 6. 1897 in Breslau. Studium der Medizin, Psychologie und Philosophie u. a. bei H. Rickert, E. Husserl, K. Jaspers, A. Weber. Assistent bei K. Mannheim 1930–33 in Frankfurt/M. 1933 Emigration nach Paris, 1938 nach England. 1940 Internierung. 1954 Lehrstuhl für Soziologie an der Univ. von Leicester. Gastvorlesungen an verschiedenen Universitäten Deutschlands. Gestorben 1990.

Elizur, Michael Abram (urspr. Michael Zülzer), Diplomat. Geboren 26. 4. 1921 in Leipzig. Emigration nach Palästina. Mitglied der Haganah, der Histadrut, der Mapai und anderer Jugendbewegungen. Er lebte in veschiedenen Kibbuzim und Gruppensiedlungen. 1946 Ausbildung zum diplomatischen Dienst. 1949 Eintritt ins Außenministerium mit wechselnden Aufgaben. Ab 1974 Botschafter in verschiedenen Ländern, u. a. in Österreich. Lebt in Jerusalem.

Fackenheim, Emil Ludwig, Philosoph, Rabbiner. Geboren 22. 6. 1916 in Halle. 1933–35 Jugendleiter im Jüdischen Jugendbund Halle. 1939 ordiniert als Rabbiner. 1938–39 interniert im KZ Sachsenhausen. 1939 Emigration nach England. Studium in Aberdeen. 1940 interniert und anschließend emigriert nach Kanada. Studium an der Univ. Toronto, ab 1948 Lehrtätigkeit an derselben Universität. Er beschäftigte sich u. a. mit der jüdischen Theologie nach Auschwitz. Lebt in Jerusalem.

Fried, Erich, Schriftsteller. Geboren 6. 5. 1921 in Wien. 1938 Emigration nach England. In London lebte er als Arbeiter, Bibliothekar, Redakteur und BBC-Kommentator und vor allem als Schriftsteller. Mit seinen Gedichten wurde er zum »lyrischen Verstärker der Neuen Linken«. Er schrieb auch Hörspiele und Essays und übersetzte u. a. Shakespeare, Marlowe, Euripides, Aristophanes, T.-S. Eliot, Dylan Thomas. Gestorben 1988.

Galinski, Heinz, Vorsitzender der Jüdischen Gemeinde zu Berlin, Vorsitzender des Zentralrats der Juden in Deutschland. Geboren 28. 11. 1912 in Marienburg, Westpreußen. Ausbildung zum Textilkaufmann. 1943 nach Auschwitz deportiert, 1945 nach Buchenwald, in Bergen-Belsen befreit. Nach Kriegsende setzte er sich dafür ein, daß die rassisch Verfolgten den Widerstandskämpfern rechtlich gleichgestellt würden. Wiederaufbau der Jüdischen Gemeinde zu Berlin. Gestorben 1992.

Gimpel, Jakob, Konzertpianist. Geboren 16. 4. 1906 in Lemberg, Galizien. Absolvierung des Konservatoriums von Lemberg. Schüler von Alban Berg in Wien. 1924 erstes größeres Konzert. 1935–37 Welt-Konzert-Tournee. 1939 Emigration in die USA. Ab 1954 wieder Konzerte in Europa. Ab 1969 Unterricht der Meisterklassen an der Universität San Diego. Gestorben 1989.

Goldschmidt, Berthold, Komponist, Dirigent. Geboren 18. 1. 1903 in Hamburg. Studierte u. a. bei Schreker in Berlin. 1927–29 Dirigent in Darmstadt. 1926 brachte Kleiber seine »Orchesterpassacaglia« heraus, 1932 Uraufführung seiner Oper »Der gewaltige Hahnrei« in Mannheim. 1935 Emigration nach England. 1939 Aufführung seines Balletts »Chronica« in Cambridge. 1951 wurde seine Shelley-Oper »Beatrice Cenci« preisgekrönt. Chordirektor in Glyndebourne und Mahler-Dirigent. Viele der zahlreichen Kompositionen sind verschollen. In den letzten Jahren verstärkte Aufführung seiner Werke. Gestorben 1996.

Goldstücker, Eduard, Literaturwissenschaftler, Diplomat. Geboren 30. 5. 1913 in Podbiel, Slowakei. 1939 Emigration nach England. Arbeitete im Außenministerium der tschechischen Exilregierung in London. 1946 Rückkehr in die Tschechoslowakei. Kulturattaché in Paris, London, Israel und Schweden. 1953 im Zusammenhang mit den Slansky-Prozessen zu lebenslänglicher Haft verurteilt. 1955 freigelassen. Dozent für Germanistik in Prag. Präsident des tschechischen Schriftsteller-Verbandes und einer der Promotoren des »Prager Frühlings«. 1969 Flucht nach Wien und später Umsiedlung nach England. Lebt in Brighton.

Gombrich, Sir, Ernst Hans Josef, Kunsthistoriker. Geboren 30. 3. 1909 in Wien. Studium der Kunstgeschichte und der Archäologie. 1936 Emigration nach England. Während des 2. Weltkriegs im Abhördienst für die BBC. Lehrtätigkeit in Oxford, London, Harvard und Cambridge. Mit seinen Arbeiten über die Ziele und Grenzen der Ikonologie hat er, ausgehend von Warburg, die methodischen Grundlagen der modernen Kunstgeschichte mitgeschaffen. Lebt in London.

Grubel, Frederick, Wirtschaftsprüfer, Leiter des Leo-Baeck-Instituts. Geboren 22. 10. 1908 in Leipzig. 1933 Ausschluß vom 2. juristischen Staatsexamen. Leitende Stelle in der Verwaltung der Jüd. Gemeinde Leipzig. 1938 KZ Buchenwald. 1939 Emigration nach England, 1940 in die USA. In New York Studium der Volks- und Betriebswirtschaft, 1943 Zulassung als Wirtschaftsprüfer. Tätigkeit für diverse jüdische Organisationen. Lebt in Riverdale, N. Y.

Gruenewald, Max (urspr. Grünewald), Rabbiner. Geboren 4. 12. 1899 in Königshütte, Oberschlesien. Studium in Breslau und Heidelberg. 1925–37 Rabbiner der Gemeinde Mannheim und Mitglied im Präsidialausschuß des »Reichsverbandes der Deutschen Juden«. 1938 Emigration nach Palästina, 1939 in die USA. Vorstandsmitglied diverser jüdischer Vereinigungen, Lehranstalten und Stiftungen zur Rekonstruktion der jüdischen Kultur. Gestorben 1992.

Grunwald, Henry Anatole (urspr. Grünwald), Autor, Publizist, Botschafter. Geboren 3. 12. 1922 in Wien. 1938 Emigration nach Paris, 1940 in die USA. Studium der Philosophie und Publizistik. Erst Reporter, dann Chefredakteur von *Time Magazine's*. In dieser Eigenschaft auch bestimmende journalistische Persönlichkeit weiterer Publikationsorgane von *Time*, wie *Life, Fortune, Money, People* und den Time-Life-Büchern. Ehemals amerikanischer Botschafter in Wien. Lebt in New York.

Hacker, Friedrich, Psychiater, Schriftsteller. Geboren 19. 1. 1914 in Wien. Studierte Medizin und schloß dieses 1939 in Basel ab. 1939 Emigration über die Tschechoslowakei in die Schweiz, 1939 nach England, 1940 in die USA. Seit 1945 Chef eigener Kliniken in Lynwood und Beverly Hills. In Wien hat er 1968 die S. Freud-Gesellschaft ins Leben gerufen, deren Präsident er bis zu seinem Tode war. Zeitweise arbeitete er eng mit Th. W. Adorno am Frankfurter Institut für Sozialforschung. Gestorben 1989.

Hamburger, Käte, Literaturwissenschaftlerin. Geboren 21. 9. 1896 in Hamburg. Studium der Literaturwissenschaft. 1934 Emigration nach Schweden. 1956 zurückgekehrt. 1959 Prof. für Germanistik. Grundlegende Arbeiten zu Fragen der Literaturinterpretation sowie zahlreiche Monographien u. a. zu Thomas Mann, Novalis, Jean Paul, Schiller, Rilke, Tolstoi. Gestorben 1992.

Hermlin, Stephan (eigentlich Rudolf Lederer), Schriftsteller. Geboren 13. 4. 1915 in Chemnitz, Sachsen. Ausbildung und Arbeit als Setzer und Drucker. Illegale politische Aktivitäten. 1936 Emigration über Ägypten, Palästina und England nach Spanien, Teilnahme am Bürgerkrieg. 1939 Internierung in Frankreich, 1942 gelingt die Flucht in die Schweiz. Internierung im Arbeitslager Birmenstorf. Beiträge für Exilzeitschrift. 1945 illegale Rückkehr nach Deutschland. 1947 Übersiedlung in die sowjetische Besatzungszone. Nach Differenzen mit der SED Rücktritt von allen Ämtern der Kulturpolitik. Gestorben 1997.

Heym, Stefan (eigentlich Hellmuth Fliegel), Schriftsteller. Geboren 10. 4. 1913 in Chemnitz, Sachsen. Studium der Germanistik und Publizistik. Beiträge für *Die Weltbühne*. 1933 Emigration in die Tschechoslowakei, 1935 in die USA. 1943–45 in der US-Army als Offizier der psychologischen Kriegführung und Herausgeber der *Frontpost* für deutsche Soldaten. 1945 mit der US-Army nach Deutschland und Hrsg. der *Ruhr-Zeitung*, Essen, und Mithrsg. von *Die Neue Zeitung*, München. 1953 Rückgabe der amerikanischen Staatsbürgerschaft und gleichzeitige Übersiedlung in die DDR. Lebt in Berlin.

Holborn-Gray, Hanna, Historikerin. Geboren 25. 10. 1930 in Heidelberg. 1934 Emigration in die USA. Studium u. a. in Harvard und in Oxford. Lehrtätigkeit u. a. in Berkeley, Yale und an der Univ. von Chicago, deren Präsidentin sie seit 1978 ist. Erste Frau in höchsten akademischen Ämtern. Ihre speziellen Arbeitsgebiete sind die Geschichte des Humanismus, des historischen und des politischen Denkens und die politische Geschichte der Renaissance und der Reformation. Lebt in Chicago.

Jonas, Hans, Philosoph. Geboren 10. 5. 1903 in Mönchengladbach. 1921–29 Studium u. a. bei Rudolf Bultmann und Martin Heidegger. 1933 Emigration nach England, 1935 nach Palästina. Ab 1938 Vorlesungen in Philosophie an der Hebrew Univ., unterbrochen 1940–45 und 1948–49 durch Militärdienst. Ab 1949 in Kanada Lehrtätigkeit an den Universitäten Montreal und Ottawa. 1955 Übersiedlung in die USA. Vorlesungen u. a. an der Princeton Univ., der Columbia Univ. und in Harvard. Forschungsbereiche sind Religionsgeschichte und Religionsphilosophie. Seine Arbeiten über die Gnostiker wurden wegbereitend für das entmythologisierende Verständnis von Religionen. Gestorben 1993.

Jungk, Robert (bis 1950 Robert Baum); Pseudonyme Jean Pierhal, F. Lefèvre, Bert Oz, A. de Stael) Schriftsteller, Futurologe. Geboren 11. 5. 1913 in Berlin. Studium in Berlin und nach der Emigration 1933 an der Sorbonne. 1936–37 illegaler Aufenthalt in Berlin, Kontakte zu Widerstandsgruppen, u. a. zu Harry Schulze-Boysen. 1937 in Prag. 1938 Emigration in die Schweiz. Ab 1944 Korrespondent für den *Observer*, London, und ab 1946 US-Korrespondent für deutsche und Schweizer Zeitungen. Ab 1957 in Wien und aktiv in zahlreichen Kampagnen gegen Atomwaffen, u. a. 1977 im Russell-Tribunal, und Organisator internationaler Kongresse zu Zukunftsfragen. 1970 Honorarprofessor an dem eigens für ihn eingerichteten Lehrstuhl für Futurologie an der TU Berlin. Gestorben 1994.

Kahane, Karl, Industrieller. Geboren 5. 3. 1920 in Wien. Inhaber der Kahane-Holding »Montana«, bestehend aus Firmen in der Montanindustrie, der chemischen Industrie und einer Privatbank in Österreich, der Schweiz und Luxemburg. Offizier der französischen Ehrenlegion. 1976 auf Empfehlung von B. Kreisky Vermittler zwischen Sadat und den Israelis. Gestorben 1993.

Kohner, Paul, Filmproduzent. Geboren 1902 in Teplitz-Schönau, Tschechoslowakei. 1920 Emigration in die USA. Lehrbursche und später Generaldirektor von Universal Pictures. Schauspielagentur in Los Angeles. Gestorben 1988.

Kollek, Theodore (Theodor, »Teddy«), Politiker. Geboren 27. 5. 1911 in Wien. 1935 Emigration nach Palästina. 1937 Gründungsmitglied eines Kibbuz in Galiläa. 1940–47 Mitglied der politischen Abteilung der Jewish Agency. 1942–45 Kontaktbüro in Istanbul für die jüdischen Untergrundbewegungen in Europa. Im 2. Weltkrieg im Auftrag des amerikanischen und britischen Geheimdienstes in Kairo, England und Istanbul. Zusammenarbeit mit der Jewish Agency zur Unterstützung der illegalen Einwanderung. Nach Wahrnehmung verschiedener hoher Ämter in der Außenpolitik und in der Botschaft in Washington 1965 Wahl zum Bürgermeister von Jerusalem. Lebt in Jerusalem.

Kostolany, André, Finanzexperte, Journalist. Geboren 9. 2. 1906 in Budapest. Ausbildung zum Börsenmakler in Paris. Ging in die USA. Teilhaber einer Finanzierungsgesellschaft. Seit 1950 wieder in Europa tätig. Als Finanzexperte Veröffentlichungen in Wirtschafts-Fachzeitschriften und Autor mehrerer Fachbücher. Lebt in Paris.

Kraft, Werner, Schriftsteller, Bibliothekar. Geboren 4. 5. 1896 in Braunschweig. Studium der Germanistik und Romanistik. Bibliothekar in Leipzig und Hannover. 1933 entlassen und Emigration über Schweden nach Frankreich, 1934 nach Palästina. In Jerusalem Bibliothekar und Kulturdezernent. Seit 1956 freier Schriftsteller. Gestorben 1991.

Kreisky, Bruno, Politiker. Geboren 22. 1. 1911 in Wien. 1927 Mitglied der sozialistischen Arbeiterjugend. 1934 Gründung der illegalen sozialistischen Jugend. 1935 verhaftet und verurteilt. 1938 erneute Verhaftung, Freilassung mit der Auflage, das Land zu verlassen. Bis 1945 im schwedischen Exil. 1947 Gesandtschaft in Stockholm. Politische Stationen: 1953–1959 Staatssekretär im Außenamt, 1959–1966 Bundesminister für Auswärtige Angelegenheiten, seit 1967 (bis 1983) Vorsitzender der SPÖ, 1970–83 Österreichischer Bundeskanzler. Gestorben 1990.

Landau, Erika, Psychotherapeutin. Geboren 15. 10. 1931 in Czernowitz. Als junges Mädchen im KZ. Emigration nach Palästina. Gründung eines Instituts für begabte Kinder. Veröffentlichungen zu Kreativität und Begabung, zur Lernmotivation und zum Lernen durch Spiele. Lebt in Tel Aviv.

Laqueur, Walter, Historiker, Schriftsteller. Geboren 26. 5. 1921 in Breslau. 1938 Emigration nach Palästina, wo er zunächst in einem Kibbuz arbeitete. Ab 1944 bereiste er als Journalist den gesamten Nahen Osten. 1955 Übersiedlung nach London. Ab 1957 Gastprofessuren in den USA. Ab 1964 Direktor des Instituts für Zeitgeschichte und der »Wiener Library« in London, des in Amsterdam gegründeten Archivs sämtlichen Nachrichtenmaterials über die Behandlung der Juden im Dritten Reich. Lebt in London.

Lederer, Francis, Schauspieler. Geboren am 6. 11. 1899 in Karolinenthal, Prag. Lehrling in einem Tuchgeschäft, nebenbei Statist am Deutschen Theater, Prag. Aufnahme an die Schauspielakademie. Engagements in Breslau, Marienbad und Berlin. Partner u. a. von Elisabeth Bergner und Käthe Dorsch. Er spielte in Operetten und Filmen den jugendlichen Liebhaber und wurde mit dem Tonfilm einer der großen Stars. Emigration über England in die USA. Dort gründete er 1957 die »American National Academy of Performing Arts« in Los Angeles, an der alle Lehrkräfte unentgeltlich arbeiten. Außerdem Stiftungen in Millionenhöhe für Altersheim und Krankenhaus für im Ruhestand befindliche Künstler. Bürgermeister von Canoga Park. Lebt in Los Angeles, Kalifornien.

Leibowitz, Yeshayahu, Biochemiker, Schriftsteller, Religionsphilosoph. Geboren 28. 1. 1903 in Riga. 1923–28 Studium der Chemie und der Philosophie in Berlin. Assistent des Kaiser-Wilhelm-Instituts für Biochemie in Berlin und an der Univ. Köln; 1924 Dr. phil. in Berlin, 1934 Dr. med. an der Univ. Basel. 1935 Emigration nach Palästina. Als Dozent für Biochemie an der Hebrew-Univ. hielt er auch Vorlesungen über Wissenschaftsgeschichte und -philosophie. Veröffentlichungen zur Biochemie, zum Judentum und zum Staat Israel. Gestorben 1994.

Leinsdorf, Erich, Dirigent. Geboren 4. 2. 1912 in Wien. Mit acht Jahren bereits Schüler des Konservatoriums. Studium der Musik in Wien bis 1933. Assistenz bei Bruno Walter und Arturo Toscanini bei den Salzburger Festspielen; Dirigentenengagements in Belgien, Frankreich und Italien. 1936 Emigration in die USA. 1937 Ernennung zum zweiten Dirigenten der Metropolitan Oper, New York, der er bis 1943 angehörte. 1944 in die US-Army eingetreten. 1946–47 Gasttourneen in Europa. Leitung u. a. des Cleveland Orchestra und des Boston Symphony Orchestra. Gestorben 1993.

Leiser, Erwin, Filmregisseur, Journalist. Geboren 16. 5. 1923 in Berlin. 1939 Emigration nach Schweden. Nach Studien an der Universität Lund Literatur- und Theaterkritik und Reportagen in der schwedischen Presse. 1950–1958 Kulturredakteur der »Morgon-Tidningen«, Stockholm, ab 1953 freier Mitarbeiter des schwedischen Rundfunks und Fernsehens. Übersetzer von u. a. Brecht, Dürrenmatt, Frisch und Celan, einer der ersten Förderer der Nelly Sachs. Seit 1962 Filmproduzent und Schriftsteller in der Schweiz. 1966–69 künstlerischer Direktor der Deutschen Filmakademie Berlin. Berühmtheit erlangte er durch Dokumentarfilme über das Dritte Reich wie »Mein Kampf« und filmische Künstlerporträts, vor allem für Fernsehanstalten in Europa und den USA. Gestorben 1996.

Lessing, Fred William (urspr. Friedrich Wilhelm), Kaufmann. Geboren 15. 2. 1915 in Bamberg. 1934 Emigration nach England. 1935–36 Studium an der London School of Economics. 1940 sechs Monate interniert, Sekretär des Lagerleiters. 1942 mit Auswanderervisum in die USA. Er wurde zum Experten für arbeitsrechtliche Fragen, Teilhaber, Direktor und Präsident verschiedener Firmen. Außerdem Vorstandsmitglied des Leo-Baeck-Instituts und verschiedener jüdischer Organisationen und Stiftungen. Leitende Funktionen in kulturellen und sozialen Einwandererorganisationen der USA und anderer Länder. Gestorben 1990.

Levinas, Emanuel. Geboren 30. 12. 1905 in Kaunas, Litauen. Studium bei Husserl in Freiburg. 1962 Prof. für Philosophie an der Univ. Paris-Nanterre. Seine Veröffentlichungen, die von der geschmähten und »von den Gewalttätern ignorierten Ethik« handeln, sind in den letzten Jahren z. T. auch in deutscher Sprache erschienen. Gestorben 1995.

Löwenthal, Leo, Soziologe. Geboren 3. 11. 1900 in Frankfurt/M. Studium in Frankfurt/M., Heidelberg und Gießen. Mitarbeiter am Institut für Sozialforschung in Frankfurt/M. 1933 Emigration in die Schweiz, 1934 in die USA. Lehrtätigkeit an der Columbia Univ., New York. Im 2. Weltkrieg Beratung der US-Army. Nach dem Krieg Mitarbeit bei Voice of America. Seit 1956 Professor für Soziologie an der Universität Berkeley, Kalifornien. Gestorben 1993.

Marron, Hanna, Schauspielerin. Als H. Maierzuk geboren 22. 11. 1923 in Berlin. 1928–33 Kinderstar in Berlin. 1932 in Paris. 1933 Emigration nach Palästina, dort u. a. am Habimah Theater, Tel Aviv. 1940–45 als Sekretärin in der Britischen Armee in Kairo, dann in einer Unterhaltungstruppe in der Jewish Brigade. Ab 1945 am Cameri Theater. 1970 verlor sie bei einem Atentat arabischer Terroristen auf israelische Flugreisende in München ein Bein. Weiterarbeit als Schauspielerin. Lebt in Tel Aviv.

Mayer, Hans (Pseud. Martin Seiler), Literaturwissenschaftler, Schriftsteller. Geboren 19. 3. 1907 in Köln. Studium der Rechts- und Staatswissenschaft, der Geschichte und Philosophie. 1933 Emigration nach Frankreich, dann in die Schweiz. 1945 Rückkehr nach Deutschland, 1946–47 Chefredakteur des Hessischen Rundfunks, 1947–48 Dozent für Soziologie an der Akademie der Arbeit in Frankfurt/M. 1948 wechselte er in die sowjetische Besatzungszone über und wurde 1950 Ordinarius an der Univ. Leipzig. 1963 blieb er bei einem Besuch im Westen. 1965 erhielt er den neuerrichteten Lehrstuhl für Germanistik an der TU Hannover. Seit 1969 auch regelmäßig als Gastprofessor in den USA. Lebt in Tübingen.

Perutz, Max Ferdinand, Biochemiker, Nobelpreisträger. Geboren 19. 5. 1915 in Wien. 1936 Emigration nach England. Forschungsassistent in Cambridge. Während des Krieges für die britische Admiralität tätig. 1947–62 Direktor der neueingerichteten Abteilung für Molekularbiologie in Cambridge. 1962 erhielt er den Nobelpreis. Lebt in Cambridge.

Popper, Sir Karl, Philosoph. Geboren 28. 7. 1902 in Wien. Bereits während der Schulzeit Studien an der Universität und frühes Interesse für Erkenntnistheorie und Denkpsychologie. 1937 Emigration nach Neuseeland. 1937–45 an der Universität Canterbury (Neuseeland). 1946 Übersiedlung nach London. 1949 Professur für Logik und wissenschaftliche Methodenlehre. Verschiedene Gastprofessuren in den USA. Gestorben 1994.

Reich-Ranicki, Marcel, Literaturkritiker. Geboren 2. 6. 1920 in Wloclawek an der Weichsel, aufgewachsen in Berlin. 1938 verhaftet und nach Polen deportiert. 1940–43 im Warschauer Ghetto und nach der Flucht illegal in Warschau. Verlagslektor und freier Schriftsteller. 1953–54 Publikationsverbot. 1958 Rückkehr nach Deutschland. 1960–73 ständiger Literaturkritiker der *Zeit*, 1973–88 Literaturchef der *FAZ*. 1968–69 Gastprofessuren an amerikanischen Universitäten und von 1971–75 an den Universitäten von Stockholm und Uppsala, seit 1976 Honorarprofessor an der Universität Tübingen. Lebt in Frankfurt/M.

Reinhardt, Gottfried, Regisseur, Drehbuchautor, Filmproduzent. Geboren 20. 3. 1913 in Berlin. Begann als Schauspieler am Deutschen Theater in Berlin, führte Regie. 1932 zu Studienzwecken in die USA, er kehrte nicht zurück. 1933 Regieassistent von Ernst Lubitsch; Drehbuchautor und Produzent zahlreicher Filme bei MGM. 1942–46 in der US-Army tätig. 1954 Rückkehr nach Europa. Führte Regie und übernahm Produktionen deutscher Filme. Gestorben 1994.

Rosenberg, Mary S., Buchhändlerin. Geboren 7. 9. 1900 in Fürth. Buchhändlerlehre im Buchladen ihres Vaters. Arbeit als Buchhändlerin. 1933–38 vorwiegend antiquarischer Buchhandel in ihrer Wohnung, zeitweise illegal. 1939 Emigration über England in die USA. Unter widrigsten Umständen Aufbau einer eigenen Buchhandlung, die bald legendären Ruf genoß. Führende Importeurin Nordamerikas für Bücher aus Deutschland und Frankreich. Gestorben 1992.

Rosovsky, Henry, Wirtschaftswissenschaftler. Geboren 1. 9. 1927 in Danzig. 1937 Emigration über Portugal nach Belgien, 1940 in die USA. 1946–47 Counter Intelligence Corps in Wiesbaden. Lehrtätigkeit u. a. in Berkeley und vor allem in Harvard als Wirtschaftswissenschaftler mit dem Spezialgebiet Ostasien. Lange Zeit Dekan seiner Fakultät in Harvard. Gastprofessur u. a. in Tokio. Lebt in Cambridge, Mass.

Sahl, Hans, Schriftsteller. Geboren 20. 5. 1902 in Dresden. Studium der Literaturgeschichte, Kunstgeschichte, Philosophie, Archäologie. Schrieb Film- und Theaterkritiken für Berliner Tageszeitungen. 1933 Emigration nach Prag, 1934 nach Zürich. Schrieb Texte für Kabarett-Bühnen und Beiträge für Exil-Zeitungen und -Zeitschriften. 1939–40 interniert im franz. Konzentrationslager Le Ruchard. 1941 Emigration über Marseille und Lissabon in die USA. Seit 1947 Theater- und Kunstkritiken als Korrespondent verschiedener europäischer Zeitungen. Ab 1953 lebte er in der Bundesrepublik, später Rückkehr in die USA. Gestorben 1993.

Sanderling, Kurt, Dirigent, Musikdirektor. Geboren 19. 9. 1912 in Arys, Westpreußen. Nach Studium in Berlin Konzertmeister und zweiter Dirigent an der Städtischen Oper Berlin. 1933 entlassen. 1935 Emigration in die Schweiz, 1936 in die UdSSR. Konzertmeister und Dirigent des Moskauer Rundfunk-Orchesters, später Gastdirigent der Leningrader Philharmoniker. 1960 Rückkehr nach Berlin und Chefdirigent des Berliner Symphonieorchesters sowie Musikdirektor und Chefdirigent der Dresdner Staatskapelle. Lebt in Berlin.

Schocken, Gershom (Gustav), Verleger, Politiker. Geboren 29. 9. 1912 in Zwickau, Sachsen. Studium der Soziologie in Heidelberg. 1933 Emigration nach Palästina. 1935–36 an der London School of Economics und ab 1939 Direktor des Schocken-Verlagshauses in Tel Aviv sowie Verleger der Tageszeitung *Haaretz*. 1955–59 Abgeordneter in der Knesseth. Gestorben 1990.

Silberman, Curt C., Rechtsanwalt, Verbandsfunktionär. Geboren 23. 5. 1908 in Würzburg. Studium der Rechtswissenschaften in Würzburg. 1933 Berufsverbot. 1933–38 Devisenberater für jüdische Auswanderer. Ende 1938 Emigration in die USA, dort 1939–42 Berater für Einwanderer. Rechtsanwalt und Mitglied zahlreicher Hilfsorganisationen für die Opfer nationalsozialistischer Verfolgung. Lebt in Florham Park, N. J.

Siodmak, Curt, Filmregisseur, Filmproduzent, Autor. Geboren 10. 8. 1902 in Dresden. Studierte Mathematik, Physik und Ingenieurwesen. Zunächst Eisenbahn-Ingenieur und Fabrikarbeiter, dann freier Schriftsteller, Drehbuchautor und Filmproduzent in Deutschland. Science-fiction-Autor. 1933 Emigration, zunächst nach Frankreich, 1935 nach England und 1937 nach Los Angeles. Setzte seine Karriere in den USA als Drehbuchautor und Produzent erfolgreich fort. Lebt in Three Rivers, Kalifornien.

Solti, Sir Georg, Dirigent. Geboren 21. 10. 1912 in Budapest. 1933–39 Leitung der Budapester Staatsoper. Emigration in die Schweiz. Während des 2. Weltkriegs Konzertpianist, 1944 Dirigent beim Schweizer Rundfunkorchester. Ab 1947 Musikdirektor der Bayerischen Staatsoper, München. 1952–61 Generalmusikdirektor in Frankfurt/M. Danach Leiter der Covent Garden Opera, Chefdirigent des Chicago Symphony Orchestra, des Orchestre de Paris, der Pariser Oper und des London Philharmonic Orchestra. Zahlreiche Gastengagements in aller Welt. Gestorben 1997.

Stern, Fritz Richard, Historiker, Schriftsteller. Geboren 2. 2. 1926 in Breslau. 1938 Emigration in die USA. Studium und Dozent u. a. an der Columbia Univ., ab 1963 als ordentlicher Professor. Nach 1954 auch Gastprofessor u. a. in West-Berlin, Konstanz und in Paris. 1966 Kulturreferent für deutsch-amerikanische Beziehungen in Washington. Zahlreiche Veröffentlichungen zur Zeitgeschichte. Lebt in New York.

Tabori, Georges, Schauspieler, Regisseur, Schriftsteller. Geboren 24. 5. 1914 in Budapest. Emigration aus Berlin über Budapest, Paris nach London. Während des Krieges im Intelligence Service der britischen Armee. 1947 Übersiedlung in die USA. Erfolgreiche Theaterarbeit in den fünfziger und sechziger Jahren. 1966 Gründung einer eigenen Theatergruppe, Arbeit auf Experimentierbühnen. Ab 1969 Theaterarbeit in Deutschland, u. a. in Bremen, München, Bochum und Berlin. Gegenwärtig Leitung des »Theaters im Kreis« in Wien. Lebt in Wien.

Tal, Josef (urspr. Gruenthal), Komponist. Geboren 18. 9. 1910 in Pinne, Posen. Musikstudium in Berlin. Tätigkeit als Pianist und Dirigent bei mehreren deutschen Orchestern. 1934 Emigration nach Palästina. 1948–55 Direktor des Israelischen Konservatoriums und des Zentrums für elektronische Musik. Weiterentwicklung des Zwölfton-Systems unter Verwendung biblischer Themen. Seit 1965 Professor an der Universität Jerusalem. Lebt in Jerusalem.

Teller, Edward, Physiker. Geboren 15. 1. 1908 in Budapest. Studium in Karlsruhe, München und Leipzig. 1929–33 Forschungstätigkeit in Leipzig und Göttingen. Emigration 1933 nach Kopenhagen, dann London und 1935 in die USA. 1935–41 Professur für Kernphysik an der Universität Washington. Treibende Kraft bei der Herstellung der Atombombe. Seit 1945 führende Beteiligung an der Entwicklung der H-Bombe. Lehrtätigkeit an verschiedenen amerikanischen Universitäten u. a. in Stanford. Lebt in Stanford, Kalifornien.

Troller, Georg Stefan, Radio- und Fernsehjournalist. Geboren 10. 12. 1921 in Wien. Ausbildung als Buchbinder. 1938 Emigration in die Tschechoslowakei, 1939 über Italien nach Frankreich. 1939–40 und 1941 interniert. Dann Emigration nach New York. 1943–46 diente er in der US-Army. Studium in Berkeley und an der Columbia-Universität. 1949 Rückkehr nach Frankreich und Studium an der Sorbonne. 1951–58 Radiojournalist. 1962–71 freier Fernsehjournalist. Ab 1972 Paris-Korrespondent des ZDF. Lebt in Paris.

Warburg, Eric M., Privatbankier. Geboren 15. 4. 1900 in Hamburg. 1937 nahm er die amerikanische Staatsbürgerschaft an. Intelligence Officer bei der Luftwaffe und in dieser Eigenschaft Verbindungsmann zu den Engländern. 1956 endgültige Rückkehr nach Deutschland. Großzügiger Förderer der Künste und Wissenschaften. Gestorben 1990.

Weidenfeld, Lord, Arthur George, Verleger. Geboren 13. 9. 1919 in Wien. Studium in Wien. 1938 Emigration nach England. 1939–46 bei der BBC, bis 1942 Abhördienst. Außerdem Dozent am Royal Institute for International Affairs. Tätigkeit als Herausgeber und Verleger. 1949–50 politischer Berater des ersten israelischen Präsidenten Weizmann. Aktiv in verschiedenen britisch-israelischen Gesellschaften. Lebt in London.

Weil, Grete, Schriftstellerin. Geboren 18. 7. 1906 in Rottach-Egern. Studium der Germanistik in Frankfurt/M., München, Berlin und Paris. 1935 Emigration in die Niederlande. Dort seit 1942 aktiv im Widerstand, ab 1943 im Untergrund. 1947 Rückkehr in die Bundesrepublik. Tätigkeit als freie Schriftstellerin. Lebt in München.

Weisskopf, Victor Frederick, Physiker. Geboren 19. 9. 1908 in Wien. Studium in Wien, Göttingen und Berlin. 1932 nach Cambridge und nach Kopenhagen. 1933–36 Lehrtätigkeit an der TH Zürich. 1937 Emigration in die USA. 1943–46 beim Stab des Atomenergieprojekts in Los Alamos. Seit 1945 Professor am Massachusetts Institute of Technology. Seit 1957 Mitarbeit beim europäischen Kernforschungszentrum in Genf, von 1960–65 dessen Direktor. Gastvorlesungen in Wien und Graz. Lebt in Cambridge, Mass.

Weitz, John Hans-Werner, Designer, Unternehmer. Geboren 25. 5. 1923 in Berlin. Ausbildung in London. Seit 1943 amerikanischer Staatsbürger. War in der US-Army im Office of Strategic Services. Gründete 1954 eine Design-Firma. Als Autorennfahrer nahm er 1954–61 an vier Weltmeisterschaften teil. John Weitz ist einer der führenden Mode-Designer mit Firmenniederlassungen in New York, London und Tokio. Lebt in New York.

Wiesenthal, Simon, Leiter des Dokumentationszentrums B.J.V.N., Wien. Geboren 13. 12. 1908 in Buczacz, Galizien. Architekturstudium und Büro in Lemberg. Inhaftierung in mehreren KZs. 1945 Befreiung aus Mauthausen und Gründung eines Dokumentationszentrums über Juden und ihre Verfolger in Linz. 1954 nach Israel, später in Wien. Unter seiner Mitwirkung Ergreifung von Eichmann, der KZ-Kommandanten Stangl und Wagner sowie des KZ-Arztes Mengele. Lebt in Wien.

Wigner, Eugene Paul, Physiker, Nobelpreisträger. Geboren 17. 11. 1902 in Budapest. Studium in Budapest und an der TH Berlin bis 1933. Lehrtätigkeit als Prof. für Mathematik und Physik vor allem an der Princeton University. In späteren Jahren Gastprofessur an zahlreichen Universitäten der USA, Israels und Europas. War an der Entwicklung der Atombombe beteiligt. 1963 Nobelpreis für Physik, zusammen mit M. Goeppert-Mayer und H. D. Jensen. Gestorben 1995.

Wyzanski, Gisela. Geboren 5. 5. 1912 in Hamburg. 1935 Einladung nach Palästina. Arbeit in der zionistischen Jugendorganisation Aliyah in Berlin. 1938 Organisation der Ausreise einer Anzahl von Kindern der im »Niemandsland« zwischen Polen und Deutschland Internierten in die USA. Blieb in den USA. Organisation der illegalen Einwanderung in das britische Mandatsgebiet Palästina. Vorstandsmitglied verschiedener Wohltätigkeitsorganisationen. Gestorben 1991.

Zinnemann, Fred, Filmregisseur. Geboren 29. 4. 1907 in Wien. 1927 Jurastudium in Wien. 1928 Ausbildung als Kameramann in Paris. Danach Kameraassistent in Berlin. Seit 1929 in Hollywood. 1931 wurde er amerikanischer Staatsbürger. Von 1937–41 Kurzfilme bei MGM. Ab 1942 Spielfilmregisseur. Regieassistent bei Robert Flaherty, Berthold Viertel und Robert Siodmak. Gestorben 1997.

Danksagung

Die abgebildeten Porträts entstanden in den Jahren 1986 bis 1989 in Amerika, England, Israel, Frankreich, Österreich und Deutschland.

Dieses Buch ist das Ergebnis fruchtbarer Zusammenarbeit mit meinen Gesprächspartnern und -partnerinnen, die ursprünglich alle aus dem deutschen Sprachraum stammen. Ihnen gilt mein besonderer Dank. Die Begegnungen mit ihnen bleiben mir unvergeßlich.

Für fachliche Beratung und persönliches Entgegenkommen danke ich besonders Dr. Rachel Salamander von der Literatur Handlung, München, William Trosten und Rabbi Marc H. Tanenbaum vom American Jewish Committee, New York, Sol J. Birenbaum, New Jersey, Sid und Celia Gordon, Los Angeles, und Uwe Gruhle, Frankfurt.

Bei der Herstellung von Kontakten unterstützten mich freundlicherweise Dr. Beate Lindemann von der »Atlantikbrücke«, Bonn, Heide Coulon-Mersmann vom Suhrkamp Verlag, Frankfurt, Dr. Willy Hochkeppel, München, Erwin Leiser, Zürich, sowie Nora Kerr, Ursula Mahoney und Lonnie Schlein von der New York Times.

In Gesprächen mit Dr. Rita Levi-Montalcini, Curt Granach, André Kaminski, Shlomo Reich und Hilde Recher vom Ölbaumverlag, Augsburg, erhielt ich wichtige Einblicke in die Lage emigrierter Juden aus dem deutschen Sprachraum.

Während der langen Entstehungszeit des Buches unterstützte mich Hal Wyner, Tel Aviv, stets in dankenswerter Weise mit kritischem Rat und Beistand.

Für die gute redaktionelle Zusammenarbeit und Mithilfe danke ich Dr. Gerrit Confurius, Rüdiger Dilloo, Heinz Gmelch, Stefan Just und besonders meinem Lektor Dr. Frank Böckelmann.

Auch meinen Mitarbeiterinnen Katrin Neuhauser und Inge Härtle, die sich sehr für diese Arbeit engagierten, gilt mein Dank.

Schließlich danke ich meinen Freunden und all jenen, die das Projekt durch ihre Anregungen, Auskünfte und ihre Hilfe unterstützt haben.